Joachim Koch

Megaphilosophie

Joachim Koch

Megaphilosophie

Das Freiheitsversprechen
der Ökonomie

Steidl

für
Lara Bandilla
Helmut Heid
Franziska und Hermann Koch
Wolfgang Schimmel
Windi Winderlich †

Lizenzausgabe für den Steidl Verlag, Göttingen,
mit freundlicher Genehmigung der Büchergilde Gutenberg,
Frankfurt am Main, Wien und Zürich
(dort erschienen unter dem Titel
»Weder – Noch. Das Freiheitsversprechen der Ökonomie«)

1. Auflage 2002

Umschlaggestaltung: Claas Möller
unter Verwendung einer Fotografie von Rudi Meisel, VISUM/plus 49
Lektorat: Petra Wägenbaur, Tübingen
Satz: Dörlemann, Lemförde
Druck: Steidl, Düstere Straße 4, D-37073 Göttingen
Printed in Germany
ISBN 3-88243-807-X

»Die traurige Wissenschaft, aus der ich meinem Freunde einiges darbiete, bezieht sich auf einen Bereich, der für undenkliche Zeiten als der eigentliche der Philosophie galt, seit deren Verwandlung in Methode aber der intellektuellen Nichtachtung, der sententiösen Willkür und am Ende der Vergessenheit verfiel: die Lehre vom richtigen Leben. Was einmal den Philosophen Leben hieß, ist zur Sphäre des Privaten und dann bloß noch des Konsums geworden ...«

Theodor W. Adorno am Anfang seiner *Minima Moralia*

»Viele glauben, der Kapitalismus habe seinen Widersachern etwas verübelt und sie daraufhin zu beseitigen versucht. Sie wollen nicht wahrhaben, daß ihm Ideologien gleichgültig sind. Er braucht nicht die Demut, die die Theologen forderten; er benötigt keine Inquisition. Er braucht nicht die Einsicht, ohne die in der Philosophie nichts geht, ohne die in der Politik alles beim Alten bleibt; er bedarf keiner Aufklärung, noch weniger einer Revolution. Er fragt nicht Wer und Warum? Er kennt keinerlei Ressentiments. Er verfolgt nicht seine Gegner. Er bevorzugt nicht seine Anhänger. Vor ihm sind alle gleich: der Logik des Kapitals kann auch der Kapitalist zum Opfer fallen. Er kennt keine Renegaten: Kritik, die nichts taugt, läßt er links liegen; die etwas taugt, vereinnahmt er. Er ist ohne jede Emotion; weder sich beklagend, noch das Lob erheischend. An die Stelle des Gejammers setzt er die Herausforderung. Allein die Machbarkeit veranlaßt ihn zu positivem Denken. Nur auf die Tat ist er gerichtet. Er ist nicht selbst Inhalt. Er ist bloß bedingend. Ihn interessiert allein der Nutzen. Ihm genügt, daß jeder, der sich etwas leisten muß und will, nicht anders kann, als dies über ihn, über seine Form der Ökonomie, abzuwickeln. *Dein Kapital oder deine Arbeitskraft, alles andere ist unwichtig, man wird dich stets innerhalb der erweiterten Grenzen des Systems wiederfinden.* Geld und Markt, das ist alles, wofür er zu sorgen hat. Du willst überleben, und du hast deine Träume? Mehr ist nicht erforderlich, damit sich ein jeder in die Allgemeinheit des Ökonomischen einführe, damit er sich in ihr wiederfinde, sich über seine Leistung freut oder als Versager fühlt.«

Inhalt

Prolog

Im Jahre 1843 veröffentlichte Søren Kierkegaard sein philosophisches Hauptwerk, dessen Titel »Entweder – Oder« zum programmatischen Ausdruck des Lebenswegs und -gefühls nachfolgender Generationen wurde. Entweder Sinnlichkeit oder Vernunft, entweder Lust oder Verantwortung, entweder eine künstlerische oder eine politische Seele, entweder ein ästhetischer oder ein moralischer Mensch. Für Kierkegaard selbst war die Wahl eine Qual. Er mochte sich weder in die damalige Mode romantischer Ästhetisierungen flüchten, noch in den ebenfalls en vogue gewordenen Glauben an eine das Ganze lenkende Vernunft. So wurde, allem Entweder – Oder zum Trotz, ein Weder – Noch zu seinem Ausweg. Er floh in das Vergangene und kehrte zur Religion zurück. Was gleichwohl blieb, war dieser Bruch.

Der Bruch blieb ihm, und der Bruch nahm zu. Was seinerzeit noch den Sensiblen vorbehalten war, ist zum Normfall geworden. Nahezu jeder lebt mittlerweile in einer brüchigen Welt. Er erlebt tagtäglich den Riß: in der Liebe, im sozialen Leben, in der Arbeit, im Konflikt von Ideal und Wirklichkeit, von Moral und Notwendigkeit, von guten Absichten und schlechten Folgen und nicht zuletzt auch in der steten Frage, ob eine zu treffende Entscheidung von humanitären, persönlichen und emotionalen oder eher von sachgesetzlichen, professionellen und rationalen Anliegen abhängen sollte.

Seitdem dieser Riß auffällig wurde, weist man auf ihn hin und warnt nicht selten vor seinen Folgen. Man nannte ihn duale Kultur, man forderte mal mehr Humanität, mal mehr Vernunft, man sprach vom Wertewandel und schließlich vom Werteverlust, man spricht von einer Orientierungskrise. Auf dem Weg ins dritte Jahrtausend müßten wir umdenken, heißt es. Unbestreitbar hat ein neues Spiel begonnen; war es im Mittelalter die Theologie und seit der Aufklärung das wissenschaftlich-politische Programm der Vernunft, so ist es inzwischen die Ökonomie, die das Leben diktiert. Sie ist nicht nur angetreten, die Rolle der Politik zu übernehmen, sondern an der Seite der Psychologie auch zur maßgeblichen Definitionsmacht geworden. Sie gibt vor, wie der Alltag auszusehen habe, und prägt zugleich die Vorstellung davon, wie ihm zu entrinnen sei. Sie bestimmt die Art und Weise unseres Zusammenlebens und liefert die Muster für das, was wir unter Liebe verstehen. Sie dirigiert die Inhalte der Kultur und legt nicht zuletzt eine Ethik nahe, die kaum mehr so genannt werden kann.

Dies in Rechnung gestellt, verweist das Wort »Orientierungskrise« in erster Linie nicht auf den Verlust ehemals klarer Strukturen, sondern auf die Tatsache, daß die Mehrzahl der Menschen noch überkommenen Regelwerken Glauben schenken, während sie die neuen, ökonomisch-psychologischen Strukturen, die jetzt das Leben diktieren, noch nicht als das wahrnehmen, was sie sind: die Philosophie einer neuen Macht.

Gewohnt, im Namen und in der Sache der Philosophie vor allem abstrakte Denkgebilde, theoretische Konstrukte, Welterklärungssysteme, Schlaumeiereien über die Wahrheit oder Anthologien des Sinns zu sehen, kommt man nicht unbedingt auf die Idee, sie mit der Macht in Verbindung zu bringen. Man sieht Philosophien gerne als Kreationen von Philosophen an und munkelt, diese hätten sich nur selten im Lebenspraktischen hervorgetan. Gleichwohl folgen wir häufig Philosophien, die keinen Autor kennen. Solche Philosophien sind nicht abstrakt, sondern konkret, nicht theoretisch, sondern praktisch, nicht sinnhaft und wahr, sondern existentiell und real. Sie erklären nicht die Welt, sie entscheiden sie. Sie verwandeln sie in eine Kirche, einen Staat oder in den Markt. Es sind Machtphilosophien, die alles, was nicht auf ihrer Linie liegt, formieren, bis es paßt und untergeordnet werden kann, oder aber als ketzerisch, unvernünftig oder unrealistisch abtun. Es sind *Megaphilosophien*, die ein Entweder – Oder anbieten, das man zu anderen Zeiten oder in besserer Lage mit Weder – Noch zurückgewiesen hätte.

Als Kierkegaard Entweder – Oder sagte, kristallisierte sich jener Bruch heraus, der zur Individualisierung des Menschen und zur Ökonomisierung unseres Daseins führte. An seinem vorläufigen Endpunkt angekommen, beklagen die einen nun den Terror der Ökonomie, andere preisen ihre neue Freiheit. Einmal mehr sieht es aus, als sollten wir uns entscheiden. Entweder man wird terrorisiert oder aber man gehört zu jenen, die frei sind, weil sie ökonomisch unabhängig sind. Vor diese Wahl gestellt, wird jedoch jeder zum Verlierer, gleichgültig, auf welcher Seite er steht. Der Bruch selbst ist es, der das Leben verdirbt: das menschliche, das emotionale, das kulturelle, das gesellschaftliche, das politische, das ökologische und letztlich auch das ökonomische. Wir befinden uns nicht nur in dieser oder jener Existenz. Wir leben jedes dieser Leben, und ein jedes von ihnen, das sich über die anderen erhebt, mündet notgedrungen in einer neuen Ideologie. Ihr Wesensmerkmal ist ihr Absolutheitsanspruch, der stets mit dem Versprechen eines besseren Schicksals einhergeht.

Gliederung

marketing; hedonistisches Verbraucherverhalten; Clustermanie; von der Strategie zur Philosophie; Erweiterung der Rationalität; Grenzen der Objektivität; die Schweigespirale; Demoskopiefalle; vom psychologischen Marketing zum Marketingmanagement; »When we change what we buy we'll change who we are«; der dreifache Abschied: Produktion, Verbraucher, Produkt; Entdeckung des Konsumnutzens; die Philosophie setzt sich durch; in der Welt der Marken; das Lebensgefühl wird bedient; das Unternehmen sei wie die Marke faszinierend; die Definition steht; die ökonomische Synthese von vernunftgegründeter und phantastischer Weltsicht im Markenmanagement.

III. Empfindung und Empfindlichkeit
Die Geburt des homo oeconomicus

Die Betroffenheit wird salonfähig; Erlebnis psychischer Repression; die therapeutische Gesellschaft; die psychologische Emanzipation; Umwertung des Politischen in das Private; Verhandlungsrealität und permanente Realitätskonferenz; Ersetzung der Verbindlichkeit, Idealbild der Unabhängigkeit; im Austausch der Bedürfnisse; materielle Sicherheit und emotionales Verlangen; die Selbstverwirklichung als Eigenwirklichkeit; Was man verändern darf; theoretische Gleichheit und praktische Ungleichheit; erneut der Riß: abstrakter Staatsbürger und privates Gesellschaftsmitglied; Individualität als Differenz; hoheitlich verordnete Gemeinschaft; der gängige Irrtum; am Erfolg gescheitert; in privater Hand: privat als Individuum, privatwirtschaftlich; die doppelte Entpolitisierung: Privatisierung des Politischen; Umsturz bisheriger Gesellschaftsordnung; Freiheit des Subjekts; der homo privatus *als Voraussetzung des* homo oeconomicus; *metaphysischer und rhetorischer Körper; Suche nach dem besseren Menschen; der* homo politicus *als der moralische Mensch; Problem mit der Privatheit; cool projects; Methodendemokratie; pragmatische Ideologien.*

IV. Mut und Unmut
Konkursmasse der Philosophie und Neuordnung der res publica

Aufklärung als Aufräumung; »Faulheit und Feigheit«; Geschichte des Mutes; Frage nach der Herrschaftsform im Herrschaftswechsel; Parteienkratie; des Menschen Recht und Würde; noch einmal das Problem der Gleichheit; unerwartete Feinde der Verfassung; Unterneh-

mer in der Politik und Unternehmenspolitik; der Mut zum eigenen Denken als Jobprofil für Führungskräfte; Ökonomisierung der Politik als Ende der Wirtschaftspolitik; wer die Rechnung bezahlt; bereit für neue Herren; Parteien-, Politik- und Staatsverdrossenheit; moralischer Rest; der Manager als der bessere Politiker; »der Tod, der innen aufzieht, aber von außen kommt«: Aufstieg und Niedergang von Megaphilosophien; das Tempo der neuen Megaphilosophie; Ost-West-Rivalität; das Ende des Kommunismus; der Bruch in Zahlen; der innere und der äußere Feind, Rom als Hauptstadt der Megaphilosophien; päpstliche Sozialenzyklika; der Bruch in der politisch-ökonomischen Fraktionsgemeinschaft; trauriger Trost für die Kritiker der »Politökonomie«.

V. Hort und Hortung

Abschaffung der Arbeit und Umverteilung des Reichtums

Robinson Crusoe; Lohn der Leistung; Anspruchsevolution; wenn sie nur könnten, wie sie wollten; Sinnproblem; Abwanderung der Arbeitsmoral; der Bruch zwischen Person, Arbeit und Werk; Belohnung und Lohn; Arbeit und Beruf; kleine Geschichte der Arbeit; die Veräußerung; Formen der Entfremdung; Arbeit und Liebe; Briefing der Gefühle; die anthropologische Blindstelle; langweilige und ärgerliche Ethik; Philosoph der Hauswirtschaft; Bonanza oder die Glückseligkeit; das Leben ist ein Jammertal; Freiheitsversprechen der neuen Megaphilosophie; Rücküberweisung des Schicksalhaften; Sein und Haben; nur die versprochene Freiheit bedingend; die etwas verspricht, was man selbst halten muß; Pflicht und Schuldigkeit; die notwendige Koalition; Eliminierung des Mittelstands; Globalisierungshierarchie; Vernichtung der Arbeit; die Milchmädchenrechnung; soziale und freie Marktwirtschaft; Verdichtung und Entwertung der Arbeit; Arbeit des Geldes; lukrative Kommunikation.

VI. Virtuos und virtuell

Erfindung und Inbetriebnahme einer zweiten Wirklichkeit

Politische und avantgardistische Revolution; wider den Ästhetizismus; das Stilmittel des Skandals; künstlerische Freiheit versus Freiheit des Künstlers; Gegenaufklärung; die subversive Werbung; Avantgarde im Management; die »fünfte Gewalt im Staate«; eine Variation der Meinungsfreiheit; Gegenentwurf zur Politik; auf anderen Wegen; Ästhetik der Wirkung; rational und kreativ; die ausgelagerte Rationalität; Phantasie im Wandel; die Zukunft schauen; der Unternehmer als Künstler; die Gegenwelt wird virtuell; ars, techne und Apparate; Kunst als Handwerk und als Philosophie; der Definitionsmacht ausgesetzt; hier der Roman, dort Film-, Pop- und Werbekunst; das Marketing wird Teil davon; was ist als Maß geblieben?; Mimesis und Katharsis; drei entscheidende Veränderungen; namentlich die Trennung von Poetik und Ästhetik; das Geheimnis künstlerischen Schaffens; der Blick von außen; Ausdruck und Eindruck; die Wahrheit des Inhalts und der Form; kompositorische und Gefühlskunst; der drei Veränderungen Fortsetzung; namentlich der Zweck; nun doch das Schöne und das Gute; die bessere Wirkung; Verlust der Wahrheit; die zweite Wirklichkeit; der Markt, die letzte Öffentlichkeit; das Marketing als Kunst, die Marke als Kunstwerk; Ökonomie des Immateriellen: Ideologiewirtschaft.

VII. Idealismus und Ideologie
Von der politisch-nationalen zur ökonomisch-internationalen Identität und das Comeback des Absoluten

Die verspätete Philosophie; das Wort »Identität« taucht auf; das Absolute wird en vogue; der Klassik folgt die Romantik nach; die verspätete Nation und ihre Ausflüchte; Kulturnation und Gott Nation; vom Geistreich zum Supermarkt; die neue Identität; Europadeutsche und deutsche Gemütlichkeit; Harold James' Provokation; der Ruch der Gründlichkeit; das Absolute kehrt zurück; Japans Herausforderung; Vision und Identifikation; von der Organisationsentwicklung zur corporate identity; Mythos und Dichotomie; wo das Marketing erfunden wurde; Identität und Wandel, Substanz und Form; der Sinn, die Begeisterung und die Gemeinschaft; die Liebe erklärt sich selbst, die Vernunft will erklärt sein; das verlorene Ziel der Aufklärung; Alles ist neu!; neue deutsche Romantiker; der zweite Wertewandel; die nachgeholte Studentenrevolte; management by love; die Liebe und das Interesse; was eine Identität alles sein kann; Solidarität und Konkurrenz; auf der Suche nach einem, dem man glaubt; das neue Absolute und die Unterworfenheit; Schwätzer und Ketzer; nun doch die Ideologie; die zweite Wirklichkeit ersetzt das Objektive.

I.
Der Bruch

Aufkommen neuzeitlicher Megaphilosophie

1 Philosophen sind selten geworden. Im Gegensatz zu früheren Dekaden und Epochen ist ihre Sache derzeit eher lau, ihr Image eher mau. Ein paar glanzvolle Namen, die meisten davon seit vielen Jahren und einige bloß Literaten – das war's. Es scheint keine philosophische Zeit zu sein, die aktuelle Hier- und Jetztzeit.

Wo die Figuren aus dem öffentlichen Leben verschwinden, muß die Phantasie ihr Bild rekonstruieren. Rekonstruiert wird, was die Erinnerung prägte; zum Casting wird, was das Geprägte wiederholt. Auf diesem Wege stellen sich zwei Charaktere ein. Zwei Bilder sind es, die den Typus des Philosophen hervorrufen. Ein Geistmensch der eine: hager, hart, verhärmt, ein prinzipienstrenger Lehrer, ein humorloser Intellektueller, ein menschenkalter Richter. Ihm gegenüber der andere: ein Sinnesmensch, ein Lebender, einer, der vom Leben weiß, keiner, der's studierte. Ein Gütiger, ein Alter, ein Verständiger, ein Weiser.

Ihnen ähnlich sind die Bilder, die wir uns im Laufe der Zeit von der Philosophie machten, vielleicht machen mußten. Zwei Bilder für die Personen, zwei Bilder für ihr Schaffen. Hier eine Philosophie der großen Welterklärungen, der umfassenden Logiken, der gültigen Wahrheiten. Philosophien, die Systeme sind. Dort eine Philosophie der menschlichen Anliegen und Nöte, der alltäglichen Freuden und Zweifel, der immer wiederkehrenden Bedürfnisse und Fragen. Philosophien, die zeitlos sind und doch nie fertig werden, die immer gleich bleiben und sich zugleich ständig fortschreiben.

Wer sich an Philosophien wagt, erwartet zuallererst letztere; wer sich wieder abwendet, traf meist erstere. Es ist nicht verwunderlich. Für den Menschen und das Menschliche interessieren wir uns besonders. Schon aus Neugier an uns selbst – an der Gattung, ja vor allem an der eigenen Person. Wer bin ich? Wie erscheine ich? Wie wirke ich? Worin unterscheide ich mich von anderen: Was macht mich besonders? Wo bin ich wie die anderen: Welche meiner Schwächen sind verzeihlich? Verziehen wird, was menschlich ist; zum Menschen wird, wer einzig ist. Das große Thema seit Menschengedenken. Nicht nur in der Philosophie, nicht erst seit der Psychologie, schon in aller Kultur: im Theater, in den Moritaten, in der Dichtung, bei den Prälaten.

Als Menschen imaginieren wir auch unsere Bilder. Menschlich sind sie. Wie so häufig Trugbilder. Trügerisch ist es, zu glauben, es sei ein gütiger Meister gewesen, der der menschlichen Existenz zu ihrem philosophischen Recht verhalf. Das Gegenteil ist der Fall.

Er war nicht alt. Er war 42, als er starb. Daß er etwas zu sagen hätte, glaubte zu seinen Lebzeiten kaum einer seiner Zeitgenossen. Wenn er etwas sagte, fühlten sich die Leute brüskiert. Wenn sie sich nicht brüskiert fühlten, lieferte er guten Anlaß für Gespött und Gelächter. In der örtlichen Presse, wo man sich ihm ab und an zuwandte, mußte sich der Karikaturist wenig Mühe geben. Er brauchte ihn, spinnenbeinig, krummkreuzig und schwächlich-biestig wie er aussah, nur abzumalen. Schwermut, Krankheit, Angst und Tod waren seine Stoffe. In Gesellschaft versuchte er, sich gewandt zu geben. Er kleidete sich extravagant, parlierte gegen seine eigene Überzeugung, gab sich als Dandy. Bald zog er sich ganz zurück. Er war ein guter Mensch. Er war moralisch ein so guter Mensch, daß er seiner Verlobten das Herz brach, als er ihr eröffnete, er werde sie nicht heiraten, weil er ein zu schlechter Mensch sei. Um ihr keine weiteren Hoffnungen zu machen, sagte er nicht schlechter Mensch, sondern austoben, andere Frauen, erst in zehn Jahren heiraten, dann sei sie zu alt. Regine Olsen machte sich keine weiteren Hoffnungen. Sie wußte nichts von seiner moralischen Integrität. Er dagegen wußte, daß er log. Deshalb hoffte er sein ganzes, kurzes Dasein lang, sie möge ihn erkennen und die

Kraft aufbringen, ihn trotzdem zu nehmen. Sie heiratete einen anderen. Der Ernst, die Ungeborgenheit des Menschen in der Welt, Tragik und Chance des einzelnen wurden seine Themen. Er dachte über das Leben nach.

Vor allem dachte er darüber nach, wie unmöglich es sei, das Leben durch Nachdenken zu erfassen. Er haßte alle, die so taten, als könnten sie es. Er haßte die Philosophen, die die Welt erklärten. Für ihn gab es keine Erkenntnis des Absoluten; er kannte nur den Versuch, sich ihm anzunähern. Er haßte die Theologen, die Gott wußten. Er haßte die Gläubigen, die in der christlichen Botschaft etwas zu begreifen meinten. Er haßte die Christenheit, die sich durch den Taufschein zu Besserem berufen fühlte. Er ging als Religionsphilosoph in die Geschichte ein. Er ist Urheber der Existentialphilosophie, des späteren Existentialismus. Ohne ihn wären Jean Paul Sartre und Albert Camus nicht geworden, was sie wurden. Er lebte in Kopenhagen, 1813 bis 1855. Er hieß Søren Kierkegaard.

Fünf Jahre nach ihm wird in Trier Karl Marx geboren (1818–1883), eine Generation später im sächsischen Röcken Friedrich Nietzsche (1844–1900). Mit einem Dänen und zwei europäischen Deutschen provinzieller Herkunft ist das 19. Jahrhundert geistesgeschichtlich komplett. Diese drei sind es, die die überlieferten Vorstellungen radikal in Frage zu stellen wagten. Diese drei kamen mit neuen Philosophien, die jede auf ihre Weise für das 20. Jahrhundert maßgeblich wurden. Für Søren Kierkegaard begannen sie mit der Ablehnung aller bislang verbindlichen und gerade für die etablierte Philosophie des letzten Jahrhunderts maßgeblichen Überzeugungen von *einem* Geist, *einer* Vernunft, *einer* Wahrheit. Seiner Ansicht nach nichts als *objektive*, nichts als allgemeine und darum *unmenschliche* Definitionen, die den *wirklichen* Menschen leugnen; der wirkliche Mensch, der auf seine *nackte Existenz* zurückgeführt nur sich selbst habe und diese von Gott *im Ewigen gründend* verantworten müsse.

Von solchem Denken ist uns aktuell höchstens der Sinn für unsere »nackte Existenz« geblieben. Ob wir dadurch als Menschen wirklicher werden, bleibt dahingestellt. Ob wir von unseren Sorgen und Ängsten einzig von Gott errettet werden, dürften wir bezweifeln. Zumindest wenn es sich um ganz konkrete Sorgen und Ängste handelt, und die von Kierkegaard waren durchaus auch konkret.

Mit den anderen beiden Renegaten geht es uns ähnlich. Marx' Reduzierung unseres Leidens auf die Produktionsverhältnisse und seine

Überwindung im Ideal einer kommunistischen Gesellschaft ist uns gleichermaßen fremd geworden wie Nietzsches Deklamation des Nihilismus und seine Verzweiflung daran. Dennoch ist das alles keine hundertfünfzig, keine hundert Jahre her. Was sich im letzten Jahrhundert entwickelte, wurde in diesem Mode: der Existentialismus in den fünfziger und sechziger Jahren, der Marxismus in den sechziger und siebziger Jahren, Nietzsche in den siebziger und achtziger Jahren. Mit ihm haben wir die Philosophie verlassen. In den neunziger Jahren scheint der philosophische Diskurs wieder einmal am Ende angekommen zu sein.

Man sollte sich nicht täuschen lassen. Wer heute im Rampenlicht steht, kann morgen zum Buhmann werden. Was heute vergessen ist, kann morgen in neuem Glanz erstrahlen. Die Philosophie kennt es zur Genüge. Seit jeher überlebt sie jene, die die Nachrufe auf sie verfaßten. Keine Kunst hat es wie sie verstanden, aus dem eigenen Scheitern neuen Nutzen zu ziehen. Keine andere Wissenschaft kann es sich erlauben, ihre zweieinhalbtausend Jahre alte Fachliteratur unverändert aufzulegen. Keine Disziplin ist aus sich heraus mehr mit den Launen der Öffentlichkeit verschmolzen als sie. Die Philosophie ist per se Public Relations. Vom ersten Tage an trieb sie sich auf den Marktplätzen herum und schwadronierte. Sie sprach die Stimme des Volkes und wurde überstimmt. Sie verurteilte und wurde verurteilt. Sie lehrte und wurde belehrt. Sie feierte und wurde gefeuert.

Wer einen Stillstand im öffentlichen Diskurs von Philosophie auszumachen glaubt, kann darum leicht die Ereignisse verkennen. Sicherlich gibt es aktuell wenige Namen, die als Philosophen von sich reden machen. Verleger und Redakteure beklagen das allgemeine Desinteresse und lassen die Finger davon. Doch das besagt nur, daß derzeit wenig Chancen hat, wer als Urheber einer eigenständigen Philosophie aufwarten möchte. Wer ein Heidegger, Popper, Adorno oder Habermas sein will, hat gerade schlechte Karten. Aber die Philosophie war niemals nur diese Wissenschaft der Koryphäen, war niemals nur die Fakultät der philosophischen Schulen. Sie war immer auch noch etwas anderes. An Søren Kierkegaard kann man es erkennen.

Ginge es lediglich um die philosophischen Denkgebäude, hätten wir leichtes Spiel mit ihm. Wir attestierten ihm, daß er der Urheber des Existentialismus sei, weil er als erster die Frage nach der Lebensphilosophie in der offiziellen Philosophie etablieren konnte, weil durch ihn zum ersten Mal ein persönliches Dilemma philosophischer

Stoff wird, weil mit ihm erstmals philosophische Dialektik nicht mehr nur als eine abstrakte Methodik, sondern als ein konkreter Konflikt im Leben in Erscheinung tritt. Und wir attestierten ihm, daß er kraft seiner Antwort zum Religionsphilosophen geworden sei, der ein aktives und wieder an der Lebensführung zu messendes Verständnis vom Christentum forderte. In beiden Fällen könnten wir ihm seinen Platz in der Geschichte der Philosophie zuweisen und die Akte Kierkegaard schließen. Wir bräuchten ihn nicht mehr.

Wir brauchen nicht den Existentialphilosophen, denn wir kennen genug Leute, die ihre Lebenskrisen in Philosophien verwandeln, und sind froh, sie mittlerweile zum Psychologen schicken zu können, den es seinerzeit noch nicht gab. Wir brauchen ihn nicht, um des Lebens Härte zu erfahren. Wir haben nichts für oder gegen jene, die er bekämpfte, weil uns Vernunftphilosophen oder Taufscheinchristen egal sind. Wir halten nichts von einem Menschenbild, demzufolge alles, was einer ist und macht, im Grunde nicht wirklich sei. Wir mögen keinem mehr folgen, der mit seinem Leben selbst nicht klarkommt.

Ebensowenig brauchen wir den Religionsphilosophen. Außer ein paar kritischen Theologen findet kaum mehr jemand Gefallen an ihm. Der Gott, den er uns anbietet, ist uns fern. Wir suchen keinen mehr, vor dem wir nichts sind, weil er alles ist. Wir geben gerne zu, zu wenig religiös zu sein, zu wenig nach dem Gebot der Gottes- und der Nächstenliebe zu handeln, zu wenig an den Tod zu denken, unser Leben zu wenig an einem Paradies auszurichten, das wir erst verdienen müssen. Wir geben sogar zu, vielleicht zu sehr jenen falschen Göttern zu folgen, die uns zu Gläubigen machen, wo wir es besser nicht wären. Aber Kierkegaards Elend als praktische Lebenshilfe? Wenn das Lebensphilosophie heißt, verzichten wir lieber darauf.

So leicht könnten wir es uns machen, wenn die Philosophie nichts anderes wäre als ein Versammlungsort, an dem die Philosophen nacheinander ihre Theorien ablegen. Wir könnten an diesen Ort gehen, das Zeug auf seine Nützlichkeit und Rezepttauglichkeit hin prüfen und den Rest dem Museumswärter überantworten. Aber zur Philosophie gehört auch die Frage nach dem Autor und der Zeit, die ihn prägte. Er befindet sich, wie der Sozialphilosoph und Mathematiker Bertrand Russell am Ausgang des Zweiten Weltkriegs schrieb, nicht in einem *luftleeren Raum* ohne Beziehung zu anderen und zur Welt; der Philosoph ist »Ergebnis seines *Milieus*, seiner Zeit- und Lebensumstände«, er ist ein Mensch, »in dem sich die Gedanken und Empfindungen kristallisierten und verdichteten, die, wenn auch unklar und unkonzentriert, der menschlichen Gemeinschaft eigen waren, der er angehörte«.[1] Das Gedankengebäude mag hierbei die Mühe sein, die der Denker sich macht. Es ist das Resultat, das Auftritt oder Professur rechtfertigt. Es ist die Adresse, wo der Philosoph sich eingerichtet hat. Vielleicht sucht man ihn dort auf. Vielleicht fühlt man sich in dem einen oder anderen Trakt seines Hauses wohl. Doch vor aller Visite steht diese Person, vor der Lektüre ihr Absender. Nicht seine Inhalte, sondern seine Glaubwürdigkeit. Nicht der große Entwurf seiner Architektur, sondern der verräterische Tinnef. Nicht die grandiosen Kalküle, sondern das Motiv für den Gedanken, der Nährboden der Theorie, der Anlaß für das Ganze, die Ereignisse, die Initiation waren, die Betroffenheit in der Sache, das Ziel des intellektuellen Vorstoßes. Kurz, man sucht des Philosophen Welt und das aller Akademikerei vorausgehende und hinter ihr verborgene Lebensgefühl.

Für die Philosophie als Wissenschaft mag dies von nachrangigem Interesse sein. Es dient bestenfalls dazu, die Lehre durch ein Verständnis der Person genauer erfassen zu können. Die Öffentlichkeit, ohne die kein Philosoph zu Rang und Namen gelangen kann, ist da weitaus gnadenloser. Sie will erst die Person, dann die Lehre. Sie will meist nur die Person. Sie hat erkannt, daß eines jeden Denkers Werk nichts anderes ist als der Überbau eines ganz persönlichen Anliegens, das seiner Zeit entspringt. So steht hinter Heideggers »Fundamentalontologie« das deutsche Geraune zwischen den Weltkriegen, hinter Poppers »Kritischem Rationalismus« der drängende Wunsch nach wissenschaftlicher Solidität und repräsentativer Demokratie, hinter Adornos »negativer Anthropologie« die Verzweiflung eines Humanisten an der neuen Herrschaftskaste der Technokraten, hinter Habermas' »herrschaftsfreiem Diskurs« die stets auf Konsens bedachte und nie mehr hausbacken sein wollende westdeutsche Nachkriegsidentität. Es kann gut sein, daß die Öffentlichkeit nicht weiß, was der Philosoph denkt; aber sie ahnt intuitiv, daß der Grund seines Gedankens im Geraune oder in der Demokratie, in der Aversion gegen Technokraten oder der Sehnsucht nach einem Konsens liegt. Das ist, was sie interessiert. Hier liegen die Motive, die geteilt oder abgelehnt werden.

Bei Søren Kierkegaard wird all dies auf einmal deutlich. Seit er seine individuellen Belange in Philosophie transformierte, haben wir gelernt, jeden Philosophen in seinen individuellen Anliegen zu überprüfen. Mit ihm beginnt die Verdoppelung von Denker und Denken; mit ihm setzt die Geschichte hinter den Theorien ein. Er hat uns darauf gebracht und war zugleich derjenige, der an dem nun verlorenen Halt litt. Der seit jeher in der Rolle des Zweiflers beheimatete Philosoph ist mit Kierkegaard immer auch ein Verzweifelter geworden. Nicht mehr allein die der Skepsis abgerungenen Antworten prägen seither das Bildnis einer Philosophie, sondern der Prozeß der aus existentiellen Nöten hervorgehenden Fragestellungen. Wahrheit wird fordernd – und vergänglich. Denn kaum tauchte erstmalig der Urheber einer Philosophie nicht mehr als Medium einer höheren Wahrheit, sondern als deren Erfinder auf, konnte sie ihren überzeitlichen Anspruch nicht mehr einlösen. Sie ward zum Menschenwerk, das seit jeher in der Zeit gefangen ist. Philosophien haben sich als Produkte des Zeitgeistes entlarvt, aus dem heraus der Denker sein Bild der Welt entwirft. Dieser Zeitgeist kann Mode sein; gewiß. Allerdings formulieren Moden selbst schon eine Antwort, eine Reaktion auf Ereignisse und Strömungen. Vor der Antwort kommt jedoch die Frage, und zu Kierkegaards Zeit wurde einiges fraglich. In einer bis dato nie gekannten Weise zeichnete sich in allen Bereichen der gesellschaftlichen Wirklichkeit ein Riß ab, der seither immer tiefer in sie eindringt. Ständig größer wird die Kluft zwischen Tradition und Gegenwart, zwischen Lebensentwurf und Lebenswirklichkeit, zwischen Idealität und Materialität, zwischen Kontemplation und Leistung, zwischen Subjektivität und Objektivität, zwischen Individualität und Kollektivität ... Immer mehr und schneller ändert sich die Welt. Ein Riß ist es, der durch Kierkegaards Philosophie geht. Zu seiner Zeit begann der große Wandel.

2 Es war das 19. Jahrhundert: Wie viele Namen es hat, wie viele Umschreibungen man ihm geben kann: das bürgerliche Jahrhundert, das Jahrhundert der industriellen Revolution, das Jahrhundert der politischen Revolutionen und demokratischen Verfassungen, das Jahrhundert des Aufbruchs in der Kunst – das Jahrhundert der Moderne. Als es begann, war die Aufklärung zu Ende. Als es zur Hälfte vorüber war, wurde Sigmund Freud geboren. Als man mit Jugendstil, *fin de siècle* und *l'art pour l'art* den Zeitgeist zelebrierte, fuhren be-

reits die ersten Autos übers Land. Dazwischen liegen der Sieg der Technik und die mit ihr verknüpften Hoffnungen. Dampfmaschine und Eisenbahn, Gas- und Elektrizitätsversorgung, Fotografie und Telegraphie hießen die neuen Errungenschaften. Dazwischen liegen blutige Kämpfe um Menschen- und Bürgerrechte. Dazwischen liegen große Entdeckungen in den Naturwissenschaften. Dazwischen liegen europäische Kleinstaaterei und die Geburt der Nationen. Es war das Jahrhundert zwischen Bewahren und Aufbruch. Mit Fanfarengetöse und einem Paukenschlag wurde es eröffnet. Napoleon war geschlagen. Die neuen Herren Europas – Rußland, Preußen, Österreich – teilten sich den französischen Kuchen: der Wiener Kongreß 1815. Zwei Jahre nach Kierkegaards, drei Jahre vor Marx' Geburt. Als Marx starb, sollte es nur noch sechs Jahre dauern, ehe das Industriezeitalter mit der Einweihung des Eiffelturms anläßlich der Eröffnung der Weltausstellung in Paris im Jahre 1889 seinen Durchbruch feierte. Die erste Weltausstellung fand bereits vier Jahre vor Kierkegaards Tod 1851 in London, die erste auf außereuropäischem Boden 1876 in Philadelphia statt. Die Märkte wurden international, die Ökonomie machte sich selbständig.

Mit Hilfe der Ökonomie an Einfluß zu gewinnen, versuchte auch eine andere Gruppe neuer Herrschaftsträger. Am Ende einer jahrhundertelangen Vormachtstellung des Adels und des Klerus strebte das Bürgertum nach politischer Macht. In fesches Biedermeier gekleidet, repräsentierte es militärische Führung und junges Beamtentum, aufstrebende Unternehmerschaft und alte Moral. Den Preis bezahlte das Proletariat. In kriegerischen Gemetzeln verheizt, in frühkapitalistischer Ausbeutung zur Billigware geworden, in Hunger, Armut, Krankheit und Massenelend zermürbt, kämpfte es ums Überleben.

Die Medizin reagierte auf ihre Weise. Mit Bakterienforschung, Narkosebehandlung, Röntgentechnik wurde der Fortschritt eingeleitet. Blutvergiftung, TBC, Diphtherie sollten ihren Schrecken verlieren. Das Volk reagierte auf seine Weise. Handwerker und Bauern, die sich mit Frau und Kindern in den Manufakturen wiedergefunden hatten, begannen sich in Gewerkschaften und Genossenschaften zu organisieren. Eine härtere Gangart schlugen erstmals englische Maschinenstürmer ein.

England war das Mutterland des neuen Kapitalismus, das British Empire der Big Player der aufkommenden Weltwirtschaft. Mit seinen preiswerten Importen aus den Kolonien zerstörte es die traditionellen Strukturen der heimischen Produktion. Als stärkste Kolonialmacht diktierte es die Handelspolitik auf dem Globus. Als größte Kapitalmacht wurde es zum Zentrum der eben gegründeten Börsenmärkte. Was auf der Insel begann, wurde auf dem Kontinent Usus. Aktiengesellschaften einerseits, Aufstände andererseits. Schlesiens Weber ließen nicht lange auf sich warten. Die industrielle wird von der politischen Revolution begleitet. Die Zeit des Umbruchs strebt nach demokratischen Verfassungen.

Man fordert Gleichheit. Man fordert Freiheit. Im Namen der Vernunft. Im Namen des Rechts. Im Namen der Brüderlichkeit. Im eigenen Namen. Den eigenen Namen verkörperte der Künstler. Wo das Proletariat hungerte, wo das Bürgertum an seiner selbstauferlegten Moral erstickte, durfte er das Klischee von Genie und Wahnsinn pflegen. Das Jahrhundert des Aufbruchs ist sein Säkulum. Der Künstler selbst ist die Moderne. Wie nie zuvor kommt er zum Zuge. Der Riß wird zur Bedingung seiner Existenz und zum Ursprung einer neuen Kunst. Was Klassizismus und romantischer Historismus gewesen war, gelangt im Impressionismus ins Freie. Dasselbe in der Musik, wo gleich der Malerei die Namen nicht mehr enden wollen: Bizet, Brahms, Bruckner, Chopin, Dvořák, Grieg, Liszt, Lortzing, Mussorgski, Offenbach, Rimsky-Korsakow, Sibelius, Smetana, Strauss, Suppé, Tschaikowsky, Wagner …

Nicht zu vergessen die Literatur. Der Roman *ist* das 19. Jahrhundert. Er ist Stoff und Philosophie seiner Zeit, ist »Krieg und Frieden«, »Les Misérables« und »Madame Bovary«, ist Folie des Elends und Ästhetik des Seins, ist Psychologie des Menschen und Spiegel der Moral, ist Romantik, Rationalismus, Naturalismus … ist im Ausklang »Suche nach der verlorenen Zeit« – und nach wie vor die Schule der Meister. Mit Kierkegaard geboren werden Charles Dickens und Iwan Gontscharow; kurz vor oder nach ihm sterben Honoré de Balzac, Nicolai Gogol, Heinrich Heine. Karl Marx' Lebensspanne begleiten Victor Hugo, Gustave Flaubert, Gottfried Keller, Theodor Fontane, Fjodor Michail Dostojewski, Leo Tolstoi, Charles Baudelaire. Mit Friedrich Nietzsche leben, dichten, leiden, sterben – kaum einer über fünfzig Jahre alt: Paul Verlaine, Emile Zola, Jean Arthur Rimbaud, Oscar Wilde, Anton Tschechow. Sie alle stehen mehr oder weniger außerhalb der herrschenden Normen, sind schonungslose Dokumentaristen ihrer Zeit, Psychologen ihrer Zeitgenossen, Anwälte des Proletariats und Provokateure geltender Ethik. Zugleich verkörpern sie ein Ziel von Freiheit, das viele anstreben. Der Künstler ist der Gegenentwurf zur Politik. Er ist, um ein Wort Michel Tourniers aus dem Jahre 1988 aufzugreifen, Beweis des Satzes: »Der Politiker will Ordnung, der Künstler Ordnung sprengen.«[2]

In dieser Atmosphäre lebt Søren Kierkegaard. In dieser Atmosphäre lebten Marx und Nietzsche. Jener wechselte auf die Seite der Politik, dieser fand im Kultivierten eine labile Zuflucht. Er aber steht dazwischen, steht daneben, sucht sein Heil bei Gott, und bevor er es gefunden hat, pendelt er vom einen Pol zum andern. Entweder – oder sagt er. »Entweder – Oder« lautet der Titel seines Hauptwerks. Ethik oder Ästhetik lautet die Alternative. Überlegt er, sich politisch zu engagieren oder sich den Musen zuzuwenden? So stellt sich die Alternative nicht, so konkret denkt er nicht. Schon eher fühlt er sich, wie viele Generationen nach ihm, einem Lebensgefühl ausgesetzt, das er mit seiner Vorstellung vom Leben, sagen wir ruhig: seinem eigenen Lebensglück, nicht mehr in Einklang bringen kann. Der Zeitgeist schreibt sich in ihm ein; er schreibt ihn als singuläre Existenz heraus. Als Problem in und mit der Liebe bricht der Konflikt aus. Obwohl er seine Regine heiraten, sie ihn heiraten möchte, trennt er sich von ihr. Man könnte den Kopf schütteln und sagen: Was für ein Glück für sie, einen anderen Mann gefunden zu haben. Wer weiß? Wir wissen nichts mehr von ihr. Wir wissen nicht, ob ein Bürgermann besser für sie war. Wir wissen nur, daß sich Kierkegaard kaum schwerer tat als viele junge Menschen. Reihenweise diskutieren heute Paare, ob sie lieber eine offene Beziehung haben oder sich treu bleiben wollen. Die Alternative von Freiheit oder Geborgenheit in der Liebe. Schon zu zweit darüber zu sprechen ist schwierig. Noch mehr, dies alles im eigenen Kopf zu bewegen. Kierkegaard bewegte kräftig. Er läßt es gar nicht zu einem Gespräch kommen. Vielleicht hatte er die Alternative nicht ernsthaft erwogen. Er war nicht zum Galan geboren. Wahrscheinlich hätte sich seine Verlobte verletzt gefühlt. Die Zeit war eine andere. Sie bahnte sich erst an. Kierkegaard hatte sie bereits inhaliert.

Im »Tagebuch des Verführers«, einem Ausschnitt aus »Entweder – Oder«, gibt er uns Einblick in diesen Konflikt. Die Hauptfigur ist ein junger Mann, der ein Mädchen gewinnen möchte. Es ist nicht sie, die ihn reizt. Es ist die Eroberung. Der Verführer ist auf der Suche nach einer neuen Herausforderung. Er will stets das Einzigartige, noch nie

Gehabte. Er kämpft gegen die Langeweile des Immergleichen und sich Wiederholenden. Er wählt die Selbstinszenierung, fern des Alltags und des Banalen. Er strebt, wie Kierkegaard schrieb, nach *intellektueller Trunkenheit*. Er lebt in der Kultur, er lebt in der Poesie, er lebt in der Kontemplation, er lebt ohne Rücksicht. Er ist der Ästhet. Dieser Hauptfigur gegenüber steht sein Sekretär, der das geheime Tagebuch entdeckt. Er repräsentiert die Empörung. Er ist die Erschütterung, die gegen solche Amoralität laut wird. Er vertritt die Moral des Bürgertums. Er steht für Anstand. Seine Werte sind die Normen. Er ist der Ethiker.

Von außen betrachtet könnte man zu dem Ergebnis gelangen, die Alternative von Freiheit und Geborgenheit habe sich in eine von Rücksichtslosigkeit und Rigidität verwandelt. Kein Wunder, wenn Kierkegaard nicht mehr ans Heiraten dachte. Man möchte ihm beinah entgegenhalten, daß er nichts von der Liebe verstand, andernfalls hätte er sich seine Metaphysik ersparen können. Die Liebe ist nicht die moralische Antithese, sondern selbst Synthese. Zumindest in dem von ihm gesuchten christlichen Gedanken: Die Liebe ist die Anwesenheit Gottes zwischen den Menschen. Aber was heißt schon von außen betrachtet? Der Riß war kein äußerlicher. Er hatte die Gesellschaft im Innersten erfaßt, von wo aus er sich in immer mehr Bereichen abzuzeichnen begann: Politik versus Poetik, Wahrheit versus Schönheit, Wissenschaft versus Kunst … Ethik versus Ästhetik. Die Polaritäten kristallisierten sich heraus, und bald sollte es nur noch um die Frage gehen, wie mit ihnen zu verfahren sei.

3 Große Veränderungen wie jene, die während des 19. Jahrhunderts vonstatten gingen, kommen nicht aus heiterem Himmel. Schon zwei Generationen vor Kierkegaard, zur Hochzeit der Aufklärung, begann diese Spaltung. Vergleichsweise harmlos war sie zu Beginn. Noch war der Bruch nicht im Lebensgefühl angekommen. Noch äußerte er sich nicht als ein moralischer Konflikt. Zwar trennte man die großen Ziele in Politik und Wissenschaft erstmals von jenen, die das künstlerische Schaffen verfolgt. Man löste die seit den Tagen der Antike formulierte Einheit des Schönen mit dem Wahren auf, sagte nicht mehr wie Platon: das Schöne sei Teilhabe am Wahren; sagte nicht mehr wie Aristoteles: das Schöne sei Hervortretenlassen des

Wahren. Man separierte die Kreativität von der Vernunft, wies beiden ihre eigene Welt zu, traute beiden mehr zu, als sie vermochten. Man erdachte sich hier eine Realität, die so objektiv sein sollte, daß sie einzig mit den Mitteln einer objektiven Wissenschaft erfaßt werden könnte. Man erklärte dort die Phantasie als das *Andere der Vernunft*, wo sie ihr Eigenleben begann. Man entwertete und überhöhte sie zugleich, wie Hartmut und Gernot Böhme schreiben: »Die Disqualifizierung der Einbildungskraft als Erkenntnisvermögen wird kompensiert durch eine immer stärker werdende Würdigung ihrer Bedeutung in der Ästhetik, die sich im Laufe des 18. Jahrhunderts von Gesetz und Regel emanzipiert und schließlich im Geniekult die Kreativität als solche verherrlicht.«[3] Man erfand geradewegs die Ästhetik, um sie vom neuen Auftrag der Philosophie zu isolieren. Man erklärte jene zur Repräsentantin von Schönheit und Schein, während diese nun Wahrheit und Sein verantwortete.

Alles in allem war diese Trennung von Schein und Sein aber noch alter ontologischer Stoff, den sich jeder nach Belieben umwerfen konnte. Demgemäß meinte Immanuel Kant, der die Vernunft bevorzugende Wissenschaftler, alles Gerede von einer schönen Wissenschaft sei ein Unding, weil man sofort durch geschmackvolle Aussprüche, durch Bonmots, abgefertigt werden würde, wenn man nach Gründen und Beweisen fragte. Er zögerte nicht lange und rechnete in seiner »Kritik der Urteilskraft« die Ästhetik dem Geschmacksurteil und damit dem Subjektiven zu. Nicht viel anders Friedrich Schiller. Aufklärer auch er, war er als Dramatiker gleichwohl mehr der Einbildungskraft verpflichtet. Also setzte er der Wahrheit der Vernunft eine Wahrheit der Form entgegen und forderte, die Ästhetik müsse sich von allem Anspruch auf Realität ausdrücklich lossagen, wenn sie ihre utopische Kraft entfalten und zum Widerschein eines versöhnten Lebens werden wolle. Selbst Nietzsche behauptete hundert Jahre später noch selbstverständlich: »Wie nun der Philosoph zur Wirklichkeit des Daseins, so verhält sich der künstlerisch erregbare Mensch zur Wirklichkeit des Traumes.«[4]

Nietzsche mochte wissen, wohin er hier gehört. Für Kierkegaard wurde die Alternative zum Problem. Vielleicht flüchtete er wegen Schuldgefühlen in den Glauben. Vielleicht übte er Demut, weil der hehre Anspruch der Vernunftphilosophie ihn nicht minder erschreckte als der von künstlerischer Genialität. Vielleicht war er, was man für einen typischen Philosophen hält – einer, der mit dem realen

Leben nicht zu Rande kommt. Am Ende müssen wir trotzdem zugeben: Sein Problem ist mittlerweile zum populären Thema unserer Zeit geworden. In der Liebe insbesondere, selbst wenn nicht mehr das Heiraten die zentrale Frage ist. Schon eher: Was tun mit diesen doch so klar getrennten Wünschen der Ästhetik und der Ethik? Die Jugendlichen bevorzugen europaweit letztere, träumen von einem verläßlichen Partner und lassen sich immer später auf die Sexualität ein. Sie tun es ihren Eltern gleich, die nach Jahren des Zusammenseins den Weg des Ethikers gehen. Wegen der Kinder oder anderer gewachsener Gemeinsamkeiten bleiben sie zusammen und trennen die Schlafzimmer. Wer nicht die Zimmer, sondern sich trennt, schlägt sich auf die andere Seite. Ein guter Liebhaber, eine beachtete Geliebte, versprechen einhellig Männermagazine und Frauenzeitschriften, könne man nur außerhalb einer festen Beziehung sein. Der Ästhet läßt grüßen. Manchen ist mittlerweile schon das zu intim. Sich von einer Geliebten zu trennen kann ebenfalls Schmerz verursachen. Wer Schmerz verursacht, bereitet in solchem Falle sich selbst Schmerzen. Der Ästhet wird wieder Ethiker, ist mit dem anderen Geschlecht lieber befreundet und entscheidet sich für die technische Lösung: Die *techne* der Liebeskunst wird an sich selbst verwandt, die Erotik der Sexualität untergeordnet, das Ensemble der fünf Sinne reduziert, bis einem Hören und Sehen vergeht.

Keineswegs nur in der Liebe wird die Separierung deutlich. Auch Kierkegaards Rettung hat sie erfaßt. Von welchem Gott sei nun die Rede? Dem Gott Einsteins und seinen Nachfolgern in den Naturwissenschaften, die den Schöpfer und Baumeister des Universums verehren, zugleich aber der Meinung sind, er interessiere sich keinen Deut für das Schicksal der Menschen? Oder eher dem Erlösergott, der für uns am Kreuze starb, doch von Physik nichts wußte? Mancher meint heute den Gott, der in ihm lauert: Nicht Schöpfer, denn wir leben in einem sich selbst erschaffenden Universum. Nicht Erlöser, denn Christus war Mensch. Auch nicht liebend strenger Vater, denn die aus Autorität erwachsenen Gefühle sind längst verdächtig. Er meint den Gott als Potential des eigenen weltlichen Vermögens und der Stärke, um zu entfalten, was innerer und äußerer Freiheit dient.

So ist inzwischen in allen gesellschaftlich relevanten Fragestellungen Kierkegaards Konflikt gang und gäbe. Der russische Literaturnobelpreisträger Josif Brodskij meinte beispielsweise, die Ästhetik müsse zur Mutter der Ethik werden. Seiner Ansicht nach ist die Vulgarität des menschlichen Herzens der größte Feind dieser Welt. Auf ihr basierten alle totalitären politischen Systeme. Der frühere deutsche Bundespräsident Richard von Weizsäcker hätte ihm gewiß zugestimmt. Er plädierte für eine politische Kultur, die unser Leiden an einem Mißverhältnis zwischen Geist und Macht beenden sollte. Doch beider Stimmen Lauterkeit ändert nichts an den Tatsachen. Tatsache ist, daß ungeachtet ihres ethischen Gehalts die Politik, ungeachtet ihres ästhetischen Vermögens Kunst und Poetik unterschiedliche Ziele verfolgen. Beiden Herren war das wohlbekannt. Sie sagen es ausdrücklich. Brodskij: Kunst will das Gegenteil von Vulgarität. Weizsäcker: Politische Kultur heißt nicht gleich Kunst.

Auf solch schwankendem Boden wird Kierkegaard, mit dessen Philosophie und Lebensart wir nichts mehr anfangen konnten, am Ende zur Verkörperung gängiger Misere: Ästhetik oder Ethik? Seit hundertfünfzig, seit mehr als zweihundert Jahren schlagen wir uns mittlerweile mit diesen beiden Lebenswegen, mit diesen beiden Philosophien vom Leben, mit diesen beiden Bildern der Wirklichkeit herum. Ein Leben für die Kunst, ein Leben für die Wissenschaft. Wolkenkuckucksheim oder Pragmatismus. Geist und/oder Macht. Für seine Ideale kämpfen, der Realität ins Auge sehen. Im Dienste anderer Sinn gestalten, im Eigensinn erfolgreich walten. Wo die Alternativen solche Entscheidungsnot hervorbringen, kann es nicht schaden, sie genauer ins Visier zu nehmen. Nicht Søren Kierkegaards Lehre, auch nicht das Lebensgefühl, sondern das, was die Brüche verursachte. Es stellt sich zum zweitenmal die Frage nach der Geschichte hinter der Geschichte.

Vordergründig und in zahllosen Geschichtsbüchern nachlesbar ist die Historie glatt erzählt. Bis zum Ausgang des Mittelalters hatte die Theologie eine geistige und weltliche Vormachtstellung inne. Sie definierte den Alltag; sie definierte Politik und Wissenschaft, Philosophie und Kunst; sie definierte das Leben. Daran hätte sich vielleicht nie etwas geändert, wenn sie zu Beginn der Neuzeit die Zeichen der Zeit, die auf Wissen und Freiheit standen, richtig gedeutet hätte. Doch die Kirche reagierte repressiv, griff zum Feuer und verbrannte sich die Finger. John Updike meinte, »wenn sich die Theologie an der Naturwissenschaft vergreift, verbrennt sie sich stets die Finger – im sechzehnten Jahrhundert an der Astronomie, im siebzehnten an der Mikrobiologie, im achtzehnten an Geologie und Paläontologie, im neunzehnten an Darwins Evolutionsbiologie. Immer wurde das Weltbild schier unfaßlich erweitert, während die Kirchenmänner sich duckten, in immer kleineren und schattigeren Nischen Zuflucht suchten, sich zuletzt in den düsteren, vieldeutigen Tiefen der Seele verkrochen, wo ihnen nun die Neurologie grausam zusetzt.«[5] Wie dem auch sei: Im 16. Jahrhundert wurde das kopernikanische Weltbild formuliert, im 17. der Rationalismus zum führenden Denkmodell, im 18. begann die Ära der Aufklärung.

Wer wollte ihre Ziele und Absichten in Frage stellen? Wissenschaftlicher Fortschritt statt Naturkunde auf Basis der Bibel; demokratische Verfassungen statt kirchen- und weltenfürstlicher Willkür; das Naturrecht auf Freiheit statt einer Freiheit nach dem Tode. Um die Jahrhundertwende war das Kapitel beendet. 1789 wird mit der Französischen Revolution die feudale Gesellschaft zu Grabe getragen; bildlich und vom Schafott. Zwischen 1781 und 1790 veröffentlicht Kant seine Kritiken »der reinen Vernunft«, »der praktischen Vernunft« und »der Urteilskraft«. Er vollendet philosophisch die Aufklärung. Wenige Jahre danach verliert die Kirche durch die Säkularisation weitgehend ihre Besitztümer. Das 19., das neue Jahrhundert kann beginnen und mit ihm ein historischer Neuanfang.

In England und Frankreich verabschieden sich John Stuart Mill, Herbert Spencer und Auguste Comte von der theologischen Vergangenheit der Philosophie und suchen mit Empirismus und Positivismus eine auf Erfahrung und Methodologie gegründete, eine zeitgemäßere Form des Denkens zu entwickeln. Während in England die industrielle, in Frankreich die politische Revolution im Mittelpunkt stehen, findet in Deutschland die Revolution im Geiste statt. Das Teutonenreich wird zum Zentrum der Philosophie, der »deutsche Idealismus« zur neuen Welterklärung. Sein herausragender Kopf, der Stuttgarter Georg Wilhelm Friedrich Hegel, als Student mit Schelling und Hölderlin befreundet, entwickelt, stets durch große Ziele motiviert, seine Philosophie der großen Ziele. Der *Weltgeist* ist es, der bei ihm durch die Geschichte reitet und danach strebt, die Idee zu verwirklichen. Die Idee, um die es geht, ist die Fortsetzung und Erfüllung des aufklärerischen Vernunftprogramms. Es soll die theologische Vergangenheit endgültig vergessen machen. Es soll dem bürgerlichen Staat zur Macht verhelfen. Es soll die historische Entwicklung an ihren glücklichen Ausgang bringen. Es soll den Zweck aller Vernunft aufzeigen.

Hegel muß lange auf seine Anerkennung warten; Schelling lebt bereits seit 20 Jahren als Professor, Hölderlin schon seit zehn Jahren in geistiger Umnachtung. Doch am Ende hat er, den die Freunde als Studenten den *alten Mann* nannten, den größten Erfolg. Durch seinen Glauben an die Philosophie, an seine Philosophie, an sich selbst wird er nicht nur Professor in Berlin. »Professor aller Professoren« nennt er sich, und sogar seine Frau bekommt es zu hören; in einem simplen Brief an sie bläht er sich auf: »Und ich, Königlicher Professor publ. ordin. an der Königlichen Universität zu Berlin (und zwar Professor vom Fach, nämlich der Philosophie, als des Faches aller Fächer) …« Er wird obendrein Cheftheoretiker im preußischen Land. »Wohl nicht zufällig«, meint ein Biograph, »machte die preußische Regierung Hegels Philosophie zur Grundlage ihrer Staatsphilosophie, und zwar nicht nur die Rechtsphilosophie, sondern auch die Religionsphilosophie. Staat und Philosophie treten nämlich, der gemeinsamen Natur des Wissens wegen, zum innigen Bund gegen die Religion zusammen. Denn der Staat ist, wie die Philosophie, was die Religion nicht ist: sich wissende Vernünftigkeit. Es ist daher wohl keine Verleumdung, wenn Hegel als ›offizieller preußischer Staatsphilosoph‹ bezeichnet wurde.«[6]

Trotz dieser Karriere war er dennoch nicht unumstritten. Martin Buber sollte später über ihn sagen, er habe das prachtvollste Haus der Philosophie errichtet, nur leider vergessen, darin Fenster einzubauen. Der Verschmelzung seiner Lehre mit dem Lauf der Geschichte hielt man entgegen, er legitimiere politische Mißstände als dialektisch notwendige Entwicklungsstufen auf dem Weg zur Vernunft. Seiner Ästhetik, die ihm selbst Herzstück seiner idealistischen Philosophie war, warf man vor, daß sie eher seinen Hang zum Absoluten bestätige, als Auskunft über das künstlerische Schaffen zu geben. Tatsächlich besaß er Kunstverstand. Den des Kunstliebhabers, nicht des Kunstschaffenden. Dementsprechend interessierte ihn weniger die Arbeit an der Phantasie, mehr das vollendete Kunstwerk. Es war ihm Beweis seiner Philosophie: ein Widerschein des Wahren; die Vorwegnahme der erfüllten Idee. Man könnte diesen Beweis als Instrumentalisierung bezeichnen. Es genügt zu sagen, Hegel war eher Politiker als Poet. Er war mehr im Konzeptionellen als im Stilistischen zu Hause. Er maß alles am großen Zweck und Ziel, sein Synonym für die Vernunft. So mochten die einen ihn bald nicht mehr lesen, die anderen ärgerten sich, die dritten wollten ihn unbedingt *vom Kopf auf die Beine stellen* und diejenigen, die zu ihm hielten, schätzten ihn wohl wegen dieser Totalität. Die einen als Professoren, die anderen als Politiker.

Wie sehr seine Philosophie fremde Welt war, kann man an seinen Kritikern ermessen. Gegen ihn wurden sich selbst die untereinander entferntesten Denker einig. Hatten die Renegaten Kierkegaard, Marx und Nietzsche auch ihre persönlichen Lieblingsfeinde: für Kierkegaard all jene, die objektiv zu sein beanspruchten; für Marx die englischen Gurus der eben entstandenen Nationalökonomie, namentlich David Ricardo und Adam Smith; für Nietzsche der ihm nicht unähnliche Kollegenkrittler, Misanthrop und Frauenhasser Arthur Schopenhauer. In Georg Wilhelm Friedrich Hegel erkannten und bekämpften alle drei gemeinsam den Großmeister des neuen Herrschaftsdenkens. Schleiermacher war mit ihnen, und Schopenhauer mochte nicht fehlen. Neben vielen anderen Namen, die er ihm gab, nannte er ihn den *Tollhäusler der Vernunft*. Zu seinem größten Gegner wurde allerdings Marx. Mit ihm und seinen Anhängern verwandelten sich das Deutsche in die Internationale, der Idealismus in den Materialismus, die Idee in die Produktionsverhältnisse, preußische Staatsphilosophie in sozialistische Politökonomie, das historische Ziel des Weltgeistes in das Ideal einer kommunistischen Gesellschaft ...

Beließe man es bei dieser Darstellung der Historie, könnte man sie mittlerweile als weitgehend abgeschlossen betrachten. Und was Søren Kierkegaard betrifft, müßten wir ihm entgegenhalten, daß er sich in dem Augenblick an die Religion klammerte, in dem sie ihre Stellung in der Welt verlor. Wir müßten in ihm eine Art Fundamentalisten sehen, der das Rad der Geschichte anhalten, der die eben verlorenen Werte zurückgewinnen wollte. Wir müßten seine vermeintlich kritische Haltung gegen die Modernisierung seiner Zeit als genuin konservative bezeichnen. Wir müßten zu dem Ergebnis gelangen, daß der Grund seiner Existentialphilosophie eigentlich nicht im Konflikt zwischen Ethik und Ästhetik lag, sondern in erster Linie in seinem Bestreben, im neuen Zeitalter der Vernunft am einzelnen noch festzumachen, was insgesamt verloren war. Es wäre ein glattes Resümee. Glatt wie diese Darstellung der Geschichte; zu glatt. Ist sie doch keineswegs beendet. Der Absolutheitsanspruch von Philosophie und Politik mag mittlerweile wieder in seine Grenzen verwiesen sein. Aus ihm ging allerdings ein anderer und weitaus subtilerer hervor, der sich individualistisch und pragmatisch gibt. Seine Entstehung ist nicht nur geistesgeschichtlich als Aufstieg und Niedergang der Vernunft zu erklären. Ihn zu begreifen bedarf es einer genaueren Sichtung der von Bertrand Russell erwähnten Umstände von Zeit und Leben. Es bedarf einer Erzählung derselben Geschichte aus leicht modifizierter Perspektive.

4 Die Idee der Freiheit ist ein Menschentraum. Während des Mittelalters auf das Jenseits gerichtet, wird er zu Beginn der Neuzeit programmatisch. Im 18. Jahrhundert nimmt er konkrete Gestalt an. Im Jahrhundert der Aufklärung sollen Politik und Wissenschaft es richten. Dort will und soll man endlich zur Vernunft kommen. Absicht und Anspruch sind nur lauter. Zu lange schon währte feudale Selbstherrlichkeit; zu lange schon galt Dogma mehr als Argument. Allerdings rechtfertigen die guten Gründe, gegen etwas zu sein, diese nicht gleich als Alternative. Die Gewalt als Verteidigung legitimiert noch nicht die Gewalt an sich. Tatsächlich ist die Aufklärung legitimer Akt gegen die Unterdrückung von Freiheit und zugleich illegitimer Akt einer Ausgrenzung der Phantasie im Namen der Vernunft. Sie stellt die eigentliche Ursache für jenen schwerwiegenden Bruch dar, der weitreichende Folgen haben sollte. Wegen ihr kommt es zur Entstehung von Ideologien. Wegen ihr kommt es zum Individualismus und seinen Krisen: den Krisen als Individuum. Den Krisen mit dem Individuum.

Wie kam es dazu? Blicken wir in die Geschichte hinein. Wir befinden uns inmitten der Aufklärung. Jeder will sie – außer jenen, die bislang die Geschicke lenkten. Politischer Aufbruch und philosophischer Plan gehen Hand in Hand. Wissenschaftliches Interesse und literarisches Engagement stehen in nichts nach. Man ersehnt die Veränderung; man erstrebt ein anderes Sein. Wenn es ums Sein geht, fühlt sich die Philosophie im besonderen Maße aufgerufen. Sie sagt: Wir dürfen uns nichts vormachen! Keiner will sich etwas vormachen. Also hört man ihr zu und folgt ihr. Die Philosophie meint aber auch, man müsse das Sein vom Schein trennen. Dies wird weniger gehört. Wenn es gehört wird, wird es weniger verstanden. Die Philosophie meint eigentlich: In der Beurteilung der Sachverhalte und den daraus zu ziehenden Konsequenzen sei sie als die Sachwalterin der Vernunft die einzige Adresse. Das literarische Engagement sei demgegenüber eher von ästhetischen oder persönlichen Motiven geleitet. Es sei nicht unbedingt objektiv; es sei eher subjektiv. Die künstlerischen Seelen haben dagegen nichts einzuwenden. Sie haben sich ohnehin nie als Vertreter der Wahrheit verstanden. Sie kennen wie Schiller ihre »Wahrheit der Form«. Darüber hinaus beanspruchen sie gar keine Objektivität, suchen eher geteilte Subjektivität. Sie arbeiten aus sich heraus und wissen zugleich, das Werk, das zählt, kennt immer auch eine andere Urheberschaft als die eigene: Jeder, der je geschrieben hat, wird gefunden haben, daß Schreiben immer etwas erweckt, was man vorher nicht deutlich erkannte, ob es gleich in uns lag, sagte vor zweihundert Jahren der Physiker, Essayist und Aphorismenschreiber Georg Christoph Lichtenberg. Der Roman ist klüger als sein Autor, sagt noch heute Milan Kundera. Die künstlerischen Seelen haben deshalb nicht den Eindruck, als Repräsentanten des Scheins abgekanzelt zu werden. Sie denken sowieso, das Sein sei letztlich auch nur Schein und halten das für Philosophie. Noch Nietzsche fiel darauf herein. Auch er meinte: »Der schöne Schein der Traumwelten, in deren Erzeugung jeder Mensch voller Künstler ist, ist die Voraussetzung aller bildenden Kunst ... Bei dem höchsten Leben dieser Traumwirklichkeit haben wir doch noch die durchschimmernde Empfindung ihres Scheins ... Der philosophische Mensch hat sogar das Vorgefühl, daß auch unter dieser Wirklichkeit, in der wir leben und sind, eine zweite ganz andere verborgen liege, daß also auch sie ein Schein sei.«[7] Von den vermeintlich echten Philosophen glaubte dies dagegen keiner. Im Gegenteil. Schon seit der Antike bekämpften sie dieses ihrer Ansicht nach lullige Verständnis von Wirklichkeit. Schon Platon mußte sich über die Sophisten aufregen, die nichts vom Wahren wußten, die es nicht kannten, die die Existenz einer absoluten Wahrheit leugneten, die nur eine relative Wahrheit akzeptierten, die Verräter eines jeden aufrichtigen Wahrheitsstrebens waren. Von Anfang an behaupteten Philosophenmenschen immer wieder, die einzige Wahrheit, die es geben könne, sei vom Menschen unabhängig. Schon deshalb stand ihnen die Theologie allzeit nahe. *Ein* Gott, *eine* Wahrheit, *ein* Sein. Nur so kann man dem Höheren dienen. Nur so kann man Philosophie betreiben. Deshalb auch dieser, ebenfalls seit der Antike währende Streit mit der Rhetorik. Ständig hatte sie behauptet, mit Hilfe der Logik könne man nur zu richtigen Aussagen gelangen; wahr dagegen sei, was die Gefühle anspreche. – So gelangt man nicht zur Erkenntnis. Gefühle sind subjektiv. Sie sind irrational. Erkenntnis muß objektiv sein. Sie muß der Vernunft folgen. Sie muß die überzeitlichen und überweltlichen Gesetze in Augenschein nehmen. Nicht wie die Rhetoriker die öffentliche Meinung.

Zwei Jahrtausende schwelte diese Rivalität zwischen Philosophie und Rhetorik. Zwei Jahrtausende liefen beide parallel nebeneinanderher. Die Philosophie im Dienst der Weisheit und ihrer Stellvertreter auf Erden; die Rhetorik im Dienst von Bildung und Einbildung. Zwei Jahrtausende beriefen sich beide auf unterschiedliche Instanzen: die Philosophie auf Gott und mehr oder weniger göttliche Prinzipien; die Rhetorik auf den Menschen und ihre eigene Verwandtschaft mit der Poetik. Auf die Inhalte kommt es an, sagte jene. Inhalte sind von der Form abhängig, erwiderte diese. Beide hatten ihre eigenen Theorien. Beide verfolgten unterschiedliche Ziele. Beide führten ihre Einsichten an. Ein Kampf zwischen Wahrheit und Wahrscheinlichkeit. Ein Streit zwischen Logik und Metaphysik hier, zwischen Topik und gesellschaftlicher Wirklichkeit dort.

Zur Zeit der Aufklärung findet dieser uralte Disput mit einem Schlag ein Ende. Und es fällt zuerst nicht einmal auf. Die Künstler selbst verstehen sich als Aufklärer. Sie merken nicht, wie aus der Philosophie das Bollwerk der Vernunft erwächst, alle Wahrheit für sich beansprucht, alle Objektivität für sich reklamiert und damit zugleich die Phantasie privatisiert, sie ihrer *gesellschaftlichen Relevanz* entledigt, sie nur mehr *aus der individuellen Subjektivität* heraus begründet.[8] Reihum und sukzessive schnappen sich die Theoretiker der Aufklärung die großen Themen der Öffentlichkeit, setzen sich hin wie Aschenputtel, rufen wie sie: »Die Guten ins Töpfchen, die Schlechten ins Kröpfchen«, trennen das Wahre und ethisch Wünschenswerte vom Schönen und ästhetisch Wertvollen, den Wissenschaftler vom Künstler, den Phantasten vom Realisten ... – die eine Seite des Menschen von der anderen und bereiten vor, was aller Vernunftphilosophie am Ende den Garaus machen wird: den Siegeszug des Subjektiven auf den Ruinen der Objektivität.

In der zweiten Hälfte des 18. Jahrhunderts wird diese Verabsolutierung der Vernunft eingeleitet. Hatte Lichtenberg gerade noch gesagt, »Sätze, worüber alle Menschen übereinstimmen, sind wahr, sind sie nicht wahr, so haben wir gar keine Wahrheit«, verwandelt sich jetzt die Wahrheit in eine vom einzelnen unabhängige Größe. Hatte Gotthold Ephraim Lessing gerade noch seine »Hamburgische Dramaturgie« veröffentlicht, die vielen als ein Meisterwerk in der Einheit von Rhetorik und Poetik gilt, so werden beide nun plötzlich voneinander getrennt: die Phantasie wird zur Sache des Künstlers, die Theorie der Kunst zur Sache der Philosophie, und die Rhetorik verkommt zur Schule des Redens, wenn es sein muß, des inhaltsleeren Redens. War Heinrich von Kleist gerade noch mit seiner berühmten brieflichen Abhandlung »Über die allmähliche Verfertigung der Gedanken beim Reden« an die Öffentlichkeit getreten, worin er die kompositorischen Aspekte des schöpferischen Arbeitens aus jenen ableitet, die für das Publikum relevant sind, so wird dieser Aufsatz nun als ein Text rezipiert, in dem der Literat Auskunft über seinen ganz persönlichen, kreativen Prozeß der Ideenfindung gibt. Und weil alle zusammen gerade dasselbe wollen, des Menschen Seelenheil auf Erden, fragt auch keiner danach, welches Motiv im Einzelfall dahinterstehe. Solch psychologische Feinheiten werden bei politischen Umwälzungen seit jeher im nachhinein geklärt. Zuerst miteinander, dann die Sieger untereinander. So geschehen nach der Französischen Revolution, nach Kant und nach der Säkularisation. Das 19. Jahrhundert begann und mit ihm der Bruch.

Während Mill, Spencer und Comte in der Gegenwart ankommen, wird der Deutsche Idealismus zur neuen Superphilosophie. Seine Repräsentanten, allen voran Fichte, Schelling, Hegel, verstehen sich als Erben Immanuel Kants. Das muß verwundern, denn er war im Gegensatz zu ihnen Europäer, war klar bei Verstand, war politischer Geist, nicht Geist als Politik. Wie konnte die Rechnung aufgehen? Zitieren wir ruhig noch einmal John Updike. Er sagte, nur wenn man Gott einen Platz weit jenseits des menschlich Verstehbaren zuweise, habe man seine Unangreifbarkeit gesichert. Das ist es. Die neue deutsche Philosophie verwandelt die eben verabschiedete Allmacht Gottes in eine der Vernunft, beruft sich dabei auf Kant, treibt das von ihm formulierte Programm einer *Autonomie der Vernunft* auf die Spitze, macht aus ihr eine Autokratie der Vernunft, die nichts anderes mehr neben sich duldet. Man kann es sachlich beschreiben: »Der Deutsche Idealismus drückt eine erstaunliche und seitdem nie mehr erreichte Zuversicht in die Fähigkeit der menschlichen Vernunft aus.«[9] Man kann es auch deutlich sagen: Mit dem Deutschen Idealismus wird die Philosophie zum System, vor dem sich nun jedes Tun zu rechtfertigen hatte. Alles Wirkliche ist vernünftig, lautet die Devise. Was sich solcher Kategorisierung versperrt, wird als nicht vernünftig, subjektiv und irrational abgetan und, wenn es sein muß, bekämpft. Kaum hatte ihr Vernunftprogramm über den Dogmatismus gesiegt, tritt die Philosophie auch schon an, sich anstelle der Theologie als die Herrin der Welt aufzuführen. Zum ersten Male kann sie ihren seit eh und je erhobenen Anspruch auf das Wahrheitsgeschäft ohne jede Konkurrenz ausüben.

Wir wissen, wie die Geschichte endete. Es war, auch wenn manche es immer noch nicht wahrhaben wollen, der größte Flop in der Historie des Geistes. In unserem Jahrhundert wurde er offensichtlich. In der Politik und in der Wissenschaft. Dort mußten wir erdulden, was metaphysisch begründete Staaten anrichten können; wir mußten erleben, wie aller Wahrheitsanspruch in Händen der Politik zur Katastrophe wird. Hier konnten wir beobachten, wie die wissenschaftliche Rationalität nicht nur zu einer generellen und schon vor langer Zeit von Max Weber kritisierten *Entzauberung der Welt* führte; wir mußten obendrein feststellen, daß ihre Ergebnisse, die gerade noch gefeiert wurden, immer wieder Probleme aufwarfen, deren Folgen oft über Jahre und Jahrzehnte nicht mehr absehbar sind.

Selbst die so harmlos erscheinende Trennung von Ethik und Ästhetik war noch zum Drama geworden. »Habt erst eine Kultur, dann sollt ihr auch erfahren, was die Philosophie will und kann«[10], mäkelte Friedrich Nietzsche. Er hätte eher sagen sollen: Habt erst eine Philosophie, dann sollt ihr auch erfahren, was die Politik will und kann! Der bereits zitierte Michel Tournier wußte es: »Der Sozialismus ist eine Moral, der Faschismus eine Ästhetik.« Die Welt hat beide kennengelernt. Sie mußte mit ansehen, wie ein kleiner Kunstmaler *beschließt, Politiker zu werden*, um zu beweisen, daß die Kunst doch dazu tauge, die Welt zu verändern. Die Resultate zu ertragen, blieb ob der Gnade des frühen Todes Nietzsche erspart. Andernfalls hätte er erkennen müssen, wie seine Ästhetisierung des Politischen ihn dienstbar machte. Mit höchst schöpferischem Anspruch rein ins Menschenbild. Mit kultureller Einheit raus aufs Schlachtfeld. Laßt uns Genie und Wahnsinn zur Methode machen!

Am Ende siegt meist die Ästhetik. Auch bei solchen, die von der Moral kommen. Vorausgesetzt, sie können sich das Schöne leisten. Dann aber hat schon mancher, der im Wunsch nach gesellschaftlicher Veränderung so lange auf die Vernunft setzte, bis ihn die kapitalistische Phantasie alt aussehen ließ, die sogenannten Werte gewandelt. »Burned out« heißt es dann. Frei nach Gernot Böhme: Wird die

Möglichkeit einer realen Umgestaltung der menschlichen Verhältnisse resignativ beurteilt, erkennt man gerne das Potential der Schönheit als Protest und Gegenbild zur Realität.[11] Sozusagen vom Klassenkampf zum Klasseweib, vom Mieterkampf zum Eigenheim, von der Revolution zur verkehrsberuhigten Zone vor der eigenen Haustür, von der sozialistischen zur kulinarischen Internationalen.

Wohin wir auch blicken, stets dieselbe Öde. Die Ruinen der Vernunft hier; die kindische Philosophie des individuellen Lebensglücks als Ausweg oder Alternative da. Rundum muß uns der zur Zeit der Aufklärung beginnende Anspruch auf Realität und Realistisch-Sein naiv, die im Deutschen Idealismus praktizierte Überhöhung der Vernunft geradezu vermessen erscheinen. Nehmen wir alle politischen Erfahrungen und wissenschaftlichen Erkenntnisse dieses Jahrhunderts ernst, haben wir gar keine andere Wahl mehr, als jedes ausschließlich auf Rationalität, Vernunft und Objektivität basierende Programm für gescheitert zu erklären. Es scheiterte an der Wirklichkeit: Die Welt ist nicht nur durch Vernunft bestimmt. Es scheiterte an den Prämissen: Was soll vernünftig sein, wenn sich die Vernunft selbst definiert, wenn am Ende einzig zählt, was nicht mehr als unvernünftig widerlegbar ist? Es scheiterte empirisch: Selbst wenn die Wirklichkeit nach objektiven Gesetzen funktionierte, blieben wir auf dem Wege ihrer Erkenntnis doch immer in unseren subjektiven Grenzen gefangen. Es scheiterte an der Praxis: »In der Welt entstehen viele Irrtümer dadurch, daß man den Herrschaftsanspruch der Vernunft zu weit treibt, und daß man vor allem die Vernunft als Mittel der Erkenntnis mit einer als Ursache gedachten Vernunft verwechselt.«[12] Es scheiterte am Menschen: Er ist bloß vernunftbegabt; ist er in seinem Handeln auch vernunftgeleitet, versteht er leidlich wenig, von seiner Gattung quasi nichts mehr.

5 Es war, im nachhinein betrachtet, ein Fehler, den seit der Antike währenden Konflikt zwischen Philosophie und Rhetorik zugunsten jener zu beenden. Mag diese auch stets in der Gefahr geschwebt haben, die individuelle und launische Meinung zu sehr zu hofieren, so besaß sie doch ihre Instrumente, mit ihnen umzugehen. Erst durch die Rhetorik werde die Wissenschaft zu einem gesellschaftlichen Faktor, einer Praxis des Lebens, bemerkte der Philosoph Hans-Georg

Gadamer. Und sie hatte niemals allein das Sagen. Die Philosophie dagegen beanspruchte ein Objektivitätsmonopol und stand zugleich der Subjektivität von Anfang an hilflos vis à vis. Das keineswegs nur dann, wenn es galt, die Botschaften nach außen zu tragen. Auch intern klappte es nicht. Stück für Stück mußten sie und die ihr gehorchende Wissenschaft sämtliche Hoheitsgebiete einer vom Menschen unabhängigen Wahrheit preisgeben. Sie mußten neben der »reinen Vernunft« eine »praktische Vernunft« akzeptieren. Sie mußten neben der Erkenntnistheorie eine Erkenntnispsychologie zulassen. Sie mußten die Frage stellen und letztlich an ihr verzweifeln, inwieweit sich die Werturteile eines Wissenschaftlers in seine vermeintlich objektiven Urteile einschleichen. Sie mußten sich von seiten der Naturwissenschaften anhören, daß wir nichts über die Welt an sich wissen, sondern immer nur etwas über unser Bild der Welt. Sie mußten erkennen: Alle Wahrheit ist vergebens, wenn keiner ihr mehr folgt.

Es war der Preis, den die Aufklärung und alle ihr mit bester Absicht nachfolgenden Gutmeiner zu bezahlen hatten. In ihrer Sehnsucht nach einer allgemeingültigen und für alle verbindlichen Wahrheit dachten sie sich eine vom einzelnen und Einzelfall losgelöste Objektivität aus, ohne zu bedenken, daß sie damit unweigerlich auch die Subjektivität erfanden. Sie formten eine Wahrheit für alle zusammen, die nichts mehr mit der Wahrheit von jedem zu tun haben mußte. Sie kreierten das Modell einer absoluten Wahrheit, das sie selbst nicht einlösen konnten. Sie entwarfen eine Wahrheit, die am Ende nur mehr ein Torso war und das Gegenteil dessen darstellte, was sie sein sollte: ein relatives und an das Individuelle gebundenes Gebilde, das seinen Namen nicht mehr rechtfertigte. Sie verhalfen jener Vereinzelung des Menschen, die unter dem Namen Individualismus eine Freiheit zu sein vorgibt, überhaupt erst zum Leben, indem sie die Voraussetzungen für eine Philosophie schufen, die es bis dahin gar nicht gab und auch nicht geben konnte: die Philosophie einer singulären Existenz, deren Wesensmerkmal und verbindendes Element zu anderen nur diese Singularität ist. Sie schufen die Voraussetzungen für Kierkegaards Existentialismus.

Mag er in seinem Lebensgefühl aus dem Konflikt zwischen Freiheit und Geborgenheit entstanden sein; mag er in seinem Denken aus der Trennung von Ethik und Ästhetik resultieren. Im Grunde ist sein genuiner Stoff nichts anderes als das erstmals laut gewordene Problem des modernen Individuums: Folge ich meinen eigenen Gesetzen, oder will ich sie zugunsten einer höher zu bewertenden Allgemeinheit hintanstellen? Folge ich mir, oder folge ich einer Philosophie, die sich am Ende einmal mehr als Irrtum mit fatalen Folgen herausstellen kann? Kierkegaard wußte nicht mehr, was für ihn das Bessere sei. Er floh zum klassisch Allgemeinen, floh zu Gott und konnte selbst ihn nicht mehr als einen gnädigen, als einen den Menschen liebenden erkennen. Er mußte sich seinen Gott verdienen; der Glaube wurde ethisch. Er mußte sich gegen den Zeitgeist einen neuen Gott erschaffen. Er mußte, nachdem die über ein Millennium herrschende Lehre der Kirchenmänner an ihrem Ende angekommen war, sich einen Gott suchen, der im Zweifelsfalle nur sein eigener war; der Glaube wurde ästhetisch. Singulärer Gott eines singulären Wesens. Er wollte keinen Individualgott. Deshalb kritisierte er die Abtrünnigen. Deshalb kritisierte er die neuen Götter. Er kritisierte die Welt, wie sie wurde, und mit ihr die Philosophie, die das nächste Jahrhundert bestimmen sollte.

Am Ende dieses darauffolgenden Jahrhunderts schrieb Joachim Fest, es sei an der Zeit, daß die beiden großen Epochentendenzen, der sozialrevolutionäre Gedanke und die moderne Kunst, wieder zusammenfänden. Er ist nicht der einzige, der diesen Wunsch hegt. Es ist nur zu verständlich. Trotzdem wäre zu fragen, wie dies überhaupt noch möglich sein sollte? Längst hat der Riß, der seinerzeit durch die Gesellschaft ging, zwei voneinander getrennte Welten erschaffen. Zur Zeit Kierkegaards begann es: der Druck eines materialistischen Lebens und zugleich das Aufkommen idealistischer Vorstellungen; die Umwandlung der Liebe von der ökonomisch notwendigen Lebensgemeinschaft zum erträumten Ideal von Seele, Herz und Lust; die Verlagerung menschlicher Bindungen vom sozialen zum individuellen Ereignis; die Auflösung traditioneller Strukturen des Lebens, des Arbeitens, der Zusammengehörigkeit; die Privatisierung der Religion; der Beginn des Künstlertums; die Entstehung der Psychologie; die Relevanz des Lebensgefühls ... Am Ende des 20. Jahrhunderts ist es zur doppelten Realität geworden. Zur Realität objektiver Verhältnisse, denen der einzelne nur mehr ohnmächtig gegenüberzustehen scheint; zur Realität der subjektiven Wahrheiten, die gleiches Recht beanspruchen. Der Idealismus hat sich von der Vernunft auf die Psychologie verlagert, ohne hierfür noch irgendwelcher Ideale zu bedürfen.

6 So sind es schließlich drei Ebenen, die mit dem Wort Philosophie bezeichnet werden: Das Werk eines Philosophen. Die Lebensphilosophie, die diesem Werk zugrunde liegt. Und die Philosophie einer Zeit oder einer Epoche, deren patriarchalische Muster das große Spiel definieren.

Auf der ersten Ebene können wir Kierkegaard, Marx und Nietzsche als drei völlig voneinander verschiedene Autoren einer je eigenständigen Philosophie betrachten. Jeder von ihnen verfolgt gänzlich unterschiedliche Ziele. Kierkegaard verfolgte das Ziel, errettet zu werden. Er ging von seiner singulären Existenz aus. Marx verfolgte das Ziel, gravierende gesellschaftliche Mißstände zu beseitigen. Er ging von den ökonomischen Gegebenheiten des Marktes und seinen ihm eigenen Mythen aus, denen zufolge menschliche Verhältnisse in der Arbeit, im Handel, in der Politik wie sachlich notwendige und von Natur aus gegebene Verhältnisse erscheinen. Nietzsche verfolgte das Ziel, den Umbruch und Niedergang traditioneller Werte anzumahnen, zu stoppen, vielleicht rückgängig zu machen. Er ging von einem Menschenbild aus, demnach die Würde des einzelnen nur in einer für alle verbindlichen und gemeinsam geteilten Kultur gewährleistet sei.

Auf der zweiten Ebene sind Kierkegaard, Marx und Nietzsche Zeitgenossen eines Jahrhunderts, dessen Zeitgeist und Lebensgefühl sie als Ausgangspunkt ihrer jeweils unterschiedlichen Philosophien teilten. Sie sind unmittelbar Zeitgenossen, so sie nur der Abstand einer Generation voneinander trennt. Sie sind es mittelbar, sofern jeder von ihnen im Rahmen seiner Motive auf dieselben Ereignisse und Entwicklungen Bezug nimmt, die zu ihrer Zeit vonstatten gingen und das Denken und Handeln der Menschen beschäftigten. Beispielsweise die berühmte Gretchenfrage. Bei Kierkegaard mündet sie in einer Kritik an der Praxis des Christentums; bei Marx in seinem Satz, Religion sei Opium für das Volk; bei Nietzsche in seiner berühmten Aussage: Gott ist tot. Alle drei reagierten auf ihre Weise auf das Ende des theologischen Weltbilds.

Auf der dritten Ebene lösen sich die Unterschiede zwischen ihren Philosophien am Ende gar auf; sie werden zu *einer* Gegenstimme, die den Absolutismus der Vernunft von Grund auf in Frage stellte. Nicht mehr, was sie sagten und warum sie es sagten, ist darin entscheidend, sondern nur mehr, daß jeder von ihnen auf etwas reagierte, das zu ihrer Zeit herrschende Philosophie war. Mag die Herrschaftsdenke, gegen die sie sich verwahrten, geistesgeschichtlich mit dem Deutschen Idealismus zu bezeichnen und durch Georg Wilhelm Friedrich Hegel repräsentiert sein. Schließlich waren sie einhellig gegen ihn. Schließlich siedelten sie sich selbst, obwohl sie heute in keiner Philosophiegeschichte fehlen, zuletzt sogar außerhalb der Philosophie an. Kierkegaard kehrte zur Religion zurück. Marx sagte, die Philosophen hätten die Welt immer nur neu interpretiert, es sei an der Zeit, sie zu verändern. Nietzsche lehnte die Philosophie seiner Zeit von Grund auf ab und träumte zugleich von einer, die eine kulturelle Führung innehaben könnte: »Eine Zeit, die an der sogenannten allgemeinen Bildung leidet, aber keine Kultur und in ihrem Leben keine Einheit des Stils hat, wird mit der Philosophie nichts Rechtes anzufangen wissen ... Sie bleibt vielmehr ... gelehrter Monolog des einsamen Spaziergängers, zufälliger Raub des Einzelnen, verborgenes Stubengeheimnis oder ungefährliches Geschwätz zwischen akademischen Greisen und Kindern.«[13]

Doch mehr noch als das entstammte die Philosophie, der sich alle drei versagten, nicht der Feder eines Autors oder einer Schule. Sie war mehr als Geistesgeschichte; sie war Voraussetzung und Bedingung aller Geschichte ihrer Zeit. Sie war, um es mit einem Wort zu sagen, die alles bestimmende *Megaphilosophie*.

7 Wenn wir konstatieren, daß die Philosophie im 19. Jahrhundert zur Megaphilosophie wurde, durch die die Ziele und Strategien der Taten, die Werte und Maßstäbe des geistig-kulturellen Lebens, ja sogar die Wünsche und Träume eines jeden einzelnen codiert werden, so beschreiben wir damit in erster Linie das Faktum, daß sie die Rolle der Theologie übernahm. Gegen die Theologie und ohne die Wirklichkeitssicht der künstlerischen Phantasie wurde sie zur alleinigen Instanz und einzigen Autorität in allen Wahrheitsfragen. Sie wurde zur obersten Kritikerin aller Ideologien. Zugleich wurde sie aber auch zur einzigen Ideologie. Sofern das Wesensmerkmal von Ideologien nicht »falsche Wahrheit«, sondern der Absolutheitsanspruch einer jeden Art von Wahrheit ist, müssen wir feststellen, daß es erst jetzt zu dem kam, was wir überhaupt Ideologien nennen. Wir müssen in aller Deutlichkeit sagen: Die Geburtsstunde der Ideologie ist nichts anderes als der Beginn der Ideologiekritik.

Zwei Begriffe sind es, die wir somit zur Beschreibung dieses Herrschaftswechsels anführen können: Die Philosophie wird zur alleinigen *Definitionsmacht* – und ihr Inhaber und Verwalter, der Philosoph, zum *Chefideologen*. Bis zu einem gewissen Punkt könnte man diese beiden Qualitäten als alten Wein in neuen Schläuchen bezeichnen: Die Philosophie macht, was ehedem die Theologie unternahm. Trotzdem kommt hier etwas Neues ins Spiel. Die Theologie hatte zwar die Definitionsmacht inne, aber sie fühlte sich selbst einer höheren Instanz, fühlte sich Gott unterworfen. Demzufolge basierte all ihre Ideologie auf dem Glauben, waren Wahrheitsfragen Fragen der Exegese. Die höhere Instanz, die die Philosophie demgegenüber reklamierte, war die Vernunft. Sie ist keine überweltliche, keine außerhalb des Menschen stehende, keine dem Menschen sich offenbarende Größe. Sie ist, auch wenn die Welt vernünftig gedacht war, vor allem eine menschliche Eigenschaft und Fähigkeit. Das heißt, wer sich auf die Vernunft beruft, behauptet zugleich auch immer zu wissen, was das Vernünftige sei. Er stellt sich über die anderen und hat doch nichts anderes als diese. Im letzten Jahrhundert begann diese Geschichte. Seither ist der Intellektuelle per se Opposition. Seither gilt Kritik als vorbereitendes Handeln. Seither ist die bürgerliche als kritische Gesellschaft Usus.

Daß die übergeordneten Regelwerke, die die Leitlinien des Denkens und Handelns vorschreiben, direkt aus der Philosophie kommen, stellt eher die Ausnahme dar. Wir haben es im Deutschen Idealismus wie auch in der jüngeren Vergangenheit erlebt; während Karl Marx zu seiner Zeit eine wichtige, aber nicht die einzige, am allerwenigsten die herrschende Stimme war, wurde der Marxismus im 20. Jahrhundert in Osteuropa, Nordasien, China, Teilen Afrikas und in der Dekade nach 1968 im gesamten westlichen Europa auf je unterschiedliche Weise selbst zur dominierenden Philosophie. Auch er wurde zur Megaphilosophie. Gleichwohl sollten wir nicht so vermessen oder gar naiv sein, zu glauben, alle anderen Regelwerke, die nicht aus der Philosophie kommen, seien keine Philosophien. Das hieße nicht nur, die Ideen von den Taten, den Sozialismus von Moskaus oder Pekings Fuchtel, das Christentum von der Kirche zu trennen ... – die Philosophie auf das zu reduzieren, was geistesgeschichtlich zählt, und die hehren Gedanken von den bösen Mächten zu separieren. Das hieße vor allem zu verkennen, daß grundsätzlich jede Epoche und jede Macht ihre ureigene Philosophie hervorbringt.

Gerade aktuell kann man die Etablierung eines neuen Regelwerkes, das ursächlich nicht aus der Philosophie kommt, deutlich beobachten: Die vielfach beklagte Ökonomisierung des Menschen geht mit einer aus der Ökonomie kommenden und neuen Megaphilosophie einher. Es ist die zentrale Aussage dieses Buches, weshalb zum Abschluß des Kapitels endlich das Grundprinzip der Geschichte aufgezeigt sei.

8 Jede Religion beinhaltet maximal vier Angebote: Metaphysik, Moral, Gemeinschaft und Schöpfungslehre. Es ist ein archaisches Angebot, gleichsam ein substantielles Grundnahrungsmittel des Menschen. In der Metaphysik erhält sein Leben einen höheren Sinn. In der Moral erfährt er, nach welchen Geboten er sich richten solle. Durch die Gemeinschaft wird seine Individualität in eine Ganzheit eingebettet bzw. umgekehrt: Durch diese Einbindung kann er überhaupt erst zum Individuum werden. Die Schöpfungslehre gibt ihm einen Anfang und ein Werden, gibt ihm die Neugierde für das Wissenwollen und die Lust auf Phantasie, gibt ihm eine Kunstgeschichte der Natur, die ihm die Augen für das Schöne öffnet.

Zur Zeit der Aufklärung dankte das seit tausend Jahren gültige religiöse Weltbild ab. Das neue Vernunftwesen Mensch war mit der Politik der Theologen nicht mehr einverstanden. Ein paar Jahre freute man sich über die neugewonnene Freiheit. Doch allmählich fingen viele an, etwas zu vermissen. Das Bedürfnis nach dem substantiellen Grundnahrungsmittel wurde nicht mehr befriedigt. Die Produktpalette der alten Religion war zur Marktlücke geworden.

In dieser Situation bewies die Philosophie, daß sie eine würdige Nachfolgerin der Gotteslehre sein würde. Gemessen daran, daß sie zuvor jahrhundertelang als die »Magd der Theologie« an dem nicht unerheblich teilhatte, was man eben loszuwerden suchte, wäre es naheliegend gewesen, sie gleich mit der Theologie zu entmachten. Statt dessen aber gelang ihr eine strategische Meisterleistung. Sie verwandelte die Idee Gottes in die Idee einer alles ordnenden Vernunft, erklärte sich selbst zur »Mutter aller Wissenschaften«, erweckte dadurch den Eindruck, daß gerade sie die größte Kritikerin der Theologie und darum über jedweden Verdacht erhaben sei, und übernahm zugleich deren Rolle. Natürlich mußte sie auch die Marktlücke bedienen. Mit Vernunft allein wurde noch niemand gewonnen. Sie bediente hervorragend. Sie griff das alte Angebot der Religion auf. Sie bezog es in ihr System ein. Sie machte es in einem genialen Produkttransfer zu ihrem Angebot.

An die Stelle der Metaphysik als der höheren Instanz, der das Leben geweiht wird, setzte sie die philosophische Erfindung des Staates. Der göttliche Wille wurde zur Staatsraison, der Priester zum Staatsdiener, die Heiligkeit zur Immunität, ein Angriff auf sie zur Beamtenbeleidigung, die Konfession zur Partei und die Kathedrale zum Parlament. In der Architektur kam es zum Ausdruck. Der Dom des metaphysischen Staates ist sein Regierungssitz. Es ist der Ort, wo die objektive Instanz der Macht waltet. In ihr zählt der einzelne nichts mehr. Deshalb hieß es auch, Gemeinnutz gehe vor Eigennutz. (Besonders deutlich wurde der religiöse Charakter des philosophisch-politischen Systems in jenen Staaten, die sich auf den Hegel-Schüler beriefen und besonders vernünftig sein wollten.)

In der Frage, was der Mensch zu tun und zu lassen habe, setzte die Philosophie an die Stelle christlicher Moral eine bürgerliche Ethik. Sie hatte auf der einen Seite dem übergeordneten Staatsgedanken zu dienen; zum Beispiel ist die Familie ein gar nicht hoch genug einzuschätzendes Gut, es sei denn, der Gemeinnutz braucht Soldaten. Auf der anderen Seite mußte die Ethik den Menschen bei seiner Willensfreiheit packen. Hier fand Kant mit seinem kategorischen Imperativ die rechte Lösung. Er drehte das christliche Gebot »Liebe deinen Nächsten wie dich selbst« um und verlangte – frei übersetzt: man solle den Nächsten nicht mehr hassen, als man selbst gehaßt zu werden wünschte.

Was das dritte Angebot betraf, die Gemeinschaft, durch die der Mensch zum einzigartigen Individuum wird, fand die Philosophie eine weitere großartige Kreation. Sie entwickelte die Idee der Nation, die all jenen, die nicht wegen übergeordneter, wegen staatlicher Vernunftgründe bereit waren, anderen den Schädel einzuschlagen, die Möglichkeit bot, dies im Namen des Vaterlandes zu tun. (Auch das blieb, wie die Geschichte zeigte, ein bis heute durchaus praktikabler Gedanke.)

Die Schöpfungslehre schließlich, die bis dato die Augen für das Schöne geöffnet hatte, konnte natürlich nicht mehr bei der Betrachtung der göttlichen Genesis verharren. Das vernünftige Wesen sieht da erst mal gar nichts. Um diesen Mangel zu beheben, entwickelte die

Philosophie eine Theorie des Schönen, die sie Ästhetik nannte. Gleich dem »Buch Genesis« (1,1–3,20) sollte sie aufzeigen, welche Vollkommenheit und Größe sich hinter allem Sichtbaren verbirgt, ja welche Schönheit insgesamt in den von der Philosophie gefundenen Angeboten angelegt war.

Man weiß es mittlerweile: Der Lauf der Geschichte kommt nie zum Stillstand. Immer schneller folgt Wandel auf Wandel. So kam es, daß die Philosophie all ihrer Genialität zum Trotz dieses substantielle Grundbedürfnis des Menschen nur hundert und nicht tausend Jahre befriedigen konnte. Vor allem zwei Aspekte machten ihr zu schaffen: Der Mensch und spätere Verbraucher gefiel sich nur sehr kurz in seiner Eigenschaft, ein Vernunftwesen zu sein. Kaum hörte er, daß er sich als Individuum doch recht irrational benehme, stand ihm seine Lust näher als sein Frust. Dann bin ich eben unvernünftig, sagte er, und feierte seine Launen im Namen der Individualität. Und die Ideologien wurden bald zum Problem. Eigentlich wollten die Menschen eine Wahrheit. Aber jede Wahrheit, die von seiten der Philosophie kam, stellte sich am Ende als leidlich enttäuschend heraus. Die Wissenschaften produzierten reihenweise Probleme, von denen es vorher hieß, man habe alles im Griff. Die Politiker, die eine Vision hatten, produzierten so viel Vergangenheit, daß man noch Jahrzehnte brauchte, sie zu bewältigen. Diejenigen, die keine Vision hatten, produzierten Aktenberge, die man teuer bezahlen mußte. Und die Kultur war zuletzt so langweilig geworden, daß man gleich am eigenen Küchentisch, wo sich dasselbe Drama abspielte, sitzen bleiben konnte. Man muß es offen zugeben: Die Philosophie hatte den Fortschritt verschlafen. Sie hatte es versäumt, ihr Freiheitsversprechen einzulösen. Außerdem paßte ihr Absolutheitsanspruch nicht mehr zum Realitätsverständnis der Menschen, die längst viele oder auch keine Wahrheiten mehr kannten. Ihr Staatsideal war der Staatsverdrossenheit gewichen. Moralisch vorschreiben mochte sich schon lange keiner mehr etwas. Die Nationalgefühle wurden immer teurer. Und an eine Theorie der Ästhetik wagte sich ernsthaft nicht einmal mehr die Philosophie selbst heran.

Wie seinerzeit von der Theologie, so verabschiedeten sich die Menschen jetzt von der Philosophie. Wieder freuten sie sich ein paar Jahre über die neugewonnene Freiheit. Wieder tauchte dann nach und nach dieses Gefühl des Mangels auf. Wieder war, gemäß dem Motto: *Es muß im Leben doch mehr als alles geben,*[14] dieses substantielle Grundnahrungsmittel zur Marktlücke geworden. Dem Individuum wird halt seine Individualität schnell zum Problem. Dann weiß es nur noch, was es nicht will, aber nicht mehr, was es will. Bald kann es nur noch reagieren, nicht mehr agieren.

In dieser Phase kam die Rettung von unerwarteter Seite. Die Ökonomie erklärte sich bereit zu helfen und fand die Lösung. Im selben Maße, wie ehedem die Philosophie die Theologie privatisierte, privatisierte sie nun die Philosophie. Jeder soll eine haben dürfen, lautete die Devise, und sie, die Ökonomie, regle, auf welche Weise sie miteinander ins Verhältnis gesetzt seien.

Wie stets, so gab es natürlich auch hier Kritiker, die behaupteten, die Ökonomie habe erkannt, daß wahre Macht metaphysisch sei. Sie habe erkannt, daß die eigentliche Macht nicht darin liege, sie zu zeigen, sondern darin, wie schon John Updike sagte, ihr einen Platz jenseits der Angreifbarkeit zuzuweisen. Sie habe erkannt, daß sie die Machtströme auf ihre Interessen lenken könne, indem sie das, was als Realität gelte, definiere. Sie habe erkannt, daß sie die Definitionsmacht übernehmen müsse. Sie habe erkannt, daß sie sich der philosophischen Fragestellungen bedienen, sie an das ökonomische Kalkül anpassen und denselben Produkttransfer betreiben müsse, den einst die Philosophie vorgenommen hatte.

Genau betrachtet ist dieser Vorwurf allerdings nicht gerechtfertigt. Sie kam gar nicht, wie seinerzeit die Philosophie, durch systematisches Nachdenken auf die Lösung. Sie wußte noch nicht einmal etwas von der alten Produktpalette der Religion. Sie hatte *einfach* kraft ihres ausgebildeten Instinkts, kraft ihrer verkäuferischen Spürnase, kraft ihrer Nähe zum Konsumenten, sagen wir es ruhig: kraft ihrer Dynamik, die nicht durch irgendwelche Regelwerke behindert wird, dieses archaische Angebot gerochen, es in das eigene System einbezogen, es zu ihrem Angebot gemacht und damit dasselbe unternommen wie einst die Philosophie: Sie hat es in die Gegenwart transferiert. »Einfach«, das ist das Wort, das diesen Prozeß am deutlichsten charakterisiert: Sie hat die beiden Probleme der Philosophie einfach überwunden; wo diese an den Ideologien scheiterte, sagte sie: Das regelt der Markt. Und wo diese am Individuum verzweifelte, sagte sie: Dann machen wir ab jetzt Psychologie und die Sache hat sich. Und die Sache funktioniert bestens. Es sind wieder vier Transformationen, die den Produkttransfer des Religiösen anzeigen.

9 Die erste Transformation bezog sich wie gewohnt auf die Metaphysik. Während die Philosophie den Staat als oberste Instanz auf Basis der Vernunft etablieren wollte, ist die Ökonomie den umgekehrten Weg gegangen. Sie hat eine *Verstaatlichung* mit umgekehrten Vorzeichen vorgenommen. Anstatt, wie im klassischen Modell der Verstaatlichung, ein Unternehmen in Staatsbesitz übergehen zu lassen, hat sie das Unternehmen selbst zum Staat gemacht. Sie beschränkte mehr und mehr den staatlichen Einfluß und abstrahierte zugleich die traditionellen Unternehmensstrategien in Unternehmensphilosophien. Auf diese Weise konnte sie nicht nur ihre wirtschaftlichen Kalküle in übergeordnete Notwendigkeiten zum Wohle aller verwandeln. Sie konnte obendrein Unternehmungen in sinnstiftende und für Menschen identitätsbildende Orte des geistigen Lebens umgestalten. Wie ehedem, so kam die Wende auch diesmal in der Architektur zum Ausdruck: Die neuen Kathedralen wurden die Zentralen der Banken, Versicherungen und Konzerne.

Im Terrain der Ethik konnte sich die Ökonomie im besonderen Maße profilieren. Während die Philosophie in immer komplizierteren Modellen das Problem des Miteinanders zu meistern versucht hatte, ein Problem, das zu lösen ihr nicht einmal gelang, als sie auf die Instanz des Gewissens verzichtete, bewies die Ökonomie wahrhaft utilitaristische Größe. Sie stellte fest, daß alle Individualethik überholt ist, da heutzutage das Individuum mit Ausnahme von Gewaltverbrechen ohnehin alles darf und auch gar keine Lust mehr hat, sich irgend etwas moralisch vorschreiben zu lassen. Also erklärte sie, daß die höchste Stufe der Moral darin liege, niemandem zur Last zu fallen, das heißt ökonomisch unabhängig zu sein. Selbstverständlich gilt dasselbe auch umgekehrt: Moralisch verwerflich handelt, wer ökonomisch bedürftig ist.

Die dritte Transformation war die schwierigste. Die Idee der Nation stellte zwar schon lange ein Fossil dar, trotzdem hingen die meisten doch irgendwie daran: heimatliche Sitten und Gebräuche; Menschen, die man wiedererkennt; die Nationalmannschaft ... Es gab vieles, was preiszugeben mißfiel. Hier mußte einiges unternommen werden. Doch man fand auch hier eine Lösung. Man erkannte, welche Freude der alljährliche Betriebsausflug machte, und befand, daß in dieser Richtung durchaus noch mehr getan werden konnte. Darum pflegte man die Unternehmenskultur, nahm sich an der japanischen Unternehmensfamilie ein Beispiel, gab sich große Mühe, um eine *cor-*

porate identity zu entwickeln, gemeinsame Mützchen für alle Mitarbeiter, eine schöne Skulptur im Foyer, ein Symbol, das sich alle gerne zu eigen machten ... – kurz und gut: Man sagte sich, unser Unternehmen soll zum wichtigsten Beziehungsmarkt unserer Mitarbeiter, die alle Singles sind, werden und außerdem Lebensmittelpunkt und bevorzugter Ort aller menschlich-sozialen Gemeinschaft.

Damit einher ging zugleich auch die vierte Transformation. Gemeinschaft braucht gemeinsame Werte. Hier hatte die Philosophie mit ihrem Vernunftprogramm erheblich versagt. Die Ökonomie dagegen wußte, was des Menschen Herz öffnet. Es ist die Phantasie. Die Kreativität. Die Gemeinschaft muß ein Team von jungen, kreativen Menschen sein, die tagtäglich Freude daran haben, die an sich defizitäre Schöpfung zu verbessern. Der Künstler von heute ist ein Konzeptionist. Ein Macher. Einer, der Zeichen setzt. Markenzeichen. Der Erlebniswelten kreiert. *Festival markets.* Der neue Wirklichkeiten generiert – in den Medien, am *point of sale*, im faszinierenden Moment des Konsums. So kam es schließlich, daß aus der alten, der religiösen Schöpfungslehre und der späteren philosophischen Ästhetik das Unternehmen zu einem schöpferischen und der Ästhetik verpflichteten Ort wurde, von dem aus die archaischen Grundbedürfnisse des Menschen unablässig, vollauf und vielfältig befriedigt werden konnten. – *Und er blickte auf sein Werk und sah, daß es gut war ...*

II. Bedürfnis und Bedürftigkeit

Entstehung der Ökonomie und ihre Umwandlung in eine Philosophie

1 Sie waren Zeitgenossen. Sie prägten ihr Jahrhundert. Sie wirkten über ihre Zeit hinaus:
Der Philosoph Immanuel Kant, geboren 1724 in Königsberg, gestorben 1804 ebd. im Alter von 80 Jahren; der Dramatiker, Dramaturg und Kulturtheoretiker Gotthold Ephraim Lessing, geboren 1729 in Kamenz, gestorben 1781 in Braunschweig, 52 Jahre; der Wissenschaftler, Essayist und Aphorismenschreiber Georg Christoph Lichtenberg, geboren 1742 in Oberramstadt bei Darmstadt, gestorben 1799 in Göttingen, 57 Jahre; der Dichter und Dramatiker Friedrich Schiller, geboren 1759 in Marbach am Neckar, gestorben 1805 in Weimar, 46 Jahre ... Was sie und zahlreiche andere verband, war die Idee der Aufklärung. Was sie trennte, das mit ihr untrennbar verknüpfte Programm der Vernunft. Politisch und philosophisch schritt es voran. Schon zehn Jahre nach Schiller wird Napoleon Bonaparte (1769–1821), ein Jahr später Georg Wilhelm Friedrich Hegel (1770–1831) geboren, die Repräsentanten einer alle Grenzen ignorierenden Gleichsetzung von Vernunft und Macht. Ihretwegen hatten die Mitstreiter in Sachen Aufklärung das Nachsehen. Zum Beispiel Francisco Goya: »Der Künstler im Widerstreit zwischen vernunftgegründeter und phantastischer Weltsicht«, nannte er eine seiner Zeichnungen.

Der spanische Maler gehörte ebenfalls in diese Zeit (1746–1828). Als Spanier mußte er unter Napoleon leiden, als Künstler hätte er unter Hegel leiden müssen. Vielleicht wußte er nichts von ihm, vielleicht doch. Auf jeden Fall wußte Goya vom Programm der Vernunft und litt darunter. Zahlreiche Gravuren und Radierungen bezeugen es. Die berühmteste von ihnen: *El sueño de la razón produce monstruos*. Der Titel wurde zur Mahnung all jener, die den Anspruch der Vernunft und den damit einhergehenden Glauben an den Fortschritt bezweifelten. Zuerst den moralischen Fortschritt, dann den Fortschritt in Politik und Geschichte, schließlich den Fortschritt in Technik und Wirtschaft. Die Mahnung lautet: »Der Traum der Vernunft gebiert Ungeheuer.« Oder meinte er mit *el sueño* am Ende doch *den Schlaf* der Vernunft? Die Mahnung bleibt. Denn bedrängender wurde, was für das mittlerweile geborene Ungeheuer gehalten wird: die wirtschaftliche Vernunft, die kalte Rationalität des Wirtschaftens, der Horror der Ökonomie – *L'horreur économique*. Das Schlagwort wurde zum Buchtitel, das Buch zum Erfolgstitel, der deutsche Titel der französischen Originalausgabe ein wenig abgeschwächt zu »Der Terror der Ökonomie«.

Man darf den Verkaufserfolg als Signal werten. Wenn Viviane Forrester das *soziale Chaos* beschreibt und anklagt, spricht sie ihren Lesern aus dem Herzen. Sie spricht aus und sammelt Beweise für das, was im Klappentext zusammengefaßt lautet: »Weder kann von einer Volkswirtschaft zum Wohle aller die Rede sein, noch ist den Politikern und ihren Beteuerungen zur Sanierung und Krisenbewältigung zu trauen, weil der Terror der Ökonomie unter dem Diktat des Weltwirtschaftssystems und seiner mächtigen Agenten das Leben vergiftet, lähmt und mit falschen Versprechungen in Apathie hält.«[1] Das Leben vergiftet; allein die drei Wörter genügten, um den Skandal zu benennen. Und es ist ein Skandal. Der humanitären Absicht von Viviane Forrester ist nichts entgegenzusetzen. Will man sich auf das Naturrecht menschlicher Freiheit berufen, hat sie buchstäblich *natürlich recht*. Trotzdem bleibt ihr Beweis des Mißstandes nur ein Bestseller. Es bleibt einmal mehr beim beklagenden Wort. Den Worten folgen keine Taten. Aus dem Aufsatz wird kein Aufstand. – Warum auch? Ihre Philippika kann lediglich belegen, was jeder ihrer Leser praktisch und vielfach am eigenen Leib längst erfahren hat, ohnehin schon weiß. Es bleibt ein moralischer Appell. Darüber hinaus mag keiner mehr glauben, der Ökonomie wäre mit humanitärem Anspruch beizukommen. Selbst die bedauerten Opfer wissen, die menschliche Wahrheit, die Viviane Forrester ausspricht, ist nicht wahrer als jene rationale, auf die sich die vermeintlichen Täter berufen würden. Die in dem Buch insgeheim vertretene politisch-aufklärerische Intention ist nicht Ausweg aus dem Terror der Ökonomie, sondern ihre historische Voraussetzung. Der Glaube an die Politik war dem Kapitalismus vorausgegangen, ist nicht Bedingung seiner Überwindung. Die Zeit der Kämpfe ist vorüber.

Warum fügen sich die meisten in ihr trauriges Schicksal? Haben sie keine Vorstellung von einem anderen Leben? Sehen sie nicht, was passiert? Es muß ein Agitator überkommener Heilslehren sein, der glaubt, hier gäbe es noch Aufklärungsbedarf. Ein jeder hat mittlerweile seinen ihm eigenen Lebenstraum; jeder sieht, was passiert. Längst ist es nicht mehr die Suche nach einer Utopie, die im Vordergrund steht. An Utopien besteht kein Mangel mehr. Längst liegt der Grund aller Misere nicht mehr in der Unkenntnis der vorhandenen Probleme, sondern in der Unkenntnis der rechten Lösung. Es ist die Frage, wie man überhaupt vom Ist-Zustand in den erwünschten Soll-Zustand gelangen kann. Es ist die Frage nach der Machbarkeit.

Der gesunde Menschenverstand, das Gros der Ratgeber, auch der sich naiv auf die Anfordernisse der Zweckrationalität verlassende Manager gehen mit dieser Frage pragmatisch um. Was will ich erreichen? Welche Mittel sind hierfür erforderlich? Welcher Instrumente und Techniken bediene ich mich? Wann soll die Sache realisiert sein? Es sind, wenn in der Praxis auch manchmal schwer zu meistern, alles in allem einfache Vorgänge. Zauberhaft wäre die Welt, wenn sie so einfach wäre. Ich will, ich mache, ich habe. Fertig! Leider ist sie selten einfach. Realisiere ich meinen Wunsch nach Freiheit, lasse ich meine Familie im Stich. Realisiere ich den Wunsch nach materieller Versorgtheit, verzichte ich auf vieles, was den Lebenssinn ausmacht. Dasselbe im politischen Geschehen: Industrie- versus Umweltpolitik, Wirtschafts- versus Sozialpolitik, Steuerpolitik im Dienste der öffentlichen Hand oder des fleißigen Bürgers. Schon lange ist hier wie da nicht mehr von Idealen die Rede, sondern von Sicherheiten und Nischen des Lebensglücks im privaten, von Zielgenauigkeit und Nebenwirkungsfreiheit im staatlichen Tun. Nicht Aufbruch zu neuen Gestaden und noch nicht einmal Krisenbewältigung lautet die Devise; der Krisenvermeidung gilt alle Aufmerksamkeit. Sieger ist, wer nicht vorzeitig das Spielfeld verlassen muß. Darum *scheitern*, wie der

Geistes-, Politik- und Wirtschaftswissenschaftler Burkhard Wehner schrieb, »Demokratien auch nicht am Nachweis, ein gesellschaftliches Ideal verfehlt zu haben, sondern daran, daß ihnen die Kontrolle über gewisse katastrophale Mißstände entgleitet«.[2] Soll heißen: sie scheitern nicht; Demokratien sind allesamt kapitalistische Wirtschaftsgesellschaften.

Natürlich kann man es sich einfach machen. Einfach ist der pragmatische Standpunkt; einfach ist der humanitäre Standpunkt. Einfach ist jeder Standpunkt, der die andere Seite außer acht läßt. Einfach ist es auch, den jeweiligen Standpunkten moralische Qualitäten zuzuschreiben. In diesem Fall ist der pragmatische fraglos *böse*, ist der humanitäre fraglos *gut*. Als guter Mensch kann man den Berufsstand der Manager und Unternehmer für unsere materialistische Welt mit ihrem Mangel an humanitären Maßstäben und ideellen Werten verantwortlich machen. (Jeder weiß schließlich, daß sich Manager im allgemeinen aus materiellen Gründen für ihren Beruf entscheiden, auch wenn nicht jeder weiß, welche ideellen Motive den »Materialismus« anleiteten.) Man kann wie in den siebziger Jahren behaupten, die Ökonomie sei per se an allem schuld. Ihre Vertreter hätten uns das alles eingebrockt. (Manche glauben es immer noch; manchmal glaubt man es selbst; man kennt es zur Genüge aus einschlägigen Gesprächen; im kultivierten Kreis dokumentiert diese Haltung kulturellen Anspruch.) Man kann sich einbilden, hinter dem Skandal steckten Drahtzieher, die in der Lage gewesen wären und seien, die Perfektion des Systems zu entwickeln und anschließend in der Welt zu verankern. (Manche wären es wohl gerne. Nur ist, im großen nicht anders als im kleinen, der Erfolg nur selten strategisch planbar. Schon eher gehört es zur gängigen Geschäftspraxis, ihn im nachhinein als geplantes und gezieltes Verhalten auszuweisen; die Sekundärvermarktung des Glücks: Wer's irgendwie schafft, darf sein Torkeln und Taumeln noch als Rezept verkaufen. Den Braten verzehren, solange er heiß ist, schon morgen kann das alles wieder anders aussehen.[3]) Man kann so tun, als sei die Ausbeutung durch die Ausbeuter vollständig erklärbar (auch wenn der Kapitalismus dann kaum die fünfziger Jahre überlebt hätte). Man kann all das machen und wird gewiß auf Resonanz stoßen. Zu sagen hat man dennoch wenig – von ein paar längst verbrauchten Gemeinplätzen abgesehen.

Der Hinweis darauf, daß keine Gesellschaft ohne gesunde Wirtschaft überleben kann, so wie es sich keine Wirtschaft erlauben kann, langfristig an den gesellschaftlichen Interessen vorbei zu agieren, ist dabei noch das schwächere Gegenargument. Schon stärker wiegt die Absenz von Tätern: Zwar kann die kapitalistische Ökonomie nach wie vor als Ausbeutung gebrandmarkt und als solche verurteilt werden, doch ist im Grunde kein Ausbeuter mehr namentlich benennbar. Am stärksten fällt mittlerweile aber ins Gewicht, daß man den Kapitalismus nicht mehr kritisieren kann, ohne nicht zugleich sich selbst zum Objekt der Kritik zu machen. Sogar seinem Widersacher ist nicht mehr vergönnt, sich außerhalb kapitalistischer Logik zu bewegen: Wer die Nutzlosigkeit dessen anmahnt, was das wirtschaftliche Handeln treibt und produziert, denkt wie der Ökonom in Nutzen-Kategorien, auch wenn er andere Kriterien für das, was nützlich sei, geltend macht. Wer den Ist-Zustand in einen Soll-Zustand verwandeln will, denkt wie der Ökonom in Ziel-Kategorien, auch wenn er andere Inhalte geltend macht. Wer die Moral des wirtschaftlichen Handelns anmahnt, läuft Gefahr, seine eigene moralische Unvollkommenheit vorgehalten zu bekommen. Wer mit seiner Kritik zu Erfolg kommt (und zum Beispiel einen Bestseller schreibt), befindet sich in der gleichermaßen absurden wie dennoch für ihn nicht unangenehmen Paradoxie, sich wegen ebenjener ökonomischen Spielregeln versorgt zu haben, die er kritisierte. Doch auch dessenungeachtet sind wir schon alle längst zu Kollaborateuren des Skandals geworden, nicht nur die willentlichen Akteure.

Die Theoretiker, die sich den nächsten Fortschritt ausdenken, sind Kollaborateure. Die Wissenschaftler sind es, die das Denkbare machbar machen. Die Techniker, die die Werkzeuge dafür bauen. Die Mediziner und Sozialberufe, die den Menschen wieder in den Kreislauf zurückführen. Die Künstler, die dem Geschehen Interresanz verleihen und mit ihrer Phantasie das Virtuelle stets befördern. Die schönen Frauen sind es, die als Magneten gebraucht werden. Die Kritiker, die zur Verfeinerung der Strategien dienstbar werden. Und selbstverständlich auch all jene, die nichts tun und deshalb auch nichts dagegen tun. Jeder leistet seinen Beitrag zur vielgerühmten Effektivität und Effizienz kapitaler Rationalität; jeder trägt das Seine dazu bei, ihre universale Gültigkeit zu beweisen. Nicht der Manager, der sich aus materiellen Gründen für seinen Beruf entschieden hat, verursacht diese materialistische Welt. Wir alle tun es und können gar nicht anders, als sie im *Widerstreit zwischen vernunftgegründeter und phantastischer Weltsicht* tagtäglich stets von neuem zu verursachen. Alles was wir tun, um unser Auskommen zu sichern, unternehmen wir unvermeidlich im Markt.

Kein Name steht hinter dieser Wahrheit des Marktes. Den *Namenlosen* nannten die beiden französischen Denker Félix Guattari und Gilles Deleuze den Kapitalismus. Niemand hat sein Regelwerk kreiert. Niemand hat ihn entworfen, formuliert oder realisiert. Viele würden ihm am liebsten nicht einmal folgen. Dennoch definiert er das Leben und die Welt, in der wir leben. Gerade darin liegt seine »Unmenschlichkeit«: Daß es sich um ein System handelt, das losgelöst vom menschlichen Wollen des einzelnen funktioniert, das unabhängig von konkreten Produktionsbedingungen und erkennbaren Formen von Ausbeutung wirkt, das bereits zum generellen Bestandteil jeder Art von Arbeit und des Konsums geworden ist.

Wenn etwas, das ursächlich ein Marktplatz war, zu dem Menschen kamen, um die Produkte ihrer Arbeit zu tauschen, zu verkaufen oder mit dem Erlös eine andere Arbeit zu erwerben, sich in ein Marktgeschehen abstrahiert hat, das fern von Marktplätzen und Arbeiten Geltung beansprucht, so müssen wir von einer Philosophie sprechen. Es ist keine Wirtschaftsphilosophie. (Kein Redner auf einer Unternehmertagung oder einem Managementkongreß wird ein Referat über sie halten, und selbst die obligaten Gäste aus Geisteswissenschaft, Kultur und Theologie werden eher besagte humanitäre, sittliche oder anthropologische Überlegungen anstellen.) Es ist auch keine Philosophie, die das wirtschaftliche Handeln in seiner gesellschaftlichen Relevanz beleuchtete. (Solche Aufsätze tauchen in den großen Tages- und Wochenzeitungen im Feuilleton auf, so wie Hintergründe zum politischen Geschehen eher im Wirtschaftsteil zu finden sind.) Es ist eine Philosophie, deren allgemeine, über das wirtschaftliche Handeln weit hinausgehende Bedeutung aus jenem *Widerstreit zwischen vernunftgegründeter und phantastischer Weltsicht* resultiert, dem sie schon ihre Entstehung verdankte: Die für kapitalistische Gesellschaften mittlerweile unverkennbare Synthese aus merkantiler Logik und individualistischer Psychologik ist diese Philosophie geworden und hat sich in eine Megaphilosophie verwandelt.

Im Rahmen dieser neuen Megaphilosophie ist kaum mehr relevant, was ein einzelner Unternehmer oder Manager anstellt und in welchem Maße er für den Skandal des Materialismus verantwortlich gemacht werden kann. Mit derselben Logik müßte ein mittelalterlicher

Dorfpfarrer für die Untaten der Kirche, ein Studierstubenphilosoph des letzten Jahrhunderts für die Überhöhung der Vernunft zur Rechenschaft gezogen werden. Beides wäre unsinnig. Am Amt des Priesters, an der Arbeit des Philosophen ist grundsätzlich ebensowenig auszusetzen wie am wirtschaftlichen Handeln. Von Belang ist lediglich, welche Codierungen des Lebens eine Megaphilosophie generell vornimmt. Entscheidend und kritikabel ist immer nur die Verallgemeinerung einer spezifischen Philosophie auf alle Bereiche des Lebens. Im Falle der Theologie die Philosophie einer unbezweifelbaren und unverrückbaren Gottgegebenheit all dessen, was ist und sein soll. Im Falle der Vernunft die Philosophie einer selbstgefälligen Objektivität, die unsere Existenz auf das Rationale und die damit einhergehende Kühle reduziert. Und jetzt die Philosophie der Nutzenmaximierung, die alles eliminiert und ins Lächerliche zieht, was im Rahmen ihres Realitätsverständnisses keine handfesten und rechenbaren Resultate erzielt.

Es ist eine armselige Philosophie, die nur in Betracht zieht, was unterm Schlußstrich auch was bringt. Vom Reichtum der menschlichen Existenz, von des Menschen Fähigkeit zur Muse und zur Kontemplation, zur Gemeinschaft und zur Liebe, von seiner Neugierde und seinen Schutzbedürfnissen, von den Rhythmen seiner eigenen Zeit, von seinen Sorgen und seinen Ängsten will sie nichts wissen. Und wenn sie sich dafür interessiert, so nur, um sie zu instrumentalisieren, zu kapitalisieren, um sie als Traumbild oder Argument für eine Kaufentscheidung zu nutzen oder gar zu verkaufen, nachdem sie sie geraubt hat. Dennoch sind wir selbst es, die diese Philosophie nicht nur zulassen, sondern auch aktiv betreiben. Wir folgen ihr, als gäbe es keine andere Wahrheit als die ökonomischer Kalküle. Wir folgen ihr, als hätten wir gar keine andere Wahl, als *im Widerstreit zwischen vernunftgegründeter und phantastischer Weltsicht* jenen Regeln zu folgen, die unter dem Namen Realitätsprinzip das zu Erwirtschaftende meinen. Wir folgen ihr, als hätten wir nichts anderes zu tun.

2 Abgesehen davon, daß jeder Arbeit Resultat durch geistigen Einsatz besser wird, ist das Wirtschaften ursächlich nicht auf Vernunft und Phantasie angewiesen. Die Hauswirtschafterin muß sparsam sein; der Krämer stellt die Ware ins Regal, wo er sie bei Bedarf

wieder herausholt; der Bauer bringt sein Gemüse auf den Markt; der fahrende Händler versorgt mit Gütern, die es vor Ort nicht gibt. Nicht umsonst galt im phantasieverliebten antiken Athen der Kaufmann wenig. Die richtige Preisstellung muß er finden, verrechnen darf er sich nicht, und die Ware muß raus. Ansonsten kann er nicht viel falsch machen, es sei denn, er spezialisiert sich auf Ladenhüter.

Ähnliches gilt für Handel und Finanzen im großen Stil. Handelswirtschaft war in der Geschichte der Menschheit im wesentlichen Kriegswirtschaft. Waren die Güter knapp geworden, suchte man sie sich gewaltsam anderweitig zu besorgen. Ebenso verfuhr der Feudalherr. Er schickte seinen Vogt aus, um zu holen, was noch fehlte. Meisterlich darin die Fürsten im Barock. Ein stattliches Fest konnte schon mal den Finanzetat eines ganzen Jahres verschlingen. Es gab schlichtweg keinen Grund, sich mit der Ökonomie zu befassen. Es gab keine Ökonomie.

Die Situation änderte sich gegen Ende der Aufklärung. Abschied vom Feudalismus, Etablierung des Welthandels, Entstehung von Nationen, aufkommendes Bürgertum ... – in vielerlei Hinsicht dringt die Vernunft vor und mit ihr die Notwendigkeit, das wirtschaftliche Handeln näher zu untersuchen und eine adäquate Nationalökonomie zu entwickeln. Im Übergang vom 18. zum 19. Jahrhundert war es soweit: Es kommt zur Entstehung der Wirtschaftswissenschaft. Als Volkswirtschaftslehre fing sie an. Adam Smith war ihr Begründer. 1776 veröffentlichte er seine »Untersuchung über die Natur und die Ursachen des Reichtums der Nationen« – »An Inquiry into the Nature and Causes of the Wealth of Nations«. Und David Ricardo. Seine »Principles of Political Economy and Taxation« waren 1817 erschienen; »Über die Grundsätze der politischen Ökonomie und der Besteuerung«. Die Titel beider Bücher scheinen nicht gerade bahnbrechende Neuerungen anzuzeigen. Dennoch waren sie es. Mit ihnen beginnt der Versuch, die Wirtschaftswissenschaften als eine objektive und wertfreie Wissenschaft im Stile der Naturwissenschaften zu etablieren. Und mit ihnen beginnt die Trennung des wirtschaftlichen vom politischen und sozialen Leben. Einmal mehr dringt der Riß in die menschliche Existenz ein.

Wissenschaftlichkeit und Eigenständigkeit der Ökonomie gehen Hand in Hand. Es ist, wie Adam Smith es nannte, das freie Spiel der Kräfte, das hier wie dort maßgeblich ist. Im einen Fall bezeichnet es die Rationalität des Marktes, von der Smith im Sinne des wissenschaftlichen Mainstreams seiner Epoche glaubte, sie könne Naturgesetzen gleich sich selbst überlassen werden. Im andern Fall bezeichnet es selbstregulierende Marktkräfte, die seiner Ansicht nach dem einzelnen erlaubten, sein Eigeninteresse gegen ein wie auch immer geartetes Kollektivinteresse zu setzen. In beiden Fällen wird erstmals eine philosophische Annahme zur Grundlage der Ökonomie. Ihretwegen erklärten die Urväter der Wirtschaftswissenschaften den subjektiven Eigennutz als eine unveränderliche, eine objektive Eigenschaft; ihretwegen sahen sie im Nutzendenken etwas, das dem Menschen von Natur aus gegeben sei.

Naheliegenderweise bedurften sie dafür keiner weiteren moralischen Rechtfertigung mehr. Weder Adam Smith noch seine Nachfolger David Ricardo, Jean Baptiste Say oder John Stuart Mill. Selbst die spätere Marktwirtschaftstheorie verwendet, wie Bernhard Blohm bemerkte, »naturwissenschaftliche Leitideen, um das Geschehen auf freien Märkten zu beschreiben und zu analysieren. So gibt es etwa zwischen dem allgemeinen Gleichgewichtsprinzip der Mechanik und dem der Wirtschaftstheorie keinen grundsätzlichen Unterschied. Hier wie dort untersucht man mit Hilfe der Statik, der Lehre vom Gleichgewicht, und der Dynamik, der Lehre von den Wegen zum Gleichgewicht, Gleichgewichtszustände und deren Veränderungen. Und so, wie es keinem Physiker gelingen kann, die Gesetze der Mechanik zu manipulieren, gilt das auch für den Marktwirtschaftstheoretiker.«[4]

Die Volkswirtschaftslehre ist eine theoretische Wissenschaft. Ihr Einfluß ist heute relativ gering und beschränkt sich im wesentlichen auf Finanzminister, die einen kompetenten Eindruck hinterlassen wollen, auf einschlägige Nobelpreisträger und auf Personen, die sich für philosophische Fragen interessieren, ohne deshalb gleich die Unsterblichkeit der Seele thematisieren zu wollen. Entsprechend irrelevant ist sie für Unternehmer und Manager, während Philosophen, wenn sie ausnahmsweise zu Fragen der Ökonomie Stellung nehmen, fast ausschließlich auf sie zurückgreifen.

Die Betriebswirtschaftslehre ist demgegenüber eine Realwissenschaft. Sie befaßt sich mit der praktischen Anwendung aller einschlägig interessanten Erkenntnisse für das betriebliche Wesen. Erst am Ende des ersten Quartals des 20. Jahrhunderts, fast 150 Jahre nach Beginn der Nationalökonomie, taucht sie auf. Da sie aus der Buchhaltung und dem Rechnungswesen hervorging und mit dem, was man landläufig unter einer Wissenschaft versteht, relativ wenig gemein hat, ist sie für Menschen mit theoretisch-kultivierten Neigungen ohne jegliches Charisma.

Die Betriebswirtschaftslehre ist nicht nur eine praktische Disziplin, sie ist auch für die Megaphilosophie praktisch weitaus bedeutender als die Volkswirtschaftslehre. Die Megaphilosophie des Ökonomischen ist all ihrer Raffinesse zum Trotz kein brillantes theoretisches Modell, sondern ein rationales Kalkül. Und, nicht zu vergessen: Aus der Betriebswirtschaftslehre ging jene funktionale Denk- und Handlungsstrategie hervor, die in einer verwegenen Synthese von Rationalität und Kreativität, von Vernunft und Phantasie, von Sozialwissenschaft und virtueller Realität die Grundlage für die neue Megaphilosophie geschaffen hat: das Marketing.

In der Mitte des 19. Jahrhunderts war all das noch weitgehend unbekannt. Es gab keine Betriebswirtschaft, es gab kein Marketing, es gab kein Management. Höchstens 300 Personen umfaßte zu dieser Zeit die Belegschaft eines Großunternehmens, den damaligen Manufakturen. Die Spezialisierung stand in den Anfängen, der Vertrieb war vielfach lokal beschränkt, vom Service sprach niemand. In den Kleinbetrieben war er bestenfalls Privatsache. Der Konsum orientierte sich am Produktnutzen. Man kaufte, was man brauchte, ein Kleid, ein Huhn, einen Stuhl. An einen Zusatznutzen oder einen emotionalen Benefit dachte keiner oder er war selbstverständlich. Bis es im Kochtopf landet, legt das Huhn Eier, repräsentiert es einen kleinen Reichtum, schafft es seine eigenen »Zinsen«. Vielleicht macht es sogar Freude. Selbst Marx sah hier nur einen Gebrauchswert. Die ersten Marken gab es erst etwa 20 Jahre nach seinem Tod.

Zeit- und ortsgleich mit der Marke beginnt die Geschichte des Managements. Um die Jahrhundertwende in den USA.

Während die Manufakturen noch mit drei Hierarchieebenen auskamen, dem Inhaber, dem Vorarbeiter und den Arbeitern, waren im Zuge der Industrialisierung allmählich komplexe Firmengebilde entstanden, die einer eigenen Organisation bedurften. Im Militär, das im Umgang mit diffizilen Machtstrukturen seit langem erfahren war und nach dem Ende der Kriege auf dem nordamerikanischen Kontinent nach neuen Aufgaben strebte, war personell und im Know-how das gesuchte Potential vorhanden. So zog, aus dem Militär kommend, das Management in die Unternehmungen ein und brachte seine Sprache mit: Verdrängen und erobern, sich behaupten und besetzen, gewinnen, besiegen und beherrschen. Strategie und Taktik bestimmen das Geschehen. Mit dem Militär ging das Management über die Welt, wo es nach dem Zweiten Weltkrieg in Europa landete. Noch im Fremdwörterlexikon aus dem Jahre 1952 wird der *Manager* definiert als ein »Geschäftsführer von Künstlern und Sportsleuten – im neueren Sprachgebrauch Bez. f. d. in der Großindustrie entstehende, vielfach gestufte Herrschaftsschicht der Direktoren«.

Der Manager war bis zum Ende des Zweiten Weltkriegs in Europa unbekannt, nicht aber der militärische Geist, der das Management und seine Vorgänger jahrzehntelang prägte. Vor allem in Deutschland, wo die betriebswirtschaftliche Organisationstheorie aus der preußischen Heeresorganisation hervorging. Darüber mochte sich schon vor 100 Jahren der französische Dichter Paul Valery wundern. In seiner Schrift »Eine methodische Eroberung« erklärte er *die Markteroberungsstrategien der Deutschen* folgendermaßen: »Man begreift, daß Deutschland sich auf Industrie und Handel verlegt hat wie vorher aufs Militär: besonnen und entschlossen. Man spürt, daß es kein Mittel ausließ. Will man sich diese neue und phantasielose Größe erklären, so stelle man sich vor: beständigen Fleiß; genaueste Untersuchung der Quellen des Reichtums und unermüdliche Herstellung der Mittel, ihn hervorzubringen; peinliche Topographie der begünstigten Plätze und günstige Verbindungswege; und, vor allem, vollständigen Gehorsam, eine Unterordnung sämtlicher Momente unter irgendeinen einfachen, ausschließlichen, gewaltigen Gedanken – der strategisch ist durch seine Form, wirtschaftlich durch sein Ziel, wissenschaftlich durch seine tiefe Anlage und seinen Geltungstrieb.«[5] Sofern diese »Strategien der Deutschen« auf einer geplanten Absicht der Marktdurchdringung basiert haben sollten, würde man sie heute deren Philosophie nennen. Noch nicht so vor 100, nicht vor 50 und auch nicht vor 25 Jahren.

In den USA setzte die Suche nach einer, nach der richtigen *philosophy* bereits früher ein. Sie begann mit der Nutzung sozialwissenschaftlichen Know-hows. Während in den europäischen Industrienationen zwischen den Weltkriegen das wirtschaftliche Leben von militärischem Geist und militärischen Zielen durchdrungen war, fand dort bereits die Verschiebung von einem technischen Management zur Managementtechnik statt. Unter dem Schlagwort *social engineering* waren gegen Ende der dreißiger Jahre Fragen der Sozialtechnik ins Blickfeld gerückt. Man verabschiedete sich vom klassischen Taylorismus, befaßte sich mit der Organisationsentwicklung, dem *planned organizational change*, der Mitarbeiterführung, der Konsumentenansprache und dem, was späterhin als Marketing bekannt wurde.

All das war in Europa unmittelbar nach dem Krieg noch ohne Belang. Das brauchte keine Sozialwissenschaft. Das brauchte keine Philosophien. Das brauchte das zum Leben Notwendige, das lang Entbehrte, das längst Ersehnte. Das brauchte Arbeit. Das brauchte ein Unternehmertum, das auf den Ruinen der eben erlittenen Vergangenheit den Neuanfang in die Wege leitete. Im jungen Gesellschaftsspiel der Nachkriegszeit zählte es zu den Siegern. Und es richtete alles Augenmerk aufs Produzieren. Ums Verkaufen mußte sich niemand kümmern, solange die Leute das Geld hatten, sich ihre Wünsche leisten zu können. Jeder, der Arbeit hatte, war von sich aus motiviert. Jeder, der sich etwas leisten konnte, tat es mit Freude. Doppelter Antrieb jedes traditionellen wirtschaftlichen Aufschwungs: Fleiß und Konsumbereitschaft. Auf die Idee, sich mit dem Verbraucher zu beschäftigen, wäre damals keiner gekommen.

Entsprechend sah das Marketing aus, das sich zuerst etablierte. Es kam zwar als US-Import über den Großen Teich, aber es war ein rudimentäres Marketing, das sich, seinem Namen *Absatzwirtschaft* entsprechend, vor allem mit der Absatzvorbereitung, der Absatzplanung und der Absatzpolitik befaßte. Auch wenn in diese Zeit der Anfang konkret angewandter Verkaufstechniken und gezielter Produktwerbung fällt, so lag die Gewinnung von Verbraucherinformationen diesem Marketing doch fern. Seine Techniken und Instrumente waren rein produkt-, nicht kundenorientiert. Lediglich in der Mitarbeiterführung kamen Psychologen zum Zuge. Als Betriebspsychologie trat die Sozialwissenschaft ins wirtschaftliche Leben ein.

3 Eine Generation, die den Krieg erlebte, hat eine andere Vorstellung vom Leben als eine, die glaubt, noch nichts erlebt zu haben. Eine Generation, die die Gesellschaft verändern wollte, hat eine andere Vorstellung vom Leben als eine, die nur noch Veränderungen wahrnimmt. Eine Generation, die nach Bewußtsein, Bewußtwerdung und Bewußtseinserweiterung strebt, hat eine andere Vorstellung vom Leben als eine, der Selbstbewußtsein abverlangt wird. Eine versorgte Generation hat ein anderes Verhältnis zu Geld und Karriere als eine,

die mit dem Trauma der Arbeitslosigkeit und damit der finanziellen Abhängigkeit und ideellen Perspektivlosigkeit konfrontiert ist. Eine Generation, die die sexuelle Befreiung feierte, besitzt eine andere Vorstellung von der Liebe als eine, für die Treue heißt: Jemandem vertrauen können.

Nach ihren Berufswünschen gefragt, gaben die meisten Jugendlichen im Deutschland der siebziger Jahre Sozialberufe an; in den neunziger Jahren sind es vornehmlich Management- und Kreativberufe. In nämlicher Weise auch die Genealogie bevorzugter Mädchenwünsche: von der Krankenschwester zur Stewardeß zum Model bzw. zur Schauspielerin.

Im 19. Jahrhundert beginnt die Geschichte des Lebensgefühls, die Lebenswirklichkeit wird. Zu jener Zeit beginnt die Geschichte »befreiter« Individualität. Sie beginnt in der Philosophie, in der Kunst, in der Person des Philosophen und Künstlers. Sie beginnt mit jenen, die von sich selbst und nicht von jener Welt ausgingen, in der die Mehrheit zu leben glaubte. Abgesehen von Michel Montaigne, dem französischen Schriftsteller und Philosophen des 16. Jahrhunderts, beginnt sie mit Kierkegaard und Nietzsche, mit Baudelaire, Rimbaud, Apollinaire ... Sie alle versperren sich vor einer geradlinigen Einordnung in die Philosophie-, Literatur- oder Kulturgeschichte. Man nennt sie Genies oder Außenseiter, nicht wenige endeten im Gefängnis ihres Geistes, manche in ummauerten Gefängnissen. Sie haben in unmittelbarer Weise keine Vorfahren und keine Nachfolger. Sie versperren sich, weil ihr Denken, ihr Leiden, ihr Sehnen jung geblieben war, nicht System werden, nicht in eine »objektive« Welt eingehen, nicht Abbild der Welt sein wollte. Sie versperren sich, weil sie von einer anderen Wahrheit als der allgemeingültigen sprachen. Ihr Lebensnerv hieß Existentialismus, Nihilismus, Ästhetizismus, Sensualismus, Surrealismus ...

Seit sie die Bühne der Kultur betreten haben, werden sie verehrt oder verdammt. Der Sinn für Philosophie und Poetik ist dabei nur bedingt maßgeblich; schon eher die Frage nach den Werten. Die Verehrer finden endlich eine Ansprache. Die Verdammer vermissen die positive Haltung zum Ganzen der Gemeinschaft: Der Künstler soll das Schöne feiern; seine Kunst soll die Gemüter erbauen; sie soll der Katharsis dienen; Philosophie und Kunst haben einen *common sense*-Auftrag zu erfüllen; die Kultur ist *Identitätsträger Nr. 1*. Die politische Moral sei eine Frage des *lifestyle*, meinte auch der damalige amerikanische Präsident George Bush, als er der Nation den Aufbruch in den Golfkrieg erklärte. Verweigern Philosophie und Kunst die ihnen zugedachte gesellschaftlich-moralische Verantwortung, erwecken sie durchaus den Unmut. »Entartete Kunst« wurde sie im Nationalsozialismus geheißen und als solche vernichtet und verurteilt; wo es nur ein kollektives Subjekt geben darf, ist jedes individuelle Subjekt gefährlich. Noch heute ist vielen der Nihilismus ein Dorn im Auge. Er repräsentiert eine Gegenideologie, eine Multi-Ideologie, er ist ohne Ideologie. Allan Bloom beispielsweise, ein namhafter politischer Philosoph der USA, veröffentlichte 1987 eine Streitschrift, in der er vor der *German Connection* warnte, die zu den bekannten gesellschaftlichen und politischen Krisen geführt habe. Er warnte vor dem Nihilismus der deutschen Philosophie, deren Einfluß auf das intellektuelle und moralische Klima der amerikanischen Gesellschaft bedenklich sei. Der Titel des nationalen Tugendwerks: »Closing the American Mind« (New York 1987). Verkaufte Auflage: 500 000 Exemplare.

Aller Stimmen Unmut hat einen gemeinsamen Nenner: Es ist der Verlust der Werte, der bedenklich ist. Wo Lebensgefühle herrschen, ist die Wertestabilität dahin. Man darf den Satz auch umdrehen: Das Lebensgefühl hat nichts zu sagen, solange absolute Werte gelten. Deren Zeit ist abgelaufen; die pluralistische Gesellschaft besitzt keine stabile Werteordnung mehr. Das Lebensgefühl ist zur Lebensphilosophie geworden.

Die Ökonomie hat damit grundsätzlich kein Problem. Im Gegensatz zur Politik hat sie selbst nihilistische Ambitionen. Der Wertesermon liegt ihr nicht. Das Künstlerideal ist ihre zweite Haut: Individualität, Kreativität, *Uniqueness*. Lebensgefühle stehen ihr näher als der Wertekonsens. Sie liebt es, jene zu Marken zu machen, was mit diesem nie ginge. Sie verwandelt Lebensgefühle in *Erlebniswelten*. Sie macht Ideologien zu *Verkaufsstätten mit vielen sinnlichen Shop-o-tainment Elementen* (sagt ein Prospekt). Sie schätzt *Atmosphären* und weiß, sie bergen mehr Gemeinschaftspotential als jede Zeremonie. Sie kommuniziert Werte, statt sie zu diktieren. Regelmäßig erkundigt sie sich bei der Marktforschung, in welcher Weise sich die Lebenseinstellungen der jungen Generation wieder verändert hätten. Sie lebt mit dem permanenten Wandel der Werte. Sie lebt von ihm.

Ist es wirklich richtig, im Verlust der Werte das Grundübel unserer

Zeit zu sehen? Sind nicht eher mehr Werte als je zuvor »unterwegs«? Heißt nicht gerade pluralistische Gesellschaft auch Wertepluralismus? Heißt Wertevielfalt nicht auch Toleranz, während der Wertekonsens nur zu gern die verbindliche Moral will? Hermann Broch, der vor zwei Generationen in seinem Roman »Die Schlafwandler« die Wertewandel-Diskussion einleitete, beklagte darin die Sinnleere als Wertevakuum; suchte er mit dem Ruf nach Werten, im Zweifelsfall gar seinen eignen, nicht eher nach der berüchtigten Realität, die für alle gelten soll? »Hat diese Zeit noch Wirklichkeit?« fragte er. »Besitzt sie eine Wertwirklichkeit, in der sich der Sinn ihres Lebens aufbewahren wird? gibt es Wirklichkeit für den Nicht-Sinn eines Nicht-Lebens? – wohin hat sich die Wirklichkeit geflüchtet? in die Wissenschaft? in das Gesetz? in die Pflicht? oder in den Zweifel einer ewig fragenden Logik ...? Hegel hat der Geschichte den ›Weg zur Befreiung der geistigen Substanz‹ verheißen, den Weg zur Selbstbefreiung des Geistigen – es wurde der Weg zur Selbstzerfleischung aller Werte.«[6]

Jedenfalls ist kaum zu bestreiten, daß das ökonomische Handeln erst fraglich wurde, als das eindeutige Wertesystem brüchig geworden war. Solange die Wirtschaft ihren Interessen gemäß frei agieren konnte, bedurfte sie keiner Philosophie. Solange Händler und Unternehmer schlicht als Berufe gelten, so wie andere Angestellte oder Arbeiter, Mediziner oder Lehrer sind; solange sich alle Beteiligten einer Population in derselben Realität wähnen, die sie dann im Rahmen ihrer Berufstätigkeit arbeitsteilig zu gestalten bereit sind, kommt niemand sich in die Quere. Der eine macht dies, der andere jenes, der Ökonom versorgt mit Waren und mit Arbeit, der Philosoph macht sich Gedanken über das Wesen der Welt, und ein jeder hat seinen Platz im organischen Ganzen. Das Bildnis eines solch ebenso vernünftig wie sinnfällig eingerichteten Organismus, in dem jedes Organ seine eigene Funktion besitzt, ist nicht umsonst sowohl das Ideal derer, die vom harmonisch Ganzen träumen, als auch das von Unternehmensführern, die endlich wieder die mit Fleiß und Konsumbereitschaft einhergehende Ruhe im Land wünschen. Im Gegensatz dazu sind Organisationen im kleinen, eine Gesellschaft im größeren und die soziale Welt insgesamt meist aber nicht harmonisch strukturiert. Interessen nehmen sich an den Haaren und geraten in Konflikt; nicht jeder will einsehen, daß ein anderer der Kopf oder das Herz sein soll; Zuordnungen werden zu Unterordnungen; die Verteilung der Rollen wird zur Verteilung der Macht; die ihr folgende Verteilung des Geldes trägt das Ihre dazu bei; die Definition »des Ganzen« wird gar zur Frage nach dem Wie.

In diesem Fall stellt sich das philosophische Nachdenken über das Wesen der Dinge nicht mehr als eine metaphysische Reflexion, sondern als eine durchaus handfest zu verstehende Dezision dar. In diesem Fall heißt Philosophie nicht mehr abstrakte Ergründung der Realität im eigentlichen, sondern konkrete Entscheidung darüber, um welche Realität es sich eigentlich handeln solle. In diesem Fall wird das philosophische Spiel zur Frage nach der Spielregel. Jeder kennt es, der jemals in die Bredouille kam, sich legitimieren, verteidigen und behaupten zu müssen, der gezwungen war, den ihm gemachten Vorwürfen etwas entgegenzusetzen, und dies zugleich nur konnte, indem er das Konstrukt als solches, das den Vorwurf möglich machte, als völlig falsch erklärte.

In dieser Situation befand sich Ende der siebziger Jahre die Ökonomie. Während der Dekade gesellschaftlicher Emanzipationsbestrebungen war sie nicht nur immer stärker ins Kreuzfeuer der Kritik geraten; die Gesellschaft selbst hatte sich dabei verändert. Sie hatte eine bislang unbekannte Individualisierung des einzelnen und damit eine stärkere Gewichtung seiner persönlichen Ansprüche (als Arbeitnehmer und Verbraucher) hervorgebracht. Erschüttert waren mit einem Mal die zuvor geteilten Imperative der Ökonomie (Wohlstand, Wachstum, technischer Fortschritt) und die ihr gemäßen Imperative der Arbeitsdisziplin (Anpassung, Fleiß, Pflichterfüllung). Von ebenjenem *Wertewandel* war plötzlich die Rede. Seine treibende Kraft war damals keineswegs die Wirtschaft und auch nicht, wie es manchen schien, deren Gegner. »Das bewegende Element«, bemerkte Jahre später Wolfgang Krüger, »ist nicht die Rattenfängerei wirtschaftsfeindlicher obskurer Mächte und die menschliche … Trägheit, sondern die mit der gesellschaftlichen Weiterentwicklung einhergehende Evolution der Ansprüche an Wirtschaft und Arbeit, wobei es gar nicht mehr in erster Linie um die Maximierung des Einkommens geht, sondern um die stärkere Berücksichtigung von Wünschen, die in der Sprache der Soziologen als *postmateriell* bezeichnet werden und dem Menschen eigen sind: mehr Selbst- und Mitbestimmung am Arbeitsplatz, Selbstbestimmung durch mehr Freizeit, nach dem Motto: Der Mensch lebt nicht von Arbeit und Brot allein. Und von dieser Anspruchsevolution ist durchgängig die gesamte Bevölkerung erfaßt, bis hinauf in die oberen Ränge der gesellschaftlichen und wirtschaftlichen Hierarchie.«[7]

Kein Wunder, wenn in jenen Jahren die Neubewertung der Managementrationalität im Mittelpunkt vieler Diskussionen stand. Schließlich hatte sich die Ökonomie seit ihrer Begründung durch Adam Smith, ja eigentlich schon seit der Renaissance, die zugleich »die Sprache der Wissenschaft in der Mathematik und die Sprache des Geldes in der Buchhaltung« (Hermann Broch) hervorbrachte, stets nur in der rechenbaren Welt der Markt- alias Naturgesetze und der Kalkulationen aufgehalten. Bei der Frage nach den Werten und Einstellungen, den Lebensgefühlen und Weltanschauungen des Menschen und Verbrauchers hatte man es mit weitaus weniger harten Fakten zu tun. McKinsey-Chef Professor Herbert Henzler, einer der wenigen Topmanager im Lande, die mit geisteswissenschaftlichen Fragestellungen vertraut sind, bemerkte darum auch, die Ökonomie müsse allmählich einsehen, daß es im Wirtschaften noch andere Aspekte gebe als nur quantitative.[8] In jenen späten siebziger Jahren begann das Marketing zu ergründen, was den Menschen bewegt und sorgt, was ihn begeistert und interessiert, worin seine Sehnsüchte liegen, worüber er sich freut und mit wem er gerne zu Abend essen würde. An der Verkaufsfront ging es bald nur noch um den Menschen. Es ging so sehr um ihn, daß im Mittelpunkt relevanter Überlegungen kaum mehr das Produkt stand, sondern die spezifischen Merkmale menschlicher Wünsche und Erwartungen, die in eine maßgeschneiderte Ansprache für maßgeschneiderte Zielgruppen übersetzt werden sollten. In jenen Jahren wurde nicht nur das Verkaufen zur kundenorientierten Streicheleinheit, sondern löste sich allmählich die Sozialwissenschaft im Marketing auf, wurde das Marketing zur angewandten Sozialwissenschaft. Nun waren es nicht mehr die Kritiker der Gesellschaft, die sich fragten, was den Menschen eint, welche Auswege er aus der Tristesse des Alltags erträumt und was für ihn die bessere Welt sei; es waren die Vertreter der Industrie (und Politik), die sich im Namen der Demoskopie mit der Demokratie beschäftigten. Die Suche nach einer menschlichen Gemeinschaft, die eben noch ein neues Politikverständnis begründen sollte, begann sich in eine Suche von Gemeinsamkeiten innerhalb einer Zielgruppe zu verwandeln.

4 Was zu Beginn wirtschaftswissenschaftlicher Theorienbildung noch ein einfaches Modell der Warenzirkulation war und im Laufe der Managementgeschichte zu einem hochkomplexen Wissen über die Herstellung, Verteilung und Vermarktung von Produkten und Dienstleistungen heranreifte, ist im Marketing zur Beschreibung seiner linearen Entwicklung geworden: Produktion, Distribution und Konsumtion. Ihnen entsprechen das Produkt-, das Verkaufs- und das Kundenmarketing. Jedes davon steht in groben Zügen für ein Jahrzehnt der Nachkriegsgeschichte: das Produktmarketing für die sechziger Jahre, das Verkaufsmarketing für die siebziger Jahre, das Kundenmarketing für die achtziger Jahre. Alle drei Formen des Marketings existieren heute parallel. Nach wie vor gibt es Betriebe, die ein reines Produkt- oder Verkaufsmarketing praktizieren. Der Fleischer, der das handgeschriebene Schild »Heute im Angebot ...« in seine Auslage stellt, betreibt eine einfache Form des Produktmarketings. Der Autohändler, der einen »Tag der offenen Tür« veranstaltet, um ein neues Modell nebst Probefahrt und Häppchen anzubieten, folgt einem Verkaufsmarketing.

Die Verschiebung vom Produkt- zum Kundenmarketing mag wie eine fast natürliche Entwicklung erscheinen, durch die sich die Fixpunkte des Marketings von der Marktbedienung über die Marktansprache auf die Marktwahrnehmung verlagerten. Es mag aussehen wie ein Marketing, das von sich aus gerne mehr auf die Kundschaft blicken wollte, um dem Wertewandel gerecht zu werden. Tatsächlich aber hat diese Verschiebung die Schule des Verkaufens selbst entscheidend verändert. Es hat verkäuferische in sozialphilosophische Überlegungen transferiert (und nebenbei Verkaufs- bzw. Marketingphilosophien kreiert); es hat zuletzt vice versa das Soziale in etwas Merkantiles verwandelt, das die menschliche Begegnung grundsätzlich zu einer Begegnung von Produzenten oder Konsumenten von Angeboten machte.

Ums Verkaufen geht es nach wie vor. Natürlich. Ökonomisches Handeln ist nichts anderes als mit Gewinn verkaufen. Die Macht der Ökonomie basiert ursächlich darauf. Nur muß, um verkaufen zu können, ein Käufer her, der kaufen will. Dieser Käufer muß das, was er kaufen soll, brauchen, und wenn nicht brauchen, dann muß er es haben wollen. Der Ökonom nennt es lapidar einen Produktnutzen. Alles, was die Ökonomie unternimmt, ist auf diesen Nutzen hin ausgerichtet. Allerdings ist, wie jeder weiß, nicht alles, was man kaufen kann, tatsächlich nützlich. In Wirklichkeit ist, wenn die Ökonomie von einem Nutzen spricht, auch nicht das Nützliche gemeint. »Nutzen« ist vielmehr ein Synonym für »wird gekauft«. Was man verkaufen kann, ist nützlich. Solange das Marketing ein Produktmarketing war, mußte sich der Verkäufer keine Gedanken darüber machen. Die Leute brauchten ohnehin, was er anbot. Sie brauchen etwas zu essen, gehen zum Fleischer und erwerben, was »heute im Angebot« steht. Insofern darf man sagen, die Ökonomie befriedige Bedürfnisse.

In den sechziger Jahren war der Zeitpunkt gekommen, wo nicht mehr alles wie beim Fleischer ablief. Die Leute hatten schon viel, es gab ein breites Warenangebot, es gab viele Mitbewerber, der Konsument fing an zu überlegen, ob er überhaupt kaufen soll und wenn, bei wem? In dieser Zeit begann das Marketing sich Gedanken darüber zu machen, wie der Kunde angesprochen und gewonnen werden könnte. Man fing an, sich zu überlegen, auf welchem Wege durch Kaufanreize neue Bedürfnisse zu wecken seien. Es war die Zeit, in der zum rationalen *reason why* ein emotionaler *benefit* kam. Es war die Zeit, in der aus der Reklame die Werbung wurde, aufstrebende Werbeleute sich für avantgardistische Künstler hielten und am liebsten Pop-art wie Andy Warhol machten. In Deutschland hieß einer davon Charles Wilp. Er versetzte weißgewandete Nonnenmädchen in den »Afri-Cola-Rausch«. Es waren die Jahre, in denen kritische Stimmen plötzlich behaupteten, Werbung sei Verführung. Das Marketing sah es nüchterner. Es sprach von einer verkaufsfördernden Maßnahme, die darauf abziele, durch Austauschprozesse Bedürfnisse und Wünsche zu befriedigen, und damit einen *Dienst am Kunden* (Philip Kotler) leiste. Ein bißchen hatte die Ökonomie allerdings bei der Befriedigung schon nachgeholfen. Aber wer weiß eine freundliche Behandlung nicht zu schätzen? Man sprach vom Kunden König.

Die Kundschaft dankte es und die Methode hatte zunächst Erfolg. Bald erkannte man, daß die Kunst der Werbung weniger darin liegt, Kunst zu machen, und mehr darin, das beworbene Produkt in die Köpfe der Leute zu kriegen. Der »Dienst am Kunden« verwandelte Werbetreibende allmählich in seriöse Dienstleister. Ihre Pflichtlektüre war David Ogilvys »Über Werbung«. Darin ermahnte er sie, für den Auftraggeber statt für einen der begehrten *Awards* zu arbeiten. Und er empfahl die Marktforschung. Sie leiste, so schrieb er, für die Entwicklung effektiverer Werbung unschätzbare Dienste, da mit ihrer Hilfe überprüft werden könne, ob die ausgesandten Werbebotschaften verstanden worden seien. Sinnvoll eingesetzt, schrieb einer ihrer Verteidiger noch Jahre später, sei sie ein durchaus nützliches Instrument. Mit ihr könne überprüft werden, ob die ausgesandten Botschaften von den Umworbenen auch so verstanden worden seien, wie sie gemeint waren, und sie den Absatz des Produkts wirklich förderten.[9] Damit kam der Psychologe zum zweiten Male zum Zuge. In der Demoskopie nahm er sich nun empirisch, analytisch und methodisch der Sache an.

Es war in jenen siebziger Jahren gewiß nicht beabsichtigt, aber von diesem Tag an tauchte er immer öfter im Marketingflur auf. Man brauchte ihn ständig. Man brauchte ihn, um zu ergründen, wie der Konsument die Anzeige und den Spot wahrgenommen habe. Wenn der Verdacht aufkam, im Vorstellungsbild des Verbrauchers könnte sich wieder etwas geändert haben, fragte man ihn, ob der eingeschlagene Weg noch richtig sei. Beim geplanten Relaunch wurde er gerufen, um zu erkunden, inwiefern dieser Markenkern noch Attraktivität besitze. Wenn es um die Kommunikation ging, mußte er berichten, welche Sehnsüchte die Menschen jetzt bewegen. Hatte er erfahren, was häufig vorkam, daß draußen im Lande nicht mehr die Euphorie herrsche, sondern sich eher gewisse Ängste und Nöte breitgemacht hätten, wurde auf seinen Ratschlag hin die Tonalität des Markenauftritts modifiziert. Brachte die Modifikation, was ebenso häufig vorkam, nicht das erhoffte Resultat, war er gefordert, die zwei, drei, vier, fünf, sechs Archetypen zu finden, die den Menschen seit jeher bewegen. Als der Konsument dazu übergegangen war, preiswerte Charter-Reisen zu buchen, obwohl in seiner Garage ein Daimler stand, als er begonnen hatte, sich teure Stereoanlagen zu leisten, obwohl er sich aus dem Billigmarkt ernährte, mußte der Psychologe die Zielgruppen über- und sich gegebenenfalls bessere Cluster ausdenken. Als sich herausstellte, daß durch das, was der Amerikaner *image* nannte, Kaufentscheidungen positiv beeinflußt werden konnten, mußte er angeben, was der Verbraucher überhaupt als positiv erachtet. Sagte jemand aus der Führungscrew: Wir müssen etwas für unser Image tun!, konsultierte man ihn als Therapeuten für den Unternehmensauftritt. Als die *Corporate Identity* Mode wurde, brauchte man ihn für die Wahl der richtigen Symbole. Und er war es auch, der darauf hingewiesen hatte, daß eine Identität von der Unternehmensführung vorgelebt werden müsse. Auf diesem Wege war in den achtziger Jahren das Credo der Kundenorientierung bereits unumstößlich geworden. Unternehmen, die ihre Kundschaft gezielt ansprechen wollen, schrieb Lothar Müller-Hagedorn, einer der führenden Marketingtheoretiker, müssen deren Bedürfnisse kennen. »Es muß ermittelt werden, worin sich das Verhalten einzelner Nachfragergruppen unterscheidet, welche Gründe hierfür maßgebend sind und welche Erwartungen bestehen.«

Obwohl all das Unsummen verschlang, oft fragwürdige Ergebnisse produzierte, zu fehlerhaften Entscheidungen, falschen Ableitungen, überflüssigen Produkt- und Markenentwicklungen, kurz: zu einer Menge Flops geführt hatte, war der Psychologe immer wichtiger geworden. Beachtlich die Gelder, die der Verbraucher im Laufe der Zeit beim Kauf seiner Waren an die Unternehmen zurückgab, nachdem diese sie vorher ausgegeben hatten, um ihm auf die Schliche zu kommen. Beachtlich die Liste der Probleme, die mit der Psychologie einhergehen. Da fiel sogar Ogilvy auf, daß eine Marktforschung, die im Namen des Verbrauchers allen und jedem nach dem Mund zu reden trachte, von den Agenturen und ihren Kunden häufig mißbraucht werde. »Sie bedienen sich ihrer wie ein Betrunkener sich eines Laternenpfahls bedient – nicht zur Erleuchtung, sondern zum Abstützen.«[10] Ihrem Erfolg tat's dennoch keinen Abbruch. Im Gegenteil, je weniger man wußte, um so mehr war die Psychologie gefragt; und je mehr sie gefragt wurde, um so mehr verwandelte sich das alte Verkaufs- in ein »psychologisches Marketing«. Der Anschein der Wissenschaftlichkeit gab letztlich den Ausschlag. Wenn etwas schiefging, konnte der verantwortliche Manager jederzeit auf die psychologische Forschung verweisen, die seine Vorhaben abgesegnet hatte. Kaum ein Vorgesetzter hätte gewagt, solcher Rückversicherung zu widersprechen.

Die Strategie ging dennoch nicht mehr auf. In den hedonistischen achtziger Jahren, in denen der Individualismus plötzlich fröhliche Urständ feierte, fing der Verbraucher an, sich über die sozialen Intentionen des Marketings insgeheim lustig zu machen. Da er selbst sich teils gezwungenermaßen, teils liebend gern von der Sozialität verabschiedet hatte, begann er nun, das Marketing nach Herzenslust an der Nase herumzuführen und dies leidlich auszukosten. Er hatte gemerkt, daß es jenem zwar nach wie vor um das Verkaufen ging, er dies aber nicht mehr offen sagen durfte. Während das Marketing danach strebte, den Menschen als Ganzes anzusprechen, nur um ihn in seiner einzig interessanten Facette als Kunde mit der besonderen

Eigenschaft der Kaufkraft zu gewinnen, drehte er den Spieß um und tat, als sei er ein Kunde, nur um als Mensch angesprochen zu werden. Er ließ sich gänzlich hofieren. Er ließ sich guttun, selbst wenn er gar keine Kaufabsichten hatte. Er mimte Interesse. Er ließ sich umwerben. Er klagte sein Recht als Kunde König ein, obwohl er wußte, daß sich das Marketing nicht erlauben durfte, ihn auf die Rolle eines Käufers zu reduzieren. Er genoß es zu sehen, daß da einer ist, der sich um ihn kümmert. Es war ihm klar, sobald er seine Kaufentscheidung getroffen hatte, hat der Spuk ein Ende. Er benahm sich wie ein Don Juan: Zeigte man ihm das Bildnis eines schönen Mädchens und fragte ihn, ob er sich vorstellen könne, es zu heiraten, sagte er glatt ja. *Im Test erfährt das Produkt eine hohe Akzeptanz*. Kaum gab man ihm das Mädchen, wollte er es nicht mehr. *Bei der anschließenden Einführung im Markt fällt es durch*. Er nahm sich ein anderes und heiratete es wieder nicht. So war er, der launenhaft gewordene Verbraucher. Alle waren sie gleich; doch zu einer Zielgruppe gehörte keiner mehr.

Wie konsterniert stand das Marketing jener Jahre vor der neuen Situation. Kaum eine Tagung oder ein Kongreß, keine Managementzeitschrift und keine Agenturbroschüre, die nicht auf dieses unglaubliche Phänomen des neuen Konsumenten eingegangen wäre. Er werde immer unberechenbarer, hieß es. Sein Verhalten sei wechselhaft und paradox. Er durchschaue *die allzu perfekte, superglatte Oberfläche der Moderne*.[11] Die klassisch soziodemographischen Kriterien der Marktforschung (wie Berufstätigkeit, Einkommen, Alter, Geschlecht) seien nicht mehr geeignet, den Kunden zu erfassen. Immer seltener benehme er sich, wie die Zielgruppendefinition es vorsehe. Langfristig angelegte Marketing-Praktiken versagten. Aber auch die alternativen *cluster*, die in jenen Jahren zuhauf aufkamen, bekamen ihn nicht mehr zu fassen. Weder die *Dinks-Familie* noch die *outer-* und *inner-directed consuments*; weder *der multidimensionale Verbraucher*, der in seinem Verhalten stets zwischen rationalen und emotionalen, zwischen sparsamen und verschwenderischen Orientierungen hin und her springt, noch Professor Opaschowskis *Versorgungs- und Erlebniskonsument* und auch nicht die 16 Euro-Lifestyles von Professor Cathélat: *Dandy, Rockies, Busineß, Squadra, Olivados, Vigilante, Prudent, Romantic, Protest, Defense, Scout, Pioneer, Moralist, Gentry, Strict, Citizen*. Im Grunde machten sich alle nur lächerlich. Der Verbraucher war durch und durch *in between*, gleichgültig, ob er nun als preis-, genuß-, umwelt- oder qualitätsorientiert galt, angeblich nach »neuer Bescheidenheit«, Selbstverwirklichung oder Persönlichkeitsentfaltung strebte, man ihn für traditionell, oppositionell, idealistisch, neo-konservativ ... hielt oder ihm attestierte, er sei vom mündigen zum kreativen Verbraucher avanciert.

Man wußte zwar, daß alle Konsumenten Qualität, Werte, Individualität bejahen. Man wußte trotz aller Mühen jedoch nicht mehr, was Qualität, Werte und Individualität für sie konkret bedeuteten. So sehr die Markt- und Marketingforschung die traditionelle Rolle der politischen Soziologie übernommen hatte, so sehr scheiterte sie andererseits immer wieder daran, ihr politisches Interesse zu befriedigen.

5 Das Bestreben, dem Verbraucher näherzukommen, entsprang fraglos der Absicht, ihm zu verkaufen, was produziert wurde. Das allein erklärt jedoch noch nicht, warum die Ökonomie am Ende der siebziger Jahre begann, sich den Sozialwissenschaften (insbesondere der Psychologie) zuzuwenden, sozialwissenschaftliche Fragestellungen vielfach stärker betonte als betriebswirtschaftliche und schließlich zuerst dem Namen, dann der Sache nach zur Philosophie fand. Tatsächlich hatte die Ökonomie zu jener Zeit plötzlich auf allen Ebenen mit unerwarteten oder zu spät erkannten Problemen zu kämpfen. Die Ressourcenkrise rückte ins Blickfeld. Die globale ökologische Krise wurde Thema, versetzte der Mehrzahl der Menschen einen Schock, warf die Frage nach den Grenzen des Machbaren auf, führte dazu, daß viele der Überzeugung waren, die Unternehmen wären aus reiner Geschäftemacherei bereit, den Globus zu zerstören. Außerdem tauchten die neuen Technologien auf; mit ihnen begann die allmähliche Umgestaltung der Industrienationen von Produktions- in Informationsgesellschaften. Die mediale Aufrüstung brachte die Medienrealität hervor; durch sie löste sich die traditionelle politische Gewaltenteilung auf und etablierten sich die Medien als vierte Macht im Staat. Auf der politischen Bühne waren durch Veränderungen im Ost-West-Verhältnis, durch den unerwartet schnellen Aufstieg Japans als Wirtschaftsmacht und durch die zunehmende internationale Konkurrenz neue Anforderungen entstanden. Es war, um den zweiten zentralen Begriff jener Zeit zu zitieren, eine Periode, die außer vom Wertewandel von einem umfassenden *Strukturwandel* geprägt war.

Ausgangspunkt des Strukturwandels war die zu Beginn der siebziger Jahre plötzlich entstandene »Ölkrise«. Es handelte sich um den ersten und im nachhinein betrachtet vergleichsweise harmlosen Einbruch im Wirtschaftsaufschwung nach dem Kriege. Infolge dieser kleinen Wirtschaftskrise war in Westdeutschland ein neues Schlagwort aufgetaucht: das »Krisenmanagement«. Sein insgeheimes Prinzip verbarg sich in der Annahme, daß in schwierigen Zeiten irgendeine Handlung noch allemal besser sei als gar keine. Insofern meinte »Krisenmanagement« nichts anderes als ein natürliches Angstverhalten, das in den Rang einer Technik erhoben wurde. Es existierte bereits vor seiner Erfindung, und es existiert natürlich unverändert.

Trotzdem hatte sich das Wort nicht lange gehalten. Es verschwand, wie es gekommen war, mit dem Abflauen der Ölkrise aus der Managementliteratur. Aber es hatte seine Spuren hinterlassen. Das war nicht die letzte Krise; auf die nächste wollte man besser vorbereitet sein. So tauchte ein weiterer Begriff auf. Noch heute wird jeder, der in einem einschlägigen Nachschlagewerk unter »Krisenmanagement« nachsieht, darauf verwiesen: die *Unternehmensstrategie*. »Wenn die Strategie nicht stimmt, nützt das Krisenmanagement nichts«, schrieb im November 1976 Roland Berger. Dem Zeitgeist entsprechend erklärte er die wissenschaftliche Rationalität zum Dreh- und Angelpunkt eines strategischen Managements. Ihr Credo war die *gesicherte analytische Basis*. Sie galt es, im Sinne einer soliden Status-quo-Planung unter Zuhilfenahme empirischer Methoden, Marktanalysen, Planungstechniken etc. zu finden, um dann auf ihr aufbauend unter Nutzung von Prognosen ein Strategiekonzept zu entwickeln. Wie Berger schrieb: »Die Entwicklung von Unternehmensstrategien ist zwar immer noch keine exakte Wissenschaft, sie ist aber doch weit von dem Stadium entfernt, in dem sie eine reine Frage von Intuition und Kreativität war.«[12]

Man muß dieses Statement nicht weiter kommentieren, um deutlich zu machen, daß es sich in dieser Form nicht halten konnte. Der Glaube an eine gesicherte analytische Basis, eine empirisch-analytische Methodik, auf deren Ergebnisse man sich verlassen kann, und eine wie auch immer geartete exakte Wissenschaft ist mittlerweile kaum größer als der Glaube an die Unfehlbarkeit des Papstes. Der Grund ist leicht erklärt. Weil die Versprechen der wissenschaftlichen Rationalität nicht gehalten wurden und sich der Geist der Zeit gewandelt hatte, dankte gegen Ende der siebziger Jahre das Programm der Vernunft allmählich ab. Die Ökologie rückte ins Blickfeld und damit ein Wissenschaftsbetrieb, der sich durch seine Taten als Hauptangeklagter an der Zerstörung der Umwelt wiederfand.

An der Nahtstelle von szientistischer Rationalität und Rationalitätskritik verglich ein anerkannter Wissenschaftstheoretiker namens Paul Feyerabend die empirisch-analytische Methodik mit den Geisteskrankheiten. Es sei, wie er schrieb, ein Grundzug geistiger Störungen, sich von der Wirklichkeit zu entfernen, ohne diese Entfernung zu bemerken.[13] Er propagierte statt dessen sein berühmt gewordenes *anything goes*.

Mit dem wissenschaftlichen ging auch das politisch-aufklärerische Denken zu Ende. Es nahte die konservative Wende in Europa. In Deutschland forderte Heiner Geißler, seinerzeit Parteistratege und intellektueller Organisator eines Regierungswechsels zugunsten Helmut Kohls, die CDU auf, den Linken nicht mehr nachzulaufen, sondern selbst wieder *die Begriffe zu besetzen*. Zudem trat an die Stelle der gesellschaftlichen die Emanzipation der Frau. Altachtundsechziger, die sich eben noch als Avantgarde fühlten, sahen plötzlich alt aus. »Neue Philosophen« aus Frankreich propagierten die Gegen-Aufklärung. Das Irrationale kam in Mode und mit ihm Bachblüten, Capra, Castaneda, Esoterik, Ethnologie, I Ging, Indianer, Papalagi, Poona, Tarot und vieles andere mehr, was sich in jener Zeit etablierte.

Man könnte es die Skepsis nennen, die ins Blickfeld rückte; die Skepsis gegenüber einer Rationalität, die sich selbst zu sehr geglaubt hatte. Man könnte es als einen Ein- und vorbereitenden Umbruch des zuvor sakrosankten Gebotes, Gemeinnutz gehe vor Eigennutz, bezeichnen. Man könnte es auch als die Suche nach einer Philosophie beschreiben, deren Resultate einerseits weniger kraß im Gegensatz zu den von ihr gemachten Versprechungen stehen und die andererseits auch besser auf die Zukunft vorbereiten sollte. Tatsächlich entstanden in jenen Jahren zuhauf Denkfabriken und *brain trusts*, fanden einschlägige Zukunftstage und Kongresse statt, wurden Utopien zu Visionen. Man suchte das Morgen, das heute schon sein sollte. Zugleich wurden auch neue Problemstellungen relevant. Interessant war jetzt nicht mehr nur die Frage: Wie ist dieser Sachverhalt zu verstehen?, sondern auch: Wie sind wir überhaupt zu unserer Annahme über diesen Sachverhalt gekommen? Frederic Vester, der sich mit solchen Veränderungen befaßt hatte, bemerkte damals in seinem »Neuland des Denkens«: »*Was* jedoch getan und *wie* es getan wird, hängt im höchsten Maße davon ab, wie wir die Wirklichkeit sehen und verstehen.«[14] Es war der Beginn der nun folgenden Umwandlung von Unternehmensstrategien in Unternehmensphilosophien und damit des Einzugs der Philosophie in die Ökonomie.

Analog der Argumentation von 1976 (»Wenn die Strategie nicht stimmt, nützt das Krisenmanagement nichts«) lautete jetzt, etwa 10 Jahre später, die Beweisführung: Wenn die Philosophie nicht stimmt, nützt die Strategie nichts. Unter der beispielhaften *Headline* »Keine Strategie ohne Philosophie« bemerkte 1987 Horst Rückle: Viele Führungskräfte reagierten auf die Frage nach ihrer Unternehmensphilosophie irritiert. Spräche man indes dieselben Manager auf strategische Fragen an, komme es durchaus vor, daß sie aus dem Stegreif ein fundiertes Fachreferat halten. Man verfüge zwar über einen erfolgsorientierten Pragmatismus, er stehe jedoch auf keiner geistig-ideellen Grundlage. Fehlten diese Leitprinzipien, könne es auch keine gemeinsame Zielrichtung der Entscheidungsträger und des Personals im Unternehmen geben. »Wo es keine Unternehmensphilosophie gibt, hängt jede Strategie in der Luft.«[15] Aus der taktisch-militärischen Strategie der Marktdurchdringung war damit zum ersten Mal eine unternehmenspolitische Größe der Marktgestaltung und ihrer Wirkung auf das Unternehmen geworden. Das Management begann eine Philosophie zu werden.

Fraglos läßt sich der mittlerweile philosophische Gehalt der Ökonomie als Resultat einer sukzessiven Qualifizierung der Managementrationalität beschreiben. Doch auch das erklärt allein noch nicht, wie sie zur Megaphilosophie werden konnte. Nur weil sie dem Zeitgeist gemäß auf die Vernunftkritik reagierte, ihr eigenes Vernunftprogramm erweiterte und damit zu einer eher elastischen Zweckrationalität fand, hat sie nicht gleich das Sagen. Die Tatsache, daß sie es verstand, philosophisches Denken für ihre Zwecke zu nutzen, rechtfertigt noch nicht die Behauptung, der Kapitalismus habe sich in eine Wahrheit verwandelt, das Konsumieren sei zum Lebenssinn geworden, egoistische und materielle Anliegen würden als höhere Werte verbrämt werden. Um zu beweisen, daß sie zur Definitionsmacht wurde, ist mehr als nur der Nachweis einer Verfeinerung der Strategien nötig. Verkennen wir auch nicht ihre, bei aller Kritik zweifelsohne bewunderungswürdige Leistung, innerhalb kürzester Zeit ein eigenständiges philosophisches System geschaffen zu haben, das in seiner machtorientierten Geschlossenheit dem ihrer Vorgängerinnen in nichts nachsteht und obendrein, trotz aller Kritik, nahezu jeden veranlaßt, es freiwillig mitzutragen. Vergessen wir nicht, daß sich die Ökonomie keineswegs mit gezielter Absicht der Philosophie bedient hatte, sondern sich, um ihren gesellschaftlichen Einfluß zu behaupten, durchaus etwas einfallen lassen mußte. Dabei hatte sie ursprünglich weder etwas von der Philosophie verstanden, noch hatte sie eine Nähe zu ihr, wie sie einst die Theologie oder die Politik besaßen. Im Gegenteil: Philosophie und Ökonomie gelten sogar als antipodisch; jene steht für Geist und Rat, diese dagegen repräsentiert Profit und Tat. Das dachten nicht nur die Anhänger der Philosophie, das dachten durchaus auch die der Ökonomie, die sich seit jeher in der Devise »nicht Labern, sondern Machen« gefallen hatten.

So stand, auch wenn es im nachhinein wieder wie ein geplantes und zielgerichtetes Verhalten erscheint, das »Unternehmen Philosophie« anfangs keineswegs unter einem günstigen Stern. Als Roman Antonoff sagte: »Das geistige, nicht das materielle Element bringt Unternehmen vorwärts«, galt streckenweise schon für geistig, was jeglicher Vernunft entbehrte; es war die Phase eines *management by everything*. Ehe Alvin Toffler verkünden konnte: »Wir sind dabei, eine neue Gesellschaft zu kreieren, nicht einfach eine veränderte«, wurde so mancher sich philosophisch wähnende Unsinn verzapft. Man darf beinahe sagen, die Ökonomie war damals mit einer solchen Vielzahl von Neuerungen konfrontiert, daß das größte Problem das Neue selbst war. Es war die Phase, in der es ein Gemeinplatz wurde, zu sagen, seit dem Ende des Zweiten Weltkriegs habe eine Reihe gravierender Umwälzungen stattgefunden, wir lebten in einer Zeit dramatischer Veränderungen, die Realität sei nicht mehr dieselbe, die Wirtschaft sei gezwungen umzudenken, was sie bräuchte, sei ein *neues Denken*, ein neues Paradigma – und eben eine neue Philosophie.

Vordergründig schien damit die Aufgabe, die die Wirtschaft zu bewältigen hatte, hinreichend erklärt zu sein: Die Welt und damit die Einstellungen der Menschen zur Welt hatten sich wieder einmal verändert; das ökonomische Handeln mußte darauf reagieren. Allerdings gerät, wer sich auf das Philosophiegeschäft einläßt, leicht vom Regen in die Traufe. Der Ökonomie erging es nicht anders. Kaum waren ihre Handlungen verdächtig geworden, fragte man nach ihren Überzeugungen. Als ihre Überzeugungen zweifelhaft erschienen, fragte man nach ihren Methoden. Und als ihre Methoden mißfielen, war auch der innere Zusammenhalt dahin. Nicht mehr nur die Kapitalismuskritiker der vergangenen Jahre äußerten ihren Unmut, auch jene, die keineswegs gegen die Wirtschaft waren – und schließlich auch die Kritiker aus den eigenen Reihen. Der gesellschaftliche Riß, der *im Widerstreit von vernunftgegründeter und phantastischer Weltsicht* in immer neuen Formen sichtbar wurde, war bei der Ökonomie angelangt.

Einer dieser Kritiker aus den eigenen Reihen war damals Edzard Reuter, einer der mächtigsten Manager im Lande. Er nahm den tiefgehenden Strukturwandel, in dem sich unsere westlichen Volkswirtschaften befinden, zum Anlaß, um zu fragen, welchen Platz geistige Leistung in der Unternehmensführung habe. Dabei erteilte er dem Management, das einen zweckrationalen Dienst nach Vorschrift versehe, eine Absage, betonte, Unternehmungen könnten mit den Mitteln eines technokratisch rationalen Managements nur negative Entscheidungen treffen, nämlich Fehler vermeiden, während sich die eigentliche Herausforderung an die schöpferische Vorstellungskraft richte, und forderte ein rationales Management jenseits von Matrix-Tabellen und Portfolio-Tafeln.[16] Die Kritik war durchaus angebracht. Nicht nur im Management und nicht nur damals zählen zu den unproduktivsten Kräften gerade jene, die ihr gesamtes Augenmerk darauf richten, jedweder Kritik von vornherein vorzubauen. Sie haben keine Idee, sie verweigern jedes Risiko, sie bringen viel Zeit und Energie dafür auf, eine Rhetorik der Versagung zu erlernen, die letztendlich nichts anderes will, als alles, was nicht von vornherein bewiesen scheint, zu vermeiden – vor allem, wenn sie selbst gefordert wären. Sie verlassen sich auf die banalste Form der Rationalität, nämlich jene, die recht zu haben beansprucht, weil sie kein Quantum Kreativität mehr beinhaltet. Nur war, wie Reuter selbst noch feststellen mußte, seine Forderung des Schöpferischen *innerhalb* der Vernunft leichter gesagt als getan. Der alte »Widerstreit« läßt grüßen, und selbst die von Reuter als vorbildhaft erklärte Philosophie Immanuel Kants hätte da ihre Schwierigkeiten gehabt. Der Werte- und der Strukturwandel waren doch weniger miteinander verwandt, als es schien.

Vordergründig schienen beide *objektiv* zu sein. Offensichtlich veränderten sich die Werte und Strukturen. Also versuchte man, mit den »objektiven« Instrumentarien der Empirie sowohl die politischen, gesellschaftlichen und sozialen Probleme respektive Neuerungen zu erforschen, als auch jene, die in technologischer, wirtschaftlicher oder ökologischer Hinsicht aufgefallen waren. Man versuchte etwas, was seit jeher die Sozialwissenschaften versuchen und woran sie seit jeher verzweifeln: Man versuchte, in der politisch-sozialen Welt zu ähnlich objektiven Ergebnissen zu gelangen, wie dies den Naturwissenschaften gelungen war. Dabei mußte die Ökonomie eine für sie erstaunliche Entdeckung machen. Im Unterschied zur »unbelebten« Natur reagiert der Mensch nicht nur auf ein und dieselbe Situation unterschiedlich, er reagiert auch auf den Akt des Erforschtwerdens und macht damit jedes objektive Resultat sozialer Forschung zunichte.

Diese Eigenart des menschlichen Wesens gehört zu seinen sympathischsten und lebendigsten Merkmalen. Es gibt nie Ruhe, selbst wenn es den Eindruck erweckt, in ein soziales Koma verfallen zu sein. Den Wissenschaftler treibt dies allerdings in die Verzweiflung. Für die Naturwissenschaften war es (ehe Heisenberg ihrer Genugtuung mit der »Unschärferelation« den Garaus machte) lange der Grund, die Exaktheit der Sozialwissenschaften anzuzweifeln. Für die Sozialwissenschaften war dies immer wieder ein Anlaß, die Ansprüche der Objektivität zu hinterfragen. Für die Philosophie, namentlich die Erkenntnistheorie, führte es zu den kompliziertesten hermeneutischen, phänomenologischen, lebensweltlichen, intersubjektiven, erkenntnispsychologischen Modellen (und obendrein zu den größten Streitigkeiten, die sie im 20. Jahrhundert austragen mußte: den Werturteils- und den Positivismusstreit). Die Ökonomie aber hatte von alldem noch nie etwas gehört. Deshalb entging ihr, was den Vernunftbetrieb schon zu Zeiten Kants entzweit hatte: die Trennung einer wertfreien Naturwissenschaft von den wertbezogenen Geistes- und Sozialwissenschaften. Am simplen Beispiel läßt es sich erklären.

6

Mitte der achtziger Jahre waren drei Aussagen gang und gäbe:

1. Die Erdölvorkommnisse gehen zu Ende.
2. Die traditionellen Einstellungen des Verbrauchers sind nicht mehr gültig.
3. Der traditionelle Managertyp ist am Ende.

Alle drei Aussagen formulieren etwas, das nicht mehr so ist, wie es war, und rufen auf, dagegen etwas zu unternehmen. Gleichwohl sind alle drei Aussagen gänzlich unterschiedlicher Natur. Erstere ist eine

Tatsache, die jeden betrifft und nur dann revidiert werden kann, wenn neue Ressourcenquellen aufgetan werden. Die Tatsache verbietet eine Formulierung wie »die Ressourcenkrise von morgen«, weil »morgen« entweder die Krise zu Ende ist oder aber infolge der Krise nicht mehr ausreichend Ressourcen zur Verfügung stehen. Zweitere gilt landläufig als eine wissenschaftliche Aussage, ist aber mit Vorsicht zu genießen, da sie mit subjektiven Verhaltensweisen und Einstellungen zu tun hat, die durch die Aussage selbst verändert werden können. Hinzu kommt, daß die darin angezeigten Probleme des Wertewandels im Gegensatz zu denen des Strukturwandels nicht jedem Sorgen bereiten, sondern grundsätzlich nur denjenigen, die wissen wollen, was in den Köpfen der Menschen vor sich geht. Alle Aussagen vom Typus »der Verbraucher von morgen« müssen demgemäß eher als Vermutungen angesehen werden. Die dritte Aussage darf als aufgeregtes Geplapper bezeichnet werden. Sie tut so, als wisse sie etwas, während es sich in Wirklichkeit um eine Behauptung handelt, die immer wieder neue Entwürfe eines »Managers von morgen« zuläßt und dabei nicht einmal all jene berührt, die sie anzusprechen vorgibt.

Der Ökonomie war dies, wie gesagt, unbekannt. Da sie »Werte« bis dahin nur im Zusammenhang mit der Wertschöpfung kannte, dachte sie, deren Qualitäten könnten in Quantitäten übersetzt werden. Für jeden, der philosophisch denken lernte, ist dies so lustig wie der Versuch des alten Physikers, der das Gewicht der Luft messen wollte, indem er einmal einen aufgeblasenen, einmal einen »leeren« Luftballon auf die Waage legte. Man mag sich darüber amüsieren und es der Ahnungslosigkeit zuschreiben. Woher sollte es die Ökonomie auch wissen. Nur der Psychologie hätte es eigentlich bekannt sein müssen; schließlich ist sie eine »wertbezogene Sozialwissenschaft«. Da sie aber schon immer mehr als andere zu wissen glaubt, was Sache sei, hatte auch sie von alldem noch nie etwas gehört. Und die Ökonomie, die schon immer lieber denen folgt, die es (und folglich sich) einfacher machen, vor allem aber nicht mit dem Makel des Zweifelns ausgestattet sein dürfen, folgte ihr blindlings.

Gemessen an den Folgen für die unternehmerische Praxis, hätten die Probleme der Sozialforschung zumindest bekannt sein sollen. Schließlich ist der Versuch, den Menschen als wissenschaftliches Untersuchungsobjekt zu *isolieren*, beileibe nicht die einzige Fehlerquelle. Außer dem Befragten kann nämlich der Sozialwissenschaftler selbst die *Richtigkeit*, *Zuverlässigkeit* und *Gültigkeit* seiner Forschungsergebnisse vereiteln. Dies geschieht, wenn sich seine eigenen Vorurteile oder Bewertungen in den Untersuchungsakt einschleichen, ohne daß er es bemerkt. Die Wissenschaftstheorie fordert deshalb: Der Wissenschaftler muß akribisch auf seine subjektiven Werturteile achten. Was kompliziert klingt, ist im Alltagsleben durchaus vertraut. Jeder Schüler wird sich hoffentlich beschweren, wenn er feststellt, daß ihm der Lehrer eine schlechtere Zensur gibt, weil er ihn schon vor der Prüfung für einen schlechteren Schüler hält. (Wichtige Prüfungsarbeiten werden aus diesem Grunde ohne Namen abgegeben.) Dasselbe gilt im Rechtswesen; jedem Richter, der in den Verdacht der »Befangenheit« gerät, also Gefahr läuft, seine Entscheidung von persönlichen Sympathien oder Antipathien abhängig zu machen, wird der Fall entzogen. In der psychologischen Empirie dagegen sind auch diese Feinheiten kaum populär. Gibt ein Unternehmen eine Untersuchung in Auftrag, um Veränderungen in der Lebenseinstellung junger Menschen im Laufe einer Generation zu erfahren, wird das Ergebnis sicherlich lauten: Die Jugendlichen träumen im Gegensatz zu ihren Eltern nur mehr vom individuellen Liebes- und Erfolgsglück, sie haben keine Utopien mehr und sind, was das Gesellschaftliche anbelangt, eher von Ängsten und dem passiven Wunsch nach Frieden und heiler Natur geprägt als von einem aktiven Engagement. – Seit Jahren erzählt kaum eine Studie etwas anderes. Das einzige freilich, was all diese Studien hätten schlußfolgern dürfen, lautet: Die junge Generation hat keine Achtundsechziger Träume mehr.

Der Unterschied in den Aussagen scheint marginal und ist doch gravierend. Im einen Fall werden die Jugendlichen als unpolitische, weitgehend individualistisch, bequem oder ängstlich eingestellte Minikarrieristen dargestellt. Im andern Fall ließe sich nur sagen, sie seien anders. Mehr fand man nämlich gar nicht heraus. Für diese Aussage könnte man sich aber weder bezahlen lassen, noch käme sie einem herkömmlichen Psychologen über die Lippen (oder von der Hand). Schließlich ist er es, der weiß, was den Menschen drängt. Vielleicht weiß er es auch; was er allerdings nicht weiß, ist, wie sich das Drängen auf das Denken auswirkt und auf welche Weise das individuelle im kollektiven Denken verankert ist. Und weil er davon nichts weiß, bedenkt der Psychologe im besagten Falle auch nicht, daß die junge Generation vielleicht gar nicht mehr bereit ist, ihre Träume gleich auf den Tisch zu legen. Er bedenkt nicht, daß sie dies vielleicht auch gar nicht kann, seitdem die Träume wieder reprivatisiert und damit sprach- und begriffsloser geworden sind. Er bedenkt nicht, daß nicht die Gegenwart, sondern eher die sechziger und siebziger Jahre die Ausnahme darstellen, weil in der Regel sich Träume meist nicht kollektiv und »vernünftig« äußern. Er bedenkt nicht, daß die gegebenen Antworten nur eine veränderte Präferenz beschreiben: zuerst das eigene, dann das allgemeine Glück (wobei diese Veränderung sogar eine Folge der Erfahrungen mit der vorausgehenden Achtundsechziger-Generation sein könnte). Er vergißt, was jeder Kommunikationswissenschaftler schon im Grundstudium lernt: Die Bereitschaft, seine persönliche Meinung öffentlich preiszugeben, ist von der öffentlichen Meinung abhängig. *Schweigespirale** heißt man es; das heißt auch umgekehrt: Wird eine Ansicht populär, brechen immer mehr ihr Schweigen und bekennen sich zu ihrer Meinung (oder Tat). Das bedeutet nicht zuletzt, Utopien und Visionen gären, bis wieder jemand auftritt, der sie benennt, verkörpert und durch seine Person bündelt.

All das gehört zu den Werturteilen, die in der empirisch-analytischen Wissenschaft als außerhalb der Objektivität stehend angesehen werden und deshalb in Untersuchungen genauestens zu bedenken sind. Wer dies nicht tut, befindet sich geradewegs in einem Fehler-Biotop.** Für den herkömmlichen Agentur- oder Marketingpsychologen und Marktforscher bleiben es böhmische Dörfer. An der Tatsache, daß die Psychologie mittlerweile als wichtigster Zulieferbetrieb der Ökonomie die Objektivität der Verhältnisse mitbestimmt, ändert

* Das Glossar von *Geo-Wissen Kommunikation* (6. November 1989) gibt an: »Die Metapher der Schweigespirale beschreibt, wie sich öffentliche Meinung wandeln kann. Menschen beobachten ihre Umgebung und registrieren aufs feinste, meist unbewußt, jeden Trend. Wer registriert, daß die Massenmedien zunehmend über seine Meinung berichten, fühlt sich bestätigt. Er läßt seine Vorsicht fallen und bekennt sich öffentlich zu seiner Ansicht. Wer dagegen glaubt, daß seine Meinung an Boden verliert, verfällt in Schweigen. So entsteht eine Täuschung über die wirklichen Mehrheitsverhältnisse. Diejenigen, deren Meinung Widerhall findet, bringen Gleichgesinnte zum Reden (oder Schreiben) und ihre Gegner zum Schweigen. Am Ende der Schweigespirale verschwindet die schwächer vertretene Auffassung völlig.«

** Sieben Schritte sind es, die sieben Fehlerquellen bergen:

1) Menschen werden auf der Straße nach ihren Eindrücken gefragt. *Fehlerquelle 1*: Sie werden zu einer Sache gefragt, deren Hintergründe sie meist ebensowenig kennen wie den Zusammenhang, für den ihre Antworten benutzt werden. 2) Sie sollen im allgemeinen spontan antworten. *Fehlerquelle 2*: Sie geben nicht die Antwort, die sie vielleicht geben würden, wenn sie die Fragen länger reflektierten. 3) Die Antworten werden vom Psychologen in Kriterien eingeteilt und durchge-

dies dennoch nichts. Seit einschlägige Diversifikationserfolge zeigten, daß schon aus Kostengründen die Ausschöpfung einer Markensubstanz mehr einbringen kann als Produktinnovationen, ist die Psychologie endgültig zum offensiven Marketing übergegangen. Im *Widerstreit zwischen der vernunftgegründeten und der phantastischen Weltsicht* ist sie diejenige, die auf beiden Seiten beheimatet ist. Dabei ist die von ihr erbrachte Leistung längst in einem selbstreferentiellen System gefangen: Als *strategische Planung* analysiert sie das Marktgeschehen in den Augen des Verbrauchers. Als tiefenpsychologische Explorationen ist sie auf der Suche nach dem kreativen Potential des Verbrauchers. Im Rahmen einer psychologischen Markenführung liefert sie die Vorgaben, die das offizielle Marketing einerseits ins operative Geschäft, andererseits in ein *briefing* für die Werbeagentur, die daraus eine Kampagne machen soll, übersetzt. Und als Marktforschung untersucht sie in Form von Verbraucherbefragungen, Anzeigentests, Kommunikationsanalysen oder Image-Untersuchungen, wie all dies wiederum beim Verbraucher ankam. Die Summe des Ganzen hat nichts mehr mit einem *feedback* durch den Verbraucher zu tun. Vielmehr handelt es sich um ein Procedere, das unter der Devise *as perceived by the customer*, die nie in Frage gestellt werden darf, die Ziele von Unternehmen, das Angebot der Medien und schließlich das Programm der Parteien formuliert, die ebenfalls seit langem die Zielgruppenansprache nutzen, um ihre Regierungs- und Handlungsfähigkeit in einer Kopie vermeintlich öffentlicher Meinung zur Schau zu stellen.

zählt. *Fehlerquelle 3*: Die in den Kriterien verborgenen Werturteile bleiben unberücksichtigt. 4) Es folgt die statistische Auswertung. *Fehlerquelle 4*: Aus Kostengründen ist die Anzahl von Befragungen meist zu gering, das heißt nicht repräsentativ. 5) Die Befragung wird in einem Untersuchungsbericht zusammengefaßt. Er enthält alle relevanten Informationen und deren Einschätzung/Bewertung. *Fehlerquelle 5*: Im Kommentar gibt der Psychologe seine Meinung wieder, ohne auf die methodischen Mängel hinzuweisen. 6) Der zuständige Manager liest aus Zeitgründen (und weil die Tabellen und Zahlen im Bericht nicht interessant sind) nur den Kommentar. *Fehlerquelle 6*: Aufgrund der Tabellen und Zahlen hält er den Kommentar für eine wissenschaftliche Aussage. 7) Der Kommentar wird zur Grundlage der unternehmerischen (oder politischen) Entscheidung. *Fehlerquelle 7*: Das Resultat ist ein öffentlicher Wille, dessen einzige Wahrheit in der »normativen Kraft des Faktischen« liegt. Weder der Befragte noch der Fragende (als Auftraggeber) können ihre Wünsche als befriedigt ansehen oder befriedigen. Beide sind gleichermaßen Opfer und Täter eines Systems, dem sie aus psychologischen und ökonomischen Gründen folgen und das dennoch weder ihren psychologischen noch ihren ökonomischen Anliegen genügt.

Daß auf diesem Weg »die *Futurologie* zur bloßen Rechtfertigung interessegebundener Entscheidungen verkommen« ist,[17] scheint hier ebensowenig zu stören wie die schon absurde Tatsache, daß die Demoskopie als Basis der Politik zu einer politischen Praxis führt, der die nachfolgende Demoskopie wieder schlechte Noten erteilt. »Wir leben in einer Demoskopiedemokratie«, sagte vor Jahren der damals amtierende deutsche Bundespräsident Richard von Weizsäcker. »Sie verführt die Parteien dazu, in die Gesellschaft hineinzuhorchen, dort die erkennbaren Wünsche zu ermitteln, daraus ein Programm zu machen, dieses dann in die Gesellschaft zurückzufunken, und sich dafür durch das Mandat für die nächste Legislaturperiode belohnen zu lassen.«[18] Allein dadurch wird offensichtlich, wie überfordert die Psychologie ist, wenn sie sagen soll, was der von ihr untersuchte Mensch will und wer er eigentlich sei. Doch schon vor dem parteipolitischen Mißbrauch der Demoskopie war es ein Irrtum anzunehmen, eine Gesellschaft von Individuen sei keine politische Gesellschaft mehr. Nur weil wir gewohnt sind, Individuen psychologisch zu sehen, handelt es sich noch lange nicht um eine psychologische Gesellschaft.

7 Zu Beginn der neunziger Jahre war den Verantwortlichen im Marketing und in den Vorständen allmählich aufgefallen, welche Schwierigkeiten mit dem psychologischen Marketing einhergehen. Man zog die Konsequenzen und ging zum nächsten Kapitel der Geschichte über. Nicht mehr vom Produkt-, Verkaufs- oder Kundenmarketing ist nun die Rede, sondern von einem *Marketingmanagement.* Vordergründig stellt das neue Marketingmanagement lediglich eine Synthese bisheriger Marketingtechniken und -instrumente dar, die unter dem Namen *Unternehmensführung bzw. -philosophie im Sinne eines konsequenten und marktbezogenen Denkstils* angewandt werden sollen. Vordergründig werden Betriebswirtschaft, Management und Marketing zu ein und derselben Sache; während die Betriebswirtschaft ursprünglich der Buchhaltung und dem Rechnungswesen entwuchs, das Management genuin aus dem Militär kam und das Marketing anfangs eine reine Absatzwirtschaft darstellte, gehen jetzt alle drei im Begriff des Marketings auf (auch wenn es wiederum Betriebe gibt, die jeweils frühere Formen in Anwendung bringen).

Heribert Meffert, der zweifellos wichtigste und wohl beste Marketingtheoretiker Deutschlands, brachte es auf den Punkt, als er sagte, für den Marketingspezialisten sei bald kein eigener Vorstandssessel mehr vorgesehen. Jeder macht Marketing – und muß es machen. »Marketing wird in Zukunft nicht mehr von einzelnen Funktionsträgern, sondern von der gesamten Unternehmensführung verantwortet.«[19]

Hinter dieser »Synthese« verbirgt sich allerdings die einschneidendste Veränderung, die in der Ökonomie seit ihrer Begründung durch die Volkswirtschaftslehre vonstatten ging. Durch sie hat sich das Marketing nicht nur von einer Verkaufstechnik in eine angewandte Sozialwissenschaft und schließlich in eine praktische Philosophie (bzw. das strategische in ein philosophisches Marketing) verwandelt; durch sie haben auch die Spielregeln des Marketings eine Gültigkeit erlangt, die sich im gesellschaftlichen Leben umfassend bemerkbar macht. Die Gesetze des Marketings gelten zugleich für Waren wie für Dienstleistungen, *Profit*- und *Non profit*-Organisationen, Institutionen, Verbände, kulturelle Veranstaltungen und öffentliche Ereignisse aller Art. Sie gelten für alles, was Marke heißt, also nicht nur Produkt, sondern Person, Musikgruppe, Festival, Event, Medien, Sportverein, die Rolle eines Schauspielers, eine Comic strip-Figur und vieles andere mehr. Marken sind zum Dreh- und Angelpunkt in Wirtschaft, Politik, Gesellschaft, Sport und Kultur geworden. Das Marketing ist unser Leben, und dessen Regeln haben es mindestens im selben Maße geprägt und verändert, wie dies zu Zeiten der Industriellen Revolution Technik und Mechanik vermochten. Wie es dazu kam, ist eine Rückschau wert.

Die achtziger Jahre standen im Zeichen des Wertewandels. Er galt dem Wertesystem einer sich zunehmend individualistisch gebärdenden Gesellschaft. Die Ökonomie reagierte auf ihn und beförderte so seine Beschleunigung. Während dieser Zeit vollzog sich der Wandel von der gesellschaftlichen zur persönlichen Emanzipation, von der Utopie- zur Selbstverwirklichung, von der Kollektiv- zur Individualgesellschaft, von der Moral zum Hedonismus, von *einer* Realität zur Realitätenvielfalt ... Zur selben Zeit vollzog sich der Wandel von der Produktions- zur Informationsgesellschaft, von der *ersten* zur Medienrealität, von der Technologie- zur Marketingorientierung, von der Produktinformation zur Imagekommunikation zur Identitätsinszenierung, vom Produkt zur Marke ... Es war die Dekade, in der Parolen wie *value added opportunities* oder *value added partnership* das Marketing prägten. Es war das Jahrzehnt, in dem Marketing-Stars wie Thomas J. Peters[20] das ökonomische Handeln als Werte-*deal* mit dem Verbraucher priesen. Es war in den Achtzigern, als der Verweis auf ein durch steten Wandel provoziertes, *kreatives Chaos* die ständige »Alles ist neu«-Deklaration heraufbeschwor und den Manager daran gemahnte, keinesfalls das Umdenken zu versäumen.

Zu dieser Zeit wurden die Gesellschafts- und Sozialwissenschaften zu Teilgebieten der Wirtschaftswissenschaften oder genauer: der betriebswirtschaftlichen Bedarfslage (wo sie es nicht sind, fehlen meist die finanziellen Mittel). Zu dieser Zeit verwandelte sich das genuin politische Wesen Mensch in ein wirtschaftlich geprägtes Wesen, dessen Existenzbedingungen und Werte, dessen Einstellungen, Urteile und Vorurteile, dessen Lebenssinn und Lebensziel, Lebenswelt und Lebensstil nahezu gänzlich den Vorgaben der Ökonomie folgen. Am Ende des Dezenniums stand eine Kreatur, die es eigentlich nicht gibt: Ein auf die Eigenschaften *Individuum* und *Verbraucher* reduzierter Mensch, der auf der Basis gesellschaftlicher Veränderungen aus der Synergie von Psychologie und Ökonomie hervorging. Am Ende des Jahrzehnts stand eine Gesellschaft, die es nie zuvor gab: Eine Gesellschaft von Individuen, deren Gemeinsamkeit sich auf die psychologische Vorstellung von Individualität und die ökonomische Vorstellung von Rationalität beschränkt. Bis aufs Wort, auf *ein* Wort, gleichen sich am Ende Marketing und Soziologie: »Die Gesellschaft zerfällt. Langsam, aber stetig bricht sie auseinander, in immer kleinere *Zielgruppen*.«[21] Als Zielgruppengesellschaft verabschiedete sich die traditionelle politische Gesellschaft.

Damit war auch die Verschiebung von der Produktion zur Konsumtion vollzogen. Eine junge Trendforscherin namens Faith Popcorn brachte sie Anfang der neunziger Jahre auf den Begriff, als sie in ihrem »Popcorn Report« verkündete: *America is a consumer culture, and when we change what we buy – and how we buy it – we'll change who we are*. Die Parole wäre an Oberflächlichkeit kaum zu überbieten, wenn sie nicht wahr wäre. So aber ist sie in ihrer Kürze die beste Zusammenfassung, die man zur Beschreibung der neunziger Jahre finden kann: Die Gesellschaft ist eine Konsumgesellschaft. All ihre Veränderungen sind Veränderungen im Konsumartikel und im Konsumverhalten: »Wir sind, was wir kaufen und wie wir es kaufen!« Wir sind nicht die Opfer der Ökonomie; wir sind diejenigen, die mit ihr zusammen die Welt zu der gemacht haben, die sie ist. Zur Gegenwart wurde, was wenige Jahre zuvor noch ein Werbetext war: Ein paar denken sich eine Zukunft aus, die anderen müssen sie lernen; mittels *Kreativität und Kommunikation* vermitteln jene die Werte, die dann *die nachwachsende Generation* dieser bewegen werden.[22]

Die achtziger Jahre standen im Zeichen des Wertewandels, die neunziger Jahre standen demgegenüber im Zeichen der Globalisierung. Man kann die Globalisierung als eine Reaktion der Ökonomie auf die Ereignisse der achtziger Jahre beschreiben. Nachdem sich die weltpolitische Lage verändert hatte, neue Märkte in Aussicht standen und die Wirtschaft für den Aufbau dieser neuen Märkte Geld brauchte, waren ihr die Forderungen der Wohlstandsverbraucher und -arbeitnehmer gleichgültig geworden. Sie nutzte und förderte die weltwirtschaftliche Krise (die von Anfang an vornehmlich eine Krise der Staatsfinanzen war), um dem Verbraucherspaß mit seinen qualitativen Ansprüchen, die im Gegensatz zu ihrer angeblich nichtmaterialistischen Deklaration die Unternehmen stets eine Menge gekostet hatten, einen Riegel vorzuschieben – und auch, um die Arbeitnehmerschaft wieder an die Kandare nehmen zu können. Als die Massenarbeitslosigkeit im Bewußtsein der Leute verankert war, fanden Erwartungen hinsichtlich verbesserter Arbeitsbedingungen und -zeiten, gerechterer bzw. großzügiger Krankheits-, Renten- und Urlaubsregelungen oder kooperativer bzw. kultureller Unternehmensaktivitäten bald ein Ende. Als es wieder um den Job, sprich: ums Materielle ging, waren Arbeiter und Angestellte (mit ihren Interessensverbänden obendrauf) schnell bereit, wieder artig zu kuschen.

Die weltwirtschaftlichen Veränderungen sind allerdings nur bedingt für die Entstehung des Marketingmanagements verantwortlich. Sie kamen zupaß, aber sie verursachten es nicht. Ein neuer Anspruch an den Arbeitnehmer und ein neues Bild vom Verbraucher spielten eine mindestens ebenso große Rolle.

Was den Arbeitnehmer anbelangt, wurde und wird er durch die Globalisierung zur vernachlässigbaren Größe. Die Herstellung und Veräußerung von Produkten spielt für die moderne Ökonomie nur noch eine und vielfach keine entscheidende Rolle mehr. Versteht man unter »Produkt« einen sinnlich wahrnehmbaren, einen dinglichen und anfaßbaren Gegegenstand, müssen wir uns von der Vorstellung einer produzierenden Gesellschaft verabschieden. Mit der Akquirierung und Generierung neuer Märkte, mit dem Handel und dem

Makeln, mit Vermarktungsrechten und Lizenzen, mit Leasing-, Finanzierungs-, Devisen- und Kapitalgeschäften läßt sich meist eher, mehr und leichter Geld verdienen als mit dem traditionellen Fabrikantentum. Die Rationalisierung und Automatisierung produzierender Arbeit bzw. ihre Auslagerung in Billiglohnländer und die Umwandlung der Industrie- in Dienstleistungs- und Verwaltungsarbeit tragen ein übriges dazu bei.

Die damit einhergehenden sozialpolitischen Probleme sind hinreichend bekannt. Arbeit wird immer seltener gebraucht, die soziale Sicherung schwieriger, die Kluft zwischen Arm und Reich größer. Bekannt ist, daß eine Ökonomie, die nicht mehr darauf abzielt, die wirtschaftlichen Voraussetzungen der Existenz zu gewährleisten, sondern nur mehr den Gelderwerb kennt, ein anderes Verhältnis zur Arbeit generiert. Es sind allerdings *nur* sozialpolitische Probleme, soll heißen: es sind nicht die Probleme der Ökonomie. Sie interessiert sich ausschließlich für jene, die für sie interessant sind.

Wer für sie interessant ist, muß sich auch für sie interessieren. Das heißt, der heutige Arbeitnehmer ist aufgefordert, nicht nur seine Arbeit bestmöglich zu tun, sondern sich darüber hinaus auch mit dem Unternehmen, für das er tätig ist, zu identifizieren. Im selben Maße, wie das Individuum als vereinsamtes Einzelwesen das ökonomische Nutzendenken für sich übernahm, im selben Maße wurde im wirtschaftlichen Leben die Forderung nach Loyalität Standard. Für Menschen und Unternehmen gleichermaßen gilt nun die Symbiose von ökonomischer Rationalität und psychologisch-emotionaler Wertschätzung. Beide gehorchen dem absolutistischen Spruch: Wer nicht für mich ist, ist gegen mich. Beide sind jederzeit bereit, das eben noch freundliche Gebaren umgehend in kaltschnäuzige Ablehnung zu wenden, wenn ihre Erwartungen nicht mehr erfüllt oder sie gar kritisiert werden.

Was den Verbraucher anbelangt, hatte und hat das Marketing nach wie vor keine Ahnung, wer er ist, wie er ist und warum er so ist, wie er ist. Aber es fragt auch keiner mehr danach. Gewiß ist der Einfluß der Psychologie unverändert groß; und sicherlich würde jetzt kein Unternehmen offiziell verkünden, der Konsument sei uninteressant geworden. Schließlich geht es wie eh und je ums Verkaufen, und um den guten Ruf obendrein. Doch praktisch wurde auch hier der Versuch, den Leuten nachzulaufen, zwischenzeitlich eingestellt. Im Unterschied zum Marketing früherer Tage, das grundsätzlich noch auf die Befriedigung von Verbraucherwünschen abzielte, geht man nun davon aus, daß mit Hilfe von Marken der Kunde schon von selbst kommen werde. Ansonsten hat man sich darauf geeinigt, daß ein Wertewandel stattfand und er den Konsumenten »verdorben« habe. Man hat sich entschieden, in der Werbung nur noch Lebensgefühle anzuklicken, ohne sich noch zu fragen, was sie beinhalten könnten. Man hat's gerafft: *time is money*, da der Konsument sich sofort bei der Konkurrenz versorgt, wenn er nicht umgehend bekommt, was er möchte. Man weiß jetzt, die Zukunft ist unvorhersehbar, jede langfristige Planung ist für die Katz; man kann nur darauf achten, daß man schnellstmöglich auf kurzfristige Entwicklungen reagiert, weshalb man sich eher auf Trendanalysen, Trendscanning und Trendmonitoring verläßt. Man hat gelernt, die Märkte sind chaotisch, will dieses Chaos allerdings nicht mehr durchdringen und kann es auch nicht.

Damit einhergehend erklärte man die Ära eines selbstkohärenten Marketings schlicht für beendet. Als offensichtlich wurde, daß sich der Verbraucher nicht mehr »clustern« läßt, verabschiedete man sich von der Zielgruppe und damit indirekt von der klaren Zielgruppen-Definition, von der Zielgruppen-Positionierung und vom *positioning*. Man verabschiedete sich vom Anspruch, Produkt, Kommunikation und Verbraucher als eine Einheit anzusehen, was seit Hans Domizlaffs »Die Gewinnung des öffentlichen Vertrauens« (im Jahre 1939) als Idealzustand galt. Beendet wurde, was strategisches Marketing geheißen hatte.

Mit ihm warf man auch die Glaubenssätze des Kundenmarketings, die ehedem so unumstößlich erschienen waren, über Bord, und so manch »heilige Kuh« des traditionellen Marketings gleich hinterher. Der Markenkern, die Markentreue, die Markenidentität, das Bestreben, den Produktnutzen in eine Markenbotschaft zu übersetzen ... – sie alle sind nur mehr bedingt von Belang. Man hat nachgerechnet und befunden: Innovationsvorsprünge haben nicht mehr die Zeit, sich zu amortisieren. Images werden als aufgesetzt erlebt, haben langfristig keine Haltekraft und sind für Diversifikationen meist zu brüchig. Verbraucher zappen, was das Zeug hält. Qualität ist ein Standard, der selten höhere Preise rechtfertigt. Kundennähe und Kundenservice sind unumgänglich und müssen umfänglich realisiert werden. Ansonsten sind im Markt keine Interessen mehr zu erkennen, weshalb man ihn auch nicht mehr bedienen könne. Man kann ihn nur noch »machen«. Der Marketingmanager muß ein Macher sein, der in der Lage ist, die Märkte, in denen er aktiv werden soll, zu kreieren.

Wie kreiert man Märkte? Entweder man tut welche auf, die vorher verschlossen waren (Außenpolitik), oder man findet bzw. erfindet neue Vertriebswege (elektronisches Kaufhaus, *mail shopping*, Internet), oder man praktiziert ein Management der *Marken* (was auch in den ersten beiden Fällen nur zu empfehlen ist). Im Unterschied zum Kundenmarketing, das im Prinzip auf den Produktnutzen gerichtet war, wendet sich das Markenmanagement dem *Konsumnutzen* zu. Nicht mehr das Konsumprodukt, sondern das Konsumerlebnis ist entscheidend. Nicht mehr die dinglich-physikalischen Eigenschaften eines Produkts (die Verarbeitung eines Gebrauchsgegenstandes, die Präzision einer teuren Uhr, der besondere Geschmack eines Erfrischungsgetränks oder einer Spirituose), sondern die immateriell-»metaphysischen« Eigenschaften einer Marke stellen den Kaufanreiz dar. Wie der Urlauber, der zur Erinnerung an die Ferien ein paar Flaschen Wein mit nach Hause nimmt (selbst wenn er weiß, daß sie anders schmecken werden), zielt das Markenmanagement in erster Linie auf die Vermittlung eines Erlebnisses oder Lebensgefühls ab, das beim Erwerb, der Verwendung oder dem Besitz entweder dem Konsumenten selbst (im Sinne eines Anspruchs bzw. einer Bestätigung) oder seiner Umwelt (im Sinne einer »Ausweisfunktion«) dokumentiert werden soll. Gemäß dem alten Verkäuferspruch: »Die Leute kaufen nie das Produkt und immer die Idee«, ist damit das Marketing definitiv vor die Produktion getreten.

In Branchen wie der Parfumindustrie, die nahezu ausschließlich vom Markencharakter ihrer Erzeugnisse leben, wird es deutlich. Zuerst wird die Philosophie der Marke produziert, dann erst der dazu passende Duft bei einem Hersteller ausgewählt oder in Auftrag gegeben. Der Verbraucher bzw. die Verbraucherin bestätigt dieses Verfahren in zweifacher Weise: Sie würde die Marke unter dem Namen des Herstellers nicht kaufen, da seine, wie das Marketing es ausdrückt, »Absenderkompetenz« und damit die »Wertigkeit« zu gering wären. Und sie ist bereit, sich im Falle für sie »glaubwürdiger« Absender mehrere Duftnoten zuzulegen, die sie dann auf dem Toilettentisch ihres Badezimmers auch gerne als ihr persönliches Skulpturenmuseum präsentiert. Jeweils das für die Tageszeit und den Anlaß Passende, so heißt es. Passend kann freilich nur die mit dem momentan aktuellen Lebensgefühl korrespondierende Markenbotschaft sein – die Geheimnisvolle, die Verwegene, die Verführerische, die Kühle ... Die Materialität des Duftes, die auf der Haut verbleibenden Duftstoffe, ließen einen Wechsel des Parfums an ein und demselben Tag kaum zu, und praktisch findet er auch kaum statt. (Wollte man gar die Kultur reklamieren, so wäre der Duft gar das Geheimnis der Frau, das sie weder preiszugeben noch durch einen zweiten Duft zu stören bereit wäre.)

Insofern spielen »Produktionen« unverändert eine Rolle. Allerdings sind es nicht mehr Waren, die produziert werden, sondern Philosophien. Das Marketing produziert Philosophien, die zur Ware werden, weil sie *Intensitäten* versprechen, die Erlebnisse oder Lebensgefühle vermitteln und bestätigen. Intensiv ist, was in welcher Hinsicht auch immer das Leben spüren läßt. Auf diesem Wege gehen Philosophien in Form eines Angebots, eines Ereignisses, eines Programms, einer Glaubens-, Fan- oder Aktionsgemeinschaft in den Markt, wo sie als Ausdruck erlebbarer Echtheit zuerst das Bild der individuellen, dann das der gesellschaftlichen Realität durchdringen.

8 Ist von Marken die Rede, sind landläufig drei verschiedene Reaktionen zu beobachten: eine bejahende, eine faszinierte und eine ablehnende. Die erste, vornehmlich bei älteren Menschen (und in traditionell ausgerichteten Unternehmen) anzutreffende ist inhaltlich positiv, weil sie im Markenartikel ein Qualitätsprodukt erkennen, dessen Leistung, Langlebigkeit, Verarbeitung ... im allgemeinen besser ist als die eines »namenlosen« Herstellers (was gegebenenfalls auch bei einer Reparatur oder beim Wiederverkauf zu Buche schlägt). Diese Vorstellung von Marken korrespondiert mit ihrer historischen Entwicklung: Marken waren häufig Produkte, die durch ihre Qualität überzeugten, und so allmählich den Namen des Herstellers oder einen künstlich geschaffenen Namen bekamen. Auf diesem Weg konnte im Laufe der Jahre auch der Absendernachweis »Made in Germany« (etwa im Unterschied zu »Made in Taiwan«) zum Gütesiegel und Markenzeichen werden.

Die Mehrzahl der Marken, die sich heute auf dem Markt befinden, muß sich dagegen nicht mehr bewähren, sie werden von vornherein als solche kreiert. Dabei ist für viele Unternehmen die Markenfrage bereits zur Existenzfrage geworden. In den letzten zwei Dekaden sind viele ehemals international angesehene Hersteller oder gar nationale Industriezweige (z. B. die deutsche Phono- und Fotokameraindustrie) nicht durch den Verlust der Produktqualität, sondern durch ihre im Vergleich zu asiatischen oder US-amerikanischen Mitbewerbern mangelhafte Markenqualität vom Markt verschwunden oder in der Bedeutungslosigkeit versunken. Ebenso gingen zahlreiche Unternehmen in den Besitz ehemaliger Konkurrenten über, weil sie die Markenpolitik ihrer Produkte schlechter, falsch oder auch gar nicht handhabten. Insofern ist die Philosophie von Marken oftmals sogar schon zum Dreh- und Angelpunkt des Überlebens bzw. der materiellen Wertschöpfung geworden. Marken generell abzulehnen hieße darum, der Wirtschaft per se nichts Gutes zu gönnen. Es wäre nur die Kehrseite jenes Betragens, die man als »Markengeilheit« tituliert.

Vergessen wir auch nicht, daß die gesellschaftliche Wirklichkeit in dem Augenblick, in dem Marken sie durchdringen, selbst wiederum unter Markengesichtspunkten gesehen und verstanden wird. »In einer Welt unendlicher Angebote verkehren sich die Welten«, stand im Titel des unten zitierten Artikels in der Fachpresse. Ein Fernsehsender, ein Buchverlag, ein Musikfestival, eine Warenmesse ... alles, was man ehedem inhaltlich unter »Programm« subsumiert hätte, wird heute zugleich als die Philosophie des Programmachers rezipiert. Ebenso entwickelt inzwischen jede Person, die in der Öffentlichkeit für etwas Bestimmtes steht, darin automatisch einen Markencharakter, den sie entsprechend vermarkten oder zur Verlängerung der Karriere nutzen könnte oder kann. Der Filmstar, der »law and order« repräsentiert, wird zum Bürgermeister gewählt. Der junge, dynamische Sportler, dessen Siege ein neues, führungs- und selbstbewußtes Deutschland anzeigten, wird Repräsentant des wichtigsten Konzerns im Lande. Der verdiente Künstler, dessen Werk als Spitzenleistung gilt und obendrein die Herzen einte, wird Herausgeber einer Edition, Schirmherr eines Festivals oder gar als Kandidat für das höchste Staatsamt vorgeschlagen. Selbst Helmut Kohls mehrfach erfolgreiche Wiederwahl war eher eine Bestätigung seiner »Markenwerte« als seiner tatsächlich geleisteten Politik.[23] Und ebenso war der Sieg seines Herausforderers Gerhard Schröder nicht unerheblich der Sieg einer neuen Personen- und einer neuen, auf internationaler Linie liegenden Linksparteien-Marke, die nicht jene Werte, sondern nur ihr Alter in Frage stellten (»Die neue Mitte«).

All das heißt: Kaum ist diese zweite, die Medienrealität, an die Seite und vielfach an die Stelle der ersten Wirklichkeit getreten, verändert sie auch das Bild, das wir von dieser haben. Milan Kundera fand in seinem Roman »Die Unsterblichkeit« die treffende Metapher, als er schrieb: »Alle Ideologien haben ausgespielt: ihre Dogmen wurden schließlich als Illusionen entlarvt und von den Leuten nicht mehr ernstgenommen. (...) Die Wirklichkeit war stärker als die Ideologie. Die Imagologie schließlich hat die Wirklichkeit aus dem gleichen Grund überwunden: sie ist stärker als die Wirklichkeit.«[24] An der Desillusionierung scheiterten die Ideologien; durch die Inszenierung neuer, illusionärer Wirklichkeiten kam die Imagologie zum Zuge. Illusionszeichen kreieren die Realität, und die Marke ist Teil davon.

Dabei können Marken durchaus faszinierend sein. Da sie sich aus Lebensgefühlen nähren, hätte mancher Markenschöpfer dieselbe Idee auch für eine Geschichte, ein Gedicht, ein Theaterstück, einen Film ... nutzen können. Insofern stellen Marken eine neue Art von Kreation, eine neue Form von Text dar. Tatsächlich erzählen Marken oft Geschichten. Wem es gelingt, eine eigene Handschrift zu entwickeln, der kann sich der Aufmerksamkeit sicher sein; z. B. der Modehersteller »Benetton«, der seinen Markenstil auf Reportagebildern aufbaute, die man als Nachrichten vom erschütterten Lebensgefühl bezeichnen könnte. Vielfach erzählen Marken einen kleinen Film. So wie die Musik zum Videoclip fand, fand die Markenbotschaft zur Bildsprache. Mal narrativ, mal sequentiell. Nicht umsonst ist im Marketing auch gerne von den Mythen die Rede. Mythen sind nichtrationale *Stories* von des Lebens eigentlicher Wahrheit. Der Urheber der Markentechnik, gleichsam der Kunst des Markenmachens, Hans Domizlaff meinte: »Marken sind beseelte Wesen.« Er brachte damit zum Ausdruck, daß sie nicht mit den Mitteln eines rationalstrategischen Denkens geschaffen werden können. (Die zahllosen Flops der seelenlosen Macher haben ihm schon tausendfach recht gegeben.)

Manche Marken können durchaus als Kulturleistungen erachtet werden; mehr und mehr verwischt sich die Trennung von *art* und Kunst. Der Film, das Musical, die Popkultur, das Design pendeln zwischen ihnen; die Marke gibt die Richtung vor. Für manche Künstler ist die gezielte Berücksichtigung von Markenaspekten wesentlicher Bestandteil ihres künstlerischen Schaffens. Allen voran Madonna. »Sie kontrolliert die Maschinerie, indem sie sie bedient. Ihr

Selbstbewußtsein ist immer auf ihr Image bezogen ... Madonna spricht von künstlerischer Integrität, träumt noch vom Gesamtkunstwerk, dabei meint sie Markenartikel. In diesen Höhen überlebt man nur noch als eingetragenes Warenzeichen ... Einmal wird Madonna von ihrer Freundin Sandra Bernard gefragt, wen sie jetzt noch kennenlernen möchte, und nach einem Zögern antwortet sie, sie kenne schon alle. Wer dahinter nur die Einsamkeit des Stars sieht, übersieht, daß Madonna dabei dieselbe Pose einnimmt, wie Marilyn Monroe auf privaten Photos. Auch das hat sie längst begriffen: Daß die Leere und Trauer dieses Lebens mittlerweile genauso zum Image gehört wie der Glanz und die Schönheit. Auf atemberaubende Weise ist sie sich ... der Dialektik von Projektion und Identifikation bewußt ... Sie ist kein Objekt der Begierde mehr, sondern das begierige Subjekt, das sich die Welt einverleibt.«[25]

Weiterhin werden manche Marken zu Botschaftern ihres Herkunftslandes, als welche sie helfen, Distanzen zu verringern. Wieder andere formulieren eine Zukunftsvision, die viele begeistert. So war der Erfolg, den die Zigarettenmarke »Peter Stuyvesant« im Deutschland der sechziger Jahre hatte, maßgeblich auf die Sehnsucht der Deutschen zurückzuführen, wieder ein anerkanntes Mitglied der Völkergemeinschaft zu sein. Und: starke Marken bilden auch Markengemeinschaften heraus, eine Anhängerschaft, die sich durch diese Marke repräsentiert fühlt und eine eigene Sozialität entwickelt.

All dies können fraglos Aspekte sein, die eine positive Reaktion gestatten. Allein wegen der Tatsache, daß Marken meist in einer Scheinrealität beheimatet sind, müssen sie noch nicht verdammt werden. Das waren im Zweifelsfall schon die Legenden in den Religionen, der Roman in seiner hohen Zeit, das Theater meist, das Kino ohnehin. Allerdings kam in der Kultur meist keiner auf die Idee zu glauben, ihre Erzählungen seien die wahren. Man bedurfte ihrer Wahrheit, aber man wußte zugleich, daß es auch noch diese andere gibt, in die man zurückkehrt, wenn der Vorhang gefallen ist. Die Wahrheit der Marken scheint demgegenüber eine andere Wirkung zu haben:

Es gibt Menschen, die ihnen mehr als allen anderen glauben und ihr Leben nach ihnen richten. Es gibt Menschen, die keinen Unterschied mehr zwischen Lebensgefühl und Lebenswirklichkeit kennen. Es gibt Menschen, die seelisch oder körperlich erkranken, weil sie dem Anspruch der Markenbotschaften nicht mehr genügen; es gibt Menschen, die ihre Erkrankung unter Berufung auf andere Markenbotschaften zu kurieren suchen. Es gibt Menschen, die für ihre Sehnsüchte kein anderes Tableau mehr zur Verfügung haben, als sich hinter Marken zu versammeln, und dabei die schöne Härte der realen Welt für einen Fehler der Realität halten. Sie müssen nicht unbedingt mit Philosophie etwas anfangen können; die Resultate dieser neuen Philosophien halten sie dennoch für wahr. »Philosophie«, sagte der französische Philosoph Jean Baudrillard, »ist immer nur die Leugnung des Realitätsprinzips gewesen ... Jetzt aber hat die Irrealität die Dinge befallen. Damit ist das Ende der Philosophie und der Anfang von etwas anderem gekommen, wo die Realität mit ihrer ironischen Brechung verwechselt wird.«[26]

9 Es geht bis zuletzt um das Verkaufen. Aller Psychologie und Philosophie, aller Markenbindung und Kunstfertigkeit zum Trotz ist die Marke zuallererst ein Produkt des Marketings. Und das Marketing will verkaufen. Das Marketing ist zu einem Synonym wirtschaftlichen Handelns geworden, weil wirtschaften nichts anderes heißt, als mit Profit veräußern. Und veräußert wird, was der Markt fordert. Verkauft wird, was Menschen brauchen. Wir müssen die ganze Geschichte nicht komplizierter machen, als ebendieses Wort verlangt. Wir dürfen, was jeder Manager zu seiner Legitimation anführt, ernst nehmen: Er tut das, was er tut, weil die Bedürfnisse der Menschen es wollen. Er befriedigt einen Bedarf.

Fragen wir also, um welche Bedürfnisse es sich handelt. Warum wollen Menschen Marken? Warum kaufen sie sie? Die Antwort ist bestechend einfach: Weil sie ein Bedürfnis nach Werten haben. Werte sind keine Pretiosen (auch wenn Markenartikel höhere Preise erzielen und ein größeres Renommee verleihen können). Werte sind Liebe, Freiheit, Sinn, Gemeinschaft ... manchmal auch Einmaligkeit, manchmal Begegnung mit einer Persönlichkeit, oftmals Besonderheit ... Diese Werte verbindet man auf einer theoretisch-reflektierenden Ebene traditionell gerne mit dem Begriff »Philosophie«.

All diese Werte sind zur Seltenheit geworden oder werden, wer kann es sagen?, heute stärker vermißt als früher. Sie sind, ökonomisch betrachtet, zur Marktlücke geworden. Nachdem in Konsumgesellschaften mit der Dinglichkeit nicht mehr viel zu verdienen ist, da fast alle schon fast alles haben, hat sich die Ökonomie jener Undinglichkeit zugewandt. Sie hat begonnen, das Immaterielle zu verkaufen, indem sie unter dem Namen »Marke« den Menschen das gibt, was sie am meisten vermissen: Liebe, Freiheit, Sinn, Gemeinschaft ... Die Sehnsucht danach oder der Mangel daran läßt sie neuerlich zu Konsumenten werden. Und weil allein durch den Konsum das Bedürfnis doch nie gänzlich gestillt werden kann und die Bedingungen des Lebens und der Arbeit, die den Menschen zum Konsumenten machen, diese Bedürfnisse obendrein fördern, wird das, *was* wir verlangen, immer mehr zur Bedingung dafür, *daß* wir es verlangen. Das Lebensgefühl wird zur Basis des Seins, zur Kondition des Marktes und schließlich zum Beweis seiner Realität.

Der Ökonomie müßte man es im Prinzip nicht vorwerfen. Ihrer eigenen Logik nach will sie etwas erwirtschaften, und der Verbraucher bestätigt sie. Dem Verbraucher alias Menschen müßte man es auch nicht vorwerfen. Er verlangt nur zu verständlich nach Inhalten im Leben, die er vielfach nur im Konsum zu bekommen glaubt, und wie er sie anders bekommen könnte, weiß er nicht. Und daß all dies Philosophie heißen soll, ist erst recht verständlich: Warum soll, was seit jeher Nachdenken über die Liebe und die Freiheit, den Sinn und die Gemeinschaft war, nun nicht mehr Philosophie heißen, nur weil es zur Tat kommt, nur weil es einer Tat vorausgeht. Die Formel »von der Strategie zur Philosophie« besagt schließlich nichts anderes als: die Philosophie impliziere automatisch die Strategie, sobald sie zum vorbereitenden Handeln werde. Niemandem muß »im Prinzip« etwas vorgeworfen werden. Jeder handelt im Rahmen seiner eigenen Logik. Nur daß dem so ist, ist bedenklich.

Bedenklich ist, daß jetzt verkauft werden muß, was Bestandteil des Lebens sein sollte. Bedenklich ist, daß auf den Kosum angewiesen sein soll, wer Sehnsüchte entwickelt. Bedenklich ist, daß jeder nach seiner eigenen Logik handelt und oftmals handeln muß. Bedenklich ist, daß zur allgemeingültigen, zur Megaphilosophie wurde, was einem geschäftlichen Kalkül entsprang.

Am vorläufigen Endpunkt der Geschichte ist das Konsummarketing bei einem Unternehmensmarketing angelangt. Die Gründe sind auch hier mehr als naheliegend. Zum einen hat sich in vielen Unternehmungen die Philosophie der meist wichtigsten Marke bereits auf die Philosophie des Hauses ausgewirkt. (Um bei obigem Beispiel zu bleiben: Ab einem bestimmten Punkt wurde der Geist Helmut Kohls zum Geist der CDU.) Die Marken- wird zur Unternehmensphilosophie. Zum anderen haben erfolgreiche Unternehmungen gezeigt, daß die vom Arbeitnehmer generell geforderte Identifikation auf dieselbe Art und Weise funktioniert wie die Identifikation mit Marken. Das heißt: auch Unternehmen müssen ihren Markencharakter ausbilden; so wie sich der Verbraucher durch eine Produktmarke bestätigt fühlen kann, so soll sich der Arbeitnehmer durch die Unternehmensmarke bestätigt fühlen. Die Sehnsüchte, Träume, Phantasien und Ideale, die schon in der Welt der Marken federführend wurden, kehren nun in die reale Welt zurück. Nicht was ein Unternehmen tatsächlich tut sei letztlich relevant, sondern die Philosophie, die es sich als Unternehmensmarke auf die Fahnen geschrieben hat. Zur Unternehmensgemeinschaft werde, was Markengemeinschaft sein kann.

Die Logik des Gedankens steht wie immer außer Frage. Wenn Marken *ökonomische Signifikate* sind, hinter denen sich Menschen versammeln, dann bleibt der Ökonomie gar nichts anderes übrig, als die von ihr gewünschte *Identität* des Unternehmens kraft *Identifikation* seiner Mitarbeiter zu erzielen. Es bleibt dem wirtschaftlichen Handeln gar nichts anderes übrig, als das Marketing in die Unternehmensführung zu heben und seine Philosophie zur Unternehmensphilosophie zu machen, weil erst durch sie jene zweite Wirklichkeit geschaffen werden kann, ohne die nichts mehr geht. Im selben Maße, wie sich Kollektiv- in Individualgesellschaften verwandeln, im selben Maße verlagert sich das Zentrum der Mehrheitsbildung von der Koordination von Interessen auf die Kommunikation von Botschaften. Und die Marke ist der Schlüssel. Sie ist das identitätsstiftende Vehikel für Menschen und Organisationen. Sie ist die einzige, die alles sagen und es in jeder möglichen Form sagen darf. Sie erfüllt die wirtschafts-, gesellschafts- und sozialpolitischen Anforderungen, die nun unternehmenspolitisch umgesetzt werden. Logisch, wie gesagt, ist auch dieser Akt. Und die Definition von »Marketingmanagement« (das eher »Markenmanagement« heißen müßte) wird dieser Logik auf bewunderungswürdige Weise gerecht:

Unter Marketingmanagement versteht man einen konsequent marktbezogenen Denk- und Führungsstil, der für alle Beteiligten und in sämtlichen Unternehmungen einer Organisation relevant ist. Dieser Denk- und Führungsstil beinhaltet alle Aspekte unternehmerischen Handelns, die mit der Information, Gestaltung, Organisation und Sozialität des Marktes zu tun haben. Dies gilt für die Marktsuche und -erschließung, die geplante Marktgestaltung mittels aller Marketinginstrumente, die marktbezogene Koordination aller Unternehmensaktivitäten und die Berücksichtigung der sozialen wie umweltbezogenen Belange beim Einsatz der Marketinginstrumente. Die Realisation dieses universalen Marketingverständnisses verlangt nicht nur die bewußte Absatz- und Kundenorientierung aller Unternehmensbereiche; sie ist, wie Heribert Meffert schrieb, auch als eine *schöpferisch-gestaltende Tätigkeit* anzusehen.[27]

Logisch ist es! Bliebe nur noch zu fragen, ob diese nun auch brillant definierte, neue Megaphilosophie nicht auch wieder jener für ein lebenswertes Leben notwendigen Qualitäten entbehrt, die vordem schon die Megaphilosophie der katholischen Kirche und später der Vernunft vermissen ließen? Ist dies tatsächlich die Welt, in der wir leben möchten? Muß Philosophie denn immer wieder in der Abstraktion vom Menschen münden?

10 Mit philosophischen Grundannahmen in der Volkswirtschaftslehre hatte es begonnen. Mit dem Strukturwandel avancierte die Strategie zur Philosophie. Der Wertewandel führte zu einer Erweiterung der ökonomischen Rationalität. Im psychologischen Marketing wandte sich die Ökonomie sozialphilosophischen Fragestellungen zu. In die Unternehmensführung zog die Philosophie als Leitlinie und Charta, als emotionales Leitbild und *corporate identity* ein. Durch die Marke fand sie zur Markenphilosophie. In der Unternehmensphilosophie nahm sie den Charakter eines allgemeinen Denk- und Führungsstils an. Als *schöpferisch-gestaltende Tätigkeit* endlich hat das moderne Marketing den alten *Widerstreit von vernunftgegründeter und phantastischer Weltsicht* auf seine Weise beendet.

In der Synthese von kreativer Rationalität und rationaler Nutzung aller Kreativität hat die Ökonomie einen für ihre Belange fraglos gelungenen Modus gefunden. Sie hat den ökonomischen Nutzen an die Konsumtion der Phantasie und die im Konsumenten verbliebene Phantasie an das Konsumieren gebunden. Sie hat das Verkaufen von der Bedürfnisbefriedigung auf die Wunschproduktion verlagert. Sie hat den Riß, der das Lebensgefühl von der Wirklichkeit trennte, beseitigt, indem sie die Wirklichkeit dem Lebensgefühl unterwarf. Sie hat die Philosophie Hegels, die Marx auf die Beine stellen wollte, wieder auf den Kopf gestellt, indem sie einen neuen »Idealismus« fand: nicht mehr das Ideal einer Vernunft, die der Weltgeist an sein Ziel bringt, sondern das Ideal einer jeden Idee, die der Zeitgeist nahelegt. Sie hat die Rationalität des Wirtschaftens in eine rationale Vermarktung des Irrationalen verwandelt.

Unter dem Namen Marketingmanagement ging die Rationalität des Irrationalen ins neue Jahrhundert. Die Ökonomie trägt den Gewinn davon. Es gibt, von eingangs erwähnten humanitären Einwänden abgesehen, keinen Grund, ihr das zu verübeln. Zudem war es das letzte noch fehlende Glied, das der Ökonomie fehlte, um zur neuen Megaphilosophie zu werden. Sie hat ihr Ziel erreicht. Wer zu den Nutznießern zählt, darf sich zufrieden zurücklehnen. Die anderen haben leider noch keinen Grund dazu.

III.
Empfindung und Empfindlichkeit

Die Geburt des *homo oeconomicus*

1 Einige Monate nach Lady Di's tödlichem Unfall brüskierte der Philosophieprofessor Anthony O'Hear von der Universität Bradford seine englischen Landsleute mit einem Aufsatz, in dem er Diana Spencer als eine *egozentrische* Persönlichkeit, die Art der öffentlichen Trauer als *dekadent* und die Trauerfeierlichkeiten als *Heiligsprechung* abkanzelte. Nicht ihre Pflichten, die sie als Mutter des zukünftigen Königs, Ehefrau und Schwiegertochter gegenüber ihrer Familie, der britischen Monarchie, dem Königshaus und dem Staat innegehabt hätte, hätten im Mittelpunkt ihres eigenen und des allgemeinen Bildes von ihr gestanden, sondern ihre Rolle als Opfer, das sich dafür entschieden habe, im Namen von Opfern zu sprechen. Diana, so bemerkte er, werde stets als Opfer aller möglichen Kräfte und Probleme dargestellt: »ihre unübersehbar lieblose Ehe; die Untreue und angebliche Unsensibilität ihres Mannes; ihre Bulimie; ihr Widerstand gegen die Scheidung; ihre Schwierigkeiten mit dem Haus Windsor; ihre ständigen Konsultationen von Therapeuten und Wahrsagern; der gemeinsame Urlaub mit ihren Söhnen und einem Mann, dem man die britische Staatsbürgerschaft verweigert hatte, der in der regierungsamtlichen Untersuchung als Lügner bezeichnet worden war, der sich, wie er selbst zugab, die Dienste von Parlamentsmitgliedern erkauft

hatte; und ihr Verhältnis mit dessen Sohn, einem Playboy, der so tragisch mit ihrem Tod endete.«

All diese Probleme habe Diana gar nicht lösen, sondern vielmehr darin baden wollen und sich darum auch in sonderbare Verhaltensweisen und in Selbstmitleid geflüchtet. Sie habe bei aller Identifikation, die viele Frauen bereitwillig mit Dianas Geschichte an den Tag legten, nie ernsthaft versucht, an sich selbst zu arbeiten und ihren Aufgaben gerecht zu werden. Sie habe es vorgezogen, sich auf eine Stufe mit anderen Frauen zu stellen und ihre Schwiegermutter als die herrischste im Lande anzuklagen, dabei aber unterschlagen, daß ihr Leben eben nicht mit dem anderer Frauen und die Königin von England nicht mit herkömmlichen Schwiegermüttern vergleichbar gewesen seien. Sie habe nur nach der Devise gehandelt, daß die natürlichen Empfindungen die richtigen und alle Zwänge der Zivilisation, der Pflicht und der Verantwortung schädlich und repressiv seien; denn »in der Welt der Therapeuten, in der sich Diana zunehmend bewegte, besteht die einzige Pflicht eines Menschen darin, den eigenen Gefühlen zu folgen, sie auszuleben und voll zu befriedigen«.

Anthony O'Hears Vorwurf läßt sich auf einen Satz reduzieren: Prinzessin Diana war im Gegensatz zu ihrer selbstgewählten Rolle als Königin der Herzen nicht emotional, sondern sentimental. Und sentimental waren die Reaktionen auf ihr Leben und ihren Tod. Diana sei egozentrisch gewesen, weil die fatale Unfähigkeit, etwas anderes als die eigene Befindlichkeit zu sehen und auf Menschen einzugehen, die von einem anderen Geist beseelt seien, egozentrisch sei. Ihre Haltung wie die ihr zugebrachte Sympathie seien dekadent gewesen, weil sie das Gefühl über die Vernunft, Kümmern über Prinzipien, persönliche Befriedigung über Verpflichtung und Anstand erhoben hätten. Und die Trauerfeierlichkeiten seien einer Heiligsprechung gleichgekommen, da sie kanonisierten, wofür Diana gestanden habe: »Sie stand für die Erhebung von Gefühl, Image und Spontaneität über Vernunft, Realität und Zwänge.«

Wogegen Anthony O'Hear sich verwahrte, war der zunehmend schwindende Wille, sich selbst und anderen gegenüber Verantwortung zu übernehmen, der im Falle von Diana zu ihrem Leiden geführt bzw. im Kult um Lady Di seine Inszenierung erfahren habe. Während der Trauerzeremonie sei dies alles offen zutage getreten: »die Tendenzen in Erziehung und Religion, die Einstellung zum Sozialstaat und zum Individuum, der Irrationalismus und das übergroße Bedürfnis, sich zu seinen Gefühlen zu bekennen und sie auszudrücken ...«[1]

Zweifelsohne wäre es ein leichtes, diesen Essay mit einigen wenigen Anmerkungen als nicht weiter beachtenswert abzutun. Da ist ein bärbeißiger Philosophieordinarius, der Werte wie Pflicht und Anstand hochhält, der die Vernunft und ihre Prinzipien mal wieder in den Rang einer moralischen Anforderung erhebt, für den Zwänge mehr zählen als Spontaneität, dessen konservative Loyalität zum Königshaus größer ist als sein Verständnis zeitgemäßer Lebensgefühle, der rational abtut, was Millionen und Abermillionen von Menschen im Herzen bewegt ... – der einmal mehr beweist, wie wenig die Philosophie zu sagen hat, wenn der Geist der Zeit sich wandelt. Er beweist, Philosophen fällt es schwer, ihr Denken mit der Aktualität in Einklang zu bringen, und wenn sie es tun, laufen sie Gefahr, nicht mehr als Philosophen zu erscheinen. Es wäre ein leichtes, Anthony O'Hear in die Seminarräume von Bradford zurückzuschicken. Dennoch ist in seiner Klage mehr als nur ein Körnchen Wahrheit enthalten.

Lassen wir Lady Diana aus dem Spiel. Vielleicht war sie ein Opfer, vielleicht nur eine junge Frau, die mit den an sie gestellten Anforderungen innerhalb der Monarchie nicht zu Rande kam, weil nicht nur sie, weil kaum mehr junge Menschen sich mit starren Rollenklischees identifizieren können. Vielleicht hatte sie den falschen Mann geheiratet. Vielleicht wurde sie Prinzessin, als sie noch an Prinzen glaubte, und blieb Prinzessin, als sie schon Lady war. Es mögen viele Gründe für ihr Schicksal anzuführen sein; doch jeder Versuch, sie auf eine Facette zu reduzieren, brächte am Ende ein unrichtiges Resultat. Nicht richtig als Mythos, nicht recht als Richterspruch. Vergessen wir die Kritik an Diana, halten wir uns an die Grundaussage von O'Hear: Die persönliche Betroffenheit rückt in den Mittelpunkt, alles andere tritt zurück. Alles, was nicht mit der ersten, natürlichen Empfindung korrespondiert, wird als repressiv erlebt.

Die beiden letzten Wörter sind es, die von Bedeutung sind. Mit »repressiv« wird hier keine physische, soziale oder materielle Unterdrückung zum Ausdruck gebracht, sondern eine psychische; mit »erlebt« ist kein tatsächliches Erlebnis gemeint, sondern eines, das erst im Denken entsteht, erst, als psychologische Rezeption Wirklichkeit wird. Zu ergänzen wäre: Sofern wir psychoanalytischen Theorien folgen wollen, müssen wir als Urheber psychischer Repression sogar den Leidtragenden selbst anführen. Weil er mit etwas konfrontiert ist, das ihm Unlust bereitet, unterdrückt er es in seinem Bewußtsein, um nicht weiter daran erinnert zu werden. Sofern wir unserem Alltagsverständnis folgen, müssen wir erkennen, daß die erlebte Repression im allgemeinen nicht von einem unterdrückenden Täter ausgeht, sondern schlichtweg von Taten, die wir zu erledigen haben.

Nicht von schrecklichen Unterwerfungen ist hier also die Rede, statt dessen von den kleinen und großen Anforderungen, die wir alle erfüllen müssen oder von denen wir glauben, sie erfüllen zu müssen, obwohl wir hundert andere Dinge wüßten, die mehr Spaß machen. Wir sprechen vom Leben, das per se repressiv ist, weil es nie erlaubt, nur das zu tun, wozu wir Lust haben. Wir sprechen vom Erleben, das Repressionen ausfindig macht, sobald die *Empfindung* von Leid die der Freude übertrifft.

Unbestreitbar macht seelisches Leiden krank. Wie im Falle physischer, gibt es leichte und schwere psychische Erkrankungen. Je schwerer sie wiegen, um so mehr sei der Besuch eines Arztes oder Therapeuten empfohlen. Es sind Selbstverständlichkeiten; davon soll nicht die Rede sein. Über psychische Repressionen klagen allerdings immer häufiger auch Menschen, die nicht krank sind und eigentlich sogar allen Grund hätten, ihr Schicksal zu preisen. Sie leisten, was von ihnen erwartet wird, und wähnen sich trotzdem überfordert. Sie empfinden die an sie gestellten Anforderungen zwar nicht der Sache, aber ihrem Gefühl nach als belastend. Belastet fühlt sich die Ehefrau durch ihren Gatten, der Vater durch die Familie, beide gemeinsam durch ihre Wohnung, ihr Haus, die Nachbarschaft, den Weg zur Arbeit. Belastet fühlt sich der Angestellte durch die Arbeitsbedingungen, der Lehrer durch die Schüler, der engagierte Mitarbeiter durch die zu geringe Anerkennung, die gutbezahlte Führungskraft durch das schlechte Klima und seichte Niveau im Arbeitsteam, der Chef durch den Termindruck, der Freiberufler durch den organisatorischen Aufwand und alle durch den Streß. Frei nach Theodor W. Adornos berühmtem Ausspruch, es könne kein richtiges Leben im falschen geben, scheinen sie allesamt Opfer eines mißratenen Daseins zu sein. Jeder empfindet sich als Opfer; jeder meint, sich aufzuopfern; jeder verweist auf den Mißbrauch seiner Opferbereitschaft.

Daß die Bedingungen des Lebens und Arbeitens wieder an Härte zugenommen haben, soll nicht bestritten werden. Daß man unter ihnen leiden kann, nicht minder. Es wäre darum nur verständlich, wenn diejenigen, die das intellektuelle, emotionale, materielle, soziale ... Vermögen besitzen, auch diejenigen wären, die die unzumutbare Härte als gesellschaftliche Mißstände erkennen, sie anprangern und etwas dagegen unternehmen wollten. Tatsächlich wird die Klage immer häufiger im wohlsituierten Mittelstand, bei den Gebildeteren und Feinsinnigen, bei den Sensiblen und Kultivierten laut. Was sie anprangern, sind allerdings keine gesellschaftlichen Mißstände. Bei aller Bereitschaft, die Gesellschaft für marode zu erklären, liegen ihnen doch nicht diejenigen, die sich in existentieller oder materieller Not befinden, am Herzen. Was sie sorgt, sind die eigenen Leiden, die meist beginnen, wo keine ernsthaft anderen Probleme mehr drängen. Was sie unglücklich macht, sind die *empfundenen* Repressionen. Immer mehr Menschen sind empfindsam; immer mehr Menschen werden zunehmend feinsinniger, sensibler und kultivierter.

Dabei sind sie konkret und abstrakt zugleich. Sie sind konkret, sofern sie von einem natürlichen Leben träumen, nur mehr das mit den Händen Gemachte verstehen. Sie sind abstrakt, wo das Natürliche zum Romantischen wird, wo mit den Händen nicht mehr gemacht, bestenfalls dekoriert wird. Es sind geistige Wesen, die dekorieren, wie sie repräsentieren. Sie repräsentieren Wohlstand, Geschmack und Sinn für das Echte. Sie dekorieren das Echte. Sie wissen es nicht. Und wie das Echte zur Form gerinnt, wie es Fassade wird, dessen dahinterliegender Bau entkernt, bereinigt und neu errichtet ist, so ist auch der moderne Individualismus zur Dekoration des Menschen geworden. Er ist, wie schon die kritische Sozialphilosophie der sechziger Jahre bemerkt hatte, die zeitgenössische Vergesellschaftungsform des Menschen. Die Psychologie bringt ihn in Form. Was in Form gebracht wird, ist dieses Feine. Keineswegs sozialer Natur sind Feinheit und Feinsinnigkeit, sie gelten dem eigenen Ego. Empfindlich gibt sich, was sich empfindsam nennt. Aus der Empfindlichkeit kommt das Klagelied über die Repressionen, dessen Grundakkord psychologisch, nicht soziologisch gestimmt ist.

2 Zahllos sind die Namen jener, die mit dem Gedanken an eine politische Emanzipation begannen, ehe sie bei ihren privaten Emanzipationsbestrebungen landeten. Riesig der Haufen derer, die therapeutische Hilfe suchen, um dem Druck, dem sie sich ausgesetzt

fühlen, dem Alltag, der sie quält, der Freiheitssehnsucht, die sie spüren, Herr werden zu können. Sie klammern sich an die Psychologie. Sie soll sie lehren, ihre eigenen Empfindungen besser zu verstehen und nach ihnen zu handeln. Sie soll ihr Verlangen nach Individualität unterstützen. Sie soll sie von den Repressionen befreien. Sie soll ihnen den Weg in die Freiheit weisen. Psychologisch ist ihr Schmerz, psychologisch wird das Heil gesucht. Vielleicht wollen sie frei sein, auf jeden Fall wollen sie sich frei fühlen. Ihr Bedürfnis nach Eigentlichkeit, der Bedarf an Eigensinn steigt proportional mit dem Eigentum; die therapeutische Gesellschaft folgt der des Wohlstands auf dem Fuße.

Dabei hieß in der Geschichte Leben nahezu immer existentielles Überleben, und der Mensch, geist- und kulturbegabt, träumte von einer Überwindung seiner materiellen Not, um sein zu können, was ihn auszeichnet. Diejenigen, die es sich im Übergang zum dritten Jahrtausend, in den reichen Nationen, als erste erlauben könnten, den alten Traum eines von materieller Not befreiten Daseins zu realisieren, sind plötzlich aber zur Psychologie der Lebensgefahr übergegangen. Gleichgültig, wie viel sie verdienen, klagen sie über Geldnot. Gleichgültig, wie viel Zeit ihnen während des Tages für sie selbst und die freie Entfaltung ihrer Persönlichkeit zur Verfügung steht, beklagen sie den Zeitdruck und die Inhaltsleere der Tage. Gleichgültig, wie viel geistig-kulturellen Gestaltungsspielraum sie besitzen, klagen sie über geistig-kulturelle Armut. Mancher von ihnen weiß nicht viel von dem, was man Wissen nennen darf, stellt aber seine persönliche Meinung gleichberechtigt neben gültige Erkenntnisse. Nicht wenige haben keine Vorstellung vom Inhalt und Sinn ihres Lebens, sehen aber gerade im Mangel dieser Vorstellung einen Beweis ihres Gehindertseins. Die meisten bedauern den Verlust der Gemeinschaft; die Fähigkeit zuzuhören ist ihnen selbst abhanden gekommen; die Fähigkeit, gemeinsam zu handeln, erinnern sie nicht einmal mehr. Viele ersehnen die Liebe – und beginnen mit ihrem Forderungskatalog an das andere Geschlecht. Sie empören sich über die Verantwortlichen in Politik und Wirtschaft, die gemäß dem Motto: Was hat die Nachwelt je für mich getan?, die Zukunft außer acht lassen. Sie selbst verkennen die Gegenwart und tun nur, wo für sie getan wurde.

Man hat sich an solche Zeitgenossen gewöhnt, will deren Genörgle kaum mehr mit Nörgeleien parieren. Selbst in einer Gesellschaft isolierter Individuen hat der Wunsch, nicht isoliert zu sein, Bestand.

Auch lassen sich, ist Milde gefordert, gar Dummheiten verstehen. Wir bitten manchmal selbst darum. Mancher, der den Fehler beging, sich wegen seines Verständnisses der eigenen Kraft und des Willens berauben zu lassen, hat die landläufige Individualisierung genutzt, um sich von der Bürde falscher Solidarität zu befreien. Und gewiß soll hier nicht Anthony O'Hears Ruf der Pflicht wiederholt werden. Puritanische, preußische oder protestantische Tugenden verkörpern weder das Gegenstück der Freiheit noch ihre Bedingung. Schon eher produziert der Verweis auf Pflichten eine Moral der Rechtschaffenheit, die nicht ihren Urhebern und der Sache, sondern ihren Nutznießern und den von ihnen angemahnten Sachgesetzen dienlich ist.

Auffällig ist allerdings, in welchem Maße dieser kritische Geist, der fraglos auch die psychologische Emanzipation durchdringt, keinen anderen als den eigenen Maßstab kennt. Zwar hat nach wie vor nur recht, wer dagegen ist; niemals ist Zustimmung per se kritisch. Während sich die politisch-aufklärerische Kritik gegen gesellschaftliche Mißstände richtete, weshalb sie stets betonte, man könne persönlich nie freier sein als die Gesamtheit der Betroffenen, probt die individuell-psychologische Emanzipation den Widerstand gegen das Gesellschaftliche. Während jene skandiert, *escapism is not freedom*, sucht diese gerade im Eskapismus Befreiung. Während jene sagt, es könne keine Libertinage geben, wenn nicht alle Beteiligten von ihr berührt seien (und dabei auf die sexuelle Freiheit verweist, die ohne die gleichzeitige Emanzipation der Frau notgedrungen zur Zunahme patriarchalischer Unterdrückung führe), geht die psychologische Emanzipation davon aus, daß jeder bei sich selbst anfangen müsse.

Zweifelsohne beruhte die Argumentation der siebziger Jahre auf einem Irrtum. Die Verantwortung des einzelnen läßt sich nicht auf die alles diktierenden, »objektiven« Verhältnisse abschieben. Doch ebenso haltlos ist die Umkehrung des Gedankens, die nur den »subjektiven«, den individuellen Einsatz kennt und jeden selbst für das Glück und Leid, das ihm widerfährt, verantwortlich macht. Daß es vielmehr die individuellen Taten sind, die die Verhältnisse prägen, erfahren gerade diejenigen schmerzlich, die unter ihnen zu leiden haben. Die Verfolgten und Verstoßenen, die Arbeits- und Heimatlosen sind nicht nur Opfer politischer und wirtschaftlicher Versagungen, sie werden durch diese debile Philosophie der Selbstverschuldung obendrein persönlich gebrandmarkt oder brandmarken sich persönlich. Sie gelten als Versager, Schmarotzer und Kriminelle, nur weil sie den falschen Beruf erlernt haben, im falschen Land geboren sind, der falschen Ideologie zugeordnet werden.

Aber schon vor aller sozialen Katastrophe hat diese Umwertung des Politischen ins Private alte Gegnerschaften keineswegs beseitigt, sie hat sie lediglich personalisiert: Was Anklage der bürgerlichen Familie war, wird als eine über die Eltern laut; aus der Hinterfragung der Institution der Ehe ist eine Fragwürdigkeit des eigenen Ehepartners geworden; die Verurteilung der Produktionsverhältnisse hat sich in eine persönlicher Verhältnisse verwandelt; was als falsche Politik gegolten hatte, ist bei der Unfähigkeit des Politikers angekommen ... Buchstäblich zerschlagen ist die gesellschaftliche Kritik, und übrig blieb allein des einzelnen Unmut am einzelnen. Die Individualgesellschaft stellt sich als eine von Individuen dar, die sich von anderen Individuen eingeschränkt, belästigt, gehindert, »unterdrückt« fühlen. Wir leben in einer Individualgesellschaft, weil alles Politische dem Muster des Individuellen folgt. Der Mensch steht immer im Mittelpunkt, und genau dort steht er immer mehr im Wege.

3 *Ten years after – twenty years later, thirty years are gone.* Nach langer Zeit kehrt einer ins Land zurück, der all die Jahre, die Jahrzehnte nichts mehr über die gesellschaftliche Entwicklung erfahren hatte. Er wird es nicht wiedererkennen. Politischer Idealismus, kollektive Moral, Gesellschaftskritik, ideologische Debatten und Befreiungskämpfe aller Art sind vergangene Chimären. Zwar sind manche der zuvor heiß umfochtenen Inhalte und Ziele noch als Werte virulent, doch in den Taten haben sich wie eh und je die Sieger von denen geschieden, die nicht den Sieg davontrugen, die einen anderen Sieg wollten, die vormals meinten, es gehe grad nicht ums Siegen. Die einen machten Karriere. Die anderen blieben auf der Strecke; ausgeschieden beim revolutionären Kampf, auf dem Trip der Bewußtseinserweiterung, in der Zielgeraden der sexuellen Befreiung. Die meisten landeten in der Normalität. Allerdings ist ihre nicht mit jener vergleichbar, gegen die sie einst waren. Allein daran erkennt man die Veränderung und mancherlei Fortschritt: Daß die Normalität eine andere geworden ist; daß die Idealisten nun jene sind, die sich als Realisten verstehen dürfen und ihre Ideale mit der Realität in Einklang bringen konnten. Für sie fand ein Transfer statt. Ihr reformie-

rendes hat sich in ein innovatives Denken verwandelt. Geschäftlich praktizieren sie mit Erfolg, was sie gesellschaftlich wollten. Als fundiertes gruppendynamisches Know-how haben sich im Job ihre politischen Gruppenerfahrungen bewährt. Die anderen haben keine Lust, ihre Biographie an der Vokabel Lust auszurichten. Ihnen ist der Spaß vergangen; sie sprechen nicht vom Spaß. Sie haben keine nennenswerten Erfolge; das Erfolgsstreben, sagen sie, sei ihnen zu stressig. Gestreßt sind sie trotzdem.

Für die einen sind »Lust«, »Spaß« und »Erfolg« die Wörter, mit denen sie das Motiv ihrer Stärke erklären. Für die anderen sind es Wörter bedrohlicher Art. Bedrohlich ist das Feindliche an ihnen. Bedrohlich ist das Versagte; bedrohlich ist auch das Versagt-Habende, das ab und an in ihnen selbst laut wird. Sie haben sich zurückgezogen. Ihre Aufgeschlossenheit, die sie unverändert zu haben meinen, ist privatisiert. Sie sind für sich selbst aufgeschlossen oder halten sich an jene, die sie seit Jahren kennen. Wo man weiß, was man voneinander zu halten und aneinander hat; es ohne große Worte weiß, es schon anekdotisch kennt. Vom öffentlichen Schweigen übertönt sind die Sozialen und Bedürftigen; längst verstummt die Sensiblen und Poeten.

So pendelt die Glücksschmiede *sui generis*, das Glück im eigenen Namen, zwischen Sein und Schein. Jedem steht es fern, dem zu widersprechen. Den einen, weil sie keinen Anlaß sehen, ihre Leistung zu schmälern; den andern, weil sie nicht als Neider einer Sache gelten wollen, der sie vielleicht doch selber nicht genügten. Was gespielt wird, wissen sie dennoch. Und nüchtern ins Bett geht seit Jahren kaum mehr einer. Zumindest diese Gemeinsamkeit ist den Siegern und jenen, die nicht Verlierer sind, geblieben: *Lo spirito di vino*, der Geist des Weins. *Lo spirito divino*, der göttliche Geist. Gott ist durchaus ein Synonym für die Idee des Absoluten; *god is a concept by which we measure our dreams*. Hat sich der Traum als trügerisch herausgestellt, ist der Glaube dahin. Meist der Glaube an jedes Absolutum. Im allgemeinen genügt bereits der Liebe Grausamkeit als Beweis. Ein zweites Mal aufs Ganze gehen? Wenige wagen es. Eher wendet sich das Glaubensbekenntnis in ein Credo des Gegenteils. Auch John Lennon sang: *I don't believe in ...* zählte auf, woran er bereits geglaubt hatte, woran er hätte glauben sollen, woran er hätte glauben können, und endete mit der Schlußzeile: *I only believe in me, Yoko and me*. Er sagte nicht, wie in einschlägigen Liedern üblich:

I believe in love; er nannte nur die Namen: »Ich glaube nur an mich, an Yoko und mich«. *God is a concept* ... das Konzept hat sich gewandelt. Nicht einmal mehr die Liebe ist absolut, allein die Person. Früher waren dies Altersphilosophien; heute ist die Liebe gängige Metapher geworden und Gott zu einem, wie ihn Milan Kundera hieß, *deus absconditus*. Der Mensch bleibt, sich selbst zum Maßstab nehmend, ohne ihn zurück.

Wir haben uns in diesem Individualismus eingerichtet. Die Individualgesellschaft ist eine Normalität geworden. Ihre Deklamation deckt sich mit unserer Wahrnehmung. Gelegentlich beklagen wir die Folgen der Individualisierung, beklagen die Isolation. Aber eigentlich wollten und suchten wir sie. Wir suchten uns von den überkommenen politischen und gesellschaftlichen Strukturen zu lösen. Wir erstrebten die Autonomie. Im Zuge neuzeitlicher Entwicklung hat sich, wie Christian Graf von Krockow schrieb, das Individuum aus uralten Gruppenbindungen emanzipiert und selbst als primäre Realität entdeckt. »Diese Entdeckung dürfte sich nie mehr zurücknehmen lassen, es sei denn um den Preis barbarischer Regression.«[2] Niemand will sie; aller empfundenen Repression zum Trotz führt am Individuum kein Weg mehr vorbei. Tagtäglich treffen wir unsere Entscheidungen individuell und sind wir von individuellen Entscheidungen betroffen. Wollte man noch von *einer* Realität sprechen – *Verhandlungsrealität* müßte man sie nennen. Was Sache ist und sei, wird in einer *permanenten Realitätskonferenz* von den jeweils zugelassenen Personen stets von neuem definiert; nicht minder die Teilnahmebedingungen an der Realitätskonferenz:

Die *scientific community* verhandelt im Sinne »vorübergehender Wahrheiten« die Gültigkeit wissenschaftlicher Aussagen. Der Wähler entscheidet, wer in der nächsten Legislaturperiode das politische Mandat erhält. Die Vertreter der Politik diskutieren, welchen Interessen sie Vorrang einräumen wollen. Die Lobbyisten versuchen, den Ausgang der Konferenz zu ihren Gunsten zu beeinflussen. Individuelle Standpunkte werden in den Medien zu kollektivbildenden Meinungsmustern. Wirtschaftliche Interessen spielen in allen Fällen eine Rolle. Und am Ende sind es wieder Individuen, die als Nutznießer oder Zukurzgekommene der jeweiligen Resultate Stillschweigen bewahren oder die Realität als solche verurteilen. Individuen sind es, die die Geschicke bestimmen.

Was heißt Individualität? Wörtlich meint es *das Unteilbare*; das, was nicht weiter geteilt werden kann, ohne seine Eigenart zu verlieren. Das Individuum ist ein Atom. Bevor wir uns daran gewöhnt haben, jeden einzelnen als atomare Existenz und das Konglomerat des Ganzen als *multi-individuelle Gesellschaft* anzusehen, verstand man unter einem Individuum etwas Besonderes; entweder eine Persönlichkeit oder ein verschrobenes Einzelwesen. Einmalig waren beide. Die Einmaligkeit ist heute Regel. Seither tritt der Individualismus auf, als verspreche er einen Inhalt. Er suggeriert ein Programm anstelle eines anderen Programms: Individualität statt Kirche, Individualität statt politischer Organisation, Individualität statt Familie ... Die Liste läßt sich beliebig verlängern. Stets wird die Individualität anstelle von etwas definiert. Die Individualität ersetzt die Verbindlichkeit. Was aber will sie aus sich selbst heraus? Was kann der Mensch als Individuum gewinnen? Freizeit, Freiräume, Freiheit? Die Frage muß nicht beantwortet werden; auch die Antwort bleibt jedem selbst überlassen. Die Antworten in Frage zu stellen hieße bereits, der »barbarischen Regression« Vorschub zu leisten. Gewiß spielt aber die Idee der Unabhängigkeit eine entscheidende Rolle. Finanziell intendiert sie Individualität statt Maloche, als persönliche Unabhängigkeit verspricht sie Individualität statt Zwänge, sexuell lockt sie mit wahrhaft individuellem Verkehr fern der Tristesse des Alltags und des schlechten Gewissens.

Ohne die Perspektive einer neuen Liebesordnung wäre die Individualgesellschaft wohl kaum entstanden. Ehe sich Videorecorder und Internet-Anschluß mit der Aussicht auf erotischen Konsum innerhalb weniger Jahre im Markt durchsetzen konnten, wurde schon der Drang nach den eigenen vier Wänden von libidinösen Motiven befördert. Schon deshalb bleibt der Individualismus als attraktive Lebensform vorrangig jungen Menschen vorbehalten. Um die Reize der Unabhängigkeit erleben zu können, muß man zu denen gehören, die entsprechende Chancen haben. So mancher, der zum *walk on the wild side* antrat, fand sich, auch das bereits Begriff, *oversexed and underfucked* am Ende in seiner Klause wieder. Am Ende des Lebens mündet der Traum singulärer Freiheit gern wider Erwarten in Armut, Einsamkeit und einem Leben vor dem TV. Dabei stehen die Auswirkungen der Altersspirale noch bevor. In gut einer Generation ging der Anteil der Kinder an der Bevölkerung um die Hälfte zurück, während sich gleichzeitig der Anteil der über Sechzigjährigen verdreifachte.

Die Zahlen überhaupt: Während zu Beginn des Jahrhunderts in über 60 Prozent der Haushalte vier und mehr, in fast der Hälfte sieben und mehr Personen lebten und nur jeder fünfte Haushalt von höchstens zwei Personen, jeder fünfzehnte gar nur von einer Person bewohnt waren, hat sich die Verteilung mittlerweile weitgehend umgedreht. In Deutschland sind bereits zwei Drittel kleine, weniger als 20 Prozent große Haushalte; in ehemals von Familien bewohnten Räumen leben oft nur noch Singles oder Paare. Ähnliches gilt für das Verkehrsaufkommen; was unter dem Namen Völkerwanderung einst historisches Ereignis war, findet inzwischen regelmäßig statt: Jedes Wochenende ist auf Westeuropas Straßen dieselbe Menschenmenge wie damals unterwegs.[3] Die Fragen und Probleme, die mit all diesen Veränderungen einhergehen, sind hinreichend bekannt. Wohnungsbau-, verkehrs-, sozial-, gesundheits-, steuerpolitisch ...; in der Nahrungsindustrie, im Versicherungswesen, im Konsumgütersektor, in der Freizeitindustrie, im Tourismus ...

Nicht nur auf der Ebene der Zahlen und Fakten wird die enge Verflochtenheit von individuellen und wirtschaftlichen Belangen offensichtlich. Es sind die Spielregeln des Austausches, die unter dem Signum von Bedürfnis und Bedürftigkeit allgemeine Spielregeln des Zusammenlebens geworden sind. Es sind Spielregeln der Ökonomie. Ausgetauscht werden Bedürfnisse. Als die beiden wichtigsten gelten die monetären und, einmal mehr, die sexuellen. Zunehmend treten sie auf, als wäre das eine durch das andere erklärbar. Ökonomisch betrachtet ist auch die Liebe käuflich; psychologisch betrachtet ist der Erwerb und Besitz von Geld durchaus eine libidinöse Angelegenheit. Sie wird heute meist mit dem Wort *fun* umschrieben. Welche *power* in der Koalition von Potenz und Potentat angelegt ist, erzählen die neuen Mythen. Ihre Inhaber sind die eigentlichen Heroen des Individualismus. Es sind die Vorbilder eines in jeder Hinsicht unabhängigen Lebens, das nur den Gesetzen des eigenen Willens unterworfen ist.

Der Wille ist universelles Programm. Es ist genuin kein Wille zur Tat, kein Wille als Wunsch. Befördert und getragen wird dieser Wille durch den wie ein Naturrecht auftretenden Anspruch des einzelnen auf adäquate Erfüllung seiner Bedürfnisse. Die kommunistische Idee der Gütergemeinschaft, die bürgerliche Idee der Gleichheit, die jedem echten Gemeinwesen zugrundeliegende Idee der Gerechtigkeit hat sich in eine materialistisch-psychologische Idee des Rechtes auf Befriedigung verwandelt. Man hat das Recht zu haben, was andere haben. *Sie haben es sich verdient.* Man hat das Recht zu bekommen, was man erwartet. *Ich bin es wert.* Man hat, im selben Maße wie man sich selbst gefordert fühlt, das Recht, von anderen zu fordern. *Wir haben verstanden.* Es sind die Spielregeln, die den Menschen zum Verbraucher machten. Es sind die Spielregeln der Verknüpfung von psychologischer und wirtschaftlicher Existenz. Als privates Interesse ist verpackt, was wirtschaftlicher Wille ist.*

Diese Umwertung des Politischen ins Psychologische tritt nicht nur wie ein Naturrecht auf; es erscheint sogar wie das Natürliche. Als öffentliche Privatperson präsentiert sich das den ökonomischen Regeln des Austausches folgende Individuum. Darum mußte auch erst die Individualisierung vollzogen werden, ehe ihre Ökonomisierung möglich war. Auffällig ist dabei vor allem die mit der Umwertung einhergehende Umkehrung von Materialität und Ideal. Während die politisch-aufklärerische Emanzipation von gesellschaftlichen Repressalien sprach, sie materialistisch erklärte und ihre Beseitigung im Ideal einer solidarischen Gemeinschaft sah, geht die psychologische Emanzipation von persönlichen Repressionen aus, deutet sie individualistisch und macht auch keinen Hehl daraus, daß ihre Überwindung und damit aller Freiheit Anfang mit der eigenen, der materiellen Absicherung beginnt. Fehlt nur, worauf Verbraucherbefragungen seit Jahren immer wieder hinweisen: Die Befriedigung des wachsenden Verlangens nach Emotionalität, die der moderne Mensch in unserer zweckorientierten, rationalen und funktionalen Welt mit immer größerem Unbehagen doch sehr vermißt. Er ist so betroffen von der Kälte, die ihn umgibt. Er sehnt sich nach Wärme. Auf dieses »neue Bedürfnis« müssen, das ist der Rat der Meinungsforschung, Industrie, Handel und Dienstleistungssektor reagieren. Nun, sie tun es schon lange.

Lebensqualität bedeute Selbstverwirklichung, Sinnenfreude, Kreativität, war Ende der achtziger Jahre in einem Branchenmedium für die Werbewirtschaft zu lesen. Das Beispiel ist willkürlich. Unverändert werden solche Aussagen publiziert. Dazu gehört die Schilderung großer und kleiner Probleme unserer Zeit als persönliche Schicksale.

* Dementsprechend schon die briefliche Anrede: »Liebe Frau ...«, »Lieber Herr ...« werden mittlerweile Geschäftsbriefe überschrieben, während dasselbe traute Wort in Verbindung mit dem Vornamen eine zu große Intimität anzeigt. Mit »Hallo ...« wird die Postkarte tituliert, wenn ihr Absender Person eines flüchtigen Liebesabenteuers war.

Lebensqualität heiße weiterhin Einklang mit anderen Menschen und mit der Natur, sagte das Branchenmedium. Die Ökonomie bedient auch sie als Individualbedürfnisse: Vom »Haben« zum »damit umgehen und es genießen«. Vom Besitzstandsdenken zur Verwendungsdifferenzierung. Statt »ich bin, was ich habe« heißt es »ich bin, wie ich es ausgebe«.[4] Mit größter Selbstverständlichkeit werden konsumistische Attitüden und wirtschaftliche Anforderungen nicht nur als individuelle Persönlichkeitsmerkmale ausgewiesen, sondern obendrein akzeptiert und geteilt. Mit aller Selbstverständlichkeit ist aus der alten politischen Forderung nach Bewußtsein das Verbraucherbewußtsein hervorgegangen; drückt sich der Drang, aktiv zu sein, in der Konsumfreude aus; wird der Wunsch nach Geselligkeit als Verlangen verstanden, sich im Zusammensein mit anderen von ebendiesen zu differenzieren; wird die an den Arbeitnehmer gestellte Erwartung, ausreichend mobil zu sein, als eine Begeisterung für neue Begegnungen aufgefaßt. Ein Genießer sein, Genießen-können, der Genuß schlechthin stehen als Basisqualifikationen der Individualität ohnehin fern jeder Debatte. Nicht umsonst heißt es, der mündige ist zu einem kreativen Verbraucher geworden; nicht umsonst gilt als erste Bedingung der Freiheit mittlerweile, sich etwas leisten zu können: »Der freie, selbstbewußte und kaufkräftige Konsument schätzt auch beim Essen und Trinken die Vielfalt, die Abwechslung und die Möglichkeit, in diesem Lebensbereich individuelle Neigungen und Lebensstile zu verwirklichen ... Essen und Trinken werden für immer mehr Menschen ein Freiraum zur Selbstverwirklichung.«[5]

Der ganze Sermon wäre nur mehr eine Farce, wenn nicht gerade in solchen Statements die Verschränkung von Psychologie und Ökonomie deutlich werden würde. Deutlich wird, daß es sich hier keineswegs um Lächerlichkeiten handelt, die unter dem Namen Individualität verbreitet werden; es handelt sich um Aussagen, die jene definieren. Das Individuum ist kein von gesellschaftlichen Zwängen befreites Wesen, auch wenn es sich gerne so sieht und gibt; es ist im Gegenteil ein sogar gesellschaftlich auf sich selbst reduziertes Wesen, das außer den Rechten, sich schmatzend und schlürfend frei entfalten und obendrein seine eigene, von Fakten gegebenenfalls unabhängige Sicht der Dinge zurechtbasteln zu dürfen, zu funktionieren hat, und dies bestmöglich aus freien Stücken tun sollte. Der Erfolg der Symbiose von Psychologie und Ökonomie wird täglich millionenfach manifestiert: Die *Philosophie der Einstellung* als das Recht auf jedwede Empfindung geht Hand in Hand mit der Ökonomisierung des Lebens, die unter dem Namen »Realitätsprinzip« die insgeheimen Pflichten beschreibt. Wer beides befolgt, kann sich der individuellen Freiheit widmen, die Psychologie und Ökonomie auf ihre je eigene Weise versprechen. Die Ökonomie verspricht sie via Reichtum, die Psychologie via Ablösung von allen Bindungen, die als repressiv *empfunden* und *erlebt* werden können. Sie verspricht die Veränderung all dessen, was man verändern *darf*. Man darf den Partner verlassen oder die Familie, sich eine andere Arbeit suchen, aufs Land ziehen, sich Freiheiten nehmen, Freiräume schaffen und tausend Dinge mehr. Man darf selbstverständlich nicht die Grundbedingung solcher Art Freiheit anzweifeln: Jeder Freiraum bedarf auch seiner finanziellen Voraussetzungen. Alles andere wäre unrealistisch. Realistisch ist die individuelle Freiheit. Unrealistisch die politische.

Wundern müßte man sich über die Fraglosigkeit, mit der das alles wie am Schnürchen läuft. Wundern müßte man sich, wenn man nicht wüßte, daß hier einmal mehr jener Riß zum Ausdruck kommt, der sich im 19. Jahrhundert abzuzeichnen begann. Im Namen der Vernunft hatte er das Objektive vom Subjektiven getrennt; als Krönung der Vernunft sollte der Staat die Geschichte an ihr glückliches Ende bringen. An der Gesellschaft scheiterte diese Utopie. Seinen Empfindungen folgend, ist das Rudeltier Mensch zum einsamen Wolf geworden. Psychologisch gibt sich, was soziologisch ist.

4 Im Jahre 1843, ein Jahr vor Friedrich Nietzsches Geburt und zwölf Jahre nach Georg W. F. Hegels Tod, erschien Søren Kierkegaards philosophisches Hauptwerk »Entweder – Oder«. Im selben Jahr wurde in Köln die »Rheinische Zeitung« verboten. Zu liberal, hieß es. Karl Marx war damals 25 Jahre alt und einer ihrer Redakteure. Infolge dieser staatlichen Zensur verließ er Deutschland, ging nach Paris, später nach London. Es war fünf Jahre vor der Veröffentlichung des »Kommunistischen Manifests« und beinahe 25 Jahre vor der des ersten Bandes seines Hauptwerks, »Das Kapital«.

Karl Marx zu zitieren ist aus der Mode gekommen. Wo es Mode wurde, zitiert man ihn wie einen Großvater, von dem alle wissen, daß er ein Schlimmer war. Oder man beschaut das wilde Tier, das erlegte. Die ihn gelesen und mit seinen Ideen geliebäugelt hatten, achten inzwischen auf Distanz. In der »Schweigespirale« kann sich nur der Provokateur bekennen und trotzdem die nächste Karrieresprosse erklimmen. Der neue bundesdeutsche Kanzler und Führer der sozialdemokratischen Partei, dessen Karriere als Vorsitzender der Jungsozialisten begann, provoziert mit der Aussage, ihn, da zu trocken, nie gelesen zu haben. Das Bekenntnis hätte ihn einst den Job gekostet; heute ist das *outing* eher kokett. Den einen erklärt es, daß ihm die Macht schon immer näher stand als ihre Analyse; bei den anderen ist die Aufrichtigkeit mehrheitsfähig: Natürlich haben die meisten, die sich links nannten und vielleicht noch nennen, ihn auch nicht lesen mögen. Ideologische Anhängerschaft ist nicht auf Qualifikation angewiesen. Die restlichen, die Marx noch zu folgen vorgeben, sind im allgemeinen keine Marxisten. Es sind Fossilien einer untergegangenen Diktatur.

Manchmal trifft man noch Marxisten. Es sind diejenigen, die ihn studiert haben, mit dem »real existierenden Sozialismus« nie einverstanden waren, mit Marx die Mythen der bürgerlichen Gesellschaft und des vernünftig-moralischen Staates anzweifeln und ansonsten sich selbst kaum Marxisten nennen würden. Da jeder halbwegs intelligente Begründer einer »Schule« mit den Auslegungen seiner Schüler Schwierigkeiten haben dürfte, war wohl auch Marx kein Marxist. Philosophisch war er eher Hegelianer. Mit dieser Interpretation wäre allerdings Hegel nicht einverstanden gewesen; und mit der Rolle der Philosophie war Marx nicht einverstanden. Machen wir's nicht komplizierter als nötig: Einer der größten Philosophen des 19. Jahrhunderts hieß Karl Marx.

Im Jahre 1843, dem Jahr, in dem er Köln Richtung Paris verließ, schrieb er die beiden wichtigsten Arbeiten seiner sogenannten Frühschriften: »Zur Kritik der Hegelschen Rechtsphilosophie« und »Zur Judenfrage«. Letztere ist ein dreißig Seiten langer Text, der sich, einem Problem der Zeit gemäß, mit der Religionsfreiheit befaßt, die mit der Aufhebung einer Staatsreligion nur bedingt realisiert sei. »Der Staat kann sich von der Religion emanzipiert haben, sogar wenn die überwiegende Mehrzahl noch religiös ist. Und die überwiegende Mehrzahl hört dadurch nicht auf, religiös zu sein, daß sie *privatim* religiös ist.«[6] Es ist ein Text über das Verhältnis von politischer und menschlicher Emanzipation. Es ist ein Text über die Megaphilosophie jener Zeit. In beiden Publikationen widerspricht Marx dem philosophischen Lehrer Hegel. Während dieser im vernünftigen Staat die Vollendung der politischen Historie sah, vermutete er in der bürgerlichen Gesellschaft den »Schlüssel zum Verständnis des geschichtlichen Entwicklungsprozesses der Menschheit«[7]; in der gesellschaftlichen Emanzipation liege der Dreh- und Angelpunkt zu gewinnender Freiheit. Wie recht er hatte, sollte sich im Laufe der Geschichte noch herausstellen.

Um zu erklären, worauf Marx abzielte, genügt ein simpler Vergleich: Wer ist in der Aristokratie an der Macht? Der Adel. Wer in der Theokratie? Die Priester. Wer im Sozialismus? Die Partei. Es können auch die an der Macht sein, die am ältesten sind, die am meisten Geld haben, die Kinder kriegen, die Krieg führen und so weiter. In der Geschichte der Menschheit waren sie alle mal am Ruder. All diese Regierungsformen definieren das Recht zur Macht aus einer besonderen Eigenschaft mancher Menschen *im Unterschied* zu anderen. Was ist demgegenüber die Idee der Demokratie? Die *Gleichheit* des Menschen. Niemand soll, wie die Gleichheitsrechte der demokratischen Verfassungen garantieren, wegen irgendeiner dieser Eigenschaften, wegen seiner Abstammung, seiner Rasse, seiner Herkunft, seines Glaubens, seiner Religion, seiner politischen Anschauung, seines Geschlechts ... bevorzugt oder benachteiligt werden. Wenn in allen bürgerlichen Konstitutionen die Gleichheit der Menschen verankert wurde, dann geschah dies nicht, weil alle Menschen gleich sind, sondern weil sie im Gegenteil verschieden sind. Die Verfassungen bringen damit zum Ausdruck, daß die Einzigartigkeit des Menschen ihm von Rechts wegen nicht mehr zum Vorteil oder Nachteil gereichen soll.

In der praktischen politischen Konsequenz heißt das, was die brillante Analyse Marx' war, daß wir gleichzeitig in einem Staat und einer Gesellschaft leben. Dort sind wir als *citoyen* Untertan; hier sind wir als *bourgeois* Herr. Dort sind wir kraft Definition unterschiedslos, konstitutionelle Staatsbürger, einer so gleich wie der andere; hier sind wir kraft unserer Individualität verschieden und tragen unsere Verschiedenartigkeit zu Markte. Es ist das einzige, was wir als Gesellschaftsmitglieder gemeinsam haben; der Rest ist Freiwilligkeit. Die Analyse von Karl Marx, ihre Schlußfolgerungen und die praktischen Konsequenzen sind mehr als aufschlußreich. Wollte man ihn als Arzt und den Gegenstand seiner Untersuchung als Patienten bezeichnen, könnte man sagen: Anamnese präzise, Therapie falsch, Patient tot. Zuerst die Anamnese:

Marx war einer der wenigen, der den durch den Wahrheitsanspruch übergeordneter Vernunft entstandenen Riß bereits zu seiner Zeit klar erkannt hatte. Während Goya vom Widerstreit zwischen der *vernunftgegründeten und der phantastischen Weltsicht* sprach, machte er ihn an der Spaltung von Staat und Gesellschaft fest. Ihretwegen führe der Mensch *ein doppeltes Leben*: »Das Leben im politischen Gemeinwesen, worin er sich als Gemeinwesen gilt, und das Leben in der bürgerlichen Gesellschaft, worin er als Privatmensch tätig ist.«[8] Wie für Goya, so war aber auch für ihn die damit entstandene Kluft keineswegs ein akademisches oder abstraktes Phänomen, sondern ein durchaus konkretes und tagtäglich zu erlebendes Problem. Er bedauerte nicht nur, was die bisherigen Ausführungen dieses 3. Kapitels treffend zusammenfaßt, daß der unpolitische Mensch, wie er Mitglied der bürgerlichen Gesellschaft ist, notwendig als der natürliche Mensch erscheint;[9] er machte die Trennung der politischen von der privaten Existenz auch dafür verantwortlich, daß aus der Individualität des Menschen als dem *Wesen der Gemeinschaft* ein *Wesen des Unterschieds* geworden sei. Die Freiheit werde als das Recht angesehen, alles zu tun und zu treiben, was keinem anderen schade. Aber es sei eine Freiheit, die den Menschen zu einer isolierten und auf sich zurückgezogenen Monade mache. Wirkliche Freiheit basiere dagegen nicht *auf der Absonderung des Menschen von dem Menschen*, sondern *auf der Verbindung des Menschen mit dem Menschen.*[10]

All das sind ebenso schöne wie treffende Aussagen, die Karl Marx' Menschlichkeit belegen und jedem unbelesenen oder herdenumtriebigen Mitläufer gängiger Diffamie Lügen strafen. Zu denken sollte auch das eigentliche Ziel dieses kritischen Humanisten geben. Nicht rollende Köpfe und Umerziehungslager standen auf dem Plan; vielmehr wollte er, dem die Emanzipation des Menschen am Herzen lag, die vollzogene Spaltung überwinden. Im Schlußwort der »Judenfrage« wird dies mehr als deutlich: »Die politische Emanzipation ist die Reduktion des Menschen, einerseits auf das Mitglied der bürgerlichen Gesellschaft, auf das *egoistische unabhängige* Individuum, andererseits auf den *Staatsbürger*, auf die moralische Person. Erst wenn der wirkliche individuelle Mensch den abstrakten Staatsbürger in sich zurücknimmt ... erst wenn der Mensch seine ›eigenen Kräfte‹ als *gesellschaftliche* Kräfte erkannt und organisiert hat und daher die gesellschaftliche Kraft nicht mehr in der Gestalt der *politischen* Kraft von sich trennt, erst dann ist die menschliche Emanzipation vollbracht.«[11] Soweit die mit verständiger Präzision und, gemessen an den Problemen heutiger, individueller Neid- und Anspruchsgesellschaft geradezu mit visionärem Vermögen unternommene Anamnese. Kommen wir nun zur Therapie.

Die Therapie war falsch. Wir wissen es mittlerweile. Daß eine Partei, und hieße sie im besten Sinne revolutionär, nie und nimmer in der Lage ist, gutgemeinte Absichten gegen die Eigendynamik von Macht- und Wahrheitsansprüchen zu verwirklichen, konnten wir im Laufe der vergangenen eineinhalb Jahrhunderte zur Genüge erfahren. Falsch war es zu glauben, die erlittene Spaltung sei durch einen Staat, der sich noch mehr als moralische Instanz verpflichtet glaubt, rückgängig zu machen. Falsch war es zu glauben, die verlorene Gemeinschaft sei gerettet, sobald sie hoheitlich verordnet werde. Dennoch war der Fehlschluß keineswegs so absurd, wie er heute erscheinen mag. Aus doppeltem Grund:

Erstens befanden sich Marx und mit ihm die frühen Sozialisten und Kommunisten im 19. Jahrhundert; das heißt, sie lebten vor dem Hintergrund feudalistischer und frühkapitalistischer Erfahrungen, nach denen die Ungleichheit der Menschen zu den Problemen der Leibeigenschaft, der Ausbeutung, des Hungers und Elends geführt hatte. Also glaubten sie, die Idee der Gleichheit müsse noch mehr verankert werden, was sie zwangsläufig veranlaßte, noch mehr und einen anderen Staat zu wollen. Im selben Maße, wie Marx ganz richtig jene Spaltung erkannt hatte, derentwegen *das Menschenrecht der Freiheit aufhöre, ein Recht zu sein, sobald es mit dem politischen Leben in Konflikt* gerate,[12] im selben Maße suchte er diesen Riß durch sein Modell des sozialistischen Staates als eines besseren Staates zu kitten – und zäumte damit das Pferd von hinten auf.

Und zweitens waren es zu jener Zeit nicht nur die Sozialisten, die, wenn sie an Politik dachten, nur den Staat vor Augen hatten; es waren auch die bürgerlichen Theoretiker, Politiker, Industriellen … Zum Beispiel der Kulturhistoriker Jacob Burckhardt, der 20 Tage nach Marx im Mai des Jahres 1818 geboren wurde. Auch er befaßte sich in seinen »Weltgeschichtlichen Betrachtungen«, die nahezu zeitgleich mit »Das Kapital« erschienen waren, mit der Frage, was den Staat ausmache und worin er sich von anderen Institutionen unterscheide. Auch er sorgte sich um das Problem einer nur in der Theorie verankerten Gleichheit: »Das Ende vom Liede ist: irgendwo wird die menschliche Ungleichheit wieder zu Ehren kommen. Was aber Staat und Staatsbegriff inzwischen durchmachen werden, wissen die Götter.«[13] Auch er befaßte sich mit der Trennung von abstrakter Objektivität und konkreter Subjektivität. Er befaßte sich damit, wie die alten Aufklärer sich mit ihr befaßt hatten: das Übergeordnete hier, das Kreative dort. Er hatte den Riß nicht bemerkt.

Im Unterschied zu Marx, der die Gesellschaft als politischen Körper erkannt und den Bruch als einen innerhalb der Politik begriffen hatte, sah Burckhardt nur den Staat, den er wie die Religion als eine universale Angelegenheit erachtete (»Unmöglich ist es zu vergleichen, welcher Prozeß der größere gewesen: die Entstehung des Staates oder die einer Religion.«[14]), und stellte ihm die Kultur als »die Welt des Beweglichen, Freien, nicht notwendig Universalen« gegenüber, als das, »was keine Zwangsgeltung in Anspruch nimmt«.[15] Burckhardt erklärte alles, was den Menschen kraft seiner Individualität auszeichnet, als nicht politische, sondern kulturelle Existenz und beging damit exakt den Fehler, von dem Marx gesagt hatte, der politische Mensch erscheine wie der abstrakte, der unpolitische wie der natürliche. Auch Burckhardt war entgangen, wie die Gesellschaft als das politische Organ der Individuen den Staat mehr und mehr durchdrang; er mochte lediglich konstatieren, daß es nun, im Jahre 1868, von den Bevölkerungen her mehr und mehr die Kultur sei, welche an die Stelle der Religion trete, sobald es sich darum handle, wer den Staat bedingen solle. »Sie schreibt ihm bereits im Großen seine jetzigen Programme.«[16]

Am Ende sollten es nicht nur in den bürgerlichen, sondern auch in den sozialistischen Staaten die gesellschaftlichen Kräfte und nicht die staatlicher Obrigkeiten sein, die zu politischen Veränderungen führten. Als durchaus paradox darf allerdings bezeichnet werden, daß sich der Warschauer Pakt infolge einer gesellschaftlichen Revolution, die westeuropäische Linke durch einen gesellschaftlichen Wandel in der zuvor von ihr abgelehnten bürgerlichen Gesellschaft auflösten. Schließlich war es Karl Marx, der die Gesellschaft als Schlüssel der Geschichte bezeichnet und damit Hegel widersprochen hatte. Man könnte es als Beweis dafür nehmen, wie leicht aus richtigen Analysen oft falsche Konsequenzen gezogen werden. Man könnte mit leicht ironischem Unterton auch sagen: Der Marxismus ist an seinem Erfolg gescheitert. Während keine der politischen Prophezeiungen bürgerlicher Theoretiker des 19. Jahrhunderts letztendlich eintrat, überlebte der Marxismus als einzige »Schule« jener Zeit bis zum Ende des darauffolgenden Säkulums und wurde Realität. Sein Erfolg war seine Verwirklichung; sein Scheitern der landläufige Irrtum der Epoche, der er entsprang.

Die Anamnese war präzise, die Therapie falsch und der Patient am Ende tot. Das Staatsmodell des 19. Jahrhunderts hat in beiden Fällen versagt. In beiden Fällen war es die Gesellschaft, das Organ ungleicher Individuen, die die Politik veränderte. In beiden Fällen ist die Geschichte schnell erzählt.

Im einen Fall: Als der Marxismus sozialistische Realpolitik wurde, zog man aus dem Problem der Ungleichheit die falschen Konsequenzen. Man erkannte, daß es die Gesellschaft ist, in der der Mensch als Individuum den Unterschied zu anderen pflegt, beurteilte folglich die Individualität des Menschen argwöhnisch, ließ die launische Gesellschaft nicht zum Zuge kommen, suchte die gesellschaftlichen Kräfte im Zaume zu halten, hielt die Öffentlichkeit fest im staatlichen Zügel, strebte danach, den idealen Staat durch eine Zerschlagung der individualistischen Strukturen zu verwirklichen – und ging daran zugrunde.

Im andern Fall: Auch in der demokratischen Welt haben sich alle Staatsträume als null und nichtig herausgestellt. Von wenigen Bereichen wie innere und äußere Sicherheit, Rechtssicherheit oder, dem Anspruch nach, soziale und Zukunftssicherung abgesehen, ist auch den kapitalistischen Staaten außer ihrer Ausgleichsfunktion, mancherlei Richtlinienkompetenz und der Aufgabe, darauf zu achten, daß die Macht floatet und keine eindeutig intolerablen Machtkonzentrationen entstehen, nicht viel eigene Macht geblieben. Die Produktionsmittel, die öffentliche Versorgung mit Gas, Wasser, Strom, das öffentliche Transport- und Verkehrswesen, die Entwicklung und Pflege von Infrastrukturen, die Umweltpolitik, Forschung und Lehre, Grundlagenforschung und Bildungssektor ... – und schließlich die Moral der Geschicht': die Vorbildfunktion des Staates, sind dahin, sind drauf und dran, dahinzugehen, oder fest in gesellschaftlicher Hand. Sie sind in privater Hand. Privat als Individuum, privatwirtschaftlich.

5 Man muß nicht unbedingt dem aus Österreich stammenden »Management-Papst« Amerikas, Peter Drucker, zustimmen, der begeistert meinte, der Kapitalismus habe sich in einer Weise entwickelt, die sich niemand erträumt hätte: »Eine Gesellschaft von ›fachlich

hochqualifizierten Angestellten‹, die weder ausgebeutet werden noch selbst Ausbeuter sind, die als Individuen keine Kapitalisten sind, aber in ihrer Gesamtheit die Produktionsmittel über ihre Pensionsfonds, ihre Investmentfonds, ihre Ersparnisse besitzen, die häufig in einer Person Mitarbeiter und Vorgesetzter zugleich sind. Diese Menschen sind gleichzeitig unabhängig und abhängig.«[17] Man muß mit ihm nicht einer Meinung sein, wenn er behauptet, staatliche Unternehmen seien prinzipiell nicht wirtschaftstauglich, da ihre Tätigkeiten als »sakrosankt« gälten, ihnen Symbolkraft verliehen werde, sie oft einen moralischen Aspekt ins Spiel brächten, der fern jeder Kosten-Nutzen-Relation läge – ein Wort, das obendrein als Schandwort angesehen werde, als ein »Ausverkauf« und eine »Aufgabe von Prinzipien«.[18] Man muß auch Jacob Burckhardt nicht folgen, der bereits vor 100 Jahren ganz im Sinne Druckers vor einem Staat warnte, der das Sittliche direkt verwirklichen wolle, und dies eine Ausartung und philosophisch-bureaukratische Überhebung nannte.[19] Am Sieg der gesellschaftlichen gegenüber den staatlichen Kräften ändert dies dennoch nichts. Die Trennung von vernünftig-moralischer Objektivität hier und individuell-kreativer Subjektivität dort hat auch in der Politik, allen gegenläufigen Bestrebungen zum Trotz, letzterer zur Macht verholfen. Sie mündete, wie Burkhard Wehner schrieb, in einer Privatisierung staatlicher Aufgaben, die einer Entpolitisierung gleichkomme.[20]

Das Wort *Entpolitisierung* ist wahr und trügerisch zugleich. Einerseits bezeichnet es ein Faktum, andererseits verbirgt sich in ihm bereits eine »entpolitisierte« Sichtweise. Einerseits beschreibt es eine Realität, die beispielhaft durch die Formel »schlanker Staat« deutlich wird. Andererseits kann die Politik doch nie verschwinden. Sie ist zugleich passé und unpassierbar. *The King is dead, long live the King.*

Einerseits ist die Entpolitisierung erwiesenermaßen Programm. Die private bzw. privatwirtschaftliche und die politische Sphäre driften zunehmend auseinander. Die Entfernung vom politischen Geschehen kommt nicht nur durch das wachsende Desinteresse junger Menschen an dem, was Politik genannt wird, und generell in Begriffen wie Politikmüdigkeit, wie Politik-, Staats- und Parteienverdrossenheit zum Ausdruck, sondern auch durch die Privatisierung und Verlagerung traditionell staatlicher Handlungsfelder in andere Bereiche. Allein die mittlerweile gängige Frage, wer für die zu bewältigende

Aufgabe besser geeignet sei, erklärt, daß nicht alles, was Politik war, auch in Zukunft so verstanden werden muß. Wenn die Bahn nur Defizite schreibt und damit den Steuerzahler jahrein, jahraus zusätzlich belastet, ist eine Bahn-AG besser geeignet. Wenn die staatliche Pensionskasse die Altersversorgung nicht mehr garantiert, ist eine private Rentenversicherung besser geeignet. Wenn das staatliche Bildungswesen nicht mehr ausreichend auf das Berufsleben vorbereitet und die berufliche Qualifikation ohnehin erst im Unternehmen vermittelt wird, ist die betriebliche Bildung besser geeignet.

Die Liste ist beliebig verlängerbar. Am Ende steht fast immer, die Wirtschaft erledige die Aufgabe besser als die Politik. Solchen Argumenten ist kaum zu widersprechen. Ist die Alternative pragmatisch gegründet, sieht die Politik begründet schlechter aus. Im Unterschied zur »alten Linken« vertritt darum auch die moderne Sozialdemokratie, die sich wohlweislich nicht »neue Linke«, sondern *neue Mitte* nennt, den Standpunkt, der Staat könne die Wirtschaft nicht ersetzen. »Gerade weil sie den arbeitenden Menschen verpflichtet ist«, sagt Gerhard Schröder, dürfe sich *die Sozialdemokratie nicht wie die »alte Linke« aufführen*, »die glaubte, sozialdemokratische Wirtschaftspolitik müsse sich in erster Linie gegen die Wirtschaft richten.«* Zu fragen wäre höchstens, ob der Pragmatismus, namentlich das Nutzendenken und seine finanzielle Basis, tatsächlich auch oberster Wert und erste Instanz der Politik sein müssen. Zu fragen wäre, ob die Kriterien, denenzufolge die Wirtschaft besser geeignet sei, nicht bereits selbst schon wirtschaftliche sind. Verzichten wir auf die Frage. Da die Politik das Gemeinwohl zu vertreten beansprucht, während Privatperson wie Privatwirtschaft gleichermaßen mit der Haltung »Was habe ich davon?« die Dinge in Augenschein zu nehmen pflegen, kommt der Pragmatismus zumindest nicht von ungefähr. Die Folge davon ist, daß wir uns von dem, was man landläufig unter Politik verstand, weitgehend verabschieden können. Sie ist im selben Maße zur privaten und privatwirtschaftlichen Angelegenheit geworden, die kaum noch als politische erscheint, wie die Politik zu

* Er wollte es sagen – im Rahmen einer Rede, die er am 11. März 1999 halten sollte. Da aber ausgerechnet an diesem Tag der SPD-Vorsitzende und Bundesfinanzminister Oskar Lafontaine zurücktrat, erschien der Vortrag zwei Tage später (13./14. März 1999) in leicht gekürzter Form in der *Süddeutschen Zeitung* unter dem Titel: Gerhard Schröder – Alte Linke und neue Mitte. Wie Sozialdemokratie sich behaupten kann.

einer Sache der Berufspolitiker geworden ist, die kaum noch als persönlich relevant erscheint.

Daraus die Konsequenzen zu ziehen wäre an der Zeit: Sobald sich die Politik auf den privaten Bereich verlagert hat und dort die Verhältnisse diktiert, ist auch jeder einzelne für eine Verbesserung der Verhältnisse ganz privatim zuständig. Sobald die Ökonomie politische Aufgaben übernommen hat, kann sie die damit einhergehende politische Verantwortung auch nicht mehr an die Politik delegieren. Daß sich die Ambitionen der Wirtschaft diesbezüglich in Grenzen halten und sie sogar auf eine kompromißbereite Politik nicht mehr unbedingt eingehen, geschweige denn sich von ihr irgend etwas vorschreiben lassen will, so weitreichend ist der Transfer ehemals politischer Macht in wirtschaftliche bereits gediehen, hat wenige Monate nach dem Regierungswechsel in Deutschland der Rücktritt des sozialdemokratischen Finanzministers Oskar Lafontaine bewiesen. Das Herz werde noch nicht an der Börse gehandelt, sagte er, habe aber einen Standort: »es schlägt links« – und schmiß den Kram hin. *Schiacciato dal mercato globale*, bemerkte *Il Messaggero*, vom Weltmarkt zerquetscht, zerdrückt, geknackt – je nachdem, und kommentierte:[21]

»Das Problem ist, daß die Märkte eine unsichtbare Realität sind. Die Globalisierung der Ökonomie folgt Gesetzen, die nicht geschrieben wurden. Ohne regiert zu werden, gehorcht sie doch scheinbar einer Notwendigkeit. Das heißt nicht zuletzt, daß keine Regierung, wie stark sie auch sei, noch die Macht hat, sie ihren Zielen unterzuordnen. Ihre Prinzipien umgreifen alle, die Vereinigten Staaten und Europa, Japan und die Dritte Welt ... Niemandem ist mehr gestattet, sich die Irrtümer ideologischer Launen zu erlauben. Jedwede Rezeptologie, die gegen den Markt gerichtet ist, hat keinerlei politische Existenzberechtigung mehr. Oskar Lafontaine war der letzte Fels einer staatlichen Lenkung, der staatlichen Intervention, die jahre- und jahrzehntelang als das Modell der Vermittlung von Sozialität und Wirtschaft die Blume im Knopfloch der Linken gewesen war. Nun ist dieser Fels von Mächten erobert worden, die nur scheinbar verborgen sind. Der Markt hat gewonnen, und wie nie zuvor heißt es nun springen, der unumgängliche Sprung, der behutsame Sprung, der Sprung auf den Karren des Siegers.«

Andererseits wäre es falsch zu glauben, politische Initiativen, die von nicht gewählten privaten oder juristischen Personen (vornehmlich Wirtschaftsunternehmen) anstelle von gewählten Berufspolitikern in Angriff genommen werden, seien keine Politik. Alle Anliegen, die eine Gesellschaft insgesamt oder weite Kreise von ihr betreffen, bleiben ihrem Wesen nach selbst dann allgemeine Anliegen, wenn sie nicht mehr als solche in Erscheinung treten; ein Problem, das viele haben, bleibt selbst dann ein kollektives Problem, wenn es jeder nur noch als sein eigenes wahrnimmt. Es bleibt eine öffentliche Angelegenheit, eine *res publica*, die unverändert prinzipiell alle angeht, auch wenn das politische Geschehen seine Geschäftsform verändert hat und nicht mehr unmittelbar als Politik erkennbar wird.

In diesem Falle heißt Entpolitisierung nicht nur Privatisierung ehemals staatlicher Aufgaben; dagegen wehrte sich die Linke bis zum bitteren Ende. In diesem Falle heißt Entpolitisierung generell Privatisierung. Und zwar reziprok. Zur Privatsache wird, als Privatangelegenheit gilt, was von politischem Interesse wäre. Es wird zwar zu einem gesellschaftlichen Anliegen, aber im Sinne der Individualgesellschaft taucht nur mehr das individuelle Anliegen darin auf. Zugleich wird das Individuum, dieses als Mitglied der Gesellschaft »unpolitische« Wesen, selbst zum Urheber jener egoistischen Politik, über die es sich beklagt, wenn sie nicht seinen Interessen dienlich ist. Da es nur das staatliche Handeln als Politik wahrnimmt, während es das gesellschaftliche Handeln als individuelles oder wirtschaftliches Handeln interpretiert, übersieht es gerade jene Politik, die durch den einzelnen und die Ökonomie praktiziert wird. Es sieht nicht, daß es fast ausschließlich Individuen sind, die Politik machen, und sagt deshalb, es sei der Politik überdrüssig. Wäre dem nicht so, dürfte man von einer selten lebendigen Politik sprechen; öffentlich sind die Probleme ohnehin wie nie zuvor. Sind Politik und private bzw. privatwirtschaftliche Initiative dagegen separiert, geht mit der Schaffung und Unterrichtung einer gesellschaftlichen Öffentlichkeit ihre Zerstückelung einher. Wie schon vor Jahrzehnten Max Horkheimer und Theodor W. Adorno in ihrer »Dialektik der Aufklärung« bemerkten: »Die Menschen bezahlen die Vermehrung ihrer Macht mit der Entfremdung von dem, worüber sie die Macht ausüben.«[22]

6 Das Wort *Entpolitisierung* ist aber noch aus einem anderen Grunde trügerisch. Wie schon die in den siebziger Jahren propagierte *Politisierung* gibt es sich beschreibend, während es in Wirklichkeit

seine darin verborgene Philosophie penetriert. Beide Wörter sind durchaus Moral, genauer Delegation von Moral: Wo entpolitisiert wird, zählt nur die Realisation der Interessen. Gewissens- werden zu Sachfragen, werden zu Faktoren im Kosten-Nutzen-Kalkül. Für etwaige Schäden sind im Rahmen der Arbeitsteilung andere Spezialisten zuständig. Eventuell wird deren Vergütung in die Kalkulation mit aufgenommen. Wo politisiert wird, zählt nur, daß jene sich unmoralisch verhalten. Solange sie sich so verhalten, besteht kein Grund, an den eigenen Überzeugungen zu zweifeln. Es genügt, die unmoralischen Widersacher ausfindig zu machen und anzuprangern. Man steht auf seiten der Moral. Sie ist an die objektive Vernunft gebunden; man selbst ist objektiv vernünftig. Eine aus dem persönlichen Handeln resultierende Ethik ist überflüssig und machtstrategisch sogar töricht. Die Zivilcourage ist nichts wert, das Gewissen eine zu überwindende Falle der Religion.

Die Entpolitisierung folgt einer individualistischen Philosophie, in der die Idee eines freien Bürgertums ursächlich mit der einer freien Marktwirtschaft verknüpft ist. Darin ist das Verhältnis zur Ökonomie kein äußeres oder gar feindliches; die Ökonomie ist vielmehr das Tableau, auf dem die Individuen überhaupt erst miteinander verkehren. Optimalerweise steht sie sogar im Dienste dieser von ihr geschaffenen Gemeinschaft. Am Widerstreit von Eigensinn und Kollektivgeist mag zwar auch diese Philosophie sich stoßen; wo Egoismus herrscht, kommen naheliegenderweise nur wenige ans Ziel; die meisten haben nur wenig vom Kampf ums persönliche Glück. Aber im Rahmen dieser Philosophie soll der Kampf zumindest ein persönlicher sein. Nicht politische Motive und kollektive Moral, nicht abstrakter Staat und gesellschaftliche Utopie sind seine Beweger, sondern das, was das Leben verspricht, was die Hoffnung nährt, der mögliche Gewinn, der eigene Sieg.

Demgegenüber folgt die Politisierung marxistischer Philosophie. Ihr Verhältnis zur Ökonomie ist von der Annahme geprägt, daß die Kapitalisten immer reicher werden würden, während die Arbeiterklasse verelende.* Obwohl diese Philosophie ein großes Interesse an

* Das Spektrum der sogenannten Linken ist bekanntlich breit gefächert. Es reicht von sozialdemokratischen Positionen der bürgerlichen Mitte bis hin zur marxistischen Position, als »links« gelten Post-Marxisten, Nachfolgegruppierungen ehemals sozialistischer Parteien, tendenziell Grüne, »links« waren die Studentenbewegung, Anarchisten, Spontis, Fundis ..., politisch »links« nennt sich noch die

weiterführenden gesellschaftlichen Veränderungen, namentlich an einer partizipativen Demokratie hat, fällt es ihr mehr als schwer, die Idee der Partizipation so weit zu fassen, daß schon die persönlichen Taten und privaten Verhältnisse eines jeden einzelnen als Kondition politischer Verhältnisse Anerkennung fänden. Obwohl sie gerne damit einverstanden ist, der Wirtschaft politische Verantwortung zuzuschreiben, gesteht sie ihr nur ungern den damit einhergehenden politischen Gestaltungsspielraum zu. Obwohl ihr die menschliche Emanzipation mehr gilt als die politische, möchte sie doch weder dem einzelnen als dem *bourgeois* noch seinem bürgerlichen Staat trauen. In ihrer Aversion gegen das »egoistisch unabhängige Individuum« übersieht sie, daß gerade das als unpolitisch angesehene Gesellschaftswesen politisch handelt und die Verhältnisse prägt. Und wenn sie es nicht übersieht, glaubt sie, es genügte, seine Handlungen als falsch zu etikettieren. Sie nimmt dieses privatpolitische Individuum ebensowenig ernst wie seine private bzw. privatwirtschaftliche Politik. Ihr erscheint nur richtig, was als Politik eines Staates angesehen werden darf, der seine vernünftig-moralische Aufgabe nicht verleugnet. Erst in einem solchen Staat ist dieser Philosophie der Bruch zwischen dem unpolitischen Individuum und dem unpersönlichen Staatsbürger überwindbar. Politisierung heißt für sie deshalb Erziehung, heißt Bewußtmachung und schließlich Agitation des einzelnen, damit er die wahre Vernunft erkenne und seine falsche Moral dazu.

Ein Modell von Freiheit verfolgen beide; ein Anlaß zur Häme besteht weder hier noch dort. Weder ist kapitalistische Freiheit nur Lug und Trug, noch ist sozialistische nur Auflösung im Kollektiv. Wer sich mit der Verteufelung begnügt, ist in beiden Fällen eher Schlachtenbummler in der Fankurve als philosophisch historisch geschulter Geist. Mit tatsächlicher Freiheit haben allerdings auch beide

»Neue Mitte« derzeit regierender Sozialdemokraten. Insofern verbietet sich jede Allgemeinaussage über eine wie auch immer geartete Linke. Da allerdings mit Ausnahme der neuen Linie à la Blair und Schröder, die notgedrungen bereit ist, sich mit der politischen Restverantwortung zu bescheiden und ansonsten der Ökonomie das Terrain zu überlassen, alle anderen Gruppierungen das Primat der Politik gegenüber der Wirtschaft vertreten und hierfür im wesentlichen die staatliche Lenkung befürworten, sei zur philosophischen Beschreibung die marxistische Position zugrunde gelegt. Damit soll weder eine unzulässige Vereinfachung betrieben, noch gar eine politische Praxis bezeichnet, sondern lediglich eine prinzipielle Haltung in bezug auf den »Riß« charakterisiert werden.

Philosophien nur wenig gemein. In beiden Fällen landet in der Isolation, wer ihrer Wahrheit nicht genügt. Der eine gleichgültig und wertfrei überwiesen an die psychologische Emanzipation; der andere staatsmoralisch oder ideologisch verfemt als bürgerliches Subjekt. Beide Philosophien befördern die Entpolitisierung auf eigene Art. Die eine, indem sie als Wirtschaft ausweist, was Politik bleibt; die andere, indem sie privates/wirtschaftliches Handeln als unpolitisches begreift, obwohl es gerade das nicht ist.

7 Nachdem Karl Marx Köln verlassen hatte, ging er nach Paris, wo er als Herausgeber der »Deutsch-Französischen Jahrbücher« tätig war, wurde binnen zweier Jahre, 1845, aus Frankreich ausgewiesen, ging nach Brüssel, wo er zusammen mit dem kurz zuvor gefundenen Freund Engels das »Kommunistische Manifest« schrieb, wurde drei Jahre später auch aus Belgien ausgewiesen, hielt sich vorübergehend noch einmal in Paris, dann in Köln auf, arbeitete dort bei der wiederaufgelegten, jetzt »Neuen Rheinischen Zeitung« als Schriftleiter; die Zeitung wurde wieder verboten, Marx verließ wieder das Land, ging 1849 nach London, er war mittlerweile 31 Jahre alt, und lebte hier bis zu seinem Tod im Jahre 1883. Zwölf Jahre nach ihm starb am selben Ort der Freund, Koautor und Mitbegründer des »wissenschaftlichen Sozialismus« Friedrich Engels.

Bereits im Vorjahr seiner Umsiedlung in das Mutterland des Kapitalismus war Marx in England gewesen. Im Februar 1848, vom Abstand weniger Wochen abgesehen ziemlich genau 150 Jahre vor Lady Dianas Staatsbegräbnis und Anthony O'Hears unwilligem Nachruf, war dort der gemeinsam mit Engels verfaßte Text als »Manifest der Kommunistischen Partei« Londons erschienen. So wenig diese Schrift anfangs Beachtung fand, so sehr sollte sie später die Weltgeschichte verändern. Für uns ist von Belang, daß darin zum ersten Mal der *Umsturz aller bisherigen Gesellschaftsordnung* als Voraussetzung einer sozialistischen Gesellschaft deklariert worden war.

Dieser Umsturz fand zweifelsohne statt. In der westlichen Welt vor allem nach 1968. In der Bundesrepublik begann er sofort nach dem Zweiten Weltkrieg. Ausgelöst durch den Schock des Nationalsozialismus war eine hochgradige Sensibilität gegen jedwede staatliche, nationale, institutionelle, kirchliche oder militärische Autorität entstanden. Sie bildete den Nährboden für eine Emanzipationsbewegung, in deren Folge eine umfassende Veränderung des gesamten gesellschaftlichen Systems stattfand. Man leistete ganze Arbeit. Innerhalb von ein bis zwei Generationen wurden sämtliche autoritären und hierarchischen Strukturen in Frage gestellt, attackiert oder zerschlagen, die im Laufe vieler Generationen zum Teil in Jahrhunderten errichtet worden waren. Bis hin zum Zweifel an der wissenschaftlichen Objektivität blieb nichts verschont, was auch nur annähernd in den Verdacht kam, ein »System« zu sein. Noch heute haben Großsysteme wie Konzerne, Parteien, Gewerkschaften oder Kirchen vielfach mit den Konsequenzen dieser antiautoritären Grundhaltung zu kämpfen.

Während der Studentenbewegung begann dieser Umbruch. Als erstes wurden die bis dato gültigen gesellschaftlichen Institutionen Familie, Kirche, Moral aufgebrochen. Mit der Politisierung der Bewegung gerieten die staatlichen Institutionen und mit ihnen Hochschule, Rechtswesen, Militärdienst ... in die Kritik. Nachdem die Gesellschaft in Freund und Feind gespalten war, driftete die eine Seite in Richtung Terrorismus, die andere in Richtung Notstandsgesetze, Radikalenerlaß, Kommunistenhatz ab. Beide Seiten fühlten sich bestätigt, und die Republik änderte von neuem ihr Gesicht. Die auf beiden Seiten offensichtliche Patriarchalität wurde zum Auslöser der Frauenbewegung, die mit der Anprangerung einer subtil-chauvinistischen Rationalität begann. In der Ökologiebewegung weitete sich die Vernunftkritik auf die technische Rationalität aus, wurde der ökologische Umbau eingeleitet, ein neues, auf dem Erhalt von Werten basierendes Verständnis von »konservativ« entwickelt, die Idee einer multikulturellen Gesellschaft eingeführt, das »Netzwerk« erfunden und erstmals der Begriff einer im Gefühl wurzelnden *politischen Kultur* formuliert. Am 5. November 1982 hatte Petra Kelly in einem offenen Brief an Willy Brandt geschrieben: »Die grün-alternative Bewegung antwortet auf die Kälte in der Politik mit dem genauen Gegenteil, mit einem politischen Kulturversuch, der sich auf Vertrauen und auf Mitgefühl gründet.« Die Distanzierung gegenüber Hierarchie und Autorität war so umfassend, daß am Ende das Individuum als einzig legitime Autorität übrig blieb. Seither und erstmals in der Geschichte der Menschheit besteht die Gesellschaft nur noch aus Individuen.

Es ist eine zweischneidige Entwicklung. Einerseits befreite sie den

Menschen aus Bindungen, die überholt waren, die seinem Leben Schranken auferlegten, die vielfach nicht mehr ihm, sondern seiner Gängelung dienten; andererseits entwurzelte sie ihn, verwandelte ihn in ein potentielles Einzelwesen, das er von Natur aus nicht ist, machte ihn von Grund auf mißtrauisch gegenüber seiner Gattung. Einerseits entlarvte sie die Fülle der Ideologien, die sich im Laufe der Historie angesammelt hatten; andererseits erkor sie, sofern das Prinzip von Ideologien nicht »falsche Wahrheit«, sondern ein Absolutheitsanspruch für jede Art von »Wahrheit« ist, das Individuum zum obersten Ideologieproduzenten. Seine Wahrheit ist absolut; seine Ideologien sind an die Stelle vergangener Philosophien getreten. Einerseits erreichte sie das Ziel, den Menschen *zum Subjekt* zu machen; andererseits entging ihr im Eifer des Gefechts, daß die eigentliche Aufgabe nicht die Individualisierung, sondern die Wiedereinbindung des Individuums in das politische Geschehen war. Der »Umsturz gesellschaftlicher Ordnung« sollte nur Voraussetzung zur Überwindung der Klassengesellschaft sein, nicht die Überwindung selbst. Wäre dem nicht so, lebten wir, nachdem kein Stein des Systems mehr auf dem anderen blieb, längst in einer sozialistischen Gesellschaft. Daß dem nicht so ist, wird niemand bezweifeln.

Gleichwohl behaupten manche, die Achtundsechziger-Bewegung habe gesiegt. So verwahrte sich beispielsweise schon 1986 Massimo Cacciari, Philosoph, Politiker, Sozialist, gegen das Gerede von einer Krise der Linken. Da er zu jener Zeit noch nicht Bürgermeister von Venedig und die Staatsgewalt der europäischen Regierungen mehrheitlich fest in konservativer Hand war, wird er mit dieser Aussage kaum gemeint haben, die Linke sei an der Macht. Tatsächlich meinte er, die Freiheit des Subjekts sei als Fundament jeder politischen Autorität zur Sprache des *theatrum politicum europeum* geworden. Matthias Horx hätte ihm wahrscheinlich zugestimmt. Auch er ein Multitalent der Achtundsechziger, das als Autor, Journalist, Herausgeber einer namhaften Szene-Zeitschrift arbeitete und derzeit Inhaber einer Firma ist, die Unternehmen in Sachen Trends berät, äußerte sich in diesem Sinne. »Ihr habt gewonnen«, ließ er in einer Geschichte Ministerialdirigent Friedhelm Daarbeck von der CDU sagen:

»Bisweilen wählen uns die Leute, aber es nützt uns nichts. Am schlimmsten sind die langfristigen Umfragen. Diese Sponti-Werte, diese Grundlagen des Staates – kein moderner Staat kann ohne diese Zeitgeist-Patterns regieren – gehen immer schneller in Richtung Polygamie, Hedonismus, Selbstverwirklichung. Weißt du, was in diesem Land los ist? Die Anarchie hat sich institutionalisiert. Nicht die Anarchie, sagen wir die Selbstverwaltung! Diese Sch...gesellschaft ist eine einzige Selbsterfahrungsgruppe. Die blöden Grünen wissen gar nicht, wovon sie reden, wenn sie von Basisdemokratie schwadronieren! Wir haben sie längst! Aber nicht eine, Hunderte von ›Basen‹. Weißt du, wer die Herren waren, die gerade gingen? Abgeordnete der zwei größten Burschenschaften Deutschlands. Armenia und Frankonia, schlagende Verbindungen, rechtskonservativ, traditionsbewußt seit über hundert Jahren. Und weißt du, was sie wollten? Natürlich Geld. Für Wohngemeinschaften. Jawohl, für Wohngemeinschaften – ›Alternativ-Programm Armenia‹ nennen die das, und fördern sollten wir es ...«[23]

Die Richtigkeit solcher Aussagen ist inhaltlich kaum zu bestreiten. Sofern das Subjekt zum Fundament politischer Autorität geworden ist (Cacciari), läßt sich mit ironischem Unterton auch die Individualgesellschaft als Basisdemokratie (Horx) bezeichnen. Alle politischen Veränderungen haben schließlich im Gesellschaftlichen ihre Basis; und die Gesellschaft gehorcht individualistischen Regeln. Das Individuum *ist* die Gesellschaft. Ob dies jedoch als Sieg der Linken bewertet werden kann, bleibt dahingestellt. Wenn dem so ist, handelt es sich zumindest um einen Pyrrhussieg. Etwas Besseres als die freiwillige Selbstauflösung des Kollektivs in einzelne Subjekte hätte der Ökonomie gar nicht passieren können: Menschen, die, wie Peter Drucker sagte, gleichzeitig unabhängig und abhängig sind, unabhängig als Individuen, abhängig als wirtschaftlich Bedürftige. Menschen, die sich prinzipiell keinen höheren religiösen, sozialen, ethischen Instanzen mehr verpflichtet fühlen außer solchen, für die sie sich entscheiden. Menschen, die keinerlei Ideologie mehr zu folgen bereit sind und zugleich gerne Dutzenden von ihnen in Form kommerzieller Angebote Glauben schenken. Menschen, die jeder staatlichen Direktive sofort feindlich gegenüberstehen, denen des Marktes aber gehorchen, als wären sie naturgegeben. Menschen, denen es genügt, ihre Freiheit auf die Bedürfnisse des Konsumierens und Reisens, der Unterhaltung und des Vergnügens zu reduzieren, alle damit einhergehenden Schattenseiten aber auf die Unfähigkeit der Politik, einzelner Personen, im Extremfall von sich selbst zurückführen. Menschen, die wertfrei und pragmatisch darauf achten, was sich rechnet, zugleich sentimental auf gut inszenierte Emotionalität hereinfallen und sich in diesem Schema grundsätzlich mit der Logik des Wirtschaftens identifizieren können. Menschen, die im selben Maße, wie sie sich gesellschaftlich als ökonomische Subjekte benehmen, die ökonomischen Regeln auch als gesellschaftliche zu akzeptieren bereit sind ... All dies und wohl noch manches andere kommt der Ökonomie nicht nur gut zupaß, sie hätte ohne die in den Sechzigern eingeleitete Umwandlung in eine Individualgesellschaft kaum zur Megaphilosophie werden können. So aber gilt: Erst als sich der *homo politicus* auf einen *homo privatus* zurückgezogen hatte, konnte aus ihm der *homo oeconomicus* als ein ebenso isoliertes wie im Umgang miteinander dennoch verkehrstüchtiges Individuum entwachsen.

Insofern ist Cacciaris *theatrum politicum* durchaus ein tragisches Stück. Während die Linke das politische und das private Individuum gemeinsam emanzipieren wollte, beide in einem Atemzug nannte und ihnen die Ökonomie als Feindin gegenüberstellte, hat sich am Ausgang der Geschichte das Wirtschaftssubjekt mit dem Privatmenschen verbunden, sich ausgerechnet die Ökonomie als letzten Ort individueller Freiheit und kollektiver Verbundenheit ausgesucht und beide vom politischen Menschen gesondert. Während zu Beginn des gesellschaftlichen Umbruchs die Verbindung des *homo politicus* mit dem *homo privatus* emanzipatorischer Kern war (Staat und Gesellschaft, Politik und Sexualität, Marx und Freud ... das Objektive und das Subjektive), war am Ende die Eliminierung des *homo politicus* politisches Resultat und der *homo privatus* blieb allein übrig (die Gesellschaft, die Sexualität, Freud ... das Subjektive). Während am Anfang eine kollektive Utopie stand, die politisch relevant zu sein beanspruchte, ist nun eine Vielzahl individueller Visionen zu beobachten, die alle wirtschaftlich relevant sein wollen.

Man könnte, wollte man's sich wieder mal einfach machen, dies als Bösartigkeit der Ökonomie abtun. Wieder mal hat sie des Menschen edelste Absichten mißbraucht und verschachert. Machen wir es uns nicht zu einfach. Die Ökonomie tat, was sie seit jeher tut: Sie achtet auf ihren Nutzen und Gewinn. Daß sie dabei gerade hier so erfolgreich war, liegt erstens an einer Schwäche der Politik, insbesondere an einem Fehler in der Theorie der Linken; und es liegt zweitens an der Tat. Der *homo oeconomicus* ist kein von oben verordnetes Opfer der Verhältnisse; er ist ihr Urheber, der sich selbst durch seine Handlungen, durch die Handlungen aller Beteiligten erschuf.

Spricht man vom *homo oeconomicus*, meint man normalerweise

einen, der »kühl die Konsequenzen seines Handelns abwägt und jederzeit danach strebt, seinen Nutzen oder seinen Profit zu mehren« (Nikolaus Piper). Er ist ein toller Typ, ein souveräner Kerl, der zwar kaum ethisch handelt, an der richtigen Stelle eingesetzt aber einen guten Filmhelden abgibt. Herotauglich wie er ist, eifert ihm mancher gerne nach, und gerade ehemalige Idealisten haben eine besondere Affinität zu ihm. Imaginär ist er trotzdem. Er ist nur ein theoretisches Konstrukt, mit dem die Ökonomie modellhaft ein gewisses Verhalten beschreibt. Er ist nicht Typ, nur Typus (wie der *homo politicus* und der *privatus* ein Schema), denn selbst der berechnendste Machiavelli hat einen oder etwas, wo er liebevoll, sympathisch, geradezu großzügig ist, wo er das Gegenteil dessen ist, was er zu sein vorgibt oder andernorts praktiziert.

Gleichwohl müssen wir diesen *homo oeconomicus* durchaus als konkret und wirklich bezeichnen. Er ist zwar weitaus weniger souverän, als er gern wäre, um so mehr aber Mensch mit Haut und Haaren, mit Seele und Verstand. Er ist ein politisches Wesen, selbst wenn er sich dessen nicht bewußt ist. Er hat Ansprüche an die Gesellschaft, selbst wenn er sich nicht als Teil von ihr begreift. Er ist das Resultat besagten Wandels der Gesellschaft, selbst wenn er nicht Anhänger der Utopie war, die ihn verursachte. Er ist der Hauptdarsteller des *theatrum politicum*, das mittlerweile im Machtwechsel und Wertewandel vom Objektiven zum Subjektiven aufgeführt wird, ohne daß die Getrenntheit beider berührt worden wäre. Am Ausgang des Theaterstücks wird der Dreh- und Angelpunkt heutiger Politikmisere deutlich.

8 Zuerst war dieser Riß. Zur Zeit der Aufklärung war er entstanden. Im Objektiven glaubte man, eine vom Singulären unabhängige und trotzdem für alle gleichermaßen verbindliche Wahrheit zu erkennen. Dem Subjektiven, das aus Mangel an Vernunft solch hehrem Anspruch nicht genügte, wies man dagegen das Feld der schöpferischen Phantasie zu. Im politischen Konstrukt kehrte das philosophische wieder. Dem Objektiven verpflichtet war das Staatliche, dem Subjektiven das Gesellschaftliche. Wollte man in philosophische Tiefenschichten abtauchen, könnte man auch von einer metaphysischen und einer rhetorischen Wahrheit sprechen. Dann wäre im einen Fall

analog des für die Zeit des Feudalismus typischen Selbstverständnisses des Adels, der seine Macht als metaphysisch begründet sah und von einer durch Gottes Gnadentum geschenkten Herrschaft sprach, der Staat zum *metaphysischen Körper* geworden, der die höhere Ordnung repräsentierte, der übergeordneten Vernunftzielen diente und die moralischen Vorgaben lieferte. Im anderen Fall wäre aus der seit jeher im Volk beheimateten Anarchie, die den Ruf nach Recht und Ordnung schon immer mit dem Widerstand gegen jede Form der Obrigkeit verband, die Gesellschaft hervorgegangen; während der Volkswille aber vordem mit der Affektenlehre und den Zauberstücken der Rhetorik bedient und gebannt werden mußte, verwandelt sich die Gesellschaft nun selbst in einen *rhetorischen Körper*, in dem die Individuen mit allerlei Affektiertem und Gezaubertem ihre Einmaligkeit propagieren.

Wie auch immer man es interpretieren mag. In der Epoche sich konstituierender Staaten und der Nationalstaatlichkeit, des aufstrebenden Bürgertums und der sich formierenden Wirtschaft wird im 19. Jahrhundert aus der philosophischen Theorie definitiv eine politische Praxis. Die vernünftig-moralische Objektivität, vor deren abstrakter Wahrheit die Individuen als gleich gelten, wird in der Staatsraison Gesetz; die egoistisch-kreative Subjektivität, durch die ein jeder ungleich einzigartig ist und konkret seine Eigenständigkeit behauptet, wird in der freiheitlichen Gesellschaft zum Versammlungsort unabhängiger Individuen. Seither ist der einzelne im Staat Teil eines Ganzen, jeweils gleicher Teil zu anderen Teilen, in der Gesellschaft dagegen selbst ein Ganzer. Im einen Fall erscheint er als der unpolitische Mensch, wo seine Stimme im ganzen untergeht, wo der Bürger zum *Objekt* staatlichen Handelns wird. Im anderen Fall erscheint er als der natürliche Mensch, wo er als der spricht, für den er sich im ganzen hält, wo er durch und durch *Subjekt* sein darf.

Es muß nicht verwundern, wenn diejenigen, die den Menschen als politisches Wesen begreifen, zu dem Ergebnis gelangten, hier sei ein eher unzulängliches Konstrukt gebastelt worden: Es kann doch nicht angehen, daß das, was Menschen miteinander verbindet (nichts anderes meint ja seine politische Natur), nur als abstrakte Größe zählt, während das, was im konkreten Dasein eine Rolle spielt, das sein solle, was sie voneinander trennt. Weil diejenigen, die den Menschen als kollektives Wesen erachten, seit dem 19. Jahrhundert eher der politischen Linken zuzuordnen sind (während die bürgerliche Rechte im

Menschen mehr das individualistische Wesen erkennt), war die Linke stets versucht, den Menschen in seiner politischen Existenz zu fassen – und wenn er sich fassungslos zeigte, ihn zu politisieren. Sie war versucht, die Trennung von Staat und Gesellschaft, Politik und Individuum, politischer und menschlicher Emanzipation ... aufzuheben. Das Resultat sollte, wie Marx' Nachfolger schrieben, die kommunistische Gesellschaft sein, »die Gesellschaft der schöpferischen Arbeit und des Überflusses für alle, die Gesellschaft des kulturvollen und sinnerfüllten Lebens für alle, der allseitigen Entwicklung der Persönlichkeit, die Gesellschaft der Freiheit, Gleichheit und Brüderlichkeit der Menschen«.[24]

Wie wir gesehen haben, meinten es in jenem Jahrhundert aber alle gut. Alle sorgten sich wegen der Ungleichheit; alle strebten nach dem Staat, der die Gleichheit garantiere und trotzdem die Herrschaft des Volkes verspricht. Der Ausgangspunkt war stets derselbe, der Zielpunkt unterschiedlich nur im Namen. Darum sagte auch Abraham Lincoln 1863: »Demokratie ist Regierung des Volkes durch das Volk für das Volk.« Da beide Versprechen sehr reizvoll klingen, muß zwischen dem Ausgangs- und dem Zielpunkt etwas falsch gelaufen sein. Da beide Versprechen, wie wir erfahren durften, eher der Rubrik »Papier ist geduldig« zugeordnet werden müssen, ist im Prozeß der Ableitung vom Abstrakten zum Konkreten etwas wider Erwarten geschehen. In der Demokratie hat das, was geschah, zur Megaphilosophie des Ökonomischen geführt; im Kommunismus zu dessen Untergang. Doch nicht er interessiert uns hier, sondern das auf beiden Seiten generell zu beobachtende und in so krassem Widerspruch zu den Entwürfen des 19. Jahrhunderts stehende Verschwinden des *homo politicus*.

Seit wir wissen, daß sich der Riß politisch in der Trennung von Staat und Gesellschaft äußerte und diese Trennung sich als eine von »objektiv«, »vernünftig«, »moralisch« dort, von »individualistisch«, »kreativ«, »unmoralisch« hier darstellte, können wir die Ursache seines Verschwindens mit einem einzigen Wort benennen: die Moral. Der *homo politicus* ist der moralische Mensch, während im Gegensatz zu ihm der *homo oeconomicus* und der *homo privatus* als die freien Menschen in Erscheinung treten. Im 19. Jahrhundert war dieser moralische Mensch durchgängig Maßstab; er stand im Mittelpunkt sowohl der bürgerlichen wie der sozialistischen bzw. kommunistischen Modelle einer besseren Gesellschaft. Während jedoch jene die Philosophie Theorie sein ließ und sich im Einzelfall meist lieber für »den Spatz in der Hand als die Taube auf dem Dach« entschied, nahmen diese ihre Moral auch praktisch ernst. So lauter ihre Absichten dabei auch immer gewesen sein mögen, so waren sie im Endeffekt doch immer schon verquer.

Verquer war, daß theoretisch zwar die Überwindung der Trennung von Staat und Gesellschaft das Ziel war, praktisch und gemessen an den tatsächlichen Handlungen aber nicht der Mensch mit seinen etwaig politischen Anliegen im Mittelpunkt stand, sondern die Schaffung eines besseren Staates, einer besseren Politik, einer besseren politischen Emanzipation ... Und so wie die Grünen und Alternativen zur Staatsmacht strebten, weil ihnen nur dort die Politik wahrhaft praktikabel erscheint, obwohl sie im Individualistisch-Gesellschaftlichen stark geworden waren, obwohl sie in Rahmen von Kommunalregierungen, Bürgerinitiativen und basisdemokratischen Initiativen dem einzelnen zu seinem Recht an der politischen Teilhabe verhalfen, so suchten auch jene das Gesellschaftliche nur in den Dienst des Staates zu stellen, nur als ein Mittel auf dem Weg zur abstrakten Wahrheit des Staatlichen zu handhaben, obwohl sie zuvor ihre kritische Staatstheorie und ihre kritische Gesellschaftstheorie, ihren Arbeiter- und Bauernstaat und zugleich ihren alternativen Kulturentwurf gesucht hatten. Was der sozialistische Traum suchte, war der bessere Mensch.

Daß sie dem Menschen gut will, hat noch jede linke Bewegung bewiesen. Bis heute ist ihre Stärke der tief verwurzelte Anspruch und Glaube an die Solidarität, der auf einem Verständnis der Gemeinsamkeit im Leben gründet. Wie allerdings schon der religiöse Gemeinschaftsgeist bewiesen hatte, sind Kollektive selten ohne ihre Heilslehren zu bekommen. Ihretwegen wollen sie nicht nur dem Menschen gut, sie wollen auch den guten Menschen. Sie machen aus dem Wunsch eine Philosophie, machen ihn zum Imperativ, und der, um den es eigentlich gehen sollte, wird zu dem, der nun erzogen werden muß. Darum will die im Christentum von Gott, in der sozialistischen Idee von Natur aus zugestandene Verbundenheit des Menschen mit dem Menschen bewährt sein. Darum fordert der brave Christenmensch, aller Gottgegebenheit zum Trotz, den ideologischen Tribut in Form der institutionalisierten Gemeinschaft in der kirchlichen Glaubensgemeinschaft – und wer ihr nicht angehört, ist nicht Teil der Gemeinde. Darum fordert der brave Sozialistenmensch, aller Naturgegebenheit zum Trotz, den moralischen Tribut: Die Solidarität wird an die Bedingung geknüpft, sich solidarisch zu verhalten – nicht als Individuum, als Mitglied der Solidargemeinschaft. An ihre Moral wird der Gemeinschaftsgeist geknüpft, als deren Widersacher der einzelne schon kraft Definition auftreten muß. Er ist der Widersacher, weil er als einzelner nicht Gemeinschaft repräsentiert. Er steht, sofern er seine Einzigartigkeit sichtbar macht, an sich schon außerhalb.

Diese sich vernünftig gebende Moral war von Anfang an der Fallstrick linker Politik. Nie funktionierte ihre Vernunft ohne ihre Moral. Nie wurde ihre Vernunft ohne ihre Moral reklamiert. So politisch ihr Ideal auch war, so sehr stand hinter diesem Ideal eine religiöse Wahrheit, die aus sich selbst heraus, die *eo ipso* ethisch sein wollte. Zahllos sind die Begriffe, die dieses Politikverständnis kraft Vernunft generierte, kraft Moral penetrierte. Immer wieder wurde der *homo politicus* auf diesen moralischen Menschen zurechtgestutzt, wo er nichts anderes war als der Vasall einer politischen Utopie, die in der abstrakten Philosophie des Objektiven verankert war. Da war vom »falschen Bewußtsein« die Rede und vom »Nebenwiderspruch«, den Parteisoldaten kennt sie und natürlich den obligaten Konflikt zwischen Führung und Basis, später erfand sie das »Rotationsprinzip«, die »Quotenregelung«, die »Doppelspitze« ... und so richtig oder falsch all dies auch immer gewesen sein mag, im Endeffekt stand an erster Stelle doch nie das Argument, sondern der moralische Aufruf. An erster Stelle stand die Gruppenpflicht, damit ans Kollektiv gebunden werde, was sich sonst als Laune des »egoistisch unabhängigen Individuums« herausstellen könnte. Weil seine Fähigkeit zur Unmoral nur allzu bekannt ist, muß es zur Räson gerufen werden. Welch gute Absichten der einzelne auch gehabt haben mag, als einzelner ist er nie gut genug; er bekam, damit er auch gut bleibe, von oben festgeschrieben, was er von unten auf den Weg gebracht hatte.

Bis zuletzt wiederholte die Linke ihren falscher Philosophie entnommenen Fehler, sah in ihrer kapitalismuskritischen Haltung nur die Objektivität der Verhältnisse, nicht deren subjektive Bedingtheit. So sehr sie den bürgerlichen Staat auch kritisiert hatte, lag ihr die Schaffung eines vermeintlich besseren, aber nicht minder abstrakten Staates allemal näher als eine auf dem Individuum gründende Politik. Das erst in Staat, Partei und Gruppenbeschluß zum Tragen kommende Abstrakte der Vernunft galt ihr so viel, daß sie sich letztendlich nicht gegen die Gängelung des Individuums durch den Staat verwahrte, sondern nur gegen dessen falsche Moral. Sie verurteilte theoretisch die Trennung des Subjektiven vom Objektiven, praktisch aber galt ihr Argwohn jenem. Sie hatte eine romantische Sympathie für den Irrtum des 19. Jahrhunderts und damit einhergehend eine Aversion gegen das Individualistische. Sie hatte, um es mit einem Wort zu sagen, ein Problem mit der Privatheit. Nicht zu Unrecht schrieb Hans Magnus Enzensberger schon vor Jahren: »Warum die Anbetung des Staates in vielen Ländern ... zum Credo der Linken, der Hang zur Selbstbestimmung aber zum Inbegriff bürgerlicher Verstocktheit geworden ist, habe ich eigentlich nie ganz verstanden.«[25]

Dennoch sind Credo und Inbegriff in vielerlei Formen bekannt. Zum Beispiel lehnte die Studentenrevolte vor dem Hintergrund der objektiven Verhältnisse die Bedeutung der singulären Tat ab. Zwar hatte gerade sie ihre Märtyrer verehrt (Che Guevara), ihre Vorbilder diskutiert (Jean-Paul Sartre), ihre Patriarchen nicht als solche wahrnehmen wollen (Andreas Baader). Im Kollektiven hatte sie ihr Interesse am individuellen Schicksal verpackt. Auf diese Weise war persönliches Erleben immer auch politische Geschichte, war Bommi Baumanns »Wie alles anfing« exemplarische Biographie, war Peter Moslers Bestandsaufnahme der Studentenrevolte gemeinsames Los: »Was wir wollten, was wir wurden«. Das Einzelschicksal galt als symptomatisch, die Leistung eines »großen Mannes« dagegen als austauschbar, der bürgerliche Glaube an den großen Mann gar als faschistischer Nährgrund. Oder später dann, als der berühmte »Gang durch die Institutionen« verkündet wurde. Glaubte da einer, dieser Gang sei falsch, nachdem die Ziele als richtig galten? War da einer, der sagte, es könne vielleicht die Bereitschaft zu diesem Gange sein, der die Institutionen (und mit ihnen deren Vertreter) erst kreiert? Und überhaupt: Gab es da jemals eine Treue, eine Zivilcourage, einen persönlichen Einsatz, ein Rechts- und moralisches Empfinden, welche stärker gewesen wären, die eine andere Richtung eingenommen hätten als diese große, dem Abstrakten gewidmete Moral des *homo politicus*?

Verbieten wir uns jedes Urteil. Stellen wir lediglich fest, daß die Geschichte, gemessen an den ursprünglichen Zielen, kaum gegenläufiger hätte enden können. Ausgerechnet die Linke, die aufgrund ihrer Überzeugung, alles sei politisch, die Bürgergesellschaften im Laufe der vergangenen Jahrzehnte maßgeblich und vielfach positiv verändert hat, muß sich den Vorwurf gefallen lassen, das entscheidend mit auf den Weg gebracht zu haben, wogegen sie sich all die Zeit am meisten verwahrte: die Entpolitisierung der *res publica*. Hätte sie den *homo politicus* nicht auf die moralische Person reduziert, sähe der *homo oeconomicus* weitaus weniger »freiheitlich« aus. So aber ist im Widerstreit von »das ist meins« und »das sei unser« letzteres endgültig zur Moral verkommen, während ersteres zuerst als das Normale und Natürliche erschien, das der Psychologie des Menschen näherstand, sich dann mit dem Ökonomischen verband und inzwischen in ihm aufgeht.

Nirgendwo wird die im Kern berechtigte Überzeugung, die Bastelei eines *splittings* in politisch abstrakt und unpolitisch konkret könne nicht die Lösung sein, bedenklicher als in dieser Vernunft-Synthese eines im Moralischen geeinten Menschen. In keiner anderen Hinsicht wird ersichtlicher, warum so viele der Achtundsechziger sich später dafür entschieden hatten, das Kind mit dem Bade auszuschütten, auf jede Art von Ideal zu verzichten, endlich nicht mehr kindisch, sondern erwachsen wie die Großen sein zu wollen: Ohne Ideal, auch keine lästige Moral! Jetzt, nachdem das Stück beendet ist, steht jede Politik, die den Einfluß der Ökonomie zu beschneiden versucht, hilflos vis-à-vis. Jetzt ist jede Linksregierung bis zur Selbstverleugnung, im Extremfall: der praktikablen Zyne, prinzipiell gezwungen, dasselbe zu tun, was auch ihre politischen Kontrahenten getan hätten. Jetzt fragt keiner mehr, warum sich die Vertreter der Wirtschaft eigentlich erlauben können, ihre egoistischen Interessen selbstverständlich durchzusetzen, während jeder andere Berufsstand – die Ärzte, die Handwerker, die Lehrer, sogar die Hausfrauen – nie auf die Idee käme, sein politisches Gewicht mit vergleichbaren Machtmitteln durchzusetzen, was sie fraglos könnten. Als letztlich legitimes Eigeninteresse erscheint bei jenen, was bei diesen Streik, Verrat an der gesellschaftlichen Verantwortung, eben Unmoral genannt werden würde. Bevor es soweit war, hatte die Linke jedoch maßgeblich zu dieser Entwicklung beigetragen. Sie hat die Ökonomie so lange verteufelt und die Politik so sehr ins Moralische gehoben, daß sich nun jeder, der sich an der Ökonomie stört, wie ein Moralist fühlen muß. Die wenigsten sehen sich gern in dieser Rolle. Das bürgerliche Lager hat sich schon vor Jahrzehnten von derartigen Idealen verabschiedet.

In der demokratischen Welt hat man sich fürs »egoistisch unabhängige Individuum« entschieden und mit ihm für die Gesellschaft anstelle des Staates, fürs anarchisch Floatende anstelle des metaphysisch

Festgeschriebenen. Man hat sich von einer Wahrheit in der Politik verabschiedet und sich den *cool projects* (*cold projects* nannte sie Ralf Dahrendorf) zugewandt. Politisch sind freilich auch sie, selbst wenn sie sich unpolitisch geben. Aber eben nicht mehr naiv. Naiv, sagt der *homo oeconomicus*, ist alles, was Moral vertritt.

9 Einige Jahre, nachdem in Rußland die Oktoberrevolution ausgebrochen war und sich die Sowjetunion gegründet hatte, wurde offensichtlich, wie katastrophal sich der philosophische Absolutheitsanspruch in den Händen der Politik auswirkt. Aus der totalen Staatsphilosophie Hegels war nicht nur die totale Kapitalismuskritik Marx', sondern auch die totalitäre Diktatur Stalins geworden. Für die Philosophie, die seit den Tagen der Antike versucht hatte, die politische Macht zu beeinflussen oder gar zu erobern, war dies eine durchaus gefährliche Phase. Gefährlich ob des Laufs der Dinge; gefährlich auch, weil sich die Entwicklung auf sie selbst, auf ihren guten Ruf, ja sogar ihre Existenz negativ auswirken konnte. Wenn herauskam, auf wessen Mist dies alles gewachsen war, stand es schlecht um sie.

Trotzdem wollte sich die Philosophie keineswegs bescheiden zurückziehen. Sie hatte ihren Fehler zwar spät, zu spät erkannt, aber sie war immer noch die erste, die ihn überhaupt erkannt hatte. Also galt es, schnell zu reagieren. Die Aufgabenstellung war ebenso klar wie paradox: Um ihren Einfluß als Definitionsmacht nicht zu verlieren, mußte sie das von ihr vertretene Programm der Vernunft radikal über den Haufen werfen und es dennoch retten. Sie mußte eine Philosophie präsentieren, die keine absoluten Aussagen mehr liefert, die keine Ideologien und keine Systeme der Totalität mehr anbietet, die zum ersten Mal in der Geschichte keinen Wahrheitsanspruch mehr vertritt, und zugleich mußte es eine Philosophie sein, die sowohl der Verpflichtung zum Allgemeinen und Abstrakten als auch ihrem eigenen Anspruch auf eine Lenkung von Politik und Wissenschaft gerecht werden konnte. Sie mußte die politische und wissenschaftliche Rationalität auf ein neues Fundament stellen.

Die Aufgabenstellung war so paradox, daß seinerzeit erstmals der Verdacht entstand, die Philosophie befände sich in einer Krise. Aber dem war nicht so; und wenn es eine Krise war, so gewiß keine, an der die Philosophie krankte. Eher bewies sie, daß sie nicht zu Unrecht die Megaphilosophie diktierte. Um dieses Ziel weiterhin verfolgen zu können, distanzierte sie sich vom Absolutheitsanspruch hegelianisch-marxistischer Philosophien und entwickelte in einer nie gekannten Risikofreude ein Konzept, dem bald darauf die Wissenschaft und Jahrzehnte später auch die Politik wieder zu folgen bereit waren. Es ließ nicht nur einmal mehr die Verantwortung der Philosophie für das politische Desaster vergessen; es steigerte sogar das Vertrauen in sie. Hatten Politiker, die auf sich hielten, bis dato stets Hegel oder Platon zitiert, sollten sie jetzt auf Karl Raimund Popper, den Urheber des neuen Konzepts, verweisen. Sir Karl, der es wie Marx vorzog, in England zu leben, und dort sogar geadelt wurde, war dies durchaus ein Herzensanliegen. Noch kurz vor seinem Tod kommentierte er den nach dem Fall der Berliner Mauer neu erwachten deutschen Nationalstolz mit den Worten: »Ich bin Internationalist und Antinationalist, der schrecklich unter dem Hegelianismus der deutschen Intellektuellen leidet.« Bevor Popper nach England ging, lebte er in Wien, wo zu Beginn des 20. Jahrhunderts die Zentrale der Philosophie ihren Sitz hatte. Sie nannte sich »Wiener Kreis«. Auch er gehörte ihm ursprünglich an. Um eine Lösung für das Problem zu finden, mußte er sich jedoch vom »Klassischen Positivismus« der damaligen Führung verabschieden. Er tat es, fand eine Lösung, und sie schien genial. Unter dem Namen »Kritischer Rationalismus« ist sie in die Geschichte eingegangen.

Der Grundgedanke des neuen wissenschaftlich-politischen Konzepts war, Ideologien methodologisch zu bannen. Die Phantasie, die wegen ihres Mangels an Vernunft seit der Aufklärung vom Prozeß der Wahrheitsfindung ausgeschlossen war und darum, sei es als Kreativität, sei es als Heilslehre, ein Eigenleben begonnen hatte, sollte wieder mehr zum Zuge kommen. Politik und Wissenschaft sollten durch ihren Ideenreichtum beflügelt und zugleich sollte ihren Ausartungen in Form politischer Ideologie von Anfang an vorgebaut werden.

Wie erweckt man den Eindruck, jede auch noch so »unvernünftige« Meinung gelten zu lassen, ohne den Anspruch auf Vernunft preiszugeben? Das Verfahren ist heute hinlänglich und allerorten bekannt; damals war es neu: Man schließt das Irrationale nicht aus, man stellt es an den Anfang des rationalen Aktes. – Zuerst darf jeder sagen, was er denkt. Alles ist erlaubt; wir sind in der Phase der Ideenfindung. Sobald wir genügend Ideen gesammelt haben, überprüfen wir sie und stimmen ab. Natürlich muß die Überprüfung sehr streng sein. Wir wollen objektiv bleiben. Und die Abstimmung muß demokratisch sein. Bei der Überprüfung und Abstimmung sind keine Faxen (!) mehr erlaubt. Wer sich nicht an die Regeln hält, scheidet aus. Und noch etwas: Eine Entscheidung, die gemeinsam getroffen wird, ist nicht *wahr*; es handelt sich lediglich um eine gemeinsame Entscheidung. Die Meinung derjenigen, die in der Abstimmung unterliegen, ist deshalb auch nicht *unwahr*; sie war schlicht nicht mehrheitsfähig, was das nächste Mal wieder ganz anders aussehen kann. Das ist alles.

Wie stellt sich dieses Verfahren in Politik und Wissenschaft dar? Bald jeder kennt es, aber nicht jeder weiß, daß es sich um ein und dasselbe Verfahren handelt. Die »Phase der Ideenfindung«. In der Politik: Im Unterschied zu totalitären Systemen, die nur eine Universal-Ideologie zulassen, zeichnen sich Demokratien nicht durch die Abwesenheit von Ideologien, sondern durch ihre Vielzahl aus. Dieser Fülle soll Rechnung getragen werden, indem ein jeder das Recht hat, seinen persönlichen Irrsinn zur Wahl zu stellen. In der Wissenschaft: Solange Wissenschaftler nach interessanten Hypothesen suchen, dürfen sie so verrückt sein, wie es ihnen gefällt.

Dann die »Phase der Überprüfung«. In der Politik ist sie rhetorischer Art; von Machbarkeit und Regierungsfähigkeit ist hier die Rede, von der Würde des Parlaments und vom Staatsmännischen, von politischer Reife und manchmal auch von der Verfassungstreue. Rhetorisch überprüft wird, was der politische Gegner taugt. In den Wissenschaften dagegen ist sie das A und O; hier muß sich, um seine Hypothesen zu beweisen, der Forscher in allerstrengster Form an die Logik der Mathematik halten. Handelt es sich um eine Hypothese, die empirisch-analytisch nicht überprüfbar ist, etwa ein Gottesbeweis, so kann die Aussage auch keine wissenschaftliche werden.

Zuletzt folgt die »Phase der Abstimmung«. Dabei wird, was ehedem politischem oder philosophischem Wahrheitsanspruch folgte, in eine Universalität des Mathematischen, in die universale Gültigkeit der mathematisch-rationalen Methode transformiert, die sich im einen Fall als Berechnungsverfahren der Macht, im anderen als eines gültiger Erkenntnis darstellt. In beiden Fällen gilt als Repräsentant des Berechnungsverfahrens keine abstrakte Wahrheit, sondern der Wille und die Wahrnehmung von Individuen, die ihre jeweiligen Standpunkte erklären, diese zur Abstimmung bringen, die Stimmen addieren und schließlich kraft Mehrheitsentscheid definieren, was Sache und Tatsache ist. In der Politik findet dieser Vorgang durch eine Wahl statt, in den Wissenschaften durch das ausgefeilte System akademischer Karriere, akademischer Veröffentlichung, akademischer Diskussion ...

In Politik und Wissenschaft wird die Stimme des einzelnen, die für sich eine Ganze ist, im ganzen wieder zum Teil. Da dieses Ganze aber nicht Wahrheit ist, ist auch das Teilwerden nicht unwahr. Die Teilstimme ist schlechtestenfalls irrelevant. Irrelevant ist sie, wenn sie einer Minderheit von unter 5 Prozent angehört. In der Politik nennt man es »Fünf-Prozent-Hürde«: Jede Stimme, die bei einer Wahl einer Partei oder einem Kandidaten zukommt, die keine 5 Prozent erzielen, landet im Papierkorb. In den Wissenschaften nennt man es »Signifikanzniveau«: Wissenschaftliche Aussagen bleiben auch dann gültig, wenn nicht mehr als 5 Prozent der Einzelresultate dem Gesamtergebnis widersprechen. Beide Verfahren sind methodisch sauber, treten als voneinander unabhängig auf, verhindern die Übertragung von philosophischer auf politische Wahrheit, sind per se von der Gefahr des Wahrheitsanspruchs isoliert und gewährleisten einen einigermaßen demokratischen bzw. objektiven Betrieb.

Stichwort Faxen (!): Ein Wissenschaftler, der seine irrational subjektiven Hypothesen als rational objektive Resultate erklärt, schadet seiner Reputation; im Extremfall droht ihm der Ausschluß aus der *scientific community*. Einem Politiker oder einer Partei, die sich nach erfolgter Wahl nicht an die Spielregeln der mathematischen Machtverteilung halten, riskieren ihre demokratische Reputation; im Extremfall droht das Stigma eines Verfassungsfeinds und damit der Ausschluß aus der demokratischen Gemeinschaft.

Die Zusatzklausel des Prozeßhaften: Demokratische Machthaber werden in ihr Amt berufen oder darin bestätigt, indem sie durch den Bürger oder ein von ihm gewähltes Organ gewählt werden. Diese Berufung kann jederzeit widerrufen, der Amtsinhaber kann abgewählt werden. Man spricht deshalb in der Politik von einem *amtierenden* Bürgermeister, Ministerpräsidenten etc. und drückt damit aus, daß sich alles wieder ändern kann. Analog hierzu muß, damit eine wissenschaftliche Aussage in den Rang einer objektiven Erkenntnis gelangen kann, die abstrakte Gemeinschaft der dafür zuständigen Wissenschaftler diese Aussage durch die prinzipielle Wiederholbarkeit des Forschungsresultates bestätigen. Auch diese Bestätigung ist jederzeit revidierbar. Man spricht in den Wissenschaften deshalb von *vorübergehenden Wahrheiten.*

Die Philosophie Karl Raimund Poppers hat sich im 20. Jahrhundert, von Nuancen abgesehen, weltweit in allen demokratischen Gesellschaften und allen auf Rationalität gründenden Wissenschaften durchgesetzt. Insofern darf man diesen Denker als den größten seines Säkulums bezeichnen. In der Geschichte der Philosophie steht er auf einer Stufe mit Platon, Aristoteles, Thomas von Aquin, Descartes, Kant, Hegel ... Gleichwohl müssen wir, ist von Größe die Rede, die des Erfolgs von der geistigen unterscheiden. Popper war ohne Frage brillant; aber er war nicht eigentlich profund. Er war wie das Jahrhundert, das er am Ende philosophisch prägte: pragmatisch im Grunde. Sicherlich hat der Pragmatismus auch in der Philosophie sein Recht; ab und an ist er gerade dort vonnöten. Aber er ist nicht eigentlich erfinderisch, nicht wirklich innovativ. Er ist eher reduktiv. Er entscheidet sich aus der Fülle der Möglichkeiten für das Machbare und Funktionale. Der Pragmatismus ist auf diejenigen angewiesen, die er ablehnt. Sind nur noch Macher und Funktionäre am Walten, gibt es nichts mehr zu reduzieren. Ebenso der »Kritische Rationalismus«. Hielten sich alle an ihn, gäbe es nichts mehr, was er logisch überprüfen könnte. Auch er nährt sich von jenen, die seine Regeln ignorieren; ohne sie hätte er nichts, was er als brauchbar aussondern könnte. Er ist nüchtern, emotionslos, passionslos. Er ist wie eine Mannschaft, die gewinnt, ohne spielerisch oder kämpferisch zu überzeugen. Um sich darüber zu freuen, muß man ihr Anhänger sein. Wer keiner ist, weiß Besseres zu tun, als ins Stadion zu gehen.

Das ist das Problem: Der »Kritische Rationalismus« repräsentiert kaum mehr, was Menschen von einer Philosophie erwarten. Er konnte sich zwar von überzeitlichen und allgemeingültigen Wahrheiten verabschieden und damit die unleidige Übersetzung von Philosophien in Ideologien verhindern, nicht aber, daß im Bedürfnis nach Wahrheit Ideologien wie Philosophien auftreten. Zudem: Er nahm den Wissenschaften, wofür sie standen. Es gibt keine Tatsachen mehr, auf die man sich verlassen könnte; alles ist immer nur momentan richtig. Die Wissenschaft ist nicht mehr zu widerlegen; wo es keine wahre Wissenschaft mehr gibt, hat auch eine falsche nichts zu suchen. Dennoch wurden die Folgen falscher Wissenschaft zum zentralen Problem, und die Garantien, die sie unserem Leben verleihen sollte, haben sich in Mißtrauen verwandelt. Sogar die Politik mußte ihren Verzicht auf Ideologien teuer bezahlen. Die Absicht, politische Entscheidungen auf logische Berechnungen zu gründen, war ohne Frage gut gemeint. Sie sollte im Sinne einer wertfreien Definition der *res publica* eine echte Demokratie garantieren. Sie sollte ein Instrument des politischen Ausgleichs sein, Institution der Vermittlung, Mäßigung von Extremen, Stabilisierung der Mitte. Was dabei jedoch herauskam, »unterm Schlußstrich« darf man hier sagen, war eine mathematische Allgemeinheit, in der wieder nur eine abstrakte Ganzheit zählt. Der Souverän, der ein Einzelherrscher war und in der repräsentativen Demokratie das durch seine Bürger vertretene Volk sein sollte, bleibt eine *Kunstfigur*, die nur *die Summe aller Wahlbürger verkörpert.*[26] Zu rigide sind dabei die Kriterien des Relevanten, zu technokratisch das Interesse an ihrem Gebrauch. Was will man mit einer Mitte, die auf das Mittelmäßige beschränkt bleibt? Was will man mit einer Gemeinschaft, die durch Quantifizierungen zustande kam? Was will der einzelne, dessen Motiv, sich anderen anzuschließen, in dem Wunsch verborgen liegt, zu ihnen zu gehören, mit einer Gruppe anfangen, deren verbindendes Moment auf algebraischer Logik basiert? Was will diese Philosophie anderes anbieten als eine Mitgliedschaft in einer ideologiefreien Vereinigung, kaum aufregender als die Existenz einer Zahl im Dezimal- oder Hexadezimalsystem?

Was diese Philosophie anbietet, ist eine *Methodendemokratie*. Ihr errechneter *common sense* ist nicht in der Lage, ideelle Gemeinschaften herzustellen; er ist nicht in der Lage, das soziale und geistige Leben des Menschen zu verstehen. Darüber machen sich nicht nur Renegaten Gedanken; auch sogenannte Konservative. Joachim Fest ist einer von ihnen. Was nach den Utopien komme, wollte er wissen. Er wußte: »Demokratische Strukturen, Gewaltenteilung, Marktwirtschaft sind nur Mechanismen geordneten Zusammenlebens, deren Instrumente und Methoden, nicht schon die Sache selbst ... Die demokratischen und marktwirtschaftlichen Strukturen sind lediglich Mittel, nicht schon der Zweck, der erst aus ihrer Anwendung folgt ... Sie sind Bedingungen, die zu freiheitlichen Verhältnissen den Weg ebnen. Sie ergreifen niemanden, entfachen und erwärmen nicht das Gefühl.«[27]

So sind wir wieder beim Gefühl angelangt. Mit ihm, heißt es, dürfe gerade die Politik nichts zu schaffen haben. Gefühlspolitik ende häufig im Ruin. Richtig! Nur ist ebenso richtig, daß Wahlentscheidungen selten Sachentscheidungen sind. Emotional wird die Wahl getroffen, rational soll dann der Wähler ihre Folgen akzeptieren. Je komplexer sich die sogenannten Sachfragen mittlerweile darstellen, je undurchschaubarer sie für den Bürger werden und je weniger sich zugleich die Parteien als Vertreter jeweiliger Interessen anbieten, um so mehr trifft der Wähler anstelle ehemals ideologischer sogar gezielt Personenentscheidungen. Dem Wahlsieger mag es recht sein: Er darf manch inhaltlich erforderliche Kompetenz getrost seiner Ausstrahlung überlassen. Dem Wähler ist es auch recht: Er kann, anstatt sich schlau machen zu müssen, nun schamlos seinem Eindruck und Gefühl vertrauen. Dem, was Demokratie sein sollte, dient es jedoch weniger. Wie der Geistes-, Politik- und Wirtschaftswissenschaftler Burkhard Wehner schrieb, könne so kaum mehr vom Abbild eines präzise feststellbaren Willens des Volkes die Rede sein, eher von der Demokratie als einem Mittel des politischen Katastrophenschutzes. Zudem werde die Gefahr einer Fehldeutung politischer Entwicklungen beträchtlich erhöht.[28] Worauf Wehner nicht eingeht, ist der Einfluß, den das Ökonomische auch hier längst hat: die politische Personenentscheidung ist eine Markenentscheidung. – Immer wieder dieser Riß; und immer wieder seine Folgen. In diesem Falle die Trennung von Subjekt und Objekt als eine Entpolitisierung kraft technokratischer Methodik.

Der Vorwurf, der »Kritische Rationalismus« sei eine technokratische Philosophie, die die gesellschaftlichen Probleme nicht löse, sondern mit den Mitteln der Rationalität ausblende, hat in Deutschland Tradition. Schon 1961 wurde er auf einer Tübinger Arbeitstagung der Deutschen Gesellschaft für Soziologie erstmals laut. Formuliert hatte ihn seinerzeit Theodor W. Adorno, der den berühmt gewordenen Satz sprach: »Der Verzicht auf eine kritische Theorie der Gesellschaft ist resignativ: man wagt das Ganze nicht mehr zu denken, weil man daran verzweifeln muß, es zu verändern.«

Der Konflikt zwischen dem »Kritischen Rationalismus« und der *kritischen Theorie* der »Frankfurter Schule«, der Adorno angehörte, spitzte sich in den nachfolgenden Jahren, insbesondere nach 1968, immer mehr zu. Er durchdrang Soziologie und Politikwissenschaft, er durchdrang Sozialphilosophie und Erziehungswissenschaft (natürlich nicht die Psychologie), er pendelte zwischen Empirie und Methodiken, die »das Ganze« versuchten, manchmal aufs Ganze gingen. Bald traten an die Stelle der debattierenden Väter Popper versus

Adorno deren Nachfolger Hans Albert versus Jürgen Habermas. Als »Positivismusstreit in der deutschen Soziologie« wurde der Disput Geschichte. Einer der qualitativ besten, die diesbezüglich nachzulesen sind. Die philosophische Auseinandersetzung schlief irgendwann ein. Man hatte gesagt, was zu sagen war. Einen Sieger gab es nicht. Mittlerweile wissen wir, wer recht hatte. Vor dem Hintergrund nachfolgender politischer Entwicklungen müssen wir leider Adorno zustimmen; leider deshalb, weil er die tragischere Figur war. Der resignative Verzicht, vor dem er warnte, ist eingetreten. Wagen, verzweifeln, verändern – nirgendwo sonst wird die gewandelte Bedeutung dieser Wörter deutlicher als im Spannungsfeld von Politik, Gesellschaft, Leben. Das berüchtigte Ganze ist immer eine Philosophie: die Megaphilosophie des Ökonomischen.

Obwohl ihnen die Studentenbewegung dazu verhalf, beinahe zwei Jahrzehnte lang zu den meistverkauften Philosophieautoren zu zählen (auch hier können wir nur auf den Verkauf, nicht auf die Lektüre verweisen), konnten sich die namhaften Repräsentanten der »Frankfurter Schule« nie mit ihr identifizieren. Zwar standen sie der marxistischen Philosophie nahe. Aber Adorno und Horkheimer, die Älteren von ihnen, waren zu sehr Kriegsgeneration, zu sehr im Exil Verlorene, zu sehr in einer humanistischen Tradition Verwurzelte, um noch Gefallen am jugendlichen Revolutionstaumel finden zu können; eher waren sie irritiert. Der Jüngere dagegen, Habermas, war politisch zu sehr Befürworter der Bundesrepublik und des atlantischen Bündnisses, philosophisch zu sehr auf kommunikativen Ausgleich bedacht, als daß er eine andere Republik hätte befürworten wollen. Er war eher Philosoph, auch eher Philosophieprofessor. Insofern sind sie alle als Kronzeugen einer in jenen Jahren auf den Weg gebrachten, zuerst alternativen, dann herrschenden Gesellschaftspolitik ungeeignet. Viel mehr als die Überzeugung, daß in Staat und Gesellschaft einiges im argen liege und dies nicht nur auf Fehler in der Praxis, sondern bereits auf solche in der Theorie zurückzuführen sei, dürften sie mit den jungen Rebellen der ausgehenden sechziger Jahre nicht gemein gehabt haben.

Da »links sein« zu jener Zeit in Mode war, können wir in gewisser Weise allerdings behaupten, daß das, was die Linke verband, kaum mehr war als dieser Konsens gegen das Herrschende. *Links* war wesentlich ein Begriff zur Bezeichnung eines kollektiven Leitbilds, das sich einfacher Dichotomien bediente, um sich selbst zu definieren:

eine klare Gegnerschaft zum Bürger- und Spießbürgertum, eine klare Gegnerschaft zu jenen, die nicht »progressiv« waren, eine klare Gegnerschaft zur Ökonomie und ihren sogenannten Handlangern. Allen ideologiekritischen Attitüden zum Trotz zeichnete sich diese Linke vorrangig durch ihre Ideologie aus. Sie gab dem einzelnen Sicherheit und Halt im Verbund mit anderen und damit in der Welt. Sie war keine Alternative zur Methodendemokratie, sondern ihr Ausgleich. Wo diese den *common sense* verwehrte und den politischen Menschen zu einem abstrakten Wesen machte, kümmerte sich jene um das Defizit. Sie band den *homo politicus* an den *homo privatus*, stellte beiden den *homo oeconomicus* gegenüber und erklärte das Konstrukt als Kapitalismuskritik. Es war das neue Produkt, mit dem die Marktlücke, die durch eine technokratische Politik entstanden war, geschlossen werden konnte.

Solche Politik ist mittlerweile fraglos dahin. Dabei liegt der entscheidende Unterschied zwischen dem *homo politicus* der siebziger und dem *homo oeconomicus* späterer Jahre nicht etwa darin, daß jener sozial gewesen wäre, während dieser ein einsamer Egoist ist. Sozial oder egoistisch sind im Zweifelsfalle beide gleich viel oder wenig. Der Unterschied liegt vielmehr in einer generellen Privatisierung und Ökonomisierung der Themen, Ereignisse und Handlungen. Was nicht als privates oder ökonomisches Interesse in Erscheinung tritt, wird vom ökonomisch handelnden Privatmenschen im allgemeinen auch nicht mehr als ein gemeinsames Interesse wahrgenommen. Im besten Falle nüchtern und pragmatisch, professionell und unromantisch geht über die Bühne, was ehedem Gemüter erhitzte. Wer wollte es noch wagen, einen Flirt mit den Resten vormaliger Weltanschauungen zu beginnen? »Sammeln Sie auch Altglas, verehrte Dame?« Was man *für sich* tut, taugt nicht mal mehr für den Einklang zu zweien – und habe man noch so viel gemeinsam, weitaus mehr als nur den Eigensinn. Zum Beispiel den Wunsch nach mehr Verständnis, besseren Freunden, echter Liebe. Den Wunsch nach einem anderen Leben. Die Schulden auf der Bank, jeder für sich und alle bei denselben. Daß es fast jedem anders geht, als er sich gibt. Daß es bei den wenigsten klappt. Eine gewisse Strenge allemal. Die Unfähigkeit, noch partizipieren und repräsentiert werden zu können. Trotz allem eine Ökonomiefeindlichkeit, die sich als Wertekodex eingeschlichen hat. Eine moralische Haltung (immer wieder diese häßliche Schwester der Vernunft), wenn es um die Mächtigen geht: Rache der Intellektuellen, die der Öffentlichkeit ihre kontrollierende Ethik verklikkern, nachdem sie sich zuvor nicht für ihre Logik erwärmen mochte. Selbstverständlich einen Hang zum Schönen. Sind wir nicht alle Künstler? Den Realitätsschock, auch *Informations-Overkill* genannt, seit jedermanns Weltanschauung Realität zu sein beansprucht. All das zusammen oder eigens: Die Lethargie, sobald es eben nicht um einen selbst nebst ökonomischer Versorgung getan ist. Die politische Lethargie. Die ins Koma verfallene Politik, deren Verkörperung der *homo oeconomicus* ist.

Gilles Deleuze und Félix Guattari, die beiden französischen Denker, beschrieben ihn exakt (ohne ihn so zu nennen), als sie notierten: *Das Individuum ist, sofern es aus abstrakten Quantitäten hervorgeht und im Konkret-werden dieser Quantitäten selbst konkret wird, wirkliche Privatperson. Nur diese Quantitäten werden gekennzeichnet, nicht mehr die Individuen selbst: dein Kapital oder deine Arbeitskraft, alles andere ist unwichtig, man wird dich stets innerhalb der erweiterten Grenzen des Systems wiederfinden, selbst wenn ganz allein für dich ein neues Axiom gebildet werden müßte.*[29]

IV.
Mut und Unmut

Konkursmasse der Philosophie und Neuordnung der *res publica*

1 Immanuel Kant war pedantisch, darum auch korrekt. Er war akribisch, darum präzise. Er war der Inbegriff des zerstreuten Professors, des alten Junggesellen obendrein, manchmal aber beinah weise. Er war ein Spaziergänger im eigenen Karree, gleichwohl von weltbürgerlicher Gesinnung; war ein Faktotum seiner Stadt Königsberg, die er nur selten verließ, und dort bekannt wie beliebt; war verschroben und wohlgelitten, war nie despotisch und somit kaum umstritten. Er war wie seine Philosophie: Dem Aussehen nach reizlos, dem Wesen nach freundlich. Seine Philosophie war vernünftig. Das ihr innewohnende Programm: die Autonomie der Vernunft. Ihr Ziel: die Aufgeklärtheit des Menschen. Ohne Kant wäre die Megaphilosophie der Vernunft kaum so fundiert gewesen; mit ihm wurde vollendet, was in Politik- und Geistesgeschichte die Epoche der Aufklärung heißt. Megaphilosophien beherrschen stets beide Historien: die eine als Macht, die andere als Definitionsmacht.

Macht und Definitionsmacht sind immer konkret, selbst wenn sie sich abstrakt geben. Philosophien geben sich immer abstrakt, selbst wenn sie konkrete Anliegen verfolgen. Sie abstrahieren die Anliegen ihrer Urheber; wir sahen es an Søren Kierkegaard. Dabei können sie beizeiten großartig sein, virtuose Variationen eines Grundmotivs.

Dennoch bleiben es Abstraktionen. Auch Immanuel Kants Philosophie. Was sie abstrahierte, war sein Verlangen nach Ordnung. Er hatte es gern ordentlich. Ungestört zu sein, war sein persönliches Bestreben. Er brauchte es, daß sich alles an seinem Platz befinde. Störend war, was nicht an seinem Platz lag. Vom Grad der Störung hingen bei ihm Mißmut und Heiterkeit ab.

So ist, was seine Philosophie vollbrachte, Aufklärung als Aufräumung. Er räumte mit falscher Metaphysik und gottgegebener Herrschaft auf, mit angeblicher Erkenntnis, mit angeblichem Urteil, mit angeblicher Freiheit. Alles Angebliche war ihm zuwider. Es brachte ihn aus der Ruhe, es machte ihn nachdenken. Fand er durch Nachdenken heraus, was seinen Ordnungssinn befriedigte, war ihm wieder wohl. Eine einmal gefundene Ordnung mochte er nicht mehr preisgeben. Recht schien ihm, was er sich zurechtgelegt hatte. Das Zurechtlegen wurde in seiner Philosophie zur Leistung des Verstandes, das Zurechtgelegte zur Vernunft. Abstraktionen.

Der Mensch ist stets geneigt, seine Erfahrungen für wahr zu halten. Er vergißt, daß er selbst es ist, der zuwege bringt, was er anschließend erfährt. Ohne sich selbst weiß er sich nicht. Er weiß nichts von der Welt, ohne seinen eigenen empirischen Anteil an ihr. Immanuel Kant, obwohl mit dem Phänomen befaßt, erging es nicht anders. Auf mehr als 700 Seiten erklärte er in der »Kritik der reinen Vernunft« eine vom einzelnen unabhängige Wahrheit, die den Geist der Aufklärung erhellte. Nur acht Seiten benötigte er dagegen, um in seinem wohl berühmtesten Aufsatz »Beantwortung der Frage: Was ist Aufklärung?«, den er im Dezember 1784 in der »Berlinischen Monatsschrift« veröffentlicht hatte, deutlich zu machen, daß – sozusagen: Verdammt noch mal! – sich jeder einzelne schon auch selbst um Aufklärung bemühen müsse, wenn er aus dem ihm unliebsamen Zustand herauswolle. »Faulheit und Feigheit«, schimpfte der sonst gutmütige Denker, seien »die Ursachen, warum ein so großer Teil der Menschen, nachdem sie die Natur längst von fremder Leitung freigesprochen, dennoch gerne zeitlebens unmündig bleibt; und warum es anderen so leicht wird, sich zu deren Vormündern aufzuwerfen«.

Faulheit und Feigheit. Die beiden Wörter sind die stärksten Kants. Ihretwegen machte er keinen Hehl daraus, daß zur Verhinderung von Emanzipation immer zwei gehören. Die einen, die sich zu Autoritäten aufschwingen; andere, die es sich gefallen lassen. Es sei, schrieb er vor 200 Jahren, schließlich durchaus »bequem, unmündig zu sein.

Habe ich ein Buch, das für mich Verstand hat, einen Seelsorger, der für mich Gewissen hat, einen Arzt, der für mich die Diät beurteilt«, beliebig zu ergänzen um: eine öffentliche Meinung, die mir sagt, was ich zu glauben habe, einen Kreis von Personen, der mir schmeichelt, ein Feindbild, das eigene Verfehlungen legitimiert ... »brauche ich mich nicht selbst zu bemühen. Ich habe nicht nötig zu denken, wenn ich nur bezahlen kann; andere werden das verdrießliche Geschäft schon für mich übernehmen.«

Faulheit und Feigheit gehören zu seinen stärksten Wörtern, weil sein Aufruf gegen sie auch ohne alle Vernunftphilosophie Bestand hat. Fast darf sogar vermutet werden, daß Vernunft zum Zuge kommt, sobald Mündigkeit durch Engagement und Mut befördert wird, nicht umgekehrt. Aufklärung wäre dann trotz ihrer historischen Vergangenheit nie zu Ende; der Bedarf an Aufklärung immer groß. Zumindest haben Kants Warnung vor jenen, die als die Herren eben errungener Mündigkeit gelten wollen, und seine Mahnung zur Vernunft bis heute nichts von ihrer Gültigkeit eingebüßt. Dabei ist sein Rezept im Satz denkbar einfach, in der Tat ungleich schwieriger: »Habe den Mut, dich deines eigenen Verstandes zu bedienen!« Es war der *Wahlspruch der Aufklärung*; es blieb, nachdem Epoche und Programm der Aufklärung in der Historie verschwanden, der Wahlspruch eines jeden um Emanzipation Bemühten.

Kants Philosophie führte, wie wir wissen, zum Riß. Er stellte in seiner Aufräumung des menschlichen Geistes die *reine* Vernunft einer *praktischen* gegenüber und schuf auf diesem Wege das mittlerweile bekannte Muster: hier transzendentale Wahrheit der Metaphysik, in der der einzelne nichts zählt; dort konkrete Wahrheit des Lebens, in der die Metaphysik nichts zählt. Die Diskrepanz ist offensichtlich, 700 versus acht Seiten. Durch den simplen Aufruf, gefälligst den eigenen Verstand zu benutzen, wird die monumentale Erkenntnistheorie konterkariert. Selten hat eine Philosophie einen so repräsentativen Palast errichtet und zugleich empfohlen, in die selbstgezimmerte Hütte einzuziehen. Hegel wählte den Palast und baute ihn aus; wem das Los des Menschen näherstand als hehre Wahrheit, deklamierte: Krieg den Palästen, Friede den Hütten. Kant ist beides. Bombastische Vernunft und die handfeste Aufforderung, sich nicht im eigenen Schlamassel einzurichten, nicht tatenlos zu bleiben. Welt *an sich* – und wider die Faulheit, die Feigheit.

Der Widerstand hat Geschichte. Die der Demokratie und der Menschenrechte begann nicht erst im 18. Jahrhundert. Der Kampf um sie durchdringt zahlreiche Epochen. Bis in das 6. Jahrhundert vor unserer Zeitrechnung reicht ihr Ursprung zurück. Mehr als zweieinhalb Jahrtausende bedurfte es, sie auf den Weg zu bringen. Der griechische Staatsmann Solon forderte als erster für alle gleichen Zugang zu politischen Ämtern wie Gleichheit vorm Gesetz. 100 Jahre nach ihm taucht im Kreis der Sophisten der Gedanke auf, niemand sei als Sklave geboren. Um 300 vor unserer Zeitrechnung formuliert Zenon, der Gründer der Stoa, die Vision einer rechtlichen Staaten- und Menschengemeinschaft. Es folgte die lange Periode römischer, feudaler und klerikaler Herrschaft, bis 1215 in England die *Magna Charta* unterzeichnet wird. Gegen die Willkür des Adels, der sich kaum ans Gesetz gebunden fühlte, sieht dieses Urdokument moderner Demokratien vor, daß niemand ohne ein legales Urteil gefangen, enteignet oder für gesetzlos erklärt werden dürfe. 450 Jahre waren vonnöten, um die Fürsten an solche Rechtsvorschriften und Rechtmäßigkeiten zu gewöhnen. Wiederum 450 Jahre, in denen Menschen, weder faul noch feige, den Mut hatten, sich ihres eigenen Verstandes zu bedienen und für ihre Überzeugungen zu kämpfen. Mit der *Habeas-Corpus-Akte* von 1679 und der *Bill of Rights* aus dem Jahre 1689 war schließlich ein entscheidender Schritt auf dem Weg zur Demokratie getan. Sie schufen, zusammen mit John Lockes »Naturrecht«, seiner philosophischen Deklaration, daß alle Menschen von Natur aus frei seien, die Basis der späteren amerikanischen Verfassung. Mit diesem Gedankengut machten sich die Pilgerväter der *Mayflower* auf ihren Weg in die Neue Welt. Am 4. Juli 1776, weitere 100 Jahre danach, kam es zur Unabhängigkeitserklärung der Vereinigten Staaten.

Was in Amerika Konstitution geworden war, führte in Frankreich zur »Erklärung der Menschen- und Bürgerrechte«. Des Volkes Recht, sich seine Rechte gegebenenfalls mit Gewalt sichern zu dürfen, gehörte dazu. Ursprung der Französischen Revolution. Sie beeinflußte wiederum deutsche Philosophen. Sie brachte die sozialistische Idee hervor. Sie führte in der Folgezeit zu über siebzig europäischen Verfassungen. Sie alle garantieren Grund- und Bürgerrechte, Freiheits- und Gleichheitsrechte. Die Geschichte des Mutes ist nicht zu Ende. Das hehre Ziel realisierter Menschenrechte steht nach wie vor in weiter Ferne. Trotz UN-Charta (1945), Menschenrechtskommission (1947), Konferenz für Sicherheit und Zusammenarbeit in Europa (1975) und völkerrechtlicher Verankerung der UN-Menschenrechtsdeklaration wird weltweit immer noch jeder zweite zum Opfer von Menschenrechtsverletzungen.[1]

In der Antike begann die Geschichte einer Herrschaft des Volkes. Im Mittelalter sind erste, kaum wahrnehmbare Ansätze zu ihrer Verwirklichung zu beobachten. Unter der Megaphilosophie der Vernunft bricht sie sich Bahn. Sie bricht sich doppelt Bahn, in einer hegelianischen und einer marxistischen Version. Als bürgerliche Demokratie und als sozialistischer Arbeiter- und Bauernstaat. Beide haben im 19. Jahrhundert ihren Ursprung, im selben Jahrhundert, in dem die Ökonomie als eigenständige Disziplin auftaucht. Am Ende des nachfolgenden Säkulums ist nun ihr Weltbild, ihr Regelwerk Megaphilosophie geworden. Wieder hat ein Machtwechsel stattgefunden. Zum ersten Mal in der Geschichte beansprucht eine neue Macht nicht zugleich eine neue politische Herrschaftsform. Auch die Megaphilosophie des Ökonomischen beruft sich auf die Demokratie. Sie beruft sich auf die freiheitlich demokratische Grundordnung als unumgängliche Voraussetzung für eine freie Marktwirtschaft. Sie bekämpft nicht die gewählten Vertreter der Politik, sie arbeitet mit ihnen. Um so mehr drängt sich die Frage auf, welche Philosophie die Politik dabei verfolgt. Befindet sie sich noch im Einklang mit dem Bürger, oder hat sie sich in ihrer Gleichschaltung von politischer und wirtschaftlicher Freiheit schon so sehr und einseitig an die Ökonomie gebunden und in ihr verstrickt, daß sie bereits in einer klaren Gegnerschaft zu ihm steht?

2 Die Geschichte der Megaphilosophien ist eine Geschichte des Aufkommens und Verschwindens gesellschaftlicher Realitäten. Es ist eine Geschichte der Macht und der Definitionsmacht. Wer hat das Sagen? Welche Ziele verfolgt, welche Regeln diktiert das Gesagte?, lauten ihre zentralen Fragen. Die darauf folgenden Antworten formen das »Wahrheitsmodell« einer Macht, formieren ihre Philosophie. Jede Macht hat ihre eigene Philosophie. Jede erfolgreiche Macht weiß, ihre Philosophie ist untrennbar mit der von ihr praktizierten Politik verbunden. Insofern ist das »Wahrheitsmodell« der Ökonomie ein anderes als das der Politik. Jene ist vom Motor des Eigeninteresses angetrieben; diese behauptet, das Kollektivinteresse zu bedienen. Jene ist grundsätzlich materialistisch, sofern sie darauf abzielt,

einen materiellen und rechenbaren Nutzen zu erwirtschaften; diese ist grundsätzlich idealistisch, sofern sie sich in ihrer Arbeit an der *res publica* am Ideal einer menschenwürdigen, einer menschlichen Gesellschaft zu orientieren vorgibt. Im Leben ziehen meist die Idealisten den Kürzeren, sagt man. Darum verabschieden sich die meisten im Laufe ihres Lebens vom jugendlichen Utopieren. Vielleicht sind Politiker anders. Vielleicht ist die Politik weniger idealistisch, als ihre Programmatik glauben läßt. Vielleicht ist auch die Ökonomie idealistischer, als man es von ihrem Blick auf die Utilität erwarten würde. Wer weiß? Uns interessiert vor allem, was der Machtwechsel von der Politik auf die Ökonomie für uns bedeutet. Uns, das sind wir, das sind die Mitglieder einer Gesellschaft, die nach jahrhundertelangem Ringen zur Demokratie gefunden hatte.

Danach gefragt, welche Philosophie seine Handlungen anleite, singt der herkömmliche Berufspolitiker nach wie vor das hohe Lied der Demokratie. Nahezu jeder Politprofi ist darin herkömmlich. Man kann den einen wie den anderen zitieren. Zitieren wir Björn Engholm. Er eignet sich gut. Er sprach »Vom öffentlichen Gebrauch der Vernunft«, galt als moralisch integre Person, avancierte in wenigen Jahren vom chancenlosen Oppositionsführer eines strukturschwachen Bundeslandes zum Parteivorsitzenden und Kanzlerkandidaten, trat als Erneuerer und Modernisierer auf, trat überhaupt auf wie ein neuer und moderner Typus des Politikers: leise, kultiviert, medienwirksam, attraktiv – strahlte wie ein Stern am Polithimmel und war doch binnen kurzer Zeit verloschen. Das modernste an ihm, so stellte sich heraus, war dieses Mehr an Schein denn Sein.

Als sich Engholm um das Amt des Regierungschefs bewarb, gab er Auskunft über die Philosophie, die sein politisches Handeln bestimme. Er sprach über die Vernunft und ihre Handhabung in einer repräsentativen Demokratie. Auffällig war, wie wenig er dabei etwaiger Inhalte bedurfte. Worauf er sich berief, war die formale *Dimension der Gewaltenteilung*: »die Kontrolle der Politik durch die Medien, die Kontrolle der Berufspolitiker durch die Berufsjournalisten. Die klassische Gewaltentrennung von Legislative, Exekutive und Judikative, die funktionale Alternative von Regierung und Opposition, die föderative Kompetenzverteilung zwischen Kommunen, Ländern, Bund und EG«; allesamt *Teilungen der Staatsgewalt*, die, wie er meinte, »gemeinsam den harten Kern der demokratischen Öffentlichkeit« bilden und die »ohne die Balance der politisch handelnden und der journalistisch kontrollierenden Gewalten« weitgehend wirkungslos blieben.[2] Wären diese formalen Aspekte auch diejenigen, die den Bürger und Wähler an der Demokratie begeisterten, hätte er allerdings kaum seinen Verdruß an der Politik zur Sprache bringen müssen. An der Gewaltenteilung liegt unverändert nichts im argen; an der repräsentativen Demokratie durchaus. Als Parteienherrschaft, als Parteienkratie ist mittlerweile mehr als einmal angeprangert worden, was den Willen des Volkes repräsentieren sollte.

In Deutschland hatte Hans Magnus Enzensberger zuerst den Unmut geäußert. Bereits 1983 schrieb er im *Spiegel*, die sogenannten »Parteispitzen« seien zu einer Oligarchie geworden, die ihre Entscheidungen außerhalb des Parlaments treffe. »Der Bundestag registriert lediglich die Beschlüsse, zu denen die Präsidien, Vorstände, Fraktionen und Ausschüsse der Parteien gekommen sind.« Fünf Jahre später stellte er fest, daß die Parteien den in der Verfassung vorgesehenen Wählerauftrag des Abgeordneten durch »die Institute der Listenwahl und des Fraktionszwangs praktisch abgeschafft« hätten. Die Hälfte aller Abgeordneten werde nicht vom Volk gewählt, sondern vor der Wahl durch Funktionäre ernannt, die darüber bestimmten, wer einen garantierten Sitz im Bundestag bekomme und wer nicht.[3] Der Unterschied zum Gebaren sozialistischer Parteienherrschaft ist da nicht mehr groß.

Wie lange und wie oft wurde der Mangel an demokratischen Strukturen im Osten moniert. Man vermißte die in allen westlichen Verfassungen verankerten Bürger-, Freiheits-, Persönlichkeits- und Gleichheitsrechte. Man vermißte die repräsentative Demokratie. Man vermißte eine Parteienlandschaft, aus der der Bürger seinen Interessen gemäß seine Vertreter im Parlament bestimmen konnte. Es steht im Grundgesetz: Der Wille des Bürgers werde durch die von ihm gewählten Abgeordneten und Parteien repräsentiert; diese hätten bei der politischen Willensbildung des Volkes mitzuwirken. So etwas gab es im Sozialismus nicht. Im Sozialismus bestimmte die Partei über den Bürger. Im Osten konnte er nicht wirklich wählen, er konnte nicht auswählen.

Gewählt wird im Westen immer noch. Mehr denn je wird der Wahlkampf sogar als ein Kampf der politischen Ausrichtung inszeniert. Mehr denn je kann nur zum Führer werden, wer den Spielregeln der Medialität genügt. Man stellt den Produktnutzen des Kandidaten heraus. Er selbst stellt sich in Anzeigen und TV-Spots, auf Plakaten und Versammlungen heraus. Man feilt an seiner Imagekampagne. Er selbst versucht, dem Storyboard der eigens für ihn entwickelten Charisma-Konzeption so gut wie möglich gerecht zu werden. Man vermarktet, wie man es von der Ökonomie gelernt hat. Doch über die politische Richtung kann der Wähler nicht mehr entscheiden. Seinen Willen findet er nicht mehr repräsentiert.

Vier Jahre nach seiner zweiten Parteienschelte bekam Enzensberger gar Unterstützung von höchster Stelle. Der damals amtierende Bundespräsident Richard von Weizsäcker bemerkte: »Was für eine Vorstellung die Mütter und Väter unserer Verfassung am Ende der vierziger Jahre vom Einfluß der Parteien hatten, weiß ich nicht. Das, was sie darüber in Artikel 21 des Grundgesetzes formuliert haben, ist jedenfalls ein geradezu gigantisch eindrucksvolles Beispiel von Understatement. Wenn man dort den Kernsatz liest, *die Parteien wirken bei der politischen Willensbildung des Volkes mit*, und dies mit der tatsächlich eingetretenen Wirklichkeit unseres Verfassungslebens vergleicht, dann kommen dem einen nur die Tränen der Rührung, und bei anderen schwellen die Zornesadern ... Der Hauptaspekt des ›erlernten‹ Berufs unserer Politiker besteht in der Unterstützung dessen, was die Partei will, damit sie einen nominiert, möglichst weit oben in den Listen, und in der behutsamen Sicherung ihrer Gefolgschaft, wenn man oben ist.«[4]

Solch kritische Stellungnahme will nicht mehr mit der Zufriedenheit herkömmlicher Politphilosophie harmonieren. Nicht umsonst hat sich von Weizsäcker, obwohl nach wie vor der qualifizierteste und anerkannteste Präsident der bundesdeutschen Republik, mittlerweile von seiner eigenen Partei, der CDU, zurückgezogen. Der Graben scheint so tief, daß sogar schon von einem Parteiausschlußverfahren die Rede war. An der Diskussion über Anspruch und Wirklichkeit der Parteienpolitik war der Niedergang des politischen Geschäftes, die Krise der Demokratie und das gebrochene Vertrauen in die Kompetenz und Integrität von Berufspolitikern erstmals deutlich geworden. Und dennoch war es nur der Anfang.

In jenen Jahren schrieb ein Trendforscher, das Verhältnis der Bürger zum Staat sei vom Unbehagen geprägt. Es gelte vor allem den Politikern. Man habe den Eindruck, sie versprächen vor der Wahl mehr als sie hielten. Ihre Fähigkeiten, an die Macht zu kommen, stimmten nicht mit denen überein, die zur Lösung der dringlichen Probleme notwendig wären. Der Staat, verkörpert durch Regierung und Verwaltung, vermittle nicht mehr das Gefühl, den Bürgern berechenbare Sicherheit zu gewährleisten. »Das bezieht sich auf Sicherheitsfragen und das Gleichbehandlungsprinzip der Bürger, auf den Umgang mit Steuergeldern und wirtschaftliche Fragen, auf den Abbau des sozialen Netzes und die Qualität staatlicher Dienstleistungen.«[5] In jenen Jahren fing der Wähler an, ein Nichtwähler zu werden. Er verzichte auf sein demokratisches Recht, sagt der herkömmliche Politprofi, und verkennt dabei, daß dieser Nichtwähler nur auf die von ihm erkannte Farce reagiert. Was soll er mit seinem Recht zur Wahl anfangen, wenn seine Wahlentscheidung mit der in der Verfassung vorgesehenen repräsentativen Demokratie ohnehin nur mehr wenig gemein hat? Was soll er mit dem Grundgesetz, wenn die Parteien sich nicht daran halten? Tatsächlich stellt die Mißachtung besagten Artikels 21 des Grundgesetzes bei näherer Betrachtung der politischen Praxis lediglich die Spitze des Eisbergs dar.

Sehen wir uns an, wie in der Politik mit den Resultaten der über zweitausendjährigen Geschichte des Mutes umgegangen wird. Schrekken wir ausnahmsweise einmal nicht davor zurück, die Philosophie ernst zu nehmen. Nicht als Konglomerat lebenskluger Aphorismen wollen wir sie verstanden wissen; nicht geistbeflissenen Extravaganzen soll sie dienen. Begreifen wir sie als eine Charta des Zusammenlebens und unserer im Laufe vieler Generationen erkannten und errungenen Leitlinien des gesellschaftlichen Seins und Handelns, die wir zwar immer wieder verbessern oder revidieren müssen, die uns aber nichtsdestotrotz die Rahmenbedingungen einer Koexistenz liefert, über die wir uns verständigen können, ohne uns in Einzelfällen zu verheddern. Die Philosophie mag Geist sein – gut. Doch wenn diese hier Geist ist, dann keiner, der als ein ideelles Konstrukt irgendwann einmal Wirklichkeit werden soll; keiner, der als Vision einer demokratischen Gesellschaft am Ende der Geschichte sich irgendwie erfüllen wird. Wenn wir von einem Geist sprechen, dann soll es der oft zitierte des Grundgesetzes sein: Grundlage aller Gesetze. Kürzeste Zusammenfassung der Philosophie, die in der Demokratie für das politische Handeln verbindlich zu sein hat. Resultat des Ringens um Freiheit. Es ist der Geist, durch den das Grundgesetz verbürgt, worauf jeder im Staate vertrauen darf. Es definiert die verbindliche Herrschaft des Volkes. Es liefert die Definition dessen, was gültig sein soll. Kraft Grundgesetz soll gültig sein, daß jeder sich darauf verlassen kann, weder politisch noch ökonomisch unterdrückt zu werden.

In der Bundesrepublik Deutschland hat das Grundgesetz ein besonderes Gewicht. In Deutschland mußten nach dem Kriege Demokratie und Menschenrecht im besonderen Maße gelernt werden. 1949 war das Jahr der demokratischen Einschulung. Mit dem Stolz, keinerlei ernstliche Verfassungskrisen erlebt zu haben, feierten die Demokraten im Lande, allen voran die Parteien, 1999 den 50. Geburtstag der, wie mehr als einmal zu lesen war, stabilsten Verfassung in der Geschichte der deutschen Republiken.* Man feierte zu Recht. Das deutsche Grundgesetz wäre eine gute Grundlage der Demokratie. Schon die Präambel legt davon Zeugnis ab. Dort heißt es, der Staat sei verpflichtet, die Würde des Menschen zu achten und zu schützen.

Ist von »Würde« die Rede, ist die Gefahr groß, in philosophischer Spitzfindigkeit zu ergründen, worin sie im einzelnen bestehe. Machen wir's auch hier nicht komplizierter als nötig. Wir wissen, was Würde heißt. Es ist des Menschen Recht auf die Ganzheit und Unversehrtheit des Lebens und seine Pflicht, sie für sich selbst zu bewahren und dem anderen zu belassen. Die Würde nimmt, wer sich oder anderen den Reichtum des ihm geschenkten Lebens raubt, indem er den von Natur aus vorhandenen Zugang zur Freiheit, zur Freude, zum Glück, zur Liebe, zur Gemeinschaft, zur Natur, zur Arbeit, zur Kontemplation, zur Religiosität, zur künstlerischen Phantasie ... verwehrt oder zerstört. Ebenso wissen wir, worin die politische Voraussetzung der Menschenwürde angelegt ist. Seit jeher und ausnahmslos zielten alle nach ihr strebenden Kämpfe darauf ab, diese Fülle des Lebens zu erlangen oder zurückzugewinnen. Alle Revolten richteten sich gegen eine Herrschaft, die den Willen des Menschen in seiner Einzigartigkeit und seiner Verbundenheit mit anderen ignoriert. Alle Revolten richteten sich gegen Formen der Ausbeutung, die den Menschen auf den materiellen Überlebenskampf reduzieren: die Sklavenhaltergesellschaft, die Lehensherrschaft, die kapitalistische Ausbeutung ...

Wie ist demgegenüber eine, seitens der Ökonomie verursachte, seitens der Politik geduldete und verstärkte Reduzierung der mensch-

* Das Jahr 1999 war in Deutschland zugleich der 150. Jahrestag der ersten demokratischen, seinerzeit in der Frankfurter Paulskirche errungenen Verfassung des Landes, das Jahr der zu Ende gehenden Bonner und der beginnenden Berliner Republik, und das Jahr, in dem die Bundesrepublik erstmals nach dem Zweiten Weltkrieg an einem Angriffskrieg teilnahm.

lichen Existenz auf das materielle Überleben zu beurteilen? Wie haben wir eine Politik zu bewerten, die darauf abzielt, die Gesellschaft in eine Fraktion der von der Arbeit Ausgeschlossenen und eine der durch die Arbeit Erschöpften zu teilen? Wie haben wir eine Ökonomie zu bewerten, die nicht im Dienste der *res publica* steht, sondern diese in ihren Dienst stellt? Was haben wir von einer Megaphilosophie zu halten, die zwar formal den Grundprinzipien der Demokratie folgt, in der Praxis aber die im Grundgesetz verankerte Philosophie eines demokratischen Gemeinwesens mißachtet? Fragen am Ausgang der Geschichte, die so glorreich gedacht war und nun so sang- und klanglos zu Ende geht, als wär's ein Armenbegräbnis. *Das mit der Demokratie ging leider nicht; sie wurde uns zu teuer.*

3 Heiner Geißler ist kein herkömmlicher Politiker. Der studierte Geisteswissenschaftler und Jurist war ehedem Stratege der konservativen Wende in den frühen Achtzigern und zwölf Jahre Generalsekretär der bundesdeutschen CDU. Er hat, Konservativer aus Leidenschaft und mit einem in seinen Kreisen selten klugen Kopf versehen, manches Mal schon, der Name sei Programm, seine Partei *gegeißelt*. So auch im Oktober 1998 nach dem Wahlsieg der SPD, als er seine Kollegen aufforderte, nach 16 Jahren Helmut Kohl einen »goldenen Mittelweg zwischen Sozialismus und Kapitalismus« zu suchen. Wir müssen uns darum bemühen, sagte er, »eine weltweite soziale Antwort auf die Globalisierung der Ökonomie« zu finden und uns dabei an »das christlich-humanistische Menschenbild« halten, das heißt an »die Unantastbarkeit der Würde des einzelnen, unabhängig davon, ob einer jung oder alt ist, Mann oder Frau, reich oder arm, leistungsfähig oder behindert, gesund oder krank, deutsch oder Ausländer. Und die Solidarität der Menschen untereinander.« Es sind nicht unbedingt Töne, die man von einem klassisch Konservativen erwartet; aber es sind Töne, die deutlich machen, daß mehr als eine konservative, die Politik generell in Gefahr ist.[6]

Allmählich häufen sich die Stimmen derjenigen, die sich ungeachtet ihrer politischen Ausrichtung wie schon lange nicht mehr um die demokratische Gesinnung im Lande sorgen. So hatte bereits ein Jahr zuvor Andreas Zielcke in der *Süddeutschen Zeitung* geschrieben, die große Vision von Freiheit und Gleichheit, mit der die bürgerlichen

Revolutionen einst aufgebrochen waren, sei einer provozierenden Realität von Freiheit und Ungleichheit gewichen. »Der ökonomische Abstand zwischen Reichen und Armen, zwischen Mächtigen und Machtlosen, schon seit langem riesig, dehnt sich von Jahr zu Jahr weiter; mittlerweile klafft ein schwindelerregender Abgrund zwischen oben und unten.«[7] Es sind Statements, Kommentare, Kritiken und Forderungen, die dem Beobachter des politischen Geschehens seit langem vertraut sind.

Wer sich für Politik interessiert, weiß von ihrer sukzessiven Entmachtung. Er weiß und bekommt es jede Woche zu hören, die Ökonomie hat Vorrang, sie ist wegen der Krise der Märkte als »politischer Gestalter« unumgänglich, die Politik muß vor allem die Wirtschaftskrise so gut es gehe abfedern, eine *Ökonomisierung der Politik* findet statt, deshalb muß der Politiker ein Politik-Manager sein, der, so kritisch er sich auch geben mag, der Logik des Kapitals zu folgen hat etc. Er weiß und liest: »Der Primat der Ökonomie hat ... etwas Sakrosanktes, das Politische fügt sich und anerkennt, daß seine Rädchen nur laufen, wenn sie vom Motor einer funktionierenden Wirtschaft angetrieben werden ... Wer an die Macht will, muß ... mindestens so kapitalistisch sein wie die Kapitalisten, sonst geht die Rechnung nicht auf.«[8]

Was der interessierte Beobachter freilich nicht zu hören und zu lesen bekommt, ist der hinter den Nachrichten und ihren Bewertungen keineswegs nur klammheimlich zutage tretende eigentliche Skandal. Weder die knallharten Vertreter wirtschaftlicher Kalküle noch ihre politischen Helfer, die gewählten oder von ihren Parteien bestellten Vertreter der repräsentativen Demokratie, handeln noch im Geiste des Grundgesetzes. Die darin verankerte Verpflichtung des Staates gegenüber seinen Bürgern wird praktisch nicht mehr eingelöst. Unverblümt müssen wir konstatieren: Zu den größten Feinden der Verfassung sind mittlerweile jene geworden, die sie zu sichern vorgeben. So geht der Herrschaftswechsel in der Megaphilosophie, entgegen herkömmlicher Behauptung, doch mit einem Wechsel in der politischen Herrschaftsform einher.

Der Geist des Grundgesetzes ist zu einer Leerformel geworden. Zum Beispiel die Aussage, die Staatsgewalt müsse durch das Volk anerkannt und gebilligt werden. Tatsächlich sind Anerkennung und Billigung darauf reduziert, daß die Volksvertreter gewählt und die politischen Entscheidungen unabhängig vom Volk getroffen werden.* Zum Beispiel die Rechtsstaatlichkeit. Das deutsche Bundesverfassungsgericht ist eine der anerkanntesten demokratischen Institutionen der Welt. In der Geschichte der Bundesrepublik hat es immer wieder dem Bürger zu seinem Recht verholfen. Aber zugleich beweist gerade die Fülle der Urteile, in denen dieser oberste Gerichtshof ein Gesetz an die Politik zur Korrektur zurückgeben mußte, wie häufig Bundestag und Bundesrat Entscheidungen treffen, die mit dem Grundgesetz unvereinbar sind. Zudem ist die Gleichheit vor dem Gesetz in dem Augenblick nicht mehr gewährleistet, in dem ein potentieller Kläger in wirtschaftlichen Rechtsstreitigkeiten nicht mehr an gleiche Chancen glauben kann. Er hat weder die finanziellen Mittel noch die Möglichkeit, sich im Paragraphendschungel und der Fachsprache des Rechtssystems zurechtzufinden; er hat nicht die Anwälte, er hat nicht den längeren Arm.

Laut Grundgesetz wird die Rechtsstaatlichkeit weiterhin durch die Sozialstaatlichkeit ergänzt. Der Staat ist zum Schutz der sozial Schwächeren verpflichtet. Er muß sich stetig um soziale Gerechtigkeit bemühen. In Wirklichkeit wird die Sozialstaatlichkeit abgebaut. Soziale Gerechtigkeit wird mittlerweile volkswirtschaftlich definiert; der Abbau der Sozialstaatlichkeit wird zugleich volkswirtschaftlich legitimiert. Nächster Punkt: Im Grundgesetz ist ausdrücklich niedergelegt, daß von staatlicher Seite weder ein Arbeitszwang noch Zwangsarbeit ausgeübt werden dürfe. Unbestreitbar übt der Staat im Zuge seiner Geldnot aber einen ökonomisch vermittelten Arbeitszwang aus. Selbst der als Langzeitarbeitsloser zum Sozialhilfeempfänger gewordene *underdog* muß nun, um seiner Unterstützung nicht verlustig zu gehen, regelmäßig seine Bemühung um Arbeit nachweisen. Er hat, um sich vom Ruf des Schmarotzers zu befreien und von den Fehlern der Politik abzulenken, den *Beruf* des Arbeitslosen auszuüben.

* Beispielsweise ging die gegenwärtig in Deutschland regierende rot-grüne Koalition mit der Behauptung auf Wählerfang, sich nie aktiv an einem Krieg beteiligen zu wollen. Die SPD erklärte in ihrem Grundsatzprogramm: *Streitkräfte dürfen nur der Landesverteidigung dienen*; Bündnis 90/Die Grünen schrieben in ihr Wahlprogramm: *Wir sind nicht bereit, militärische Friedenserzwingung und Kampfeinsätze mitzutragen*. Sechs Monate nach der Wahl haben sich beide Parteien entschlossen, in den Krieg gegen Jugoslawien einzutreten. Ob diese »Staatsgewalt durch das Volk anerkannt und gebilligt« wurde, war nie die Frage. Wer SPD oder Grüne gewählt hatte, um das zu vermeiden, war auf einen Werbefilm hereingefallen.

Gehen wir zu den Freiheitsrechten über: Meinungsfreiheit, Pressefreiheit, Freiheit von Kunst und Wissenschaft, Sicherung des Eigentums ...; Grundlagen demokratischer Verfassungen. Wie sieht deren Praxis aus? Beschränkt man sich auf politisch-formale Gegebenheiten, stehen sie außer Zweifel. Sieht man sich jedoch den ökonomischen Einfluß auf die Politik und die Ökonomisierung der Politik an, muß einem schaudern. Die in den Medien ermöglichte Meinung folgt längst wirtschaftlichen Kalkülen. Medienkonzerne täuschen Meinungsvielfalt vor. Anzeigenkunden diktieren Inhalte. Meinungsumfragen legitimieren Massenschund. Inhaber, Unternehmer und Manager entscheiden, was gefragt ist. Wo's kritisch wird, wird der Geldhahn zugedreht, wird aufgekauft, wird über den Distributionsweg gehindert. Die Freiheit der Kunst existiert nur noch auf dem Papier. Machen darf jeder; veröffentlichen kann meist nur, wer es sich leisten kann oder der Ökonomie folgt. Die Freiheit der Wissenschaft ist gänzlich ausgehöhlt. Was erforscht wird, wer forscht, in welchem Zeitraum geforscht wird, für wen geforscht wird ... ist nahezu ausschließlich eine Frage ökonomischer Interessen.

Die Sicherung des Eigentums? Hier wird nicht mal mehr formal der Schein gewahrt. Je spärlicher bemessen die Mittel der öffentlichen Hand sind, um so mehr versucht der Staat sich an jenen schadlos zu halten, deren Interessen er zu vertreten vorgibt. Anstatt sich an die zu wenden, bei denen was zu holen wäre, preßt er die aus, wo es leicht geht. An die anderen wagt er sich nicht. Sie würden, so heißt es und so drohen sie, ihr Barockschlößchen nebst Fabrik umgehend ins Ausland transferieren. Mit höherer Besteuerung einschlägiger Güter und Mehrwertsteuer hat er sich zusätzlich bedient. Seit seine Einnahmen aus Löhnen und Gehältern ständig abnehmen, versucht er, durch die Zirkulation des Geldes noch auf einen grünen Zweig zu kommen. Er versucht, den Steuerzahler daran zu hindern, sein Geld zu horten. Da Menschen gerade in schlechten Zeiten einen Hang zur Sicherheit entwickeln, versucht er, mit Hilfe der Steuerpolitik diese Sicherheitsbedürfnisse zu unterlaufen. Da der Übergang von einer Steuerpolitik, die je nach Partei als sozialer Ausgleich oder zu belohnender Fleiß beworben wird, zu einer Politik der Wirtschaftsförderung nicht verdächtig werden darf, muß sie im Willen der Betroffenen verankert sein. Da dieser Wille nur den eigenen Besitz kennt, muß der Steuerzahler durch die Definition steuerlich relevanter Auslagen dazu gebracht werden, sich bei der Mehrung des geliebten Privateigentums immer weniger wie eine Privatperson und immer mehr wie ein kleiner Unternehmer zu benehmen. Er soll sich eine Wohnung kaufen, in der er nicht selbst wohnt, einen Neuwagen leisten oder leasen, sein Erspartes in Privataktien anlegen etc. Und wenn er partout nicht weiter investieren will, wird eben das, was er sparte, besteuert. Jedes Jahr von neuem, bis er endlich einsieht, daß er sein Geld gefälligst an diejenigen auszugeben hat, denen er es verdankt. In jeder Hinsicht ist die Wirtschaft Nutznießer. Immer wenn der Rubel rollt, klingelt es in ihrer Kasse. Der Staat duldet und fördert es, weil doch nur sie unser Gemeinwesen erhalten kann. Was sie erhält, sieht man. Immer größer werden die Gewinne der Ökonomie, immer ärmer Bund, Länder und Gemeinden.

Dann garantiert das Grundgesetz die Gleichheitsrechte. Niemand dürfe wegen seines Geschlechts, seiner Abstammung, seiner Rasse, seiner Sprache, seiner Herkunft, seines Glaubens oder seiner politischen Anschauung benachteiligt oder bevorzugt werden. Es erübrigt sich bald jeder Kommentar. Hier ist die freiheitlich demokratische Grundordnung vollständig durch die Prinzipien einer freien Marktwirtschaft ersetzt. Wer nicht einmal dazu kommt, seine Gleichheit durch Leistung unter Beweis stellen zu dürfen, kann gleich darauf warten, im nächsten Leben von seinem Herrgott eine bessere Startnummer zugeteilt zu bekommen. »Man kann«, wie nochmals Andreas Zielcke schrieb, »die Forderung nach Gleichheit auf ihren paradoxen Kern reduzieren: jeder hat das gleiche Recht zur Ungleichheit.« Gleichheit habe einst auf den Fahnen gestanden, wirklich angestrebt hätte aber noch keine Demokratie die soziale oder ökonomische Gleichheit. Gleichheit vor dem Gesetz vielleicht, Chancengleichheit ab und an. Doch jetzt, wo auch sie radikal abgebaut werde, sehe man, daß der Sozialstaat gar nicht mehr auf eine Nivellierung der Lebensverhältnisse abziele. Die Gleichheit sei zu einer Frage der Startbedingungen geworden. In den sozialen Zusammenhalt sei der Sprengsatz der Ungleichheit schon eingebaut.[9]

Groß ist die Verantwortung, die Politik und Ökonomie durch ihr Handeln auf sich genommen haben. Groß ist die Gefahr, in die sie uns brachten. Verneinen müssen wir die Frage, ob eine durch die Ökonomisierung gelähmte, eine im Dienst der Ökonomie stehende Politik noch verfassungstreu sei. Bejahen müssen wir wieder den Aufruf Kants: Habe den Mut, dich deines eigenen Verstandes zu bedienen! Habe den Mut zu sagen, wieder einmal ist, was bereits Herrschaft des Volkes war, zu einer Herrschaft selbsternannter Vormunde geworden. Wieder einmal liegt es an uns, Faulheit und Feigheit zu überwinden.

4 Daß sich ein erfolgreicher Unternehmer entscheidet, in die Politik zu gehen, ist nicht ungewöhnlich. Gerade der Mittelständler läßt sich gerne in den Stadtrat, den Bezirks-, Land- oder Bundestag wählen. Er möchte seine Erfahrungen einbringen; er glaubt, es seiner Region schuldig zu sein; seine Kundschaft hat ihn darauf angesprochen; er will seine Interessen vertreten oder weiter Karriere machen. Dennoch war es trotz vieler Versuche jahrelang nicht mehr gelungen, einen Topmanager oder Unternehmensführer in wichtige politische Ämter zu locken. In Deutschland lehnte zum Beispiel der frühere BMW-Chef Eberhard von Kuenheim das Amt des Wirtschafts- oder Finanzministers ab. Sein Vorstandssessel war ihm lieber. Er war nicht der einzige. Den umgekehrten Weg wählten dagegen einige Spitzenpolitiker. Die Finanzminister Friedrichs (FDP) und Lahnstein (SPD) zogen in die Chefetage eines Bank- bzw. eines Medienkonzerns um, Ministerpräsident Späth (CDU) in die eines Jenaer Industrieunternehmens.

Um 1990 ging diese Entwicklung auf dem internationalen politischen Parkett plötzlich wieder in die gegenläufige Richtung. In Italien wurde im April 1993 der parteilose Ciampi, vormals Gouverneur der Zentralbank, mit der Regierungsbildung beauftragt und anschließend zum Ministerpräsidenten gewählt. Noch deutlicher sind die Beispiele zweier Unternehmer, die in jenen Jahren für mehr als nur politische Schlagzeilen gut waren. Um das Amt des Präsidenten der Vereinigten Staaten kämpfte zweimal Self-Made-Milliardär Ross Perot. Ein Jahr nach Ciampi konnte sich im April 1994 der Medienzar Silvio Berlusconi auf seinen neuen Posten als Regierungschef freuen.

Perot und Berlusconi passen nicht mehr in das Bild des klassischen »Staatsdieners«. Selbst wenn es seit jeher Mythos war, so ist dies Bild in ihrem Fall nicht einmal mehr als solcher strapazierbar. Für diese beiden Männer ist der Staat ein Großunternehmen. Für sie ist Politik bereits mit Wirtschaft gleichzusetzen. In Deutschland, meinte die *Frankfurter Allgemeine Zeitung* anläßlich des Erfolgs von Berlusconi, hätte solch ein Medienmogul kaum eine Chance, Kanzler zu werden. So sehr sich manche auch einen tatkräftigen selbständigen Unternehmer wünschen mögen, so wenig sei dies wegen anderer politischer Strukturen vorstellbar. Allein das deutsche Medienrecht mache die Ausnutzung des Fernsehens als politisches Machtinstrument fast unmöglich. Damit hat diese angesehene Tages- und Wirtschaftszeitung fraglos recht. Nur besteht leider kein Anlaß, sich nun befriedigt zurückzulehnen und die Stabilität des bundesdeutschen Rechtssystems zu goutieren. Vielmehr gibt es in Deutschland für einen mächtigen Unternehmensführer überhaupt keinen Grund mehr, in die Politik überzuwechseln. Der Gestaltungsspielraum wäre ihm viel zu klein, die öffentliche Kontrolle viel zu groß; Berlusconis Schicksal, sich schon nach wenigen Monaten auf der Bank des Oppositionsführers wiederzufinden, viel zu unattraktiv, und die »Verquickung von Politik und Geschäft«, von der die *FAZ* mit teutonischer Genugtuung sagte, sie sei *nicht von Vorteil*, viel zu wenig. Ein moderner Unternehmensführer strebt nicht mehr danach, etwas zu »verquicken«. Er strebt danach, was sich längst jedes Großunternehmen als unternehmenspolitisches Programm auf die Fahnen geschrieben hat: die politische Führungsrolle selbst und ohne Wählerschaft übernehmen; bei der Arbeitsplatzsicherung, der Standortfrage oder der Ökologie nicht in die Abhängigkeit der Politik geraten; die gesellschaftliche Verantwortung ökonomisch definieren; das soziale und kulturelle Engagement an die eigenen Interessen binden.

Edzard Reuter, als Alleinherrscher über *Mercedes*, *AEG*, *Dasa*, *Dornier* und *Debis* seinerzeit mächtigster Manager im Lande, brachte es 1993 auf den Punkt, als er eine *politische Avantgardefunktion* für moderne Unternehmen in Anspruch nahm. Da wurde der *FAZ* dann doch wieder bang. Als »gefährliche Worte« bezeichnete Jürgen Dunsch das Ansinnen. Damit lasse sich am Ende alles einfordern, »von der Ministererlaubnis für die Übernahme der Messerschmitt-Bölkow-Blohm 1989 über Subventionen für die Mikroelektronik bis hin zu Rüstungsaufträgen zur Arbeitsplatzerhaltung und technischen Innovation. Das Primat der Politik degenerierte zur Verwaltung von Subventionstöpfen.«[10]

Solch Kommentar ist doppelt erstaunlich. Einerseits beabsichtigte Reuter wohl kaum, politische Kontrollorgane auszuschalten. Wir hatten es doch gehört: ums deutsche Recht ist es bestens bestellt. Andererseits offenbart die Sorge einmal mehr die Naivität vieler politisch Konservativer. In ihrer treuen Ergebenheit zu den Taten und Zielen des wirtschaftlichen Handelns, dessen Freiraum sie stets verteidigen, wird ihnen jedesmal mulmig zumute, wenn seitens der Ökonomie offen ausgesprochen wird, daß sie die Grundlagen der Politik selbst bestimmen wolle. Dabei ist dieses Bestreben der großen Wirtschaftsunternehmen spätestens seit 1989 ein offenes Geheimnis. Reuter selbst war einer der ersten, der es unverblümt verkündete, und zwar schon fünf Jahre zuvor.

1984 war das Jahr George Orwells, in dem die Ökonomie mal wieder frei schalten und walten durfte, weil dem Datum zufolge *big brother* Staat im Rampenlicht stand. 1984 war auch ein Kant-Jahr, das der Öffentlichkeit ebenfalls weitgehend verborgen blieb. Zum 200. Male jährte sich die Publikation seines berühmtesten Aufsatzes in der »Berlinischen Monatsschrift«.

Viele, die mit den Werten Kants konform gingen, hatten seinerzeit noch einmal an seinen Text erinnert. Einer von ihnen war Christian Graf von Krockow, der in einer nun Hamburgischen Wochenzeitung schrieb: »Die selbsternannten Vormünder hätten schwerlich eine Chance, wenn nicht in den Menschen selbst ihnen entgegenkäme, was Kant Faulheit und Feigheit nennt. Tatsächlich ist es bequem, mit den Wölfen zu heulen, das Gängige nachzureden und mit dem großen Haufen mutig zu sein. Etwas ganz anderes ist es, sich den herrschenden Vorurteilen entgegenzustellen, denn das erfordert, was so selten ist: Zivilcourage.«[11] Ein anderer war eben Edzard Reuter. Auch er gehörte zu den Lobrednern. Im Jubiläumsjahr hielt er an der wirtschafts- und sozialwissenschaftlichen Fakultät der Universität Hohenheim einen Vortrag, dessen überarbeitete Fassung im darauffolgenden Frühjahr in derselben Wochenzeitung unter dem Titel »Zwischen Management und Mythos«[12] erschienen war. Auch er zitierte den berühmten Philosophen (und den Grafen von Krockow obendrein). Auch er gemahnte an die Fähigkeit und den Willen zur Vernunft, auf der Grundlage des Mutes sich den eigenen Kopf zu zerbrechen.

Daran muß nichts verwundern. Herkunft und Denken des 1928 geborenen Reuter wurzeln in der Tradition aufklärerischer Politik; zumindest in der Tradition der ehemaligen Arbeiterpartei SPD, deren eingetragenes Mitglied er war. Sein Vater, Ernst Reuter, bekleidete als Regierender Bürgermeister des Westteils der geteilten Stadt Berlin jenes Amt, das nach ihm noch so namhafte Persönlichkeiten wie Willy Brand, Hans-Jochen Vogel und Richard von Weizsäcker ausfüllten.

Edzard Reuter selbst ist ein Mann, der sich trotz oder auch wegen seiner Intellektualität und Eloquenz zeit seines Lebens der Vernunft verpflichtet fühlte: der Mathematik, die er studierte; der Technik, die ihn faszinierte; der Finanzen, die er lange verantwortete; der Zweckrationalität, die er ebenso bekämpfte wie er ihr diente. Auf Vernunft basierte sein Lebens- und Karriereweg, den er ohne sogenannte Seilschaften beschritt. Zur Vernünftigkeit gehört sein Wissen um die mit dem Zuwachs an Macht einhergehende moralische Verpflichtung. Er hatte alles Recht, sich auf Immanuel Kant zu berufen.

Trotzdem mußte seine Autorenschaft eigenartig anmuten. Immerhin hatten sich bis dato Wirtschaftskonzerne nicht unbedingt als Horte der Aufklärung hervorgetan. Und Edzard Reuter war zu dieser Zeit Vorstandsmitglied der Daimler-Benz AG, wurde gut zwei Jahre später ihr Vorstandsvorsitzender. Natürlich könnten etwaige Einwände auf Vorurteilen und Mißtrauen beruhen. Warum sollte eine Führungspersönlichkeit keine philosophische Bildung nachweisen dürfen? Es könnte gar ein Gewinn sein. War nicht auch Helmut Schmidt erklärter Anhänger der Philosophie Karl Raimund Poppers und »Entdecker« der Verantwortungsethik Hans Jonas'? Waren nicht er als Bundeskanzler, Otto Pöhl als Chef der Bundesbank oder Alfred Herrhausen als Chef der Deutschen Bank von anderem Format als ihre im Auftritt eher hemdsärmeligen Nachfolger?

Von Helmut Kohl hieß es, er sitze da und sei beleidigt, wenn man ihn nicht fabelhaft fände, während sein Vorgänger Schmidt zwar müde, grantig und ruppig sein konnte, es aber nie versäumte, geduldig zuzuhören, seine Politik zu erklären, und von seinem Kabinett erwartete, daß jeder begründete und rechtfertigte, was seiner Ansicht nach getan werden sollte (Hildegard Hamm-Brücher).[13] Pöhls zweiter Nachfolger Tietmeyer hatte eine so entschiedene Währungspolitik der nationalen Interessen praktiziert, daß man irgendwann die Bilanz wird aufmachen müssen, ob nun der von ihm verursachte ökonomische Nutzen oder eher der politische Schaden überwiege. Herrhausens Nachfolger Kopper war weniger als Visionär und erfolgreicher Unternehmenschef bekannt geworden denn als Urheber des geflügelten Wortes, 500 Millionen Mark seien »Peanuts«. Und Schrempp, Reuters Nachfolger, gefiel sich schon kurz nach seiner Amtsübernahme nicht nur als hobby-rennfahrender Bruchpilot eines eben montierten Sportwagen-Prototyps, sondern fiel auf Geschäftsreise in Rom zudem feucht-fröhlich mit recht deutscher Gesinnung auf. Es könnte also durchaus ein Gewinn sein, wenn ein Spitzenmanager oder -politiker ein wenig philosophische Kultur besitzt und etwas vom Geist der Aufklärung weiß. Im Falle Reuters war beides der Fall. Trotzdem will es partout nicht passen.

Seien wir nicht kleinlich. Glauben wir seinem Plädoyer für die Vernunft, das niemals eindimensional war, selbst wenn ihm Milliardenverluste, Firmenschließungen und Massenentlassungen den glanzvollen Abgang verwehrten. Glauben wir ihm, wenn er sagte, er sei stets bereit gewesen, das vermeintlich Vernünftige zu hinterfragen, es der Bewährung auszusetzen, es zu revidieren. Glauben wir ihm seine Verteidigung der Vernunft nach beiden Seiten; nicht nur gegenüber den Mythokraten, wie er sie nannte, sondern auch gegenüber den Technokraten. Seien wir nicht päpstlicher als der Papst: Es gibt eine Aufrichtigkeit des Denkens, die nicht gänzlich durch das, was getan wird, erklärt und nachgewiesen werden kann. Urteilen wir nicht moralisch. Halten wir uns an die Spielregeln der Vernunft. Hören wir uns an, was er sagte, und fragen wir uns, was er gemeint haben könnte.

Reuter sagte, die Vernunft habe sich vor neuen Herausforderungen immer neu zu bewähren. Hierzu bedürfe es der Fähigkeit und des Willens zur Vernunft. Fähigkeit und Wille gründeten auf dem Mut, sich den eigenen Kopf zu zerbrechen. Dieser Mut müsse standhaft und mit Würde äußerem Druck widerstehen können. Das sei die Basis unternehmerischen Handelns. – Es sind fast identisch Kants Worte. Im Geist der Aufklärung stehen sie dennoch nicht. Schließlich meinte der Philosoph nicht die unternehmerische Herausforderung, als er davor warnte, neuerlich in Unmündigkeit zu fallen. Er meinte auch nicht eine allem Kritikerdruck standhaltende Überzeugtheit von sich selbst, als er den Mut zum eigenen Denken forderte. Er meinte eigentlich ständig etwas anderes als Reuter:

Als dieser sagte und keinen Hehl daraus machte, daß seiner Ansicht nach diejenigen, die sich mit den Problemen anderer befassen, was Aufklärer seit jeher zu tun pflegen, Künstler des Verdrängens seien, die sich bloß auf die Verwaltung ihrer verrotteten Denkbesitzstände konzentrierten, meinte er nicht dasselbe wie Kant, der davor gewarnt hatte, sich auf dem Weg zur Mündigkeit auf dem bereits Geschaffenen auszuruhen. Als dieser sagte, ein Unternehmen dürfe nur von solchen geführt werden, die in der Lage seien, es als Instrument aufklärerischer Vernunft zu verstehen, meinte er nicht dasselbe wie Kant, der vor falschen Vormunden warnte. Als Reuter sagte und damit bravourös die Brücke von der Ökonomie zur Ethik schlug, Unternehmungen seien keine Wucherungen verselbständigter, vom Menschen gelöster Gesetzlichkeiten, sondern moralisch bewertbare Organisationen, die versuchten, das Geschick der Menschheit mit wirtschaftlichen Mitteln zu verbessern, meinte er nicht dasselbe wie Kant, der für einen Freispruch von fremder Leitung plädiert hatte.

Überhaupt meinte Immanuel Kant, als er von »Faulheit und Feigheit« sprach, um die Freilassung des Menschen zu befördern, keineswegs, daß diejenigen, die das Sagen haben, sich von jenen befreien sollten, die ihnen ab und an immer noch dreinreden. Schon eher meinte er das Gegenteil: Kant sprach im Namen freier Menschen, nicht einer freien Wirtschaft. Er wollte etwas für sie, nicht von ihnen. Er sprach von einer freien, politischen Gesellschaft, nicht von einem freien Unternehmertum. Er sprach von Aufklärung, nicht mit einer Rhetorik der Aufklärung. Darum ist Emanzipation auch nicht identisch mit »Herausforderung«, aufklärerische Vernunft nicht dasselbe wie ökonomische Rationalität, Zivilcourage nicht dasselbe wie Eigensinn, Kritik nicht zu verwechseln mit Diffamie, Moral kein marketingstrategisches Instrument und »Freilassung« keine Kürzel für »Freistellung« und »Entlassung«.

»Wir haben Fehler gemacht«, bekannte Reuter 1992.[14] An der Kultur läge es, sagte er 1994; der »integrierte Technologiekonzern« brauche für die Integration der jeweiligen Unternehmensidentitäten länger als erwartet.[15] Daß wir eine neue Gesellschaftspolitik bräuchten, sagte er an selber Stelle auch wieder. Dann trat er zurück. Mißwirtschaft. Als Unternehmensführer war er gescheitert; als einer der maßgeblichen Politstrategen einer Megaphilosophie des Ökonomischen sollten seine Erfolge allerdings zweifelsfrei sein. Schade, daß er nicht auf den Spuren seines Vaters wandelte; immer diese starken Väter, an denen vorbeizukommen so schwer ist. Die Wirtschaft hat ihm dennoch viel zu verdanken. Zehn Jahre nach Reuters entflammter Kant-Rede sagte auch der frühere Bundeskanzler Helmut Schmidt wieder mal etwas. Der gelernte Volkswirt, ehemalige Wirtschafts- und Finanzminister, mehrmalige Teilnehmer am Weltwirtschaftsgipfel, international angesehene Staatsmann und Mitherausgeber oben genannter Hamburger Wochenzeitung bemerkte im März 1994 am Rande einer Investorenkonferenz in Potsdam, das Wirtschaftsministerium könne man abschaffen. Es sei mittlerweile *fast ohne jede Bedeutung und oft nur noch mit der Vorbereitung von Sonntagsreden für den jeweiligen Minister befaßt.* Die Presse erwähnte sein Wort in einer kurzen Notiz.

5 Einst war der Wirtschaftsminister auch oberster Chef staatlich geführter Industrie- und Dienstleistungsunternehmen. Er hatte, wie der Konzernchef in der freien Wirtschaft, unternehmens- und industriepolitische Entscheidungen für die staatseigenen Konzerne zu treffen, deren Gewinne dem Staatshaushalt zugute kommen sollten. Die Zeiten sind vorbei. Neben besagten Sonntagsreden, die der Wirtschaftsminister anläßlich wichtiger Firmenjubiläen und vor Verbänden, bei der Eröffnung heimischer Messen und auf Unternehmertagungen zu halten hat, folgt seine Politik wesentlich den Vorgaben der Industrie. Der Staat hat sich auf das Administrative zurückgezogen. Eigentlich würde er am liebsten sogar die ihm verbliebene Arbeitgeberschaft reduzieren oder auslagern. Die alten Ideologien des Politischen verbieten es. Keine Regierung und keine um den Wahlerfolg bemühte Partei kann es sich erlauben, die Beamtenschaft zu vergraulen. Mag der Staatsdiener als Lehrer, Bürokrat und durch Behördengänge schlurfender Aktenträger auch eine beliebte Zielscheibe öffentlicher Neidkritik sein; ein Politiker, der glaubte, hier populistisch die schnelle Klientel zu finden, hat sich noch allemal schnell entschuldigt. Ansonsten wird privatisiert, was sich unmittelbar rechnet: öffentliche Dienste; wird an die Belange von Industrie und Handel angepaßt, was unvermeidbar ist: Bildung; wird gestrichen, was sich dem Zweck entzieht: Kultur. Stets heißt es, man könne es sich nicht mehr leisten, am Bedarf vorbeizuplanen. Das klingt vernünftig und ist doppelt zweifelhaft. Einerseits folgte die Ausgabenpolitik kapitalistischer Staaten noch nie der Frage, ob man sich's leisten könne. Andererseits bezahlt am Ende die Rechnung doch der politische, nicht der wirtschaftliche Adressat.

Sie kann sich drehen und wenden wie sie will: auf den grünen Zweig wird die Politik nicht mehr kommen. Das Gros finanzieller Belastung steht ihr noch bevor: die von der Ökonomie verursachten Folgekosten, die sozialen Folgekosten, die Folgekosten aus steigender Kriminalität, die medizinischen Folgekosten aus ausbeuterischer Arbeit und Arbeitslosigkeit, die ökologischen Folgekosten durch den Raubbau der Natur ... Sie alle werden zum größten Teil Bund, Länder und Gemeinden übernehmen, während seitens der Wirtschaft durch politische Einflußnahme, mit Hilfe wissenschaftlicher Gutachten, in langjährigen Rechtsstreitigkeiten ... der »Beweis« erbracht werden wird, daß sie nicht zur Rechenschaft gezogen werden könne. Bis zum bitteren Ende werden sich die Konsequenzen weiter fortsetzen. Die Politik wird weiter »abspecken« müssen. Sie wird das ökonomisch vorgeschriebene *lean management* weiter betreiben müssen. Sie wird ihr Tun einem ihr genuin fremden Nutzenkalkül weiter unterziehen müssen.

Zum Beispiel die Bildung. Die Industrie fordert, in den für sie relevanten Bereichen ein gehörig Wörtchen mitsprechen zu dürfen. Die ihr staatlicherseits zugewiesenen Schulabgänger seien falsch oder unzureichend qualifiziert. Das gehe nicht. Das koste Zeit und Geld, das sei volkswirtschaftlich nicht zu verantworten. Stets begründet die Ökonomie ihre wirtschaftlichen Interessen mit einer sozialpolitischen Verantwortung. Die Politik fühlt sich verstanden und ist, notorisch geldknapp, stets bereit, dem Wort Glauben zu schenken. So auch hier. Die Schul- und Hochschulbildung wird allmählich am Bedarf ausgerichtet. Eine bedarfsgerechte Ausbildung. Einleuchtend klingt, was am Ende wieder teuer zu stehen kommt.

Teuer sind Bildung und Ausbildung für die Eltern, den Ehepartner, für denjenigen, der sie bezahlt. Steuerfrei ist der Gewinn am Verkauf einer Immobilie; einen lächerlichen Steuerfreibetrag von weniger als einem durchschnittlichen Monatsnettogehalt per Anno erhält dagegen, wer sein Geld für die Zukunft eines Menschen ausgibt. Teuer ist der Verlust von Bildung gesellschaftlich, wenn sich die Ausbildung auf eine Know-how-Vermittlung beschränkt, deren Verfallsdatum immer früher eintritt. Schon nach der letzten Bildungsreform wurde deutlich, daß langfristig die Fähigkeit, eigenständig denken gelernt zu haben, mehr bringt als das praktisch anwendbare Wissen. Wer nur das erworben hat und nicht zugleich, wie man sich weiterbildet; wem bloß die Zeit gegönnt ist, sich funktionale Kenntnisse anzueignen, und nicht zugleich die Zeit, über den Tellerrand zu blicken, wird morgen wieder nicht die an ihn gestellten Erwartungen erfüllen. Wieder wird sich dann einer sein Versagen selber zuschreiben müssen. Für die Ökonomie spielt es keine Rolle. Sie kommt mit immer weniger Personal aus. Für den Staat spielt es eine Rolle. Er wird die neu hinzugekommenen Arbeitslosen wieder unterstützen müssen.

Zum Beispiel die Kultur. Angeblich kostet sie nur und bringt nichts ein. Sie am Bedarf zu messen kommt der Quadratur des Kreises gleich. Wenn es darauf ankommt, hat keiner sie zum Leben nötig. Wenn sie einen Bedarf decken soll, dann höchstens den, Stadt oder Land auf eingängige Erlebnisweise die nötige Attraktivität zu verleihen. Andernfalls bleiben die ersehnten Führungskräfte fern; sie sind es ihrem Ruf schuldig. So hat sich nach und nach die Politik aus der Kulturförderung zurückgezogen. Zur gleichen Zeit nimmt seitens der Wirtschaft das Interesse an der Kultur eminent zu. Für sie hat sie eine identitätsstiftende Funktion. Für sie ist sie gewinnbringend. Für sie ist sie ein Wirtschaftsfaktor. Aber wie? Bereits im Vorfeld muß Kultur den kalkulierten Nutzen erweisen. Der Lebensnerv einer jeden künstlerischen Arbeit, in selbstgewählter Themenstellung und ohne Blick auf die Verwertbarkeit frei bleiben zu dürfen, ist dahin. Zum freien Künstler kann noch werden, wer's sich leisten kann, wer der Kunst nach Feierabend dient oder ein Quantum Schizophrenie beherrscht: freischaffend im Werk, geschäftstüchtig in der Vermarktung. Wer nichts davon vermag, darf sich »Das Leben der Boheme« anschauen. Mehr sollte er nicht wollen. Bedroht ist, was einst als künstlerische und innovative Leistung galt: Das Neue, das seit jeher Zeit braucht. Zeit, es zu schaffen. Zeit, verstanden und genutzt zu werden. Zeit, die nicht an Arbeitszeit und am *break even point* zu messen ist.

Bildung und Kultur sind periphere Beispiele; sie haben ja nur mit einer politischen Verantwortung für die Zukunft zu tun. Vor der Zukunft aber kommt die Gegenwart, und die will bezahlt sein. Gerade das will der Politik immer weniger gelingen. So ist, wie absurd es vor dem Hintergrund umfassender Ökonomisierung auch sein mag, ausgerechnet das Wirtschaftsministerium überflüssig geworden. In keinem Bereich hat die Politik weniger zu sagen als in der Ökonomie. Sie ist ihr hörig und folgt ihr auf Schritt und Tritt. Sie darf auf keinen Fall den Anschluß verpassen. Sie hat sich in einem hilflosen Pendeln zwischen Außen- und Sozialpolitik eingerichtet. Jene betreibt sie auf dem internationalen Parkett an besagtem Rande wirtschaftlicher Konferenzen. Diese betreibt sie, wenn sie wieder zu Hause angekommen ist und mit den Resultaten ihrer vermeintlichen Erfolge konfrontiert wird.

In der Außenpolitik muß sie für *Kontinuität* sorgen, wo es sich um *verläßliche* Partner handelt. Der europäische Staatsmann auf den Stufen des Weißen Hauses. Oder sie muß die politischen Rahmenbedingungen schaffen und fördern, sofern es sich um wichtige Zukunftsmärkte handelt, in denen die wirtschaftlichen Voraussetzungen noch nicht gewährleistet sind. In diesem Falle wird im abschließenden Bulletin der Hinweis gewiß nicht fehlen, daß man zur Einhaltung der Menschenrechte und zum Aufbau demokratischer Strukturen ermahnt habe. Ein romantisches Aperçu aus vergangenen Tagen, das in den Medien nicht fehlen darf. Auf weitergehende politische Inhalte sollte tunlichst verzichtet werden. Die Politik darf keine von Ideologien geleiteten Initiativen an den Tag legen, die den wirtschaftlichen Interessen zuwiderlaufen könnten. Legt sie ideologisch motivierte Initiativen an den Tag, sind sie von wirtschaftlichem Interesse.

In der Sozialpolitik kann sie dann sehen, wie sie mit denen zu Rande kommt, die sie gemeinsam mit der Ökonomie auf die Welt gebracht hat. »Sozial Schwache« werden sie genannt, weil man ihnen ihre Existenzgrundlage wegrationalisierte. Im Sinne eines sozial zu verantwortenden Gemeinwohls ist der Arbeitslose ein Missetäter. Man kennt es: sein individuelles Unvermögen. Auf den Stufen des Sozialamts läßt sich der Wirtschaftsminister nicht mehr ablichten.

Es geht um die Außenhandelsbilanz, um den Exportüberschuß der Güter. Mehr nach draußen verkaufen als von draußen einkaufen. Davon leben Industrienationen; davon leben vor allem die großen Industrieunternehmen. Vor allem diese, indirekt jene, durch Steuereinnahmen aus Gewinnen, durch Steuereinnahmen aus Löhnen und Gehältern. Da seine eigenen Unternehmungen den Steuerzahler eher belasteten als die öffentliche Hand zu bereichern, hat sich der Staat meist von ihnen getrennt. Er hat sie privatisiert, um via Steuern an einer erfolgreicheren Geschäftsführung partizipieren zu können. Die Strategie geht nicht immer auf. Genau betrachtet geht sie fast nie auf. Schreibt ein Industrieunternehmen gute Gewinne, hat es zahlreiche Möglichkeiten, sie über die Bilanz, über Investitionen, Vor- und Rücklagen, Diversifikationen und internationale Verflechtungen so zu verteilen, daß dem Staat nur ein Bruchteil als zu versteuernder Gewinn verbleibt. Schreibt es gute Verluste, kommen ihm staatliche Subventionen zugute. Massenentlassungen sollen vermieden werden. Nimmt die Politik diese in Kauf, ist sie gefordert, den Betroffenen Arbeitslosengeld, Arbeitslosenhilfe, Sozialhilfe zu zahlen. Die Rechnung bezahlt immer die öffentliche Hand, der Steuerzahler.

6 In den Zeiten der Globalisierung hat die internationale Konkurrenz zugenommen. Die Qualitätsstandards der klassischen Industrienationen sind zu allgemeinen Standards geworden; das Preisniveau der Neulinge im Markt ist niedriger. Um die internationale Konkurrenzfähigkeit wahren oder wiedererlangen zu können, müssen die klassischen Anbieter billiger werden. Der Einsatz von *manpower* pro hergestellter Ware muß gesenkt werden. Man nennt es Rationalisierung und meint damit den höchstmöglichen *output* an Produktion bei geringstmöglichem Einsatz von Arbeitskräften. Die »zweite industrielle Revolution«. Vollautomatisierte Fertigungsstraßen.

Selbstverständlich hat der Staat ein Interesse am Verkauf seiner heimischen Güter. Es ist unsere Arbeit, es sind unsere Einnahmen. Gleichzeitig taucht damit aber ein anderes Problem auf. Je weniger menschliche Arbeit bei der Herstellung der Güter erforderlich ist, um so weniger arbeiten. Wer nicht arbeitet, zahlt keine Steuern aus Löhnen und Gehältern, er kostet Geld. Die Ökonomie hat das Problem nicht. Solange sie verkauft, verdient sie. Wenn die Wertschöpfung pro investierter Arbeit geringer ist, kann sie durch die Ausweitung der Distribution alias höhere Stückzahlen durch Akquirierung neuer Märkte trotzdem auf ihren Schnitt kommen. Außerdem muß jeder Mitarbeiter Geld bringen; wer kein Geld bringt, verschwindet von der *payroll*. Er wird wieder der öffentlichen Hand überantwortet.

Die Logik der Geschichte ist durchaus einfach. Man muß kein Geschäftsmann sein, um zu dem Ergebnis zu gelangen, daß die Spielregel einer gewissen Chancengleichheit für Politik und Ökonomie entbehrt. Man sollte erwarten, die Politik mucke auf und sagt: Darüber müssen wir reden. Das sagt sie aber nicht. Vielmehr sagt sie, dagegen könne man leider nichts machen, das seien weltwirtschaftliche Turbulenzen, wir alle hätten zu lange wie die Maden im Speck gelebt, das gehe nun nicht mehr, wir müßten wieder bescheidener werden, wir müßten wieder auf den Boden runter, bald seien wir durch, bald komme der Aufschwung, bald haben wir wieder die Vollbeschäftigung. Es ist schwer zu entscheiden, ob Politiker, die solches von sich geben, es tatsächlich selbst glauben oder bereits zynisch genug sind, es zu behaupten, ohne ihre Schamesröte unterdrücken zu müssen.

Tatsache ist, daß besagte weltwirtschaftliche Turbulenzen nur für die Politik turbulent sind; den multinationalen Konzernen geht es gut wie nie zuvor. Tatsache ist, daß die geforderte Bescheidenheit richtig wäre, wenn es um die Reichen und Ausbeutenden ginge. Aber es geht um die Armen und Ausgebeuteten. Tatsache ist, daß die gängige Behauptung, das Standortproblem basiere auf zu hohen Lohnnebenkosten und in Deutschland obendrein auf der bekannten Technikphobie im Lande, gewiß nicht die eigentliche Ursache der Misere beschreiben. Satt und träge waren in erster Linie nicht die Arbeitnehmer, sondern das Management. Wesentliche Schlüsselindustrien wie die Mikroelektronik hatte man verschlafen. Entscheidende Produktinnovationen wie das in Deutschland entwickelte Faxgerät wurden so lange dilettantisch vermarktet, bis andere ihm zum weltweiten Durchbruch verhalfen. In den Vorstandsetagen schaute man in einer Mischung aus Arroganz und Unfähigkeit so lange auf die aus Japan kommenden »armseligen Kopisten« herunter, bis TV-Geräte, Videorecorder, Stereoanlagen und Kameras ausschließlich aus Fernost kamen und zu ersten Massenentlassungen im Standort Deutschland führten. Und was die als Phobie diffamierte Vorsicht anbelangt: Ereigneten sich da nicht in Tschernobyl, Harrisburg, Seveso, Bophal, im Rhein, in den Meeren, mit dem Waldsterben, durch geborstene Ölbohrinseln, infolge schwerer Havarien ... innerhalb zweier Jahrzehnte stetig technische Katastrophen, von denen es zuvor immer geheißen hatte, nach den Gesetzen der Wahrscheinlichkeit würden sie höchstens alle 20 000 Jahre eintreten?[16]

Zumindest dürfte inzwischen unmißverständlich deutlich geworden sein, daß die arbeitsplatzvernichtende Rationalisierung nie und nimmer die Voraussetzung für neue Arbeitsplätze schafft. Jedes Unternehmen ist froh, wenn weniger Mitarbeiter dasselbe Produktionsergebnis erzielen, weshalb auch kein Anlaß besteht, hiervon zu einem späteren Zeitpunkt wieder etwas zurückzunehmen. Deutlich geworden ist, daß die Politik umfassend preisgeben mußte, wofür sie einmal angetreten war. Ihr ist nur noch der Verrat an allen ehemals ihr werten Zielen geblieben:

Sie muß sich finanziell an denen schadlos halten, deren Willen sie zu repräsentieren vorgibt. Sie muß ihre eigenen Unternehmen privatisieren. Sie muß die Folgekosten wirtschaftlicher Interessen übernehmen. Sie muß mit ansehen, wie in der Ausnutzung der rechtlichen Gegebenheiten der »längere Arm« gewinnt. Sie muß erleben, wie ihre besten Absichten verkannt oder ausgenutzt werden. Sie muß ertragen, daß alles, was schiefläuft, ihr angelastet wird. Sie muß natürlich nicht im geringsten. Sie ist zum Opfer ihres eigenen Tuns geworden. Sie hat sich auf eine Koalition mit der Wirtschaft eingelassen und findet nun Feudalherren vor, die jenen kaum nachstehen, die sie im 18. Jahrhundert zu bekämpfen begann.

Die meisten Politiker merken es nicht einmal. Sie wollen den Verlust ihrer politischen Marktführerschaft nicht wahrhaben. Sie wollen nicht sehen, daß der Machtkampf nicht mehr anderen Ideologien gilt, sondern ihnen, den politischen Akteuren. Nun stehen sie da und wissen nicht mehr weiter. Muß es da noch verwundern, wenn der *Club of Rome* beklagte, die Regierungen bevorzugten nur noch Lösungen, die »kurzfristigen politischen Nutzen« brächten? »Regieren verkommt zur regelmäßig wiederkehrenden Krisenbewältigung, zum Taumeln von einem Notfall in den anderen ... Bei jeder Krise werden die Risse nur notdürftig gekittet, selten reichen die Maßnahmen an die Wurzeln des Übels heran.« Aspekte der Macht, Aspekte der Definitionsmacht.

7 Die Geschichte einer Herrschaft des Volkes, die im 19. Jahrhundert als bürgerliche Demokratie und als sozialistische Gesellschaft begann, geht zu Ende und mit ihr die Ära der Politik. Was Aristoteles noch als einen Naturtrieb des Menschen erachtete, weshalb er ihn ein »politisches Lebewesen« nannte, wurde in Ost und West an die Freiheitsideale des Ökonomischen delegiert. Und, wie es scheint, keineswegs gegen den Willen der Majorität. Ohne ihre Zustimmung oder Tolerierung konnte sich noch keine Megaphilosophie etablieren. Auch nicht diese neue, die in der westlichen Welt aufkam und in der übrigen nachgeholt werden soll. Gewiß häufen sich wieder die Stimmen, die den wachsenden Einfluß eines ökonomisch-materialistischen Denkens im politischen Geschehen anprangern. Von einer »Plünderung des Gemeinwesens« ist bereits die Rede. Schon bringen empörte, betroffene, engagierte Bürger ihren Unmut zum Ausdruck. So etwa Karl Ischinger aus München, der in einem Leserbrief Anfang 1998 die lebenszerstörenden Auswirkungen der Ideologie eines alles beherrschenden betriebswirtschaftlichen Kalkulationsdenkens beklagte und dringend eine Debatte um Terrainrückgewinnung des politisch-gesellschaftlichen Gestaltungswillens gegenüber dem eindimensional Ökonomischen forderte. »Am Ende der sozialen Ver-

werfungen, der Aufsplitterung unserer Gesellschaft in vielerlei brutal konkurrierende Fraktionen von Gewinnern und Verlierern, wird der Verlust der gesellschaftlichen Zivilität stehen, die Arbeiterbewegung und aufgeklärtes Bürgertum in langen Kämpfen errungen haben. Der rücksichtslose Kampf aller gegen alle wird die Reste von Solidarität und Gemeinsinn vollends austreiben.«[17]

Die Empörung ist mehr als gerechtfertigt. Dennoch dürfen wir uns nicht darüber hinwegtäuschen, daß die mit Beginn der achtziger Jahre ansetzende Ökonomisierung des Politischen anfangs durchaus auf Anerkennung stieß. Nicht jeder wird sie bewußt angestrebt haben. Aber viele glaubten, die wirtschaftliche Vernunft werde erfüllen, was die politische versprochen und nicht gehalten hatte. Viele ließen sie gewähren, weil sie meinten, unter ihrer Führung könne es zumindest nicht schlechter werden. Die meisten waren bereit, ein Ende der Politik in Kauf zu nehmen. Die meisten sahen eher in der Wirtschaft als in der Politik die Instanz, die ihren Zielen dienlich sein könnte. Sie waren nach den Jahren der Politisierung des Lebens dieses Sermons überdrüssig und zogen es vor, sich wieder mehr an ihre eigenen Ziele als an die eines imaginären Kollektivs zu klammern. Viele dachten wohl, ihre Wünsche würden sich an der Seite der Ökonomie von selbst erfüllen. Wir wissen warum: privat und privatwirtschaftlich. Das Eigeninteresse zu bedienen ist der Motor des Ökonomen; das Kollektivinteresse angeblich das Anliegen des Politikers. All die Gründe, die zur Abkehr von der Politik und zur Hinwendung an die Wirtschaft geführt hatten, mögen darum verständlich sein. Ein Fehler war es trotzdem. Erst als wir aufhörten, die öffentlichen Angelegenheiten als unsere gemeinsamen anzusehen, konnte die Neuordnung der *res publica* beginnen. Erst als das Eigeninteresse überhandnahm, starb das Kollektiv ab. Erst jetzt wurde es tatsächlich imaginär: eine Gesellschaft von Unzufriedenen und Unglücklichen.

Was in der Erinnerung an jene achtziger Jahre vor allem auffällt, ist eine Verknüpfung von Aversion und Aggression. Als genügte es nicht, sich von der Politik abzuwenden, als forderten die von ihr verursachten Enttäuschungen Genugtuung, gerät mit einem Mal umfassend, von allen Seiten kommend, auf alle Seiten zielend, das politische Geschäft ins Kreuzfeuer der Kritik. Eine Kritik an der Person des Politikers, an seinen Fähigkeiten, an den politischen Programmen, an den staatlichen Institutionen, an den Parteien ... Jeder kritisiert: die Bürger, die Vertreter der Wirtschaft, sogar die Politiker selbst. »So kann es nicht mehr weitergehen!«, klagten altgediente Abgeordnete. Die Verständigung über die Grundlagen und Ziele unseres Gemeinwesens sei dahin (Kurt Biedenkopf), eine neue Konzeption, die unsere Demokratie bereichere, lasse sich nicht finden (Hildegard Hamm-Brücher), das Mittelmaß sei unfähig, dem freiheitlich-sozialen Rechtsstaat auf Dauer Bestand zu garantieren (Kai-Uwe von Hassel).

Im selben Tenor der politische Kommentator: Die Parteien seien außerstande, auf widersprüchliche Probleme überzeugende Antworten zu geben. Anstatt die Wähler mit ausgegorenen und eigensinnigen Angeboten politischer Konzepte in Bewegung zu versetzen und anzuziehen, studieren sie Wählerschicht-Analysen der Demoskopen, um herauszufinden, welchen Wählern sich am leichtesten nachlaufen lasse (Robert Leicht). Sogar der deutsche Bundespräsident Richard von Weizsäcker war wieder mit im Bunde. Machtversessen auf den Wahlsieg, machtvergessen bei der Wahrnehmung der inhaltlichen und konzeptionellen politischen Führungsaufgabe zu sein, warf er seiner Kollegenschaft vor. Immer stärker kam der Verdacht auf, die Politikerkaste sei eine Gilde von Karrieristen, die ihren Platz freiwillig nur höchst selten räumten und als Gewählte nur zu gerne der Versuchung erlägen, sich für Erwählte zu halten.[18]

Vielleicht waren all die Vorwürfe gerechtfertigt. Gleichwohl muß erstaunen, daß die Ökonomie im öffentlichen Unmut plötzlich gar nicht mehr auftauchte. Der Ärger hatte sich von den »Ausbeutern« auf die »Verräter« verlagert und damit ein neues Maß der Moral kreiert. Als wollte man sagen, verlogen und auf den eigenen Vorteil bedacht seien alle, aber die Vertreter der Wirtschaft hätten wenigstens nie etwas anderes von sich behauptet, erstrahlten sie in einer dem Menschen als egoistisch-individuelles Einzelwesen durchaus genehmen Integrität. Gemäß dem Motto: »Ein Schwein ist nur, wer vorgibt keins zu sein«, war der Politiker jetzt der Dumme. Die Dummheit wurde an dem gemessen, was seither politische Moral genannt wird. Das Privatleben des Politikers, seine Ehebrüche und Scheidungen, die Nutzung des Dienstwagens durch den Ehepartner, die unzulässige Verwendung des ministeriellen Briefpapiers, eine ungeschickte Empfehlung bei einer Auftragsvergabe ... ständig länger wird die Liste von Verfehlungen, die eine empörte Öffentlichkeit zum Anlaß nimmt, die Legitimität des Amtsinhabers zu hinterfragen. In den USA wirken sie sich längst auf Börsen- und Dollarwerte aus. Kein Wort aber über jene, die sich weniger dumm anstellen. Kein Wort über die Chefs in der Wirtschaft, die weniger im Rampenlicht stehen. Als Sieg einer funktionierenden Demokratie wird gefeiert, was man ehedem als *yellow press* bezeichnet hätte.

Dabei gibt sich dieser moralische Anspruch auch noch vernünftig. Als letzter Rest der vormaligen Megaphilosophie hat sich die Synthese von Vernunft und Moral auf das politische Geschehen eingeschossen. Wählende wie Gewählte tragen sie nur noch wie einen Schild vor sich her. An Inhalte und Leistungen gebunden ist diese Moral nicht mehr. Sie reklamiert keinen Ethos mehr. Die Moral von der Geschicht' wartet mit keiner Lektion mehr auf, durch die etwas verstanden oder bestätigt werden sollte. Sie ist zu einer Lektion degradiert, die erteilt wird oder deren Erteilung einer mit Hilfe seiner Hausmacht, durch öffentlich zur Schau gestellte Demut, geschicktes oder strategisches Verhalten zu verhindern sucht. Um die weiße Weste geht es; wer drin steckt ist egal. Die weiße Weste ist zum Maßstab des Politischen geworden. Mit moralischem Maß mißt der Bürger das politische, mit zweierlei Maß politisches und unternehmerisches Handeln.

Läßt sich ein Spitzenpolitiker von einem Spitzenmanager ins Wochenende einladen, kann er seinen Hut nehmen. Als korruptes Verhalten wird ihm angelastet, was der andere informelle Kontakte nennen darf. Kann der Geschaßte etwas, wird er als Chef in der Industrie weitermachen. Wird dagegen einer wegen Unfähigkeit abgewählt, hievt ihn seine Partei auf den nächsten Posten. Resultat des öffentlichen Sittenspiels. Kein Wunder, wenn die meisten Politiker sich entsprechend gebaren. Seitdem sich der Argwohn auf die Repräsentanten des Staates verlagert hat, reden sie nur noch ihren Adressaten nach dem Munde. Wollen sie gewählt werden, ist es die Stimme des Volkes – oder was sie dafür halten. Wollen sie aufgestellt werden, ist es die Linie der Partei. Sind sie untragbar geworden, taucht ein tugendhafter Kernkraftgegner auch schon mal als Berater der Atomindustrie wieder auf. Die Forderung nach politischer Moral steigt direkt proportional zu ihrem Verschwinden. Und *vice versa*.

Ach, wäre es doch nur die seit je vertraute Verdorbenheit der Politiker gewesen, die an den Pranger gestellt wurde. Aber nicht einmal mehr die gern als Schlitzohrigkeit verharmloste Fähigkeit zum Ganoven mochte man ihnen attestieren. Nullen im Menschlichen, Nullen im Fachlichen. – Nach dem Krieg habe es eine große Zahl hochangesehener Abgeordneter gegeben, die im Widerstand gelebt hätten, die lebenserfahren, lebensklug und im tiefsten Urgrund demokratisch gesinnt gewesen seien, erinnerte sich ein Parlamentarier der ersten Stunde, der ein paar Jahre zuvor kaum gewagt hätte, solchen Schmu in der Öffentlichkeit zu verkünden. Den heutigen dagegen, so fuhr er fort, fehle Lebenserfahrung und Menschenkenntnis, sie seien nicht in der Lage, in einem Team zu arbeiten, noch weniger es zu führen. Sogar der leise Bundespräsident schimpfte wieder laut. Berufspolitiker seien nur noch Generalisten, die das Spezialwissen zur Bekämpfung des politischen Gegners beherrschten. Ein Generalist zu sein, so erklärte er, sei für einen Politiker zwar *unvermeidlich notwendig*. »Dennoch ist es ein spürbarer Mangel, daß wir auf wichtigen Fachgebieten ... viel zu wenig wirkliche Kenner haben. Der Bundestag weist kaum ein Mitglied auf, das bei so wichtigen und schwierigen Themen wie der Währungspolitik in der Lage wäre, mit den sachverständigen Vertretern der Bundesbank, der Wissenschaft und der Exekutive von gleich zu gleich zu diskutieren.«[19]

Von Weizsäckers Worte sollten ein Aufruf sein. Er erinnerte die Abgeordneten an ihre Verpflichtung gegenüber dem Wähler; er ermahnte sie zu einer politischen Qualität, die am Verhandlungstisch der wirtschaftlichen in nichts nachstehen dürfe. Mit nahezu derselben Kritik wurde jedoch auf der anderen Seite bereits der Abgesang angestimmt. Zum Beispiel von Alfred Herrhausen. Als Aufsichtsratsvorsitzender der Daimler-Benz AG hatte er bereits Edzard Reuter gefördert. Als Chef der »Deutschen Bank« war er kaum minder mächtig als der geschätzte Kollege. Wie dieser war er einer der maßgeblichen Beweger der neuen Megaphilosophie. In seinem Referat »Bankenmacht in einer demokratischen Gesellschaft«, seinem wichtigsten Vortrag, den er immer wieder überarbeitet und zuletzt einen Monat vor seiner Ermordung gehalten hatte, sagte er: »Wenn wir uns schon den unverzeihlichen Luxus erlauben, hier und da zu wenig kompetenten wirtschaftlichen Sachverstand in der Politik einzusetzen, sollten wir uns nicht auch noch einen zweiten Luxus erlauben, nämlich den, auf den Einsatz dieses Sachverstandes in der Wirtschaft selbst weitgehend zu verzichten.«[20] Dieses Statement ist leidlich *sophisticated*. Schließlich verweist das »Wir« im Vorderteil der Satzes auf die Garde der Politiker, im hinteren Teil auf die Wirtschaftsführer. Auch dieser Satz besagt, Politiker haben nicht dieselbe Kompetenz, die die Vertreter der Wirtschaft besitzen.

Dem interessierten Beobachter mußte der feine Unterschied zwischen von Weizsäcker und Herrhausen nicht unbedingt auffallen. Er durfte, so sehr häuften sich die Beschwerden über die Politik, durchaus den Eindruck gewinnen, daß das politische Handwerk bei den Vertretern der Wirtschaft besser aufgehoben wäre. Je mehr vom europäischen Haus die Rede war, um so deutlicher schien zudem die Schwäche der Politik zutage zu treten. Während sie trotz eines bevorstehenden europäischen Binnenmarktes noch im Nationalen wühlte, präsentierten sich die Unternehmensführer bereits als Weltbürger. »Wir dürfen uns«, meinte wiederum Bankchef Herrhausen, »durch Europa nicht den Blick auf die Welt verstellen lassen. Das würde bedeuten, daß wir im Weltmaßstab nur Halbwelt bleiben.« Da mutmaßte schon mancher wachsame Volksvertreter einen Übergriff auf sein Metier. Von einer *entscheidenden Modernisierungsinstanz* sprach der Grünen-Politiker Joschka Fischer, von der Ökonomie als der *vitalsten Lebenskraft der Gesellschaft* der Sozialdemokrat Peter Glotz. Beiden war alles andere als wohl zumute. Sie wußten, daß die Strategen der Wirtschaft »mit ihrem Willen zum Ändern und Wagen und mit ihrem Denken in europäischen und globalen Strukturen industriepolitische Grundsatzentscheidungen anbahnen, von denen der interessierte Staatsbürger bisher annahm, sie seien Sache der Politiker«. Für die Presse war es Grund genug zu fragen, ob *die Entscheidungen der Bosse in der Wirtschaft unsere Welt mehr bewegten, als es die Beschlüsse der Politiker vermögen*? Nicht umsonst gab Nina Grunenberg ihrem Report, aus dem das Zitat stammt, den Untertitel: »Herren der Realität«[21]. Die Umgestaltung dieser Realität wurde während der achtziger Jahren so virtuos vollzogen, daß der »interessierte Staatsbürger« sogar zu der Ansicht gelangen konnte, die in der Wirtschaft angestrebten Veränderungen seien denselben Motiven geschuldet wie seine eigene Verdrossenheit über Partei, Politik und Staat. Die Managementliteratur bestätigte diese Vermutung. Sein Verdruß, stand dort geschrieben, sei nur zu verständlich. Vom mündigen Bürger habe man geredet, am demokratischen System, das lebendiger Ausdruck dieser Mündigkeit sein sollte, aber nichts verändert. Von einer Weiterentwicklung unserer Demokratie könne nicht einmal im Ansatz gesprochen werden.[22]

Daß die Veränderung und »Weiterentwicklung« des demokratischen Systems in der Globalisierung münden würde, dürften die meisten erst später verstanden haben. Bürger Ischinger hat es verstanden und in seinem Leserbrief zusammengefaßt: »Die Forderung aus dem Arbeitgeberlager nach einer Umwandlung der Bürgergesellschaft Bundesrepublik in eine Deutschland GmbH und Co. KG steht ja schon länger. Daß nun auch das Individuum sich zuallererst als betriebswirtschaftliche Mikroeinheit zu begreifen hat, ist schon ein gewaltiger Schritt hin zu einem neuen Menschenbild. Dabei ist es nur logisch: Wenn alles zur Ware wird, warum sollte da der Mensch sich noch auf sein Menschsein berufen dürfen? Er muß sich halt genauso verscherbeln, wie dies andere mit Semmeln tun.«[23]

8 Das Ringen um Freiheit ist ein ständiges Ringen. Einmal erobert, ist sie mitnichten verbürgt. Die *neuerliche Unmündigkeit* ist die stete Gefahr. Ihr zu entgehen bedarf es *Entschlußkraft*. Kant sagte es. Das Ziel, des Menschen Mündigkeit, ist unverändert gültig. Gültig ist das Ideal einer Herrschaft, die nicht mehr so genannt werden muß. Gültig ist das Ideal einer demokratischen Gesellschaft. Vergangen ist die Epoche, die diesem Ideal, wenn auch vielfach mangelhaft, zu einer ersten Realisierung verhalf. Vergangen ist die Epoche der Aufklärung. Vergangen ist das Dogma der Vernunft. Vergangen ist die Megaphilosophie, die aus ihr erwuchs. Vergangen ist ihre Macht.

Der Kampf um die Macht ist ein patriarchalischer Kampf. Es ist ein Kampf der Giganten, wenn zwei Megaphilosophien, wie im Wettstreit der beiden Blöcke Ost und West, miteinander rivalisieren. Es ist ein Kampf um die Nachfolge, wenn eine neue Megaphilosophie danach strebt, eine andere abzulösen. Jahrzehnte, Jahrhunderte vergehen, bis ein System entmachtet ist. Sein Tod geht langsam vonstatten, und häufig beschränkt er sich, wie das unverändert große, philosophische Gewicht der Kirche zeigt, nur auf das politische Terrain. Es ist ein schleichender Tod, der ein politisch-philosophisches Machtgefüge in seinem Kern allmählich auszehrt. Er schwächt dessen Widerstandskräfte, er zerstört seinen Zugriff auf die *res publica*, zerstört den Rückhalt, den es dort vielleicht besaß. Es ist, wie Gilles Deleuze und Félix Guattari schrieben, ein *Tod, der innen aufzieht, aber von außen kommt*, und fast könnte man sagen, *daß die Gesellschaftsformationen auf melancholische Weise ahnen, was auf sie zukommt.*[24]

Der Tod einer Megaphilosophie wurde einst durch den eines Menschen initiiert oder besiegelt. Ein Sterben begleitete den Machtwechsel. Ein Opfer leitete die Wende ein. Mit dem Tod Christi begann das Ende der Antike. Über drei Jahrhunderte dauerte es, bis das Christentum unter Kaiser Konstantin zur ersten Religion im Römischen Reich wurde. Fünf Jahrhunderte gar, bis mit dem Tod des letzten Denkers der Antike das christliche Mittelalter begann. Es währte tausend Jahre; von 524 bis 1543. Im Jahre 524 wird Anicius Manlius Torquatus Severinus Boethius, der römische Philosoph und Staatsmann im politischen Dienst Theoderichs, hingerichtet. Im Jahre 1543 schleudert ein Pole unseren Globus aus des Universums Mitte. Der im heute polnischen Thorn geborene Nikolaus Kopernikus war es, der den Schlußpunkt aller Kirchenkosmologie setzte, indem er erstmals die Erde um die Sonne kreisen ließ. In jenem Jahr, in seinem Todesjahr, erschien seine epochale Schrift »De revolutionibus orbium caelestium«. Mit dieser Schrift setzt die »Kopernikanische Wende« an. Mit Himmelsmechanik, Planetensystem und einem unendlich werdenden Raum wurde das heliozentrische, das neue Weltbild erklärt.

Es war nicht nur ein anderes Bild. Es war der Anfang der darauffolgenden Wende. 275 Jahre sollte sie sich hinziehen. 275 Jahre später, im Jahre 1818, wird Georg W. F. Hegel nach Berlin berufen. 275 Jahre brauchte es, bis der Wechsel vom theologischen zum philosophischen Weltbild vollzogen war. Dazwischen liegt die Emanzipation der Wissenschaft; der Astronomie, der Physik, der Naturwissenschaften generell, der Medizin. Dazwischen liegt das Jahr 1637, in dem René Descartes seinen »Discours de la méthode« veröffentlicht, der die auf einem radikalen Zweifel basierende Philosophie des Rationalismus begründet. Dazwischen liegen die großen Erfolge von Descartes, Leibniz, Newton in der Mathematik, die ihre herausragende Rolle für die Zukunft einer objektiven Wissenschaft in die Wege leiten. Dazwischen liegt die Entdeckung der Welt – der äußeren der Kontinente, der inneren der Naturgesetze. Dazwischen liegt die Aufklärung mit ihrem in die Politik verlängerten Vernunftprogramm. Dazwischen liegen das Naturrecht der Freiheit, liegen Menschenrecht und Bürgerrecht. Dazwischen liegt die in sämtlichen Bereichen des Lebens vollzogene Trennung von Subjekt und Objekt, die zu den Polaritäten von Kunst und Wissenschaft, von Individuum und Staat, von Ideologie und Wahrheit ... führt. Dazwischen liegt mehr als ein Viertel eines Millenniums, das bis zur Etablierung der Megaphilosophie der Vernunft vonnöten war.

Ein halbes Jahrtausend benötigte die Megaphilosophie des Theologischen, bis sie die Antike, ein Vierteljahrtausend die der Vernunft, bis sie das Mittelalter überwunden hatte. Demgegenüber brauchte die Megaphilosophie des Ökonomischen nur zweimal zehn Jahre, um zur Macht zu gelangen. Die siebziger Jahre für die Umgestaltung der ökonomischen Zielsetzungen, die achtziger Jahre für die Realisation. Anfang der neunziger Jahre war schon alles gelaufen. Das Tempo, mit dem sie sich etablieren konnte, ist beachtlich. Immerhin war die Ökonomie als eigenständige Disziplin gerade erst zweihundert Jahre alt. Das Management konnte auf bescheidene hundert, in Europa auf fünfzig Jahre verweisen; das Marketing war gar erst in den Sechzigern über den Großen Teich gekommen. Das sind alles keine Zeiten. Noch weniger stecken große Erkenntnisse und Errungenschaften von allgemeiner Relevanz dahinter.

Sicherlich: Der Strukturwandel. Der Wertewandel. Die Globalisierung. Die Glorie des technischen Fortschritts. Die »zweite industrielle Revolution«. Die Ressourcenkrise. Das Menetekel eines ökologischen Zusammenbruchs. Der »Informations-Overkill«. Die Informations-, Kommunikations-, Mediengesellschaft. Die »Wissensspirale«. Das Ende der Volkswirtschaften. Die Verlagerung des Weltkonflikts von der Ost-West- zur Nord-Süd-Achse ... An herausragenden Ereignissen besteht kein Mangel. *But, what's in for me?* Diese Grundfrage wirtschaftlichen Handelns für einen selbst, für das Menschengeschlecht positiv zu beantworten, ist quasi unmöglich. Da ist nichts drin! Nichts, was abgesehen von ein paar Siegern des *big game* die Menschheit oder eine in der Größenordnung relevante Gruppe von Menschen weitergebracht hätte.

Noch mehr verwundern muß der Erfolg der neuen Megaphilosophie, wenn man bedenkt, daß zu jener Zeit, in der sie ihren Machtwechsel vorbereitete, alles eher auf eine Stärkung der aufklärerischen Philosophie hinzudeuten schien. Innerhalb weniger Jahre war es in den westlichen Industrienationen nicht nur zur ersten Wirtschaftskrise nach dem Zweiten Weltkrieg gekommen; die Ökonomie sah sich obendrein mit einer weite Kreise umfassenden Kapitalismuskritik konfrontiert. Was in den fünfziger Jahren in den Vereinigten Staaten als »Beat-Generation« begonnen hatte, war zur Studentenbewegung geworden. Die *beaten generation*, die geschlagene Generation, schlug zurück und teilte das Land in Väter und Söhne. Sie forderte Aufklärung. Sie strebte nach Emanzipation. Sie bekämpfte den »Fetischcharakter« der Ware. Sie wollte den Warencharakter menschlicher Beziehungen beseitigen. Zum Konsumverzicht rief sie auf. Der Werbung unterstellte sie »geheime Verführung« und psychologische Manipulation. Argwöhnisch achtete sie auf etwaige Missetaten der Ökonomie. Der Anspruch auf Mitbestimmung und Gewinnbeteiligung stand auf der Tagesordnung. Man testete einen neuen Entwurf gesellschaftlicher Wirklichkeit.

Streckenweise folgte die halbe Welt, folgten nahezu zwei Drittel der Menschheit dieser marxistischen, kommunistischen, sozialistischen Idee. Gezwungenermaßen die einen, begeistert die anderen. Im Dienste der Megaphilosophie der Vernunft sollte sie stehen. Dennoch währte, was wie ein grandioses Comeback der Aufklärung erschienen war, nur wenige Jahre. Gebrauchen wir ruhig die Sprache der Ökonomie: Die siebziger Jahre galten ihrem *Relaunch*. Im Management-Lexikon nachzulesen als »Wiedereinführung eines vorhandenen Produktes, das sich in der Degenerationsphase des Produktlebenszyklus befindet. Ziel ist, den Lebenszyklus des Produktes zu verlängern.«[25] Wie so häufig, so fruchtete auch der Relaunch der Aufklärung nicht lange. Die Werte veränderten sich; umgewertet wurden das Gute und das Böse.

Was *mainstream* war, verwandelte sich innerhalb kurzer Zeit in ein moralisierendes Denken. Was eben noch als reaktionär galt, wurde durch die »konservative Wende« in Westeuropa zur neuen Moderne. Das Individuum feierte ein bis dato ungekanntes hedonistisches Lebensgefühl und mit ihm seine Eigenständigkeit, ja seine Geburt. Der Individualismus war zum attraktiven Lebensmaß geworden. Mit einem Mal fanden sich die Vertreter kollektiver, gesellschaftlicher, politischer Zielsetzungen auf dem Abstellgleis wieder. Ihre Mahnung, alles sei politisch, hatte sich ins Gegenteil verkehrt. Nichts war mehr politisch. Politik war das, was die Politiker machten, und von ihren Lügengebilden hatte man genug. Im Herbst 1989 fiel schließlich der Eiserne Vorhang. Was über siebzig Jahre zuvor in Rußland als Hoffnung auf bessere Zeiten begonnen hatte, war nahezu sang- und klanglos zu Ende gegangen. Der Tod, der innen aufzieht, aber von außen kommt, hatte einmal mehr ein Machtsystem erschöpft. Er verzichtete sogar auf sein gewohntes Menschenopfer. Kein Begräbnis hatte den großen Wandel eingeleitet, kein Sterben die gesellschaftlichen Revolutionen Osteuropas auf den Weg gebracht. Sie zu ermöglichen mußte niemand sein Leben lassen. Wo es dennoch geschah, war Rache das Motiv. Wo es später geschah, lieferten nationalistische und ethnische Gründe (auf den Ruinen vormaliger Megaphilosophien der Religion und der kommunistischen Weltanschauung) den Anlaß. Doch der große Zweikampf war vorüber. Die Herausforderung der beiden Giganten des Jahrhunderts hatte der Kapitalismus für sich entscheiden können.

Der Kommunismus galt als Herausforderung. Nicht umsonst hieß der amerikanische Raumtransporter, der im Januar 1986 kurz nach dem Start explodiert war, *Challenger*. Seinen sieben Besatzungsmitgliedern kostete der »Herausforderer« das Leben. Unter ihnen die Lehrerin Christa McAuliffe, die als erste Privatperson für die Reise in den Kosmos ausgewählt worden war. Unvergessen das Foto ihrer Eltern im Augenblick des Unglücks. Ein älteres Ehepaar mit Blick zum Himmel. Im Gesicht des Mannes noch die Begeisterung; im Gesicht der Frau bereits der Schrecken. Die Gedenkstätte, die an das tragische Ereignis erinnert, befindet sich auf dem Friedhof zu Washington nicht unweit vom Grab John F. Kennedys. Unter seiner Präsidentschaft hatte fast dreißig Jahre zuvor der Wettlauf im All begonnen. Dem voraus ging der Schock, die UdSSR könnte die Nase vorne haben. Sputnikschock hieß er, weil der Sputnik aus der Sowjetunion kam. Dem voraus ging der Name des russischen Bauernsohns Juri Gagarin, der am 12. April 1961 als erster Mensch in den Weltraum geflogen war. Mit einem bis dahin nie gekannten Investitionsprogramm leiteten daraufhin die USA ihr ehrgeiziges Mondlandeprojekt ein. Weitaus früher als erwartet, schon am 16. Juli 1969, konnten sie ihren Sieg feiern. Kennedys Ruf als Visionär war für alle Zeiten begründet.

Keineswegs nur auf die Raumfahrt beschränkte sich das Kräftemessen der beiden Supermächte. Bis in die Bildungspolitik reichte der Wettstreit um die bessere Zensur, der zugleich immer auch ein Kampf um die bessere Ideologie war. Weder diesseits noch jenseits des Eisernen Vorhangs wußte man lange Zeit einzuschätzen, welches System politisch und wirtschaftlich mehr vermochte. Nur geglaubt haben beide Seiten an das eigene System. Beide Seiten suchten ihren Vorteil. Oft genug ohne Rücksicht auf Verluste. Während der McCarthy-Ära herrschte der Kalte Krieg. Amerikanische Tugend war es, antikommunistisch zu sein; sowjetische Pflicht, antiamerikanisch zu sein. In der Kubakrise standen Tugend und Pflicht kurz vorm dritten Weltkrieg. Die durch das Wettrüsten geschürte Angst vor ihm und das politisch-wirtschaftliche Kalkül führten zum NATO-Doppelbeschluß. Wie Anfang 1999 durch das Geständnis eines hochrangigen Überläufers namens Ken Alibek herauskam, hatte die UdSSR noch unter Michail Gorbatschow Ende der achtziger Jahre eine Milliarde Dollar zur Entwicklung bakteriologischer Waffen bewilligt. Interkontinentalraketen sollten mit Milzbrand- und Aids-Erregern bestückt werden. (Ähnliches ist von China bekannt, wo zur selben Zeit infolge von Unfällen, wahrscheinlich mit einem Krankheitserreger, der mit dem afrikanischen Ebola-Virus verwandt ist, im eigenen Lande mindestens zwei verheerende Epidemien ausgelöst wurden.[26])

Als es endlich zur persönlichen Begegnung zwischen Ronald Reagan und Michail Gorbatschow gekommen war, diktierte der Präsident der Vereinigten Staaten von Amerika der Presse: »Wir mögen uns.« Überhaupt mochten, je länger sich die Geschichte hinzog, die ehemaligen Blöcke das Spiel der großen Jungs um so lieber. Selbst als die wirtschaftliche Schwäche des Sozialismus längst offenkundig war, blieb der Vergleich willkommen. Nicht nur im Westen; auch im Osten überraschte der sowjetische Partei- und Regierungschef mit der Erklärung, man wolle sich gern weiter messen. *Perestrojka* hieß das Zauberwort. »Die Perestrojka«, schrieb Gorbatschow, »ist die Einladung des Sozialismus zu einem friedlichen Wettbewerb mit einem beliebigen anderen sozialen System. Wir werden mit unseren Taten beweisen, daß ein solcher Wettbewerb dem allgemeinen Fortschritt und dem Frieden in der ganzen Welt zum Nutzen gereicht.« Den Beweis zu erbringen war ihm nicht vergönnt. Sein berühmtes Wort fiel auf ihn selbst zurück. Den zu spät Gekommenen bestrafte das Leben.

Schon bald führte die Unabhängigkeitserklärung der drei baltischen Staaten zum Ende der Sowjetunion. Elf weitere Republiken verabschiedeten sich von Moskau. Die UdSSR strich den Zusatz »sozialistisch« aus ihrem Namen und versuchte es noch in einem GUS genannten losen Staatenbund. Kurze Zeit darauf war auch diese Liaison nur noch Makulatur. Von Weißrußland bis Armenien, von Moldawien bis Kirgistan wurde ans Nationale zurückgegeben, was als politische Internationale angetreten war. Wie ein nostalgischer Abgesang auf die Vergangenheit, auf die nichts Gutes folgen wird, klingt Norman Mailers Antwort in einem Interview von 1991: »Gerade die Konfrontation mit dem *Reich des Bösen* hat Amerika in gewisser Weise enger zusammengehalten, als es sonst der Fall gewesen wäre.

Jetzt ist dieser Druck von außen nicht mehr da, wir sind auf uns allein gestellt, und die Auseinandersetzungen werden zunehmen.«[27]

Sie haben zugenommen. Der Druck ist eminent. Je größer die Krise ist, um so besser funktioniert der »entfesselte Kapitalismus«. In der ganzen Welt hat er die Menschheit an die Kandare genommen. Oder auf die Straße geschickt. Zum Völkerwandern, zum Betteln, zur Arbeitssuche. Schon ein Jahr nach der Öffnung des Eisernen Vorhangs machte der *Club of Rome* in seinem Bericht »Die globale Revolution« darauf aufmerksam, daß die *Weltproblematik* mit der Bevölkerungsexplosion im Süden der Welt und den globalen Auswirkungen menschlichen Tuns auf die Umwelt nicht mehr hinreichend erfaßt sei. Bei der Beurteilung der gegenwärtig offensichtlich relevanten Probleme der Menschheit dürfe man jene Veränderungen im menschlichen Verhalten nicht mehr verschweigen, die auf dem Boden unserer materialistisch orientierten Gesellschaft zu einem ausgeprägten individuellen und kollektiven Egoismus geführt hätten. Ausdrücklich erwähnte der Club »... das Auseinanderklaffen von Reich und Arm, wobei eine steigende Anzahl von Menschen unterhalb der Armutsgrenze lebt«. Er monierte unter anderem die zunehmende Kluft zwischen denen, die Zugang zu Wissen und Information haben, und denen, die das nicht haben; die Diskriminierung religiöser und ethnischer Minderheiten; in vielen Ländern die Diskriminierung alter Menschen; die ungleiche Verteilung sozialer Gerechtigkeit; das Ungleichgewicht von Disziplin und Haltlosigkeit; die fehlende Ausgewogenheit von Rechten und Pflichten, Privilegien und Verantwortung; das Mißverhältnis von Wirtschaftswachstum und Lebensqualität; den Widerspruch zwischen fürsorglicher Gemeinschaft und unpersönlichem Wohlfahrtsstaat; das Ungleichgewicht zwischen materiellen und spirituellen Bedürfnissen. Und er beklagte den »Mangel an Verständigung zwischen Eliten und Massen, die Kluft zwischen Wissenschaft und Kultur, den Konflikt zwischen Rationalität und Intuition«[28].

Wem solche Kritik zu negativ ist, der mag sich mit nüchternen Zahlen begnügen. Die Weltwirtschaftskrise, die immer noch keiner so nennen mag, hat rund um den Globus zur Massenarbeitslosigkeit geführt. Im fernen Asien ist mittlerweile selbst dort, wo kurz zuvor die Wirtschaftswunder gepriesen wurden, das Ende der Vollbeschäftigung gekommen. Die Produktivität sinkt, die Finanzkrise ist da. In den USA feiert man den neuen Aufschwung. Das Wirtschaftswachstum ist zurückgekehrt. Zu feiern gibt es freilich nur den vollzogenen Umbau. Faktisch sind die Reallöhne von 1973 bis 1994 um 14 Prozent gesunken; und sie fallen weiter. Faktisch verdient in den USA ein Unternehmenschef heute durchschnittlich 216mal so viel wie ein Arbeiter, während er sich 20 Jahre vorher noch mit dem bescheidenen 35fachen begnügen mußte. Im Land der unbegrenzten Möglichkeiten kassierten die Vorstandsvorsitzenden allein 1995 eine Gehaltserhöhung von 35 Prozent. Kein Wunder, wenn dank Shareholder-Value das Gehalt am Aktienwert gemessen wird. Meist steigt er mit der Massenentlassung. Man nennt es Produktivitätssteigerung.

Auch in Deutschland haben Unternehmensführer bereits laut über diesen Modus zur Vergütung ihrer Leistungen nachgedacht. Schließlich konnten die Großunternehmen in der ersten Hälfte der neunziger Jahre ihr Börsenkapital verdreifachen. In dieser Zeit erzielten die Arbeitnehmer einen Nettolohnzuwachs von 8 Prozent. Das ist wenig und allemal weniger als die 50 Prozent, die die Selbständigen von Anfang der achtziger bis Mitte der neunziger Jahre auf ihr Realeinkommen legen konnten. Der Reibach nimmt kein Ende. 1997: Einkommenssteigerung aus selbständiger Tätigkeit, Unternehmertum und Vermögen 10 Prozent, aus unselbständiger Tätigkeit 0,2 Prozent. 1998 (bei statistisch 4 Prozent Zuwachs des deutschen Volkseinkommens): Jene 9 Prozent, diese 1,5 Prozent. Zugleich vergrößerte sich in der ersten Hälfte der neunziger Jahre die Gruppe der Sozialhilfeempfänger auf das Zweieinhalbfache. Bei ihnen kann man sich das Rechnen sparen. Sie bekommen weniger als vorher. Wie die Rentner. 1996 mußte sich nach 40 bis 50 Jahren Arbeit, *Golden Fifties* und die Jahre des Wirtschaftswunders mitgerechnet, die Hälfte von ihnen mit einer gesetzlichen Rente unter 1500 DM begnügen; ein weiteres Drittel bekam gar weniger als 1000 DM. Mit Kürzungen und Streichungen ist weiterhin zu rechnen. In der Rentenkasse, beim Sozialamt, beim Arbeitslosengeld, beim Finanzamt. Die höchste Arbeitslosigkeit seit Kriegsende wird dafür Sorge tragen. Experten wissen, die Entwicklung ist noch nicht abgeschlossen. Als abgeschlossen darf gelten, daß im Sozialstaat Deutschland weniger als 3 Prozent der Bevölkerung mehr Vermögen besitzen als die »unteren« 70 Prozent. Zahlen unverbesserlicher Linker? Immer noch nicht. Schon eher politischer Katzenjammer. Noch einmal Heiner Geißler, CDU: »Die Wahrung der Bürger- und Menschenrechte geriet ins Abseits. Unsere Reformen hätten wir nicht gegen die Gewerkschaften und die Verbände durchsetzen dürfen, sondern mit ihnen ... Die Wirtschaft hat uns Arbeitsplätze versprochen. Es tut sich aber nichts. Man hat uns getäuscht und enttäuscht.«[29]

Man muß sich fragen, wie bei dieser Entwicklung der soziale Friede aufrechterhalten werden kann. Immerhin waren die westlichen Demokratien einmal angetreten, um ihren Bürgern allgemeine Lebensrechte zu garantieren. Man könnte sich fragen, welche Konsequenzen solcher Kurs in den Sechzigern zur Folge gehabt hätte. Damals strebten in Frankreich die KPF, in Italien die KPI in die Regierungsverantwortung. Damals waren in den USA die Gewerkschaften noch stark. Damals hieß Arbeit noch Wertschöpfung, wurde Arbeit nicht als ein die Wertschöpfung verhinderndes, ein zu teures Gut angesehen. Es gäbe viele Fragen, die sich aufdrängten; allein, man kennt die Antwort: Der Kommunismus ist gescheitert, der Kapitalismus hat gewonnen. Die Sieger freuen sich und fühlen sich bestätigt. Die Verlierer sind traurig und warnen vor dem ausufernden Wildwuchs des nun konkurrenzlosen Systems. Dazwischen schweigt die Mehrheit. Mittlerweile wird es ihr zwar selbst zuviel; in Ermangelung einer brauchbaren Alternative kann die Freiheit der unternehmerischen Initiative und des Marktes aber keiner in Frage stellen. Am allerwenigsten das verbürgte Recht auf Privateigentum und aller mit der Privatheit einhergehenden Ungebundenheit. Wer nicht nur schweigt, erkundigt sich nach dem Verbleib der Intellektuellen, die ehedem Mißstände aufzeigten und Alternativen formulierten. Die Intellektuellen zeigen unverändert Mißstände auf und formulieren Alternativen. Sie scheinen den Nerv nicht mehr zu treffen. Sie sagen, was die schweigende Mehrheit bereits weiß. Was sie nicht weiß, bleibt im Intellektuellen. Es taucht in den Medien auf und ist kurze Zeit danach wieder verschwunden:

Ein Gewerkschaftschef sagt, die Katastrophe an der gegenwärtigen Diskussion sei das Ausbleiben notwendiger Reformen, während das System selbst unangetastet bleibe. Er sagte es, bevor er Bundesminister wurde. Die nationalen Gewerkschaftsverbände wollen dem System mehr gerecht werden; die Globalisierung, die Veränderung der Industriearbeit, die zunehmende Individualisierung in der traditionell solidarischen Arbeiterschaft, ihre eigenen veralteten Strukturen, der wachsende Mitgliederschwund und viele andere Gründe zwingen sie, es ihren Widersachern gleichzutun. Sie müssen *global players* werden. Ein Wirtschaftsprofessor vom »Massachusetts Institute of Technology« vermißt den alten kommunistischen Gegner, durch den der Kapitalismus seine Überlegenheit und Stärke habe beweisen können. Wirtschaftsethiker betonen die moralische Verpflichtung von Unternehmen. Die »Kommunitarier« machen eine Gegenrechnung auf: reine Kosten-Nutzen-Kalküle seien am Ende teurer als solche, die das Soziale mitberücksichtigen ... Stimmen werden viele laut. Doch alle sind sich einig. Der Kommunismus ist gescheitert, der Kapitalismus hat gewonnen.

9 Jahrzehntelang schloß Marcus Porcius Cato jede seiner Senatsreden mit dem berühmt gewordenen Satz: *Ceterum censeo Carthaginem esse delendam!* »Und im übrigen bin ich dafür, daß Carthago zerstört werde!« Nachdem drei Jahre nach seinem Tod mit dem Ende des 3. Punischen Krieges im Jahre 146 v. Chr. sein Wunsch endlich erfüllt wurde, begann man bald, die alten Tugenden zu vermissen. Rom hatte seinen letzten Gegner verloren und mußte seine Stärke in Arenen demonstrieren. Es begann, seine Triumphzüge zu inszenieren. Die Rückkehr des siegreichen Feldherrn in die Hauptstadt verwandelte sich in ein Theater. Was die Tagespolitik nicht mehr leistete, wurde als Schauspiel wiederholt. Am Ende dieses Schauspiels steht das Colosseum. Vernichtung *live*. Ein Pornokino des Todes. Ständiger Einlaß. Ein kleiner Besuch während der Mittagspause. Eine Visite am frühen Feierabend. Vom späten Vormittag bis zum späten Abend wird am laufenden Band gefoltert und hingerichtet, die Macht zur Schau gestellt. Rom war dankbar, als endlich die Christen kamen.

Die Arenen von heute sehen anders aus. Ersparen wir uns billige Analogien. Ersparen wir uns eine billige Medienkritik. Ersparen wir uns aber auch so zu tun, als hätten wir keine Arenen. Macht braucht Gegnerschaft. Sie hat eine identitätsstiftende Funktion. Ohne sie fühlen sich die Untertanen um ihren Anteil an der Glorie betrogen. Sie sehen nur noch ihre eigene Mühsal; sehen niemanden, dem es noch schlechter geht. Ohne Gegnerschaft wird Macht ausgehöhlt. Sie richtet sich am Ende gegen sich selbst. Sie läßt den Tod im Innern aufziehen. Schon Catos Vernichtungsformel war nicht nur Ausdruck des Hasses. Gegen Carthago zu sein war ein Merkmal römischen Selbstverständnisses.

Aber vielleicht ging es in den Jahren vor dem Fall der Berliner Mauer gar nicht mehr um den großen Hannibal, der das Land von außen bekämpfte? Vielleicht ging es längst um Spartakus, den Anführer des Sklavenaufstands, der das Land von innen bedrohte. Vielleicht hatte sich der Kapitalismus gegen eine Wohlstandslinke gewehrt, die in ihm ihren Hauptfeind erkoren hatte. Auch dieser Kampf wäre ausgestanden.

Der kulturelle Gesamtentwurf, der alle Bereiche des Wissens und des Intellekts durchdrungen und die Gestaltung aller Sphären des menschlichen Lebens angestrebt hatte, ist ebenfalls gescheitert. Konstatiert wird auch hier das Ende der Epoche der Aufklärung. Wird jemals noch der Versuch unternommen werden, eine neue Grundlage des Zusammenlebens und des Produzierens der Menschheit zu definieren, die ethischen Kriterien einer menschlichen Sinnfrage genügten? Es sind Worte von schwerem Gewicht. Antje Vollmer fand sie. Als Theologin, Aufklärerin und Vizepräsidentin des deutschen Bundestags wird sie wissen, wovon sie spricht. Mit Megaphilosophien kennt sie sich aus. *What's left?*, fragte sie Anfang 1993. Eine gerade in ihrer Doppeldeutigkeit kluge Frage: Was ist links? Und: Was bleibt übrig? Man kann sie nur zu gut verstehen, wo sie schreibt: »So spaßig ist es ja nicht, wenn sich ganze Völker und ganze Epochen katastrophal geirrt haben. Das waren alles Selbstexperimente mit dem Einsatz der eigenen Existenz – und der der Mitmenschen.« Jetzt sind das *alles widerlegte Hypothesen, implodierte Wirklichkeiten*. Nicht daß *der Glaube und das Denksystem* weg wären, die Realität selbst ist es. »Die Weltanschauung ist noch da – aber in der Welt ist nichts mehr zum Anschauen da, was ihr entspräche.«[30]

Nicht wenige teilen die Trauer. Viele von ihnen glauben, der Kapitalismus habe seinen Widersachern etwas verübelt und sie daraufhin zu beseitigen versucht. Sie wollen nicht wahrhaben, daß ihm Ideologien gleichgültig sind. Er braucht nicht die Demut, die die Theologen forderten; er benötigt keine Inquisition. Er braucht nicht die Einsicht, ohne die in der Philosophie nichts geht, ohne die in der Politik alles beim Alten bleibt; er bedarf keiner Aufklärung, noch weniger einer Revolution. Er fragt nicht Wer und Warum? Er kennt keine Ressentiments. Er verfolgt nicht seine Gegner. Er bevorzugt nicht seine Anhänger. Vor ihm sind alle gleich: der Logik des Kapitals kann auch der Kapitalist zum Opfer fallen. Er kennt keine Renegaten: Kritik, die nichts taugt, läßt er links liegen; die etwas taugt, vereinnahmt er. Er ist ohne jede Emotion; weder sich beklagend noch das Lob erheischend. An die Stelle des Gejammers setzt er besagte Herausforderung. Allein die Machbarkeit veranlaßt ihn zu positivem Denken. Nur auf die Tat ist er gerichtet. Er ist nicht selbst Inhalt. Er ist bloß bedingend. Ihn interessiert bloß der Nutzen. Ihm genügt, daß jeder, der sich etwas leisten muß und will, nicht anders kann, als dies über ihn, über seine Form der Ökonomie, abzuwickeln.

»Dein Kapital oder deine Arbeitskraft, alles andere ist unwichtig, man wird dich stets innerhalb der erweiterten Grenzen des Systems wiederfinden.«[31] Geld und Markt, das ist alles, wofür er zu sorgen hat. Auf mehr muß er nicht achten. Du willst überleben, und du hast deine Träume? Mehr ist nicht erforderlich, damit sich ein jeder in die Allgemeinheit des Ökonomischen einführe, damit er sich in ihr wiederfinde, sich über seine Leistung freut oder als Versager fühlt. Der Kommunismus ist gescheitert, der Kapitalismus hat gewonnen.

Ans Scheitern glaubt, den Sieg bezweifelt eine andere Macht, die schon einmal die Geschicke lenkte. Das päpstliche Rom. Nachdem es mit der im Jahre 1978 erfolgten Wahl des Polen Karol Wojtyla zum Oberhaupt der katholischen Kirche an die Tradition des berühmten Vorfahren Kopernikus anknüpfen und die gesellschaftlichen Revolutionen in Osteuropa maßgeblich befördern konnte, ließ der Heilige Stuhl 1988 verlautbaren, sein Ringen mit dem ideologischen Materialismus des Ostens sei nun abgeschlossen, es beginne ein neuer historischer Abschnitt. Die Auseinandersetzung mit dem praktischen Materialismus des Westens war angekündigt. Drei Jahre später lag das Ergebnis vor. Exakt hundert Jahre nach Erscheinen von »Rerum novarum«, der ersten katholischen Sozialenzyklika durch Papst Leo XIII., veröffentlichte Papst Johannes Paul II. im Mai 1991 *Centesimus annus* – »Im hundertsten Jahr«. Es war die schärfste Kritik, die seitens der Kirche je am Kapitalismus laut wurde. Spuren des Historischen, Schicht für Schicht im hundertsten Jahr.

Rom kennt die Historie. Nicht zu Unrecht nennt es sich *caput mundi*, Hauptstadt der Welt. Mit Wolfsblut wurden seine Gründer aufgezogen. Hier begann die Geschichte des Imperialismus. Hier fand sie als Ort göttlichen Willens und »Heiliges Römisches Reich« ihre Fortsetzung. Nicht zu Unrecht nennt es sich Ewige Stadt. Mehr als jede andere Metropole vergangener Macht ist Rom eine *Capitale* geblieben. Wer auf Fels bauen möchte, legt hier sein Fundament.

Schon Karl der Große tat es, als er sich im Jahre 800 am Tiber zum Kaiser krönen ließ. Für die Nationalsozialisten war die Achse Berlin–Rom ein besonderes Anliegen; es sollte wieder ein »Tausendjähriges Reich« werden. Die Zukunft im Visier hatten die Unterzeichner der »Römischen Verträge«, die 1957 die EWG, die »Europäische Wirtschaftsgemeinschaft«, ins Leben riefen. In dieselbe Tradition stellte sich der Verbund der hundert Wissenschaftler, der 1972 unter dem Namen *Club of Rome* seinen ersten Bericht mit dem Titel »Die Grenzen des Wachstums« vorlegte.

Noch jede Megaphilosophie und jede nach ihr schielende Macht versuchte, sich in Rom Präsenz zu verschaffen. Mögen die Vereinten Nationen in New York ihren Sitz haben; mögen sich Brüssel und Straßburg, Den Haag, Helsinki oder Maastricht im politischen, im wirtschaftlichen – im europäischen Tagesgeschäft einen Namen machen. Sobald es darum geht, den Zukunftswillen historisch zu verankern, wird Rom noch allemal zum Nabel der Welt. Als das Mekka von etwa einer Milliarde Katholiken ist sich der Vatikan dieser Bedeutung bewußt. 1991, im selben Jahr, in dem der *Club of Rome* als Repräsentant der alten Megaphilosophie der Vernunft die *materialistisch orientierte Gesellschaft* anprangerte, meldete sich auch diese andere Definitionsmacht vergangener Tage zur Sache. Gut ein Jahr nach der Öffnung des Eisernen Vorhangs und im selben Jahr, in dem das Ende der Sozialistischen Sowjetrepublik begann, erklärte die katholische Kirche den Unterschied zwischen Marxismus und freier Marktwirtschaft für letztendlich vernachlässigbar.

Wenn der *Club of Rome* den Kapitalismus anklagt, ist dies für viele nicht weiter überraschend. Er hatte seine emanzipatorische Haltung noch nie verschwiegen, hatte noch nie verhehlt, daß er kein Freund einer Ökonomie ist, die meint, sich ungehindert entfalten zu dürfen. Etwas anderes ist es, wenn die Kirche mit einem aufklärerischen Gedankengut aufwartet, das von ihr bis dato nicht zu hören war, und den *reinen Materialismus* der Konsumgesellschaft, die *menschlichen Defizite des Kapitalismus*, die *Herrschaft der Dinge über die Menschen* und eine *Verkümmerung menschlicher Werte* anmahnt. Zwar hatte schon »Rerum novarum« scharfe Töne enthalten. Man forderte hier das Recht auf Privateigentum, dort den Schutz vor Ausbeutung. Doch alle bisherigen Sozialenzykliken achteten darauf, eine eindeutige oder gar negative Haltung gegenüber dem Wirtschaftssystem des Westens zu vermeiden. Es aber nun *als das siegreiche Gesellschafts-*

system anzuerkennen, nur weil der Sowjet-Kommunismus gescheitert war, kommt den Verfassern dieser Schrift nicht mehr in den Sinn. Man räumt noch ein, daß in der westlichen Gesellschaft die Ausbeutung wenigstens in den von Karl Marx analysierten und beschriebenen Formen überwunden sei, kommt dann aber bündig zur Sache: Der Kapitalismus leugne jede Eigenständigkeit des Menschen und jede Berufung zum sittlichen Handeln. Er reduziere die menschliche Existenz völlig auf den Bereich der Wirtschaft. Entfremdung, Instrumentalisierung, die Zerstörung menschlicher Werte und ungezügeltes Konsumstreben seien an der Tagesordnung. In der Welt bestünden nach wie vor Formen der Ausgrenzung und der Ausbeutung. Menschen benutzten sich gegenseitig als Werkzeuge. Sie würden bei der stets »raffinierteren Befriedigung ihrer Sonder- und Sekundarbedürfnisse taub für die hauptsächlichen und echten Bedürfnisse, die auch die Art und Weise der Befriedigung der anderen Bedürfnisse regeln sollen«. Es bestehe infolge der Niederlage des Kommunismus die Gefahr einer Vergötzung des Marktes. »Es besteht die Gefahr, daß sich eine radikale kapitalistische Ideologie breitmacht.«

Die Enzyklika liest sich, als hätte noch einmal ein entflammter Achtundsechziger zur Feder gegriffen. Um so aufschlußreicher waren die Reaktionen auf die päpstliche Schelte. Wie würden sich jene verhalten, die bis dato gewohnt waren, den Wirtschafts- mit dem Seelenfrieden gleichsetzen zu dürfen? In den kirchlichen Kreisen wurde das Machtwort gefeiert. Der Vorsitzende der Deutschen Bischofskonferenz, Bischof Lehmann, würdigte es als ein *epochales Werk*, in dem erstmals in der Entwicklung der katholischen Soziallehre eine Ethik der Gewinne und Investitionen zur Sprache käme. Er hob hervor, daß jetzt seitens der katholischen Kirche ein vom Kapitalismus grundsätzlich verschiedenes Konzept einer Wirtschaftsordnung positiv gewürdigt sei. Er kommentierte, *Centesimus annus* fordere gleichermaßen ein verantwortliches Verbraucherverhalten wie ein hohes Verantwortungsbewußtsein von Produzenten und Trägern der Kommunikationsmittel.

Die überregionale christliche Presse lag auf derselben Linie. Im *Osservatore Romano,* in der *Deutschen Tagespost* oder *Christ und Welt* diskutierte man die sozialpolitischen Hintergründe der Enzyklika. Auch die katholisch-konservative Regionalpresse lobte das päpstliche Wort. Sie lobte es weniger inhaltlich und mehr, weil es vom Papst kam. Die großen liberalen Zeitungen begnügten sich mit ihrer Verpflichtung zur Nachricht. Sie gaben den Text im wesentlichen wieder.

Nur die beiden großen konservativen Tageszeitungen Deutschlands, die sich bis dahin fraglos im Geiste einer »christlich-demokratischen« Grundhaltung verstanden hätten, waren im Kern getroffen. Bittere Häme war das Resultat. Beim Kommentator der *FAZ* hielt sie sich vergleichsweise noch in Grenzen. Der Papst werde schon wissen, was katholisch sei, meinte Heinz-Joachim Fischer, und ging auf Hintergründe der katholischen Morallehre ein. Das heißt, er schuf ein Klima im Text (Kontroversen zwischen katholischer Moral und weltlicher Kultur; innere Kontroversen zwischen Kirche und Gesellschaft; Geburtenkontrolle etc.), das den Eindruck hinterließ, die Kirche solle erst mal in der Gegenwart ankommen, ehe sie sich zur Sozialpolitik äußere. Aristoteles hätte es einen *status translationis* genannt. Frei übersetzt: Die sind hier gar nicht zuständig. Peter Gillies aber, der Chefredakteur der *Welt*, war aus dem Häuschen. Er schrieb seine Philippika.

Sie begann mit dem Satz: »Die Satten haben wenig Mühe, Abstinenz zu predigen.« Die päpstliche Warnung vor einer Genugtuung über den Zusammenbruch des Kommunismus kommentierte er mit den Worten: »Millionen von Leidenden und Drangsalierten dürften hier abweichende Gefühle haben.« Die Anprangerung einer Vergötzung des Marktes und der Konsumgesellschaft ließ Gillies fragen: »Wie haben katholische Christen, die am Markt ihr Einkommen verdienen und damit auch den allgemeinen Wohlstand befördern, das zu verstehen?« Als seien jene angegriffen worden, die zu kurz gekommen sind, weist er den Vorwurf zurück: »Die Armen, die liebend gerne mehr konsumieren möchten, werden die päpstliche Warnung vor Konsumismus nicht verstehen.« Beim Stichwort Egoismus schwingt er sich zum sozialpolitischen Heroen auf. »Eine wichtige Triebfeder des wirtschaftlichen Erfolgs ist das Eigeninteresse des Menschen. Wenn der Papst hier vor Egoismus warnt, wird er hoffentlich nicht den Gewerbefleiß meinen, ohne den die soziale Flanke der Gesellschaften wegbräche.« Und zuletzt gab der Zeitungsmann dem Kirchenmann noch eine Hausaufgabe mit auf den Weg. »Die Marktwirtschaft«, meinte er, die »sich in vielen Ländern auch sozial bewährt hat, vertrüge durchaus eine deutliche päpstliche Ermunterung. Dieses System ist mehr als die hirnlose Vermehrung von Gütern.«

Man muß sich fragen, warum sich Peter Gillies so aufregte? Es sind sich doch alle einig: Der Kommunismus ist gescheitert, der Kapitalismus hat gewonnen. Souverän lenkt er den Willen des Volkes, während die römisch-katholische Kirche um ihre eigene Anerkennung ringt. Als politische Stimme kann sie allenfalls einen moralischen Appell abgeben, an dem sie sich im Zweifelsfalle auch noch selbst messen lassen muß. Dürfte man da von einem Chefredakteur, insbesondere vom Chefredakteur eines politisch und in den Werten christdemokratisch konservativen Blattes, nicht ein wenig Gelassenheit erwarten? Vielleicht. Aber mehr als die Stilfrage rückt hier die nach dem inhaltlichen Motiv ins Blickfeld. Etwas anderes scheint plötzlich durch diese erboste Stellungnahme hindurch. Es scheint, daß der Sieg gar nicht so eindeutig ist, wie er gerne dargestellt wird.

Erinnern wir uns an die Zeit, in der sich die Vernunft für die Aufklärung und gegen die Vormachtstellung von Kirche und Adel engagierte. An ihrer Seite, dasselbe Ziel verfolgend, fochten die Vertreter der Phantasie. Kaum war der Wandel vollzogen, hatte allerdings nur mehr jene das Sagen. Deren Anhänger hatten längst mehr als nur die Beseitigung des Übels im Sinn. Sie strebten selbst nach der Macht. Auch diesmal sah es wieder aus, als ginge es um den Erhalt oder die Eroberung irgendeiner Freiheit. Auch diesmal zogen diverse Kräfte am selben Strang, um einem ungeliebten System den Garaus zu machen. Die Kräfte einer demokratischen Politik, einer freiheitlichen Gesellschaft, einer freien Marktwirtschaft, die christlichen Kirchen ... Sie alle schienen dasselbe zu wollen, während es in Wirklichkeit nur eine Fraktionsgemeinschaft war, die aus völlig unterschiedlichen Gründen durch einen gemeinsamen Gegner geeint war. Mit der Beseitigung dieses Gegners ist das gemeinsame Ziel verwirklicht. Ein anderes existiert nicht und, vor die Nagelprobe gestellt, wird schnell offenkundig, daß es auch kein anderes geben kann. Die päpstliche Enzyklika und die auf sie folgende Reaktion machten es deutlich.

Wenn sich also die Symbiose von Kapital und Kirche, die zu »Ostblock«-Zeiten lange fraglos schien, als eine rein strategische Allianz herausstellte, dann kann es sehr leicht sein, daß sich die Symbiose von Politik und Wirtschaft bald als ebenso trügerisch erweisen wird. Es könnte sein, daß im selben Maße, wie vordem die Kunst an der Seite der Politik focht, ehe diese ihren Alleingang unternahm, diesmal die Politik an der Seite der Ökonomie agierte, um anschließend den Kürzeren zu ziehen. Wieder bediente sich dann die zukünftige Macht ihrer Vorgängerin, um sie abzulösen, um ihre Ideale im nachfolgenden »Produkttransfer« mit anderen Inhalten zu füllen. Was sein könnte, ist bereits der Fall. Was wie ein gemeinsames Vorgehen erklärt wurde, tritt in seinen Differenzen mittlerweile offen zutage. Exemplarisch ist nicht nur die Aussage Heiner Geißlers: »Die Wirtschaft hat uns getäuscht und enttäuscht«; exemplarisch ist auch das Wort des Europapolitikers und früheren EG-Präsidenten Jacques Delors, der Ende 1993 im französischen Politikforum *Témoins* bekannte: »Lange war ich der Meinung, daß die europäische Idee dank der Ökonomie Fortschritte machen werde und der Rest sich von selbst ergebe. Heute bin ich überzeugt, daß Europa, wenn wir nicht auf das Politische zugehen, nie auf zwei Beinen stehen, sondern immer ein behindertes sein wird.«

Der Franzose war einer der Baumeister des ökonomisch vereinten Europas und ein entschiedener Befürworter des Vertrags von Maastricht. Wenn er sich von dieser Linie verabschieden mußte, so nicht allein deshalb, weil er zu der Einsicht gelangte, dieser Vertrag setze nur für die Wirtschaft relevante Akzente und beinhalte keinerlei soziale, politische oder kulturelle Dimension. Es klingt auch deutlich die Fehleinschätzung des vermeintlichen Partners und die darauffolgende Enttäuschung durch. Die Ziele, die die Vertreter der Wirtschaft verfolgten und verfolgen, haben sich als nicht identisch mit denen der Politik herausgestellt. Wie dumme Jungs stehen nun die Politiker da, die es merkten; wie die zu jeder harten Gang gehörenden Stiefelputzer müssen diejenigen erscheinen, die es noch nicht einmal registriert haben. Es sind die Claqueure der Sieger, stets von sich begeistert, wenn die Aura dieser neuen Macht sie umhüllt, stets kraftvoll böse gegen jene, die immer noch mit dem »Gedöns« der Vergangenheit ihre Mitmenschen belästigen. Und wenn, was selten vorkommt, mal einer von ihnen den Partner in der Wirtschaft anmahnt, genügt das kleine Machtwort. Elefanten hätten eben eine längere Tragezeit, antwortete die Stimme der Industrie, danach gefragt, wo das Engagement bleibe. Schon war die Sache erledigt. Elefanten? Ach richtig, das sind doch diese großen Tiere mit dem dicken Fell.

Kommen wir zum Kern der Sache! Der Untergang des Ostens war nur ein Zubrot. Selbst wenn sich die sozialistischen und kommunistischen Parteien von der KPdSU bis zur SED nicht aufgelöst hätten, wenn die Regime, die sie stellten, nicht abgedankt hätten, hätte die westliche Ökonomisierung der Politik dem Kampf der Giganten bald ein Ende bereitet. Wir hörten es bereits, der Sieg gesellschaftlicher Kräfte. Das Ihre dazu beigetragen hätten Entwicklungen und Ströme, die Mauern nicht abschirmen können: Was durch den Äther kommt, die Medien. Was frischer Wind bringt, die wachsenden Freiheits- und Konsumwünsche in den »Arbeiter- und Bauernstaaten«. Was in der Luft liegt, die grenzenlose Verschmutzung der Umwelt. Alldem konnten über kurz oder lang die sozialistischen Systeme weder politisch noch wirtschaftlich standhalten. Insofern besteht kein Zweifel: Der Kommunismus ist gescheitert, der Kapitalismus hat gewonnen?

Die Rivalität der Blöcke, die Herausforderung, bezog sich allerdings stets auf zwei Bereiche. Es ging um den politischen *und* ökonomischen Wettstreit. Wirtschaftlich, das können wir mit Fug und Recht behaupten, ist der Sieg eindeutig. Die Machthaber im Osten hätten nicht aufgeben müssen, wenn der Kommunismus nicht verloren hätte. Wo aber ist der politische Sieg des Kapitalismus? Er ist nicht etwa zweifelhaft; er muß nicht erst noch mit einem »Aufbau Ost« in die Wege geleitet, mittels einer demokratischen Bildung von ehemals totalitär geführten Völkern vorbereitet oder durch die Schaffung geeigneter Infrastrukturen nachgeholt werden. Es gibt ihn nicht! Selten zuvor wurde ein Pyrrhussieg offensichtlicher. Was als ein Sieg des Westens gepriesen wird, ist seine eigene politische Niederlage. Es ist nicht nur das Ende der Aufklärung; es ist das Ende eines Programms, das einmal als Politik gedacht war.

Daß der Gegner verschwunden ist, mag mancher bedauern. Viel entscheidender ist, daß dieser angebliche Sieg längst nichts mehr mit dem Kommunismus zu tun hatte. Seitens der Ökonomie ging es schon lange nicht mehr um ein Sich-messen der Systeme. Es ging nicht mehr um politisch rechts oder links. Es ging nicht mehr um die Ideologie. Es ging um die Frage, wer in Zukunft die Macht innehaben würde. Es ging um die Ablösung der Politik durch die Ökonomie. Es ging bereits darum, als noch niemand dachte, der Kommunismus könnte scheitern. Es ging um die Megaphilosophie.

Für die Marxisten mag es ein trauriger Trost sein. Sie waren im Rahmen ihrer »Kritik der politischen Ökonomie« (so der Untertitel von Marx' »Das Kapital«) von Anfang an davon überzeugt, daß die Politik der bürgerlichen Gesellschaft ausschließlich der Ökonomie gehorcht. Nicht zuletzt deshalb mißachteten sie die in den demokratischen Verfassungen verankerten Bürger- und Menschenrechte; auch sie schienen ihnen nur auf dem Papier zu gelten. Für all jene aber, die an die Geschichte des Mutes und ihr Resultat, die Demokratie, geglaubt haben, ist die mit dem Sieg des kapitalistischen Wirtschaftssystems einhergehende Niederlage kapitalistischer Politik ein Schock. War die Demokratie nur ein Übergangsmodell, um der Ökonomie das politische Handeln zu überantworten? Ist die Demokratie, wie wir sie kennen, unwiederbringlich für die Zukunft verloren? Wird sie verschwinden, wie schon so viele Regierungsformen in der Versenkung verschwunden sind? Ist vielleicht nur die repräsentative Demokratie am Ende? Oder gar nur die Parteiendemokratie? Oder wird dereinst sogar eine bessere Demokratie folgen? Ist die Ökonomie doch die bessere Herrin? Ist die Naivität der Politik, das Grundübel der Politik, ihr ideologischer Charakter, den sie nie loswurde, endlich mit ihr ausgemerzt, und die Ökonomie realisiert, was jene nicht vermocht hatte? Belassen wir es bei den Fragen. Sehen wir uns an, was die Zukunft bringt, und vergessen wir nicht, was Kant riet: *Faulheit und Feigheit sind die Ursachen, warum ein so großer Teil der Menschen, nachdem sie die Natur längst von fremder Leitung freigesprochen, dennoch gerne zeitlebens unmündig bleiben; und warum es anderen so leicht wird, sich zu deren Vormündern aufzuwerfen.*

V.
Hort und Hortung

Abschaffung der Arbeit und Umverteilung des Reichtums

1 Alexander Selkirk war am Ende. Er hatte Tausende von Kilometern fern der Heimat Schiffbruch erlitten. Er hatte bis zur Bewußtlosigkeit gegen den Ertrinkungstod angekämpft. Er hatte sich als einziger Überlebender am Strand einer unbewohnten Insel wiedergefunden. Er dankte Gott für seine Rettung. Mehr war ihm nicht geblieben. Er war so sehr am Ende, daß ihm nur noch das Wagnis eines Neuanfangs blieb. Er hatte überlebt und mußte nun sehen, wie er überleben konnte. Er war noch einmal mit dem Leben davongekommen und mußte nun die tagtägliche Versorgung dieses Lebens bewerkstelligen. Er begann als Jäger. Bald wurde er Ackerbauer und Viehzüchter. Er brachte sich selbst vielfältige Kenntnisse in den Handwerken bei. Er arbeitete als Architekt. Er errichtete Haus und Stall, Terrasse und Garten und umzäunte den teuren Besitz mit einer Verteidigungsanlage. Schließlich erwarb er die Fähigkeiten des Lehrers und Geistlichen. Er wiederholte die Geschichte der Zivilisation. Jahrzehnte verbrachte er auf der Insel, die seine Insel wurde. Nach Jahrzehnten kam ein Schiff, das ihn nach Hause zurückfuhr. Dort erzählte er seine Geschichte. Daniel Defoe hörte sie. Er schrieb sie auf. Er setzte Selkirk ein unvergeßliches Denkmal. Er nannte ihn Robinson. Als Robinson Crusoe ging Alexander Selkirk in die Lite-

raturgeschichte ein. Als Robinson wurde er zum Helden und Vorbild eines abenteuerlichen Lebens.

Obwohl Generationen von Kindern und Jugendlichen in Höhlen und Wäldern, hinter Bahndämmen und in Ruinen ihm spielend nacheiferten, ist »The Life and Surprising Adventures of Robinson Crusoe of York Mariner« mehr als ein Abenteuerroman. Hinter der 1719 in England erschienenen Geschichte eines Schiffbrüchigen verbergen sich die Werte des puritanischen Mittelstandes. Der literarische Bericht bestätigte, daß der Weg zum Wohlstand über die Tugenden des Fleißes und der Gottgefälligkeit führt. Schon unmittelbar nach seiner Veröffentlichung wurde das vermeintliche Jugendbuch zum Bestseller der Erwachsenen. Von England, dem Ursprungsland des Kapitalismus ausgehend, ging er über die Welt. Und bis heute scheint er zu beweisen, was als der größte Vorteil des kapitalistischen gegenüber allen anderen Wirtschaftssystemen gilt: Leistung und Eigeninitiative werden stets belohnt. Es war eines der Hauptargumente gegen die sozialistische Ökonomie. Dort wurde Leistung nicht belohnt. Dort wurde die Eigeninitiative unterbunden. Dort wurde der Gewerbefleiß verhindert. Dort sah man: ohne Privateigentum keine Motivation.

Die Phänomene sind erkannt, ihre Gültigkeit ist kaum bestreitbar. Dennoch beklagen seit geraumer Zeit gerade in den kapitalistischen Industriegesellschaften, die diese Probleme *per definitionem* gar nicht kennen dürften, nicht nur Arbeitgeber, daß die Bereitschaft zur Leistung grundlegend nachgelassen habe. Seit dem Ende der sechziger Jahre hat sich die Einstellung zur Arbeit gewandelt, mit dem Wertewandel eine neue Arbeitsmoral herausgebildet. Die Freude an der Arbeit nahm ab, die Abgrenzung des Erwerbs- vom Privatleben nahm zu, der Bruch tauchte im Menschenwerk auf. Mit ihm verabschiedeten sich die Arbeitnehmer von den alten Tugenden des Fleißes und der Pflichterfüllung, von den »sekundären Tugenden« der Disziplin, Korrektheit und Anpassungsbereitschaft.[1] Die »innere Kündigung« wurde zur permanenten Drohung.

Seitdem bekannt ist, daß Arbeit nur noch kostet und niemandem mehr was bringt, ist sie zu verargumentieren noch schwieriger geworden. Wie im Falle des Verbrauchers und des Wählers, die immer nur unzufrieden sind, mit ständig neuen Forderungen aufwarten und stets sofort nörgeln, wenn ihre Erwartungen nicht erfüllt werden, hat das Anspruchsdenken im Zuge der Individualisierung auch den Arbeitnehmer und Mitarbeiter erfaßt. Sie wollen zu viel, sagen die einen. Man müsse sie mit einem attraktiven Angebot versorgen und auf Alternativen ansprechen, die ihre Sehnsucht nach mehr Sinn, mehr Ethik, mehr ideellen Werten befriedige, sagen die anderen. Einmal heißt es, die Diskrepanz der Einkommen sei zu groß; wer sich engagiere, habe das Gefühl, nicht ausreichend dafür entschädigt zu werden und nur für »die da oben« zu arbeiten. Das andere Mal heißt es, den Beschäftigten gehe es nicht mehr um die Maximierung ihres Einkommens, sondern um Ansprüche wie Selbst- und Mitbestimmung in der Arbeit und Selbstbesinnung durch mehr Freizeit. Sie seien schon wieder launisch, murren die, die zahlen sollen. Man müsse sie mit Visionen für die Identität des Unternehmens begeistern und ihnen den Erfolg des Unternehmens als persönlichen Erfolg verkaufen, frohlocken jene, die sich für solchen Ratschlag bezahlen lassen können. Tatsache ist, daß sich die Prioritäten von der Arbeits- auf die persönliche Lebenswelt verlagerten. Tatsache ist, daß sich viele mittlerweile sagen, die Arbeit ist nicht alles, und das Beste an ihr ist das Gehalt, das auf jeden Fall zu gering ausfällt.

Der Arbeitsmoral gegenüber steht die Existenzfrage. Ihr zufolge beschränken sich die Forderungen der Arbeitnehmer, sofern sie können, meist doch aufs Materielle. Zur Tarifverhandlung ist geworden, was vormals besseren Arbeitsbedingungen galt. Die Angebote der Arbeitgeber konzentrieren sich demgegenüber eher aufs Ideelle, sprich: auf die Förderung der Leistungsbereitschaft. Mal ist es einer dieser psychologischen Vorschläge, die seit bald 30 Jahren in der Managementliteratur anzutreffen sind und immer wieder einen neuen Dreh zur Stimulierung der Mitarbeitermotivation bzw. zur Förderung ihrer Eigeninitiative gefunden zu haben vorgeben. Mal sind es, vom *job sharing* über die *job rotation*, von der autonomen *unit* bis zum *out-sourcing*, Modelle neuer Arbeitsorganisation, die das Ziel verfolgen, handwerksbetriebliche Strukturen im und ums Großunternehmen herum zu implementieren. Mal ist es der Versuch, das unternehmerisch Erstrebenswerte an das heute allgemein Gewünschte zu knüpfen: die Flexibilisierung der Arbeitszeit an das Verlangen nach selbstgewählter Zeiteinteilung; die Stechuhr an den Wetterbericht; den Wettbewerbsvorteil via *time based competition* an die Lust auf Abwechslung; das betrieblich geforderte »lebenslange Lernen« an die Neugierde; die Fortbildung an den Wunsch, auch mal rauszukommen; das Bestreben, unprofitable Produktionseinheiten und Dienstleistungen auszulagern, an den Traum von der beruflichen Selbständigkeit … Mal sind es ideologische Angebote, wie sie mit der Umwandlung des Unternehmens von der Fabrik zur Marke vonstatten gehen. Seit einiger Zeit ist es vor allem die drohende Entlassung, die das Engagement befördert.

Der Erfolg der jeweiligen Initiativen hält sich mehr oder weniger in Grenzen. So recht will sich Robinsons Elan und mit ihm der Glaube an den lohnenswerten Fleiß nicht wieder einstellen. Die sogenannte »Anspruchsevolution« hat die gesamte Bevölkerung erfaßt und reicht bis hinauf in die Spitze der gesellschaftlichen und wirtschaftlichen Hierarchie. Die Besserverdiener behaupten zwar noch, sie identifizierten sich mit ihrer Aufgabe. Während der herkömmliche Mitarbeiter in der Arbeit kaum noch Erfüllung findet, begrüßen jene die Möglichkeiten zur Umsetzung eigener Ideen und sind bereit, Freizeit und Privatleben zu opfern. Genau betrachtet suchen jedoch beide Seiten den Lustgewinn abseits der Maloche, der Chef nicht minder als seine Untergebenen. Was dem einen sein *Robinson-Club*, ist dem anderen sein Baumarkt. Falsche Hoffnungen braucht sich auch wegen der Vorarbeiter alias leitenden Manager niemand zu machen. Unverhohlen erklären sie ihre Identifikationsbereitschaft nur mit dem Mehrverdienst. »Dafür werden wir schließlich gut bezahlt«, lautet die gängige Standardformulierung. Nachdem die von ihnen erwartete Professionalität nicht zuletzt besagt, sie sollten sich bei der Ausführung der verlangten Tätigkeiten an die Spielregeln der Zweckrationalität halten und von ihren persönlichen Befindlichkeiten und Weltanschauungen Abstand nehmen, steht zu vermuten, daß ihnen noch nicht einmal auffällt, wie deutlich sie ihr bescheidenes Maß an wirklicher Leidenschaft zum Ausdruck bringen.

So sind, wird Befriedigung gesucht, Konsum und Freizeit auf allen Ebenen gefordert. Dabei wären fraglos viele froh, wenn sie wie Robinson werken und schaffen dürften. Bei ihm macht der Leistungswille noch Sinn. Doppelten Sinn: Was er tut, hat Sinn; seine Arbeit ist reich, sofern jede Tätigkeit ihn befriedigt. Was er aufbaut, hat auch Sinn; seine Arbeit macht ihn reich, sofern sie nach und nach seinen Wohlstand mehrt. Sein Werk ist noch Garant eines Reichtums kraft Leistung. Beschränkte sich alles wirtschaftliche Handeln auf solcherart Einsatz, hätte kaum einer Probleme mit der Ökonomie. Im Gegenteil; was Hänschen gierig las, wär' auch für Hans das rechte Maß. Anpacken, aufbauen, die Früchte der Arbeit sehen, den erworbenen Wohlstand sichern, das Geschaffene verteidigen. Kaum ein vermeintlicher Taugenichts, der seine Sozialhilfe schimpflich am Tresen verflüssigt, kaum ein Arbeitsloser, der sich selbst als Versager fühlt, kaum ein frustrierter Angestellter, der nur auf den Feierabend wartet, wäre nicht sofort bereit und glücklich, wenn er es wie Robinson halten dürfte. Und eben auch mancher Erfolgreiche, der vor kurzem noch den Gestaltungsspielraum seiner Aufgabe auslobte, würde jederzeit umgehend tauschen. Die Storys im Kino belegen es: Der kleine Mann kann endlich beweisen, daß er ebenfalls ein Großer ist. Der große Mann beweist, daß er nicht zu Unrecht oben ist. Die Frau beweist, daß sie mehr und besser ist als ein ganzer Kerl. Alle beweisen, daß sie eigentlich ganz anders wären, wenn sie nur anders sein könnten.

Das Drama der Diskrepanz zwischen dem Eigentlichen und dem Tatsächlichen wird landläufig als *Sinnproblem* rezipiert. Wenn Theologen eine Chance für ihr pastorales Besinnet-Euch wittern und verkünden, gerade in unserer materialistischen Welt könne der Sinn nur aus dem Geistig-Religiösen kommen. Wenn artig sich die Philosophen einreihen, den Mangel an Ethik reklamieren, unartig die Verantwortungen verteilen und sich der Distribution moralischer Verpflichtungen zuwenden. Wenn Psychologen mal wieder psychopragmatisch werden und dem Arbeitgeberlager den Verlust der Arbeitsmoral als Sinnlücke erklären: Früher identifizierten sich Menschen mit ihrer Arbeit (sozusagen der Werktätigkeit); wo das nicht mehr möglich ist, sollen sie sich mit ihrem Unternehmen identifizieren (sozusagen der Tätigkeit des Werks). Wenn einem soviel Schwachsinn widerfährt, das ist schon einen Robinson Crusoe wert.

Natürlich können weder die Erinnerung an religiöse Grundwerte des Lebens, noch irgendwelche als Ethik verklickerten Grundannahmen über die Schlechtigkeit des Menschen und am allerwenigsten das psychologisch verordnete Identifikationsangebot die Trauer über den verlorenen Sinn lindern. Sie können es nicht, weil das, was man als Sinnproblem bezeichnet, nur Phänomen ist und nicht Ursache. Ursächlich ist an der Sache was faul; von der Sicherung des Einkommens abgesehen, müssen Inhalt und Art der heute meist gängigen Beschäftigungen als sinnentleert bezeichnet werden. Doch analog dem längst vertrauten Muster, demnach am einzelnen festgemacht wird, was allgemein im argen liegt, wird der »objektive« Unsinn als »subjektive« Sinnfrage verhandelt. Als persönliches Manko wird das Desaster mit der Arbeit diskutiert.

Dabei wüßte fast jeder, was für ihn das Rechte wäre. Jeder empfindet zweifelsfrei als sinnhaft, was unmittelbar verständlich ist: aus sich selbst heraus verständlich, für ihn selbstverständlich. Aus sich selbst heraus verständlich ist, was alles andere vergessen läßt. Die Stunden verfliegen, ohne daß man es merkt. Arbeit kann so sein. Wenn sie so ist, nennt keiner sie mehr Arbeit. Er nennt sie beim Namen: den Tisch bauen, den Motor wieder zum Laufen bringen, die Pflanzen einsetzen, die Wohnung einrichten, die Bilder aufhängen, Gitarre spielen ... Wo dies geschieht, erwacht Robinsons Geist neuerlich zum Leben und mit ihm die Freiheit und der Ethos seines Schaffens. Im eigenen Heim, im nichtberuflichen Leben taucht dann die Arbeitsmoral plötzlich wieder auf; beim *Do-it-yourself* landet, was einst der unmittelbaren Versorgung des Lebens diente; zum *reason why* der Freizeitindustrie wird, was der *reason for being* verlangte: Die Erde bestellt der Hobbygärtner, das Haus baut der Heimwerker, auf die Jagd geht der Hobbyangler, das Vieh versorgt der Haustierhalter, die Räume schmückt der Hobbymaler ...

Befremdet wäre wohl ein Mensch vergangener Tage, wenn er erführe, daß Erholung und Ausgleich wurde, was für ihn noch Schinderei bedeutete. Er könnte es schwerlich verstehen. Für den Freizeit-Robinson ist es jedoch ein lebensnotwendiger Ausgleich zu seiner nicht mehr produzierenden, sondern nur mehr die Reproduktion der Arbeitskraft finanzierenden, nur mehr seinen Unterhalt sichernden Arbeit. Es ist ihm recht, wenn sich im Job was tut: in der Zusammenarbeit, im Betriebsklima, in der Kantine. Aber erst nach Feierabend findet er die Erfüllung, die ihm während der Tagesarbeit versagt bleibt. Nicht in der Arbeit für Geld, erst in seinem wirklich eigen- und selbständigen Schaffen löst sich die Differenz von Arbeit und Freizeit auf. Nur hier läßt Arbeit sich erleben, wird ihr Resultat sinnlich wahrnehmbar, ist der tote Punkt nicht Anlaß zum Leerlauf, endet die Arbeit mit körperlicher Müdigkeit.

Es gibt vieles, was Zeit und Schlaf vergessen läßt. *Time is running fast, when you are having fun!* Die Verliebten, die bis spät in die Nacht munter sind. In der Natur, »im Freien« sein, beim Sport, am Meer, in den Bergen, auf einer Wanderung. Ein Film, ein Buch, das packt und fesselt; eine Party, Tanzen, ein Tag voller Erlebnisse, ein Abend beim Kartenspiel. All das kann sinnvoll sein, wie der Tag eines Kindes sinnvoll ist. Kinder müssen sich mit ihrem Tun nicht identifizieren. Sie kennen nicht diesen Unterschied zwischen Handlung und Handelndem. Sie brauchen kein Ideal für ihr Spielen. Es ist nicht getrennt von ihnen. Sie sind eins mit ihm, gehen darin auf. Sie wissen intuitiv: Sinnvoll ist nicht unbedingt das Nützliche, sinnvoll ist das Unmittelbare.

2 In keinem Bereich äußert sich die Trennung von Subjekt und Objekt deutlicher als in diesem zur Zeit der Aufklärung einsetzenden Riß zwischen Person, Arbeit und Werk. Man hat vielfach die Spezialisierung und Arbeitsteilung dafür verantwortlich gemacht und erklärt, der mit dem historischen Wandel in der Arbeit einhergehende Verlust der Ganzheit habe einen Keil zwischen Produzent und Produkt getrieben. Für mancherlei sogenannte niedere Tätigkeit mag das Argument zutreffend sein. Im großen und ganzen kann der auf technologische, organisatorische, gesellschaftliche oder physiologische Veränderungen zurückgeführte Stumpfsinn der Arbeit aber kaum die Kluft benennen. Die Begründung stammt noch aus der Epoche, in der Arbeit vornehmlich Produktion meinte, in der die industrielle im Unterschied zur handwerklichen Produktion am Fließband Einzelteile herstellte und in diesen Bruch-Stücken wie nirgendwo sonst den Bruch sichtbar machte.

In modernen, arbeitsteilig fortgeschrittenen Gesellschaften sind dagegen nur mehr die wenigsten produzierend tätig. Arbeit heißt spezialisiert im Know-how, heißt Facharbeit, Dienstleistung, Kreativberuf ... Sie alle haben nicht mehr das Ganze im Blick, können aber durchaus Arbeit an einem Ganzen sein. Der Wissenschaftler, der Techniker, der Arzt, der Manager ... kennen zwar nicht mehr wie ehedem der Handwerker den Dialog mit der Materie, aber sie kennen im selben Maße, wie sie in einer Materie bewandert sind, eine ähnliche Auseinandersetzung mit einem Stoff. Obwohl sie Spezialisten eines Metiers sind, kann es das Ihre sein, kann es Zuwachs von Können und Wissen, von Erfahrung und Kompetenz bedeuten. Wo es gelingt, ist Arbeit zumindest abstrakt unverändert produzierend: Der Forscher produziert Erkenntnisse, der Arzt Gesundheit, der Techniker Funktion, der Manager Gewinn ... Wenn das Resultat befriedigt und der Nutznießer es dankt, lohnt sich die Mühe wie eh und je. Die Leistung wird belohnt, die Leistung wird Lohn.

In Robinson den Garanten eines sich auszahlenden Engagements zu sehen, zielt darum weitaus mehr auf jene Art von Arbeit ab, in der die Befriedigung schon in ihr selbst angelegt ist, als auf eine, deren Sinn nur darin liegt, den Lebensunterhalt zu bestreiten. Wo die Belohnung erst im Konsum des Arbeitsentgelts stattfindet, verkörpert Crusoe eher den freien Menschen und das freie Schaffen, als daß er Zeuge einer Freiheit sein könnte, die die kapitalistische Ökonomie anbietet. Ihr Ideal von Freiheit ist lediglich ein formales, kein eigentlich inhaltliches; es ist im Erfolg verankert, nicht in dem, womit einer Erfolg hat. Dementsprechend wird, von künstlerischer Tätigkeit abgesehen (hier kann »Arbeit« auch »Opus« heißen), das Wort nur noch verwendet, um den Vorgang der Beschäftigtheit zu nennen: mit der Arbeit anfangen, mitten in der Arbeit sein, mit der Arbeit fertig sein. Ausschließlich *terminus technicus* sind die Wortverbindungen: Arbeitsrecht, Arbeitsplatz, Arbeitsamt; Schichtarbeit, Nachtarbeit, Kinderarbeit; Bau-, Straßen- und Sielarbeiten. Im Negativen bleibt verfangen, wenn Arbeit mangelt oder mängelt: arbeitslos, sich Arbeit machen, über- und abgearbeitet sein. Dagegen ist, soll die Tätigkeit selbst bezeichnet werden, inzwischen von einer Anstellung die Rede oder vom Job, vom Auftrag oder der Aufgabe. Oder schlicht: Was machen Sie eigentlich? Die Antwort wird mit »Ich bin ...« eingeleitet. Man ist, was man tut. Wer nichts tut, hat Probleme mit dem Seinsnachweis. Trotzdem ist es vielfach nicht die Tat, die zählt. Die Ablösung der Arbeit von beruflicher Tätigkeit ist weitgehend vollzogen. Schon die Hausfrau kommt in Bedrängnis. Daß sie arbeitet, ist kaum zu bestreiten. Trotzdem hat sie keinen Beruf. Was Beruf ist, hängt nicht mehr vom Inhalt oder zeitlichen Aufwand des Tuns, sondern einzig und allein von der professionellen Ausübung ab. Wer außer Haus putzt, wer außer Haus kocht, wer außer Haus sich um die Kinder kümmert, wer außer Haus jemandes Libido befriedigt und dafür Geld verlangt, hat einen Job. Wer's zu Hause tut, nicht. Professionalität heißt im Markt bestehen, heißt *income* und Erfolg. Die Beispiele sind endlos. Auto fahren, Fußball spielen, singen, Neues berichten, über Gott und die Welt nachdenken ... sind allesamt Tätigkeiten, die im Zweifelsfalle jeder ausübt. Sie gelten nicht als Arbeit, können aber Beruf sein: Taxifahrer, Profifußballer, Sänger, Nachrichtensprecher, Philosoph ... Umgekehrt arbeitet, wer seinen Kindern ein Baumhaus baut; trotzdem handelt es sich um eine Freizeittätigkeit. Veräußert ein Makler innerhalb von 24 Stunden eine millionenschwere Immobilie, hat er sich aller Voraussicht nach nicht krumm gewerkelt; aber er hat ein Geschäft abgewickelt, das ihm einbrachte, wofür eine Krankenschwester ein Jahr lang antreten müßte.

Weiterhin hängt vom Beruf und nicht der Tätigkeit ab, was überhaupt zur Arbeit zählt. Beim normalen Arbeitnehmer sind die Fahrten zum Arbeitsplatz und nach Hause, die Pausen, die er macht, die Besprechung mit Kollegen keine Arbeitszeit. Führungskräfte dagegen, die gerne auf ihre 70-Stunden-Woche verweisen, rechnen ihre Anfahrtszeiten im Zug oder Flugzeug, die Arbeitsessen, Kontaktgespräche, Meetings und Telefonate, die Stunden, in denen gebrieft, delegiert, entschieden und kontrolliert wird, fraglos ab. Im einen Fall soll das Essen der Regeneration, im andern Fall dem Geschäft dienen. Selten sind die Kriterien einer Leistung wirklich an die Arbeit gebunden. Allein schon deshalb muß die Frage nach dem Tun mit dem Sein beantwortet werden.

Was heißt überhaupt »Arbeit«? Nomaden werden das Wort kaum kennen. Der Jäger und Sammler geht nicht »zur Arbeit«, wenn ihn der Hunger auf die Pirsch treibt. Das Wort entsteht mit der Seßhaftigkeit. Es ist der Ursprung der Kultur, der die Schwere abverlangt; die Agrarkultur. Mit der Nutzbarmachung und Bestellung des Bodens, mit der Nutztierhaltung und Versorgung des Viehs entsteht Arbeit. »Mühsal« bedeutet es etymologisch im Deutschen; »arbeiten« und »leiden« zugleich meint das lateinische *laborare*. »Im Schweiße deines Angesichts sollst du dein Brot verdienen!« Geschwitzt wird bei der Arbeit nur noch selten. Einst war es anders.

Aus der Seßhaftigkeit erwuchs das Handwerk: die Koppel wird Stall, das Zelt Haus, die Feuerstelle Küche, das Lager Bett. Die Handwerke entwickeln sich und mit ihnen die Kultivierung des Materials. Es wird bearbeitet, verarbeitet, aufgearbeitet, veredelt. Arbeit wird zu einer Tätigkeit erarbeiteter Erfahrung. So durchschreitet sie die Zeit der Antike und des Mittelalters, der Klöster und der Lehen, der Feudalherren und Zünfte und mit ihnen einer Stadtluft, die frei macht. Je spezieller die Kenntnisse werden, desto mehr entwickelt sich Meisterschaft. Meister sind Handwerker, Künstler (von jenen kaum unterschieden), auch der Gelehrte: ein Magister Artium. Seinen Schülern und Gesellen gegenüber, die meist als Wandersburschen umherzogen, bis sie ausgelernt hatten, befindet sich der Meister in einer hierarchisch eindeutigen Vorrangstellung; in zweifacher Hinsicht. Er stand ihnen gesellschaftlich und in den Kompetenzen vor. Der Herr war nicht nur sozial definiert, sondern auch durch seine Fähigkeiten: Er verstand sich auf alles, was seine Angestellten verstanden, und er beherrschte noch mehr als sie. »Geselle ist, wer etwas kann, Meister der, der selbst ersann.« Erst wenn ein Geselle erlernt hatte, was der Meister wußte, hatte er ausgelernt. Den Meister zu übertreffen war keine psychologische Vokabel, es war Vollzug einer Erfahrung, die für alle Beteiligten nachvollziehbar war.

Mit dem Ende des Mittelalters und dem Beginn der Neuzeit weitet sich Arbeit aus. Mit dem Aufkommen der Wissenschaften entstehen neue Kompetenzen, mit ihnen neue Anforderungen. Der Naturforscher löst sich vom Alchimisten und Sterndeuter, der Arzt vom Bader, der Architekt vom Baumeister, der Techniker vom Handwerker ... der Beruf des Lehrers taucht auf. Es ist das 17. Jahrhundert, Epoche des Barock. Nicht mehr dem Jenseits, dem Diesseits gilt das Augenmerk. Diese Welt will den Nutzen, der Nutzen will den Zweck, beide gemeinsam wollen Produktivität. Bislang war sie so gering, daß es kaum von Belang war, ob gearbeitet wurde oder nicht. Zudem waren der Lebensstandard so niedrig und die Verteilungsunterschiede über die ständische Feudalordnung derart fraglos legitimiert, daß die Wirtschaft das Nichtarbeiten vieler aushielt.[2] Jetzt beginnt etwas Neues; auch Gottfried Wilhelm Freiherr von Leibniz, der Leipziger Mathematiker, Physiker, Diplomat und Philosoph, schrieb: »Da ich alles auf irgendeinen Nutzen auszurichten pflege, habe ich mehr Mühe auf die *res publica*, das Gemeinwesen, verwandt als auf kritische Spitzfindigkeiten.« Es ist die Zeit Robinson Crusoes und der Seefahrer, die Zeit des sich etablierenden Händlertums. Schon über 200 Jahre liegt die Entdeckung Amerikas zurück; aus Pionier- wurden mittlerweile Distributionsstraßen. Mit der Distribution löst sich der Handel von der Produktion. Er bietet nicht mehr feil, was er herstellte; er verkauft, was er andernorts einkaufte. Die Ware wird Botschafter der Welt, verlautbarte Kunde; zugleich verdrängt sie heimische Ware: Kunde wird Kundschaft, Arbeit wird Wirtschaft, Wirtschaft wird wesentlich Verkaufen, entsteht erst mit dem Verkaufen. Das Streben nach Gewinn beginnt.

Arbeit, die in der Distribution verrichtet wird, folgt anderen Gesetzlichkeiten als die der Produktion. Sie basiert auf Bedarfsschaffung und Bedarfsbefriedigung. Im Zentrum ihrer Aufmerksamkeit steht nicht mehr der Dialog mit der Materie, sondern der mit dem Käufer. An die Stelle der Freude am Geschaffenen und Gelungenen muß die am gelungenen Geschäft treten. Geschafft ist der *deal*, geschaffen hat ein anderer. Hinzu kommt der Verlust des Vorsprungs an Kompetenz, den solche Arbeit mit sich bringt. Der Händler hat die Kontakte, die Schiffe, die Lagerhalle, die finanziellen Mittel ... die ihn zum Vorgesetzten machen, aber er ist nicht unbedingt der bessere Arbeiter, nicht einmal unbedingt der bessere Verkäufer. Seine Vorrangstellung basiert nicht mehr auf einem Besser-Sein, sondern auf einem Bessergestellt-Sein. Sozial muß jetzt legitimiert werden, was der Meister noch am Werkstück demonstrieren konnte. Mit der sozialen Legitimation beginnt der Kampf um die Moral. Der Nutzen verbindet sich mit der Vernunft, die Vernunft mit der Ethik.

Die Industrialisierung bahnt sich an und mit ihr die definitive Trennung von Hierarchie und Kompetenz, von Leistung und Befriedigung. Spezialisierung meint nicht mehr nur den Spezialisten, sondern auch den speziellen Handgriff. Der einfache Vorgang der Arbeitsteilung nach dem Muster »ich halte, du schraubst«, wird dinglich und menschlich abstrahiert, wird zu einer Arbeit, die nicht mehr miteinander, sondern voneinander geteilt wird, wird zu einer Arbeit, in der der eine immer hält, der andere immer schraubt, und beide sich nicht mehr begegnen. Der Industriearbeiter stellt nur ein spezielles Teil her, dessen Einsatz im fertigen Produkt ihm unbekannt ist. Er stellt dieses Teil losgelöst von anderen Arbeitern her. Es ist der Beginn dessen, was Karl Marx *entfremdete Arbeit* nannte und womit er eine Form von Arbeit bezeichnete, durch die der Arbeiter der Produktion, dem Produkt, den Produktionsmitteln, seinen Kollegen und schließlich sich selbst fremd gegenübersteht. Neben diese Lohnarbeit tritt die Berufstätigkeit. Wieder entstehen neue Professionen: Verwaltungsberufe, Ingenieurberufe, soziale Berufe ... Ihnen allen ist gemein, daß sie den Lebensunterhalt nur mittelbar sichern. Die Arbeit des Bauern ist Arbeit am Lebensmittel; ihre ist eine fürs Gehalt, mit dem die Lebensmittel beschafft werden können. Geld ist nicht mehr nur Äquivalent von Werten, es wird selbst ein Wert. Reichtum wird erstrebenswert. Er ist, nachdem der Adel das Privileg des Vermögens verlor, einerseits an die Arbeit gebunden, taucht als ihr Ziel auf. Andererseits begreift der Bürger, daß gerade durch sie noch keiner reich wurde. Just als Arbeit Wirtschaft wird, wendet sich das wirtschaftliche Interesse von der Arbeit ab. Es erkennt das Ökonomische. Schritt für Schritt erwächst auf diesem Wege aus Agrar- und Handwerkswirtschaft, aus Industrie- und Handelswirtschaft Marktwirtschaft. Bei der Informationswirtschaft ist sie angekommen.

Die Geschichte wird gerne als eine der Erleichterung erzählt. Man sagt, die Arbeit habe sich von der Kraft über den Verstand der Kreativität zugewandt; gewissermaßen vom Bücken zum Stehen zum Sitzen. Gewissermaßen, ja. Was die Geschichte allerdings vergißt, verkennt oder verschweigt, ist die schon im Marketing relevante Verschiebung von der Produktion zur Distribution zur Konsumtion. Sie hat nicht nur die Inhalte der Arbeit stets neu definiert, sie hat vor allem auch die ihr innewohnende Erfüllung der Unmittelbarkeit entledigt. Sie hat sie *veräußert* – nach außen getragen, verkauft.

3 Arbeit erfüllt mindestens drei Aufgaben, schrieb zu Beginn der siebziger Jahre E. F. Schumacher: »Sie gibt dem Menschen die Möglichkeit, seine Fähigkeiten zu nutzen und zu entwickeln. Sie hilft ihm, aus seiner Ichbezogenheit herauszutreten, indem sie ihn mit anderen Menschen in einer gemeinsamen Aufgabe verbindet, und sie erzeugt die Güter und Dienstleistungen, die für ein menschenwürdiges Dasein erforderlich sind.«[3] Jeder versteht, was für eine Vorstellung von Arbeit Schumacher hier verfolgte. Wo aber wäre sie im wirklichen Leben? Die wenigsten können von sich behaupten, in ihrer Tätigkeit regelmäßig mehr als einen der drei Punkte zu erfahren. Die meisten kennen kein Schaffen mehr, produzieren auch abstrakt nichts mehr, was sie während der Arbeit, was andere als Resultat ihrer Arbeit befriedigte. Der Arbeit Lohn ist nur der Lohn. Außer einer materiellen Vergütung gibt es keine Materie mehr, die sie meistern und erleben könnten; eine Erfüllung in der Arbeit, ein Ergebnis von Arbeit findet nicht mehr statt. Ihr Tun ist ebenso leer wie die Leere, die sie schon nach kurzer Zeit in sich spüren. Und dies keineswegs nur bei den vielgescholtenen ungelernten Tätigkeiten.

Schon dem Verwaltungsangestellten bleibt jede Unmittelbarkeit versagt. Der Haufen, den er abarbeitet, ist keiner, der irgendwann weggeschippert wäre, sondern ein nie kleiner werdender Aktenberg. Was er geschaffen hat, ist kein Werkstück, das er mit Freude betrachten könnte, sondern etwas, das als erledigt im Aktenschrank und -keller verschwindet, bis es weggeworfen wird. Was er überarbeitet, ist Verbesserung als Korrektur statt als Veredelung. Er ist ein Sisyphos, der den Stein nach oben rollt, ohne ihn dort je ablegen zu können. Wie oft er ihn rollt, wie sehr er sich anstrengt, wie ernsthaft er in seinem Bemühen vorgeht, sind Fragen ohne Belang. Mögen ihn andere schelten oder ihn der Faulheit bezichtigen; er selbst leidet am meisten darunter. Leidet nicht unter der Kritik, leidet unter der Arbeit. Abarbeiten, erledigen, überarbeiten? Und wenn niemand es versteht, so ist es doch keine Sache, der solches widerfährt. Er selbst ist es: Er ist abgearbeitet, fühlt sich erledigt, ist überarbeitet. Er ist Opfer entfremdeter Arbeit. Die *Entfremdung* ist die Ursache, nicht das Sinnproblem.

So überaltert das Wort in einer Zeit, in der überhaupt Arbeit zu haben vielfach schon ein Geschenk ist, in der die Arbeitsteilung bei der Aufteilung in Arbeitende und Arbeitslose angekommen ist, auch erscheinen mag, so gilt doch mehr denn je: Nicht alles, was einer tun muß, hat unbedingt mit ihm selbst zu tun. Was Robinson tat, hatte jedoch mit ihm zu tun. Es bleibt das Ideal der Arbeit, das Ideal der Leistung und der Initiative, auch wenn sich die Praxis wirtschaftlichen Handelns heute anders darstellt. Der Erfolg der weltgrößten Marke bestätigt es: die Belohnung sinnfälliger Mühe als Traum von Freiheit und Abenteuer. Der Sport bestätigt es allemal. Nicht von ungefähr sind seine Heroen für die Fans Spiegelbilder vom Auf und Ab des Lebens, für die Industrie willkommene Imageträger zur Bestätigung ihrer Höchstleistungen. Für beide *eine* oder *einer von uns* ... In dieser Eigenschaft können sich die Champions als die Glückseligen, die noch durch das Sich-Abmühen zu Ruhm und Wohlstand gelangen, ihre Schlüsselstellung vergolden lassen. Vergoldet wird nicht ihre Arbeit als solche; das Sich-Schinden und Siege-Einfahren hat eigentlich keinen relevanten Nutzen. Von Nutzen ist das Interesse daran. Vergoldet wird die Ware Sieg, vergoldet wird der Mythos Sieg kraft Leistung, vergoldet werden die Leistungen der Einmaligkeit und Einzigartigkeit. Der herkömmliche Arbeitnehmer hat nichts von alledem. Er lebt im Bruch von Ideal und Notwendigkeit. Das Ideal ist das, was ihm zu tun gefiele. Es gäbe einiges, was er gerne machte. Doch nichts davon, mal ist es so, mal glaubt er es, würde seinen Lebensunterhalt sichern. Darum folgt er der Notwendigkeit. Er geht einer Tätigkeit nach, die sein Auskommen gewährleistet. Er akzeptiert die Unmöglichkeit einer Realisation seiner Vorstellungen von Arbeit. Er trennt sich von seiner Passion oder macht sie bestenfalls zum Hobby. (Deshalb fruchten auch all diese von Arbeitgeberseite angestellten Bemühungen zur Veränderung seiner Einstellungen nichts: Die verlorene Passion läßt sich nicht psycho-technisch erwecken.) Er beugt sich der aus der Logik der Geldwirtschaft resultierenden Forderung, seine Befriedigung nicht unbedingt aus der Arbeit, sondern aus dem durch Geld ermöglichten Konsum zu holen. Er ist bereit, Unmittelbares durch Mittelbares zu ersetzen. Er arbeitet für die Mittel, er arbeitet für Geld. Er wünscht sich Reichtum ohne Arbeit; er träumt vom Reichtum durch das Geld. Er gibt die Ideale seines Lebens preis und lebt ohne sie. Er lebt ein ökonomisches Leben und lehnt insgeheim die Ökonomie ab. Er lebt, ohne einen Zugang zum Leben zu haben. Er lebt ein entfremdetes Leben.

Entfremdet sind nicht nur die vermeintlichen Verlierer und Durchschnittlichen, die den Dienst nach Vorschrift versehen, die nur noch ihre Arbeit nicht verlieren möchten, die morgens schon müde aufwachen, die nie vergessen, den Lottoschein auszufüllen, die selbst dort erstarrt sind und gemäß dem Motto: »Es gibt keine falschen Zahlen, nur einen falschen Zeitpunkt«, immer wieder denselben Tip abgeben, die so lange Chef sein wollen, bis sie anfangen, dem Chef übelzunehmen, daß er wie einer der ihren sein will. Entfremdet sind nicht nur die, die mit dem Nichts leben und davor Angst haben. Entfremdet sind auch jene, in deren Leben die materiellen Ziele die inhaltlichen nahezu vollständig ersetzt haben. Entfremdet ist, wer jede ihm als Kind vertraute Lebendigkeit verloren hat, wer nicht mehr weiß, was er sich wünscht, nicht mehr fühlt, was er will, weil vor das Wollen das Müssen getreten ist.

Entfremdet sind die, die eigentlich nicht mehr, und zugleich die, die nur noch arbeiten können. Für beide unpassierbar ist die Kluft zwischen dem Leben, wie es ist, und der Vorstellung von ihm. Etwas, das im selben Moment real wie absurd zu sein scheint, hat sich dazwischengeschoben. Es ist eigenartig rational, ist unanfaßbar materiell, ist kategorisch monetär, ist hohl, selbst wenn es Fülle war. Im einen Fall macht die Arbeit krank: Man tut etwas, das man ablehnt, arbeitet mit Menschen, mit denen man nichts mehr zu tun haben möchte, arbeitet für Menschen, die einem zuwider sind. Im anderen Fall ist es die Zeit des Nichtstuns, die Übelkeit, Erbrechen, Sehstörungen hervorruft. Als »Samstagmorgen-Syndrom« wird die längst nicht mehr nur psychische Störung der Workaholicer bezeichnet: ihre Unfähigkeit zu entspannen, der Verlust jeglicher Lebensinhalte, die nicht aus der Arbeit resultieren.

Entfremdet sind schließlich jene, die mit ihrer Arbeit Erfolg haben und dennoch dem Leben fremd gegenüberstehen. Sie leben im Streß und mit der Angst vor dem Infarkt. Sie leben mit ihren Familien und erleben sie als Fremde. Sie staunen über ihre Kinder, die sie wie Besucher in Abständen sehen, die sie wachsen sehen, als bestünde das Wachstum aus Sprüngen. Sie haben Probleme in ihren Ehen, weil sie, gewohnt, daß alles funktionieren muß, nicht mehr ertragen, wenn etwas nicht funktioniert. Träumen sie vom Ausbrechen, erträumen sie Einfachheit. Sie träumen den Robinson-Traum als Südsee-Traum, als Wildnis-Traum. Sie träumen sich auf die Insel, träumen sich in die Einsamkeit. Darauf gedrillt, den Kompromiß zu finden, bleibt vom großen *cut* nur die kleine Auszeit übrig. Das Antistreß-Programm gegen das Streß-Programm; oder der Urlaub: die Lebensart des Südens, die Strandpromenade, ein romantisches Hotel ... Essen, trinken, schlafen, ausgehen, den Kindern Familie bieten, mit der Gattin (»Wir kommen so selten gemeinsam dazu«) Einkäufe abflanieren, gegen die Flüchtigkeit des Augenblicks Andenken setzen, Erinnerungen materialisieren, sich und der Familie nichts schuldig bleiben: sich Ruhe verschaffen, indem alle Ruhe geben. So verwandelt sich Robinson Crusoe, die Verkörperung des kapitalistischen Ideals sich lohnender Leistung, zugleich zum Ideal des Gegenteils: ein Leben fern aller Zwänge. Robinson ist puritanische Ethik und obendrein Befreiung von jedweder Verantwortungsethik.

Und jene, die eine sinnvolle Tätigkeit verlangen – die nicht eigentlich Sinn verlangen, aber eine Arbeit, die sie gerne tun, die mit ihnen zu tun hat, mit der sie sich in Weg und Ziel einverstanden erklären können, in der sie sich wiedererkennen? Jene, die nie als einmalig und einzigartig gelten, für die nur das Wissen darum selbstverständlich ist, daß sie etwas anderes wollten? Jene, für die die einzige Zeit, die verfliegt, ihre eigene Lebenszeit ist, für die das einzig Intensive an der Arbeit Streß oder Langeweile sind, für die, wenn etwas geschafft ist, nur sie selbst es sind? Jene, die in die Welt der Freizeit notwendigerweise flüchten, weil so wenig von dem, was sie sich wünschten, weil nichts davon in der Arbeit wiederkehrt? Für sie muß in den Zeiten allgemeinen Überdrusses so oft die Liebe leisten und ertragen, was sich durch den täglichen Frust an Sehnsüchten aufstaute. Das Wort und das mit ihm verbundene Glück wird kräftig strapaziert. Die Liebe am Arbeitsplatz ist dabei noch die mildere Form. Andere suchen sie nach der Arbeit. Vollgestopft mit Leistungszielen sind sie auf Partnersuche – oder bürden ihren Partnern auf, was diese nie und nimmer erfüllen können. In den ersten 40 Jahren seit ihrer Gründung hatte sich in der Bundesrepublik Deutschland die Zahl der Scheidungen verdoppelt. 120000 waren es Anfang der neunziger Jahre. Über 40 Prozent der nach 1970 geborenen Kinder erlebten bereits die Trennung ihrer Eltern oder werden sie noch erleben. Prognostiziert wird für die nähere Zukunft bereits eine Scheidungsrate von zwei Dritteln aller geschlossenen Ehen. Die Partnerschaft sei das große Problem der privaten Existenz für die Menschen unserer Epoche geworden, sagt die Psychologin Eva Jaeggi. Als Antreiber gelten meist die Frauen. Die Statistik spricht gegen sie: 75 Prozent aller Scheidungen werden von ihnen eingereicht. Doch gerade hier können die Zahlen trügerisch sein.

Reichen sie die Scheidung ein, weil sie an das Geld ihrer Männer wollen, ohne noch etwas dafür tun zu müssen? Schon 10 Prozent aller Eheschließungen beginnen den *honeymoon* mit der Abfassung eines Ehevertrags über die Gütertrennung. Reichen sie die Scheidung ein, weil ihre Männer nach wie vor untreuer als sie selbst sind? 60 Prozent aller Männer und 30 Prozent aller Frauen geben an, ein außereheliches Verhältnis gehabt zu haben. Reichen sie die Scheidung ein, weil ihre Männer mit den an sie gestellten Forderungen überfordert sind? Oder haben vielmehr die Männer sie überfordert, und die Trennung ist nur mehr die letzte und vor dem Hintergrund der weiblichen Mehrfachbelastung als Ehefrau, Hausfrau, Mutter und Berufstätige nicht selten verständliche Konsequenz. Welche Gründe auch immer hier eine Rolle spielen mögen, so bleibt das mit den Trennungen meist einhergehende Unglück doch einzig das Problem derer, die es erleiden. Sie sind die Opfer eines Nutzendenkens, das vor der Partnerschaft nicht mehr haltmacht. Sie sind, wer würde daran zweifeln wollen, zugleich dessen Täter. Sie haben es sich selbst zuzuschreiben, sie haben ihr Malheur selbst verursacht. »Erfüllt ein Partner die in ihn gesetzten Glückserwartungen nicht, wird er, tut mir echt leid, gegen einen anderen ausgewechselt. Der *pursuit of happiness*, dieser stählerne Gott des westlichen Kapitalismus, verlangt auch in puncto Liebe von jedem einzelnen das erbarmungslose Streben nach individuellem Glück.«[4]

Ist von der Liebe und ihrem Scheitern die Rede, wird selten von den Bedingungen der Arbeit gesprochen. Dabei sind es gerade sie, die den Tag definieren und am Abend nur schwer vergessen werden können. Nicht umsonst spricht man vom »Abschalten«. Die Maschine, die abgeschaltet werden soll, ist keineswegs nur der Leistungsgenerator; mit ihm käme man wohl noch zu Rande. Auch Robinson war abends müde. Kompliziert ist der Umgang mit der Kommunikations- und Simulationsmaschine. Wer sich auf dem Arbeitsmarkt befindet, hat heute nicht nur den Nutzen dessen, was er schafft, er hat auch seinen persönlichen Nutzen nachzuweisen. Der Arbeitnehmer muß sich wie ein wertvolles Gut anpreisen, das im Fachlichen wie im Menschlichen besser funktioniert als seine Konkurrenten. Wer selbständig ist, muß neben dem Beruf, mit dem er im Markt tätig ist, zusätzlich den des Ökonomen ausüben, und zwar in zweierlei Hinsicht: als Betriebswirt und als Marketingspezialist. Beide Gruppen müssen sich auf je eigene Weise in ihrer Besonderheit vermarkten. Es ist eine andere Form der Besonderheit als jene, die die Liebe kennt. Sie paßt, will einer am Feierabend mehr als des Tages Ende, tatsächlich eher zum *date* mit der Geliebten, wo es wie in der Arbeit auch eher um die Dokumentation und Inszenierung einer selbständigen und problemlosen Individualität geht; sie paßt zur privaten Verlängerung der Arbeits- in die Beziehungsteilung, die frau nun ebenso für sich entdeckte: je einen Mann für jede Leistung; der praktische Helfer, der Ratgeber, der Freund, der *lover* ... In der Ehe und ihren Substituten findet dagegen die Begegnung täglich statt; hier kann man, ist beim besten Willen kein Schillern mehr möglich, die Verabredung nicht kurzfristig absagen. Hier muß der Partner oder auch man selbst ertragen, wenn man eben mal nicht der ist, der man gerne sein möchte. Die Diskrepanz zwischen den ökonomisch definierten beruflichen Anforderungen und den privat ersehnten Glückserwartungen zu meistern obliegt dabei allein den Liebenden oder denen, die es einmal waren. Kein Wunder, wenn viele daran scheitern. Daß selbst diejenigen, die solch ökonomische Prinzipien von ihren Gefühlen fernhalten wollen, nicht vor ihnen verschont bleiben, zeigt allein schon die heute geforderte Mobilität. Der Staat mag vorgeben, die Familie zu schützen. Ist das Geldverdienen angesagt, ist der Schutz schnell vergessen. Zur Wochenendfamilie wird, wenn einer auf Montage muß. Und wenn es beide müssen, kann die Liebe beweisen, ob sie wirklich stärker ist. Die Kinder sind es selten.

4 Wenn die Konditionen des Lebens und des Arbeitens auseinandertriften, wenn Arbeit im selben Moment, in dem sie die materielle Absicherung des Lebens gewährleistet, dessen ideelle Orien-

tierungen untergräbt oder zerstört, muß eine den Gesetzen der Ökonomie folgende Lebenspraxis absurd erscheinen. Man kann nicht mehr verstehen, warum denn nicht der umgekehrte und eigentlich viel naheliegendere Weg einer den menschlichen Anliegen folgenden Ökonomie eingeschlagen wird; man kann nicht mehr verstehen, warum sich die Ökonomie nicht in den Dienst des Menschen stellt und dem alten Spruch gehorcht: »Wir leben nicht, um zu arbeiten, wir arbeiten, um zu leben.« Was einem manchmal wie die selbstverständlichste aller Fragen vorkommt, stellt sich bei genauerer Betrachtung als eines der schwerwiegendsten Probleme der menschlichen Natur heraus: Fast jeder ist sofort bereit, Verhaltensweisen, die den meisten oder letztlich auch einem selbst nur schaden, als dumm oder auch verwerflich anzusehen; ist er allerdings selbst ein Sich-Verhaltender, kommt ihm oft entweder gar nicht in den Sinn, an die etwaig negativen Folgen zu denken, oder er sagt sich, solange die anderen nur an den eigenen Vorteil denken, werde ich selbst nicht so blöd sein, als einziger mich anders zu benehmen.

In ihren Konsequenzen präsentiert sich diese anthropologische Blindstelle mittlerweile doppelt verquer. Einerseits wäre die Ökonomie nie als Definitionsmacht und neue politische Herrin zum Zuge gekommen, wenn nicht genau sie diejenige wäre, die seit jeher den Eigensinn vertritt. Jeder das Kollektivinteresse betreffende Ratschlag an die Adresse der Ökonomie ist deshalb, wie klug auch immer er sei, von vornherein zum Scheitern verurteilt, wenn er nicht die Interessen derjenigen bedient, die den Ratschlag anzunehmen hätten. Andererseits hätte die Politik nie ihre Macht an die Ökonomie verloren, wenn heute nicht die überwiegende Mehrheit der Individuen jegliche mit dem Kollektivinteresse unweigerlich einhergehenden ethischen Anforderungen an sie selbst zurückweisen würde. So ist, dem populären Ruf nach Ethik zum Trotz, das öffentliche Interesse an ihr doch gänzlich darauf reduziert, von den Untaten anderer zu hören und hoffentlich zu erleben, wie diese in ihre Schranken verwiesen werden. Das Interesse an Ethik ist, mit einem Wort: ebenfalls ein egoistisches. Als solche kann sie weder was bewirken, noch kann sie wirklich jemanden meinen.

Das Ethische ist ein heikles Geschäft, das im Grunde nur die Megaphilosophie der Theologie beherrschte. Sie stellte ihre Gebote gar nicht erst zur Disposition, sondern erklärte sie gleich als gottgegeben. Der Megaphilosophie der Philosophie wurde die Ethik dagegen zum

Verhängnis, und die neue Megaphilosophie braucht's nicht mehr zu scheren: als Egoistin gewählt, ist sie dem Altruismus nichts schuldig. Bliebe zu fragen, an wen sich ein Ethiker dann wendet. Wer ist sein Publikum? Die Antwort ist einfach: Theoretisch sind es alle, praktisch ist es keiner. Ist der Ethiker ein Philosoph, macht er sich Gedanken darüber, wie man eine Torte gerecht verteilen könnte bzw. was an Ungerechtigkeiten passiert, wenn eine Torte verteilt wird. Ist der Ethiker ein Wirtschaftsethiker, macht er sich Gedanken, wie eine ethische Wirtschaft aussehen könnte bzw. was an Unethischem passiert, wenn gewirtschaftet wird.

Solange er sein Material sortiert, kann er listen, was jeder weiß: Problematisch ist die Verselbständigung unseres Wirtschaftssystems mit seinen eigensinnigen Maßstäben: Bruttosozialprodukt, Wachstum, Effizienz, Konsum, Wohlstand ... Problematisch ist außerdem, daß viele Sachzwänge zu Dauerproblemen werden. (»Zu alledem kommt noch das wichtigste Problem der Gegenwart, das Verhältnis von Ökonomie und Ökologie.«[5]) Ist er mit seiner Auflistung fertig, kann er sich entscheiden, ob er sein Publikum lieber langweilt oder verärgert.

Entscheidet er sich für das Langweilen, wird er versuchen, niemanden anzuprangern und nicht wirtschaftsfeindlich aufzutreten (obwohl er kaum Wirtschaftsethiker hätte werden müssen, wenn er nicht der Überzeugung wäre, die Wirtschaft erlaube sich zuviel). Er wird versuchen, von der Warte der Vernunft her zu argumentieren und als wertbewußter Anwalt zweier miteinander verfeindeter Parteien zu wirken.[6] Will er sein Publikum ärgern (was praktisch nie vorkommt, weil er als Wissenschaftler objektiv, sachlich und wertfrei zu bleiben hat, urteilen und nicht verurteilen soll und er, sofern er Wirtschaftsethiker ist, es sich auch nicht mit der Wirtschaft ganz verderben will), muß er sich entscheiden, gegen wen sich der Ärger richten soll. Da hätte er mannigfaltige Möglichkeiten. Er könnte sich mit der Ökonomie anlegen und sie einer in so vielerlei Hinsicht offensichtlichen Beschränkung des Lebens und seiner Inhalte bezichtigen. Er könnte fragen, was passiert, wenn das allem ökonomischen Handeln innewohnende Ziel des Profitmachens auf den möglichst großen Gelderwerb reduziert ist, und dann zu dem Ergebnis gelangen, daß sich in diesem Falle die Ökonomie sogar der einzigen sozialen Aufgabe, die sie zu erfüllen habe, entledigte und nicht mehr Arbeit für viele, sondern Reichtum für wenige schaffe. Er könnte die Substituierung der

Arbeit durch den Reichtum anklagen. Er könnte ergänzend bemerken, daß zwar wohl nichts die Arbeitsmoral mehr befördere als der Traum vom großen Geld, man aber gerade hier nur selten von Arbeit und noch seltener von einer Moral sprechen könne.

Er könnte auch ein Tabu brechen, die Ethik wieder aus der Fesselung der Vernunft befreien, zu einem leidenschaftlichen Moralisten, zum ketzerisch heiligen Savonarola unserer Tage werden, sich den vermeintlichen Opfern zuwenden und sie verdammend fluchen: Sobald der monetäre Traum zur Selbstverständlichkeit geworden ist und der Bedarf an Geld eine Natürlichkeit erlangt hat, die dem an Nahrung gleichkommt, will der biedere Otto Normalmensch freilich nicht ausgeschlossen bleiben. In diesem Falle könnte er darauf hinweisen, daß vor langer Zeit, als das Geld erfunden wurde, um den Warentausch zu erleichtern, jeder mit sozialer Ächtung rechnen durfte, der mittels Zins oder Wucher Gewinne aus dem Geldverkehr erwirtschaftete, während es heute vom Sparbuch bis zum bescheidenen Kauf von Wertpapieren auch privatim gang und gäbe sei, das Haushaltsbudget durch die Arbeit des Geldes aufzubessern. Er könnte wettern, daß der kleine Mann, sofern er könne, es schon wie die Großen halte und sich Aktien kaufe, anstatt wie ehedem am Küchentisch im Kreise der Familie ein Börsenspiel zu spielen, sich Immobilien kaufe, anstatt beim Monopoly nur so zu tun, er sogar, welch guter Mensch, dem Freund was leihe, ohne noch wie einst zu sagen, die Freundschaft höre beim Geld auf, sondern ihm im Gegenteil ganz freundschaftlich eine günstigere Verzinsung als seine Hausbank anbiete. Er könnte fragen: Ist das ethisch?

Er könnte dabei auf die »Generation der Erben« zu sprechen kommen, die sich in den nächsten Jahren aus dem Berufsleben zurückziehen wird, weil die Hinterlassenschaft der Eltern es auch ihnen erlaube, das Geld für sich arbeiten zu lassen. Er könnte sagen, der Abschied von der Arbeit fände gewissermaßen von beiden Flanken her statt: Hier stünden die, die keine mehr bekämen, dort jene, die keine mehr bräuchten. Er könnte bemerken, daß ethisch betrachtet dies nicht unproblematisch sei, da die Schul- oder Hochschulausbildung derjenigen, die das Arbeiten jetzt bleiben lassen könnten, den Steuerzahler auch mal etwas gekostet hätten und diese gesellschaftliche Investition für die Zukunft als nicht mehr eintreibbare Forderung abgeschrieben werden müsse. Er könnte sich dann den Konsequenzen zuwenden, die dieser Kapitalfluß in Höhe eines zwei-

vielleicht dreistelligen Euro-Milliardenbetrags verursacht. Er könnte sich ärgern, daß man sich in Politik und Wirtschaft schon lange die Lippen danach lecke und die einen deshalb die Erbschafts-, Kapital- und Vermögenssteuer-Gesetze korrigiert hätten, was die Kleinerben noch zu spüren bekommen würden, und die anderen ihr Marktverhalten änderten. Er könnte im einzelnen erwähnen, wie sich die mit Interesse erwarteten Bewegungen im Immobilienmarkt auf den Mietpreis auswirken werden, wie sich die Angebotspolitik der Unternehmen durch den Ausbau ihres Produkt*ranges* in Richtung Marktsegment »Luxus« verändern wird, und was es bedeute, wenn viele große Firmen nun fieberhaft an der Umwandlung ihres Unternehmensmantels in eine Aktiengesellschaft arbeiteten: Da will man nach dem Börsengang durch die Ausgabe von »Volksaktien« an der nun nahenden Solvenz zukünftiger Privataktionäre teilhaben. (Geld kann man immer gebrauchen.) Selbst manch Politiker schielt schon nach dieser neuen Form privater Geldanlage, könnt' es doch sein, daß sich in diesen Wertpapieren, die den Unternehmen auf die Schnelle billiges Kapital, den Investoren meist aber nur eine etwas bessere Sparschwein-Rendite verschaffen, eine ernsthafte Alternative zur gesetzlichen Altersversorgung auftut, soll heißen: im Alter die Aktien verkaufen, auf welchem Wege die Politik wieder einmal elegant ans Private und Privatwirtschaftliche delegiert hätte, was sie zuvor vermasselte.

Der Ethiker hätte zahlreiche Möglichkeiten zu ärgern. Gleichgültig, welche er wählt, könnte er grollen, daß heute zwar niemandem mehr der Spaß vergällt werden dürfe, weder den Wohlhabenden noch denen, die nach Wohlstand streben, und es eines jedem Gusto überlassen sei, ob einer hehre Ziele verfolge oder nur Geld, viel Geld, machen wolle, ob einer seinen Lebenssinn im Idealistischen oder Materialistischen erkenne, ob einer sich für Mensch und Mystik oder Menschen und Märkte erwärme, ob einer sich gern Gedanken oder lieber Profit mache ... es aber trotzdem nicht das gleiche sei, da erstere Gefahr liefen, an den Konditionen der Realität zu scheitern, was ihnen dann als eigenes Verschulden ausgelegt werde, während letztere die Realität eher prägten und dafür nicht selten auch noch Anerkennung fänden. Er könnte mit der Frage enden: Wie will sich Ethik da behaupten können? – und in seinem Nachwort resümieren: In der Marktwirtschaft hat die Ethik keinen Platz. In ihren Modellen verhält sich jeder gemäß seiner Eigeninteressen, gemäß der Rationalität des Marktes und gemäß des bestmöglichen Einsatzes von Gütern, Kapital und Arbeitskräften. Wenn dieses lapidar als Logik des Marktes tolerierte Gehabe eher primitiv zu nennender Gesinnung aber nicht einmal mehr den eigenen Mythos vom Erfolg durch Leistung ernst nimmt, wenn sie Arbeit und Wohlstand voneinander scheidet: im einen Fall die Leistung allein nicht mehr zum Erfolg führt, im andern Fall der Erfolg keiner wirklichen Leistung bedarf, dann hat, Ethik hin oder her, die Wirtschaft ihren Auftrag verfehlt.

In diesem Falle müssen wir uns fragen, ob wir ökonomischen Mißständen überhaupt noch mit ethischen Einwänden beikommen wollen? Wäre es nicht klüger, die Ethik als eine Macht zu begreifen? Täten wir nicht besser daran, wenn wir mit aller Macht den Mächtigen jene Ethik abverlangten, die für das gesellschaftliche Zusammenleben unerläßlich ist, anstatt ihnen immer nur mit einem Appell zu begegnen?

Es wäre ein kraftvolles Opus mit fast romantisch fahnenschwingender Gesinnung. Es wäre eine Ethik, die das Normen- und Wertegelabere einmal hinter sich ließe und sich ausnahmsweise ihrer eigenen Daseinsberechtigung erinnerte. Wer sonst, wenn nicht der Ethiker, dürfte schließlich das Theater der Moral inszenieren? Es wäre ein Gestus, bis zur Peinlichkeit antiquiert und dennoch voller Saft. Es könnte Spaß machen, sich wieder Ethik abzuverlangen. Doch nichts von alledem. Vor lauter Versöhnungswillen ist »Ethik heute« nur noch ein Salbadern; oder sie benimmt sich wie ein zur Vernunft gekommenes Kaninchen, das vor der Schlange nicht mehr nur vor Angst erstarrt, sondern ihr auch noch erklärt, wie stark und böse sie doch sei. So aber ist jedes Buch zur Ethik schlicht unlesbar, geschweige denn, daß man ihm folgen wollte. Vielleicht ist, was solche Thematik anbelangt, ein *freier* Autor notgedrungen freier als ein Hochschullehrer im Staatsdienst. Zumindest bemerkte 1998 der Schriftsteller Carl Amery in einem Interview: »Wirtschaft hat mit Moral nichts zu tun. Wozu auch? Sie ist dazu da, das Lebensmittel zu beschaffen. Entscheidend ist, in welches Wertesystem sich die Ökonomie einordnet. Das tut sie heute überhaupt nicht mehr. Sie bestimmt selber, was Moral ist. So läuft der Laden.«[7] Das ist wenigstens ein klares Wort! Wenn schon Megaphilosophie, dann aber komplett.

5 Der erste Inhaber eines Lehrstuhls für Wirtschaftsethik im deutschsprachigen Raum war Peter Ulrich von der Hochschule in St. Gallen. Der Titel seines Hauptwerks lautet: »Transformation der ökonomischen Vernunft«. Dem Titel gemäß bemüht er sich um die Versöhnung von betriebswirtschaftlicher Sachlogik mit den Anforderungen an ein vernünftiges Zusammenleben von Menschen. Er strebt nach einer »Wiederanknüpfung der wirtschaftlichen Eigendynamik an die menschliche Lebenspraxis«. Wer von einer Wiederanknüpfung spricht, muß davon ausgehen, daß vormals eine Einheit bestanden habe. Peter Ulrich geht davon aus. Sein Kronzeuge ist Aristoteles. Mit ihm versucht er, das Bild des »modernen« Menschen als das des mündigen Staatsbürgers und nicht des autonomen Wirtschaftssubjekts[8] zu erhalten. Bei Aristoteles, sagt er, seien Politik, Ökonomie und Ethik noch eng miteinander verbunden gewesen, denn alle drei hätten gemeinsam dessen »praktische Philosophie« gebildet, die das menschliche Handeln untersuchte. Ökonomisches Denken, so Ulrich im Gespräch mit dem Norddeutschen Rundfunk, sei seit der griechischen Antike ein untrennbarer Bestandteil von Ethik und praktischer Philosophie gewesen: »Die Problematik begann eigentlich erst in dem Moment, wo sich die Ökonomie von der Moralphilosophie emanzipieren wollte, wo sie nach dem Vorbild der modernen Wissenschaft plötzlich eine wertfreie Wissenschaft sein wollte, eine reine Ökonomik. Das hat sie auch mit einigem Erfolg erreicht. Aber der Preis war eben das Verdrängen, das Vergessen der Ausgangsfragen ökonomischen Handelns. Genau darin liegt die Aktualität von Adam Smith, daß er gewissermaßen die Moralphilosophie und die moderne Ökonomie noch in einer Person verkörperte. Aber zugleich, und das ist sehr symptomatisch, verkörperte er auch die zerfallende Einheit der beiden Disziplinen.«

Sehen wir uns dieses Argument ein wenig genauer an. Zehn Punkte, ein Kommentar, dann verabschieden wir uns wieder von der Ethik.

1) Mit Aristoteles beginnt, was »Ökonomie« genannt wird. In der Philosophie findet ihre Sache erstmals Beachtung. Die Philosophie, so könnte man meinen, habe die Ökonomie hervorgebracht. Tatsächlich aber gab es Wirtschaft zu aller Zeit. Die Art und Weise, wie Menschen ihr Auskommen organisieren, ist Wirtschaft. Aus diesem Grunde können wir selbst im Falle eines Naturvolkes, das ein entsprechendes Wort nicht kennt, die Frage stellen und meist auch beantworten, wie es wirtschaftete: Betrieb es Ackerbau, hielt es Haus-

tiere, inwieweit kannte es handwerkliche Produktion, wurde gemeinschaftlich oder vereinzelt produziert, führte es Handel, auch extern, wie sah die Güterverteilung aus etc.? Was bei Aristoteles erstmals auftaucht, ist also nur das Wort. Gewirtschaftet hatten die Griechen schon vorher.

2) Wirtschaft im 4. Jahrhundert vor Christus. Athen war militärische Macht und konnte sich bei seinen Bündnispartnern bedienen (der »Attische Seebund«). Wer nicht bedienen wollte, wurde zum Bündnispartner gemacht. Handel fand in diesem Sinne nicht statt. Ein Schiff verließ leer den athenischen Hafen und kam beladen zurück. In lokalen Märkten existierte der Tauschhandel. Seit einem Jahrhundert bekam der Soldat seinen Sold mit Münzen ausbezahlt. Auf den Geldverkehr waren außerdem all jene angewiesen, die nicht in Athen geboren waren. Sie galten als Ausländer. Ihnen war es nicht gestattet, Sklaven zu halten. Da es außer Sklaven keine Angestellten gab, konnten sie keinen landwirtschaftlichen oder handwerklichen Betrieb führen; es war ihnen auch per Gesetz untersagt. Sie waren auf Dienstleistungsgeschäfte wie Lehrtätigkeiten angewiesen, was man Sophistik nannte. Nie war ein Athener Sophist. Der Athener war ein Philosoph, und Philosophen waren es, die sagten, es sei eine niedere Tätigkeit, sich für geistige Leistungen bezahlen zu lassen.

3) Ulrich meint, Politik, Ökonomie und Ethik hätten bei Aristoteles eine Einheit gebildet. Er meint damit indirekt, sie hätten im Athener Leben jener Zeit eine Einheit gebildet. Tatsache ist, daß im Mittelpunkt der »praktischen« aristotelischen Philosophie die Politik stand. Ihre Aufgabe war es, das Glück der Menschen zu befördern. Da mit Menschen nicht die Menschheit, sondern Athens Bürgerschaft gemeint war, blieben in seiner Ethik all diejenigen, die nicht zu ihr gehörten, ausgeschlossen. Entsprechend beinhaltete seine Ökonomie auch nur die ins Familiäre verlängerte Staatstheorie. Was er über die Ökonomie verlautbarte, war Mikrokosmos seiner politischen Philosophie. Der Staat diente dem großen, der eigene Haushalt dem kleinen Glück.

4) Jede Familie war wirtschaftlich weitgehend autonom. Sie hatte ihren eigenen Hausstand. Familienoberhaupt und alleiniger Herrscher des Familienbetriebs war der Patriarch. Patriarchalisch strukturiert war der Staat; patriarchalisch strukturiert war die Wirtschaft. Es war Agrarwirtschaft. Der Patriarch war im allgemeinen Landwirt. Und er war für alles verantwortlich. Er war für die wirtschaftliche

Führung des Haushalts zuständig; er war der *oikonómos*. Wirtschaftlich, *oikonomikós*, ist zweifach zu lesen. Einerseits landwirtschaftlich, andererseits sparsam. Landwirtschaftlich-sparsam heißt, den bestmöglichen Ertrag erzielen. Aus dieser Zeit, von jener Welt rührt das Wort her: *oîkos* das Haus, *nómos* das Gesetz, die Zahl. Unter *oikonomía* verstand man die Haushaltung, die Haushaltsführung.

5) Schon damals wurde das Glück nicht unbedingt in der Rackerei gesehen. Gerade in Athen, das sich so abfällig über die Vergütung geistiger Leistungen äußern konnte, genossen die unproduktivsten Tätigkeiten wie Philosophie, Poetik und Musik das größte Ansehen. Der Grund lag darin, daß seine Bürger es sich erlauben konnten. Sie lebten in einer Sklavengesellschaft. Rund die Hälfte der Bewohner Athens waren Sklaven. Naheliegenderweise wurden sie dort weniger unterdrückt als im späteren Rom. Ein Aufstand hätte fatale Folgen gehabt. Sklaven waren Teil der Familie, und Sklaven waren es, die das wirtschaftliche Auskommen sicherten. Im allgemeinen verrichteten sie dieselbe Arbeit wie die Athener. Meist verrichteten nur sie die Arbeit. Daran war weder für die Athener noch für Aristoteles etwas fragwürdig. Er war sogar der Überzeugung, daß es von Natur aus bestimmte Menschen und Völker gäbe, die zu niedriger Arbeit bestimmt seien. Von Natur aus nicht dazu bestimmt war der Athener. Für ihn bestand kein Anlaß, an dieser natürlichen Ordnung etwas zu verändern. Die Sophisten sahen es anders. Nicht zuletzt deshalb ist ihr Ruf zweifelhaft. Geschichte, zumal die philosophische, schrieben die Athener. In diesem Fall vor allem Platon.

6) Neben staatstreuen Denkern wie Aristoteles und Platon gab es schon damals welche, für die Philosophie und Ökonomie keineswegs eine Einheit bildeten. Man darf wohl unterstellen, daß das einzige, was die beiden Disziplinen verband, der Wille zur Macht (oder abgeschwächt: zum Rechthaben) war; darüber hinaus wollten sie seit jeher Verschiedenes. Nicht umsonst trieben sich Händler und Philosophen auf demselben Marktplatz herum. Für die einen war er Ort der Warenzirkulation, die anderen nutzten ihn als Umschlagplatz öffentlicher Meinung. Wo die einen materielle Werte feilboten, feilschten die anderen um die wahren, die immateriellen Werte. Während sich für die einen dieser Platz im Laufe der Geschichte in den abstrakten Markt als Umschlagplatz von Dienstleistungen, Produkten und Marken verwandelte, wurde die Agora für die anderen zum *locus communis*, zum Gemeinplatz und Ort des *common sense*. Beide

beanspruchten von Anfang an, einen gesellschaftlichen Auftrag zu erfüllen, dessen Richtigkeit und Notwendigkeit zu kommunizieren sie auch nie müde wurden. Beide formten das Gesicht noch jeder Gesellschaft.

7) Noch nie war ökonomisches Handeln von irgendeiner Philosophie abhängig. Es gab Zeiten, da hatte die Philosophie ein größeres Gewicht. Es gab Zeiten, da hätte sich die Ökonomie lächerlich gemacht, wenn sie behauptet hätte, Verkaufen, Profit, Nutzen ... könnten zur Grundlage einer Philosophie werden. Zu allen Zeiten hätte man gesagt, für eine Philosophie sei mehr als die Verallgemeinerung des Gewinnstrebens vonnöten. Aber nie bedurfte ökonomisches Handeln einer philosophischen oder gar moralischen Begründung. Erst in unserer Zeit ist überhaupt der Anspruch darauf laut geworden.

8) Irrig ist Ulrichs Annahme, die Sache sei erst in dem Moment problematisch geworden, in dem sich die Ökonomie von der Philosophie emanzipiert habe und eine eigenständige Wissenschaft geworden sei. Wohl eher fand das Gegenteil statt. Als sich zur Zeit von Adam Smith die Ökonomie erstmalig philosophischen Fragestellungen zuwandte, hatte sie sich nicht von der Moralphilosophie distanziert, sie hatte begonnen, die Moral selbst zu definieren.[9] Ausgerechnet Adam Smith, den Urheber der Lehre vom »freien Spiel der Kräfte« auf der Grundlage eines dem Wohle aller dienenden Egoismus, als letzten Vertreter einer Verbindung von Moralphilosophie und moderner Ökonomie auszugeben, ist fast so, als wollte man sagen, Napoleon Bonaparte sei der letzte Barrikadenstürmer der Französischen Revolution gewesen.

9) Unsinnig ist die Behauptung, hier habe ein *Verdrängen und Vergessen der Ausgangsfragen ökonomischen Handelns* stattgefunden. Relevante »Ausgangsfragen« sind: Was will der Markt? Wem kann ich das verkaufen? Wie bringe ich meine Ware los? Wer sie nicht beantwortet, wird gar nicht zum ökonomischen Handeln kommen. Von einem Verdrängen oder Vergessen kann darum nicht die Rede sein, es sei denn, man wollte behaupten, jeder strebe in seinen Handlungen generell, in der Ökonomie speziell danach, ein guter Mensch zu sein. Dies ist selten der Fall.

10) Ulrichs Anspruch ist es, die wirtschaftliche mit der menschlichen Vernunft zu versöhnen, um Ökonomie und Lebenspraxis zu vereinen. Dem Paradoxon wird nicht zu entrinnen sein: Soll die Ver-

söhnung unter der Direktive ernst zu nehmender Werte erfolgen, wird die Sache bald zur Farce. Wem es um die Werte geht, der muß, ob er will oder nicht, das Wirtschaftliche beschneiden. Wie Hans Domizlaff, ethisch veranlagter Industrieberater in der Mitte des Jahrhunderts, schon in den Fünfzigern erkannte, stehen Ethik und Ökonomie polar einander gegenüber. Individualistisches Denken und individualistische Ethik können mit den von Großorganismen ausgelösten Anschauungen nie in Übereinstimmung gebracht werden.[10]

Nimmt man dagegen die Ökonomie als heute herrschende Megaphilosophie und die Werte diktierende Definitionsmacht ernst, will Ulrich etwas in die Wege leiten, was bereits bestens funktioniert: die wirtschaftliche Eigendynamik *ist* im Kapitalismus die menschliche Lebenspraxis. Gerade die Kritik daran offenbart ihre Wirklichkeit. Aus diesem Grunde ist leider fraglos eher Bernhard Blohm zuzustimmen. »Moralisches Verhalten«, sagte er, »auch im Wirtschaftsleben – wurde bei Aristoteles bis hin zur Neuzeit aus einer Ethik abgeleitet, die man getrost als Rechtfertigungslehre für das Verhalten der Herrschenden bezeichnen könnte.«[11]

Kommentar: Man kann darüber streiten, ob die aristotelische Ökonomie den Namen schon verdient. Hier von Wirtschaft im heutigen Sinne, gar einer Marktwirtschaft zu sprechen, ist schwerlich möglich. Auffällig aber ist, wie gerne Philosophen auf diesen griechischen Denker zurückgreifen, wenn sie nach einer Synthese von Philosophie und Ökonomie suchen. Daß er als erster von einer Ökonomie sprach und Philosoph war, kann kaum der einzige Grund sein. Wahrscheinlicher ist, daß im Namen von Aristoteles Nikomach (philosophisch) zum Ausdruck kommt, was Robinson Crusoe (literarisch) und Ben Cartwright (filmisch) suggerieren: *Bonanza* oder die Glückseligkeit eines privat wie gemeinschaftlich identischen Weges. Die Philosophen der Hauswirtschaft glauben es. Wie für Aristoteles, so sind auch für sie Ethik und Politik zwei Seiten ein und derselben Medaille, die um die Ökonomie zur »praktischen Philosophie« ergänzt wird. Praktisch an ihr ist die patriarchalische Philosophie, praktisch ist patriarchalische Ökonomie.

Es ist die Welt der *Ponderosa*; Ben Cartwright und seine drei *Bonanza*-Söhne. Auch auf der Ponderosa sind Arbeit und Muse, sind Reichtum und Moral, sind Gefahr und Gerechtigkeit nicht voneinander getrennt. Undenkbar ist, daß einer der Cartwrights mal Urlaub machen müßte und dem Vater erklärte: »Pa, ich muß mal ausspannen, wieder zu mir selbst finden, die Seele baumeln lassen. Ich habe keinen Bezug mehr zu meiner Arbeit. So sehr ich sie einst liebte, so wenig erinnere ich mich heute an das, was ich liebte. Ich komme nicht mehr zur Ruhe. Die Muse ging mir verloren. Sinnlichkeit und Kontemplation fallen mir schwer. Alles was ich mache, kommt mir vor, als hätte es nichts mehr mit mir zu tun.« Es ist nicht vorstellbar, weil ihre Arbeit dieselbe ist, die Robinson und der *oikonómos* verrichten. Es ist die Arbeit am Notwendigen, die in sich selbst den Nutzen birgt. Schon die Herstellung und Versorgung des Nützlichen und Zweckdienlichen garantiert die Befriedigung. Entsprechend untangierbar sind sie von der etwaigen Anonymität eines Marktes.

Die Cartwrights arbeiteten für Geld, gewiß. Sie züchteten Vieh und verkauften es auf den Märkten. Aber das Geld hatte, so wichtig es gewesen sein mag, nicht die Aufgabe, Inhalt zu sein. Wer so dachte, war einer von den Bösewichtern; oder den Spielern und Goldsuchern, denen es nur um die Dollars ging. Die Guten, die Cartwrights dagegen, waren zwar reich, aber der Reichtum war nur das Resultat des Engagements, das sie umfänglich an den Tag legten. Das Engagement wurde in Geld umgewandelt, aber das Geld ist nicht an die Stelle des Engagements getreten. Es war nicht zu vereinnahmen; es konnte im selben Maße, wie es mehr wurde, nicht zur Bedingung der Freude und zum Repräsentanten höherer Ziele werden.

Und so, wie die aristotelische *oikonomía* einer patriarchalischen Moral folgte, so ist auch das Leben auf der Ponderosa väterlich gut. Der alte Cartwright, der Besitzer der Ranch, ist eine wohlhabende und nicht zuletzt deshalb im Gemeinwesen anerkannte Persönlichkeit. Wer auf der Ponderosa lebt, gehört zu den Guten. Gut sind auch die Arbeiter, die Teil des Clans sind. Schon durch die physiologische Verausgabung sind Fleiß und Tugend gleichermaßen erkennbar. Die physiologische Verausgabung zeigt das Engagement als Kuhhirte an; sie unterstreicht obendrein in Form von Schlägereien und Schießereien die gute moralische Gesinnung des Cowboys. Es ist ein glücklicher Naturzustand, den Aristoteles, Robinson und die Cartwrights teilen. Um ihn und in ihm sich zu bemühen ist der gemeinsame Geist hellenischer Wirtschaft, puritanischer Tugend und des amerikanischen Traums. Mit Fleiß, Leistung und eigener Initiative den Wohlstand zu erlangen ist das ihnen gemeinsame Verständnis einer moralischen Ökonomie.

6 Das fundamentalste Problem des irdischen Daseins liegt in ihm selbst begraben. Das Sprichwort sagt's: »Das Leben ist ein Jammertal!« Wer hätte es nicht schon erfahren? Landauf, landab ist die Klage bekannt. Das Wissen darum begleitet die Menschheit, unabhängig davon, wie es ihr gerade erging. Es muß ein zur menschlichen Existenz gehörender Naturzustand des Unglücks sein, der hier zum Ausdruck kommt. Viele Naturvölker scheinen ihn dennoch nicht zu kennen; aber dem kulturbegabten Volk war er von Anfang an aufgefallen. Der Anfang selbst war tragisch: die Vertreibung aus dem Paradies. In der Kultur wiederholte sich der Jammer. Die Hellenen, von Grund auf der Tragödie verpflichtet, betrauerten den Verlust ihres Goldenen Zeitalters, das sie schon nicht mehr kannten. Als der Mensch dann bald begann, sich für sich selbst zu interessieren, als Mythologie und Naturphilosophie ihr Ende fanden, wollte er sich mit seinem Schicksal nicht mehr begnügen. Mit Phantasie und Fleiß, mit Hoffnung und Rausch versucht er seither, ihm zu entrinnen. Er weiß von der Unumgänglichkeit der Mühsal und will sie zugleich umgehen. Er wagt das Trotzdem. Er ersann die Vorsehung: die göttliche, die magische, die astrologische. Er quälte sich ab, in ihr zu lesen, und glaubte an sie. Er verlagerte das Glück von der Vergangenheit in die vor ihm liegende Zeit. Er legte das Land der Träume in die Zukunft. Er gab ihm einen neuen Namen, hieß es *Utopia*, den Nirgend-Ort. In ihm sah er das neue Land der Freiheit. Um die Freiheit geht es, wenn Auswege aus dem Jammertal ersonnen werden.

Die Religion sah die Befreiung von irdischer Not im Himmel. Es sollte der Tag sein, an dem der Baum des Lebens, der mit dem Sündenfall Adams und Evas von der Erde genommen ward, neuerlich gepflanzt würde. Bis zu diesem Jüngsten Tag galt es, Gott zu gefallen und das Los auf dem von ihm zugeteilten Platz zu erdulden. Für die dann nachfolgenden Philosophen war es ein Himmel auf Erden. Zum Guten wenden sollte sich der Lauf der Geschichte. Es war nicht minder ein Lauf mit Opfern und Mühen. Vernunft war gefordert, wissenschaftliche Einsicht nötig, politische Kämpfe mußten ausgetragen werden. Doch zuletzt, so versprachen auch sie, erwarte den Menschen die *Freilassung* aus seinem Elend. Nichts anderes meint »Emanzipation«.

Den Philosophien entsprechend stellten sich Wert und Stellenwert der Arbeit dar. Wo das Diesseits nur Prüfung heißt, ist in der Schinderei die Demut verlangt. Gott will sie, der Feudalherr bedient sich ihrer, *ora et labora* ist mönchische Regel. Allerdings wäre es nicht christliche Religion, wenn sie nicht auch Gegenteil predigte. So wird mit dem Aufruf zur Arbeit, diesem körperlichen Sein, zugleich die Warnung vor ihr verbunden: »Sie säen nicht, sie ernten nicht, und sie leben doch.« Über allem steht der Geist; dem Dienst an ihm zufolge wird im europäischen Mittelalter an bis zu zweihundert Tagen im Jahr nicht gearbeitet. Es sind die Tage des Herrn, die an das wahre Leben erinnern: die Sonntage und kirchlichen Feiertage. Wie im antiken Rom, wo viele keiner Arbeit nachgingen, sondern sich für den Gang ins Theater oder in den Zirkus bezahlen ließen, wurde zu jener Zeit das Leben kaum von der Arbeit her begriffen. »Während wir uns angewöhnt haben, das Leben mit dem Arbeitsleben gleichzusetzen und die Freizeit als die von der Arbeit freie Zeit zu verstehen, war für die Alten das *negotium*, also die erwerbsmäßige Arbeit, die Negation des *otium*, des von Erwerbszwängen freien Lebens.«[12]

Unsere Angewöhnung war mit der Megaphilosophie der Vernunft gekommen. Ihrem Programm folgte jetzt das Verständnis von Arbeit. Sie wurde sozial definiert, wurde Dienst an der Gemeinschaft (»Held der Arbeit«), am Ende gar zynisch mörderischer Mißbrauch dieses Dienstes (»Arbeit macht frei«). Sie war wesentlich ein Kampf um die Sozialität, war insbesondere ein Arbeitskampf. Die Ambivalenz im Verhältnis von Mühe (»Tag der Arbeit«) und höherem Wert haftet den Plänen damaliger Philosophen an: zur moralischen Pflicht, all diesen vielen Leistungsethiken der Vernunft, gesellte sich wieder ein metaphysisch Höheres. Es sollte das in Recht und Staat verankerte Objektive sein, in dem der einzelne zum Teil eines Ganzen wird. An den gesetzlichen und Nationalfeiertagen wird seiner gedacht.

Keine Megaphilosophie könnte sich je behaupten, wenn sie nicht eine neue, wenn sie nicht ihre Lösung für das Ideal der Freiheit anböte. Mag ein jeder seine persönlichen Fluchtpunkte finden. Mag er sich an die schönen Dinge des Lebens halten: *always looking on the bright side of life*; mag er sich im Wehgeklage einrichten und pflegen, was der Psychologe den »sekundären Krankheitsgewinn« nennt: sich mit Personen umgeben, die höflich genug sind, das Gejammere zu ertragen und den Leidtragenden zu bedauern. Eine Megaphilosophie muß mehr bieten. Sie muß die individuellen Fluchtpunkte in Fluchtlinien verwandeln, muß sie bündeln, muß sie auf ein Ziel hin ausrichten, das jeder für sich verfolgen kann. Sie muß den umherirrenden Sehnsüchten einen Ort zuweisen, an dem sie sich orientieren können;

sie muß den Nirgend-Ort benennen, muß eine imaginäre Brücke zu ihm errichten, über die ein jeder in seinen Imaginationen schreiten kann. Sie muß, wenn schon kein glücksverheißendes Land, kein Utopia, zumindest den glücksverheißenden Zustand, eine Vision, versprechen. Die Vision der neuen Megaphilosophie ist der Reichtum. »Wenn du reich bist, bist du frei«, lautet ihr Credo. An dir allein liegt es, das Jammertal zu verlassen.*

Machen wir uns nichts vor! So absurd dieses Versprechen erscheinen mag, so ist doch kaum einer gänzlich frei von seiner Wirkung. Andernfalls könnte sich die Ökonomie bei allem Argwohn, der ihr entgegengebracht wird, auf dem von ihr eingeschlagenen Weg nie behaupten. Niemals fände sie Mehrheiten, wenn nicht die Mehrheit bereit wäre, diesen Traum des Glücks für sich ganz alleine mitzuträumen. Die Vision selbst ist unschuldig. Einfach nur reich sein? Ohne den Reichtum durch üble Taten erworben zu haben! Ihn vielleicht aus redlicher Hände Arbeit geerbt zu haben! Oder einfach eine gute Geschäftsidee, eine Erfindung, ein Hit, eine Hauptrolle oder gar eine Liebesheirat mit vermögenswirksamer Leistung, und dann darf man schalten und walten, wie man sich's wünschte, darf den Kram hinschmeißen und mannigfaltig Gutes tun. Was wäre an diesem Traum verwerflich? Man muß zum Asketen geboren sein, um nicht seiner Süße zu erliegen.

Diese Unschuld haftet den Heroen des Kapitals an: den Popstars und Kinohelden, den Champions und Topmodels, den Superstars des Massengeschmacks, den Weltstars jedweder Couleur, sogar manchem Pionier im Unternehmertum. Ohne diese Unschuld wären die immensen Privatvermögen, die diese Prinzessinnen und Prinzen ihr eigen nennen, längst ein Anlaß des Neides auf Basis einer aus den Fugen geratenen sozialen Gerechtigkeit. So aber passiert das Gegen-

* Im Grunde kehrt die Doppelbödigkeit im Verhältnis von Ethik und Metaphysik sogar in der neuen Megaphilosophie wieder. Der Lobpreisung der Arbeit (»Mitarbeiter der Woche«) gegenüber steht, worin die Ökonomie den höchsten Wert erkennt: keineswegs im Gewerkle, im Erfolg und Reichtum. Allerdings hat die Megaphilosophie des Ökonomischen darauf verzichtet (oder ausnahmsweise vergessen), entsprechende Zeremonien einzurichten. Vom alten »Betriebsausflug« und der Weihnachtsfeier abgesehen, gibt es keine Festlichkeiten, die eine Niederlegung der Arbeit ob eines höheren Ziels vorsehen. Der Mitarbeiter hat das Versäumte jedoch bald nachgetragen: blau machen und krank *feiern*, wie schön das Wort es sagt, sind nun die selbstgewählten Tage, die sein Recht auf einen Festtag zur Verehrung des Herrn, und hieße der Gott Mammon, dokumentieren.

teil. Die Sieger werden zu Idolen, ihr Werk zur Widmung – an ein Lebensgefühl, an das Verlangen nach positiven Helden, an die Fans im Lande, an die Schönheit, an eine andere Welt, an den Geist der Garage. Ihr Leben oder das, was im Prinzenkult davon nach außen dringt, wird zum Potential der Identifikation. Es wird zum Beweis der Wirklichkeit des Traums; zum Beweis der Gültigkeit des neuen Freiheitsversprechens, das jedem die Möglichkeit des Glücks suggeriert.

Natürlich kann es nicht jedem hold sein; doch jedem, der nicht zu den Gewinnern zählt, wird es schwerfallen, sich zu beschweren. Kann er wirklich mit Fug und Recht behaupten, er habe alles in seiner Macht Stehende unternommen, damit er zum Ziel komme? Waren da nicht genug Weichen, an denen er sich hätte anders entscheiden können, ja müssen, wenn er sich heute auf der anderen Seite wiederfinden wollte? Ist er letztendlich nicht doch selbst schuld, wenn sein Traum unverwirklicht blieb? Wer sich solche Fragen stellt, kann sie nur zu seinen Ungunsten beantworten. Weil man im Leben generell vieles anders und manches besser machen kann und hätte machen können, wird jeder, der nach seinen persönlichen Versagungen Ausschau hält, fündig werden. Er wird sich an Situationen erinnern, in denen er seine Chancen verpatzt oder nicht mal rechtzeitig erkannt hatte.

Wir können nicht umhin, die Rücküberweisung des Schicksalhaften an das eigene Ich als einen meisterlichen Schachzug der Philosophie des Ökonomischen anzuerkennen. Es ist ihr gelungen, den Erfolg zum obersten Kriterium ihres Freiheitsversprechens zu machen und ihn zugleich an das individuelle Vermögen zu ketten. Nicht der einzelne wartet mehr auf das große Los, sondern es wartet auf ihn. Er muß es packen; es liegt bereit, um von ihm abgeholt zu werden. Nicht mehr die launigen Götter entscheiden, wer sich zu den Glücklichen rechnen darf. Nicht der Fatalismus eines tapfer-braven Jünglings ist noch maßgeblich, um einen Drachen zu töten, des Teufels drei goldene Haare zu rupfen und sich ein Königreich mit hübscher Königstochter obendrauf zu schnappen. Nicht mehr eine durch Versagungen, Irrtum, Verzweiflung und Scheitern mühselig errungene Geläutertheit ist nötig, um den Gral zu finden. Keines Verstehens höherer Zwecke bedarf diese Philosophie. Einzig der Erfolg, die Bereitschaft und der Wille zum Erfolg sind von Belang, wenn Wirklichkeit werden soll, was wirklich sein kann.

Daß man, vom reinen Glücksfall abgesehen, ohne eigenes Bemühen selten große Ziele erreicht, weiß der Volksmund auch. »Von nichts kommt nichts«, sagt er und erzählt von der Vergangenheit. Seit jeher war es anstrengend, dem Jammertal zu entkommen. Diese Philosophie will jedoch mehr. Sie macht einen Mythos aus der Initiative und dem Wagemut. Sie reduziert die Leistung auf den Erfolg. Sie setzt sie mit ihm gleich. Sie erklärt den Erfolgreichen zum Leistungsstarken, unabhängig davon, wie der Erfolg zuwege kam. Sie erklärt die Arbeit des Erfolglosen für nutzlos, selbst wenn ihm nur die Fähigkeit, sich zu verkaufen oder anzudienern, mangelte. Sie ersetzt die Qualität einer Leistung durch etwas Quantifizierbares, durch Rechenbares und Meßbares. Sie droht jedem, der seine Brauchbarkeit nicht zu veräußern versteht, mit dem *Gespenst der Nutzlosigkeit* (Richard Sennett).

Kaum einer in verantwortlicher Stellung, der nicht auf die vielen Stunden verwiese, die er tagtäglich aufwende. Kaum ein Einzelkämpfer, der nicht mit Tagessatz und Jahresumsatz kokettierte. Kaum ein Büro, eine Agentur, ein Studio, eine Praxis, die nicht mit der Anzahl der Kunden würbe. Sie alle, die dem Erfolg verpflichtet sind, berichten mehr von den Zahlen und Margen, die ihre Identität belegen, als von den Inhalten ihrer Arbeit. Was die beiden deutschen Philosophen Theodor Adorno und Max Horkheimer während ihres Exils in den Vereinigten Staaten noch erstaunte, ist zur Regel geworden. Mit böser Betroffenheit kommentierten sie: »Hierzulande gibt es keinen Unterschied zwischen dem wirtschaftlichen Schicksal und dem Menschen selbst. Keiner ist etwas anderes als sein Vermögen, sein Einkommen, seine Stellung, seine Chancen. Die wirtschaftliche Charaktermaske und das, was darunter ist, decken sich im Bewußtsein der Menschen, den Betroffenen eingeschlossen, bis aufs kleinste Fältchen. Jeder ist so viel wert wie er verdient, jeder verdient so viel wie er wert ist. Was er ist, erfährt er durch die Wechselfälle seiner wirtschaftlichen Existenz. Er kennt sich nicht als ein anderes.«[13]

Es ist eine identitätsstiftende Philosophie, diese Philosophie ökonomischer Freiheit. Identisch werden Sein und Haben; Identität entsteht, wo Sein und Werden sich im Geworden-sein vereinen. Es ist eine Philosophie der Gleichheit. Keiner politischen, juristischen, anthropologischen, humanitären oder ethischen Gleichheit; sie existieren stets nur auf dem Papier. Nein, diese Philosophie hat einen Modus gefunden, durch den die Gleichheit meßbar wird. Sie wird in sich vergleichbar. Gleichgesetzt werden, wie der amerikanische Soziologe Richard Sennett feststellte, *weltlicher Erfolg und persönlicher Wert.* Vergleichbar ist, was einer geschaffen hat; vergleichbar sind die Quantitäten des erworbenen Wohlstands als Ausdruck individueller Qualitäten. Vergleichbar ist die *premium quality* des Materiellen in seiner »Ausweisfunktion« für die *premium quality* des Ideellen. Berechenbar wird die Gleichheit von Menschen als Gleichheit des Vermögens: Das gleiche vermocht haben, wer gleich vermögend ist; sie leben in derselben Welt, haben dieselbe Lebenswelt, sind überzeugt vom selben Leben. Es ist eine individuelle Philosophie, die Philosophie des Ökonomischen. Sie ist, wir sagten es, nur auf die Tat gerichtet. Du kannst dir leisten, was immer du willst, wenn du nur leistest, was immer du kannst.

Es ist auch eine freie Philosophie, die hier am Walten ist. Sie ist frei von Konditionen, die ihretwegen erfüllt werden müßten. Keine Initiation oder Weihe, keine Lehre und keinerlei Verpflichtung sind vorgeschrieben, um ihres in Aussicht gestellten Glücks teilhaftig werden zu können. Sie ist frei von Inhalten. Es gibt keine Überzeugungen und Werte, die geteilt werden müßten, um an ihrem Heil partizipieren zu dürfen. Kein Glaubensbekenntnis ist vonnöten, um zur Gemeinschaft ihrer Anhänger zugelassen zu werden. Sie ist frei von jedwedem Wahrheitsanspruch. Kein Paradigma, keine Partei, kein Programm schreiben vor, auf welche Weise der Reichtum erlangt werden solle. Er erklärt sich selbst. Umfänglich ist diese Philosophie nur die versprochene Freiheit bedingend, ist Wirtschaft nur der Ort der Wertschaffung. Es ist eine pragmatische Philosophie. Dennoch nährt sie sich unablässig von Bedingungen, Inhalten und Wahrheiten. Sie gibt sie nicht vor, sie ruft sie ab. Sie formuliert sie nicht, sie formiert sie nur. Sie macht, mit den Worten Gilles Deleuzes und Félix Guattaris, sogar eine *universelle Wahrheit* daraus, indem sie alles ihrem Regelwerk unterwirft, indem sie alle *Ströme codiert, sie sogar übercodiert, damit nichts der Codierung entrinnt.* Codiert werden die *Wünsche*; codiert werden die Wahrheiten, die das Individuum tagein, tagaus in seinem Wunsch, sich von anderen zu unterscheiden und von anderen als unterschieden wahrgenommen zu werden, kreiert. Codiert wird das Bestreben, die eigene Individualität zu behaupten. Codiert werden die Ideen, die auf der Suche nach dem Neuen und Ungekannten, nach dem Unvergleichlichen und der Einmaligkeit sich in Marktlücken verwandeln. Codiert wird das Bemühen, das der einzelne an den Tag legt, um die Bedingungen zu schaffen, die seine Freiheit bedeuten sollen. Codiert wird seine Leidenschaft. Codiert wird, wie Richard Rorty das Identitätsgebaren nannte, der *Narzißmus der kleinsten Differenz*. Codiert wird der Eigensinn als Triebfeder einer umfassenden Konkurrenz.

Wir sind verfangen in einem Kalkül suggerierter Machbarkeiten. In ihm funktionieren wir. In ihm versuchen wir, für alles, was wir ersehnen, die finanziellen, monetären und marktlichen, die mentalen, strategischen und psychologischen Voraussetzungen zu schaffen. In ihm stellen wir unseren Nutzen unter Beweis, bis wir ihn bewiesen haben oder uns für nutzlos halten. Darin liegt der Dreh- und Angelpunkt dieser Philosophie: Sie reduziert die Einzigartigkeit des Menschen auf die Einzigartigkeit eines Angebotes, das es zu realisieren gilt, damit der Traum ökonomischer Freiheit real werde. Wem es gelingt, der darf stolz sein; wem nicht, dem bleibt nur, nach dem Himmel und der glücklichen Gesellschaft sich auch vom dritten Ideal der Freiheit zu verabschieden. Sie, für die das Freiheitsversprechen des Reichtums uneingelöst bleibt, müssen lernen, daß unwirklich bleibt, was nicht verwirklicht wurde. Bewahrheiten kann sich nur, was sie selbst wahr machten. Durch die Veränderungen im modernen Kapitalismus, bemerkte nochmals Richard Sennett, erführen viele arbeitende Menschen nicht nur verstärkt eine Empfindung persönlichen Scheiterns; sie hielten sich für nutzlos und randständig. Die neue ökonomische Ordnung höhle obendrein »das Selbstwertgefühl nicht nur auf dem Markt aus, sie untergräbt auch die Institutionen, die Menschen traditionell vor dem Markt schützten«[14].

Es ist eine raffinierte Philosophie, die etwas verspricht, das man selbst halten muß. Raffiniert ist die Psychologisierung der Fakten; raffiniert ist die Eliminierung der Schuld. In dieser »universellen Wahrheit« kommt sie nicht mehr vor. Bei ihr hat sich die Schuldfrage in einen Monolog verwandelt. Weder ist die Ökonomie an irgendwas schuld; sie ist nur Reglement. Noch kann sich selbst was Gutes tun, wer glaubt, der Sache sei Genüge getan, wenn er einen Schuldigen gefunden hat. Wer Schuldfragen auf einen Schuldigen reduziert, hat noch nie einen Ausblick aufgetan. Er hält sich an einem Opfer gütlich und macht weiter wie bisher, während er einen Verantwortlichen gesucht hatte, weil ihm etwas doch mißfiel.

7 Seit jeher steht die Schuldfrage unter dem Diktat der Megaphilosophien. Sie ist nicht unabhängig von Aspekten der Macht, sondern im Gegenteil eines ihrer maßgeblichen Machtmittel. Darum nahm sich noch jede Herrin ihrer an, um sich ihrer zu bedienen. Am gründlichsten ging die Megaphilosophie des Theologischen vor. Sie verankerte die Schuld gleich doppelt. Zum einen war sie, welch geniale Erfindung!, als Erbsünde in die Wiege gelegt; zum anderen war sie Androhung ewiger Verdammnis. Nur der Priester konnte in Gottes Namen sündhafte Schuld vergeben. Allerdings konnte er, wenn das Gewissen an Höllenqualen gemahnte, jede vergeben, sofern die Reue, der kreuzritterliche Einsatz oder der Obolus groß genug waren, um den Ablaß zu erlangen. Für die nachfolgende Megaphilosophie der Vernunft war die Sache schon weniger metaphysisch verankert. Wie in so vielen Bereichen, so trat auch hier der politische an die Stelle des religiösen Richters. Die Frage nach der Schuld wurde zur juristischen Angelegenheit. Die Ökonomie sieht's nur noch nüchtern. Da sie, von ein paar rechtlichen Vorgaben abgesehen, keine höhere Instanz mehr kennt, der gegenüber man sich zu erklären oder zu rechtfertigen hätte, und es auch keinem verübelt, wenn er ihr nicht zu folgen bereit ist, ist ökonomisch jeder selbst verantwortlich. Es gibt nichts, was einer ihretwegen erfüllen müßte, es gibt nichts, was die Tat beschränkte: keine Zehn Gebote und kein Treueeid, keine Verpflichtung gegenüber einer Gemeinschaft und keine sonstigen Standards. Andererseits läßt sie auch keine Entschuldigung mehr gelten. Sie kennt keine Gnade, kein *Ego te absolvo* und keine mildernden Umstände. Sie bedarf weder eines Bekenntnisses noch der besseren Einsicht. Sie braucht nur dieses Jeder-für-sich und ansonsten die Bank. Weitere Adressaten gibt es nicht: Wer Schulden hat, ist selber schuld.

Die Spielregeln sind eindeutig, jedem sind sie bekannt: Wer nicht mitspielen will oder kann, bleibt draußen. Wer weder Geld noch Arbeit, noch Zugang zum Markt hat, ist aus der Gemeinschaft der Leistungslötterierer ausgeschlossen. Reklamationen gehören ins Gebiet der Moral; sie gehören nur dorthin, sie sind irrelevant. Wer sich nicht mit dem moralischen Appell bescheidet, macht sich lächerlich. Schon deshalb, weil das Wort »Schuld« gar nicht mehr in unsere Zeit paßt. Es hat sich zur Beschreibung und Etikettierung mißlicher Begebenheiten erübrigt. Seit sie zum individuellen Fall wurde, läßt sich die Schuldfrage nicht mehr klären. Jeder Fall ist Einzelfall, generell hat keiner schuld. In vielerlei Hinsicht. An die Stelle der Rache ist das Recht getreten, an die der Sühne die Wiedergutmachung und Resozialisierung. Schon spricht man davon, bei Bagatelldelikten auf Strafverfolgung und Gefängnis zu verzichten. Im Scheidungsrecht wurde das Schuldprinzip abgeschafft. Wie im Ehekrieg, so hat sich allgemein in eine persönliche Angelegenheit verwandelt, was vormals höherer Macht gebührte. Auf ein psychologisches Erbe von Papa und Mama ist reduziert, was einmal Erbsünde war.

Das Wort will nicht mehr passen; was es anzeigt, ist aber unverändert virulent. Auch wenn jeder, der klar bei Verstand ist, eine Schuldzuweisung *coram publico* vermeidet, so ist die Frage nach der Schuld doch eine, die den Menschen stets beschäftigt. Wenn was nicht klappt, will er wissen, wer oder was daran schuld ist. Nahezu das gesamte Psychotherapiewesen ist ein Schuldgeschäft. Kritik ist rationalisierte Schuldverteilung. Und selbst wenn unbestreitbar ist, daß die Ökonomie mit der leidigen Rede von der Schuld gebrochen hat, geht die Ökonomisierung des Lebens doch fraglos mit dessen Psychologisierung einher. Wir sahen es: Psychologisch gibt sich die Marktforschung, psychologisch die Mitarbeiterführung, psychologisch das Marketing. Die Psychologie liefert die Inhalte, liefert die Werte, und wenn's drauf ankommt, ihre Verteidigung. Und bei der Psychologie landet auch, wer im Namen individueller Freiheit, im Namen menschlicher Erwartungen, im Namen der Verbraucherwünsche zu Schaden kommt. Immer wieder wird er auf sich selbst zurückgeworfen, in den Ideologien der Leistung und des Erfolgs, im Scheitern und im Schuldgefühl: »Untersuchungen unter entlassenen Beschäftigten mittleren Alters ergaben, daß die Benachteiligung wegen ihres Alters sie in einen Zustand der Verstörung versetzte. Sie halten sich nicht für ausgelaugt und auf dem absteigenden Ast ... Dennoch geben sie sich selbst die Schuld, weil sie in der Vergangenheit nicht die richtigen Schritte unternahmen, um auf solche Situationen vorbereitet zu sein.«[15]

Daß die Psychologie fest mit dem Marketing verbandelt ist und dort im selben Maße die Inhalte und Ziele definiert, wie sie vorher die Leute ausgequetscht hat und nachher diejenigen, die mit dem Sud nicht mehr klarkamen, therapiert, ist noch die harmlosere, da offensichtlichere Form praktizierter Definitionsmacht. Weitaus subtiler wirkt da schon der Vorgang der Verinnerlichung, der es jedem schwer macht, sich nicht als Versager zu fühlen, wenn ihn die Ideologien des Erfolgs scheitern lassen. Selbst dem Verteidiger kann es da leicht passieren, daß ihm als Apodiktik ausgelegt wird, was als Apologie gedacht war. Am subtilsten aber ist die kategorische Aufteilung von Pflicht und Schuldigkeit. Während die vormaligen Megaphilosophien stets beide gemeinsam in einem Atemzug nannten, hat die Ökonomie sie voneinander separiert und sich auf jene beschränkt. Ihr genügt, auf die Notwendigkeiten und Gesetzmäßigkeiten des Marktes zu verweisen, damit getan werde, was getan werden muß. Alles andere kann getrost an den Individualismus delegiert werden. Als rechnerische Größe erscheint die Pflicht, als psychologische die Schuldigkeit. Oder schlicht: Sobald sich kapitalistische Ökonomie in Psychologie verwandelt, ist es fast unmöglich, sie bloßzustellen. Zum moralischen Einwand wird degradiert, was Kritik an der Sache war; als Beschneidung individueller Freiheit gilt, wenn an des Lebens Freiheit erinnert wird. Subtil ist die Eliminierung jeglicher Schuld, die nicht die eigene ist.

In seinen Grundzügen ist der Vorgang seit jeher bekannt; das kleine Einmaleins der Philosophie der Macht: Jeder Machthaber verbietet es sich, in Frage gestellt zu werden. Jede Megaphilosophie sichert sich ihre Macht, indem sie das ideelle Zentrum ihrer Machtausübung mit allen Mitteln verteidigt. Für die Religion ist das Depositum des Glaubens unverhandelbar. In der Philosophie steht eine sich selbst erklärende Vernunft nicht zur Disposition. Der Ökonomie gilt die Freiheit des Marktes als sakrosankt. Sie alle dulden kein Pardon, wenn in Frage gestellt wird, was ihre Macht bedingt. Für jede dieser Megaphilosophien ist schon der Versuch einer Beschneidung ein Angriff auf sie. Aus diesem Grunde ist beispielsweise von einer »streitbaren Demokratie« die Rede: Die Verpflichtung, demokratische Grundregeln einzuhalten, endet nach Ansicht der Demokraten in dem Augenblick, in dem sie es mit Personen zu tun bekommen, die ihre demokratischen Regeln erklärtermaßen oder scheinbar nicht anerkennen. Wie sollte Macht auch funktionieren, wenn schon ihrem Grundaxiom widersprochen werden dürfte und gerade diejenigen, die sie zu spüren bekommen, ihre Legitimität anzweifeln könnten?

Die Megaphilosophie des Ökonomischen hält es da nicht anders. Im Unterschied zu ihren Vorgängerinnen, die ihre Widersacher aus diesem ideellen Zentrum heraus stets unmittelbar diffamieren konnten, sind ihr vergleichbare Instrumente jedoch verwehrt. Sie formuliert zwar ein Freiheitsideal (Reichtum); da sie selbst aber keine weiteren übergeordneten Ideale vertritt und keinerlei das Ziel bedingende Ideale einfordert, kann sie auch auf kein Dogma zurückgreifen, das sie ihren Widersachern zum Vorwurf machen könnte. So wie sich einer, der vielleicht zu kurz gekommen ist, beschweren kann, ohne daß es ihm was nutzte, so kann sich ein anderer als Wirtschaftsgegner titulieren lassen, ohne daß es ihm was schadete. Während die vormaligen Machthaber das Ideal, dem sie ihre Herrschaft verdankten, also nur gegen ihre Feinde zu wenden brauchten, um die Renegaten des Glaubens als *ungläubige* Ketzer, die Verhöhner der Vernunft als *unvernünftige* Irrationalisten, die Gegner des staatlichen Gewaltmonopols als *gewalttätige* Kriminelle und die Kritiker der Demokratie als *antidemokratische* Extremisten zu diffamieren, fühlt niemand sich beleidigt oder gerät in Gefahr, wenn er als Feind des freien Marktes bezeichnet wird. Soll er beschimpft werden, muß man ihn schon platt einen Kommunisten nennen oder etwas feiner einen Feind der freien Gesellschaft, um überhaupt einen Vorwurf daraus machen zu können. Manchmal ist nicht mal das möglich. Verweist der Häretiker auf einschlägige Schreckensgebilde wie die Ressourcenkrise, den Treibhauseffekt oder die Gentechnologie, gilt die Freiheit des Marktes gar als gefährlich und seine Anhänger, nicht der Verteufler, geraten in Zugzwang.

Die Ökonomie hätte darum schlechte Karten gehabt, wenn sie das uralte Streben nach Machtergreifung und -erhalt nicht auf ganz neue Art gehandhabt hätte. Sie wäre kaum zur Megaphilosophie geworden, wenn sie sich zur Sicherung ihres Machtfeldes nicht der Psychologie bedient hätte. Mit Hilfe dieses Koalitionspartners aber gelang ihr, was ohne ihn wie ein aggressives Geschäftsgebaren erschienen wäre. An der Seite der Psychologie ließ sich im Namen der persönlichen Entfaltung verklickern, was im Namen eines abstrakten und unpersönlichen Marktes nicht möglich gewesen wäre. Individualismus und Kapitalismus – eine treffendere Liaison hätte man wahrlich nicht finden können. Durch diese Kombination hat sich die neue Megaphilosophie nicht nur als erste überhaupt auf ihrem Weg zur Macht für die Arbeitsteilung mit einer anderen Fakultät entschieden. Sie hat, was weitaus gewichtiger ist, die Freiheit des Marktes an die Freiheit des Individuums gebunden. Sie hat das materialistische Interesse mit dem Interesse des Menschen an sich selbst verknüpft. Sie hat das *Gewaltmonopol des Reichtums*, das nach der Demokratisierung nie und nimmer funktioniert hätte, wenn es nur den Unternehmen zugestanden worden wäre, auf eine prinzipielle Möglichkeit für jeden ausweiten können. Sie hat in der Psychologie gefunden, was an Philosophie und Ideologie ihr noch fehlte. Die Verbindung funktioniert bestens. *Me and mine* ist ihr Geheimnis; die Sehnsucht das Geschäft.

8 In der gesamtem Umgebung ist nirgendwo mehr ein Tante-Emma-Laden zu finden, die Brötchen schmecken nicht mehr wie früher, kein Schuster kann mehr was anderes, als neue Absätze aufleimen und -nageln, in der Autowerkstatt werden nur noch ganze Module ausgewechselt, im Fachhandel will keiner mehr das technische Gerät reparieren. »Das müßten wir einschicken!« heißt es. »Dafür bekommen wir keine Ersatzteile mehr!«, »Das lohnt sich nicht!«, »Ein Neugerät kommt billiger!« Und so weist bald jeder Berufsstand seine Mängel auf oder ist bereits verschwunden. Es sind Phänomene des Alltags, auch der alltäglichen Lebensqualität, die auf den ersten Blick erscheinen, als würden nicht mehr dieselbe Kompetenz und derselbe Ethos an den Tag gelegt wie anno dazumal. Tatsächlich haben sich aber nicht die Arbeitenden verändert, da gab es wohl seit jeher welche, die es besser, und andere, die es schlechter konnten; in Wirklichkeit hat sich die Arbeit verändert.

Es gibt keine Tante-Emma-Läden mehr, weil die Lebensmittelbranche in den Händen einiger Monopolisten ist, die ihren Angestellten und den sie beliefernden Herstellern nicht nur härteste Konditionen aufbürden, sondern deren Filialen auch nicht mehr selbst-ständig geführt werden, weshalb die frühere Inhaberin des Ladens nun von einer bescheidenen Rente lebt. Die Brötchen schmecken nicht mehr wie früher, weil im Lauf der Jahre die rapide wachsenden Großbäkkereien fast allen selbständigen Bäckern die Existenzgrundlage raubten, und der Bäckermeister jetzt einen Kopierladen führt. Der Schuster kann nicht mehr viel, weil der, der im Kaufhaus gleich neben der Rolltreppe die Schuhe richtet, ebensowenig ein Schuster wie ein Schlosser ist, diejenigen, die welche waren, neben vielen anderen Handwerkern ihren Beruf aufgeben mußten. Die Geräte sind nicht mehr reparierbar, weil deren Haltbarkeit inzwischen von vornherein begrenzt ist, und der Tüftler, der 20 Jahre auch ohne Originalersatzteile manchen Apparat wieder zum Laufen brachte, nun Taxi fährt, weil er da etwas mehr verdient.

Und wüßte man nicht ganz genau, daß die im Osten noch was konnten (»Aus den ältesten Mühlen haben sich die noch ein fahrtüchtiges Gefährt gebastelt!«), wäre man fast geneigt zu sagen, die kapitalistische Ökonomie unterscheide sich nur noch gering von jener staatsmonopolistischen. Mit der alten Marktwirtschaft, mit einer wirklichen Vielfalt des Warenangebotes als Ausdruck der Gewerbefreiheit oder einer Wahlfreiheit des kritischen Verbrauchers hat das alles jedenfalls nicht mehr viel zu tun (es sei denn, man wollte ein und dasselbe Produkt mit unterschiedlichen Labels schon als ein breites Angebot ansehen).

Ursprünglich war nur vom »Strukturwandel« die Rede. Die Ressourcenkrise schien verantwortlich zu sein; und die »zweite industrielle Revolution«, die die Umstellung auf die elektronische Datenverarbeitung erforderlich machte. Wie ein klassischer und schon mehrfach erlebter technologischer Fortschritt trat sie auf: vom Handwerkerhof zur Manufaktur, von der Manufaktur zum Fließband, vom Fließband zum *Computer Added Manufacturing*. Niemand stellte sich eine Fabrikhalle vor, in der kein Mensch mehr arbeitet. Wer es sich vorstellte, erkannte darin eine Welt der Zukunft, die den Menschen aus der Knechtschaft der Fabrikarbeit entlassen hat. Was sonst wäre auch denkbar gewesen, nachdem seit jeher die Wertschöpfung aus der Arbeit kam. Das tut sie immer noch; nur verdient man damit nicht mehr genug. Wo Hand angelegt wird, wird es schnell zu teuer. Zu teuer für jene, die schon alles haben und höchstens nach dem Neuen schielen. Auf jeden Fall zu teuer für diejenigen, die noch nicht alles haben, die wenig Geld haben, die die Märkte der Zukunft darstellen. Zum Beispiel China mit einer Milliarde noch unbeworbener Konsumenten. Solche Märkte können nur noch multinationale Konzerne akquirieren. Der Mittelstand spielt da keine Rolle mehr. Er hat als Motor, der das Rad des Kapitalismus einst zum Drehen brachte, seine Pflicht und Schuldigkeit getan. Mögen die Politiker nicht müde werden, das wirtschaftliche Gewicht der fleißigen Bürgerschaft und ihrer tapferen Unternehmer zu betonen; ihre Tage sind trotzdem gezählt. Aus dem relativ harmlos erscheinenden Strukturwandel ist die *Globalisierung* geworden. Globalisierung heißt Großunternehmen, heißt Bündelung von Wirtschaftspower, heißt Frauen und Männer, die den Weltmarkt im Auge haben, heißt Öffnung der noch unerschlossenen Märkte, heißt erst mal Kapitalgeschäft und dann Geschäft mit Waren. Eine vollautomatische Fertigungsstraße ist immer schnell errichtet, *just in time* und *close to customer*.

Mit dem produzierenden Gewerbe wird tatsächlich bald nicht mehr viel anzufangen sein; mit dem mittleren Management ebensowenig. Was Handwerk und Einzelhandel bereits zu spüren bekamen, steht nun auch ihnen bevor. Dabei kommt eine Vielzahl derjenigen, die bereits zum Opfer einer im Laufe der vergangenen Dekade errichteten *Globalisierungshierarchie* wurden, in den offiziellen Arbeitslosenstatistiken schon gar nicht mehr vor. Deren Zahlen stellen seit langem nur noch in Mathematik gepreßte Scheingebilde dar, in denen all diejenigen unberücksichtigt bleiben, die im Sozialamt landeten, weil sie noch nie Arbeit fanden oder nie wieder Arbeit finden werden, die freiwillig oder gezwungenermaßen noch einmal die Schulbank drücken, die in den vorzeitigen Ruhestand geschickt werden, die sich lieber Künstler denn Arbeitslose nennen, die im Rahmen einer oft familiär unterstützten Minimal-Selbständigkeit vor sich hin krebsen, die bereit sind oder keinen anderen Ausweg mehr sehen, als sich zu prostituieren, die als ausländische Arbeitnehmer in ihr Heimatland zurückkehrten, die berufstätig waren und inzwischen wieder Hausfrauen sind, die sich gar nicht mehr arbeitslos melden, weil sie wissen, daß sie sich den Gang sparen können ...

Die Millionen der offiziellen und dieser heimlichen Arbeitslosen werden ergänzt durch jene, die vordem ihr finanzielles Auskommen hatten und mittlerweile nur noch auf der Schwelle gesellschaftlicher Teilhabe stehen. Zu ihnen gehören nicht nur viele, die einen »ganz normalen« Beruf hatten, ehe sie infolge eines fast naturgesetzlich erscheinenden, wirtschaftlichen Wandels in ihrer Beweglichkeit stark eingeschränkt wurden. Zu ihnen zählen auch jene, die nach den Kriterien der Leistungsgesellschaft zwar nicht unbedingt als Macher galten, was sie zum Leben brauchten aber verdienten und niemandem auf der Tasche lagen, bevor sie sich im Zuge der veränderten wirtschaftlichen Ausrichtung plötzlich in potentielle Sozialfälle verwandelten. Dabei handelt es sich keineswegs nur um die gescholtenen Minderqualifizierten und in professioneller wie sozialer Hinsicht Unselbständigen. Das Spektrum reicht von Personen aus der Alternativszene, über freischaffende Künstler, die sich irgendwie durchschlugen, über ehemalige Sozial- oder Geisteswissenschaftler, die in einer speziellen Dienstleistung ihr Auskommen gefunden hatten, über Studienabbrecher und Berufswechsler, die auf Umwegen bei der Ökonomie gelandet waren, bis hin zu Leuten, die nach einer mißglückten beruflichen Selbständigkeit verschuldet waren, nicht gleich wieder ein neues Geschäft eröffnen konnten und ihre Erfahrungen als Freiberufler anboten. Sie alle, die vordem das zum Leben Notwendige erwirtschafteten, Sozialabgaben leisteten, Steuern bezahlten und als Konsumenten zum Geldfluß beitrugen, sind im Zuge allgemeiner Kosteneinsparung, im Zuge der Rationalisierung, im Zuge der aggressiveren Gewinnausrichtung, im Zuge der herabgesetzten Altersschranke ... von Zahlern zu Zahlungsunfähigen oder gar zu Empfängern geworden.*

Sie sind nicht nur materiell in einer permanenten Zwangslage, weil das Geld entweder nicht mehr reicht oder jede Einnahme schon von vornherein für die nächste Ausgabe verplant ist, keine verdiente Münze und kein Schein auch nur einen Moment lang Entspannung versprechen und schon ein Kinobesuch zu teuer werden kann. Sie sind nicht nur gezwungen, mehr Arbeit für das gleiche Geld, gleiche Arbeit für weniger Geld oder eben auch keine Arbeit für soziale Gelder zu leisten und damit eine in jeder Hinsicht spürbare Verschlechterung ihrer Lebensumstände, damit einhergehend ihrer Gesundheit, ihrer seelischen Ausgeglichenheit, ihrer Fähigkeit zur Gemeinschaft, ihrer Offenheit für andere und anderes ... in Kauf zu nehmen. Sie sind nicht nur gewaltsam individualisiert, sofern der Druck, dem sie sich ausgesetzt fühlen, selbst Freunden bald nicht mehr vermittelbar ist und wenn, nicht immer vermittelt werden soll. Als die Gruppe jener, die oft andere Lebensziele und Werte verfolgen, eher Individualisten im alten Sinne sind und darum selten eine berufsständische Vertretung besitzen, waren sie auch die ersten, die von ihrer Arbeit

* Zum Beispiel muß inzwischen, wer vom Marketing oder Agenturen noch beauftragt werden will, so entschieden in die unbezahlte Vorleistung gehen, daß er nicht selten wochenlang umsonst arbeitet, seine Arbeit für billiges Geld abtreten kann oder sogar draufzahlt. In den Medien ist das Interesse an allem geschwunden, was abseits des *mainstreams* liegt. Besteht Interesse, muß sich, wer keinen Namen hat, mit einem Bruchteil des vormaligen Honorars begnügen, wobei die Grundaussage schon gang und gäbe ist: »Wenn Ihnen das zu wenig ist, dann lassen Sie's doch!« Selbst in Unternehmen mit besten Bilanzen gehört es bereits zum guten Ton zu sagen, man habe keine Mittel, keinen Etat, kein Geld übrig; man könne nur eine kleine Aufwandsentschädigung anbieten. Wegen ihres notorischen Geldmangels treten öffentliche Träger als Auftraggeber kaum mehr in Erscheinung, und der Fiskus erkennt viele Unkosten nicht mehr oder nur noch geringfügig als beruflich relevant an und besteuert auf diesem Wege sogar noch spärliche Gewinne.

kaum oder nicht mehr leben konnten und vom Markt verschwanden. Vom Markt verschwunden sind die Kuriere fremder Welten und Lebenswelten, die Grenzgänger der Lebenserfahrung, das kulturelle Biotop, aus dem oft etablierte Kultur hervorging. Verschwunden ist das Marktsegment, das sie als Konsumenten bildeten, denn von ihrer Kaufkraft hing wiederum eine Vielzahl von Kleinunternehmern ab: Buchverlage, *independent labels*, Galeristen, fast der gesamte Sektor der Sub- und Gegenkultur, Dritte-Welt-Läden, Kneipen ... Verschwunden sind die, von denen ein Unternehmer einmal sagte, es seien die eigentlich kreativen Köpfe, die ihn immer wieder auf neue Ideen bringen würden.

Sie alle sind nicht etwa Leidtragende einer Ökonomie der Tat, der zufolge einer etwas Besseres geleistet hätte als sie; sie sind Leidtragende einer Ökonomie der Besitzstände, die im Namen der wirtschaftlichen Konkurrenzfähigkeit nur noch ein monetäres Ziel kennt und darin nicht mehr nach Arbeit strebt. Sie sind Opfer einer neuen Ökonomie, die den alten Geist puritanischer Tugend und »protestantischer Leistungsethik« (Max Weber) endgültig ins Reich der Mythen verbannte und damit den seit jeher fraglichen Spruch, ein jeder sei seines Glückes eigener Schmied, ad absurdum führte und bloß noch in seinem Gegenteil bestätigt: Jeder ist seines Unglücks eigener Schmied. Sie alle sind Opfer jener Globalisierungshierarchie geworden, die in den supra- und multinationalen Konzernen begann und von dort aus die Konditionen des Arbeitens über die Großen, Mittleren und Kleinen in Industrie, Gewerbe und Handel bis zu den Sparstrumpf-Selbständigen durchdrückte, bis sie am Ende von dem, was sie in ihren Läden und Werkstätten, in ihren Büros und am Küchentisch unternahmen, nicht mehr leben konnten. So mag als offizielle Begründung für die Massenarbeitslosigkeit zwar immer wieder von unzureichender Qualifikation, einem im internationalen Vergleich zu hohen Gehaltsniveau oder zu hohen Lohnnebenkosten die Rede sein; praktisch ist solcherart Erklärung, mit Verlaub, ein Hohn. Die Begründung mag tendenziell für die Industrie zutreffen; damit daraus aber eine allgemeingültige Aussage werden konnte, mußte aus handwerklicher und selbständiger Tätigkeit erst mal Industriearbeit werden, mußte aus einer Normalmiete erst mal eine Hochpreismiete werden, mußte aus einer Arbeit, die den Unterhalt sicherte, erst mal eine werden, aus der sich ein Höchstmaß an Profit herauspressen läßt. Es mußte erst mal eine *Vernichtung von Arbeit* im großen Stil stattfinden, damit auch Massen wirklich ohne Arbeit sein konnten.

Solange immer nur die in Ökonomie und Politik gleichermaßen beliebte Rechnung Mann gegen Mann aufgemacht wird, ist das Schicksal der Arbeitslosen wirtschaftlich freilich irrelevant und damit der Einwand immer einer, der humanitär zwar ganz nett, »realpolitisch« aber beim besten Willen nicht mehr machbar sei. Es kann schon sein, daß es erst mal billiger ist, einen via Sozialhilfe mitzuschleppen, als ihn mitarbeiten zu lassen. Die von politischer Seite gepriesene Vollbeschäftigung bleibt schließlich immer die seltene Ausnahme. Nur ist diese einfache eben auch eine Milchmädchenrechnung; in vielerlei Hinsicht. Die Globalisierungshierarchie ist nur ein Beispiel. Ein anderes die *Altersspirale*.

Die Fakten sind bekannt: Nur noch etwa die Hälfte der Lebenszeit wird gearbeitet. Am Anfang steht die lange Ausbildungszeit; am Ende der frühe und oft unfreiwillige Gang in die lange Pensionszeit. Um die Jahrhundertwende bezogen in Deutschland nur ein paar Monate lang Senioren ihr Altersruhegeld; 1987 waren es dagegen durchschnittlich 13 Jahre bei den Männern, 15 Jahre bei den Frauen. Wer 60 Jahre alt ist, befindet sich heute meist in einer gesundheitlichen Verfassung, die vor wenigen Jahrzehnten Fünfzigjährige hatten. Zugleich leben im Lande inzwischen zehnmal mehr Menschen im Alter von über 80 Jahren als 1900. Die Folgen: Ein Drittel der Bevölkerung muß zwei Drittel ernähren, die Rentenkassen sind leer, die derzeitigen Ernährer haben für ihren eigenen Lebensabend nicht mehr viel zu erwarten. Wer seine Rentenbeiträge auch nur aufs Sparbuch legte, hätte im Alter mehr, als ihm der Staat zurückgibt.

In der Milchmädchenrechnung kommen solche Kosten nicht vor. Dabei könnten viele, die fit in den wohlverdienten Ruhestand gehen, gut und gerne ein paar Jahre lang wohl noch was verdienen. Sie könnten arbeiten, die Rentenkasse entlasten, in sie einzahlen. Oder sie könnten im Laufe ihrer Arbeitszeit hin und wieder ein, zwei Jahre pausieren und in diesem »Sabbatjahr« Dinge tun, die sie schon lange tun wollten: etwas von der Welt sehen, sich weiterbilden oder qualifizieren, neue Erfahrungen sammeln, wieder zu sich kommen, Kraft tanken. Den Krankenkassen käme es zugute, dem sozialen Klima, gewiß der Kultur, nicht zuletzt der vermißten Arbeitsmotivation. Vorschläge, wie sich die Arbeit anders organisieren ließe, gäbe es zahlreiche. Umgesetzt werden sie nicht. Da steht zuviel im Wege: die

Vorstellungen von Leistung und einem Know-how, das »am Ball bleiben« muß; die gesellschaftliche Definition des Alters; die Tatsache, daß in den meisten Fällen das Einkommen gar nicht ausreichte, eine so lange Zeit zu finanzieren; die Arbeitslosigkeit ohnehin, natürlich die Angst vor ihr; und eben eine Ökonomie, die sich von der Arbeit entfernt.

Für Professor Guy Kirsch vom *Séminaire de Finances Publiques* der *Université de Fribourg* in der Schweiz ist es doppelt problematisch, solche Lösungsvorschläge zu ignorieren. Zum einen könne sich eine Gesellschaft nur so viele Arbeitslose leisten, wie »ihre Wirtschaft unter Berücksichtigung der Produktivität und der materiellen Ansprüche ihrer Mitglieder in einer sich globalisierenden Welt wirtschaftlich tragen und ertragen kann«; zum anderen könne sie sich nur Arbeitslose leisten, »wenn es außerhalb der Erwerbsarbeit Möglichkeiten der gesellschaftlichen Integration gibt. Wer keiner Erwerbsarbeit nachgeht, darf nicht ins gesellschaftliche Nichts fallen.« Nach Kirschs Ansicht gäbe es eine Vielzahl solcher Integrationsmöglichkeiten. Zahlreiche Arbeiten seien ebenso sinnvoll wie nützlich, ohne deshalb gleich dem ökonomischen Nutzenkalkül ausgesetzt zu sein; zudem dürfte sich die Vernachlässigung der nicht-merkantilen Leistungsbereitschaft in monetären Fehlbeträgen von beträchtlichem Umfang niederschlagen. So fragte er zum Beispiel, ob es eigentlich eine Statistik über die Menge der Arzt-, Krankenhaus- und Medikamentenrechnungen gäbe, die über die Krankenversicherungen abgerechnet würden, nur weil viele niemanden hätten, der sie auch nur fragte, wie es ihnen gehe? »Dies festzustellen ist nicht ein Ausdruck softer Menschenfreundlichkeit, sondern ein Gebot ökonomischer Rationalität!«[16]

Die ökonomische Rationalität ins Feld zu führen ist heute das stärkste Argument. Zu sagen, man müsse eine Gegenrechnung aufmachen, entspricht den täglich praktizierten Taten allemal mehr als humanitäre Einwände. Jeder weiß und kennt zur Genüge, daß die Frage, ob und wie sich was rechnet, entscheidend davon abhängt, welche Ausgaben man noch als zur Sache gehörig ansieht und welche nicht. So kommt im einen Fall die Fahrt mit dem Auto billiger als mit dem Zug, weil die Benzinkosten geringer sind als die Ausgaben fürs Ticket (und die KfZ-Versicherung sowieso bezahlt werden muß). Im andern Fall kommt sie teurer, weil sich der Wertverlust des Fahrzeugs, die Zahlungen für Wartung, Reparatur und Abnutzung (und dann halt doch auch Steuer und Versicherung) in jedem gefahrenen Kilometer zu Buche schlagen. In nämlicher Weise setzen die einen den Rotstift an, weil das Stadttheater zu viele Subventionen schluckt; die anderen breiten ihre Kalkulationen sogenannter »Umwegrentabilitäten« aus und rechnen gegen: die Steuereinnahmen aus der Taxifahrt zum Theater, den anschließenden Restaurantbesuch, den abschließenden Cocktail in der Bar und wenn's drauf ankommt noch den Kauf des Abendkleides für die Gattin. Papier ist geduldig, gleichgültig, ob Buchstaben oder Zahlen darauf geschrieben werden.

Viel entscheidender ist darum die Frage, wer überhaupt bezahlt. Und so, wie die Fahrt mit dem PKW auf jeden Fall preiswerter ist, wenn man nicht das eigene, sondern das vom Freund geliehene Fahrzeug benutzt, weil man selbst dann nur den Benzinpreis entrichtet, so ist es auch für die Ökonomie preiswerter, ihre Milchmädchenrechnungen aufzustellen, weil für alles, was darüber hinaus ansteht, ohnehin nicht sie diejenige sein wird, die dafür aufkommt. Insofern ist jede die »ökonomische Rationalität« fordernde Kalkulation von vornherein für die Katz', wenn sie nicht seitens der Ökonomie selbst aufgestellt wurde. Es ist ein höfliches Zugeständnis an die ökonomische Denkweise des Rechenbaren, das noch keinem Nichtökonomen etwas nutzte.

Wir müssen die Probleme ernst nehmen, nicht die Art und Weise, wie sie ein gänzlich durchgeknallter Kapitalismus verargumentiert, als seien sie das Natürlichste der Welt. Sie offenbaren sich: in der sich öffnenden Schere von Arm und Reich, durch die die eine, alle Lebensbereiche durchdringende und bis hin zu unterschiedlichen Zeiträumen der Lebenserwartung reichende neue Klassengesellschaft zum Ausdruck kommt; in der von produzierender Arbeit losgelösten Wertschöpfung; in der Abhängigkeit der Produktivität, des Bruttosozialproduktes und des Geldwertes eines Landes von einer internationalen Finanzwirtschaft, die in hohem Grad Spekulationen, psychologischen Mechanismen und vagen Meinungsbildern ausgesetzt ist; in einem Nationalismus, der nicht zuletzt als Gegenbewegung zur Weltmarktpolitik frei floatender Kapitalströme entstand; im Einfluß einer von den Medien gleichermaßen kreierten wie bedienten kommunikativen Wirklichkeit auf die Gestaltung und Wahrnehmung der tatsächlichen Realität ... Sie offenbart sich weiterhin in den Problemen mit der Sozialstaatlichkeit, der Steuerpolitik, dem öffentlichen Dienst ... und als Dreh- und Angelpunkt größter Sorgen eben in der weltweiten Massenarbeitslosigkeit. Mit der Globalisierung einher geht, wie Viviane Forrester schrieb, »die Abschaffung des arbeitenden Menschen«.

9 Von jeder Megaphilosophie ist ein ins Maßlose gesteigerter Mißbrauch der Macht bekannt. Er wird mit sicherem Gespür für den jeweiligen Focus einer Herrschaft stets zum Begriff, wo er dann seine Herkunftszeichen verliert und die Macht, der er seine Entstehung verdankt, überlebt. So erwuchs aus dem Dogma der Kirchenmänner der »Dogmatismus«, aus dem imperialen Großmachtsanspruch einer philosophisch wie geographisch grenzüberschreitenden Staatspolitik der »Imperialismus«, und aktuell ist die Megaphilosophie des Ökonomischen drauf und dran oder schon mittendrin, ihren auf den Weltmarkt gerichteten, *globalen* Blick zur nächsten Horrorvision zu machen. Schon heißt es, der Begriff der »Globalisierung« habe den des »Imperialismus« abgelöst.

Dem widersprechen die entschiedenen Befürworter der Globalisierung. Zwar können auch sie, wie beispielsweise Alain Minc[17], nicht umhin, den ganzen Katalog bekannter Schwierigkeiten aufzulisten. Er kann bei seiner Abfeierung einer schönen neuen Welt lediglich mit einer gehörigen Portion Zukunftsoptimismus behaupten, alles werde gut, wenn wir nicht länger an überholten Vorstellungen festhielten, diese neue Realität in unserer Welt akzeptierten, uns von falschen Sicherheitsansprüchen verabschiedeten und unsere Demokratie nicht auf überkommenen politischen Ideen gründeten. Woran er dabei im einzelnen dachte, läßt er im Ungewissen. Auf alle Fälle ist er aber davon überzeugt, daß nicht die Globalisierung für die Massenarbeitslosigkeit verantwortlich gemacht werden kann. Das sei ein statistisches Problem; Schwarzarbeiter verderben die Zahlen. Und wieder mal ein Qualifikationsproblem; zu viele seien unzureichend qualifiziert; wären sie es nicht, könnten sie eine Arbeit annehmen, die unter ihrem Ausbildungsniveau liegt. Es ist eine befremdliche Logik, die besagt, minderqualifizierte Arbeitsplätze entstehen, sobald höherqualifizierte Arbeitnehmer im Markt auftauchen. Ungeachtet dieser Logik nimmt der Bedarf an Arbeit stetig ab. Auch wenn die fortschreitende Rationalisierung als wirtschafts- und sozialpolitische Notwendigkeit erklärt wird, ist mittlerweile doch deutlich geworden, daß die daraus resultierenden Unternehmensgewinne nicht der Schaffung neuer Arbeitsplätze zugute kommen. Deshalb behaupten die Gegner der Globalisierung, das Gerede von einer Halbierung der Arbeitslosenzahlen sei nur noch Wahlbetrug und Massenberuhigung.

Wessen Prognose am Ende Recht behalten wird, werden wir erfahren. Klar ist schon jetzt, daß Befürworter wie Kritiker gleichermaßen nicht mehr in der Politik die Instanz zur Lösung der Probleme sehen. Hier setzt niemand mehr einen Heller auf sie. Bloß in der Bewertung ihres Untergangs unterscheiden sich die Meinungen. Gut so, sagen die einen, weil die Realität eine andere geworden sei. Grauenhaft, sagen die anderen, weil sie der Meinung sind, in jedem Gemeinwesen gäbe es Grundanforderungen, die nicht eliminiert werden dürften. Besteht in solch konträren Positionen bereits Einigkeit über die Natur des Wandels, ist es ums politische Geschäft tatsächlich schlecht bestellt. Die meisten seiner Vertreter führen trotzdem wie eh und je die »soziale Marktwirtschaft« im Munde. Praktisch ist jedoch die Realisation der »freien Marktwirtschaft« das Ziel.

Das ehemalige Erfolgsmodell ist ein Auslaufmodell. Seine Bestandteile, das Soziale, der Markt und die Wirtschaft, passen nicht mehr zusammen. Was einst neben dem Grundgesetz die zweite, tragende Säule im Lande war, trägt nicht mehr. Wie Roger de Weck schrieb, seien zur Zeit Ludwig Erhards Wirtschaft und Industrie fast identisch gewesen. Hunderte von Menschen arbeiteten am selben Ort, zur selben Zeit in einem Werk. Darum sei die soziale Marktwirtschaft auf einen Konsens zwischen Gruppen, auf den »Kollektivvertrag« zwischen Verbänden von Arbeitgebern und Arbeitnehmern angelegt gewesen. Jetzt aber, wo wir im Rahmen der elektronischen Revolution den Wechsel vom industriellen zum »digitalen Zeitalter« erlebten, stehe nicht mehr die Zusammenarbeit von festen Gruppen im Mittelpunkt, sondern das lose Miteinander im Netz.[18]

Die immanente Logik des Arguments ist zweifelsohne nachvollziehbar. Allerdings bleibt sie immanent. Schließlich galt die *soziale* Marktwirtschaft vor allem deshalb als demokratisches Fundament, weil sie zum Schutz derer, die durch das Marktgeschehen zu »Schwachen« wurden, einen sozialen Ausgleich vorsah. Die *freie* Marktwirtschaft folgt demgegenüber einmal mehr der altbekannten Formel von Sein und Haben; frei sein oder frei haben, lautet das in die Arbeit verlängerte Pendant. Nachdem die darin enthaltene Vorstellung von Freiheit einzig und allein ökonomisch definiert ist, *ist* frei, wer nicht mehr arbeiten muß: Wenn du alles hast, bist du frei. Es *hat* frei, wer in den Urlaub oder ins Wochenende fahren kann: Ohne Arbeitszeit keine Freizeit. Wer arbeiten will, aber nicht kann, kommt in dieser Freiheit nicht mehr vor. In einer Gesellschaft, deren Common sense zwar nicht auf Arbeit, auf jeden Fall aber auf wirtschaftlicher Handlungsfähigkeit errichtet ist, heißt Arbeitslosigkeit Entlassung aus der Sozialität. Von der Pflicht befreit, der Teilhabe entledigt, isoliert als einzelner, ohnmächtig im Tun, unfrei als Mensch. Er ist draußen.

Jeder Einwand, der diesen Rausschmiß beklagt, erscheint lächerlich. Der humanitäre Standpunkt macht sich lächerlich, weil er nicht zu begreifen scheint, was Sache ist. Die Gegenrechnung macht sich lächerlich, weil sie so tut, als habe sich hier einer vertan. Die Wirtschaftsethik macht sich sowieso lächerlich, weil sich für sie außer ein paar Hochschullehrern weder die Wirtschaft noch die Philosophie, geschweige denn eine Leserschaft, interessiert. Und lächerlich macht sich nicht zuletzt jede Ökonomiekritik, weil sie unweigerlich in eine Ecke gestellt wird, die inzwischen mit einem Modell der Welterklärung identifiziert wird, das als gescheitert gilt. Dabei ist es völlig belanglos, ob für das Desaster ursächlich der alte Imperialismus oder die neue Globalisierung verantwortlich ist. Je nachdem, welches Wort man wählt, werden sich entweder diese oder jene als diffamiert bezeichnen und dabei elegant darüber hinweggehen, daß nicht sie, die mit einem vielleicht falschen Wort ermahnt werden, die Leidtragenden sind, sondern diejenigen, die tatsächlich »entehrt« sind (was »diffamieren« heißt). Sie sind entehrt durch ein ökonomisches Handeln, dessen Profitstreben auf die Maximierung und Akkumulation der Gewinne reduziert ist.

In diesem Ruch des Monetären findet die Vernichtung von Arbeit statt, und zwar auf zweierlei Wege. Einerseits wird sie verdichtet, andererseits entwertet. Verdichtet wird sie im Zuge einer forcierten Kannibalisierung, durch die der jeweils Mächtigere seinen Konkurrenten schluckt oder ihm die Bedingungen seiner Arbeit diktiert. In diesem Fall bleibt er formal selbständig, er kann sein Angebot, seine Preise, seinen Liefertermin etc. aber nicht mehr selbst bestimmen. Während er im Markt auftritt wie ein Mitbewerber oder Zulieferer, stellt er unter Umgehung arbeits- und sozialrechtlicher Bestimmungen praktisch doch nichts anderes mehr dar als eine ausgelagerte Abteilung des Stärkeren. Entwertet wird Arbeit, wenn einer sie bleiben lassen oder den Laden schließen kann, weil er sich nur aufs Arbeiten, nicht aber aufs Verkaufen versteht.

Ist der Erfolg, unabhängig davon, wie er zustande kam, zum einzigen auch inhaltlich relevanten Kriterium geworden, ist die Leistung einer Arbeit stets nur Voraussetzung für das, was eigentlich getan werden muß: die Vermarktung. Da sie mittlerweile in fast jedem Beruf und ungeachtet etwaig kommerzieller Interessen unumgänglich ist, wirkt sich die »Virtuosität« einer Kommunikation sowohl im Preis als auch im vermuteten Wert einer Arbeit aus. Im einen Fall erlaubt sie ein und derselben Tätigkeit eine höhere Preisstellung; im andern Fall tritt sie sogar wie eine bessere Arbeit auf. (Umgekehrt wird kaum einer, der sich schlecht verkaufen konnte und deshalb scheiterte, hören, es habe ihm an ökonomischem Geschick gemangelt oder gar das Marketinggeld gefehlt. Die meisten werden denken, er habe schlecht gearbeitet und deshalb in seinem Beruf versagt.)

Wenn nicht mehr der Wille und die Bereitschaft zur Leistung, für die Robinson als so vorbildhaft galt, im Zentrum ökonomischen Anspruchs stehen, sondern der Erfolg kraft Arbeit durch den kraft *income* substituiert ist, wird es schwierig zu entscheiden, ob eigentlich van Gogh erfolgreich war. Die meisten werden diese Frage verneinen. Der Erfolg will die Person und auch die rechte Zeit; beides blieb dem Maler verwehrt. Er starb bettelarm und einsam. Der kluge Unternehmensführer könnte sich allerdings verlockt fühlen, sie wegen der 75 Millionen Dollar, die im Jahre 1990 für einen van Gogh bereits bezahlt wurden, vielleicht doch zu bejahen. Immerhin hat er gelernt, daß er ja sagen muß. Seine Planung muß in die Zukunft weisen, sein Geschäft darf sich nicht nur im Hier und Jetzt rechnen, es muß auch morgen noch eine tragfähige Basis abgeben; er muß seine Verantwortung für das Morgen demonstrieren.

Solange es um die PR des Unternehmens und den Nachweis des persönlich visionären Potentials geht, dürfte er damit keine Schwierigkeiten haben. Soll sein Credo allerdings verbindlich werden, wird ihm der Spatz in der Hand doch lieber sein als die Taube auf dem Dach. Erstens ist in unserer schnellebigen Zeit nichts schwerer zu ermessen als das Morgen; zweitens wird ihm, sollten sich seine Visionen nicht in der Jahresbilanz niederschlagen, der Aufsichtsrat schneller seinen Chefsessel vor die Tür stellen, als ihn der Büroausstatter liefern konnte; und drittens ist der Spatz manchmal doch 'ne fette Gans. Das ist vor allem dann der Fall, wenn man es versteht, auch das

Geld für sich arbeiten zu lassen. Seine Arbeit ist für die Ökonomie heute oft weitaus interessanter als jene, die der Mensch verrichten kann. Aktienwerte, Börsenindizes, Warentermin- und Spekulationsgeschäfte und vieles mehr basieren allesamt nicht oder nur mehr zu einem geringen Teil auf traditioneller Arbeit.*

Die Arbeit mit dem Geld ist keineswegs die einzige Methode, den Wert der Arbeit zu verringern. Bekanntermaßen gelingt dies technologischen Rationalisierungsprozessen. Nach dem Anschluß der ehemaligen DDR an die Bundesrepublik Deutschland zeigte die »Treuhand« mit Bravour, wie man eine defizitär arbeitende Ökonomie innerhalb weniger Jahre in eine bis zu einem Fünftel der Bevölkerung nicht mehr arbeitende Gesellschaft verwandeln kann (»in den Konkurs geprüft« nannte es nicht ohne Stolz ein seinerzeit sehr gut daran verdienender Wirtschaftsprüfer des Westens). Auch die gezielte Kommunikation, wozu nicht zuletzt zählt, was nicht kommuniziert werden darf und nicht an die Öffentlichkeit dringen soll, ist dazu durchaus in der Lage. Sie wird im allgemeinen nur eher von der positiven Seite her erklärt. Positiv ist sie für jene, die das Geschäft machen; den anderen macht sie die Arbeit nichtig.

Lukrativ ist beispielsweise, wenn das positive Geschäftsergebnis nicht mehr auf einer tatsächlich geleisteten, sondern infolge von medien- und nachrichtlichen Informationen (die nicht unmittelbar wirtschaftlicher Natur sein müssen) auf einer zu erwartenden Produktivität basiert. Das kann die Nachricht einer bevorstehenden Massenentlassung sein, die den Aktienkurs des Unternehmens steigert. Das kann die Mitteilung sein, daß Michael Jordan noch mal Basketball spiele (was den Börsenwert des Unternehmens, für das er

* So komplex die Arbeit des Geldes auch sei, so folgt sie doch einem einfachen Prinzip. Das funktioniert dann wie beim Spiel im Spiel: Man pokert mit anderen um Geld (produzierende Wirtschaft) und schließt gleichzeitig Wetten darüber ab, wer in der nächsten Runde eher passen wird (Finanzwirtschaft). Die Gewinnchancen sind fraglos erhöht. Erreicht der Gewinn aus Wetten aber eine Größenordnung, die dem aus Pokern nahekommt oder ihn übersteigt, beeinflußt er das Spiel. Einer bleibt länger in der Runde oder steigt früher aus, weil der Wettgewinn mehr bringt als der etwaige Verlust aus dem Kartenspiel. Ein anderer läßt das Pokern ganz sein und wettet nur noch. Er bewegt mit ungleich geringerem Aufwand dieselbe oder eine höhere Geldmenge als die, die im andern Fall durch Arbeit erwirtschaftet wurde. Nicht nur der ideelle Wert des Pokerns (Freude am Spiel *und* am Gewinn) nimmt damit ab; auch der tatsächliche Wert ist geringer: Gemessen an dem, was man gewinnen kann (gemessen an der Gesamtmenge des bewegten Geldes), hat die Höhe des Gewinns aus Arbeit einen geringeren Wert.

als Werbeträger tätig war, umgehend um eine Milliarde Dollar erhöhte). Das kann eine scheinbar politische Entscheidung sein, was der Wertzuwachs des Dollars und ein sichtlich besserer Dow-Jones-Index infolge des Balkankriegs verdeutlichte. Zum lukrativen Geschäft wird auch, da es teure Verluste vermeidet, wenn es einem Unternehmen gelingt, sich aus negativen Schlagzeilen herauszuhalten (beispielhaft sei hier auf jene Mineralölkonzerne verwiesen, die nach dem Öl-Plattform-Desaster eines Konkurrenten alles daran setzten, wegen vergleichbarer Vorfälle in ihrem Hause nicht in die Medien zu kommen, was wiederum für die Anzeigenabteilungen einschlägiger Medien zum lukrativen Zubrot wurde).

Für den Sozialwissenschaftler Amitai Etzioni, der mit seiner 1989 gegründeten *Society for the Advancement of Socio-Economics* in den Vereinigten Staaten die Bewegung der *Communitarians* ins Leben rief, sind solche Fälle typisch für den Verlust traditioneller Werte, den Mangel an Sinngebung und das *moralische Vakuum*, das in den achtziger Jahren in den westlichen Industrienationen entstanden ist. Er sieht es ausgefüllt durch *eine Philosophie der Gier*, die zu einer unmoralischen ökonomischen Praxis geführt habe und sich in Phänomenen wie feindliche Unternehmensübernahmen, riskanten Anleihen und Insiderhandel an der Börse äußerte. »Als Konsequenz nahm nicht nur die Sparneigung der Verbraucher immer mehr ab, sondern auch die Bereitschaft der Bürger, Verpflichtungen für die Gesellschaft zu übernehmen.«[19] Beispiele dafür, wie mit Hilfe der Medien, eines geschickt eingesetzten Know-hows im internationalen Kapitalverkehr oder durch die Zerstückelung von Unternehmen auf schnellem Wege Geld gemacht werden kann, gäbe es zuhauf. Für Etzioni sind sie Anlaß, nach neuen wirtschaftspolitischen und -wissenschaftlichen Orientierungen Ausschau zu halten.

Unabhängig von solchen Initiativen sollte sich allerdings jeder, der denen nacheifert, die ihm das Leben schon in so vielerlei Hinsicht schwer gemacht haben, fragen, ob er damit nicht sein Leben auf etwas reduziert, das er vielleicht gar nicht wollte, und sich ein anderes ausmalt, das er aller Voraussicht nach vielleicht kaum erreichen wird.

VI.
Virtuos und virtuell

Erfindung und Inbetriebnahme einer zweiten Wirklichkeit

1 Im April 1917 verließ der russische Rechtsanwalt Uljanow Wladimir Iljitsch Lenin sein Schweizer Exil, um in sein Heimatland zurückzukehren. Er verließ Zürich, fuhr nach Moskau, führte dort noch im selben Jahr die Oktoberrevolution an und gründete bald darauf die erste sozialistische Republik der Welt, die UdSSR. Nahezu zur selben Zeit, nur kurz zuvor, am selben Ort proklamierten die Dadaisten die *avantgardistische Revolution.* Nachdem im Vorjahr der Rumäne Tristan Tzara die Dada-Bewegung ins Leben gerufen und der Deutsche Hugo Ball das »Cabaret Voltaire« eröffnet hatten, war Zürich im Kriegsjahr 1916 zur ersten Metropole der Moderne im noch jungen 20. Jahrhundert avanciert. Der Bruch, der sich gut 100 Jahre früher abgezeichnet und seither in immer mehr Formen herausgebildet hatte, bei Kierkegaard als Ethik oder Ästhetik, bei Goya als Widerstreit zwischen vernunftgegründeter und phantastischer Weltsicht, bei Marx als Abtrennung des privaten vom politischen Menschen, war nun offensichtlich und wenig später auf den Landkarten fixiert zur unleugbaren Realität geworden. Die politische Revolution eroberte den Osten, die ästhetische den Westen, beide standen einander gegenüber und stellten zugleich gemeinsam die Welt im letzten Säkulum des Jahrtausends vor die bedingungslose Alternative: »entweder – oder«.

Wenn zwei Revolutionen zeitlich und örtlich so eng beieinander liegend ihren Ausgang nehmen, fast dürfen wir ob Zürichs idyllischer Größe vermuten, Lenin, Tzara und Ball hätten sich zu Fuß besuchen können, wäre interessant zu wissen, was die Fraktionen voneinander hielten. Wie so häufig ist das historische Drehbuch jedoch aufregender als das alltägliche. Sehr wahrscheinlich hatten sich die Personen gar nicht beachtet. Zuviel stand da wohl zwischen ihnen: der Bruch mit seinen unterschiedlichen Lebenswelten; Lenins versteckt bürgerliche Lebensführung im Gegensatz zur offen antibürgerlichen Tzaras und Balls; der Generationenabstand: als Lenin die Schweiz verließ, war er 47, Hugo Ball 31, Tristan Tzara gar erst 21 Jahre alt. Und nicht zu vergessen: alle drei waren fraglos von ernstem Naturell, gerade darin aber fraglos unvergleichlich.

Der Russe ernst als Intellektueller; ein Revolutionär zwar, gleichwohl eher Technokrat; kein Initiator, eher Organisator; auch nicht unbedingt ein kreativer Kopf, eher ein in Prinzipien verhafteter Politphilosoph. Der Deutsche ernst als Poet; ein anarchistischer »Bischof«, (wie Ball sich einmal nannte), der in der Welt ein Material des Irrationalen sah; ein Sprachakrobat ohne Worte, der sich in den von ihm erfundenen Lautgedichten auf ein monotonisierendes Brabbeln und Gurren, Pfeifen und Klirren beschränkte. Um das Leben zu befreien, so deklamierte er, müßten die Träume befreit werden. Nicht der Erbauung, sondern der Paradoxie sollte seine Kunst dienen. Berühmt sein Auftritt mit Schamanenhut und Flügelmantel, ein sich drehender Kegel, ein Derwisch in Zeitlupe, eine poetische Maschine. Der Rumäne ernst als der wahre Künstler von den dreien; nihilistisch durch und durch, was er noch blieb, als der Dadaismus bereits Geschichte war. Er hatte diese junge Kunst, der binnen kurzem in Köln und Berlin neue Zentren erwachsen waren, gegründet. Durch ihn, der 1919 nach Paris umzog, fand sie aus schweizerisch-deutscher Enge. Er brachte den Dadaismus zum Surrealismus, der bis nach New York drang. Er gehörte zu denen, die die Poesie zur bildenden Kunst hin öffneten. Doch trotz alledem blieb er selbst auf den Wegen, die er aufgetan, stets allein zurück. Zur Bekanntheit kamen immer nur seine Mitstreiter: in Köln Hans Arp und Max Ernst, in Paris André Breton, Paul Eluard und Louis Aragon, in New York Man Ray, Marcel Duchamp und Francis Picabia.

Neben den persönlichen Dispositionen stehen die historischen Dimensionen. Und so, wie sich schon im Jahrhundert zuvor ein und dieselbe Realität bei Kierkegaard, Marx und Nietzsche in jeweils voneinander verschiedenen Realitäten mit unterschiedlichen Ausgängen präsentierte – eine religiöse Welt, eine politische Welt, eine kulturelle Welt –, so stellt sich auch jene der politischen und der ästhetischen Revolution als eine dar, die auf das gleiche reagiert und nicht zum Gleichen kommt. Es waren die Künstler, die in jenen Jahren die Frage stellten, wohin uns der Anspruch der Vernunft und des Staates gebracht habe. Es war der Erste Weltkrieg, der für sie zum Fanal des Bruches wurde. Der halbe Globus war am Gemetzel beteiligt, noch nie zuvor waren so viele Menschen gefallen, verstümmelt, verkrüppelt, noch nie so viele Zivilisten unter den Opfern, in Trümmern lag Europa, zerstört seine Städte, zerstört Monarchien und Großmächte, zerstört ein ganzer Kontinent, seiner tradierten Ordnungen beraubt.

Vor dem Hintergrund dieses Zusammenbruchs verwahrten sich die Künstler erstmals dagegen, noch länger in den Elfenbeinturm einer schöngeistigen wie schönmalerischen Welt abgeschoben zu werden, wo man sie bei Bedarf herausholte und feierte. Mit ihrer »avantgardistischen Revolution« suchten sie die Kluft zwischen der poetischen und der alltäglichen Welt wieder aufzuheben. Sie strebten danach, sich vom Ästhetizismus des *fin de siècle*, dem sie den Kampf angesagt hatten, zu emanzipieren. Sie vertraten ein neues, nicht mehr unbedingt auf das Schöne bedachtes Verständnis von Kunst, mit dem sie die soziale Welt zurückerobern wollten. Sie wollten den Bruch überwinden.

Es war eine der schöpferischsten Phasen im kulturellen Leben Europas, Deutschlands insbesondere. Noch heute blickt mancher begeistert darauf zurück, zum Beispiel Allan Bullock, Professor in Oxford und namhafter Kulturhistoriker: »Die fünfzehn Jahre der Weimarer Republik gleichen keiner anderen Epoche in der Geschichte der Deutschen. Politisch waren sie ein Fehlschlag, das Vorspiel zum Dritten Reich; wirtschaftlich, mit Inflation und Wirtschaftskrise, ein Desaster. Ihr Kulturleben aber war ein strahlender Erfolg, eine moderne Legende, die mit ihren Chansons und Plakaten noch immer die Phantasie erregt – das Zeitalter des Expressionismus und Existentialismus, die Zeit Einsteins, Thomas Manns, Bertolt Brechts, der Psychoanalyse, der Zwölftonmusik, des Bauhauses, Otto Klemperers und Max Reinhardts. Das Deutschland jener Jahre, ein Brennpunkt der Moderne – die letzte in einer langen Reihe kultureller Bewegungen, von der Romanik bis zur Romantik, welche die Höhepunkte der europäischen Kultur markierten.«[1] Am Ende lag jedoch gerade in diesem *kulturellen* Erfolg die Bestätigung dessen, was die Avantgarde jener Jahre bekämpfte.

Was sie gesucht hatte, war schließlich nicht nur ein neuer künstlerischer Ausdruck, es war vor allem eine neue politische Teilhabe. Nicht zufällig häufen sich im ersten Drittel des 20. Jahrhunderts ihre Manifeste. Sie alle formulierten keine ästhetischen, sondern politische Programmatiken. Ähnlich dem Kommunistischen Manifest attackierten das dadaistische, das surrealistische, das futuristische die Philosophie des Bürgertums. Der ganze Geistesbetrieb sei ein platter utilitaristischer Schwindel, schrieb der Dadadichter Richard Huelsenbeck. Kultur könne man feierlich als den Form gewordenen Geist eines Volkes, als Verbeugung vor einem unsichtbaren Richterstuhl bezeichnen.[2] Kein Wunder, wenn für die Dadaisten der Skandal zum wichtigsten Instrument ihrer Kunst wurde. Sie machten ihn salonfähig. »In der Tat«, schrieb Walter Benjamin, »gewährleisteten die dadaistischen Kundgebungen eine recht vehemente Ablenkung, indem sie das Kunstwerk zum Mittelpunkt eines Skandals machten. Es hatte vor allem *einer* Forderung Genüge zu leisten: öffentliches Ärgernis zu erregen.«[3]

Seit der Aufklärung, als die Kunst an der Seite der Vernunft gegen die feudal-klerikale Ordnung vorging, war sie nie wieder so nahe an die Politik herangerückt. Ein paar kurze Jahre lang schien es fast, als könnte der Bruch, der real und dessen Realitäten weltanschaulich geworden waren, tatsächlich überwindbar sein. Noch einmal fochten Künstler für eine bessere Welt. Mit großer Anteilnahme setzten sie sich und mit ihnen Intellektuelle und Sympathisanten der kommunistischen Idee in Ost und West für die russische Revolution ein. Sie hegten die Hoffnung, dieser junge Staat möge sich nicht mit der Abschaffung des Zarenregimes begnügen, sondern zum Vorbild und Vorreiter einer humanen, einer wirklich sozialen Gesellschaft werden. Doch einmal mehr währte die Hoffnung nur kurz. Die Geschichte dieser einseitigen, dieser auf der anderen Seite bloß strategischen Koalition von Phantasie und Vernunft wiederholte sich auf nahezu dieselbe törichte Weise. Was folgte, gab dem Namen »sozialistisch« für alle Zukunft eine veränderte Bedeutung.

Was sozial hätte sein sollen, verkehrte sich ins Gegenteil, wurde Denunziation und Polizeistaat, Konzentrationslager und Völkermord,

Diktatur und Tyrannei. Was eben noch Feier gewesen, war in kürzester Zeit Totenmesse geworden. Wieder zeigte sich, was aus Ideen in den Fängen einer Politik wird, die wahr sein will. Wieder wurde deutlich, wie menschliche und gesellschaftliche Anliegen in eine höhere, nicht mehr dem Menschen und der Gesellschaft obliegende Ordnung abstrahiert werden: Ist der bürgerliche Staat schon nie davor gefeit, den einzelnen im Namen der Staatsraison als austauschbar zu behandeln und seiner Individualität zu berauben, ganz zu schweigen von einer Macht, die sich gottgegeben wähnt, so sah der sozialistische Staat in der Beschränkung und Beseitigung alles Individuellen gar eine Notwendigkeit auf dem Weg zur Realisation seiner hehren Ziele. Wieder wurde die Poetik ihrer politisch-rhetorischen Dimension beraubt. Wieder waren da ein Danton und Robespierre, der eine hieß jetzt Trotzki, der andere Stalin, und wieder bezahlte jener mit dem Leben, was diesem nicht ins Kalkül paßte. Von dessen Schergen erschlagen, auf der Flucht, im Exil, in Mexiko.

An Stalin haftet die Schuld; doch Lenin ist nicht frei von ihr. Er ist, selbst wenn er anders handelte, als Chefideologe einer unfehlbaren Partei Vordenker der Tat. Er, der 1916 in Zürich die Gelegenheit hatte, den Beginn der künstlerischen Revolution zu erleben, nahm sie nicht wahr, und an dem, was er wahrnahm, gefiel ihm allenfalls das Revolutionäre. Mit der Kunst selbst wußte er nicht viel anzufangen, mit deren Freiheit noch viel weniger. Schon in seinem 1905 erschienenen Aufsatz »Parteiorganisation und Parteiliteratur« nannte er die Freiheit des bürgerlichen Schriftstellers, Künstlers und Schauspielers eine maskierte oder heuchlerisch maskierende Abhängigkeit vom Geldsack, vom Bestochen- und vom Ausgehaltenwerden. Seine Kritik war nicht wie bei Richard Huelsenbeck eine des bürgerlichen Kulturbetriebs, sondern eine des in der bürgerlichen Gesellschaft Kulturschaffenden. So wie heute mancher im Namen der Kunst seinen persönlichen Freiraum fordert, ohne den feinen Unterschied zwischen künstlerischer Freiheit und einer wie auch immer gearteten Freiheit des Künstlers zu sehen, so verurteilte umgekehrt Lenin die künstlerische Freiheit als unangemessene Freiheit der Person. Für ihn verbarg sich da eine *bourgeoise Vorstellung*, weshalb er die Vertreter der Künste allgemein, die Literaten besonders aufrief, diesem Trug von einer *absoluten Freiheit* in der Kunst nicht länger nachzuhängen (vormalige Herren nannten es »abschwören«) und sich in den Dienst der kommunistischen Partei, wie er schrieb: unter die *Parteikontrolle*, zu stellen. Viele folgten in den zehner und zwanziger Jahren dem Aufruf. Aber schon in den Dreißigern war es mit der Sympathie vorbei. Die Dadaisten sagten sich von der kommunistischen Partei los und gingen ihre eigenen Wege.

Was die Revolutionen in Kunst und Politik von Beginn an trennte, führte 80 Jahre später zum Untergang des Sozialismus. Als Ideologie entpuppte sich, was durch eine angeblich unfehlbare Vernunft politische Praxis geworden war. Zwar löste sich erst mit der Pop-art in den Fünfzigern und der Beatkultur in den Sechzigern die bis dahin meist fraglose Einheit von künstlerischer und sozialistischer Avantgarde (die längst nichts mehr mit der Sowjetunion zu tun hatte) auf. Als in den siebziger Jahren aber durch Alexander Solschenizyns Romantrilogie »Archipel Gulag« und in dessen Folge durch André Glucksmanns *nouvelle philosophie* die Frage aufkam, ob es überhaupt eine, von der politischen Praxis unabhängige sozialistische Idee geben könne, waren die letzten Reste der Symbiose von politischer und ästhetischer Moderne ausgeräumt. Eine ernst zu nehmende Gegenaufklärung setzte ein, und kurze Zeit darauf schien gar die Warnung der Kritiker aus dem vorherigen Jahrhundert, die von Hasardeuren und Wahnsinnigen der Vernunft gesprochen hatten, bewiesen. Die abendländische Vernunft, bislang tonangebend in der Welt, ist am Ende, schrieb der Philosoph Wolfgang Schirmacher 1984. Ihr Wahrheitspathos sei zur Rechthaberei verkommen, sie sei zur Ideologie des naturausbeutenden Menschen geworden, ihre Rationalität drohe die Gattung auszulöschen. »Es sind die sich auf die Vernunft berufenden Wissenschaftler und Techniker, die Planer und Politiker, deren einzelne durchaus vertretbaren Handlungen im Ganzen tödliche Unvernunft bezeugen.«[4]

2 Was die avantgardistische und die politische Revolution von Beginn an trennte, führte 80 Jahre später auch zu einer eigenartigen Bestätigung dadaistischen Ideenguts. Als wäre Hugo Balls Forderung, das Leben mit den Träumen zu befreien, nie anders zu verstehen gewesen, als habe aller politische Anspruch und mit ihm das Mittel des Skandals schon immer der Förderung der Konsumbereitschaft gedient, erklärte Rainer Baginski, ehemals Student der Psychologie und Soziologie, jetzt einer der führenden Köpfe der deut-

schen Werbeszene, die Werbung müsse subversiver werden. Sie müsse *Botschaften* formulieren, »die sich mit den Adressaten gegen den Rest der Welt verbünden«. Sie müsse gegen Bilderverbote verstoßen, Leute vor den Kopf stoßen, Autoritäten schocken, gegen Anstandsregeln verstoßen, unangepaßt sein, stur sein, Querulant sein, unverständlich sein. Nur so könne sie »gegen den Anpassungsdruck unserer Kultur« vorgehen und eine »Komplizenschaft gegen das Konventionelle« errichten. Man sei es, sagte er den Kollegen, »unserer Gesellschaft einfach schuldig«.[5]

Wer nie die Gelegenheit hatte, in die intellektuellen Abgründe von Werbekreativen zu blicken, könnte zu der Ansicht gelangen, Herr Baginski habe leider das Schicksal so manches genialen wie deutschen Kopfes erlitten und im Dunkel geistiger Umnachtung sein trauriges Ende gefunden. Der Schein trügt. Der Franzose denkt ähnlich. Jacques Séguéla, »Werbe-Philosoph« in seinem Lande, rief die Kollegen auf, eine *Revolution zu starten*. Die Kreativen müßten, da zu viele Werbebotschaften verlorengingen, Ideen entwickeln, die »die ganze Welt in sich tragen«. Das italienische Werbegenie Oliviero Toscani ist es dagegen seinem Lande schuldig, mit Phantasie und Lebensart der Sache beizukommen. Er schimpfte die Werbung *ein lächelndes Aas*, nicht weil er sie verurteilte, sondern sie endlich auf der Höhe unserer Zeit wissen will. Sie sei ein Angebot an die Öffentlichkeit, sagte er. Sie sollte die Kunst der Straße, der Schmuck und das Kleid unserer Städte sein. Sie könnte phantasiereicher und provokanter Teil der Presse sein. Sie könnte alle Kategorien der Kreativität und Vorstellungskraft, der Dokumentation und Reportage, der Ironie und Provokation ausloten. Sie könnte zu verschiedensten Themen informieren, humanen Zielen dienen, Künstler präsentieren, große Entdeckungen vorstellen, das Publikum erziehen. Sie könnte nützlich und avantgardistisch sein.[6]

»Avantgardistisch«, wir merken uns das Wort; gleich wird es wiederkehren. Zuerst müssen wir uns aber dem englischen Kollegen zuwenden. Er steht in der Tradition der industriellen Revolution, der sein Land verpflichtet ist. Deshalb fordert John Hegarty, daß die Werbung, die *den entscheidenden Teil der Güter* ausmache, auch industriell gefertigt werde. Michael Schirner, erneut ein Deutscher und viele Jahre die Nummer 1 im Werbelande, hält's seiner Kulturnation entsprechend wieder lieber mit der Kunst. Die Werbung sei, wenn ich's euch sage, *die wahre Kunst unserer Tage*.

Da loben wir uns unsere Schweizer Freunde. Ihrem eingeborenen Sinn fürs Monetäre folgend, sind sie auf die historischen Verpflichtungen ihrer europäischen Nachbarn nicht angewiesen. Kein deutscher, dem Wahnsinn naher Genietraum ist vonnöten, keine französische Revolution, keine italienische Kreativität und auch keine englische Industrialisierung, wenn ein Eidgenosse sagt: »No business like show-business.«* Er weiß, mit *einer* Botschaft ist der Streuverlust viel zu groß. Man muß alles versprechen, darf nichts auslassen, jeder muß im Angebot etwas finden können, auf das er sofort reagiert: Schönheit, Lebensgefühl, Phantasie, Provokation, Mythos, Sinn – sogar Ökologie.[7] Ob und wie all diese Dinge miteinander zu tun haben, spielt keine Rolle. Wichtig ist, die Leute wachzurütteln. »Steh auf, kauf ein!«, lautet die Devise; beim Einkaufen kannst du was erleben. Showbusineß heißt: *Von der Produktequalität zur Erlebnisqualität*. Das Erlebnis betrifft die uns bewegenden Fragen: »Wie werden aus einfachen Produkten des täglichen Bedarfs heißbegehrte Kultprodukte? Wie sehen die Erlebniswelten übermorgen aus? Was sind die Folgen für Medienkonzepte, Marketing und PR-Strategien? Wie wird der Wandel vom Verbraucher zum emotionalen Erlebniskonsumenten vermarktet? Maßgebende Unternehmer und erfolgreiche Trendsetter präsentieren und diskutieren mit ihnen ihre Ideen. Lernen sie heute schon kennen, was übermorgen Realität sein wird – damit sie nach der Veranstaltung rechtzeitig ihre eigenen Träume umsetzen können! Eine Lern- und Genußtagung für die Avantgarde des Managements.«

Da haben wir sie: die Avantgarde, und mit ihr die Träume, die nun die Stoffe bilden. Das dadaistische Manifest, das surrealistische, das futuristische, das kommunistische gar? Sie alle gehören längst der Vergangenheit an. Das *konsumistische Manifest* (Cordt Schnibben) hat sie abgelöst und sich alles, was an brauchbaren Ideen und Methoden in ihnen enthalten war, zu eigen gemacht. Aus der avantgardistischen Revolution ging die moderne Kunst hervor; in der Werbung hat sie ihre legitime Nachfolgerin gefunden.

Die Werbung betreibt den kulturellen Ausverkauf? Aber bitte schön: was verkauft sie denn? Doch wohl, was die Leute gerne hören und sehen. Nicht die Oper, die uns heute viel zu lang ist, sondern die

* So der Titel eines Symposiums im Schweizer Gottlieb Duttweiler Institut für wirtschaftliche und soziale Studien aus dem Jahre 1993.

beliebte Arie daraus. Nicht die alte Platte, die keiner mehr hört, sondern das eine Lied, das damals ein Hit war und treffend das Lebensgefühl jener Jahre beschreibt. Nicht den Film, der unserem jetzigen Geschmack nach viel zuwenig Tempo hat und im Grunde unangemessen politisch ist, sondern die berühmte Szene, die sich wie eine Ikone erhalten hat. Außerdem sind die Künstler froh, von der Werbung beansprucht zu werden. Nirgendwo ist das *buy out* höher, nirgendwo kann ein Regisseur einen größeren Etat pro Filmminute verbraten. Die Werbung prägt die Kultur, nicht die Kultur die Werbung. Wie viele junge Künstler berufen sich auf Andy Warhol! Nicht wegen der Pop-art, sondern wegen der aus der Werbung kommenden Ästhetik. Warum sehen sich im TV die Programmbestandteile und der Werbeblock einander so ähnlich? Weil die Faszination der Werbung für den Film maßgeblich ist, nicht umgekehrt. Früher wurde der Beginn der Werbung mit einem eigenen Hinweis angezeigt; heute ist's andersrum: Wenn der Film weitergeht, bekommt der Zuschauer eine entsprechende Einblendung; sonst wüßte er nämlich gar nicht, wann die Werbung zu Ende ist, so sehr kopiert sie der Film.

Und überhaupt: Wenn wir schon sagen, die politische Revolution eroberte den Osten, die ästhetische den Westen, wer hat dann im Endeffekt gewonnen? Wurde das Ende des Kommunismus nicht in dem Moment eingeleitet, als die westlichen Medien den Bürgern in Osteuropa endlich vor Augen führen konnten, wie sie von ihren eigenen Regierungen hinters Licht geführt wurden? Die Menschen dort haben von sich aus gemerkt, wo das Paradies ist. Sie haben die Freiheit gesehen und wollten sie. Sie haben sie sich geholt. Das war nicht wie unter Reichspropagandaminister Joseph Goebbels, der die Produktion von »Volksempfängern« gefördert hatte, um mit Hilfe dieser Radios die öffentliche Meinung diktieren und gleichschalten zu können. Da gab es keine Propagandaschmiede. Die westlichen Medien sind frei. Sie richten sich nach dem Verbraucher. Sie zeigen, was er sehen möchte. Allein die Tatsache, daß sie im Osten dasselbe sehen wollten, zeigt, daß wahre Freiheit von Ideologien unabhängig ist. Und noch etwas: Heißt es nicht, Kunst müsse mehr leisten, als nur die Wirklichkeit abzubilden? Wer leistet das dann eher? Die hohe Kunst, die keiner mehr versteht und wo die Leute froh sind, wenn sie endlich wieder wegdürfen, oder unsere moderne Medienkultur, die ein Massenpublikum erreicht und an deren Spitze die Ästhetik der Werbung steht?

Nicht jeder ist mit diesem Tenor einverstanden. Cordt Schnibben beispielsweise, einer der besten Journalisten in Deutschland, rechnete 1992 im *Spiegel* vehement mit der Werbung ab. Er nannte sie die »fünfte Gewalt im Staate«. Einige Auszüge:

»Werbung prägt das ästhetische Empfinden und wirkt auf das gesellschaftliche Denken.«

»In den achtziger Jahren ist die Werbung aus dem Reklameghetto ausgebrochen, sie hat die Gesellschaft verändert – die Zeitschriften, das Fernsehen und den Rundfunk sowieso, aber auch das Buchgeschäft und das Kino.«

»Der Wirkungsverlust der Werbung ist die Ursache ihres gesellschaftlichen Triumphs: Bei der Verfolgung des fliehenden Konsumenten hat die Reklame im letzten Jahrzehnt immer neue Bereiche der Gesellschaft erobert. Sie bestimmt, welche Zeitschrift stirbt und welcher Fernsehsender überlebt; sie macht Sportarenen groß oder klein; ... sie macht Politik; sie sagt, was Glück ist; sie erfindet Sprache; sie verbraucht Sprache; sie macht Junge alt und Alte jung; ... sie macht Idole zu Werbefiguren und Künstler zu Propagandisten; sie ist gefräßig, unersättlich, dreist; sie ist vom geheimen Verführer zur öffentlichen Gewalt geworden.«

»Im schlechtesten Fall, der die Regel ist, sind die Kreativen diebische Sammler, die aus dem Sperrmüll der gesellschaftlichen Kommunikation Attrappen bauen.«

»Wer mit dem Funkspot wach wird, frühstückt, seine Tageszeitung liest, zur Arbeit fährt, im Job Radio hört, eine Zeitschrift liest und abends fernsieht, der nimmt jeden Abend 1200 Werbebotschaften mit ins Bett.«

»Wer im Monat 1200 Spots sieht, also 1200 30-Sekunden-Dramen, der fängt irgendwann an, auch von Büchern, Filmen und dem Leben dieses Rauschen der Reize zu fordern. Der wird selbst so, wie die Werbung ist: hastig, verbrauchend und vergeßlich.«

»Der Werbespot ist der konzentrierteste Ausdruck des Kapitalismus, der Werbeblock ist propagandistischer, als es das *Neue Deutschland* je war ... Über den Anteil des Werbespots am Untergang der DDR kann man nur spekulieren.«

»Nicht nur die hochwertigen Anzeigenblätter, alle Zeitungen und Zeitschriften sind von Werbung abhängig. Wie dick der *Spiegel* ist, wieviel Seiten das Feuilleton der *Zeit* hat, ob die *Wochenpost* überlebt, entscheiden die Mediapläne der Werber.«

»Das Leben soll die Werbung imitieren ...«

»Der Konsumismus, die letztlich triumphierende Ideologie dieses Jahrhunderts, siegt jeden Tag, weil er seine Untertanen immer aufs neue in der Schwebe zwischen Wunsch und Erfüllung zu halten versteht. Wer tatsächlich versucht, so zu leben, wie in der Werbung gelebt wird, landet irgendwann im Gefängnis oder im Irrenhaus oder wird Kommunist.«

»Wer den Kopf schüttelt darüber, daß es der Republik ... an politischer Führung mangelt, der übersieht, daß in den achtziger Jahren Politiker vorgerückt sind, die sich nicht als Veränderer, sondern als Verkäufer verstehen. Themen besetzen, Kampagnen fahren, Presse bearbeiten – der Öffentlichkeit politische Waren verkaufen ...«

Politik ist ein Markenartikel für die »Konsumenten von Demokratie ... nicht Produzenten«.[8]

3 Noch jede Megaphilosophie griff auf die Kunst zurück, um ihre Macht und Wahrheit unter Beweis zu stellen. Selbst die der Theologie, die wie sonst keine metaphysisch verankert war, wollte auf diese andere Metaphysik des Künstlers, die im Zweifelsfalle ohne Gott auskommt und trotzdem von einer transzendenten Welt zu künden weiß, nicht verzichten. Was wäre die Macht der Kirche ohne Kathedralen und liturgische Inszenierungen; was ohne die Maler und Bildhauer, die den Figuren und Ereignissen der alten und neuen Testamente zum Leben verhalfen; was ohne Lieder und Gesänge, was ohne Chöre und Choräle, was ohne ihre *musica sacra*; was wäre sie gar ohne ihre Psalmendichter und Epistelschreiber, ohne ihre Verfasser der Heiligen Schrift, der Weisheits- und Prophetenbücher, der Offenbarungen und Evangelien? Man kann die Texte als Wort Gottes lesen und ihre menschliche Urheberschaft darüber vergessen, so wie man den Dom, das Fresco oder das sakrale Orgelkonzert als Ausdruck der Größe, Schönheit und Vollkommenheit der göttlichen Schöpfung empfinden kann. Was aber, wenn einer nicht per se schon gläubig ist; wenn einer nur glaubt, was er sieht; wenn das, was Künstler sehbar und erlebbar machen, gar einer anderen Schöpfung diente? Es bliebe der Herrin nichts als ihre nackte Philosophie! Nein, ohne die Kunst kann keine Macht bestehen.

Auch die nachfolgende Megaphilosophie der Vernunft wollte durch sie in erster Linie beglaubigt werden. Sie bediente sich ihrer und ließ sich durch sie feiern. Sie brachte ihr eigenes Verständnis von Kunst ein und machte sich diese dienstbar. Sie brachte ihre eigenen Gattungen der Kunst hervor und beauftragte sie. Sie dokumentierte, sobald die von seiten der Kunst kommende Kritik zu laut wurde, wie tolerant sie doch sei, da sie die andere Meinung nicht verbiete. Das hieß die unter ihrer Ägide entstandene Freiheit der Kunst, diese als bürgerlich mißverstandene Freiheit des Künstlers in erster Linie: Meinungsfreiheit; die Freiheit der Kunst stellte in erster Linie eine Abwandlung des individualistischen Bürgerrechts auf Meinungsfreiheit dar. In dieser Eigenschaft stand die seit alters her aus eigenen Quellen gespeiste Wahrheit der Kunst der philosophisch, politisch und wissenschaftlich erklärten Wahrheit der Vernunft nie gleichberechtigt gegenüber. Sie war vielmehr zu einer, zwar mit künstlerischen Mitteln ausgedrückten, im Grunde aber persönlichen Ansicht degradiert, so gescheit oder blöde wie diese, im Vergleich zur objektiven Erkenntnis jedoch inkompetent und eigentlich nie realistisch.

Dabei hatte das angeblich unvernünftige, künstlerische Schaffen oft genug bewiesen, daß es die Wirklichkeit ebenso zu fassen weiß wie eine vermeintlich begründete Logik. Mehr als einmal stellte sich im nachhinein heraus, wie recht die »inspirierte« Wahrheit hatte. Der Herrschaft der Vernunft tat's keinen Abbruch; was ihren Bedingungen nicht genügte, ist noch in keinem Pantheon gelandet. Sicherlich betonte sie immer wieder, daß ihre Renegaten später häufig verehrt worden seien. Meint »später« aber Einsicht? Wohl eher die Patina des zwischenzeitlich zum Kulturgut gewordenen, nicht mehr das Tagesgeschehen betreffenden musealen Ereignisses. Die nachträgliche Rehabilitation nutzte dem Urheber gemeinhin wenig; umsonst ist der Tod, sagt man, und der war für die Mehrzahl der Künstler, deren Arbeit sich nicht glatt einfügte, im allgemeinen noch die erste Bedingung, um zu Ruhm und Ehre zu gelangen.

Dennoch darf nicht übersehen werden, daß Kunst und Kultur das Biotop bilden, aus dem die Wirklichkeit von morgen erwächst. »In der Kultur werden die Wünsche und Leitbilder geformt oder zumindest sichtbar, die meist sehr bald darauf in der Politik, in der Wirtschaft, in der Mode, in der Lebensgestaltung einer Gesellschaft maßgeblich sind.«[9] Schon deshalb ist die herkömmlich gleichrangige Aufteilung der Gesellschaft in Religion, Politik, Wirtschaft und Kultur kaum richtig. Erstere sind der Reihe nach die megaphilosophischen Herrinnen, während letztere nie zur Macht kam und doch nie gänzlich außerhalb von ihr stand. Durchaus ambivalent ist diese Geschichte von Geist und Macht. Beide sind gleichermaßen voneinander getrennt wie ineinander verwoben. Tatsächlich war die Kunst nie nur ohnmächtig, war der Künstler schon immer derjenige, den die Mächtigen nicht nur unterwarfen, sondern auch hofierten. Manch einer nahm es willig an, ließ sich benutzen wie er benutzte. Der Künstler ist es, der die Lebenswelten und Hierarchien passieren darf, ohne sich damit zu verraten. Er darf, das Klischee sagt es, den Abend in den finstersten Spelunken mit den leichtesten Mädchen verbringen und am nächsten Morgen dennoch beim König vorsprechen. Nicht zuletzt wegen dieser Freiheit der Konvention ist er erwählt, legitimer Herrscher der Gegenmacht zu sein, ist die Kunst erwählt, Widerstand gegen das Herrschende zu leisten. Sie verkörpert im selben Maße einen Gegenentwurf zur Politik, wie der Künstler eine andere, die freiere *polis* verkörpert: mit Phantasie gegen die Macht. Alle Macht der Phantasie.

Gerade hier lag die eigentliche und für beide Seiten bedrohliche Gefahr verborgen, die jene mit der Megaphilosophie der Vernunft entstandene Aufspaltung von objektiver und künstlerischer Weltsicht mit sich brachte. Nicht, daß der Künstler hin und wieder Tabus mißachtet, ist bedenklich. Weder ist eine Definitionsmacht je durch Missetaten ausgehöhlt worden; noch kann, wer seine Freiheit als Künstler oder Mensch nur im verbotenen beschränkt fühlt und deshalb danach trachtet, es zu übertreten, am Ende viel von ihr dazugewinnen. Nein, daß der Künstler einer anderen Wahrheit folgt, ist bedenklich. Erst wo Gedanken abseits gelernter Urteile, wo Kunst fernab harmloser Anerkennung entstehen, ist geistige und künstlerische Freiheit am Walten. Sie, die sich nicht scheut zu hinterfragen, was lieber fraglos bliebe, ist riskant und in jeder Hinsicht aufbrechend. Doch, wie gesagt, für beide Seiten. Riskant ist sie auch für den Mutigen, der bereit ist, seiner inneren Stimme zu folgen. Er kann auf seinem anderen Weg zwar zum Entdecker und gefeiert werden; ehe es aber so weit ist, kann er sich ebenso irren, verlaufen und auf ihm verlorengehen. Er kann, wo er verfehlt, zum Beweis dessen und zur Bestätigung derjenigen werden, deren Wahrheit er in Abrede stellen wollte. Er verläßt, sobald er den eigenen Weg beschreitet, den gültigen Konsens und steht damit außerhalb von ihm.

Dies zu ignorieren darf sich keine Megaphilosophie erlauben. Sie muß, selbst wenn kein Bereich der gesellschaftlichen Wirklichkeit schwieriger auszuloten ist als der des künstlerischen Schaffens, dieses im Auge behalten. Selbst wenn die Frage, wo Kunst beginne und wo sie ende, kaum beantwortbar ist; selbst wenn sie wie das Überflüssigste behandelt wird (sie ist meist das erste, worauf einer verzichtet, wenn er Verzicht leisten muß, und das letzte, dem er sich widmet, wenn er alles hat); selbst wenn sich bald jeder in Sachen Kunst für kompetent hält und der Fachmann es auch wieder nicht ist: An ihr kommt keine Macht vorbei. Sie ist, obwohl eine Erfindung der Neuzeit, das Zuvorderste, das wir beachten, um unsere Gattung zu erkennen. Sie ist, obwohl das künstlerische Interesse am Einmaligen dem politischen Interesse am Kollektiven kraß widerspricht, für jede Megaphilosophie gerade darin unverzichtbar. Sie ist das, was den Menschen krönt; ist Öffnung des Geistes und dessen Geschenk. Sie ist das an ihm Unvergänglichste und irdisches Maß seiner Unsterblichkeit. Sie ist nicht identisch mit Kultur, und doch kann ebensowenig eine Sozialität ohne Kultur wie eine Kultur ohne die Kunst existieren.

Berücksichtigen wir diese gesellschaftliche Seite der seit mehr als 20 000 Jahren sich ausdrückenden Phantasie, muß Lenins Aufruf an die Künstler, sich der Parteikontrolle zu unterstellen, als grandiose Verkennung ihrer Einflußmöglichkeiten wie als Exempel sozialistischen Größenwahns interpretiert werden. Es war eine Idiotie zu glauben, die Künstler hätten keine Wahl, nachdem die Partei als Statthalterin einer für alle Bereiche zuständigen Vernunft besser als sie die Freiheit erwirke. Ihr voraus ging jedoch schon eine andere, in Georg W. F. Hegels Philosophie angelegte Vermessenheit, derzufolge er meinte, mit seiner generalisierenden Vernunft das Schöpferische umfassen zu können. Gewiß, für ihn war die Ästhetik Herzstück und Beweis seiner Ideenlehre; mit ihm wurde sie anerkannte philosophische Disziplin. Von welcher Ästhetik sprechen wir hier aber? Von einer Virtuosität des künstlerischen Schaffens, die handwerkliches und inspiriertes Können in ein Opus verwandelt, hinter das der Künstler zurücktritt, das aus sich selbst heraus spricht? Von einer Kompositionslehre, wie sie die poetisch-rhetorische Kulturtheorie hervorbrachte? Vom Kunstwerk als der Schöpfung, die den dreifachen Ausdruck fand: einen persönlichen, einen das Denken und Fühlen einer Zeit in sich verdichtenden und einen künstlerischen? Weit gefehlt!

Hegel weiß nichts von der Kunst, und wie Lenin ist ihm die Wahrheit des Künstlers kein Gedanke wert. Das einzige, was ihn an der Sache interessiert, ist ihre Wirkung, ist ihre Fähigkeit zu wirken, ist das künstlerische Wirken als Produkt des Geistes, ist der Ewigkeitswert, den ein Kunstwerk hat und den er seiner Philosophie einverleiben will. Es ist ein rein instrumentelles, nie poetisches Verhältnis, das er zu Kunst und Ästhetik hat. Darum ist es ihm auch kein Anliegen, bei der Abfassung seiner Philosophie etwas von dem anzuwenden, was er zu achten vorgibt. Gut schreiben, Gedanken meistern, damit der Leser meisterlich gefaßte Gedanken bekomme, dem Inhalt Form verleihe? Was sind das für Ansprüche? Zur gehörigen Form hätte er noch ein Jahr gebraucht, sagte der Denker, als man ihm vorwarf, seine Arbeit sei so schwer verständlich, daß sie kaum lesbar sei, und ergänzte lapidar: Er brauche halt Geld, um zu leben. Er, der seine Kollegen sofort als »Heerführer aller Seichtigkeit« schelten mochte, der von »Gefühlstheologie« sprach und einen »Brei des Herzens« nannte, was nicht seiner kristallinen Vorstellung von Vernunft entsprach, entbehrte selbst jedweden Sinns für Form, Gefühl und Herzensdinge, ohne die nicht nur die Poetik mißlingt, sondern auch die Philosophie verarmt.

Hegel weiß nichts von der jedem Künstler abverlangten Anforderung an Talent und Übung. Er weiß nichts vom einigenden Band, das die Produkte des Schöpferischen über Weltanschauungen hinweg knüpfen können; weiß nichts vom *common sense* der Kunst, obwohl gerade er seinen politischen Intentionen Anliegen war. Er macht keinen Unterschied zwischen ein Kunstwerk schaffen und das Geschaffene interpretieren; es erfahren heißt für ihn bewerten. Wodurch sich der Künstler vom *art director* abhebt, hätte er mit seiner Philosophie nie erklären können. Seine Ästhetik der Wirkung ist bar jedes Verstands für den Prozeß der Schöpfung. Daß die Kunst ihre *eigenen Formen der Entwicklung* verfolgt, sich diese nicht *geradlinig* und *zielbewußt*, sondern in einem *fortwährenden Ringen gegensätzlicher Kräfte* entfalten; daß in diesem Kampf immer erst *die Nachgeborenen entscheiden können, ob es ein Sieg war* (Stefan Zweig), all das blieb seiner Philosophie verborgen.[10] Er sieht nur das Resultat künstlerischen Schaffens, unterwirft dies Resultat der Vorstellung des Rezipienten und hält sich darin noch für vernünftig. Georg W. F. Hegels Philosophie der Ästhetik ist Ausgangspunkt all der Urteile und Kommentare, die sich heute Besucher von Vernissagen erlauben können abzugeben. Sie bildet die Voraussetzung für die heutige Werbeästhetik, die nur noch auf die Wirkung zielt. Sie ist Ursprung der unter der Megaphilosophie der Vernunft entstandenen Paradoxie, derzufolge die Kunst zwar das Sinnbild vorweggenommener Freiheit sein soll, sie unter dem Diktat der Vernunft ihres Potentials von Freiheit aber schon im Keim beraubt ist.

Was bei Hegel verquer war, blieb bis zuletzt im argen. Der im Bruch angelegte und durch die nachfolgenden Ereignisse vielfach vollzogene Verrat an der Kunst konnte weder in der bürgerlichen noch in der sozialistischen Welt je getilgt werden. 200 Jahre lang schien es, als habe die Kunst den Zugang zur politischen Wirklichkeit von neuem gefunden. Aber ob sie in der Romantik an die Stelle der Politik trat, im Realismus deren Ungenügen dokumentierte, sich mit dem Dadaismus von ihr distanzierte oder nach dem Zweiten Weltkrieg im Rahmen eines kulturellen Gesamtentwurfs eine neue Politik versuchte; wenn es darauf ankam, blieb sie von dem, was herrschend wurde, stets abgeschnitten. Mehr als die Rolle einer Impulsgeberin war ihr selten gewährt. Sie blieb, so skandalös sie sich auch zu betragen sann, ins Feuilleton verbannt. Als Mitte des 20. Jahrhunderts die Politik völlig dem Wahnsinn verfiel, war nicht nur hier wie dort jede künstlerische Freiheit zunichte; ihr widerfuhr gar das Schlimmste, was der Kunst widerfahren konnte: Man stellte den Verrat an ihr zur Schau. »So steht es um die Ästhetisierung der Politik, welche der Faschismus betreibt«, schrieb Walter Benjamin. »Der Kommunismus antwortet ihm mit der Politisierung der Kunst.«[11]

Am Ende der siebziger Jahre löste sich die seit der Aufklärung ambivalente Koalition von Poetik und Politik auf, die Vernunftkritik wurde *en vogue*, ein neues Verständnis von Kunst und künstlerischem Schaffen bildete sich aus und gestaltet seither unter der Megaphilosophie des Ökonomischen die Wirklichkeit mit. Seither ist, um mit Terry Eagleton, einem Professor aus Oxford, zu sprechen, das Ästhetische von den Wirren der politischen Emanzipation ferngehalten. Seither sind, wenngleich auf andere Weise, die Meinungen neuerlich gespalten. Die einen sehen in der Kunst wie ehedem die subversive Kraft, die mit den Mitteln des Skandals die andere Politik zum Ausdruck bringt; sie übersehen, daß dies Mittel manchem schon genügt, um sein Tun als Kunst zu bezeichnen. Andere haben in ihr das Schmieröl entdeckt, das für einen reibungslosen Ablauf einer mit Träumen, Phantasien und Entertainment gewürzten Realität nötig ist; sie können sich gar nicht vorstellen, daß diese Realität irgendwann vielleicht doch stärker als ihr Unterhaltungswert sein könnte. Dazwischen stehen jene, die den Wandel beobachten; sie stellen den Verlust des einen und das Aufkommen des anderen fest, sie bedauern vielleicht theoretisch ersteres, konsumieren vielleicht praktisch letzteres und fragen sich, was denn heute Kunst sei.

Beispielhaft hierfür ein kleiner Dialog aus den späten achtziger Jahren. Lothar Späth, damals industrienaher deutscher Politiker, meinte, die Kunst könnte in Zukunft das lebenswichtige Scharnier bilden zwischen den nackten Funktionsbereichen und den essentiellen emotionalen Bedürfnissen des Menschen. Robert Leicht, damals Chef der *Zeit*, meinte dagegen, die Kultur könnte auch zum Widerstandspotential gegen die g'schaffige Erwerbswelt werden und so mit Politik und Macht in einem durchaus explosiven Sinne mehr zu tun haben, als es im Kulturoptimismus des kulturverliebten Technokraten vorgesehen sei. Er konterte mit dem Soziologen Schelsky, der gesagt habe, bei aller Aufgeschlossenheit junger Menschen gegenüber der modernen Kunst sei unverkennbar, daß sie den Ursprung dieser Kunst, das Revolutionäre, den geistig-künstlerischen Ausbruch, das Zerstörerische und Experimentelle neuer Normsetzung und -findung, nicht mehr spürten.[12]

Was ist sie nun, die Kunst? Eine moderne und gut gemachte Unterhaltungsindustrie, die vielen Künstlern heute ein Auskommen ermöglicht, während sie ehedem auf die Gunst der Herrscher und Mäzene angewiesen waren oder verarmten? Doch noch diese Revolte, die sich im Gewande der Ästhetik an die Politik heranmacht? Oder gar beides und noch mehr, so wie sich hinter einer »Schauspielerin« eine ernste Künstlerin, eine Darstellerin einschlägiger TV-Rollen, ein *character*, ein sprechendes Model oder das oft traurige Schicksal eines jungen »Ich-will-zum-Film«-Mädchens verbergen kann? Was auch immer es sei; sicher ist, daß unter der Megaphilosophie des Ökonomischen die der Kunst gegebenenfalls innewohnende subversive Kraft, gleichgültig ob sie noch »gespürt« wird, keineswegs mehr bekämpft, sondern geradezu erwünscht ist. Seid so subversiv, wie ihr sein könnt!, lautet die Devise. Wir lieben eure Ideen, wir brauchen euren Haß auf das Bestehende, wir wüßten ohne eure Sensibilität gar nicht, was wir morgen tun sollten! Seid explosiv! So explosiv wie der Zauber der Feuerwerke, wie die Action der Pyrotechniker des Kinofilms, wie die Ästhetik des Kriegs.

Sehen wir uns die Geschichte genauer an. Sehen wir uns an, wie sich die Aufspaltung von Vernunft und Phantasie entwickelte. Sehen wir uns an, wie im Bruch von Ethik und Ästhetik sich diese immer mehr durchsetzte und die Kunst in die gesellschaftliche Realität eindrang, ohne daß die Wahrheit, die ihr innewohnte, noch gekannt wäre.

4 Was ist die Schwäche der Linken? Sie bleibt verfangen im Logisch-Rationalen und Begrifflich-Verbalen, ist nur analysierend, kontrollierend, zielgerichtet, organisierend und an die Zeit gefesselt. Die Rechte ist demgegenüber intuitiv und phantasievoll, ist bildhaft, räumlich, regelfrei und kreativ, ist symbolisch, metaphorisch, ganzheitlich und floatend, ist herrlich »unvernünftig« und zeitlich ungebunden. – Nicht von Politik ist hier die Rede, sondern von den Gehirnhälften. Physiologisch bestätigt wurde, was der Zeitgeist in den Achtzigern forderte: Intuitives statt des Analytischen, ganzheitlich Simultanes statt des linear Sukzessiven, frei Floatendes statt des Zielgerichteten ... Kreativität statt Rationalität. Beliebig verlängerbar wäre die Liste der Ansprüche, die eine sich etablierende Gegenaufklärung erhob; beliebig verlängerbar ist die Liste der Erfolgsphilosophien, die in jenen Jahren aufkamen.

Es war die Zeit Fritjof Capras und seiner Kritik am Cartesianismus, der die Kultur des Abendlands verleitet habe, *sich eher mit dem rationalen Verstand als mit dem ganzen Organismus zu identifizieren*: »Indem wir uns allein auf unseren Verstand verlassen, haben wir vergessen, wie wir mit unserem ganzen Körper zu ›denken‹ vermögen und wie wir ihn als Vermittler von Wissen nutzen können. So haben wir ... vergessen, wie wir mit einer Vielfalt von Organismen kommunizieren und kooperieren können.«[13] Es war die Zeit des *new age* und einer beginnenden Esoterikwelle, der Archäologie des Denkens und der untergegangenen Kulturen, der Naturvölker und einer ihre Sicht der Welt erforschenden Ethnologie. Es war die Zeit, in der die negativen Auswirkungen der zivilisatorischen Rationalität mit einer wissenschaftlichen und technokratischen Selbstüberschätzung assoziiert wurden und sich Rationalitäts- und Methodenkritisches mit allerlei Ganzheitlichem verband. Es war eine Zeit, in der man den Körper und die Phantasie zu den letzten Refugien vor einer alles vereinnahmenden Vernunft erklärte und ihr partriarchalisches Muster mit einer weiblichen Logik konfrontierte. Es waren die Jahre zeitlich ungebundener Philosophien, der Philosophien des Vergangenen und Zukünftigen, des Über- und Unterweltlichen, des Irrationalen und Transzendentalen, des Psychologischen und Parapsychologischen, des *coachings* und *rebirthings*, einer neuen, einer anderen Religiosität und nicht zuletzt der Philosophien, die recht zu haben beanspruchten, weil sie nichts mehr von dem vertraten, was zuvor als gültig angesehen war. »Öffentliche Vernunft und privater Aberglaube« nannte es Ulrich Greiner.

Bei aller Absurdität, die jenen Moden oft anhaftete, verbarg sich in ihnen ein durchaus nachvollziehbarer Grund. In der Melancholie, die das durch ein Übermaß an rationaler Geordnetheit eingeengte Leben in der Industriegesellschaft zunehmend mit sich bringt, sind die vernunftfernen Quellen der Erfahrung wie Liebe, Religion und Natur immer schwerer zugänglich. »Links hin, rechts her«, schrieb Dietmar Gottschall, noch mal die Gehirnhälften meinend: »... der Mythos von der Heilkraft der Intuition, die anstelle des Intellekts das Chaos ordnet, ist die verständliche Gegenreaktion auf die Überbetonung der Rationalität.«[14] Er hätte auch sagen können: Links hin, rechts her, die Intuition trat auf den Spielplan, sobald die Rationalität delegierbar wurde. Auffällig ist nämlich, daß der Kult ums Irrationale in dem Moment begann, als das Rationale der elektronischen Intelligenz überantwortet werden konnte. Seither dürfen wir uns wieder für menschlich halten, menschlich wie die Sachbearbeiterin in der Behörde: Natürlich verstehe sie das Problem, doch könne sie beim besten Willen nichts machen, denn im Computer stehe es so geschrieben.

Es ist eine klare Arbeitsteilung. Die Maschinen des binären Codes sind zuständig für alles, was sie besser können als wir: rechnen, logisch sein, mathematisch darstellbare Sachverhalte analysieren, kausale Prozesse auf Ursachen zurückführen, Informationen be- und verarbeiten, sich was merken, unzählige Daten flugs checken und vergleichen, Experten bei der Entlastung und Erweiterung ihres fachlichen Gedächtnisses helfen, die Synergie von rational, rationell und rationalisierend bewältigen ...; kurz und gut: die Automatisierung und Rationalisierung menschlicher Denkvorgänge und darin eben auch der menschlichen Arbeit bewerkstelligen. Wir dagegen sind für alles zuständig, was selbst die größten Rechner nicht leisten: assoziatives Denken, intuitives Begreifen, visuelles Erfassen, interdependentes Verstehen, simultanes Verarbeiten, emotionales Spüren, vorwegnehmendes Erfahren, phantasievolles Kombinieren, künstlerisches Schaffen – kurzum (was allein schon durch die mögliche Umkehrung von Sache und Tat augenscheinlich wird*): das Kreative.

Spätestens seit das von Japan, später den USA gestartete Programm zur Entwicklung »Künstlicher Intelligenz« an der Frage scheiterte, was eigentlich genau menschliche Intelligenz sei, wissen wir, die wahre Genialität sitzt all unserer Schwächen zum Trotz immer noch bei uns. Wie der Computerwissenschaftler Emerson Pugh sagte: Wenn das Hirn so einfach wäre, daß wir es verstehen könnten, wären wir so einfach, daß wir es nicht könnten. So mag das Projekt einer *Artificial Intelligence* als einer Synthese von Rationalität und Irrationalität zwar mißlungen sein, im Endeffekt war es dennoch ein doppelter Sieg. Erstens haben wir die Berechnung der Welt ja nicht aufgegeben, sondern lediglich an die Technik delegiert, wobei ihre Weiterentwicklung mittlerweile schon grandioses Resultat dieses Delegierens ist. Und zweitens können wir uns nun gänzlich auf unsere Kreativität konzentrieren; wir können uns der psychologischen Seite der Vernunft und des von ihr Unterdrückten, unseren Gefühlen und endlich der Effizienzsteigerung unserer Intuitionen zuwenden. Was wir lange wünschten, wurde endlich möglich: Wir können gnadenlos kreativ sein.** Halt! Was wir wünschten, war vielleicht, schöpferisch und phantasievoll zu sein. Die Wörter *kreativ* und *Kreativität* tauchen aber erst (Wen wundert's noch?) am Ende der siebziger Jahre auf. Bis dahin war aus der Wortfamilie nur die »Kreatur«, vornehmlich die arme, und die »Kreation« des Modehauses bekannt; jene kam aus dem Lateinischen, diese aus Frankreich.

Wenn Begriffe ersetzt werden, meinen die neuen nie genau dasselbe. Die Geschichte zur Bezeichnung schöpferischen Tuns legt davon Zeugnis ab. Schon als sich zur Zeit des Barock im 17. Jahrhun-

* assoziatives Denken / Assoziatives denken, intuitives Begreifen / Intuitives begreifen, visuelles Erfassen / Visuelles erfassen, interdependentes Verstehen / Interdependentes verstehen, simultanes Verarbeiten / Simultanes verarbeiten, emotionales Spüren / Emotionales spüren, vorwegnehmendes Erfahren / Vorwegnehmendes erfahren, phantasievolles Kombinieren / Phantasievolles kombinieren, künstlerisches Schaffen / Künstlerisches schaffen.

** In diesem Tenor wurde in den achtziger Jahren meist auch der Personalcomputer und seine Zukunft im Dienste schöpferischer Individualität kommuniziert: Funktion – *knowledge navigator*; Verwendung – *multitasking*; Software – nicht sequentielles Schreiben; Nutzen – intuitiver und kreativer arbeiten.

dert der Blick vom Leben nach dem Tode auf das Diesseits richtete: moderne Naturwissenschaft und wissenschaftliche Medizin begannen, Handel und Geldwesen sich etablierten, in der Philosophie mit René Descartes, Blaise Pascal und Thomas Hobbes der Rationalismus, mit Francis Bacon der Empirismus Einzug hielten, sich die Musik vom Sakralen löste, die Kunstform des Romans entwickelte und das Theater zur Blüte kam, konnte die alte *imaginatio* dem neuen Verständnis menschlichen Vorstellungsvermögens nicht mehr genügen. Man übersetzte den lateinischen Ausdruck, der in der Poetik ein Hilfsmittel zur Darstellung konkret nicht vorhandener Gegenstände, in der Rhetorik ein Stilmittel der Publikumsgewinnung bezeichnet hatte,* und nannte diese an der Welt nun interessierte Erfindungsgabe *Einbildungskraft*.

Gut 100 Jahre später setzte die Aufklärung und mit ihr die bekannte Trennung von künstlerischer und wissenschaftlicher Wahrheit ein. Da auch der vernunftbestrebte Philosoph und Forscher nicht nur von der vorfindbaren Realität spricht und deshalb nicht anders kann, als sich ab und an was auszudenken, konnte die »Einbildungskraft« den Unterschied zur dichterischen Imagination kaum hinreichend benennen. So trat in der zweiten Hälfte des 18. Jahrhunderts das aus dem Griechischen kommende Wort *Phantasie* an deren Stelle und leistete, da es seinem Ursprung nach das »Scheinende«, das »Scheinbare« bezeichnet, treffend die erforderliche Abgrenzung gegenüber der Wirklichkeit: Der Wissenschaftler arbeitet mit Ideen, später auch Hypothesen genannt, die wie im Schachspiel den Stellenwert eines *status*, einer Eröffnung innehaben und der Rationalität nicht widerstreben, sondern ihr vorausgehen. Der Künstler dagegen bedient sich der »Phantasie« und kann darum kaum realistisch genannt werden.**

Die gegen Ende der siebziger Jahre einsetzende Gegenaufklärung und mit ihr die Feier des Irrealen konnte mit einem solch defizitären

* Der Redner versuchte, um das Publikum für seine Sache einnehmen zu können, mit Hilfe der *imaginatio* ein »realistisches« und affekterregendes Szenario zu schaffen.

** Wie sehr dem Begriff *Phantasie* schon der Unterschied zur wirklichen Welt einverleibt ist, macht die Wortfamilie deutlich. Der *Phantast* ist ein Träumer und Schwärmer, *phantasieren* heißt, in Fieberträumen sprechen, irrereden, das *Phantasma* ist ein Trugbild, das *Phantom* eine unwirkliche Person, das *Phänomen* eine Erscheinung, und selbst *phantastisch* bzw. *phänomenal* sind als Eigenschaften, die das Maß des Herkömmlichen übersteigen, nicht von dieser Welt.

Entwurf menschlicher Erfindungsgabe naheliegenderweise wieder nicht einverstanden sein. Das Wort änderte sich neuerlich, kam aus dem englischen, genauer aus dem amerikanischen Sprachgebrauch und hieß jetzt *Kreativität*. Ihr kann nicht mehr wie der Phantasie vorgeworfen werden, ihr fehle es an Realitätsbezug; im Gegenteil: ohne sie ist die Realität gar nicht mehr zu meistern, ohne Kreativität geht nichts mehr. Sie ist die Nachfolgerin der alten Genialität; kreativ ist das *genialische Ideen-Feuerwerk*.[15] Natürlich wissen wir, daß mit ihm allein nichts zu gewinnen ist. Schon jeder Sportler weiß, daß ihm das pure Agieren aus dem Bauch heraus kaum den Sieg bescheren wird; jeder Billardspieler ist gleichermaßen auf seine logisch-analytische linke und seine bildhaft-räumliche rechte Gehirnhälfte angewiesen, will er die Kugel dorthin bewegen, wohin sie soll. Seit jeher ist die Phantasie auf den Sachverstand angewiesen, so wie umgekehrt der Sachverstand bei der Bewältigung komplexer Probleme der Phantasie bedarf. Dies gilt um so mehr für die eigentlich schöpferischen Tätigkeiten: Wer sich hinsetzt, um zu schreiben, und auf die Inspiration wartet; wer zu Leinwand, Pinsel, Spachtel, Farbe greift, ohne etwas von Material und Technik, von Licht und Form zu verstehen; wer das Musikinstrument zur Hand nimmt, ohne zu wissen, wie man ihm Harmonien entlockt, wird kaum befriedigende Resultate erzielen. »Nicht die freie und beliebige subjektive Zutat verwandelt den gewöhnlichen Herstellungsvorgang in einen kreativen Prozeß, sondern die disziplinierte Unterwerfung unter die Sache.«[16] Bloß will keiner mehr schreiben, malen, Musik machen; zumindest nicht konkret. Wenn da einer ist, der's will, kann man ihm sagen, wie er es besser machen könnte; oder man sagt ihm gleich, was er machen soll. Mit der Ausführung aber, mit einem Handwerk gar, hat die Kreativität genuin nichts zu tun. Ihre erste Aufgabe liegt nicht darin, schöpferisch zu gestalten, sondern schöpferisch zu denken.

Die Idee, nicht die Umsetzung, gilt als kreativ. Kreativ sein heißt: eine bessere Idee haben. Kreative Ideen sind immer besser, sie sind konzeptionell. Konzeptionelle Ideen sind ungeachtet ihrer Realisation kreativ; darum kann kreativ auch sein, wer nichts realisiert. Die Kreativität ist sich selbst Inhalt. Ihr genügt, das rationale Denken zu überwinden. Sie verspricht, die Phantasie aus dieser kontrollierenden Vernunft zu befreien, den Kerker disziplinierten Denkens zu sprengen, den Strom vernetzten Denkens intuitiv zu überfliegen, die Zukunft »gefühlsmäßig« zu schauen und Visionen mit Träumen zu wecken. Nicht umsonst leitete Rolf Berth seinen Ratgeber »Visionäres Management« mit einem Zitat von Antoine de Saint-Exupéry ein: »Willst du ein Schiff bauen, so rufe nicht Männer zusammen, um Holz zu beschaffen und Werkzeuge vorzubereiten, sondern lehre sie die Sehnsucht nach dem weiten, endlosen Meer!«[17] Darum geht es. Darum kann sich keiner mehr Künstler nennen (nichts anderes ist der Visionär heute), der nur sein Holz und Werkzeug kennt. Wer sich darauf verläßt, ist Handwerker; er ist der, der die Ideen umsetzt. Künstler ist dagegen, wer sie hat. Das macht ihn überhaupt erst zu einem solchen; erst die Kreativität kreiert ihn. Deshalb kann er auch in jedem Beruf zu Hause sein. Er kann Manager sein. In dessen Jobprofil ist die Forderung nach Kreativität längst verankert. Wer glaubt, er könne seine Aufgabe noch mit den Mitteln der Rationalität bewältigen, kann seinen Hut nehmen. Er hat nicht bemerkt, daß sie der Zweckrationalität entwachsen ist; er ist ihr nicht mehr gewachsen. Inzwischen gehört zum wirtschaftlichen Handeln mehr als wirtschaftlich zu handeln. Deutlich wird es in der Einladung zum *kreativ-dynamischen* Management-Workshop: Das Heute werde vom morgigen Blickpunkt aus betrachtet werden. Die Teilnehmer würden nicht mehr befragt, sondern mit non-verbalen Techniken dazu gebracht, ihre Welt fundamental und ganzheitlich neu zu kreieren. Sie würden von Moderatoren, die sich auf neueste Erkenntnisse aus der Psychotherapie stützten, in ihrer Eigenkreativität so weit wie möglich gefördert, damit sie über ihre extremsten Phantasien die tiefsten Wünsche für das Heute und ein neues Morgen erführen.

5 Manager sind nicht zu beneiden: Sie sollen kreativ sein, sollen ihre kreativen Einfälle erklären, müssen sie, sobald etwas schiefläuft, legitimieren, sollen dabei auch noch ihre Pflicht tun; der Künstler aber ist der Chef. Er darf aus dem Bauch entscheiden, darf in seinen unternehmerischen Entscheidungen persönlichen, geschmäcklerischen, privaten Motiven folgen (was beim Manager sofort als unprofessionell gelten würde), muß sie nicht begründen und darf auch noch stolz darauf sein. Nur 6,4 Prozent der befragten mittelständischen Unternehmer gaben an, ihre betrieblichen Entscheidungen von rational-ökonomischen Motiven abhängig zu machen. 20 Prozent sagten, sie seien in erster Linie von gesundheitlichen

Überlegungen geleitet, 18 Prozent nannten als wichtigstes Investitionskriterium das Nachfolgeproblem und 8 Prozent erklärten gar, ihre Ehesituation sei für die unternehmerischen Entschlüsse vorrangig relevant. »Mittelständische Unternehmer entscheiden meist nach Gefühl«, überschrieb Eberhard Hamer seine Studie[18]; natürlich ist es auch bei Vertragsabschlüssen die erste Instanz; Sympathie und Antipathie, Vertrauen und persönlicher Nutzen geben den Ausschlag. Hamers Resümee: »Die Unternehmerperson ist für die Entwicklung der mittelständischen Betriebe wichtiger als alle anderen Betriebsfaktoren.«

Was den Kleinen recht ist, ist den Großen billig. Erfolgreiches Unternehmertum sei nicht nur ein *rationales Geschäft*, schrieb auch Theo Werdin. Er sah sich um, las in der *Financial Times*, erfolgreiche Geschäftsstrategien stünden selten im voraus fest; las in einer Untersuchung der *London Business School*, Unternehmungen erlangten nur durch Flair und Inspiration wirkliches Format, und schlußfolgerte: Die Zukunft könne ganz anders aussehen, als es Prognosen darstellen. »Wird sie dann plötzlich Gegenwart, kommt es darauf an, daß man sie ergreift und sein Potential nutzt ... Man muß gerechterweise sagen, daß unternehmerische Aktivität stets ziemlich unabhängig war von prognostizierten guten und schlechten Zeiten. Tatkraft, Initiative und Phantasie überwiegen taktisches Kalkül.«[19]

Das heimliche Lob wird durch einschlägige Selbstbilder bestätigt. Vor allem seit die Produktion als oberste unternehmerische Instanz vom Marketing abgelöst wurde. Von Gespür und Intuition sprechen jetzt Industriemagnaten, Wirtschaftsbosse, Topmanager und Unternehmer, wenn sie ihren eigenen Erfolg erklären wollen. Sie bestehen darauf, ihre Fähigkeiten als nicht erlern- und schwer definierbar auszuweisen.[20] Daß nur einer das Sagen haben könne, gehört selbstverständlich dazu. Bei Firmengründern ist diese genialische Einstellung häufig anzutreffen. Entscheidungen oder gar Veränderungen, die nicht von ihnen kommen, mögen sie ungern akzeptieren. Des Gespürs Kehrseite: Wenn es nicht muß, will es von rationalen Argumenten nichts wissen.*

* Von der Moral auch immer seltener. Wie Uwe Jean Heuser in seiner Rezension zu Hansens Buch, bezeichnenderweise mit dem Titel »Der Chef als Künstler. Wie Unternehmer sich selbst sehen« (*Die Zeit*, 20. März 1992) bemerkte, kommt in den Selbstbildnissen, Heuser spricht von »Selbstmißverständnissen«, der befragten Unternehmer die Moral nicht mehr vor. Da sie als verlogen angesehen werde,

Da kommt das Bild des Unternehmers dem Künstler schon verdächtig nahe, zumal sich die Differenz auf beiden Seiten zunehmend auflöst. Schauspieler und Regisseure als Produzenten, der Popstar als Chef einer Crew, die dem mittelständischen Betrieb in nichts nachsteht, und deren Produkte stellen eine Industrie mit weltweiter Distribution dar, deren Umsätze mit den besten Unternehmen mithalten können. Der Künstler ist Unternehmer geworden und der Unternehmer Künstler. Er und nicht der Manager ist der schöpferisch tätige Mensch, der neue Realitäten schafft. Er ist derjenige, der eine Vision hat: eine Vorstellung von der Welt und ihrer Zukunft; eine Vorstellung von den Menschen und dem, was sie ersehnen; eine Vorstellung von der politischen Ordnung und ihrer Gestaltung. Er ist der, der die geistige Leistung des konzeptionellen Denkens an den Tag legt und sich seines Teams bedient, um sie in die Tat umzusetzen. Er ist der, der seine Sicht der Welt in seinem Werk zum Ausdruck bringt. Er ist der, dessen Philosophie in den Produkten sichtbar wird. Er ist der, der etwas produziert. Er ist der, der sich selbst beauftragt. Er ist der wahrhaft Schöpferische.

Kein Wunder, wenn mancher Manager dagegen rebelliert; zumindest innerlich. Zum einen soll er kreativ sein, zum anderen bleibt er der abhängige Beschäftigte, der selbst in hohen Rängen als hochqualifizierter Erfüllungsgehilfe eingestellt wird, um bestimmte Vorstellungen der Unternehmerseite um- und durchzusetzen (Heiko Mell). Da kann er leicht in die Zwickmühle von Rationalität und Kreativität geraten. Zumal Kreativ-sein ein Wert ist, den er sich selbst gerne zuschreiben ließe. Machen kann er dennoch nicht viel dagegen. Da der Unternehmer auf eigenes Risiko handelt und für etwaige Fehler selbst geradestehen muß, während er nur ein fremdes Risiko trägt und sich, geht etwas schief, immer noch ein anderes Unternehmen suchen kann, gilt auch hier: Wer zahlt, schafft an; oder feiner: originäres Eigentumsrecht heißt originäres Entscheidungsrecht. Es beinhaltet auch die Entscheidung darüber, wer ein »guter« Manager ist.

Eine wirklich objektive Feststellung gibt es da nicht. Personalberater Heiko Mell meint, als gut gilt, wen seine vorgesetzte Dienststelle

gilt als ehrlich, wer auf sie verzichte. »Dieser völlige Zusammenbruch traditioneller Maßstäbe nahm seinen Ausgang schon im zweiten Drittel dieses Jahrhunderts, als ein neues Phänomen die Geschäftswelt in ihren Grundfesten erschütterte: das Primat des Marketings. Bis dahin hatte die Produktion als das zentrale Element eines Unternehmens gegolten.«

dafür hält.[21] Darum müsse er leider aus Erfahrung sagen, daß eine Managerlaufbahn ganz ohne Anpassung nicht zu haben sei. »Neue Arbeitgeber erwarten von einem Manager pauschal, daß dieser mit früheren Arbeitgebern immer gut ausgekommen sei, mit ihnen keine ›Differenzen‹ hatte.« Von einer totalen Anpassung an Vorgesetzte müsse er aber dennoch abraten. Sie sei weder empfehlenswert noch auf Dauer durchzuhalten; Persönlichkeits- und Leistungsverlust seien die Folgen. Das beste, was ein Manager tun könne, sei darum, den Werdegang so zu gestalten, daß er für den Arbeitsmarkt attraktiv bleibe. Zumindest das kann man, sofern's gelingt, als kreative Leistung anerkennen. Manchem Manager ist es zu wenig. Ihm bleibt zu lernen, was mit dem Aufkommen der Kreativität zuhauf und dem anglo-amerikanischen Ursprung gemäß stets in Englisch angepriesen wird: *pathfinding, out of the blue, spirit, mind management* ...

Es zu übersetzen ginge an der Sache vorbei. Die Pfadfinderei ist was für Jungs, die in Robin-Hood-Anzügen durch die Wälder streifen, bis sie eine Stelle gefunden haben, wo sie ein Lagerfeuer entzünden können, um endlich ihre mitgebrachten Würstchen zu wärmen. Ein *pathfinder* ist dagegen eine charismatische Persönlichkeit, ein Entdecker neuer Wege, ein Visionär, von einer Mission getrieben, der durch kreatives Ausloten der Richtung in Neuland weist, ein Einpeitscher mit goldenem Herzen (Rolf Berth)[22]. Ähnliches ist von den anderen drei zu sagen. Das *out of the blue* ist kein Agieren aus dem Blauen heraus, bei dem man nie weiß, was man tut und worauf die Sache hinausläuft, sondern ein neuer Denk-Horizont zur Entwicklung von Kreativität, der uns den Wandel lieben lehrt, uns zeigt, welches Kribbeln und Prickeln aus Veränderungen entsteht, uns mit aller Dramatik bewußt macht, daß Führung Intuition und nicht nur Daten, Fakten, Wissen, Verstehen bedeutet, und dazu beiträgt, für sich und das Unternehmen neue faßbare, erlebbare und durchführbare Visionen zu gestalten, zu transformieren und auszuleben.[23] Der *spirit* ist eine kosmische Energie, die Energie der Zukunft, ein globaler und universaler Geist, der es Managern, die den neuen Geist erfinden und in die Märkte führen, erlaubt, sich von historisierenden Brain-Programmen zu trennen, den Geist schneller zu machen, das Just-in-Time-Bewußtsein zu erlangen und zu Schöpfern neuer Zukünfte zu werden.[24]

Und das *mind management* widmet sich der Förderung unserer mentalen Kompetenz, damit wir auch unbewußte und irrationale

Ressourcen anzapfen und für die Kreativität nutzen können. Wie das in der alten »Revolutionsstadt« Zürich angesiedelte *Gottlieb Duttweiler Institut* anläßlich des Symposions »Mind Management 2000« schrieb: »Die Vordenker des Mind Managements führen Sie ein in neuartige Mentaltechniken und ihre Anwendung in der Unternehmenspraxis; aufgeklärte Schamanen verführen Sie in außergewöhnliche Bewußtseinszustände – und zurück. Sie erfahren die Wirkung körpereigener Drogen und den Zusammenhang zwischen Ernährung und mentaler Leistung; Sie lernen Ihre unterschiedlichen Minds wahrzunehmen und in Ihrem Bewußtsein Regie zu führen.«

Bei soviel genial unbewußter und visionärer Kreativität kann Vernunftmenschen und Künstlern gleichermaßen angst und bange werden. Die einen warnen: »Es kann unseres Erachtens nicht das Ziel sein, alles bisherige Denken und Handeln radikal über Bord zu werfen, auf Rationalität zu verzichten und durch diffuse und beliebige Ideen und Annahmen zu ersetzen, sondern es geht darum, eine Denkweise zu entwickeln, die vernünftig, gedanklich nachvollziehbar und lernbar ist und in ein zweckgerichtetes, erfolgreiches Handeln umgesetzt werden kann.«[25] Die anderen dürfen sich von der Öffentlichkeit allmählich verabschieden: Wenn es ums Kreative geht, ist der Künstler nicht mehr erste Wahl; er ist nicht einmal mehr der oberste Vertreter der Phantasie.

6 *Kreativität.* Das Wort ist aufgetaucht und hält sich nun schon über zwei Dekaden. Nicht nur im Management, auch auf den Schwarzen Brettern und in Kleinanzeigen sind vom kreativen Töpfern bis zur kreativen Selbsterfahrung einschlägige Angebote gang und gäbe. Man darf beinahe sagen, an die Stelle des ehemaligen Chefideologen ist der Kreative, an die Stelle der Vernunft die Kreativität getreten. Als Synonym fürs Unerklärliche, Nichtbegründbare und alles, was gegen Rationalität sein will, kultiviert sie einerseits den romantischen Genietraum vom genialen Künstler; andererseits gilt sie gerade darin als realistisch. Sie ist die Instanz, deren Aufgabe darin liegt, Ideen zu entwickeln und Lösungen zu finden beziehungsweise zu erfinden, damit wir einen Ausweg aus den Versagungen und Missetaten der Vernunft finden. Zugleich ist sie die Instanz, die im Zentrum des inzwischen gängigen Kunstverständnisses steht. Wie

seit eh und je hat uns auch die der Kreativität folgende Kunst vornehmlich die Augen zu öffnen. Sie lehrt uns, daß die Rationalität die Wirklichkeit nicht zu erfassen weiß. Sie zeigt uns, daß die Wirklichkeit, die da ist und kommen wird, ganz anders ist als jene, die wir zu sehen glauben. Sie beweist uns, daß alle Sicht der Welt, die wir für richtig gehalten hätten, falsch ist, während das, was wir für Trug hielten, richtig ist. Sie beweist es mit ebenjener elektronischen Rationalität, die das wichtigste Hilfsmittel der Kreativität darstellt.

Bekanntermaßen von Natur aus logisch und in der Darstellung nie bloß Skizze, ist die Nutzung eines PC dafür prädestiniert, jeder beliebigen, unfertigen und unausgegorenen Idee den Anschein kreativer Vielfalt oder gar des Resultats zu verleihen. Führt uns die Leistung großer Rechner auch noch Welten und Ereignisse vor Augen, die wir nie gesehen hatten, erfüllt sich die Kunst ihren seit Menschengedenken größten Wunsch: sie ahmt die Wirklickeit nicht mehr nach und interpretiert sie, sie schafft sie neu und verbessert sie. Die von ihr kreierte künstliche Wirklichkeit durchdringt die reale Welt, übertrifft sie und tritt in der naiven Vorstellung nicht selten an deren Stelle.

Naheliegend ist, daß damit die »Kreativität« nicht nur die »Phantasie« ablöste, sondern obendrein neue Bezeichnungen notwendig machte. Zuerst war von Simulationen die Rede, dann folgten *hyper* und *cyber reality*; mittlerweile ist, was anfangs noch wie eine junge und verspielte Technik auftrat, unter dem Namen *virtual reality* generell Begriff und zumindest im Kino an der Tagesordnung. Die Trennungslinie von faktischer und fiktiver Handlung ist aufgehoben und für den Zuschauer nicht mehr unterscheidbar. Mußte der Rhetoriker in der Antike beim Gebrauch seiner »imaginatio« noch auf den Realitätssinn seines Publikums Rücksicht nehmen, um seiner Argumentation einen realistischen Anschein zu verleihen, kann der Regisseur einer 100-Millionen-Dollar-Produktion sich ganz auf seine Bilder verlassen. Wer im Publikum nicht weiß, daß New York noch steht, hat seine Zerstörung bereits mehrfach erlebt.

Die Bilder sind freilich faszinierend. Kommt die virtuelle Realität in Medizin und Wissenschaft zum Einsatz, wird sie obendrein didaktisches Erlebnis, Erkenntnisreise und nicht selten schon therapeutische Rettung. Wie in jeder Technik, so hängen auch hier Fluch und Segen von der Anwendung ab. Die kinematographische erscheint uns unverdächtig. Für die kritische Philosophie in der Zeit vor und während des Zweiten Weltkrieges war dies nicht so. Die beiden berühmten, aus den dreißiger und vierziger Jahren stammenden Texte »Dialektik der Aufklärung« von Theodor W. Adorno/Max Horkheimer und »Das Kunstwerk im Zeitalter seiner technischen Reproduzierbarkeit« von Walter Benjamin legen davon Zeugnis ab. Sie nahmen den damals beginnenden Siegeszug des Kinofilms zum Anlaß, sich zu fragen, wie das technische Produkt Film als Kunstwerk und der Fetischcharakter des Schauspielers als Markenartikel überhaupt funktionieren könne, wo doch jener eher als Instrument einer Massenpropaganda denn als künstlerische Arbeit angesehen werden müsse und dieser im Starkult eine von der natürlichen völlig verschiedene Persönlichkeit zeige.[26]

Für uns sind solche Überlegungen kaum mehr nachvollziehbar. So selbstverständlich, wie wir die künstlerische Seite des Films und damit einhergehend die Inszenierung der Preisverleihungen als Bestandteil der Vermarktung akzeptieren, so selbstverständlich nehmen wir auch die »menschliche« Seite des Stars als Teil der Persönlichkeitsmarke und integralen Bestandteil des Starkults an. Sogar die propagandistische Seite des Films dürfte vielen nicht mehr auffallen, obwohl das amerikanische Massenkino wie nie zuvor Politik betreibt: regelmäßig werden in seinen Produktionen die USA als Land der Freiheit, als Garant einer terrestrisch wie extraterrestrisch bedrohten Freiheit und sein Präsident als oberster Verfechter der Freiheit gefeiert.

Aufschlußreich ist die Erinnerung an die beiden Texte vor allem aber deshalb, weil sie verdeutlichen, wie sehr deren Autoren das künstlerisch Einmalige noch am quantitativ Einzigen messen. Damit verraten sie nicht nur, daß in ihrer Vorstellung von Kunst die Technik keinen Platz hat; ihr Vorwurf, der Film stehe dem Markengeschäft näher als dem Theater, basiert nicht zuletzt auf ihrer Annahme, zum Konsumartikel könne nur werden, was vervielfältigbar ist. Sie verraten damit außerdem, daß in ihrer Vorstellung von Technik auch die Kunst keinen Platz hat; *kraft seiner technischen Struktur*, schrieb Benjamin, habe der Film die physische Schockwirkung, welche der Dadaismus in der moralischen verpackt hielt, aus dieser Emballage befreit.[27] Soll heißen, ohne Technik hätte der Film noch Moral, mit ihr wird's brutal? Wenn das Bruce Willis hörte!

Tatsächlich spielt die Technik seit jeher eine entscheidende Rolle in der Kunst, aber eben nicht in jenem, heute üblichen Sinn, sondern als des Künstlers handwerkliches Geschick. Die großen Meister waren

Meister eines Handwerks und sie verstanden ihre Kunst vom Handwerk her. Sie standen in der Tradition der griechischen *techne* und der römischen *ars*. Beide meinten nicht die Inspiriertheit, sondern die Fähigkeit, das Herstellungswissen. Die ursprünglichen Bedeutungen haben sich im Gebrauch des Wortes »Technik« als angewandter Stil (Mal- oder Kampftechnik) und im Wort »Artist« als akrobatischer Könner erhalten; noch heute sprechen wir in der Nachfolge Ovids von einer *ars amandi*, sobald von der Liebestechnik als der Kunst, ein guter Liebhaber zu sein, die Rede ist. Auch im Deutschen kommt die Kunst von »können«.* Wenn wir von der Kunst zu leben sprechen, die Meisterschaft einer Kochkunst preisen oder den Chirurgen als Künstler loben, kehrt die frühere Bedeutung des Wortes wieder.

Dies Verständnis von künstlerischer Arbeit vorausgesetzt, müssen selbst zeitgemäß erscheinende Attitüden alter Meister anders interpretiert werden. So mögen Raffael oder Leonardo exzentrisch gewesen sein; aber nicht als Maler, sondern als Personen im Kreis der machtbesessenen Medici. Auch Albrecht Dürer war eitel; allerdings als einer, der aus dem noch mittelalterlichen Franken kam, die kulturellen Hochburgen seiner Zeit bereiste und dort Anerkennung fand. In der Arbeit wäre dagegen keiner von ihnen der Idee verfallen, sich vom Gesetz des Handwerks zu befreien und endlich aus dem Genialen zu schöpfen. Eher werden sie, da Meister nicht vom Himmel fielen, stolz auf die erarbeitete Meisterschaft gewesen sein. Noch bei Johann Wolfgang von Goethe finden wir die Zeilen, die die Anforderung verdeutlichen:[28]

> Natur und Kunst, sie scheinen sich zu fliehen,
> Und haben sich, eh man es denkt, gefunden;
> Der Widerwille ist auch mir verschwunden,
> Und beide scheinen gleich mich anzuziehen.
>
> Es gibt wohl nur ein redliches Bemühen!
> Und wenn wir erst in abgemeßnen Stunden
> Mit Geist und Fleiß uns an die Kunst gebunden,
> Mag frei Natur im Herzen wieder glühen.
> So ist's mit aller Bildung auch beschaffen:

* Das Verb wird durch die Nachsilbe *-st* zum Substantiv. Kunst meint das Gekonnte, so wie Dienst das Gediente oder Angst das Eingeengte. Gemeinsam ist den drei Begriffen die Bedeutung ihrer Adjektive *technisch*, *artifiziell* und *künstlich* als Gegensätze zu *natürlich*. Das neue Adjektiv *virtuell* hat sich hier eingereiht.

Vergebens werden ungebundne Geister
Nach der Vollendung reiner Höhe streben.

Wer Großes will, muß sich zusammenraffen;
In der Beschränkung zeigt sich erst der Meister,
Und das Gesetz nur kann uns Freiheit geben.

Dies in Rechnung gestellt, ist das inzwischen gängige Bild des Künstlers durchaus ambivalent. Im einen Fall haben wir es mit einer Kunst zu tun, die zu beurteilen uns schwerfällt, weil wir keinerlei aus der künstlerischen Arbeit resultierende »Gesetze« mehr haben, die erklärten, wie wir das Opus zu verstehen hätten. Das Handwerkliche spielt keine maßgebliche Rolle, weil sich der Künstler aufs Konzeptionelle beschränkt, er sich bei der Ausführung geeigneter Fachkräfte bedient, oder ihm seine Philosophie wichtiger ist als die eigene Ausführung.

Im anderen Fall haben wir es mit einer Kunst zu tun, die scheinbar ohne Philosophie auskommt, geradezu erst durch die Perfektion eines Handwerks zur Kunst wird und beinahe das ehedem gültige *techne*-Bild wieder zum Leben erweckt. Dazu zählen zwar nicht unbedingt die Kunsthandwerker, denn sie stehen dem Handwerk näher als der Kunst. Dazu zählen aber all jene, die ihre Arbeit besser als andere verstehen und sie mit einer Nuance Genialität zu würzen wissen: der begnadete Spielmacher auf dem Fußballplatz, der Meistercoiffeur, nun doch der Schönheitschirurg, der jetzt Designer ist, Marcel Reich-Ranicki, der die literarische Kritik zur Kunstform machte, Cicciolina, die mit Exgatte Koons dasselbe mit dem Liebesakt versuchte, die atemberaubende Nachtclub-Tänzerin schon lange und natürlich, wir dürfen ihn niemals vergessen, der Spitzenkoch, nicht der Konditor. Wo Architektur, Design und Graphik, die Fotografie und das Video, das Hörspiel, das Bühnenbild im Theater, das Szenenbild im Kino und die Computeranimation zur Kunst werden, spielt nicht nur die Nutzung der Technik, sondern eben auch die im alten Sinn »technische« Beherrschung der angewandten Mittel eine entscheidende Rolle. Gewiß ein Künstler ist, wer ein Musikinstrument oder seine Stimme virtuos beherrscht.

Auffällig ist, daß die drei neuen und in ihrer Breitenwirkung maßgeblichen Künste der Gegenwart, die uns wegen ihrer Kommerzialität am meisten fragen lassen, ob es sich noch um Kunst handle, beide Seiten in sich vereinen. Wie im ersten Fall hat das Film-, Pop- und

Werbe- bzw. Markengeschäft kaum mehr mit einem Handwerker-Künstler zu tun. Der Künstler ist hier künstlerischer Leiter, Ideengeber, Aushängeschild einer kollektiven Leistung oder schlicht ein *creative director*. Er agiert mit großen Teams, greift für die Realisation etwaiger Aufgaben auf eine Vielzahl von Spezialisten zurück und hat von vornherein die Bewährung seiner Arbeit im Markt vor Augen. Auf der anderen Seite zeichnen sich diese Künste, wie im zweiten Fall, geradewegs durch die technische Perfektion ihrer Handwerke aus. Sie sind allein des finanziellen Aufwands wegen auf Gedeih und Verderb darauf angewiesen, nichts dem Zufall zu überlassen. Entsprechend ist, wo das Handwerk gegen die Kreativität ins Feld geführt wird, nicht eigentlich diese in Frage gestellt, sondern nur eine, die das Handwerkliche zuwenig berücksichtigte. Sei es, weil der Kreative seine Arbeit nicht kann, oder sei es, weil er ein Künstler alten Schlages war, der vergaß, zu welchem Zweck er kreativ zu sein hat.

Jedenfalls ärgern sich Unternehmer und Kollegen schon seit Erfindung der Kreativität über jene, die sie nur als »Vernebelungsstrategie« benutzen. Es ärgerte sich Helmut Maucher, lange Jahre erste Autorität in Sachen Marke, über die *Inflation der Worte, die Deflation der Ideen*. Es ärgerte sich der Werbefachmann Bernd Kreutz über den Kreativitätskult, der in jeder Branche sein Unwesen treibe, in der Werbung aber mit Abstand am schlimmsten. »Kreativität gilt hier als das Heilmittel schlechthin. Ihr werden nahezu magische Kräfte zugesprochen. In Wirklichkeit ist der Kult mit der Schöpferkraft nichts anderes als die neueste Sau, die durchs Dorf gejagt wird.« Kreutz meinte, Werbung könne gut sein, solange sie gerade nicht von Kreativen, sondern von Menschen gemacht werde, die ihr Handwerk verstünden. Er unterstrich seine These mit dem Hinweis auf Unternehmen, die, wie er sagte, »zugunsten kreativer Werbung erhebliche Marktanteilsverluste hinnehmen« mußten, und nannte dies ironisch *kreativ managen*.[29] Man sollte es nicht überbewerten. Letztendlich machte Kreutz nur darauf aufmerksam, daß kreativ zu sein nichts Besonderes mehr ist. Für katholische Priester bleibt es dennoch eine extravagante Angelegenheit. Kardinal Joseph Ratzinger, als Vorsitzender der Glaubenskongregation ihr strategischer Leiter, hat es ihnen untersagt. Bei der Aktivierung ihrer Pfarrgemeinden sollten sie bitte, so die Mahnung, auf eine kreative Auslegung von Gottes Wort verzichten. Zumindest hier finden wir Goethes Einsicht noch wohlgeachtet: *Und das Gesetz nur kann uns Freiheit geben …*

7 Jede Megaphilosophie, so sagten wir, bediente sich der Kunst, um ihre Wahrheit unter Beweis zu stellen. Jede brachte zudem ihr eigenes Verständnis von ihr und damit ihre eigene Kunst hervor. Insofern stellt das Film-, Pop- und Werbe- bzw. Markenbusineß, dessen gemeinsamer Ursprung in den Vereinigten Staaten liegt, nicht zuletzt deshalb einem kommerziellen Anliegen folgt und unter der Führung der Ökonomie zu den maßgeblichen Künsten wurde, keine Ausnahme dar. Auch unter der Megaphilosophie der Vernunft wandelte sich das Maß und mit ihm nicht nur die Vorstellungen darüber, was als hohe und was als niedere, sondern auch, was überhaupt als Kunst angesehen wurde. So galt beispielsweise das Drama zuvor mehr als das Versepos und dies mehr als der Prosaroman. Im 19. Jahrhundert kehren sich die Verhältnisse plötzlich um. Das Drama verliert seine strenge Form, geht in das Schauspiel, später in den Film ein, wo es seine herausragende Stellung verliert, das Versepos stirbt allmählich aus, und die noch junge Literaturgattung des Romans wird nachgerade zum neuen Inbegriff des künstlerischen Schaffens.

Die Blüte des Romans sei kein Zufall, bemerkte Thomas Mann. Sie könne auf seine Bürgerlichkeit, seinen eingeborenen und zeitgerechten Demokratismus zurückgeführt werden, durch den er sich sowohl form- und geistesgeschichtlich vom Feudalismus des Epos unterschieden habe, als auch kraft seiner natürlichen Eignung, modernem Leben zum Ausdruck zu dienen, sowie seiner sozialen und psychologischen Passion zum Gefäß der Seele geworden sei. Gerade hier, ausdrücklich in Hinsicht auf seine beherrschende Stellung als Kunstform unserer Zeit, müsse der Bedeutung gedacht werden, welche dem kritischen Element überhaupt für das literarische Kunstwerk der Gegenwart zukomme: »Der Roman repräsentiert als modernes Kunstwerk die Stufe der Kritik nach derjenigen der Poesie. Sein Verhältnis zum Epos ist das Verhältnis des *schöpferischen Bewußtseins* zum *unbewußten Schaffen.*«[30]

Kritisch gab sich die Vernunft, der Kritik verhaftet war die Prosa. Inzwischen weiß die Mehrheit mit deren »eingeborenem Demokratismus« nicht mehr viel anzufangen; nicht in der psychologischen Widerspiegelung des realen Daseins erkennt die jetzt moderne Seele ihr Gefäß, sondern in der virtuellen Kreation illusionärer Existenz. An die Stelle der Illustrierung dieser Welt ist die Inszenierung fremder Welten getreten. Visionäre Ausflüge ersetzen utopische Ausflüchte. Dementsprechend schob sich das Bild vor das Wort, der

Traum vor die Wirklichkeit, die Realitätenvielfalt vor die eine Realität. »Alles wird gut und schön«, betitelte Claudius Seidl seinen Essay zur Frage, warum sich unsere Gesellschaft mit ihrer Ästhetik so schwer tue. Tatsächlich hat sich auch in der Kunst die Sehnsucht nach dem anderen Leben von der Politik entfernt. Zumindest jene Künste, die unter der *Demokratie und den von ihr entfesselten Produktivkräften* aufkamen, ehe sie unter der Megaphilosophie des Ökonomischen führend wurden. Sie gelten zwar nicht, wie ehedem der Roman, als hohe Künste. Danach fragt aber auch niemand mehr. Schon die Idee der hohen Kunst ist eher Ausdruck alter Definitionen, während sie neue Intensitäten sucht. In den Künsten, die ebenjenen Film- und Pop-, Werbe- und Markengeschäften entstammen, lassen sie sich finden:

»Da ist zuerst das Kino (samt seiner Derivate im Fernsehen und auf Video): Es ist Erbe der alten darstellenden Künste und erinnert sich ... gerne seiner Ahnen. Es kann alles, was Oper, Ballett und Schauspiel einst konnten, und noch ein bißchen mehr. Und es wird so ungeheuer teuer produziert, daß seine Visionen, Träume und Zustandsbeschreibungen sich der Zustimmung einer Mehrheit oder großen Minderheit versichern müssen, sonst gefährdet es seine Existenz ... Dann ist da die Werbung, die von den Wenigsten als Kunstform anerkannt wird. Dabei leistet sie, was früher etwa die gotischen Reliefs an der Außenwand des Bamberger Doms bewirkten: Sie malt die Schrecken der Hölle und die Freuden des Paradieses; sie gibt dem Streben nach Glück ein Ziel vor und stellt jene Waren, auf deren Produktion und Konsum der Wohlstand beruht, erst in den höheren ästhetischen Kontext – so daß selbst jene ihre Freude daran haben, die diese Waren weder brauchen noch sich leisten können ... Die wichtigste unter den demokratischen Künsten ist vermutlich die Popmusik. Sie formuliert, solange sie jedenfalls neu ist, die Unversöhntheit mit dem Bestehenden. Sie gibt jenen Gefühlen einen Ausdruck, die zu radikal oder auch nur zu einfach sind, als daß sie sich wiederfänden in den demokratischen Kompromissen. Und das alles leistet Pop, ohne das Terrain der Gesellschaft jemals zu verlassen. Pop funktioniert in den kapitalistischen Strukturen ... So belegt Pop in der Sphäre der Ästhetik, daß die Gesellschaft auf die permanente Innovation angewiesen ist.«[31]

Fakt ist, daß der Film als erstes künstlerisches Produkt zur Kommerzialität fand. Erst mit ihm wurde die Vermarktung zum Bestandteil einer kreativen Arbeit. Zwar hatte zuvor schon die Kunst des Buchdrucks ihre eigene Leserschaft angesprochen; aber die Kunst des Büchermachens war und ist von der des Bücherschreibens separiert. Zwar hatte schon die Malerei Einzug in die Reklame gehalten; aber das Plakat wurde nicht verkauft. Zwar hatte auch der Schlager seine merkantile Massenwirkung; aber vorm Zweiten Weltkrieg wurden die Hitparaden nicht über den Verkauf der Schallplatten, sondern den der Noten ermittelt. Wer sein Lied hören wollte, mußte sich selbst ans Klavier setzen und singen. Erst mit dem Film wird der Konsum eines künstlerischen Produkts und damit eine den Konsumenten nur bedienende, ihm nichts abverlangende Kunst wirklich möglich. Was mit dem Film begann, hat die Musik nachgeholt und wohl auch übertroffen. In der Pop-Kultur ist das Marketing zu einem fest verankerten Element der Kunst geworden. Es ist wie die Sprache des Schriftstellers, der Stein des Bildhauers oder die Farben des Malers ein Werkstoff, den der Künstler oder das Team nun zusätzlich bearbeitet. Die Entwicklung seit den sechziger Jahren verdeutlicht es:

Ohne ihren Manager Brian Epstein wären die Beatles mit ihrem Markenzeichen als »Pilzköpfe« nie geworden, was sie wurden. Nach ihnen kam David Bowie. Er war der erste, der als Star aufgebaut wurde und dies zugleich künstlerisch thematisierte. Sein erster Welterfolg, *Ziggy Stardust*, erzählt die Geschichte eines Sternenmanns, eines *stars*, der aus heiterem Himmel kam. Sein Markenzeichen war der *glitterlook*; auch er war Mode. Als Bowie älter wurde und das Image des androgynen Transvestiten nicht mehr glaubwürdig verkörperte, erklärte sein Management, daß er binnen drei Jahren zum ernsten Musiker mutieren werde. Die Ansage war verwegen, ihre Verwirklichung schwer vorstellbar. Der Zeitplan wurde eingehalten. Zuerst wurde Bowie von England nach New York geschickt, wo er monatelang am Broadway (Die Kritik war begeistert!?) den »Elefantenmensch« spielte, mit dessen Häßlichkeit er den vorherigen Schönheitskult neutralisierte. Dann nahm er eine Bluesplatte auf, tilgte mit ihr den vorherigen Pop-Rock und kehrte schließlich als avantgardistischer Künstler ins große Rampenlicht zurück. Inzwischen ist David Bowie der erste Künstler, der sein Opus an die Börse brachte: mit künstlerischer Avantgarde ins Avantgardegeschäft. Mit der Künstleraktie liebäugeln gegenwärtig auch die Rolling Stones. Mick Jagger, vor seiner Ära als *Street fighting man* Student der Betriebswirtschaft, hat die Synthese der Rockband und der Marke »Stones« schon lange vollzogen: im künstlerischen Stil, im Label, mit Volkswagen, mit Bill Gates ...

Die Beatles prägten die Musik der sechziger Jahre, David Bowie die der siebziger. Die achtziger gehörten Michael Jackson. Als Künstler und als Marke. Er war seinerzeit der Gipfel des Marketingkünstlers. Nicht nur wegen der 125 Millionen Dollar, die ihm das Engagement für Pepsi einbrachte. Nicht nur wegen seiner Schönheitsoperationen, in denen er die Machbarkeit körperlich dokumentierte. Nicht nur, weil er seit seiner Geburt nie etwas anderes war als ein für die Bühne geschaffenes und zu schaffendes Material der Kunst. Vor allem, weil bei ihm nichts mehr von der Gleichung Kunst = Marketing ausgespart blieb. Mit ihm wurde die doppelte Rolle des Künstlers als Subjekt und gleichzeitiges Objekt des Geschehens stilbildend: einerseits ein Machender, andererseits gemacht; hier ein Handelnder, dort behandelt; hier ein Sehnender, dort ersehnt; hier ein Opfer der Ereignisse, dort ihr Urheber. Hier *his story*, dort *history*.

Seither ist die Symbiose von Pop und Marketing vollzogen. Dessen Kultur ist zum etablierten Konsumartikel, der jeweilige Musikstil zur Lebensgefühlmarke und der Megastar zum inszenierten Markenartikel geworden. Mag die Botschaft früher Rock-Heroen noch ihr Protest, die langen Haare, die Weigerung, Singles zu produzieren, oder das gegen die Plattenindustrie gerichtete, provokant kostenlose Konzert gewesen sein, der sie zu Repräsentanten eines neuen Lebensgefühls gemacht hatte, so ist der Sound der heutigen Heroen, die manchmal noch dieselben sind, dem ökonomischen Lebensgefühl bereits einverleibt. Mit Pop läßt sich der Konsum verdammen oder der Mangel an Geld vorübergehend ertragen; mit ihm macht aber auch *shopping* Spaß. Mit dieser Musik läßt sich der Alltag vergessen; mit ihr kann man aber auch durch den Alltag gehen. Es ist eine Kunst, die von einem anderen Leben kündet; es ist aber auch zugleich eine Kunst, die gerade durch die permanente Präsenz der von ihr verkündeten Gegenwelt diese egalisiert. Es ist eine Kunst, deren Vertreter nicht zuletzt wegen ihres kritischen Gestus einst zu Markenpersönlichkeiten im Musikgeschäft wurden; jetzt ist es eine Kunst, deren Werke nicht nur für die Werbung, sondern deren Markenpotential für jede Marke interessant sind.

Wer behaupten wollte, daß dies zu Lasten der Kunst geht, muß nicht unbedingt recht haben. Auch Madonna, vielleicht die für die neunziger Jahre maßgebliche Künstlerin im Popgeschäft, gehört über ihre Zeit hinaus zu den besten ihrer Gilde, und dies nicht zuletzt wegen des in ihre Kunst einbezogenen Marketings. Sie beweist eher den Satz: Die Kunst braucht das Marketing, das Marketing die Kunst. Um so mehr stellt sich jedoch die Frage, wo sie endet und wo sie beginnt. Was macht den Sänger zum Künstler? War John Lennon erst irgendwann nach *Love me do* zum Künstler geworden? Hörte Phil Collins irgendwann nach *Face Value* auf, einer zu sein? Endet die Kunst mit der Kommerzialität? Ist es noch Kunst, wenn das Werk sich wiederholt und neues Maß zur Masche wird? Sind Regisseure Künstler und Werbefilmer keine? Was ist, wenn jener Werbung und dieser den Autorenfilm macht? Kann der Künstler tatsächlich zum Unternehmer werden, ohne nicht zugleich die Hinwendung zu äußeren Marktkriterien mit einer Abkehr vom inneren Gesetz der Kunst zu bezahlen? Sind umgekehrt schon Unternehmer Künstler, nur weil sie selbstbeauftragt tätig sind, ihrem nicht erlernbaren Gespür folgen und ihre Sicht der Welt in ihrem Werk zum Ausdruck bringen? Ist die Kunst bereits erklärt, wenn wir ein künstlerisches Schaffen erkennen? Ist sie schon frei, wenn der Künstler als Individuum frei ist? Was ist uns als Kriterium geblieben?

Die klassische Trennung von produzierenden und reproduzierenden Künsten? Sie ist mehr als fraglich. Mit dem Bildhauer wäre der Architekt Künstler, der Geigenvirtuose aber auf das Niveau des Fernsehseriendarstellers herabgesetzt. Wenn die Kunst einer Philosophie folgt? Dann wäre mit Joseph Beuys, kraft Fliegerweste, Hasenfell und Filzhut immerhin versiert im Markenzeichen, der Markenmacher Künstler ersten Grades, der fern aller Philosophie seinen Seelenbildern folgende Lyriker aber stünde mit dem Blumenbinder (nicht dem japanischen, denn die Kunst des Ikebana folgt einer Philosophie) auf einer Stufe. Sollte es doch die Genialität sein, die den Menschen zum Künstler, sein Werk zum Kunstwerk macht? Es würde manchem wohl gefallen, den Wert seiner Arbeit durch die Inszenierung seines Wahns zu beweisen; nur hätte es dann keine Kunst gegeben, ehe der Künstler als Genie erfunden war. Zeichnet sich die Kunst überhaupt durch eine schöpferische Erfindungsgabe aus? Worin unterscheidet sich das unter der Megaphilosophie der Vernunft entstandene Kunstverständnis von jenem, das wir nach dem Machtwechsel zur Ökonomie hin erlebten?

Thomas Mann meinte: »Bei den Kunstgattungen kommt es immer nur auf die Kunst an und nicht auf die Gattung.« Das Wort ist klug.

Selbstverständlich trifft es auch auf die mittlerweile hinzugekommenen Künste zu. Entscheidend ist nicht, ob und welcher Technik sie sich bedienen. Entscheidend ist nicht, ob das, was unseren Blick öffnet, Imagination oder Einbildungskraft, Phantasie oder Kreativität heißt. Entscheidend ist letztlich nicht einmal, ob das Marketing Anteil daran hat. Entscheidend ist wirklich nur die Kunst. Nur, guter Mann, worauf kommt es in der Kunst denn an? Etwa auf die Seele? Die des Künstlers, die des Kunstwerks? *Marken sind beseelte Wesen*, sagte der Ahnherr deutscher Markenschöpfer, Hans Domizlaff. In all diesen Fragen sehen wir wie sonst nirgendwo, *daß* sich die neue Herrin den Bruch zunutze machte; aber *wie*? Wie konnte die Kunst so reibungslos in den Dienst der Ökonomie gestellt werden?

8 Die Freiheit der Kunst ist seit jeher eine bedingte. Ähnlich dem Ausruf »die Gedanken sind frei«, der bekanntlich vor allem meint, daß sie als unausgesprochene frei seien, bezieht sich die künstlerische Freiheit primär auf die Phantasie. Ihr sind keine Grenzen gesetzt; ihren Umsetzungen durchaus. Dies doppelte Maß für eine hier dem Gesetz der künstlerischen Sache, dort dem ungeschriebenen Gesetz geltender Definitionsmacht dienende Imaginationskraft bildet sich schon während der Antike aus. Als um das Jahr 450 v. Chr. der Rhetoriker und Sophist Gorgias im Zusammenhang von Musik und Tanz erstmals von *Mimesis* sprach, zielte er dem archaischen Denken jener Zeit gemäß auf orphisch-sinnliche Ausdrucksformen ab, deren Ursprung noch in einem Akt der Versenkung und Verschmelzung, des Einswerdens und -seins mit der Natur gesehen wurde. Seine Wortwahl ist kosmologisch-naturphilosophischen Philosophien, wie sie für die vorsokratische Epoche charakteristisch sind, verhaftet und nicht solchen, die am Zusammenleben von Menschen interessiert wären. Bereits 50 Jahre später finden wir bei Platon und Aristoteles denselben Begriff in einem völlig veränderten Kontext. Im Mittelpunkt ihrer Kunsttheorie steht nicht mehr die magische Intention der transzendentalen Erfahrung des Eintauchens in eine andere Wirklichkeit, der Teilhabe an ihr und ihrer Darstellung in der sinnlich wahrnehmbaren Welt, sondern die Erklärung dessen, was ein Kunstwerk leisten müsse, um als solches zu gelten. Nicht aus der inneren Wahrheit schöpferischen Handelns bekommt nun der

Künstler seinen Auftrag erteilt, sondern aus den rein äußerlichen Anforderungen einer Philosophie.* Er hat, so die neue Bedeutung des Wortes Mimesis, die natürliche und phantastische Wirklichkeit abzubilden. Er hat dazu die Seele des Betrachters zu läutern: *Katharsis* – die Läuterung, die Reinigung.

Für Platon, den Urvater jeder Ideenlehre, d. h. jeder Philosophie, derzufolge wir die Wirklichkeit nicht dort suchen sollten, wo wir sie vermuten, umfaßt die Mimesis zwei Seiten. *Eikastiké* nannte er die eine, worunter er die Nachbildung eines Vorbilds aus der Natur verstand; *phantastiké* die andere, für ihn wichtigere, die die Modifizierung dieses Vorbilds bzw. die Sichtbarmachung von etwas Nichtwirklichem beinhaltete. Für Aristoteles, selbst eher sachlich veranlagt, hieß das Wort ebenfalls die Natur nachahmen oder aber: etwas trotz seiner Abwesenheit zur Vorstellung bringen. Der von ihm erfundene ethische Auftrag der Kunst lag ihm im Grunde näher. Durch das Erwecken von Furcht, Mitleid, Trauer und anderer affektiver Erregungen soll die Tragödie unverarbeitete Erlebnisse bewußtmachen, Menschen von Trugbildern und Leidenschaften abbringen und ihre Seele reinigen. Beide Theorien waren durchaus erfolgreich. Bis ins 18. Jahrhundert prägte Aristoteles' Kunstverstand die Theorie des Dramas. Bis ins 19. Jahrhundert lag den Philosophen, ging's um die Kunst, Platons Lust auf das Schöne, Gute und Wahre am Herzen. Noch im 20. Jahrhundert ist in Adornos Philosophie, der letzten großen zur Ästhetik, die Mimesis zentraler Begriff. Er verstand darunter das Gegenteil von »Aneignung«. Er verband damit, wie Gernot Böhme schrieb, »ein Verhalten, das der Andere oder den Anderen um seiner selbst willen gelten läßt: das Ding, die Natur, den anderen Menschen«. Er verband damit trotz aller *resignativen Gesellschaftskritik* ein *Minimum an Hoffnung.*[32]

Mit dem Reichtum kultureller Schöpfung oder der Arbeit des Künstlers muß das, was Philosophen für Wesensmerkmale der Kunst halten, dennoch nicht viel gemein haben. Letztendlich kann man sich kaum des Eindrucks erwehren, daß für sie die Kunst mit einem ge-

* Ähnliches ist im christlichen Mittelalter zu beobachten. Während die offizielle Kunst dem äußeren Auftrag diente, das Lob Gottes sichtbar und hörbar zu machen, taucht zeitgleich im alchimistischen Weltbild wieder dieses magische Verständnis von Mimesis auf. Das Wort bezeichnet einen Akt der Partizipation an den vier Elementen Feuer, Erde, Luft und Wasser wie auch dem »fünften Seienden«, der *quinta essentia*, woraus das Wort Quintessenz entstand.

sellschaftlichen Auftrag abgetan (Platon und Aristoteles müssen hier stets verdächtig sein) oder aber, ist der Denker an der Gesellschaft schon verzweifelt, als letzte Fluchtburg einer unheilvollen Welt aufgesucht werden soll. Ihre Theorien bleiben auf der Oberfläche und Außenseite der Kunst, weshalb es kein Wunder ist, wenn die Philosophie der Ästhetik ausgerechnet zu jener Zeit zu kränkeln begann, als sich das künstlerische Schaffen von der Schönheit verabschiedete, in die Moderne eintrat und seine eigenen Philosophien entwickelte.

Aber täuschen wir uns nicht. So banal dieser äußerliche Blick auf das Kunstwerk seit jeher gewesen sein mag, so hat er doch das Kunstverständnis entscheidend geprägt. Es führt eine direkte Linie von Platons und Aristoteles' Philosophien über die Theorie der Ästhetik zur Zeit der Aufklärung bis hin zur heute gängigen Praxis, wonach sich alles und jedes Kunst, Hinz und Kunz Künstler wie Krethi und Plethi Kunstsachverständige nennen dürfen. Auf mehr oder weniger versteckte Weise geht es unverändert um die Schönheit und den ethischen Auftrag, beide schon immer nicht nur Passion der edlen Geister. Es geht ums Schöne generell, und daß die Kunst, will sie uns gut tun, auch gefallen müsse. Es geht um die Frage, was sie überhaupt tun müsse, um Kunst zu sein, und wie die Kunst, sofern sie Kunst ist, den Menschen adle. Es geht ums Ästhetische und dessen Wirkung, um die Aufgaben des Abbildens, Nachahmens und Aufzeigens von Idealen und natürlich ihre politische Anwendung. Ein kurzer Blick auf die Historie der beiden aus der Antike stammenden Begriffe legt davon Zeugnis ab.

Die Vorstellung von einer mit Hilfe des Geistes und seiner Schöpfungen erreichten, im Grunde bereits bei Aristoteles psychologisch intendierten Reinigung der Seele hat sich in diversen Ausprägungen über die Geschichte hinweg bis hin zur Gegenwart erhalten. Kathartisch wirken sollten die Beichte und das sozialistische Umerziehungslager, das therapeutische Gespräch und der, im experimentellen Theater wie von manch großem Bühnenmann unverändert propagierte, heilsame Schock. Kathartisch wirken soll sogar der Besitz und Erwerb von Kunst, sofern der Kunsthändler es versteht, den Besitz von nicht immer nur lauter erworbenem Vermögen zu läutern. Joachim Riedl schrieb: »Es ist eine unausrottbare Legende, daß der Besitz von Kunst den Besitzer adle, ihn auf eine Stufe mit dem Künstler stelle. Generationen von Kunsthändlern bedienten sich dieses Aberglaubens. Sie verfeinerten ihre Geschäftsgepflogenheiten zu einem Ritual, das ihre Opfer ... in die Illusion versetzt, sie stiegen ... zur Elite der Gesellschaft, ja der Menschheit empor. Ein Kunstsammler glaubt, er erwerbe die Aura vornehmer Nobilität – mag sein Vermögen noch so fragwürdigen Ursprungs sein.« Verlockend sei dabei vor allem das neue Selbstverständnis: *die reinigende Seelenkur nach der rohen Schmutzarbeit des Geldverdienens.* Während es vormals die Gründerväter des Kapitalismus gewesen seien, die riesige Kunstsammlungen rafften, tummelten sich in den Galerien und Auktionshäusern jetzt Börsenspekulanten und Realitätenhändler, die nach dem leicht anrüchigen geschäftlichen Höhenflug zu angesehenen Mitgliedern der Gesellschaft werden wollen.[33]

Ähnliches ist von der Geschichte der Mimesis zu erzählen. Was Platon und Aristoteles die Darstellung des Wahren, Imaginären und Nicht-Sichtbaren nannten, verwandelte sich unter der Megaphilosophie des Theologischen in eine göttlicher Herrlichkeit und ewiger Verdammnis. Gottes Lob hatte nun die Kunst zu dienen. Im weströmischen Reich brachte es die Meisterwerke der Romanik, Gotik und Renaissance hervor; im oströmischen Reich griechisch-orthodoxer Religion führte es insbesondere zur Kunst der Ikone; im Vorderen Orient, wo die Obrigkeit sich daran störte, daß den Bildern mehr Aufmerksamkeit entgegengebracht wurde als den gläubigen Intentionen, nach dem byzantinischen Bilderverbot vom Jahre 726 zur Kunst der Ornamentik.

Unter der Megaphilosophie der Vernunft fand neuerlich ein Wandel statt. Totalitäre Mächte versuchten, es der vormaligen Herrin gleichzutun, und nutzten die Kunst auf plumpe Weise als Propagandainstrument. Dementsprechend hieß im »sozialistischen Realismus« Mimesis Abbildung und heroische Veredelung von braven Arbeitern und Bauern, von guten Müttern und edelmütigen Freiheitskämpfern ...; seine faschistische Kopie begeisterte sich für reinrassig blonde und nackte Olympioniken, die anständig untertänige Familie und den soldatisch heldischen Menschen ... In der bürgerlichen Gesellschaft ist demgegenüber die bekannte Aufspaltung zu beobachten. Einerseits wird das unter der Megaphilosophie der Vernunft erklärte Ideal einer durch Politik und Wissenschaft erfaßten und gemachten Freiheit im Bildnis einer freien Kunst und damit einhergehend der Figur des freien Künstlers bestätigt. Andererseits ist der Künstler, sofern er schon *per definitionem* außerhalb dieser von der Vernunft geprägten Realität steht, auch von der Welt der alltäglichen Realität separiert.

Auf der einen Seite führt der Bruch zwischen objektiver und künstlerischer Wahrheit zu einer Politisierung der Kunst. Im selben Maße, wie das Bild der Wirklichkeit an das vermeintlich Objektive gebunden ist und das künstlerische Schaffen nicht mehr an ihm Anteil hat, im selben Maße wird das Poetische zum Gegenentwurf des Politischen, zur Kritik an der bestehenden oder zur ideellen Vorwegnahme einer zukünftigen Politik. Die Motive der Kunst wenden sich vom höfisch-episkopalen Leben ab und dem des Alltags zu; die Mimesis wird zum Abbild der sozialen, gesellschaftlichen, natürlichen, kultivierten ... Welt; mit den neuen Inhalten geht das Bestreben einher, der nun eigenen Wahrheit der Kunst in einer eigenständig neuen Form des Ausdrucks zu entsprechen. Die individuelle Sicht des Künstlers wird Bestandteil seines Themas und er selbst zur Verkörperung des unabhängig-freien Individuums.

Auf der anderen Seite bezahlt der Künstler die Politisierung seiner Themen mit einer Entpolitisierung seiner Person und seiner Stellung in der Gesellschaft. Auffällig sind vor allem drei Bewegungen: Erstens bildet sich der Berufsstand des Künstlers als einer inspirierten Person überhaupt erst aus. Von Genie und Wahnsinn ist fortan die Rede. Zweitens geht mit dem Ausschluß des Künstlers aus der Normalität auch die Scheidung von Poetik und Ästhetik einher. Während er in seiner Arbeit von einem poetischen Gedanken geleitet ist und darin nach der rechten Form, dem richtigen Stil des Ausdrucks sucht, reagiert sein Publikum im allgemeinen mit einem ästhetischen Geschmacksurteil, mit einem schlichten »Das gefällt mir« / »Das gefällt mir nicht«, wobei die Form auf etwas äußerlich Formales und der Stil auf einen, den Lebensstil und die Lebensanschauungen des Rezipienten und nicht mehr die Kunst meinenden Gusto reduziert sind.* Damit einhergehend verwandelt sich zum dritten das Verhältnis zwischen Künstler und Publikum, das ehedem durch das Opus bestimmt war, in ein psychologisches Verhältnis. Durch die Absonderung des Künstlers von der Welt hat er nicht nur das Recht, eine eigene Welt zu beanspruchen, weshalb er, je mehr er das schon sprichwörtlich andere der Vernunft beansprucht, um so mehr auf sein Anderssein als

* Ursprünglich meinte *stilus* den Griffel; in der übertragenen Bedeutung ist daraus der sinnlich erlebbare, künstlerische Stil eines Ausdrucks geworden; zuletzt meint Stil Geschmack.

Künstler hinweist. Je größer der Freiraum ist, den er sich erlaubt, desto mehr stellt er sich selbst auch unweigerlich außerhalb der Normalität. Er wird durch dieses Recht auf Absonderung obendrein zum Propagandisten einer anderen, der subjektiven Wahrheit und damit zum Vorreiter des späterhin psychologisch-ästhetischen und nicht mehr an Politik interessierten Individuums, am Ende gar, wo Kunst und Individualität identisch werden und schon im Individuum das Künstlersein einverleibt sein will, zur austauschbaren und überflüssigen Figur.

Mit der Megaphilosophie des Ökonomischen verändert sich das Konzept ein weiteres Mal. In den achtziger Jahren, der Zeit, in der das wirtschaftliche Interesse vorrangig dem Konsumenten galt, war namentlich von einem *mimetischen Marketing* die Rede. Getreu dem sakrosankten Motto *close to customer* versuchten Markenartikel-Hersteller Verbraucherwünsche nicht nur zu erfragen, sondern zu manipulieren oder, wie es hieß, aktiv zu gestalten. Hierfür entwickelte man neue Formen der Markenkommunikation, die anstelle traditioneller Werbung oder *below the line* darauf abzielten, mittels »Inter-Aktionen« in Szenen einzusteigen und zu prägen. Man wollte auf diesem Weg den meist jungen Zielgruppen und ihren Erwartungen entsprechen; man wollte vor allem den Spieß umdrehen und den Konsumenten dazu bringen, daß er der Marke und nicht sie ihm nachrennt. In diesem Marketing, das auch Interfusions- oder Szene-Marketing hieß, bedeutete Mimesis Abbildung und Widerspiegelung der Verbraucherwünsche und zugleich Verschmelzung mit der Zielgruppe.[34] Produkt-Manager werden Szene-Manager, Konsumenten werden Prosumenten, lauteten seinerzeit einschlägige Parolen.

Die Prozedur hatte zum Teil Erfolg. Marken mit geeigneten »Markenwerten« konnten als Sponsoren, Veranstalter von *events* und durch Aktionen die von ihnen kreierten Erlebniswelten für die Lebenswelt ihrer Marken nutzen, Lebensgefühle an ihre Marken binden und durch markenadäquate Atmosphären Markengemeinden aufbauen. Meist hielt das Verfahren aber weniger als es versprach. Es war oft teuer, führte nicht zu neuen Erkenntnissen über die Zielgruppe, sondern setzte ihre genaue Kenntnis voraus, erlaubte kaum den Aufbau einer neuen Markenidentität, sondern war im Gegenteil auf eine eindeutige Identität angewiesen – und beherrschen mußte man das Geschäft des Abbildens, Widerspiegelns und Verschmelzens eigentlich auch. Die meisten Manager beherrschten es nicht und verabschiedeten sich wieder von der eben entdeckten Kunst. Seit jeher das Ärgernis falsch verstandenen Abbildens: Wer glaubt, Mimesis meine Kopie, wurde selten als Künstler gefeiert, eher als Trittbrettfahrer entlarvt. Hätten sie Hans-Georg Gadamer gelesen, einer der wenigen Philosophen mit Sinn für die Poetik, hätten sie gewußt, was falsch lief. *Kunst ist immer Mimesis*, hatte er geschrieben,[35] *sie bringt etwas zur Darstellung*. Allerdings sollte man sich davor hüten, zu glauben, was da zur Darstellung komme, wäre noch auf andere Weise erfaßbar. Frei übersetzt: Eine künstlerische Arbeit ist nie beliebig. Man kann es nicht auch anders machen, man kann höchstens ein anderes Kunstwerk machen.

9 Das Geheimnis der Mimesis und damit der Kunst ist das des schöpferischen Aktes oder, wie der Vorgang heute im allgemeinen bezeichnet wird, des kreativen Prozesses. *Das Geheimnis künstlerischen Schaffens* nannte es Stefan Zweig in der gleichnamigen Publikation. Seiner Generation gemäß versuchte er es mit Hilfe der Psychoanalyse zu fassen: In einem Akt der *Hingabe* taucht der Künstler in eine ihm nur im Unbewußten zugängliche Welt ein und überträgt daraufhin die dort erkannten Vorstellungen in die sinnliche und sinnlich wahrnehmbare Welt. Der italienische Literatur-Nobelpreisträger Luigi Pirandello hätte ihm vielleicht zugestimmt. In seinem berühmtesten Theaterstück »Sechs Personen suchen einen Autor« erzählt er, wie die nach landläufiger Ansicht der Phantasie des Dichters entsprungenen Figuren sich umgekehrt seiner bemächtigen, um endlich zum Leben erweckt zu werden. Wie er in einem Interview aus dem Jahre 1921 berichtete, meinte er es durchaus ernst. Seine »Personen« waren für ihn wirklich und leibhaftig; ihre Geburt erlebte er physisch:

»Als ich … meine ›Sechs Gestalten‹, die einen Autor suchen, schrieb, erhob sich meinem Haus gerade gegenüber ein Gerüst. Ohne daß ich es merkte, schritten die Bauarbeiten voran, und so wurde mir die Überraschung zuteil, daß ich eines Tages an die 100 Arbeiter vor mir sah, die mich betrachteten und sich ausschütteten vor Lachen. Darob empfand ich tiefe Scham und das heftige Verlangen, dem Gespött dieser Taktlosen zu entfliehen. In der Folge erfuhr ich, daß sie mich gestikulieren sahen und mich deshalb für verrückt hielten und daß mein Gesichterschneiden dazu angetan war, bei ihnen Heiterkeit zu erregen. Ich kann Ihnen schwören, daß ich in jenem Augenblick nicht Luigi Pirandello war. Ich schuf, ich weiß nicht wie, Gestalten, die ich wahrscheinlich verkörperte. Sie dirigierten mich, indem sie nichts von mir bestehen ließen.«[36] Zitieren wir als dritten noch Milan Kundera mit seinem bereits erwähnten Wort. Im Essayband »Die Kunst des Romans« gab er, scheinbar lapidar und dennoch brillant, als Definition des Romans an: »Der Roman ist klüger als der Romancier.« Wir dürfen es verallgemeinern: das Werk ist klüger als sein Schöpfer.

All diesen Stimmen gemeinsam ist die Aussage, es gäbe eine Wirklichkeit hinter, über oder unter der uns bekannten Realität, die der Künstler in seiner Arbeit erfahren könne. Das hieße, die Wahrheit eines Kunstwerks läge nicht in ihrem Urheber, zumindest nicht in dem, was er mit Sicherheit kennen kann, verborgen. Das hieße außerdem, der Künstler werde durch seine die Grenzen des Bewußtseins überschreitende Arbeit zum Botschafter einer im unmittelbaren Wortsinn surrealen Welt, die er in seinem Werk zum Sprechen bringt, ohne daß er selbst all das, was es zu sagen weiß, gewußt hätte. Es gibt Künstler, die dies zu bestätigen scheinen. Nach ihrer Arbeit befragt, geben sie Erläuterungen zum besten, bei denen man sich fragen muß, wie sie mit dem Wert ihrer Kunst zu vereinbaren seien. Sie begehen wohl den Fehler, sich den Logos ihrer Kreation ganz und gar selbst zuzuschreiben; oder sie mögen dem, was sie ohnehin schon zum Ausdruck gebracht haben, vor den Augen der Öffentlichkeit nicht ganz vertrauen und verlangen sich darum obendrein einen klugen Kommentar ab. Der erfahrene Künstler weiß, wie unnötig dies ist. Auch davon legt die Literatur zur Poetik reichlich Zeugnis ab. Zweite Gruppe der Zitate:

Ein Kunstwerk erlaube von sich aus so viele Betrachtungsweisen, daß der Autor selbst sie gar nicht kennen könne, ist der gemeinsame Tenor vieler Dichter. André Gide sagte, bevor er erkläre, was er zu sagen beabsichtigte, höre er sich lieber an, was der Leser glaubte zu hören. John Steinbeck sagte, eine Geschichte habe so viele Lesarten, wie sie Leser hat. »Jeder entnimmt ihnen, was er braucht oder begreift, und verändert sie so nach seinem eigenen Maßstab.« Salman Rushdie sagte: »Ich habe die Vielfältigkeit der Anschauungsweisen, der Weltanschauungen, die die Kunst des Romans repräsentiert, schätzengelernt. Der Roman ist die Kunst, viele Dinge zugleich zu sein und mit sich im Widerstreit zu liegen.« Oscar Wilde sagte: »Meinungsverschiedenheit über ein Kunstwerk beweist, daß es neu, eigenartig und lebensfähig ist.«

Man könnte vermuten, die Statements hätten vorrangig mit der Kunst des Schreibens zu tun und, da das Wort betreffend, mit der für unsere Zeit typischen Skepsis in bezug auf Aussagen, die die persönliche Interpretation verwehren. Die Vermutung ist falsch. Vergleichbare Aussagen gibt es auch in der Malerei. Dritte Gruppe der Zitate:

Wassily Kandinsky spricht in seiner 1910 erschienenen epochalen Schrift »Über das Geistige in der Kunst« ausdrücklich von einem *Prinzip der inneren Notwendigkeit*. Erinnern wir uns an die herausragende Bedeutung Kandinskys für die Entwicklung der abstrakten Kunst und wie wichtig es ihm war, scheinbar belanglose Motive immer wieder zu malen, um nicht in die Gefahr zu geraten, einer vordergründigen, einer im »Abbild« angelegten Aussage zu verfallen, können wir erahnen, daß diese innere Notwendigkeit für ihn mehr beinhaltete als nur eine ihm eigene. Wie sehr sie gerade für die abstrakte Malerei maßgeblich war, belegt auch der 1986 bei Abbeville Press in New York erschienene Band »The Spiritual in Art«, der sich eingehend mit den spirituellen Wurzeln der modernen Kunst befaßt. Vielleicht noch aufschlußreicher ist die Tatsache, daß bereits vor nahezu zweieinhalb Jahrtausenden in der griechischen Poetik von einem *prepon* die Rede war. Der Begriff erklärte, wie der Künstler, meist festgemacht am Beispiel des Bildhauers, während seiner Arbeit an der Skulptur diese beseelt, damit sie später auch ohne ihn das Publikum ansprechen, damit auch ohne ihn das Publikum von ihr angesprochen werden könne. In der nachfolgenden lateinischen Tradition wurde derselbe Akt *aptum* genannt.

All diese Aussagen weisen darauf hin, daß der von Gorgias 450 v. Chr. im Hinblick auf Musik und Tanz als *Mimesis* erklärte Akt der Versenkung und Verschmelzung auch unabhängig von orphisch-sinnlichen Ausdrucksformen in der Kunst eine große Rolle spielt. Ungeachtet aller philosophischen Interpretationen oder freiwilligen wie unfreiwilligen Instrumentalisierung der Kunst ist jedes künstlerische Schaffen auf die transzendentale Erfahrung des Eintauchens in eine andere Wirklichkeit, der Teilhabe an ihr und ihre Darstellung in der sinnlich wahrnehmbaren Welt zurückzuführen. All diese Aussagen machen zudem darauf aufmerksam, daß die historisch entstandene, seit Hegel etablierte ästhetische Betrachtung der Kunst von der poetischen gänzlich verschieden ist.

Jene ist ebenso äußerlich wie diese innerlich. Jene ist Eindruck, diese Ausdruck. Jene zielt auf die zu einer bestimmten Zeit gültige Wirkung der Kunst, manchmal sogar auf ihren modischen Aspekt ab; diese bezieht sich auf das, unabhängig von Zeit und Mode gültige Gesetz des künstlerischen Schaffens, demzufolge der Künstler von sich aus, unweigerlich und fern fremder Interessen in seine Arbeit zu versinken, bei der Arbeit an seinem Opus mit diesem verschmelzen und für das, was er zu sagen beansprucht, die rechte Komposition und Form finden muß.

Im Falle der Ästhetik hören wir, was Philosophen, Kunsttheoretiker und all jene, die sich sonst noch zur Sache melden, über die Kunst denken und von ihr erwarten. Wir hören etwas vom Auftrag, religiöse, gesellschaftliche, politische … Idealvorstellungen sichtbar zu machen. Wir hören etwas von einer besonderen Eigenschaft des Künstlers, die nicht in dem, was er tut und wie er es tut beheimatet sei, sondern in dem, was er kraft seiner Rolle ist. Wir hören die Mär von der Genialität und der Inspiration, wobei jeder Künstler weiß, daß diese ihm bestenfalls als Zugabe geschenkt werden. Wir hören etwas von einer Mimesis, die nicht in der Arbeit am Werk, sondern in dessen Zweck angelegt sei. Wir hören etwas von vielerlei fremden Interessen.

Im Falle der Poetik erfahren wir etwas über das Geheimnis künstlerischen Schaffens, über die Wahrheit der Kunst und auch etwas vom Schaffen selbst. Wir erfahren etwas über eine Mimesis im archaischen Sinn der Teilhabe und des Einswerdens, die außer in der Liebe, der Natur und der religiösen Erfahrung wohl nur in der künstlerischen Tätigkeit erhalten blieb. Sie ist aller Voraussicht nach das einzige Terrain, in dem die Trennung von Person und Werk, von Subjekt und Objekt noch aufhebbar ist. Wir erfahren etwas von einer inneren Notwendigkeit, die wie eine Inspiration erscheint, im Grunde aber erst aus der harten und alles andere außer acht lassenden schöpferischen Arbeit erwächst. Wir erfahren etwas über die Transformation des Spirituellen ins Sinnlich-Wahrnehmbare, die von künstlerischer Seite seit dem durch die Aufklärung entstandenen Bruch von philosophischer und künstlerischer Wahrheit im allgemeinen als ein Prozeß der Formfindung bezeichnet wird.

Der magische Akt der Versenkung ist in der Neuzeit und namentlich mit dem Beginn der Moderne als Akt der Formfindung zum eigentlichen Kern künstlerischer Arbeit geworden. Während die philosophische Wahrheit der Vernunft ausschließlich auf die von ihr vertretenen Inhalte vertraut und vielfach sogar die Überzeugung vertritt (was Hegel und mit ihm die Mehrzahl der Philosophen schmerzlich dokumentierten), eine den Inhalten adäquate Form beraube sie ihrer Seriosität, beschreitet die künstlerische Wahrheit von erster Stund an einen anderen Weg. Die Sichtbarmachung einer Idee ist für den Künstler nie mit der Darstellung ihres Inhalts abgetan. Im Gegenteil: Sofern das Wesensmerkmal künstlerischer Arbeit in diesem eben keineswegs freien Ringen um den richtigen Ausdruck liegt, heißt Kunst seit ihrer Abtrennung vom realen Leben in erster Linie die Suche nach der rechten Form. Die herrlichsten Kenntnisse lägen in einem Kopf wie tote Schätze vergraben, solange man ihnen keine Gestalt zu geben verstünde, bemerkte in jener Zeit Friedrich Schiller. Ihm, meisterhaft als Dichter wie Theoretiker der Kunst, können wir die letzte Gruppe der Zitate allein überlassen.

Er verhehlte nicht, daß seiner Ansicht nach jene, denen man sagen müsse: »Stoff ohne Form ist freilich nur ein halber Besitz«, von der Kunst gleichermaßen wenig Ahnung haben wie all die, die sich im Künstlerischen tummeln und dabei nur auf die schöne Form achten. Es sei nicht damit getan, schrieb er, eine Wahrheit bloß dem Inhalt nach vorzutragen, ihre Probe müsse in der Form mitenthalten sein. Wer allerdings nur noch der Einbildungskraft gefällig sein und in der Betrachtung vergnügen wolle, dies zum obersten Gesetz erhebe und gar auf die *Sache* selbst, nicht bloß auf deren *Behandlung* anwende, veruntreue seinen Auftrag und verfälsche das Objekt, das er treu überliefern sollte. »Nach dem, was die Dinge sind, wird jetzt nicht mehr gefragt, sondern wie sie sich am besten den Sinnen empfehlen. Die strenge Konsequenz der Gedanken, welche bloß hätte verborgen werden sollen, wird als eine lästige Formel weggeworfen, die Vollkommenheit wird der Annehmlichkeit, die Wahrheit der Teile der Schönheit des Ganzen, das innere Wesen dem äußern Eindruck aufgeopfert.« Überhaupt sei es bedenklich, dem Geschmack zu vertrauen, ehe man den Verstand als reine Denkkraft geübt und den Kopf mit Begriffen bereichert habe. Da er nämlich nur immer auf die Behandlung und nicht auf die Sache sehe, verliere sich, wo er der alleinige Richter sei, aller Sachunterschied der Dinge. »Man wird gleichgültig gegen die Realität und setzt endlich allen Wert in die Form und in die Erscheinung.«[37]

10 *Form.* Kein Wort drückt deutlicher aus, was die Kunst unter der Megaphilosophie der Vernunft erstrebte und sie am Ende das ihr Wertvollste kostete. Was sie erstrebte, war die Wahrheit der Form; in doppelter Hinsicht: In der Form bewahrheiten muß sich der Inhalt; seine Wahrheit müsse in der Form mitenthalten sein, sagte Schiller. Und diese Form muß zwingend sein; man müsse, schrieb er an selber Stelle, »einer Wahrheit in hohem Grade mächtig sein, um ohne Gefahr die Form verlassen zu können ...; man muß einen großen Verstand besitzen, um selbst in dem freien Spiele der Imagination sein Objekt nicht zu verlieren«. Was es sie kostete, war diese Wahrheit. Während Schiller davor warnte, in der Form lediglich das Geschmackliche und nicht mehr den ihr zugrundeliegenden Gedanken zu sehen, da andernfalls aller Wert der Form auf ihre gefällige Erscheinung reduziert wäre (was er durch den Titel des zitierten Aufsatzes, »Über die notwendigen Grenzen beim Gebrauch schöner Formen«, klar herausstellte), blieb am Ende meist nur das Geschmackliche zurück, und jeder Inhalt war vergebens.

Das heißt – nicht ganz: Die Kunst ist vergebens, sofern ihrem Konsumenten der Stoff zu mühsam ist oder von vornherein mißfällt. Nicht vergebens war die Pädagogik. Das Publikum im allgemeinen, das kultivierte im besonderen hat inzwischen gelernt, daß hinter jeder Form eine Idee stecken *muß*. Formen seien Gestaltungssysteme, in denen Geistiges zur Erscheinung gelange und faßbar werde, schrieb Ernst Robert Curtius. Also liegt auch allem, was als Form in Erscheinung tritt, ein Gedanke zugrunde. Für den einen wird darüber alles Design zur Kunst, für den andern die Kochkunst zum Ausweis seines Sinns für hohe Kultur, der dritte feiert die Werbung wie den Film (wohl meinend, dieser sei fraglos ein künstlerisches Werk), der vierte, Pressefotograf von Beruf und Liebhaber fotografischer Bildbände, hält sich im Grunde selbst für einen Künstler, nicht anders als der fünfte, sein Kollege in der Redaktion, der doch immerhin was schreibt. Nur derjenige, der eigentlich Künstler ist, kommt darin nicht mehr vor. Er scheint auch kaum künstlerisch tätig zu sein, denn er jobt mal hier, mal da. Ein verschrobener Kerl, der sich einbildet, die neuen Künste seien keine, ist er ohnehin. Und was er eigentlich will, weiß keiner so genau. Alles ziemlich schräg das. Keine rechte Form. Wahrscheinlich steckt gar nichts dahinter. Jeder Inhalt ist doch Form. Wo keine Form ist, ist kein Inhalt.

Im Rahmen unseres alltäglichen Verständnisses ist die Form unproblematisch. Wir nehmen sie wahr, wir erkennen sie, wir entscheiden uns meist nach Geschmack. Die Welt der Formen ist die der Erwachsenen; man betritt sie mit dem Erwachsenwerden. Um in den Formen mehr zu sehen als eine rein äußerliche Gestalt, muß man sich mit ihnen beschäftigen. Man muß dafür nicht Künstler sein, aber man muß etwas von den Inhalten verstehen, die durch sie angezeigt werden. Der Arzt versteht etwas davon; er diagnostiziert aufgrund von Deformationen Krankheiten. Der Physiker auch; er befaßt sich häufig mit Formveränderungen: Impuls, Temperatur, Druck, elektrische Ladung gehen ineinander über, Masse nimmt die Form von Energie an, subatomare Teilchen geben ihre Form auf, sobald wir sie als »Wellen« wahrnehmen. Natürlich verstehen der Gebrauchsgrafiker und der Industriedesigner etwas von Formen; falls sie ihre Arbeit verstehen. In diesem Falle entwickeln sie die einer Idee, einem Gedanken oder einer Funktion adäquate Gestalt. *Form follows function* hieß der erste Leitspruch des Designs, der noch aus der bildenden Kunst hervorgegangen war. Verstehen sie nichts von Formen, suchen sie bestenfalls die gefällige Gestaltung.

In gewisser Hinsicht räumen wir sogar im Alltag den Formen ihr Recht ein. Wir sind geneigt, das Bewährte zu wiederholen, während wir erfolglose Herangehensweisen zu vermeiden suchen. Es sind nicht nur Methoden, die wir auf diese Weise sondieren, es sind auch Verhaltensformen. Wir handeln nach dem Muster, daß sie Einstellungen und Haltungen repräsentieren. Formen verkünden Inhalte. So auch in des Künstlers Arbeit. Die Sichtbarmachung einer Idee durch ihre Form respektive die Sichtbarkeit einer Idee in ihrer Form sind die beiden Kriterien schöpferischer Werke. Man sei um den Preis Künstler, daß man das, was alle Nicht-Künstler »Form« nennen, als Inhalt, als »die Sache selbst« empfinde, schrieb Klaus Modick in seinem Roman »Das Grau der Karolinen« – und ergänzte: womit man in eine verkehrte Welt gehöre.

Im Wort selbst ist sie schon angelegt. Während *Formfindung* (als die Suche nach der einer Sache gerecht werdenden Gestalt), *Formel* (als Kurzform zur Beschreibung von Sachverhalten), *Format* (als charakterliche Größe) oder *informieren* (als in Kenntnis setzen) jeweils auf Inhalte verweisen, bleiben *pro forma* (dem Schein nach, der Form wegen, nur äußerlich), *Formalität* (eine Äußerlichkeit und Formsache), *förmlich* (auf die Erscheinungsform achtend) oder der *Formfehler* (als Irrtum im Prozedere) aufs Äußere beschränkt. *Form* meint die Gestalt, *formieren* gestalten, bilden, aufstellen, *formvollendet* die meisterliche Form; aber im *Formalismus* wird eine »Überbetonung der äußeren Form« reklamiert, *in Form sein* heißt gar *fitness*. Es ist das Schicksal all der Wörter, die einst eine Virtuosität intendierten, ehe sie bei deren Resultat verblieben.

Ebenso wurde aus dem lateinischen *ars* das deutsche Wort *Art*, das ursprünglich »das Passende« meinte; in der *Unart* (als dem Unpassenden) und im *das ist doch keine Art* (als dem Unangemessenen) taucht es noch auf. Davon abgesehen meint Art nur noch Beschaffenheit. Und so auch das englische *fit*. Während es genuin den Weg von innen nach außen bezeichnete und in der Bedeutung »geeignet, passend, fähig« angab, daß einer oder etwas das Geforderte zu leisten vermochte, ist im *fit sein* und dem *Outfit* im besten Fall der umgekehrte Weg angezeigt: was außen stimmt, mag innen richtig sein. Meist ist das Äußerliche schon ausreichend.

In der Kunst ist die Transformation von innen nach außen im wesentlichen Dreh- und Angelpunkt geblieben. Insofern heißt Kunst stets Sichtbarmachung einer Idee in ihrer Metamorphose zur Form, heißt Formfindung, heißt Komposition zur Gestalt hin. Ein Opus, dessen Botschaft im Inhaltlichen verhaftet bleibt, ist plakativ, propagandistisch und, wie sich meist herausstellt, nicht wert, seine Zeit zu überdauern. Die Botschaft muß Form werden, sie muß in der Form verborgen werden. Auch das gehört zu den Bekenntnissen der Meister vergangener zwei Jahrhunderte. *Die strenge Konsequenz der Gedanken, welche bloß hätte verborgen werden sollen* ... hatte Friedrich Schiller geschrieben. »Es ist die Idee des Kunstwerks, die Kunst zu offenbaren und den Künstler zu verbergen«, schrieb Oscar Wilde. »Der Romancier ist ein Entdecker, der sich tastend bemüht, einen unbekannten Aspekt der Existenz zu enthüllen. Er ist nicht von seiner Stimme fasziniert, sondern von einer Form, der er nachspürt, und nur die Formen, die den Erfordernissen seines Traumes genügen, gehören zu seinem Werk«, schrieb Milan Kundera.

Ihnen gemeinsam ist die Überzeugung, ein Gedanke dürfe niemals um seiner selbst willen geäußert, sondern erst über die Wahrheit der Form dem Betrachter, Hörer und Leser eröffnet werden. »Seiner selbst willen« liefe der Künstler Gefahr, *sich* bewahrheiten zu wollen; mittels der Form aber wird er zum Medium einer anderen Welt, als welches er seinen Stoff überhaupt erst intelligent machen kann. Nicht zuletzt deshalb hält auch der bildende Künstler im Gegensatz zum

Hobbymaler und Amateurfotografen nicht mehr nach interessanten Motiven Ausschau. Seit dem Ende des Impressionismus und dem Beginn der Fotografie, die von nun an die herkömmliche Abbildung der Wirklichkeit übernahm, ist in der modernen Kunst kaum mehr ein »malerisches« Bild aufgetaucht. In ihren Museen hängen fast ausschließlich Werke, die im Grunde Belangloses zeigen: einen Stuhl, die Häuserzeile, Spuren eines Cadillacs; Kreis, Linie, Quadrat; Farbe, Licht, Form. Sogar die Pop-art und der fotografische Realismus, die sich am deutlichsten wieder der gegenständlichen Malerei zuwandten, kehrten nicht zu den traditionellen Objekten zurück. Jeder Form zugrunde liegt in der Kunst ihr eigener Stoff; für jeden Stoff muß die Form neu gefunden werden.

Dabei dürfen wir das Wort nicht zu simpel verstehen. Als die Kunst dem Vorbild der Natur gehorchte, wohnte der Form noch eine Gegenständlichkeit inne. Wo die Natur Wandel hieß, suchte jene die überdauernde, die bleibende Form. Längst ist die Kunst nicht mehr auf den Marmor beschränkt. Sie arbeitet mit verderblichen Materialien. Sie leistet sich Installationen und poetische Aktionen, deren Formen mit dem Ende des Auftritts verschwinden. Sie schafft Skulpturen aus Feuer, Erde, Licht und Wasser. Sie agiert mit immateriellen Stoffen, die schon kraft ihrer physikalischen Eigenschaften die eherne Form verbieten. Sie benutzt Ton- und Bildträger als »Leinwand« oder zur Dokumentation ihrer vergänglichen Werke.* Form heißt oftmals nicht mehr Körper, Form heißt *Komposition*. Umgekehrt meint Komposition nicht zwingend Kunst. Auf eine kompositorische Leistung kann auch verweisen, wer die Bausteine seiner Arbeit in ein stimmiges Ganzes bringt. Jede Dekoration ist Komposition; komponiert ist das Arrangement; kompositorisch tätig ist, wer ein neues Rezept oder eine neue Kollektion entwickelt. Kompositeure sind der Innenarchitekt und der Layouter, da sie gestalten, der Parfumeur und Tabakmeister, da sie die Harmonie der Mischung finden, sogar der Programmierer, der die komplexe Software schrieb. Sie alle

* Das Beispiel macht uns nicht zuletzt darauf aufmerksam, daß in der modernen Kunst die mediale Verdoppelung der Wirklichkeit im Wirklichkeitsbild eine tragende Rolle spielt. Zugleich hätte aber das hier zugrundeliegende Kunstverständnis vor der Entwicklung von Tonband, Filmband, Fotoplatte ... gar nicht aufkommen können. So kann die Vergänglichkeit integraler Bestandteil einer Aktion sein und in der filmischen Dokumentation doch wieder aufgelöst werden. Das Medium wird zum Träger der Dauer, es verleiht dem Opus Bestand.

müssen nicht Künstler sein, können aber im neuen Kunstverständnis als solche gelten.

Für die Kunst ist, wie schon das Beispiel der Musik beweist, eine in der Komposition aufgehende Form selbstverständlich. »Vom Standpunkt der Form ist der Typus aller Kunst die Kunst des Musikers«, schrieb Oscar Wilde. Dieser Typus hat mittlerweile viele Künste durchdrungen und nicht zuletzt neue hervorgebracht. Gerade die in der zeitgenössischen, namentlich der bildenden Kunst zu beobachtenden, immer abstrakter werdenden Formen lassen sich oftmals auf ein künstlerisches Schaffen zurückführen, das ausschließlich im Kompositorischen beheimatet ist. Gelingt ihm, vielleicht noch ohne jede Stofflichkeit, eine überdauernde und den Inhalt »mittragende« Form, kann es zweifellos ergreifend sein. Dennoch verbirgt sich hier auch eine Gefahr. Die Musik kann sich auf die Komposition konzentrieren, da das fertige Musikstück uns über das Hören ergreift. Das Resultat des Schreibens ist demgegenüber nicht mehr mit den Augen zu erfassen; es will den Leser, der denkend nachvollzieht. Die moderne bildende Kunst bürdet darüber hinaus eine intellektuelle Arbeit auf. Seitdem sie sich vom Anspruch auf Schönheit verabschiedet und immer mehr Objekten zugewandt hat, bei denen sich selbst der wohlwollende Betrachter fragen muß, was das Bildnis darstelle, welche Idee ihm zugrunde liege und worauf es aufmerksam machen wolle, wird es oftmals erst über die Beschäftigung mit der Philosophie des Künstlers verstehbar und sinnlich erfaßbar. Solche Kunst läuft Gefahr, durch ihre Intellektualität am Gefühl des Publikums zu scheitern; sie läuft sogar Gefahr, sich von einer Kunst belehren lassen zu müssen, die nur noch das Gefühl bedient, und Schillers Warnung vor einer auf das Geschmackliche beschränkten Kunst war für die Katz. Deutlich wird dies vor allem, wenn wir uns die Weiterentwicklung jener »drei Bewegungen« vergegenwärtigen, die wir als charakteristisch für die Megaphilosophie der Vernunft bezeichnet hatten. Drei Bewegungen waren es, die uns in der Trennung von künstlerischer und vernünftiger Wahrheit aufgefallen waren.

1) *Die Kunst wurde von der Welt des Alltags separiert, der Künstler trat als inspirierte Person in Erscheinung.*

Die Konsequenz: Je abstrakter die Kunst wurde, um so verschwommener wurde die Vorstellung dessen, was Kunst sei. Je mehr sich Künstler darin gefielen, sich den Habitus der Genialität einzuverleiben, um so mehr trat als Wesensmerkmal der Kunst anstelle ihrer Ausführung die sie anleitende Idee in den Mittelpunkt. Die Kunst wurde gleichsam zu ihrem eigenen Gelehrtendiskurs und mit ihm all die Ansichten über sie, die sich aneinanderreihten, zuerst Bände, dann Regale, inzwischen Bibliotheken füllten und schließlich dazu führte, daß die Sprache der Kunstkritik, der Kunsttheorie und der Ästhetik zu einer Welt für sich wurde, die weder der künstlerischen Absicht noch dem Interesse des Publikums genügen muß. Sie wurde zum quasi-philosophischen Diskurs, dem zuletzt auch der Künstler nur mehr andächtig lauschen kann.

2) *Poetik und Ästhetik wurden voneinander geschieden; der Künstler sucht den der Idee gerecht werdenden Stil, das Publikum wertet ihn nach eigenem Gusto als »schön« oder »unschön«.*

Die Konsequenz: In der ästhetischen Rezeption löst sich die Entscheidung darüber, was Kunst sei, immer mehr von ihrem Urheber. War ehedem der Reichtum an Deutungsmöglichkeiten ein insgeheimer Beweis für den Wert einer künstlerischen Arbeit, so entscheidet nun die Deutung selbst, was Kunst sei. Sie fragt nicht mehr nach der poetischen Intention des Künstlers und ihrer Ausführung, sondern nach der geschmacklichen Interpretation des Genießers. Ihm ist gestattet, als Kunst zu sehen, was ihm beliebt, oder vice versa einer Arbeit die Anerkennung zu verweigern, weil sie ihm nicht gefällt, sie ihn ängstigt, er sich's nie aufhängen würde oder er der Meinung ist, das könne er auch selbst machen, was er freilich nie tut, weil er gar nicht wüßte, warum. »Kunst entsteht im Auge des Betrachters« lautet das hier gängige Dekret. Ihm folgend kann nicht nur das Käsebrot kraft Bilderhaken zum Gemälde, ein ausgedientes Gerät zur Skulptur und die in der Trattoria auf die Papiertischdecke neben dem vom Weinglas gezeichneten Halbrund und die Essensflecke gekritzelten *esprits* über die Welt zur ästhetischen Programmatik werden. Ihm folgend darf auch, wenn ohnehin belanglos ist, was Künstler machen und sich denken, zum Künstler werden, wer sich nichts denkt. Er kann sich hinstellen, die Fläche mit Farbe zukleistern, sehen, was der Kleister ihm erzählt, und damit in Erfahrung bringen, was er kraft Inspiriertheit denn eigentlich thematisierte.*

* Der Vorgang erklärt, warum die bildende Kunst eine Entfernung vom Figurativen vermochte, die der schreibenden Zunft versagt blieb. Er erklärt leider auch, wie aus den großartigen Leistungen der abstrakten Kunst mittlerweile dieser Kindergarten werden konnte, der heute vielfach das Galeriewesen prägt.

3) *Das Verhältnis zwischen Künstler und Publikum, das ehedem durch das Opus bestimmt war, verwandelt sich in ein psychologisches Verhältnis. Der Künstler wird zum Propagandisten des späteren Individuums und, sobald im Individuum das Künstlersein schon einverleibt sein will, zur überflüssigen Figur.*

Die Konsequenz: Sie ist damit bereits gesagt. Die Kunst braucht keine Künstler mehr. Wo der poetische Akt keine Rolle mehr spielt und nur noch das Wohlgefällige zählt, wo sich hinter den Formen kein Inhalt mehr verbirgt und nur noch ein dekorativer Zweck verfolgt wird, läßt sich zur Kunst auch erklären, was keinen Schöpfer kennt: das vom Zahn der Zeit geschaffene Arrangement; ein Lichteinfall im zerbombten Haus; ein versehentlich im Fotolabor von falschen Chemikalien kreiertes Gemälde aus Form und Farbe ... Zum Opus wird, wenn einer das Auge besaß, die Kunst zu sehen; Künstler ist, wer das Werk erkannte und dokumentierte. Nicht mehr das aller Kunst vorausgehende innere Auge des Meisters, nicht mehr die Kunst ist das, was zählt; der Kunstverstand und damit am Ende das Künstlersein ist an ihrer Statt zum eigentlichen Wert geworden. Bliebe lediglich anzumerken, daß sich in einer Kunst, die nicht mehr auf den schöpferischen Akt, sondern die individuelle Anschauung abzielt und letztlich mit ihr identisch sein will, auch Oscar Wildes Wort ins Gegenteil verkehrt. Die Idee des Kunstwerks war, die Kunst zu offenbaren und den Künstler zu verbergen; zur Wirklichkeit der Idee wurde, den im Individuum verborgenen Künstler zu offenbaren und die Kunst zu verbergen. Mit einer Kunst, deren vordergründige Aufgabe es ist, die Sinne zu erfreuen und dem Gefühl zu dienen, ist dies im besonderen Maße möglich.

11 Die dem Gefühl gewidmete Kunst ist im Geschmacklichen und Modischen zu Hause. Sie feiert das Gefühl, indem sie die Sinne des Rezipienten weckt respektive, negativ ausgedrückt, die Abwesenheit jedweden Gedankens zelebriert und adelt. Dies gilt für fast jede Kunst, die neueren Datums als solche erklärt wurde: die *haute couture* und das Design, was *lifestyle*, *culture* und *visual art* uns schmeichelnd abverlangen, die Kunst zu wohnen und zu reisen, die Kunst zu schlafen und zu speisen. Sie alle haben ihre Berechtigung. Nochmals fand Oscar Wilde das rechte Wort, als er schrieb, wie der

Musiker vom Standpunkt der Form her Typus sei, ist es der Schauspieler vom Standpunkt des Gefühls. Der Gefühlskunst die Legitimität abzusprechen ist Humbug. Während uns die hohe Kunst den Blick in eine andere Wirklichkeit eröffnet, nutzt sie ihr Recht zu unterhalten, was wir uns gerne gefallen lassen. Problematisch ist jedoch ihr offensichtlicher Siegeszug und damit das neue Kunstverständnis. Bitter ist, wenn sich die Kunst wie ein Gebrauchsartikel beweisen und amortisieren muß, obwohl sie nie dem Konsumismus dienen und nie allein im Hier und Jetzt gefallen sollte.* Problematisch ist die Verschiedenheit der Intentionen, die die Kunst der Form und des Gefühls verfolgen, unmißverständlich aber in Richtung letzterer weisen. Jene dient dem Inhalt, diese bedient den Genuß.

Während sich jene der künstlerischen Wahrheit unterwirft, beschränkt sich diese auf den Publikumsgeschmack. Während im strengen Sinn die Kunst niemals die Aufgabe hatte, den Leuten zu gefallen, folgen die neuen Künste nur mehr diesem Ziel. Während ehedem Kunst meinte, ihre Relevanz läge im Werk, nicht der beabsichtigten Wirkung, wollen die neuen Künste seit der von Hegel formulierten und mittlerweile wie eine Selbstverständlichkeit auftretenden »Wirkungsästhetik« gerade über die Resonanz, die sie erzielen, zur Kunst werden. Während sich die moderne Kunst, die wir allmählich generell moderne Klassik nennen müssen, im Übergang zum 20. Jahrhundert endlich von der seit der Antike bestehenden Forderung Platons befreien konnte und nicht mehr dem Schönen, dem Guten und dem Wahren gehorcht, haben sich die neuen Künste ohne alle Wahrheit gerade darauf gestürzt. Selbst das Drei-Sterne-Restaurant darf sein Menü platonisch preisen: »Seine Zeit nicht zu nutzen, um das *Schöne* und *Gute* zu genießen, ist *wahre* Verschwendung auf Erden.«

Die neuen Künste übernahmen, wovon sich die alte, die seit jeher als solche geltende Kunst verabschiedet hatte. Sie nennen sich Kunst oder werden so genannt, gerade weil sie sich auf die Fahnen schrieben, was für jene politische Vereinnahmung bedeutete. Sie liefern dem Publikum Schönes und Gutes frei Haus, nicht nur, damit es sich über die Kunst keine Gedanken mehr machen müsse; vor allem, da-

* Das ist der Fall, wenn Bücher ungeachtet ihres literarischen Werts verramscht werden, weil ihr Verkauf zu gering war; wenn Musiker keinen Vertrag mehr bekommen, weil ein anderer Stil *hip* ist; wenn Werke bildender Künstler aufgekauft werden, weil sie *en vogue* sind, und kurz darauf ihr Name wieder aus der Mode ist, weil in den Markt die nächste Neuheit soll …

mit es sich mittels der Kunst, die man kultivierten Lebensstil jetzt heißt, überhaupt keinen über den eigenen Erfolg hinausgehenden Gedanken mehr machen muß. Sie sind sogar Ausweis des Erfolgs und Abgrenzung gegenüber denen, die weniger kultiviert sind, da sie weniger Erfolg hatten. Sie perfektionieren den der Konkurrenz innewohnenden vermaledeiten Eigennutz, indem sie ihn unter dem Namen Kultur, was nichts anderes mehr als »sich selbst was Gutes tun« besagt, einer Katharsis unterziehen, ihn moralisch reinigen und ihm eine Gepflegtheit verleihen, die den Egoismus vergessen macht. Sie erklärt im alleinigen Blick auf die Wirkung diese als Ursache: das Kultiviert-sein erscheint wie die Bedingung des Wohlstands, nicht wie dessen Folge (und der Zigeuner wird als einer empfunden, der von Natur aus im Dreck leben könne und nicht als einer, der im Dreck leben muß, weil ihm die Mittel fehlen).

Um Form und Gefühl kreisen jetzt die alten und die neuen Künstler. In der Form und im Gefühl scheiden sich die Geister. Wie eine das Publikum mißachtende Kunst tritt die eine in Erscheinung, wie eine dessen Wünsche bedienende die andere. Das Ende dessen, was als Kunst galt, ist damit bereits angezeigt. Keineswegs die allmählich sich auflösende Trennung von ernster und unterhaltender, von E- und U-Kultur soll mit dieser Mahnung angesprochen sein; sie wollte noch nie die hehre Kunst, sondern den hehren Künstler. Die Kommerzialisierung der Kunst und ihre Instrumentalisierung für den Kommerz ist gemeint. Dem Mammon dient die neue Kunst. Nicht dem eigenen, auch nicht dem des Künstlers. Einfach nur dem Geld, das im Namen des Gefühls jedem aus der Tasche gezogen werden soll; unsere Schweizer sagen uns neuerlich wie: Das *Gottlieb Duttweiler Institut für wirtschaftliche und soziale Studien*, einst ein führendes Haus für soziale Unternehmenspolitik, bot 1993 mal wieder das passende Seminar. »Kunstgriffe / Strategische Dramaturgie« lautete der Titel. Erlebniswelten optimieren, die kreative Intuition der Teilnehmer schärfen und deren *dramaturgische Kompetenz* befördern war das Ziel. Im Programm stand geschrieben: »Die Evolution hat uns nicht allein zu Denk-Menschen gemacht. Wir sind auch Gefühls-Menschen und wollen daher unsere Umwelt emotional erleben. Werbung, Public Relations und Corporate Identity erfüllen diese Bedürfnisse heute ebenso selbstverständlich wie früher populäre Spielfilme oder Romane. Sie schaffen Erlebniswelten, um sich ihrem Zielpublikum noch wirkungsvoller mitzuteilen … Dabei reicht die

Bandbreite vom Werbespot bis zum Messebau, vom Personen-Styling zum Product Placement, vom Industriefilm bis zum Business Park.«

Da sieht der noch aus der alten Moderne stammende Künstler freilich schlecht aus. Wenn die Marketingmillionen fließen und das Publikum den Unterschied zwischen künstlerischen und »strategischen« Dramaturgien nicht mehr erkennt, wird seine Arbeit bald dilettantisch wirken. Immerhin machen beide dasselbe; in beiden Fällen wird geschrieben und gemalt, getanzt und musiziert, komponiert und gestaltet, gespielt und inszeniert. Und nicht nur das; die neuen Künste geben gar vor, dasselbe zu wollen. Nicht nur im Schönen und im Guten; auch in dem, was danach folgte: Der Skandal ist zum Geschäft der Werbung geworden; der politische Anspruch zur Sache der Medien; der Verweis auf Wahrheiten, die sich der Vernunft entziehen, zum Hauptanliegen des Marketings; das einigende Band, das die Kultur zu knüpfen weiß, zum Bestreben jeder *corporate identity*; die Abstraktion der Form zum Spielplatz des Designs; die Suche nach der überdauernden Form zum Muß der Markenmacher; das Aufzeigen fremder Wirklichkeiten zum Topos des Films …

Sie alle verstehen es besser, ihre Inhalte in Form zu bringen. Sie werden den Zielen, die vermeintlich identisch sind, weitaus wirkungsvoller und oft sogar in erregenderer Weise gerecht. Sie verstehen es, Menschen zu *in-formieren*. Sie können ihr Publikum verführen, selbst wenn sie eine vom Konsumenten ihrer Kunst verschiedene Wahrheit beanspruchen, während die »alten« Künstler ihre Wahrheit verdunkeln, das Publikum außer acht lassen, das konsumtorische Interesse ignorieren und ihre Kunst unnötig verkomplizieren. Sie wissen, wie man das *high tech* mit dem *high touch* (von Bergen) verbindet. Sie machen Kunst, selbst wenn sie ihr Tun nicht so nennen. Vor allem jene, die aus der Werbung, dem Marketing oder der Markenkreation kommen, machen und beeinflussen die Kunst. Die Werbung in ihrer stilbildenden Ästhetik; das Marketing als kunstvermarktende Instanz, als integraler Bestandteil von Kunst und vielleicht gar als neue Schule der Komposition; die Marke als eine neue Art von Text. Der Beruf des Kreativen zeichnet sich geradewegs dadurch aus, daß er Phantasien mit beabsichtigten Wirkungen verbindet. Es sind meist Künstler und Dienstleister in einem. Sie kennen ihre doppelte Identität. Sie erzählen gerne die doppelte Geschichte vom Business-Trip nach New York und dem vormaligen Leben in der Dachkammer. Sie haben nicht das Gefühl, vom Künstler zum Manager geworden zu sein; sie glauben, als Künstler zum Erfolg gekommen zu sein. Sie lieben die Kunst: sie gehen gerne ins Kino, lassen im Hintergrund den internationalen Pop-Kanal im TV laufen, manchmal auch ohne Ton zwei oder drei Monitore gleichzeitig, sammeln CDs und hören sie ständig, sie sichten regelmäßig die Hochglanzpresse, versäumen es nicht, von Pavarotti *and friends* bis zu Cristos Verpackung des Reichstags die herausragenden Events der Gegenwartskultur mitzuerleben ... sie kennen sich aus in der Kunst. Da kann der alte Künstlertypus nicht mehr mithalten. Da wird er leicht zur überflüssigen Figur.

Meist fällt es ihm schon schwer, bei den Vermarktern seiner Arbeit, den Galeristen, Verlegern und Intendanten, um die freien Plätze zu streiten. Jetzt soll er unter dem Primat des Publikums auch noch mit den Künstlern aus dem Marketing konkurrieren. Wie sollte ihm dies möglich sein, ohne nicht zugleich den Lebensnerv dessen, was das künstlerische Schaffen auszeichnet, zu verlieren? Gewiß, deren Kunst ist von anderer Qualität. Es ist eine Kunst, die selbst in ihrem Zauber von keiner anderen Wirklichkeit berichtet als der materialistischen. Gewiß ist auch lächerlich, wenn ein Marketingmann aus der Seifen- und Kosmetikindustrie, der ehedem Kaffee und Mieder-, Bade-, Strand- und Freizeitmoden vermarktete, das »Kölnisch Wasser« seines Hauses als Kulturgut preist, dessen künstlerische Leistung schon immer bedeutend gewesen sei: in der künstlerischen Idee, die alle faszinierte, in den revolutionären Gestaltungslösungen, in der eindrucksvollen Vision der Marke, die die künstlerische Freiheit über alles liebe und auch ein wenig »Future« verkörpere. Zugleich wissen wir, daß solche Töne in den Marketingabteilungen tagtäglich zigfach laut werden – nicht nur im Wortlaut, auch in dem, was dort an Kunst geschaffen und im Markt als solche konsumiert wird.

Es ist eine Kunst, die kompositorisch tätig ist, ohne die bleibende Form zu erstreben. Auch wenn Marken von ihrer Wiedererkennung leben und diese von der sorgfältigen Behandlung aller Formaspekte abhängt. Auch wenn in der Markenkreation Inhalt und Form eine tragende Rolle spielen: Was wären Marken anderes als geistige Gebilde, als Verkörperungen von Ideen, deren Philosophie Label ist, als Produkte des unmittelbar Künstlichen? Auch wenn das Interesse darin liegt, langlebige Marken zu kreieren. Es sind Künste, die des Künstlers Arbeit praktizieren, ohne beim Kunstwerk zu landen. Es ist eine Kunst, die auf das abzielt, was das Marketing für nützlich hält. Es ist eine Kunst, die den Nutzen an das anbindet, was Menschen für Gefühle halten. Es ist eine Kunst, die das Kreatürliche mit dem natürlich Erscheinenden, das Lebensmittel mit dem Lebensgefühl, den Unterhalt des Marketings mit unserer Unterhaltung verknüpft. Es ist eine Kunst, deren Tun aufs Merkantile zielt, deren Tat nur im Geschäftserfolg bewiesen wird. Es ist eine Kunst, die schon wieder ein Wort Oscar Wildes verkehrt. Alle Kunst sei frei vom Zweck, sagte er. Nun soll es der Zweck sein, der die Kunst erst erschafft. Es ist eine Kunst, die Ware ist. Es ist, dürfen wir's sagen?, keine Kunst.

Wir dürfen es sagen. Nur hat keiner was davon; weder die Kunst noch der Künstler. Es sei denn, man wollte jene nicht nur als Botschafterin einer anderen Realität ansehen, sondern als eine, die dieser Realität fremd gegenübersteht. Es sei denn, man wollte diesen nicht nur als Medium einer fremden Welt, sondern als weltfremd erachten. Es sei denn, man wollte das künstlerische Schaffen nicht nur über das Handwerk erheben, sondern ihm jedwede Handwerklichkeit verbieten. Es ist schwer möglich, zumal die Übergänge fließend sind. Fragen wir also noch einmal: Wo fängt Kunst an, wo setzt sie aus? Welches Kriterium ist uns geblieben? Kreativität und Handwerk. Intuition und Komposition. Form und Inhalt. Sie alle spielen unverändert ihre Rolle. In der einen Kunst und in der andern. Nur die Wahrheit der Kunst, die ist verschieden.

12 Wir sagten, unter der Megaphilosophie der Vernunft habe die Kunst das Wertvollste verloren, das sie besaß: die Wahrheit. Es ist der größte Vorwurf, den wir der Vernunft machen müssen. Als ihre Herrschaft begann, erhob sie sich als Wahrheit über jede Wahrheit; als sie endete, war alle Wahrheit zunichte. Nicht nur die des Lebens, die sie mit ihrer rationalen Skepsis nach und nach ausmerzte: die Wahrheit der Religion, der Liebe, der Verbundenheit des Menschen mit dem Menschen, seiner doppelten Stellung als Herrscher und Beherrschter der Natur, der Bereitschaft, in der eigenen Stärke auch eine Verantwortung gegenüber dem Schwächeren zu sehen, die Wahrheit einer nicht dem Kalkül; sondern dem Gewissen geschuldeten Ethik ... Sogar all die Wahrheiten, die sie selbst beanspruchte,

sind vergangen: die Wahrheit in Politik, Wissenschaft und Philosophie. Auf Basis der Vernunft lassen sich »richtige«, lassen sich vorübergehend gültige Aussagen formulieren, aber keine wahren mehr.* Die Wahrheit ist privatisiert. Die Wahrheit der Kunst ist zum Diskurs der Gefühle geworden.

Das ist die eine Seite. Deshalb konnte Lothar Späth die Kunst als diejenige preisen, die emotionale Bedürfnisse erfülle. Deshalb sucht man das intuitive Potential der rechten Gehirnhälfte; erscheint Genialität nie rational; gilt der Bauchmensch als kreativer denn der Kopfmensch; fühlen sich Unternehmer als Künstler, sobald sie ihr Gespür für den Markt und den Willen, ihn zu gestalten, erkennen; entsteht die Kunst im Auge des Betrachters; sind das Schöne und das Gute gefordert; ist Kunst beliebt, wenn sie den Sinnen dient, und unverstanden, wenn sie mehr will als das.

Andererseits will aber jeder Künstler mehr als das. Jede Kunst kennt nach wie vor ihre eigene Wahrheit. Jeder Künstler nimmt sie ernst, denn er will immer etwas von seiner inneren Wahrheit nach außen tragen. Potentiell steht die Wahrheit des Künstlers der tagtäglich propagierten unverändert gegenüber. Unverändert ist der Künstler von der realen Welt separiert und seine Kunst in ihr nur Meinung;

* *Vorübergehend gültig!* Das ist das zentrale Kriterium vernünftigen Denkens, das in der Rede vom »Lebensabschnittspartner« ebenso laut wird wie in den immer nur im nachhinein sich herausstellenden Problemen mit den Produkten des Vernünftigen: die Strahlungen des PC-Bildschirms, die Frequenzen des Mobiltelefons, zuerst das Kühlmittel FCKW in der Klimaanlage, dann dieselbe als Virenschleuder ... Das Prinzip ist stets das gleiche. Man verlacht den alten Bauern, der jedes dritte Jahr seinen Acker brachliegen ließ, und feiert den eigenen Fortschritt – hier: die künstliche Düngung. Dann stellt sich heraus, daß es Nebenwirkungen gibt, die man nicht bedacht hatte; es stellt sich heraus, die Vernunft war nicht vernünftig. Es war nicht *wahr*, was ihr Ratschlag behauptete. Statt dessen wird die gegenteilige Konklusion gezogen: Wir müssen die Probleme vernünftig meistern! So aktuell bei den Folgeschäden des Jugoslawien-Kriegs, in der Klimakatastrophe, bald bei den gentechnisch behandelten Lebensmitteln ... Und ehe das Desaster mit Hilfe der Vernunft behoben werden soll, läßt sie obendrein fragen, ob die behaupteten Mißstände überhaupt zutreffend seien und nicht eher ideologisch überkommenen Denkweisen zugeschrieben werden müßten. Alles, was dieser Vorstellung von Vernunft widerstrebt, gilt erst mal als ideologisch. Dabei weiß fern seiner unmittelbaren Interessen wirklich jeder (!), daß man sich beim Gebrauch der Vernunft über alle auch nur im geringsten relevanten Details im klaren sein muß, andernfalls kommt es zu Überraschungen. – »Du kannst ein Lebewesen bis zu einem gewissen Grade beherrschen lernen, aber du kannst es niemals idealistisch konstruieren. Du würdest bei der Konstruktion tausend Dinge vergessen, die zur organischen Vollständigkeit gehören« (Hans Domizlaff).

unverändert stellt die Kunst die Gegenmacht dar; unverändert verfolgt sie ihren politischen Auftrag, und selbst im Kino und im Pop wird meist nichts anderes als diese Gegenwelt propagiert. Aber – und das ist das Entscheidende, worin sich all die Seiten dieses Kapitels auf einen Satz reduzieren lassen: die Megaphilosophie des Ökonomischen hat für diese Wahrheit der Kunst eine eigene Wirklichkeit geschaffen, die nun parallel zur bestehenden existiert und zugleich in dieser ihren festen Platz hat. Sie hat, um einen Ausspruch des damals 95jährigen Hans Georg Gadamer aus dem Jahre 1995 zu zitieren, *die Welt informationell verdoppelt.*

Wir sprechen über die Kunst und das sich wandelnde Kunstverständnis. Wir sprechen über die Megaphilosophie des Ökonomischen, die wie schon ihre Vorgängerinnen ein Interesse daran hat, die Legitimität ihrer Macht durch eine ihr gemäße Kunst bestätigt zu sehen. Ihr liegt daran, die Künste neu zu definieren und zu erweitern, weil die alten Definitionen noch aus einer Zeit stammen, in der die vormalige Herrin regierte. Sie macht es gut, wir können es nicht verhehlen. Gut für das, was ihre Ziele sind; gut für ihre Zwecke. Auffällig ist vor allem die Raffinesse, mit der sie die für die Vernunft so problematische Trennung von künstlerischer und vernünftiger Wahrheit für sich nutzt.

Während die alte Kunst den *Inhalten* Form verleihen mochte und dabei zunehmend an den Gefühlen der Rezipienten scheiterte, verleihen die neuen Künste den *Gefühlen* eine Form und erklären sie zum Inhalt. Während die Megaphilosophie Vernunft zwar die Wahrheit der Kunst nutzen wollte, ihre Richtigkeit aber anzweifelte, ist die Ökonomie sofort bereit, sich der Phantasie unterzuordnen, solange unterm Schlußstrich nur die Rechnung stimmt. Während die Künstler unter der Herrschaft der Vernunft sich noch aufgerufen fühlten, ihr Werk *in virtu* zu verwirklichen, und ihre Opfer dafür brachten, packt sie die Herrschaft des Ökonomischen, wohl wissend, daß die Resultate in ihrem Sinne ausfallen werden, bei ihren Schwächen: Laßt sie *erst mal* selbstbestimmt kreativ arbeiten! Verschafft ihnen Auflage! Gebt ihnen genug Geld!

Daß das Marketing etwas anderes als die Kunst will, muß dabei gar nicht in Frage gestellt werden. Jeder weiß, diese braucht die Freiheit, jene den Erfolg. Nachdem aber auch der Künstler nur ein Mensch ist und für den Menschen Erfolg nun Freiheit heißt, ist der künstlerischen Freiheit mit der des Künstlers am Ende doch Genüge getan.

Da können alle Vergleiche in und mit der Kunst streitbar sein wie sie wollen. Sobald der Künstler im Marketing arbeitet und das Marketing Teil inszenierender Künste wird, sobald in der Werbung virulente Sehnsüchte dokumentiert werden und der Werber zum Autor von Lebensgefühl-Reportagen wird, hat das Publikum keine Probleme, die neue Kunst als ihm wohlgefällig zu begreifen, wenn sie nur das Verlangen nach Sinn, Gefühl und Lebensart befriedigt. Es wird zwar nach wie vor munkeln, Werbung sei keine Kunst, und diese für höher bewerten als jene. Beim Konsumieren aber wird die Mehrheit trotzdem das eine als zu anstrengend vermeiden und das andere, sobald es vergnügt, gerne wählen. Denn Werbung heißt nicht mehr Reklame.

Werbung heißt Lifestyle- und Modezeitschrift, heißt TV-Programm (»Diese Sendung widmete Ihnen ...«) und Kinofilm (vom *product placement* bis zum *merchandising*), heißt jeder Ort, wo Menschen sich versammeln: im Sport, im Theater und Museum, im Festival und auf Veranstaltungen, in den Zentren der Städte, auf allen reellen und virtuellen Plätzen ... Es gibt keinen Ort, der nicht für die Ökonomie interessant wäre, sobald sich Haufen bilden. Es gibt keine ans Lebensgefühl gerichtete Botschaft, die nicht gerne Marken nutzten. Es gibt keine Kunst, die der Öffentlichkeit nicht bedurfte, und diese Öffentlichkeit ist nur noch Markt. Als Markt läßt sie sich auch nicht mehr provozieren. Der Markt *ist* Provokation: die permanente *Aufreizung* und *Aufforderung* unserer Sinne, unserer Gedanken, unserer Philosophie vom Leben, damit wir tun, was wir zu tun haben: in der Arbeit funktionieren, in der Freizeit konsumieren.

Schon die Frage: *Ist Kunst noch Kunst, wenn sie vermarktet wird?* ist irreführend. Es wäre treffender zu fragen: *Kreiert auch das Marketing Kunstwerke?* Zumindest darf dem heutigen Blick auf die allgemeine Wirkung und das persönlich Geschmackliche zufolge die Differenz zwischen einer Kunst, die einem inneren Auftrag entsprang, und einer, die dem merkantilen Interesse folgte, als vernachlässigbar angesehen werden; im ästhetisch Dekorativen und emotional Plakativen steht der Werbeclip dem Popsong, die *identity*-Skulptur vorm Haupteingang des Unternehmens der Kunst der Städte und die Design- und Konsumartikelmesse der renommierten Kunstausstellung in nichts nach. Hier wie dort ist die der künstlerischen Arbeit eigene Mystifizierung dinglicher Verhältnisse eher von Belang als die der Warenmystik unterstellte Verdinglichung menschlicher Verhältnisse.

Da täuscht sich auch Klaus Modick, wenn er sagt, es sei die *Eigenart der Kunstwerke*, so viele Interpretationen zuzulassen und zu schaffen, wie ein Werk Betrachter finde, während die Werbung diese Wirkungsmöglichkeit ausschalte, da die Leute gegenüber einer Kampagne immer nur das eine empfinden sollten: kauft![38] Er täuscht sich, weil die Kunst der Werbung und des Marketings keineswegs den kommerziellen Grund zu verschleiern versucht; das würde ihr heute beim besten Willen nicht mehr gelingen. Vielmehr zielt sie darauf ab, die ihren Werken gleichfalls innewohnende Vielfalt zu nutzen, um dem Konsum eine andere Aura zu verleihen, ihn aus seiner realen Natur, die durch das Marktgeschehen erklärt wäre, zu entlassen und das von der Wirtschaft Dargebotene als das vom Leben Erwünschte auszuweisen. Diese Kunst intendiert die Verwirklichung und Instandhaltung dessen, wovon hier überhaupt die Rede ist: Die Ökonomie sei die letztendlich maßgebliche Instanz in allen Lebensfragen und damit die oberste Autorität aller praktischen Philosophie.

Tatsächlich gibt es keine erfolgreiche Marke, die nicht vorrangig eine Philosophie verträte. So wie der vom Marketing gepflegte »emotionale Zusatznutzen« dazu dient, den »rationalen Produktnutzen« zu erweitern, damit sich, weil saubere Wäsche noch keine glückliche Familie macht, die Hausfrau im Namen des Wohlbefindens für diese Seife entscheide, so verfolgt auch jede Marke das Ziel, das Angebot des Produkts mit Hilfe eines Lebensgefühls, eines Lebenstraums oder einer Philosophie zu erweitern, diese an jenes zu binden oder an dessen Stelle zu setzen. Jede von ihnen zeigt ein Stück vom Leben. Jede ist ein kleiner Ratgeber für den Alltag. Jede vertritt eine Wahrheit, die heute gültig sein kann und sich morgen wieder verwerfen läßt. Daß diese künstlichen Wahrheiten der Realität widersprechen, ist kein Geheimnis. Man muß nicht Philosoph sein, um diese Welt der zweiten Wirklichkeit als trügerisch und blendend zu erkennen. Selbstverständlich handelt es sich um eine Mythologisierung realer Begebenheiten. Selbstverständlich kann hier eine Herrschaft von Symbolen angeprangert werden; jede von Natur aus gegebene Einmaligkeit läuft Gefahr, zum Störfaktor einer konzipierten Identität degradiert zu werden, wenn alles, was ist, nichts mehr an sich ist, und immer erst produziert werden muß, damit es eine Einmaligkeit bekomme.

Was sollte daran aber befremdlich sein? Steht die Kunst nicht ohnehin außerhalb der Realität? Hatte uns die Philosophie nicht seit jeher gelehrt, daß sich die wahre Sicht der Dinge nicht in, sondern hinter der von uns erkannten Realität verberge? Noch nie lag der Wert einer Philosophie in ihrer Nähe zur Realität begründet; schon immer lebten Philosophien im besonderen Maße von der Leugnung des Realitätsprinzips. Da hat sich mit den vom Marketing behaupteten Philosophien nichts geändert. Fast dürfen wir sagen: Das Ende der idealistischen Weltsicht, das unserer Gegenwart fraglos attestiert werden kann, geht einher mit dem Beginn des absoluten Idealismus, dem diese zweite Wirklichkeit, die ausschließlich einem festgesetzten Ideal zu folgen hat, gehorcht. Die Philosophie ist tot und feiert doch in der Philosophie der Marke fröhliche Urständ. Gerade deshalb sind Marken politische Gebilde, wie es die Werke kritischer Künstler kaum sein konnten; sie tragen entscheidend zur Bildung unserer unwirklichen Realität bei. Immer mehr wird zur Marke. Immer mehr sind die Gesetze der Markenführung über die klassische Markenartikelindustrie gültig. Immer mehr gesellschaftliche Phänomene folgen den Regeln einer *Ökonomie des Immateriellen*. Marken sind zum größten Kapital des Unternehmens und zur wichtigsten Quelle der Wertschöpfung geworden. Sie sind das Realistischste und Materialistischste, das die Ökonomie kennt, und stellen doch nichts anderes als Produkte des Geistes dar.

Die Phantasie wollte an die Macht? Sie ist an der Macht. Die Welt der Phantasie steht der realen Welt nicht mehr diametral gegenüber; sie ist ein immanenter Teil von ihr. Auf beiden Seiten: auf seiten künstlerischen Schaffens, das wir nun eher *Produktion* nennen sollten; und auf seiten der Rezeption von Kunst, die jetzt als *Konsumtion* in Erscheinung tritt. Seitens der Produktion sind Marken Schöpfungen im Künstlichen, denn nichts, was das Marketing kreiert, ist materiell anfaßbar und ohne es existent. Ohne das Marketing wäre eine *Marlboro* eine Zigarette wie Millionen andere, ein bißchen Tabak, ein wenig von dem feinen weißen Papier, dazu ein Filtermundstück im festeren gelben Papier. Der Erfolg der *Marlboro* als Weltmarke hat so gut wie nichts mit ihren Produkteigenschaften zu tun. Was das Marketing produzierte, ist die künstliche Wirklichkeit der Marke. Erst durch das Marketing wurde sie zum Inbegriff von Freiheit und Abenteuer. Darin bedient sie unsere Träume, und Hugo Ball darf sich freuen. Darin stellt sie zugleich nichts anderes dar als eine immaterielle Realität, die die materielle Realität eines Umsatzes von zig Milliarden Dollar hervorbringt, und Hugo Ball darf sich im Grabe umdrehen.

Seitens der Konsumtion sind Marken Gesamtkunstwerke im kleinen. Sie sind nicht Kunstwerke in der Art, wie wir Kunst kannten. Aber sie sind es im Sinne dessen, was Kunst heute bedeutet. Sie verkörpern eine neue Kunstgattung. Sie sind eine neue Art von Text. Sie stellen poetische Gebilde dar, die mit künstlerischen Mitteln geschaffen und präsentiert werden. Sie vereinen Musik und Sprache, Bild und Inszenierung und bringen darin eine Lebensanschauung zum Ausdruck. Sie spiegeln Sehnsüchte wider und geben Visionen neuer Sehnsüchte vor, ohne sie aus der ökonomisch definierten Realität zu entlassen.

So ist die Kunst des Markenmachens im selben Moment ein schöpferischer Akt und ein Produktivitätsfaktor. Wie jede Kunst schafft sie Knoten- und Kreuzungspunkte, deren Relevanz nicht auf den Einzelfall beschränkt bleibt. Sie greift die Versagungen des Alltags auf, bündelt und verdichtet sie, macht das Wahre an ihnen empfindbar, verwandelt sie in Zeichen bevorstehender Zukünfte, verleiht ihnen Sinn, bettet das Verwehrte in eine Polyvalenz geteilter Wünsche ein und überzieht dieses Konglomerat verlorener Erwartungen vom Leben mit dem zarten Schmelz des Verständnisses: Ich kenne deine Wünsche, und solange ich sie dir vor Augen führen kann, darfst du auf ihre Erfüllung hoffen. Dennoch sind Marken nur *ökonomische Signifikate*. Der Härte des Lebens, der niemand gänzlich entrinnt, wird durch die Vision von einem anderen Leben keine reale Alternative mehr entgegengesetzt. Die ökonomische Rationalität des Numerischen wird durch den Traum vom Glück nicht untergraben. Das nüchterne Realitätsprinzip wird durch die Widerspiegelung erlöster Sehnsüchte nicht ausgehebelt: Vielmehr werden die Wünsche durch die Inszenierung der zweiten Wirklichkeit zum imaginären Teil der ersten. Sie werden vom paradiesisch-utopischen Vorbild noch ungekannten Lebens zum potentiellen Part realer Existenz. Sie werden aufgesplittet in tausend mögliche Realitäten und sind doch alle nur der einen unterworfen.

Auf diese Weise kann auch die dem Marketing unterworfene Kunst subversive Inhalte vertreten und tut es: die unerfüllten Träume in der Werbung, die verratenen Träume im Kino, die radikalen Träume im Pop ... Andererseits ist das Subversive bloß Aggregat kapitaler Logik, damit ihr wirklich nichts mehr entrinne. Einerseits sind die Künste erweitert wie nie zuvor; andererseits hat die Erweiterung der Realität sie schon wieder eingeholt. Einerseits formulieren Marken und mit ihnen jede das Marketing nutzende Kunst Tröstungen: Es gibt sie noch, die Vorstellung vom wahren Leben. Andererseits soll die ihren Werken einverleibte Philosophie die angesprochenen Wünsche auch nur künstlich befriedigen. An Marken künstlich ist nicht nur die Tatsache, daß in ihrem Label ein geistiges und vom Produkt genuin unabhängiges Gebilde veröffentlicht wird. Künstlich und illusionär sind sie vor allem, weil mit ihnen ihre Urheber unumwunden bekennen, wie sehr sie wüßten, welche Sehnsüchte Menschen verfolgen. Sie bringen sie nicht wie der Künstler zum Ausdruck, um an ihre Verwirklichung zu erinnern. Sie bringen sie zum Ausdruck, um mit Hilfe ihrer Benennung Menschen dazu zu bringen, der Marke Glauben zu schenken. Deine Phantasie oder deine Arbeitskraft – irgendwo erwischen wir dich.

Hier zeigt sich, wie teuer die Trennung von Vernunft und Phantasie kam. Für die Ökonomie wurde sie zur Kondition ihres Sieges: Durch die Schaffung einer zweiten Wirklichkeit kann sie in einer Scheinwelt agieren, die nichts mit ihrem tatsächlichen Tun gemein haben muß. Sie kann alle *Ideologien* bedienen, ohne auch nur eine von ihnen ernst nehmen zu müssen oder gar in den Verdacht zu geraten, sie habe etwas mit ihnen zu schaffen. Sie kann durch die *Erfindung und Inbetriebnahme dieser zweiten Wirklichkeit* jedes Märchen für ihre Zwecke nutzen und muß doch niemals von ihrer nüchternen Pragmatik abrücken. Der Konsument wird den ihm dargebotenen Zauber stets verlockend finden, solange er nur seinem Gefühl gehorcht und seinen Verstand nicht gebraucht. Das ist das Geheimnis: In der Einbeziehung künstlerischen Schaffens wurde die Produktion von Ideologien möglich, ohne daß die Wirtschaft selbst einer Ideologie bedurfte; in der Verdoppelung der Realität ist die Synthese von Vernunft und Phantasie vollzogen.

Lassen wir zu guter Letzt nochmals Cordt Schnibben zu Wort kommen. Als er mit der Werbung abrechnete, hatte er die neue Ideologiewirtschaft treffend benannt. Er sprach von der »ideologischen Kraft«. Gerechterweise müssen wir zwar zugeben, daß er der Werbung Unrecht tut. Werber sind meist viel zu einfältig, als daß sie etwas von der hier geschilderten Raffinesse verstünden. Nicht sie, die Markenmacher verstehen was von der Philosophie der Marke (weshalb auch noch keine Werbeagentur eine Marke schuf); nicht sie, das Marketing weiß vom Geschäft mit der Kunst. Am Gehalt seines Resümees ändert es wenig. *Der Kauf ist Ausdruck von Weltanschauung geworden*, schrieb er. Weltanschauungen habe die Werbung immer vermittelt. Aber in den letzten Jahren habe sie begonnen, dem Konsumenten mehr zu verkaufen als die Käuflichkeit des Glücks. Sie sei politisch geworden. Jetzt »saugen die Markenartikler Stimmungen, Anschauungen und Gefühle ihrer Kunden auf und spucken sie wieder aus. Aber sie erfinden sie auch, wenn nötig, sie kreieren sie« – in der *Reklamokratie*.[39]

VII.
Idealismus und Ideologie

Von der politisch-nationalen zur ökonomisch-internationalen Identität und das Comeback des Absoluten

1 In Deutschland ist die Philosophie Geschichte. Sie beginnt in Lauingen an der Donau um das Jahr 1200. Albertus Magnus wird geboren. Sie beginnt mit Naturforschern und Alchimisten. Sie beginnt, dem Geist des Mittelalters adäquat, nicht als »Mutter aller Wissenschaften«, sondern als »Magd der Theologie«. Sie beginnt mit handfesten Kirchenmännern und entrückten Mystikern. Albertus Magnus folgen nach: Meister Eckhardt, geboren 1260 bei Gotha; Kardinal Nicolaus Cusanus, geboren 1401 im heutigen Bernkastel-Kues; Paracelsus, geboren 1493 bei Einsiedeln in der Schweiz; Jakob Böhme, geboren 1575 in Schlesien. Böhme ist der erste wahrhaft deutsche Denker, der darum der *Philosophus Teutonicus* genannt wird. Er ist nicht eigentlich Denker, eher Inspirierter. Der ehemalige Schuster und Händler findet zur Philosophie, indem ihn ein Fremder anspricht. Christus selbst ist es, der ihn ruft. Böhme hört ihn, hört im Innern seine Stimme und fühlt sich berufen. Das Absolute meldet sich. Bei Böhme wird es erstmals laut. Das Absolute ist es auch, das Hegel und die deutschen Romantiker an Böhme mögen werden.

Nicht die Berufung ist erstaunlich, sondern die Art seiner Philosophie. Böhme schreibt zur Zeit des Dreißigjährigen Krieges. Er schreibt, während die Bevölkerung Europas durch Pestepidemien,

Seuchen aller Art, Gemetzel und täglichen Mord um ein Drittel reduziert wird. Er schreibt zu einer Zeit, in welcher der von Erasmus von Rotterdam und Thomas Morus ins Leben gerufene europäische Humanismus wie auch der von Niccolò Machiavelli dagegen gehaltene strategische Anti-Humanismus 100 Jahre alt sind. Er schreibt in einer Zeit, in der sich das neue kopernikanische Weltbild bereits seit mehr als einem halben Jahrhundert verbreitet. Er schreibt zur selben Zeit, in der der vierzehn Jahre ältere Francis Bacon von Verulam die Erfahrungswissenschaft und damit den Ausgangspunkt des modernen Wissenschaftsverständnisses begründet.

Für den englischen Baron und Großkanzler Bacon waren die Ereignisse Grund genug, in der Philosophie endlich nach brauchbaren wissenschaftlichen Erkenntnissen zu suchen, statt metaphysische und scholastische Fragen wie den Dualismus von Körper und Seele oder die Existenz aristotelischer »Substanzen« zu diskutieren. »*Wissen ist Macht* – dieser Standpunkt war ebenso für seine Theorie der Naturbeherrschung wie für sein Leben als Staatsmann entscheidend – ein Grübler war er nicht.«[1] An Jakob Böhme gehen diese Entwicklungen jedoch unbemerkt vorüber. Zumindest taucht in seinen Schriften nichts davon auf. Zwar ist auch seine Welt nicht heil, aber sie ist nicht von dieser Welt. Es ist die Welt der deutschen Mystik. Es ist die Welt des Mittelalters, die bereits der Vergangenheit angehört. Es ist die Welt des 17. Jahrhunderts, die Zeit des Barock. Sollte seine Philosophie keine zeitlose sein, müssen wir sie eine verspätete nennen.

Schon 20 Jahre nach Böhme wird 1596 René Descartes geboren. Mehr noch als der englische Empirismus prägt nun der französische Rationalismus die europäische Philosophie des 17. Jahrhunderts. Frankreich ist das Zentrum europäischen Denkens. Es ragen heraus, in der Reihenfolge ihrer Geburtsjahre: 1588, der Engländer Thomas Hobbes, Begründer des englischen Rationalismus; er lebte viele Jahre in Frankreich. 1623, der französische Philosoph, Mathematiker und Physiker Blaise Pascal, der den Absolutheitsanspruch der rein rationalen Vernunft in Frage stellt. 1632, der Engländer John Locke, Begründer der englischen Aufklärung; er lebte vier Jahre in Frankreich. 1694, der Franzose François-Marie Arouet, genannt Voltaire, einflußreichster Kopf der französischen Aufklärung; er lebte je vier Jahre in London und Berlin. 1711, der Engländer David Hume, wichtigster Repräsentant der englischen Aufklärung; er lebte drei Jahre in Frankreich.

Zwischen ihnen taucht als erster weltlicher Denker der deutschen Philosophie Freiherr Gottfried Wilhelm von Leibniz auf. Der im Jahre 1646 geborene Leipziger war eine Ausnahmeerscheinung. Ein deutscher Philosoph, der das Denken seiner Zeit erfaßte, der Empirismus und Rationalismus verband, der im politischen Dienst tätig war. Ein deutscher Philosoph, der sagte: »Da ich alles auf irgendeinen Nutzen auszurichten pflege, habe ich mehr Mühe auf die *res publica*, das Gemeinwesen, verwandt als auf kritische Spitzfindigkeiten.« Ein Universalgelehrter, der sich in Paris und England, in Rom und Wien auskannte. Leibniz hielt sich oft in Frankreich auf; er schrieb auch in Französisch und Latein.

2 Intermezzo: Ebenfalls aus Frankreich kommend taucht in der ersten Hälfte des 18. Jahrhunderts das Wort »Identität« im deutschen Sprachgebrauch auf. Leibniz dürfte seinen Anteil daran haben. Das von ihm formulierte »Identitätsprinzip« übte auf die nachfolgende deutsche Philosophie großen Einfluß aus. Tatsächlich war nicht alles, was er von sich gab, so nützlich-nüchtern wie er sagte. Seine Erkenntnis, wir lebten in der besten aller möglichen Welten, schien manchem Aufklärer doch etwas übertrieben; und Voltaire, als Pessimist nie der Satire abgeneigt, fand ein willkommenes Opfer in ihm. Dennoch wird 100 Jahre später der deutsche Philosoph Friedrich Wilhelm von Schelling dieses »Identitätsprinzip« zur Grundlage seiner »Identitätsphilosophie« machen. Er wird eine absolute Vernunft verkünden und behaupten, in ihr seien Ideal und Wirklichkeit identisch. Dann wird Georg Wilhelm Friedrich Hegel den Gedanken aufgreifen und fortführen; er wird das Ideal über die Realität erheben, wird die *Idee* für absolut setzen, wird sagen, sie sei *Weltgeist*, der die Geschichte durchschreite, bis er sich als Vernunft erfülle. Nicht nur Arthur Schopenhauer wird solche Philosophie als obskuren Irrationalismus verurteilen. Es wird von Anfang an viele geben, denen dies nicht geheuer ist.

Trotzdem wird auch Karl Marx Hegels Philosophie folgen. Er wird sagen, er habe sie vom Kopf auf die Füße gestellt, und dann die »Idee« als »Produktionsverhältnisse«, des Weltgeists Gang durch die Geschichte als historische Abfolge von Kapitalismus, Sozialismus, Kommunismus interpretieren und die Erfüllung der Vernunft ans

Ende der Klassenkämpfe legen. Es werden aber noch einmal hundert Jahre nach Hegel auch andere kommen. Es wird eine direkte Linie geben vom deutschen Philosophieren hin zum *deutschen Wesen, an dem die Welt solle genesen*. Es werden schließlich Stimmen laut werden, die sagen, was Hegel und seine Mitstreiter feierten, sei zur »ideologischen Wegbereiterin nationalsozialistischen Unheils« (Wolfgang Herles) geworden.

3 Frankreich war das Mutterland der Philosophie. Von Frankreich ausgehend, eroberte die Aufklärung Europas alte und Amerikas neue Welt. Einigermaßen verspätet kamen ihre politischen und wissenschaftlichen Ansprüche auch in Deutschland an. Am Ende des 18. Jahrhunderts wird jedoch durch Immanuel Kant aus Königsberg die deutsche Philosophie der Aufklärung sogar europäisches Gut. Kants Denken war europäisch; er war kein Schwärmer, der Geist als Politik verstand, er war ein politischer Geist. Man nannte ihn darum, sein grandioses Schlußwort achtend, den geistigen Vollender der Aufklärung. Zum ersten Mal ist damit Deutschland Zentrum der Philosophie. Bisher hatten sich andere einen Namen gemacht; in der Antike jetzige Türken, Griechen, Süditaliener, Spanier ... Im Mittelalter führten jahrhundertelang ein Nordafrikaner und einer aus der Gegend von Neapel die Philosophen-*charts* an. Jener hieß Augustinus, war Lebemann, ehe er Kirchenvater wurde, war anerkannter Dichter lateinischer Prosa und schrieb die ersten »Bekenntnisse« der Literaturgeschichte; dieser hieß Thomas von Aquin, war ein so eigenständiger Denker, daß er leicht als Ketzer auf dem Scheiterhaufen hätte landen können, lehrte statt dessen Philosophie und Theologie in Rom, Paris, Neapel, wurde 50 Jahre nach seinem Tode heiliggesprochen und weitere 250 Jahre später gar zum »Kirchenlehrer« ernannt. Die nachfolgenden Säkula bewegten arabische Wissenschaft und italienische Renaissance, Briten und Franzosen eben und auch mancher Niederländer. In Europa und dem gesamten Mittelmeerraum war die Philosophie seit Jahrhunderten präsent, ohne daß das zwischen Nordmeer und Alpen gelegene Land daran herausragenden Anteil gehabt hätte. Kaum zur Bedeutung gelangt, ist von Deutschland aber als dem *Land der Dichter und Denker* die Rede. Ein Hegel läßt sich so was nicht entgehen. Relativierende Standpunkte waren

seine Sache nie. Die absoluten zog er vor, und absolut war, was er unter Philosophie verstand. Er sitzt noch gar nicht richtig auf seinem ersten Lehrstuhl als Professor, da zieht er schon vom Leder. Nur wir Deutschen wüßten noch, was Philosophie heiße; die andern hätten es alle vergessen und verlernt, sagt er anläßlich seiner Heidelberger Antrittsvorlesung anno 1817: »Wir werden in der Geschichte der Philosophie sehen, daß in den anderen europäischen Ländern, worin die Wissenschaften und die Bildung mit Eifer und Ansehen getrieben, die Philosophie, den Namen ausgenommen, selbst bis auf die Erinnerung und Ahnung verschwunden und untergegangen ist, daß sie in der deutschen Nation als eine Eigentümlichkeit sich erhalten hat.«

4 Intermezzo: Hegels Wort mag manchem gerechtfertigt erscheinen. Beachtlich ist die Liste deutscher Denker, wenngleich viele weder Deutsche waren noch eigentlich der Philosophie angehörten. Noch einmal ein paar Namen, mehr als unvollständig und die Jüngeren außer acht lassend, in alphabetischer Reihenfolge:

Theodor W. Adorno · Günther Anders · Walter Benjamin · Ernst Bloch
Otto Friedrich Bollnow · Martin Buber · Jacob Burckhardt
Ernst Cassirer · Albert Einstein · Ludwig Feuerbach
Johann Gottlieb Fichte · Gottlob Frege · Sigmund Freud
Hans-Georg Gadamer · Arnold Gehlen · Jürgen Habermas
Martin Heidegger · Johann Gottfried von Herder · Werner Heisenberg
Max Horkheimer · Wilhelm von Humboldt · Edmund Husserl
Karl Jaspers · Hans Jonas · Immanuel Kant · Ludwig Klages
Gottfried Wilhelm von Leibniz · Karl Löwith · Niklas Luhmann
Herbert Marcuse · Karl Marx · Friedrich Nietzsche · Helmuth Plessner
Karl Raimund Popper · Max Scheler · Friedrich Wilhelm von Schelling
Friedrich Schleiermacher · Arthur Schopenhauer · Oswald Spengler
Eduard Spranger · Max Stirner · Max Weber
Carl Friedrich von Weizsäcker · Ludwig Wittgenstein · Christian von Wolff

Trotzdem ist Hegels Behauptung gewagt. Immerhin war die Philosophie gerade erst 20 Jahre zuvor als Frankreichimport nach Deutschland gekommen. Und heute, gut 150 Jahre später, ist sie längst wieder in Frankreich zu Hause. Das Philosophieren ist keine deutsche Domäne mehr. Bestenfalls findet noch allgemeine Beachtung, was gewissem Mystizismus frönt. Von Anfang an war es vor allem das, was die deutsche Seele an der Philosophie mochte; am Ende mochte sie keine mehr. Das öffentliche Interesse an ihr ist in Deutschland, wo die Wissenschaften mit Eifer und Ansehen getrieben, vom Namen abgesehen, bis auf die Erinnerung und Ahnung fast gänzlich verschwunden und untergegangen.*

Im 19. Jahrhundert war das alles noch anders. Es war das Jahrhundert der deutschen Philosophie. Es war das Jahrhundert der Philosophie, weil sie deutsch war. Immanuel Kant folgen nach: Johann Gottlieb Fichte mit seiner Ichlehre, Friedrich Wilhelm von Schelling mit seiner Identitätsphilosophie, Georg Wilhelm Friedrich Hegel mit seiner Verabsolutierung des Geistes. Sie sehen und verstehen sich als Erben Kants, wollen sein Programm einer *autonomen Vernunft* fortsetzen. Wie sollte das möglich sein? Nur durch eine Überhöhung, durch die Umwandlung der Vernunft in eine Metaphysik kann »vollendet« werden, was vollendet war. Und sie wandeln um. Sie setzen Idee und Wirklichkeit gleich. Sie erklären Vernunft und Realität für identisch. Sie agieren als Planer einer nationalen *corporate identity*, damit Nation und Staat werde, was ihr Bild einer historisch sich vollendenden Vernunft fordert. Solche Philosophie kommt nicht mehr von Kant. Die deutsche Sehnsucht nach dem Absoluten steht nun wieder Pate; zum Absoluten greifen Fichte, Schelling, Hegel; in einen *deutschen* Idealismus verwandeln sie die *europäische* Aufklärung. Romantisch gibt sich ihr Rekurs auf die Vernunft. Romantisch ist die deutsche Identität. Der Klassik nach folgt die Romantik.

* Manche meinen gar, die Philosophie (also die Philosophen) beschäftige sich bloß noch mit sich selbst. Sie habe, obwohl die *Krise der Identität* und der *Identitätsverlust* zum Thema der letzten Jahrzehnte geworden sei, nur Zuflucht in der Philosophiegeschichte gesucht und in ihrem ständigen Bemühen um neue Sichtweisen, Aktualisierung und Wiederbelebungen unter der Hand nach wie vor die ewige Gültigkeit philosophischer Wahrheiten behauptet (vgl. Manfred Seiler – Von der Halbwertszeit der Philosophie; *Die Zeit*, 27. Februar 1987). Das ist freilich Quatsch. Erstens gibt es Wichtigeres, als über eine etwaige Krise deutscher Identität zu philosophieren. Zweitens sollte man bei solcher Bemerkung bedenken, daß Verlage nur publizieren, was Leser erhoffen läßt. Ist das Interesse an Philosophie dahin, wird im Markt außer Zufluchten nicht viel anderes zu finden sein, und diese auch nur, weil halt Philosophiegeschichte das gängige Metier ist, mit dem der Ordinarius die Studenten füttert. Und drittens beschäftigen sich Philosophen heute meist eher mit einer Philosophie *nach* der Wahrheit statt einer, die wahr sein will, was ihnen, versteht doch der Laie jetzt gar nicht mehr, was sie wollen, den Marktzugang gänzlich erschwert.

5 Immanuel Kant stirbt hochbetagt im Jahre 1804. Die Jahre danach sind ereignisreich. Das »Heilige Römische Reich Deutscher Nation« (wobei *Nation* bis dato *Herkunft* bedeutete) liegt darnieder. In mehr als drei Dutzend Kleinstaaten zersplittert, sind die deutschen Länder napoleonischer Fremdherrschaft unterworfen. Obendrein sind die traditionellen feudalistischen und ständischen Strukturen brüchig geworden. Neue Klassen entstehen und mit ihnen neue Klassenunterschiede. Dieser Prozeß wird, wie der Historiker Thomas Nipperdey schrieb, von der Neubildung sozial-kultureller Milieus, des Landes und der Stadt, der Groß- und Kleinstadt, der Protestanten und Katholiken, der Bildungs- und der Wirtschaftsbürger, der Landzuwanderer und Stadtgeborenen überkreuzt. In dieser Phase treten Intellektuelle und Philosophen auf, die den neuen Gedanken der Subjektivität und Individualität aufgreifen und auf *die Idee der Nation* als kollektives Subjekt übertragen. Johann Gottfried Herder ist ihr Fürsprecher, auch Friedrich Schleiermacher, Heinrich von Kleist, Jacob Grimm, Freiherr von Stein und allen voran Johann Gottlieb Fichte.

In seinen 1808 veröffentlichten »Reden an die deutsche Nation« schreibt er: »Leben und Denken muß bei uns aus einem Stücke seyn, und ein sich durchdringendes und gediegenes Ganzes; wir müssen in beiden der Natur und der Wahrheit gemäß werden, und die fremden Kunststücke von uns werfen; wir müssen, um es mit einem Worte zu sagen, uns Charakter anschaffen; denn Charakter haben und deutsch seyn, ist ohne Zweifel gleichbedeutend.«[2] Der teutonische Ruf bleibt nicht ungehört. Schon fünf Jahre später, zwischen 1813 und 1815, kommt es zu den »Freiheitskriegen« gegen Napoleon. Ihr zweifaches Ziel ist: *die fremden Kunststücke von sich werfen*, das heißt die Fremdherrschaft beenden, und die politische Einheit schaffen. Ersteres glückt; letzteres scheitert, weil sich die deutschen Fürsten nicht an ihr Versprechen halten. Der deutsche Untertanengeist fügt sich. In jener Zeit beginnt, was späterhin das Stigma der *verspäteten Nation* (Helmuth Plessner) genannt werden wird.

6 Intermezzo: Da sich zu jener Zeit Staat und Gesellschaft trennten, wäre zu fragen, was philosophisch darin überhaupt die Nation noch will? Die Antwort ist simpel: Sie will die Trennung philo-

sophisch übertünchen. Die Idee der Nation stellt ein idealistisches Konstrukt dar, dessen Aufgabe darin liegt, zwischen jenen beiden zu vermitteln. Dem »objektiven« Staat soll sie eine für den einzelnen nachvollziehbare Identität verleihen, der »subjektiven« Gesellschaft eine die einzelnen Individuen verbindende Kollektivität. Nicht eben ein großer Gewinn für jedermann; dennoch sind solche Kollektividentitäten bis in die alternative Subkultur der späten siebziger Jahre zu verfolgen. Es gab den Freistaat Kreuzberg, das Berliner UFA-Gelände als autonomer Staat, in Gorleben die »Republik Freies Wendland«. Dafür wurden sogar Pässe ausgestellt, was, wie man hörte, einem Wendländer die Ein- und Ausreise nach Griechenland ermöglichte. Der humoristische Aspekt ist zweifelsfrei gegeben; ein anderer ist der ernste Impetus. So verteidigte der Psychologe Peter Brückner seinerzeit diese separatistischen Tendenzen mit dem Wort, wer von den etablierten Normen und Institutionen gebrochen wurde, bricht mit ihnen.

Es klingt naheliegend. Vielleicht ist aber gerade der Separatismus eine seit den Tagen der Befreiungskriege etablierte deutsche Eigenart, die nur in Phasen hegemonialer Ansprüche aufgegeben wurde. Auffällig ist zumindest, daß gerade die Verleugnung des Deutschseins zur deutschen Identität gehört; gerade ihre Negation bestätigt sie. Schon der sächsische Provinzler Nietzsche versuchte sich als Europäer, indem er seine Herkunft von sich wies: »Deutschland: das war für ihn Wasser und Quark, Kleinstadtmist und Spießigkeit, Philistergehabe und Bier. Deutschland: das war das Reich, in dem nicht gedacht, sondern geahnt und gerungen wurde, das Reich der Spökenkieker und Tölpel. Ein zurückgebliebenes Land, unberührt von mediterraner Gesittung und französischem Geist, von Form, Esprit und Artistik; ein Land der Sänger und Trinker, in dem sich das Dumpfe mit dem Schneidigen, das Kleinstädtisch-Rückständige mit dem Borussischen paarte – jener preußischen Dekadenz, die für Nietzsche die stupideste und verkommenste Form des deutschen Geistes repräsentierte.«[3] Das ist gut geschrieben, keine Rede. Aber insbesondere Nietzsche war ein deutscher Denker. Zarathustra und sein Kampf mit der Moral *outen* ihn ebenso als Deutschen wie heutig Kultivierte die Italophilie nebst ihrer Lust auf Unmoral. Daß sich ausgerechnet die nationalistischste aller Ideologien seiner Lehre bemächtigen konnte, war kein Zufall.

7 1815: Napoleon ist vertrieben, die nationale Einheit aber gescheitert; dennoch blieb die Idee der Nation am Leben. Sie wurde zu einer ideellen Nation, zur Nation im Geiste, die nun durch die deutsche Sprache und Kultur repräsentiert werden sollte. Es war die Stunde der Philosophie des Deutschen Idealismus, die in einem bislang ungekannten Maße zum identitätsstiftenden Organ des Deutschen Bundes wurde. Es ist die Epoche der Romantik, während der im Namen von Kultur und Sprache Politik gemacht wird. Man darf wohl sagen, die Romantik *ist* als Kultur getarnte Politik. Vor allem Herder und Grimm beschreiten diesen Weg, indem sie in der Sprache und dem Volksgut die ideelle Gemeinsamkeit ausfindig zu machen versuchen, die das *heilige Deutschland* auszeichnet. Jener stellt sprachwissenschaftliche Forschungen an. Dieser sammelt mit seinem Bruder Wilhelm Grimm Volksmärchen; außerdem nehmen sie ihr ehrgeiziges Projekt eines »Deutschen Wörterbuches« in Angriff, das sie im Dienst der nationalen Einheit in der Sprache deklarieren. (Erst knapp eineinhalb Jahrhunderte später, 1984, wird es beendet sein; ein umfangreiches Werk, an dem Generationen von Germanisten ihr halbes Leben arbeiteten. Ein schönes Werk fern aller nationalen Intentionen. Ein Werk, von dem ein Kritiker zu Recht sagte, es sei genial mißraten.)

Als die Gebrüder Grimm die Arbeit daran aufnahmen, war deren Intention allerdings noch gründlich national. Man muß nur Jacob Grimms Vorrede zum ersten Band des Wörterbuches nachlesen, um zu verstehen, was Kulturnation heißt: »Deutsche geliebte landsleute, welches reichs, welches glaubens ihr seiet, tretet ein in die euch aufgethane halle eurer angestammten, uralten sprache, lernet und heiliget sie und haltet an ihr, eure volkskraft und dauer hängt an ihr. Noch reicht sie über den Rhein in den Elsasz bis nach Lothringen, über die Eider tief in Schleswigholstein, am ostseegestade hin nach Riga und Reval, jenseits der Karpathen in Siebenbürgens altdakisches gebiet. Auch zu euch, ihr ausgewanderten Deutschen, über das salzige meer gelangen wird das buch und euch wehmütige, liebliche gedanken an die heimatsprache eingeben …«

8 Intermezzo: Der Tenor einer aus der Einheit von Kultur und Sprache begründeten Einheit der Nation hat sich bis heute erhalten. Zwar ist richtig, daß die Kultur meist, wie Allan Bullock schrieb, *das Grundelement der Identität* darstellt, »das Band, das alle nationalen Gruppen und Nationalismen zusammenbindet, ob sie nun souveräne Staaten bilden (wie bei der Einigung des Deutschen Reiches) oder aber unterdrückte Minderheiten wie die Armenier, die Juden vor der Gründung Israels, die Polen nach den drei Teilungen ihres Landes«.[4] Aber normalerweise ist die Kultur nicht territorial gebunden. Auch Nomaden können eine kulturelle Identität haben, ohne seßhaft zu sein. Die Juden hatten sie jahrhundertelang, ohne ein eigenes Staatsgebiet zu besitzen. Das Land Polen wurde hin- und hergeschoben, wie es den jeweiligen Siegern gefiel, ohne daß das polnische Volk seine kulturelle Identität davon abhängig gemacht hätte. Jede Identität verlangt etwas, worin man sich von anderen unterscheide; das ist es ja, was sie leisten soll. Die deutsche Identität erklärt jedoch geradewegs den Unterschied zum Kern: Deutsch ist, wer kein Ausländer ist. (So logisch dies für manche klingen mag, so sei doch daran erinnert, daß US-Bürger beispielsweise ist, wer in den USA zur Welt kam.)

Da kommt es nicht von ungefähr, wenn vor allem die Chiffre einer »multikulturellen Gesellschaft« das Feindbild der neuen Rechten prägt. Sie setzen unverändert auf die »nationale Identität«, soll heißen: die natürliche Schicksalsgemeinschaft des deutschen Volkes, in der Fremde nichts verloren haben.[5] Zudem gab Rolf Schlierer, seinerzeit stellvertretender Bundesvorsitzender der »Republikaner«, an, er sei in seinem Denken wesentlich von Herder und Fichte geprägt. Franz Schönhuber wiederum, der Gründer der Partei, bezog sich in seinen Reden gerne auf Herders »Nationen sind Gedanken Gottes«. Seine sich unschuldig gebende Frage: *Müssen wir Deutschen denn ewig im Büßerhemd durch die Weltgeschichte laufen?* fügte sich bestens in den Geist Fichtes.

Doch hanebüchen ist's nicht nur am »rechten Rand«. Auch die von konservativer Seite ideologisch erhitzte Diskussion um das Staatsbürgerschaftsrecht bezeugt die Romantik der Identität. Schließlich geht es nicht um die Frage, ob Ausländer einfach Deutsche sein dürfen; es geht um die Frage, warum Menschen, die in Deutschland geboren sind, hier leben, hier arbeiten, deren erste Sprache Deutsch ist, die hier ihre Sozialabgaben und Steuern bezahlen, hier ihr Geld ausgeben ... nicht selbstverständlich die Rechte deutscher Bürger haben. Jene, für die dies keine Selbstverständlichkeit ist, berufen sich mehr oder weniger deutlich immer auf das, was seit der Romantik Deutschsein heißt: deutsch ist man vom Blute her. Deutscher ist, wer von Deutschen abstammt. Da darf sich mancher Nachkomme ehemaliger Gastarbeiter an Heinrich Heines Wort erinnert fühlen: Der Patriotismus des Deutschen bestehe darin, daß sein Herz enger werde, daß es sich zusammenziehe wie Leder in der Kälte, daß er das Fremdländische hasse, daß er nicht mehr Weltbürger, nicht mehr Europäer, sondern nur ein enger Deutscher sein wolle. Kein Wunder, wenn sich hier Bürger fremder Herkunft immer wieder zu Wort melden und sagen, das erste Gebot im Lande laute: Zutritt für Unbefugte strengstens verboten.

9 Herder und die Gebrüder Grimm machen Politik, aber sie verstehen sich selbst gewiß als Forscher, Philosoph und Dichter. Die Grenze ist fließend. Zu Recht bemerkte Fritz J. Raddatz in einem Essay über Isaiah Berlin, daß der leidenschaftliche Glaube an die geistige Freiheit und individuelle Kreativität während der deutschen Romantik im Ästhetischen zum *Selbstausdruck der eigenartigen und einzigartigen inneren Vision des Künstlers*, im Politischen zum Kult des *Großen Mannes*, dem jeglicher Code fremd und Verrat erlaubt sei, und im Historischen zum Nationalismus geführt habe.[6] Trotzdem besteht ein Unterschied zwischen der romantischen Attitüde, das Verlangen nach einer kollektiven Identität in der Kultur zu befriedigen, und dem Benehmen der idealistischen Philosophie, das geistige Substitut für die Sache selbst zu nehmen. Mit Johann Gottlieb Fichte setzt letzteres an.

Ihm genügt es nicht, *den neuen Gott Nation* im Kulturellen zu belassen. Für ihn ist die Idee nicht ein Ersatz für die Wirklichkeit, die Idee der Nation *ist* die Wirklichkeit. Die Gleichsetzung wird zum entscheidenden Schema des Deutschen Idealismus, der mit Fichte beginnt und durch Schelling und Hegel fortgesetzt wird. Es ist das Grundmotiv der deutschen Romantik, deren *leidenschaftlichster Verkünder und eigentlicher Vater* (Isaiah Berlin) Johann Gottlieb Fichte ist. Volk und Vaterland, schreibt er, lägen als Träger und Unterpfand der irdischen Ewigkeit und als dasjenige, was hienieden ewig sein könne, weit hinaus über den Staat und der gesellschaftlichen Ordnung, deren Ziele doch nur Mittel, Bedingung und Gerüst dessen seien, was die Vaterlandsliebe eigentlich wolle, das Aufblühen des Ewigen und Göttlichen in der Welt, immer reiner und vollkommener und getroffener im unendlichen Fortgange.[7]

So sind es zwei Aspekte, die für jene Epoche relevant sind. Einerseits war in Europa der Zeitpunkt gekommen, die provinzielle Kleinstaaterei durch nationale Einheiten aufzulösen. Wirtschaftliche Entwicklungen, gesellschaftliche Veränderungen und politische Notwendigkeiten erforderten es. Wie Thomas Nipperdey anläßlich seines Vortrags zum Historikertag 1990 bemerkte: »Individuen und Regionen, Gruppen und Milieus vereinheitlichen sich zur Nation. Die Welt differenziert sich neu in der Vielfalt von Nationen und ihrem Gegeneinander.«[8] Andererseits war in Deutschland dieser Prozeß gescheitert. In Dichtung und Philosophie wandelte sich, was als Politik gedacht war und Verfassung hätte sein sollen; und als man endlich den Weg zur Politik wiederfand, war sie philosophisch verdorben. Nicht zur Nation, zum Nationalismus wurde, was eine ins Abstrakte und Idealistische, eine ins Absolute übersteigerte Idee war. 1870, 1914 und 1933 wurden deren Folgen katastrophal deutlich.

Der Schnitt kam 45. Nach dem Ende des Zweiten Weltkriegs hörte Deutschland auf, deutsch sein zu wollen, und distanzierte sich, man muß es sagen, zugleich von jeder Philosophie. Zu jener Zeit begann, was man in der Architektur *entkernen* nennt: die Reduktion aufs Funktionale. Entkernt wurde die Vergangenheit. Zuerst im Visuellen. Schuldbeladene Bauwerke wurden abgerissen, steinerne Adler von Brücken gestoßen, Hakenkreuze weggemeißelt; aus den Augen, aus dem Sinn. Dann im Mentalen: Wie man einst entlauste, wurde jetzt entnazifiziert. Gesinnungen wurden gesäubert. Die Jahre nach der Entartung: Enttäuschung, Entbehrung, Entscheidung, Entwicklung; die Opfer forderten Entschädigung. So stürzte sich das Land in Arbeit. Der Wiederaufbau war das eine Motiv, der Versuch zu vergessen und durch Leistung in die internationale Völkergemeinschaft zurückzufinden das andere.

Das schlechte Gewissen spielte eine entscheidende Rolle. Am liebsten hätte man die Geschichte ungeschehen gemacht. Man wollte einen Schlußstrich ziehen, wollte den Neuanfang dokumentieren. Man sehnte sich nach neuerlicher Anerkennung. Man gab sich bescheiden, übte sich in Fleiß. Auf diesem Wege fand die Bundesrepublik zum »Wirtschaftswunder«, auf diesem Wege wurde sie zur bedeutenden Wirtschaftsmacht. Seither ist die Frage nach der deutschen Identität nur noch ökonomisch beantwortbar. Was auch immer in den Jahren an Quellen bemüht wurde, um das »deutsche Wesen« zu ergründen – in den Fünfzigern Adenauers moralischer Gegenpart Heinrich Böll und die Literatur, in den Sechzigern Mitscherlichs »vaterlose Gesellschaft«, Arno Placks »Gesellschaft und das Böse« und die Psychologie, in den Siebzigern Horkheimers, Adornos, Habermas »Kritische Theorie« und die Sozialphilosophie, in den Achtzigern Theweleits »Männerphantasien« und der Poststrukturalismus – im Grunde gaben die harte D-Mark und der Herstellernachweis *Made in Germany* inklusive den deutschen Produkten, die ihn trugen und so zu Botschaftern in der Welt wurden, das deutsche Selbstverständnis eher wieder, als dies politische Definitionen hätten leisten können.

Schon bald war das Land zweifach geteilt. Es war geteilt in Ost und West; und es teilte selbst den Geist von der Macht. Es ist die zweite deutsche Teilung: Philosophie und Pragmatik. Als Nation halbiert, als Volk in die Blöcke distribuiert, als Kulturnation verunsichert, im Kulturellen lange nur in kritischer Distanz zu sich selbst auf sicherem Boden, war die neue deutsche Identität weitaus mehr den föderalen Werten der Bonner Republik, einem durch die Präsenz amerikanischer Militärs geförderten internationalen Geist und dem in der Zeit des gesellschaftlichen Umbruchs nach 1968 maßgeblichen Gedanken der Völkerverständigung verpflichtet als etwaigen Nationalismen. Es blieb Deutschland auch nichts anderes mehr übrig, als sich der Perspektive eines vereinten Europas zuzuwenden und sich hierfür der Ökonomie zu bedienen.

Natürlich tauchten ab und an Irritationen auf. Es wird sie noch in Zukunft geben. Es sind Spuren deutscher Mentalität, über die sich andere Nationen stets wundern und manchmal erbosen. Ärger erweckte beispielsweise der deutsche Nationalstolz nach der Wiedervereinigung. Sah sich das Land zuvor als Europas Musterknabe, mißfiel den europäischen Freunden, daß sie nun im Namen Europas die Kosten für Deutschlands neues Selbstbewußtsein mitzutragen hatten. Ärger erweckte die *wirtschaftspolitische Tarnung* (Wolfgang Herles) der neuen deutschen Identität. Mehr als anderswo blickte man naheliegenderweise auch auf die deutschen Rechtsparteien. Nicht nur wegen der nazistischen Vergangenheit, auch wegen einer etwaigen nationalistischen Gegenwart. Doch Deutschland ist ein Garant fürs Internationale. Es nimmt in der Europäischen Gemeinschaft eine exponierte Stelle ein. Es war ohne zu murren bereitwilliger Mäzen der europäischen Einheit, ist Land der wiedervereinigten Blöcke, Rekordhalter in der Anerkennung der Europagesetze, Motor der Währungsunion, Freund der Amerikaner, Fürsprecher der Russen und Vorreiter der Ökologiebewegung. Deutschland ist, man muß es kaum verheimlichen, auch ein langweiliges Land. Es ist ein Verwaltungsland. Der Umbau vom Geistreich zum Supermarkt ist vollzogen.

Dennoch ließ sich der philosophische Ursprung nie gänzlich verleugnen. Man sah den Deutschen an, daß sie verunsichert waren; sie blieben es wirtschaftlich bis zum Beginn des europäischen Binnenmarkts, politisch bis zur Wiedervereinigung, gesellschaftlich bis zur Umgestaltung in eine Individualgesellschaft. Sie blieben es bis zur Übernahme der Macht durch die neue Megaphilosophie; daß es nicht mehr lange dauern würde, hatte der französische (!) Philosoph Jean Baudrillard bereits 1988 prophezeit. »Eine ganze Gesellschaft verteidigt sich«, schimpfte er. »Sie ist unentwegt damit beschäftigt, ihre Geschichte wiederzukäuen, um ihre eigene Existenz und sogar ihre Verbrechen unter Beweis zu stellen. Aber was für ein Beweis ist das? ... Es hat nur einen Sinn, einen Prozeß einzuleiten, wenn er Folgen nach sich ziehen kann ... Die Wirkung auf das sittliche und kollektive Gewissen ist nichts als ein Medien-Effekt. Und man kann am therapeutischen Eifer, mit dem dieses Gewissen immer wieder wachgerufen wird, ablesen, wie wenig Atem es noch hat.«[9] Er schimpfte anläßlich des »Heidegger-Streits«. Sein Landsmann Victor Varias hatte im Jahr zuvor eine neue Biographie über den Freiburger Philosophen veröffentlicht, in der er den Professor als aktiven Hochschulpolitiker im Dienst der NSDAP entlarvte. Sogleich gab das deutsche Feuilleton an, daß man nun nichts mehr mit diesem Denker zu tun haben wolle. (Umgekehrt wollten die Deutschen nach dem Kriege nichts mehr mit Friedrich Nietzsche zu tun haben, lasen ihn aber wieder, als er in den siebziger Jahren in Frankreich neu entdeckt wurde.) Selbst der über jeden Verdacht erhabene Jürgen Habermas »versicherte«, wo er Verunsicherung fühlte. Als er beispielsweise von der Johns Hopkins University zu einem internationalen Symposion nach Baltimore eingeladen wurde, um zu berichten, welche wichtigen geistigen Strömungen es derzeit in Deutschland gebe, bemühte er sich umgehend zu erklären, daß *die deutsche Kultur keinen privilegierten Zugang mehr zur Wahrheit* habe.

Man könnte es als Randbemerkungen zum kulturellen Leben abtun; allerdings waren, wie Karl Schlögel feststellte, die Deutschen nach dem Krieg generell *auf merkwürdige Weise international-kosmopolitisch* geworden. »Das wäre ein großer und ganzer Gewinn, wenn da nicht ein Anflug von Selbstverleugnung und Kompensation für die Rückversetzung in den Provinzstatus zu spüren wäre. Sie befleißigen sich emsiger als die Touristen anderer Nationen der je an ihren Schulen gelehrten Weltsprachen Englisch und Russisch. Und doch sagt man im Ausland den Deutschen nach, sie seien trotz solcher Mimikry leichter auszumachen als andere – die Westdeutschen weniger als die Ostdeutschen. Im einen Fall ist es fast eine Manie, im Internationalen und Transatlantischen aufzugehen, im anderen Fall ein unterdrücktes und darum um so sichtbareres Überlegenheitsgefühl.«[10] Sie legten, wie soll man es beschreiben, plötzlich eine so weltbürgerliche Gesinnung an den Tag, daß es schon unglaubwürdig schien. Dabei gab es durchaus gegenteilige Indizien. Das Land konnte auf zweierlei Weise gesehen werden.

Man konnte in ihm den internationalsten und »am meisten modernen Staat in Europa« (Peter Seewald) erkennen; man konnte aber auch den Eindruck gewinnen, sie gefielen sich in der Rolle des Primus und Mustereuropäers und waren doch keinen Deut besser als ihre Bündnispartner. Man konnte glauben, den Deutschen läge die ganze Welt am Herzen, sie denken an unterdrückte Völker, helfen gerne und tun es nur deshalb nicht häufiger, weil sie bereits mehrfach die Erfahrung machen mußten, daß ihre Spenden nicht die Opfer erreichten. Man konnte aber auch sagen, ihr angebliches Engagement beschränke sich auf die Empörung und ihre Toleranz sei nichts als Gleichgültigkeit, die sich schnell in Egoismus wandeln könne. Sie bezahlten, gewiß; aber nur, um sich nichts vorwerfen zu müssen. Oder sie bezahlten lieber, als ihre großen Reden ernst zu nehmen. Empörung und Bezahlung seien die Quellen ihres Weltschmerzes, dieses in andere Sprachen unübersetzbaren Wortes.

Man darf sagen, die Deutschen schätzen viele Lebensarten der europäischen Nachbarn und tun es ihnen gerne gleich. Sie sind überhaupt bereit, sich mit anderen Völkern und Nationen zu arrangieren, nehmen in ihre Sprache fremde Wörter, in ihre Lebensweise fremde Gebräuche auf; die deutsche Küche ist eine internationale Küche geworden, in jeder deutschen Stadt ist das Angebot aus fremden Töpfen reichhaltiger als das der heimischen. Möglich ist aber auch der andere Blickwinkel. Da ist dies alles nur fauler Zauber; da ist an den Deutschen nichts mehr echt. In diesem Falle geben sie lediglich ihre Schwammnatur als europäisches Ideal aus. Sie saugen alles auf, jeden Ort, jede Mentalität, jede »Wahrheit«, glauben, deren Wesen verstanden zu haben, glauben, es übernommen zu haben, glauben, es richtig zu machen, und kopieren doch bestenfalls nur den äußeren Eindruck, ohne eines Menschen oder einer Sache Seele zu verstehen. Jetzt dient das Ausländische nur noch dazu, den Besitzstand deutscher Gemütlichkeit (dieses ebenfalls übersetzbaren Ausdrucks deutscher Geisteshaltung) zu erweitern – und wenn's drauf ankommt, jenen, von denen sie es haben, gar zu erklären, was sie falsch und wie sie's besser machten.

Man konnte mit gewissem Recht sagen, die Deutschen seien gesellig, an Fremden interessiert und freuen sich, im Ausland Freunde zu haben. Man konnte auch sagen, daß sie ihre ausländischen Freunde nur im Ausland liebten. Der brave Bürger strahlt wie Honig, wenn er dort eingeladen wird. Soll die Freundschaft aber auf deutschem Boden vertieft werden, fühlt er sich schnell belästigt. Sofort taucht der Verdacht auf, die vormalige Gastfreundschaft sei von Anfang an darauf ausgerichtet gewesen, eine Gegeneinladung herauszuschlagen. Gesellig ist der Deutsche; es gehört zu seinen sympathischsten Eigenschaften; ängstlich ist er aber auch. Damit steht er zwar nicht allein: Italiener verrammeln ihre Tür nicht minder. Die italienische Identität sucht aber immer nur sich selbst. Individualität heißt hier Alleinstellung im Clan, in Deutschland dagegen Alleinstellung als Solitär.* Man kann sagen, den Deutschen ist mittlerweile jegliche Ideologie verhaßt, sie stehen der Philosophie so distanziert gegenüber wie jeder Politik, die des einzelnen Freiheit mißachtet. Man kann aber auch sagen, sie kennen nur mehr die Freiheit des Geldes und des Wohlstands. Dann paart sich Größe mit Provinzialität;

* Vergleichbares ist vom Tourismus zu sagen. Die Deutschen sind, man weiß es, reiselustig. Es war nicht erst im Dritten Reich ein *Volk ohne Raum*, es war dies schon zu Zeiten der Zimbern und Teutonen und blieb es bis heute. Die Ziele haben sich dabei nur geringfügig geändert. Die Heerscharen deutscher Touristen befinden sich nach wie vor dort, wo ehedem die Heere der Barbaren und Soldaten waren: an strategisch wichtigen Orten, in namhaften Städten, an Küsten, in Bergen: dort, wo es am schönsten ist. Sie nehmen es wie eine Selbstverständlichkeit; sie haben ein

dann wandelt sich Gefühl in Härte; dann obsiegt das Ängstliche über das Neugierige. Hier wird Kultur Geschäft.

Immer mehr bildete sich im Laufe der Jahre diese deutsche Doppelnatur heraus. Das Selbst- und Fremdbild drifteten zunehmend auseinander. Während die Deutschen seit dem Ende des Dritten Reiches sich von allem und jedem zu distanzieren versuchten, was den Anschein von Totalität besaß, meinten die europäischen und amerikanischen Nachbarn, wie eh und je eine ausgesprochen prinzipientreue Haltung ausfindig machen zu können. Während jene fürchteten, daß die Beschäftigung mit Philosophie Gefahr laufe, zu schuldhaftem Handeln zu (ver)führen, darauf achteten, sowenig wie möglich mit ihr zu tun zu haben, und nie der Idee verfallen wären, ausgerechnet sie auf ihre Fahnen zu schreiben, sprachen die Freunde unverändert von einer philosophischen Mentalität der Deutschen. Während sie selbst stolz auf ihren Realitätssinn waren und es nicht nur in Managementkreisen als Schimpfwort galt, »zu philosophisch« zu sein, identifizierten internationale Beobachter immer wieder eine philosophische Ader.

Es war mehr als auffällig, wie deutlich nach außen immer wieder durchdrang, was im Inneren vergangen schien. Regelmäßig kehrten in den internationalen Umfragen zum Image der Deutschen dieselben Eigenschaften wieder, die Tomasi di Lampedusa, der Autor des 1958 in Mailand erschienenen und später von Visconti verfilmten Romans »Der Leopard« seiner Hauptfigur, Don Fabrizio Fürst Salina, kraft dessen deutscher Abstammung zuschrieb: ein autoritäres Temperament, das zu launischer Anmaßung führt, eine moralische Strenge, die sich in moralische Bedenken verwandeln kann, und eine Neigung zu abstrakten Ideen.

Was sind sie nun, die Deutschen? Eine hochtechnologische Wirtschaftsmacht oder ein Volk von Grüblern? Haben sie mit der Philosophie tatsächlich gebrochen oder sind sie vielleicht doch die Philosophen unter den Europäern geblieben? Sind sie die Techniker und

Recht darauf, weil sie bezahlen. Sie kaufen Stück für Stück die fremden Lande. Im eigenen Land dagegen fühlen sie sich schnell überfremdet. Es mißfiele ihnen, wenn Zehntausende Spanier die nordfriesischen Inseln, Horden Italiener die Bayerischen Alpen oder neue Wohlstands-Ungarn die Badische Weinstraße besetzten. Sie haben es nicht gerne, wenn Fremde deutschen Boden annektieren, noch weniger, wenn sie deutsches Recht beanspruchen. Sie mögen ihre Heimat, dies dritte unübersetzbare Wort; die Heimat hat für sie was Reines.

Ingenieure oder die Mystiker und sehnsuchtskranken Visionäre? Sie gelten als ein bißchen verschroben, aber tiefgründig. Sie sind stets an der Welt interessiert, allerdings auch nicht abgeneigt, sich in Pantoffeln gemütlich zurückzuziehen. Beizeiten sind sie erschreckend phantasielos, dann plötzlich wieder für eine Überraschung gut. Und ist es nicht ein Wesensmerkmal aller Philosophen, daß sie von einer Gemeinschaft träumen, diejenige aber, der sie angehören, nicht ertragen können? Es wäre das Problem der Deutschen mit ihrer nationalen Identität. *Made in Germany. Made by philosophy.*

10 Der britische Historiker Harold James publizierte 1989 eine ebenso interessante wie provokante Arbeit über die *wechselvolle Suche der Deutschen nach ihrer nationalen Identität.* Interessant ist sie, weil er diese Suche *in einen inneren Zusammenhang mit den Zyklen ökonomischer Erfolge* bringt; provokant ist sie, weil James behauptet, die deutsche Identität sei von Anfang an auf dem Fundament der Ökonomie errichtet worden, ihre Geschichte müsse als eine des Materialismus gelesen werden, und die vor allem nach dem Zweiten Weltkrieg in Deutschland offensichtliche Verknüpfung von politischer und wirtschaftlicher Tätigkeit sei für viele Nationen zum Vorbild geworden. Wie er im Vorwort zur deutschen Ausgabe seines Buches schrieb, wollte er vor allem zwei Themen behandeln: »Erstens die Gefahren einer übertriebenen Konzentration auf die Volkswirtschaft im Leben der Nation und zweitens die Auswirkungen der Stellung Deutschlands im internationalen System auf die deutsche Entwicklung.« Er wollte aufzeigen, daß die deutsche Geschichte als ein Lehrstück gedeutet werden könne, *wie* mit Hilfe der Ökonomie Politik gemacht werde, und *warum* dies nicht gemacht werden sollte.[11]

Der Vorwurf ist auf den ersten Blick mehr als erstaunlich. Erstaunlich ist, daß ihn ein englischer Historiker erhebt. Immerhin ist England nicht nur das Ursprungsland der Demokratie, sondern auch des Kapitalismus. Als sich die Nationen gründeten, befand sich das Britische Empire in der Blüte des Commonwealth, an der Nahtstelle zur industriellen Revolution und mit ihr auf der Schwelle zum Manchester-Kapitalismus. Deutschland aber war wirtschaftlich schwach und stellte politisch ein Sammelsurium von Provinzen und provinziellen Interessen dar. Eine »von Anfang an« ökonomisch verankerte nationale Identität wäre, wenn überhaupt, dem von der Insel beherrschten Imperium folglich weitaus eher zuzutrauen als diesem deutschen Konglomerat, das nicht einmal in der Lage war, seine im März 1849 verabschiedete erste Verfassung durchzusetzen. Erstaunlich ist der Vorwurf aber auch, weil er die philosophische Begründung der deutschen Identität völlig außer acht läßt. Nimmt man Perspektiven des Historischen ins Visier, müßten eigentlich sie auffallen und nicht die »übertriebene Konzentration auf die Volkswirtschaft«.

Tatsächlich kam zu der Zeit, als James' Buch erschien, die Verwunderung über und die Kritik an Deutschland nach wie vor eher von dieser Warte. Beispielsweise von George Bittlingmayer, Wirtschaftsprofessor aus den USA, der sich nach einem zweijährigen Forschungsaufenthalt im Herbst 1988 mit einem »Plädoyer gegen den theoretischen Muff« verabschiedete. Im Rahmen seiner Tätigkeit am Berliner Wissenschaftszentrum war er zu dem Ergebnis gelangt, daß die deutschen Wirtschaftswissenschaften nicht nur unter einer verkalkten Hierarchie und vielen politisch-bürokratischen Hemmnissen litten, sondern auch unter einem starken Einfluß, den die Philosophie ausübe. Der Mythos der Nation der Dichter und Denker sei den Deutschen teuer, schrieb er. »Die deutsche Denkweise in Sachen Volkswirtschaftslehre wirkt verhältnismäßig vernebelt, weltfremd, verzwickt, ideologisch, antiempirisch und grüblerisch.«[12] Im selben Tenor äußerte sich eine Woche später auch Nikolaus Piper in dem Bericht »Wunderkind mit Weltschmerz«.[13] Die französische *Le Monde* hatte europäische Führungskräfte gefragt, welches Land ihrer Ansicht nach am meisten vom europäischen Binnenmarkt profitieren werde; über zwei Drittel nannten daraufhin die (frühere) Bundesrepublik Deutschland, gefolgt von Spanien und Frankreich. In der Qualität der Arbeitskräfte, der Managementkompetenz, dem technischen Innovationspotential und dem Service schienen ihnen die Deutschen überlegen;[14] im Preiswettbewerb, der Fähigkeit, neue Entwicklungen vorauszusehen, und bei der Eroberung neuer Märkte gaben sie ihnen allerdings nur schlechte Noten. Piper kommentierte die Umfrage mit den Worten, die Deutschen seien hervorragende Techniker und zuverlässige Kundendienstleute, aber auch verwöhnt, phantasielos und ziemlich langweilig. Er zitierte den Londoner *Guardian*, der von einer »Neigung zu schwermütiger Nabelschau« gesprochen hatte, und schrieb, das widersprüchliche Bild veranlasse manchen ausländischen Beobachter, die Probleme der Deutschen nicht so sehr in ihrer Ökonomie als vielmehr in ihrer Seele zu suchen.

In mannigfaltiger Weise muß Harold James' These befremdlich anmuten. Sowohl historisch als auch was die Jahre nach 1945 anbelangt. Von einer rein ökonomischen Verankerung der deutschen Identität kann weder hier noch dort die Rede sein. Sofern wir die Ökonomie als eine emotionslose, auf den persönlichen Nutzen ausgerichtete und rein am Materiellen interessierte Tätigkeit erachten, haben wir es sogar mit dem schieren Gegenteil zu tun. Der Ursprung des deutschen Identitätsgebarens kennt nur ins Romantische überhöhte Emotionen. Es ist eine Identität, deren Kollektivprogramm nicht inhaltlich definiert ist, sondern dem »deutschen Wesen« gleichsam naturgegeben innewohnt. Seine Interessens- ist eine Gemütsgemeinschaft, seine Einigkeit basiert auf unterstellter Einzigartigkeit. Es ist ein *common sense*, der Gemeinwesen sein will, dies aber ausschließlich als eine Gemeinsamkeit der Wesensart erfaßt. Es ist eine deutsche Identität, die fern politischen und wirtschaftlichen Handelns philosophisch erklärt ist.

Umgekehrt war der nach dem Ende des Zweiten Weltkriegs eingeschlagene Kurs nie nur ökonomisch ausgerichtet. Gewiß verließ sich schon die junge Bundesrepublik vor allem auf das wirtschaftliche Handeln. Aber sie übernahm trotz aller Verehrung für die USA nicht deren ausschließlich ökonomisch verankerte freie Marktwirtschaft, sondern entwickelte auf der Basis deutscher Sozialphilosophie eine soziale Marktwirtschaft. Auch das in den sechziger und siebziger Jahren sprichwörtliche *Modell Deutschland* als Sozialstaat war ebensowenig auf ein rein kapitalistisches Zweck-Nutzen-Kalkül beschränkt wie das ab den achtziger Jahren deutliche Engagement für Europa. Gerade die Rede von einem »deutschen Sonderweg« machte nicht zuletzt darauf aufmerksam, daß in Deutschland gesellschaftspolitische Vorgaben eine ungleich stärkere Relevanz besitzen, als dies im übrigen Europa der Fall war.*

* Sofern wir Veränderungen im wirtschaftlichen Leben als eine Folge gesellschaftlicher Veränderungen erachten, sind eindeutige Unterschiede ausmachbar. In Deutschland war der Emanzipationsprozeß auf das Gesellschaftliche gerichtet; die gesellschaftliche Revolution bedeutete eine Freisetzung individueller Schranken. Damit wandelten sich nicht nur die Verkehrsformen der Individuen untereinander; damit einhergehend entstanden auch neue kulturelle Räume und letztlich neue Konsumfelder. Kino, Kneipe, Musikclub, Singletreff, Freizeitdom ... – kaum eine deutsche Kleinstadt hat nicht den Strukturwandel zu einer Szenerie des auto-

Daß Deutschland keineswegs nur von wirtschaftlichen Motiven geleitet ist, wird weiterhin durch einen eigenwilligen Sprachgebrauch deutlich. Hier ist nicht nur mehr als anderswo von Unternehmens- und Markenphilosophien die Rede; hier wird nicht nur mehr als anderswo die Notwendigkeit einer Wirtschaftsethik angemahnt; wie das Beispiel Ökologie zeigt, gehorchen hier unternehmenspolitische Verlautbarungen, zumindest auf dem Papier, auch mehr als anderswo gesellschaftlichen Forderungen. Nirgendwo ist das wirtschaftliche Leben stärker mit dem gesellschaftlichen verknüpft als in Deutschland. Man könnte sich beinahe geneigt fühlen, James entgegenzuhalten, die deutsche Identität sei keine, die ökonomisch gegründet ist und im Gewand der Politik auftritt, sondern eine, die im Rekurs auf die Wirtschaft politische Intentionen verfolgt. Schon die D-Mark war sehr bald nicht nur das neue Zahlungsmittel, sondern auch das neue Nationalsymbol. Erinnerten zuvor Eichenlaub und Eichenkranz an den teutonischen Cheruskerfürsten und Germania, machte nun der Eichensprößling auf der 50-Pfennigmünze auf die Wurzeln deutscher Identität aufmerksam. Kein Land strebte mehr nach dem Euro, kein Land litt mehr unter dem Verlust des eigenen Geldes, das zum Bild dessen geworden war, was *hartes Holz und harte Währung* (Bartholomäus Grill) eint. Apropos Holz: Selbst in der Trauer um das Waldsterben kam mehr als nur der ökologische Wille zum Ausdruck: die deutsche Identität kommt aus dem Wald noch vor der Wirtschaft. Den Wald zu besingen ist seit jeher deutsche Lust (so wie die in Deutschland unverändert virulente Kritik an Industrie und Technik zum Land gehört wie sein Ruf als Wirtschaftsmacht und Eldorado guter Ingenieure).

Auf den ersten Blick scheint Harold James' Vorwurf also nicht nur erstaunlich zu sein, er scheint sogar an den Haaren herbeigezogen. Dennoch hat er recht. Man muß seine These nur abstrahieren: Nicht wegen ihrer wirtschaftlichen Praxis darf die deutsche Geschichte genuin »als Lehrstück gedeutet werden«, sondern wegen der dieser Praxis vorausgehenden oder ihr innewohnenden Philosophie. Sosehr sich die Deutschen von jedweder philosophischen Verankerung ihrer

nomen Individuums vollzogen. In Ländern wie Italien war dagegen die Politisierungswelle auf den Staat bzw. auf die Parteien und das Parlament gerichtet. Die von ihr verursachten Veränderungen nahmen auf das Konsumverhalten kaum Einfluß; wo sie scheiterten, führten sie im Gegenteil gar zu einem Rückzug in die Privatheit.

Identität distanziert hatten, sosehr war die nach dem Zweiten Weltkrieg eingeleitete ökonomische Identität doch nicht ohne Philosophie vonstatten gegangen. Ihretwegen griffen so manches Mal die deutsche Vergangenheit und das moderne Europa-Deutschland deutlich ineinander. Ihretwegen kam es immer wieder zu diesen Diskrepanzen zwischen Selbstbild und Fremdbild. Ihretwegen war man von den Deutschen genervt. Während sie sich darum bemühten, zum Klassenprimus zu werden, wurde ihnen im internationalen Ansehen gerade das vorgehalten. Man war genervt von ihrer Gründlichkeit, ihrem Bestreben, alles 150prozentig machen zu wollen, ihrer Besserwisserei, ihrer Moral.

Dabei war es nicht die Philosophie selbst, die störte; mit ihr hatten die Deutschen ja nichts mehr im Sinn. Es war ihre philosophische *Natur*, die sie in die Nähe der Mutter aller Wissenschaften brachte. Es war der Absolutheitsanspruch: dem Absoluten diente der deutsche Idealismus, ans Absolute klammerte sich die deutsche Mentalität, absolut war auch die neue deutsche Gründlichkeit. Das Absolute war ihr Kern, denn nur ein kleiner Schritt trennt den philosophischen Universalanspruch von der pragmatischen Systematik, das intellektuelle Grüblertum von der technischen Tüftelei, das moralische Gebaren von der administrativen Pedanterie. Vergessen wir auch nicht die Eigenart der Deutschen, aus allem, wovon sie überzeugt sind, ein Prinzip und eine Wahrheit zu machen. Absolut ist ihr Drang zum Perfektionismus. Sie waren perfekte Nazis, in der DDR perfekte Kommunisten, sind heute perfekte Demokraten und Europäer, haben das perfekteste Umweltbewußtsein, und sogar ihre Terroristen wurden höchstens von denen Japans übertroffen. Auch darin liegt ein gehöriges Stück Philosophie verborgen: die Überzeugtheit von dem, was man behauptet; dieses private Ungetüm der Wahrheit. Es findet sich von der Subkultur bis zum Management in sämtlichen Lebensbereichen wieder. Es äußert sich im vorauseilenden Gehorsam, der Gefallsucht, der Mentalität des Klassenbesten, äußert sich in der Ökonomisierung des philosophischen Ursprungs deutscher Identität; es äußert sich zuletzt in einem Deutschland, das entscheidend dazu beigetragen hat, die Megaphilosophie des Ökonomischen philosophisch zu fundieren. Nicht Großbritannien oder den Vereinigten Staaten von Amerika gebührt diese Ehre, denn beide haben wie auch Frankreich, Italien, wie jede kapitalistische Industrienation noch andere Wurzeln des Selbstverständnisses, sondern der deutschen Republik.

Obwohl der Prozeß der Etablierung der neuen Megaphilosophie einschließlich seiner »Strukturreformen« (die Ökonomisierung des Lebens, der Umbau von Demokratien in Wirtschaftsgesellschaften, der zunehmende Individualismus ...) in allen westlichen Industrienationen stattfindet und, von nationalen Eigenarten abgesehen, keineswegs ein nationales Phänomen darstellt, kommt der »verspäteten Nation« eine besondere Rolle zu. Dem biblischen Wort folgend, die Letzten werden die Ersten sein, war Deutschland dazu prädestiniert, hier voranzuschreiten. Das ehemalige Land der Dichter und Denker war kraft seiner nationalsozialistischen Vergangenheit dazu prädestiniert, da sie keine Rückbesinnung auf die alte Philosophie mehr erlaubte, eine politisch nationale Identität verwehrte und damit notwendigerweise nur eine in Europa verankerte ökonomische zuließ. Es war kraft seiner föderal-individualistischen Struktur dazu prädestiniert, da sie der Ökonomie weitaus mehr zupaß kam als eine zentralistische. Es war kraft seiner geographischen Lage und seiner Freundschaft zu den USA und eben auch kraft philosophischer Tradition und Ader dazu prädestiniert.

Sie verliehen der Ökonomie *power*, trugen zu den wirtschaftlichen Erfolgen und der daraus resultierenden Bedeutung als führende Industrienation und Sozialstaat bei, verschafften das notwendige theoretische Rüstzeug, um sich weltweit zu behaupten, und prägten schließlich nach und nach das neue Gesicht des Kapitalismus. »Ich habe den Eindruck«, schrieb vor Jahren der französische Philosoph Michel Foucault, »daß sich Macht immer an Wissen und Wissen immer an Macht anschließt.« Jeder Punkt der Machtausübung sei zur gleichen Zeit ein Ort der Wissensbildung, jedes etablierte Wissen erlaube und sichere die Ausübung einer Macht, beide seien integriert, und »man sollte nicht von dem Augenblick träumen, in dem das Wissen nicht mehr von der Macht abhängt«.[15] Gerade diese von angeblich kritischen Denkern in Deutschland so häufig als unkritisch erachtete These Foucaults hat Deutschland bestätigt: in diesem Land ist das Absolute zu Hause; jede Megaphilosophie will absolut sein.

11 In Deutschland hat die Philosophie Tradition. Es war das Land der Dichter und Denker. Es wurde zum Land der Richter und Henker. Es wurde zum Land der Tüftler und Banker.

Ohne Philosophie ging keine dieser Epochen über die Bühne. Nicht Aufklärung und Romantik; nicht Nationalsozialismus und die deutscher Philosophie entwachsene sozialistische Internationale; nicht Kreation der BRD, der D-Mark und des *Made in Germany*; nicht die Zeit der Schuld und des Aufbaus, nicht die der Etablierung und Reformen, nicht die Zeit des Selbstbewußtseins und des Anspruchs auf europäische Führung. Philosophie steckt in Politik und Gesellschaft. Philosophie verwandelte sich nach 1945 in Präzision, Perfektion und deutsche Gründlichkeit. Philosophische Art zog ein in Technik, Verwaltung und Organisation. Zur Philosophie wurde Ökonomie. Mit dem Beginn der achtziger Jahre, dem Jahrzehnt, in dem sich die Megaphilosophie des Ökonomischen etablierte, kristallisierte sich dieser neuerliche Umwandlungsprozeß deutlich heraus.

Bislang hatte sich das Land der Philosophen der Ökonomie bedient, um Identität zu erlangen; es hatte Nationalpolitik in Nationalökonomie gewandelt. Ab jetzt dürfen wir von einer beinah idealen Synergie zwischen Deutschland und der Ökonomie sprechen: Jetzt bediente sich auch umgekehrt die Ökonomie der Philosophie, um aus der neuen gesellschaftlichen Identität wirtschaftlichen Nutzen zu ziehen, um Identitäten in ihrem Sinne zu schaffen, um aus dieser einen volkswirtschaftlichen Identität eine Vielzahl betriebswirtschaftlicher Identitäten abzuleiten. Sie bediente sich in zunehmendem Maß der Philosophie, um das wirtschaftliche Handeln als das für alle Mitarbeiter eines Unternehmens und schließlich für alle Mitglieder einer Gesellschaft sinnhafte Handeln ausweisen und als solches im Denken der Menschen verankern zu können. Es ist das, was wir als Kern der neuen Megaphilosophie des Ökonomischen bezeichnen dürfen.

In den achtziger Jahren beginnt dieser Prozeß. Es waren die Jahre der Wende und des Wertewandels; Vernunft wurde fraglich, die Ära gesellschaftlicher Emanzipation war vorüber, die Gegenaufklärung setzte ein, der Individualismus setzte an, die Kreativität trat in die Mitte. Man hieß sie die Zeit der »umwälzenden Veränderungen«. Ein neues Anspruchsdenken der Bürger bildete sich aus, neue Technologien führten zur »zweiten industriellen Revolution«, ihr gegenüber entstand und erstarkte die Ökologiebewegung, die Forderung nach einem dynamischen Realitätsverständnis war laut geworden. Alles hinreichend bekannt. In jener Zeit herrschte in Medien und Managementliteratur noch weitgehend eine aus der vorherigen

Politisierungswelle stammende Denkweise vor. Sie basierte auf der Überzeugung: Veränderungen der gesellschaftlichen Bedürfnisse führen notgedrungen zu Veränderungen im Verhalten der Herrschenden.

Beispielhaft hierfür eine Textstelle von Armin Ziegler, die der Sache nach zukünftige Entwicklungen benennt, ihrem Tenor nach aber nicht den Glauben an das Gute in der Ökonomie verhehlt. Die ethischen Anforderungen an ein Unternehmen nehmen zu, schrieb er. »Menschen nicht schaden, Umwelt schonen, versprochene Qualität liefern, mehr Ehrlichkeit und Gerechtigkeit gegenüber Mitarbeitern und vor allem Abbau des Ethikgefälles zwischen Betriebspraxis und allgemeinen Wertvorstellungen. Wer diese stillen Forderungen nicht akzeptiert, wird seine besten – auch leistungsorientierten – Mitarbeiter verlieren.«[16] Es war die Zeit vor der Globalisierung.

In dieser Situation waren die Manager aller westlichen Industrienationen aufgerufen, der neuen Ausgangslage adäquat zu begegnen und Lösungen zu finden. Aufgrund zweier Ereignisse hatten die angezeigten Veränderungen in Deutschland allerdings eine besondere Brisanz. Zum einen war es als eine in Technik und Technologien führende Wirtschaftsmacht mehr als andere vom Siegeszug Japans betroffen. Nippons Manager hatten dem Land der Ingenieure bereits die ehedem weltweit renommierte Foto- und HiFi-Industrie weggeschnappt, sie waren dabei, die deutsche Telekommunikation zu kannibalisieren, und man fürchtete entschieden, dasselbe könnte über kurz oder lang gar mit dem Herzstück der nationalen Ökonomie, dem Automobilbau, geschehen. Zum anderen wirkten sich, da die deutsche Identität maßgeblich von gesellschaftlichen Kräften geprägt war und diese vornehmlich durch wirtschaftliche Erfolge repräsentiert wurden, gesellschaftliche Veränderungen in der Bundesrepublik auch generell stärker auf das wirtschaftliche Leben aus als anderswo. Beide Ereignisse warfen die Frage nach dem Leistungsstand der deutschen Wirtschaft und erstmals seit dem Ende des Zweiten Weltkriegs auch die nach der Motivation des deutschen Angestellten auf.

»Wir brauchen Antworten«, schrieb Rolf Berth, »Antworten, die Begeisterung wecken, persönlichen Einsatz und Identifikation auslösen.« Im betriebswirtschaftlichen Bereich verlange man heute mehr Visionen, mehr Intuition und mehr Kreativität, weil man zu begreifen beginne, *daß es Herzen zu bewegen gilt.* »Nur wenn neben die vernünftige Identifizierung eine emotionale Begeisterung tritt, wird aus einer Firmenverwaltung eine Firmenkultur. Erst wenn Mitarbeiter von einer ›Mission‹ motiviert werden, dürfen visionäre Spitzenleistungen erwartet werden.«[17] Und Spitzenleistungen wurden wieder erwartet. Innovationen waren gefordert. Innovation bedeutete Visionen »von oben«, Identifikationen »von unten«. Japan hatte es vorgemacht. Sein Erfolg, hieß es, beruhe nicht zuletzt darauf, daß alle Mitarbeiter »an den Denk- und Entscheidungsprozessen« beteiligt würden (Hisako Matsubara), während hierzulande unverändert oben gedacht, unten gemacht werde. In Japan spiele das innerbetriebliche Vorschlagswesen für Produktverbesserungen und die Entwicklung neuer Ideen eine maßgebliche Rolle, in Deutschland dagegen besitze es fast keine Relevanz. In Fernost werde Firmenangehörigen nahegelegt, sich ihre Ziele selbst zu setzen und von sich aus Projekte zu initiieren, statt auf die Zuteilung von Arbeit zu warten (Roman Antonoff). Das japanische Modell habe eine »sozialkulturelle Dimension«, die in einer »Firmenethik als leistungsstärkende Verbindlichkeit« zum Ausdruck komme (Karla Fohrbeck). In Japan seien Firmen eine soziale Gemeinschaft, mit der sich Mitarbeiter identifizierten und so zu einer höheren Produktivität beitrügen.

»Man hat es zwar schon immer vermutet«, bemerkte noch einmal Rolf Berth, »aber jetzt darf es als bewiesen gelten: Innovationsarbeit ohne eine starke Identifikation des Ausführenden mit seiner Aufgabe hat wenig Erfolgschancen. Innovation kann nicht von oben herab befohlen werden, sie muß von unten kommen.«[18] Damit sie von unten kommt, war jedoch, so die zweite Lektion aus Japan, auch das Management gefordert. Es sollte den Blick nach vorne richten, die Zukunft im Auge haben, eine Vorstellung von der Zukunft entwickeln: es sollte Visionen haben. »Die ›Vision‹«, schrieb Roman Antonoff, »ist die Basis für ›Begeisterung‹, die Urzelle des Unternehmenswachstums« und der eigentliche »unternehmerische und volkswirtschaftliche Schlüsselbegriff. Unser Vorrat an Visionen ist unser Volksvermögen Nr. 1 ...«

Das Wort ist mittlerweile nicht nur im Sprachgebrauch des Managements gang und gäbe. Ohne Vision traut sich keiner mehr auf die Straße, der was werden will. Als der Begriff auftauchte, mußte er jedoch völlig neu definiert werden; von doppelter Warte: gegen die Seher und gegen die Utopien. Schließlich galten Visionen bis dahin als eine Sache der Mystiker. Visionen waren im Geiste geschaut, waren Vorahnungen zweiter Gesichte, verhießen eher apokalyptische

Unter- als glückliche Ausgänge, galten als Trugbilder realitätsferner Spinner und als traumtänzerische Erscheinungen. Als Leitlinien innovativer Arbeit aber, als Handlungsrichtschnur und Charta für alle Mitarbeiter, als Grundlage unternehmerischer Führung, als Vorbereitung zukünftiger Realitäten gar war sie bis dato unbekannt. Nicht umsonst frotzelte Helmut Schmidt, selbst Ökonom und damals Bundeskanzler: Wer Visionen hat, gehöre ins Krankenhaus.

Und dann die Utopien. Gerade hatte man sich von ihnen verabschiedet, weil sich ihre Prophezeiungen meist als falsch herausgestellt hatten, ihre Prognosen eher Wunsch als Wirklichkeit beschrieben, ihre Welterklärungen zu ideologisch waren, weil sie oft, wie Wolf Lepenies schrieb, aus einer Enttäuschung an der Welt und einer Traurigkeit über sie erwachsen waren und vielfach nur entworfen wurden, weil handeln unmöglich war oder an der Härte und Widerstandsfähigkeit des Realitätsprinzips scheiterte. Und jetzt sollte die Vision geschaute und zu machende Zukunft zugleich sein, sollte sie Zukunft programmatisch definieren, sollte sie, als sei es die leichtere Übung, frei nach Marx die Welt nicht mehr erklären, sondern verändern? Es war ein durchaus anspruchsvolles Streben, das man wohl schon bald wieder eingestellt hätte, wenn nicht in jenen Jahren ein anderer Schlüsselbegriff aufgetaucht wäre: die CI – die *corporate identity*.

So neu, wie sie seinerzeit verkauft wurde, war die *corporate identity* allerdings nicht. De facto handelte es sich tatsächlich eher um eine renovierte Utopie bzw. deutlicher: um eine Instrumentalisierung ehemals »von unten« erhobener Forderungen nach einer Firmen- und Sozialethik, wie sie in den USA seitens der *human relations*-Bewegung bereits seit den zwanziger Jahren existierten. Die Bewegung war seinerzeit aus einer Kritik am *Taylorismus** hervorgegangen und hatte bereits eine Vielzahl von Theorien und Modellen der Produkt-, Verfahrens- oder Sozialinnovation entwickelt, ehe sie in den sechziger Jahren unter dem Namen *Humanisierung der Arbeitswelt* auch in Deutschland bekannt wurde. Hier verband sie sich mit den Intentionen der Achtundsechziger-Reformbewegung, was schließlich in den siebziger Jahren zur Entwicklung einer eigenständigen, sozial-

* Der Begriff geht zurück auf den amerikanischen Ingenieur Taylor, der sich als erster einer wissenschaftlich unterstützten Betriebsführung, dem sogenannten »Taylorismus« eben, bedient hatte, um seinen Angestellten maximale Leistungen abverlangen zu können.

wissenschaftlich ausgerichteten und vom amerikanischen *planned organizational change* unabhängigen Theorie der *Organisationsentwicklung* (OE) geführt hatte. Ihr Ziel war es, die Leistungsfähigkeit und Innovationsbereitschaft einer Organisation, wie auch die sozialen Beziehungen der Mitarbeiter untereinander und ihre individuellen Chancen zu verbessern. Eines ihrer Hauptargumente war die heute gängige Aussage, Unternehmen seien lernfähige und informationsverarbeitende Systeme.[19] Dennoch genossen ihre Taktiken und Strategien bei der Mehrzahl der Unternehmer und Manager kaum Ansehen. Ihrer Meinung nach waren die einzelnen Maßnahmen eher auf das Wohlbefinden der Angestellten als auf die Arbeitsproduktivität gerichtet. Sie hatten nicht ganz unrecht. In den Modellen der Organisationsentwickler war jeder Angestellte motiviert, Leistung zu erbringen, sich weiterzubilden und nach oben zu kommen, falls nur das Betriebsklima stimmte, er Anerkennung bekam und seinem Verlangen nach einer sinnhaften Existenz im Arbeitsleben entsprochen wurde. Der einzige Grund, warum er seiner von Natur aus gegebenen Motivation nicht zu folgen bereit war, lag diesen Theorien zufolge in den Barrieren, die das Unternehmen dem Mitarbeiter errichtete.

Daß solche Ansicht nicht unbedingt mit der tatsächlichen Praxis korrespondiert, war das eine; daß sie sich auch wissenschaftlich nicht bewährte, das andere. Zu häufig stellten sich positive Effekte, die eben noch als Erfolge der Motivationskunst gefeiert wurden, als äußerst kurzlebig heraus. Wie sich zeigte, war die Produktivitätssteigerung oft nicht auf die Implementation und Adaption neuer Problemlösungsmechanismen zurückzuführen, sondern auf die banale Tatsache, daß die Anwesenheit der Forscher eine willkommene Abwechslung im alltäglichen Arbeitstrott darstellte und damit eine Unterbrechung der gewohnten Lethargie bewirkte. Als die Organisationsentwickler wieder draußen waren, verfiel die frisch motivierte Crew wieder ins vertraute Koma. So blieb die Organisationsentwicklung das Stiefkind der Ökonomie, bis schick wurde, was man populär »durchgestylt« nannte. Plötzlich hieß es: Technokratische Strategien wie Humanisierung der Arbeitswelt seien Werkzeuge von gestern (Karla Fohrbeck). Gefordert war eine *corporate identity*, die sowohl als optisches Aushängeschild eines Unternehmens fungierte, als auch eine Gemeinschaft der Mitarbeiter (interne CI) und Verbraucher (externe CI) repräsentierte.

Einen großen Vorteil aber hatte die neue CI gegenüber der alten OE: der Chef mußte die Büroräume nicht mehr streichen lassen, damit sich seine Leute wohler fühlten, er mußte es machen, weil jetzt von einer Unternehmens*kultur* die Rede war und von einer Signalfunktion des Designs und von Führungskräften, die kreativ und originell sein und Persönlichkeit zeigen müßten (Karla Fohrbeck). Dafür durfte er sich auch selbst einen neuen Schreibtisch leisten, ohne gleich als Ausbeuter zu gelten. Es waren die Jahre, in denen sich Identität bildete.

12 Noch jede Megaphilosophie bemühte sich, ihre Inhalte und Ziele nicht nur blindwütig durchzusetzen, sondern auch an die Sehnsüchte, Hoffnungen und Erwartungen der ihr unterworfenen Menschen zu knüpfen. Jede achtete darauf, wunschbildungsfähig zu sein. Jede wartete mit einer großen und über das Hier und Jetzt hinausweisenden Idee auf. Jede legte größten Wert darauf, mit dieser Idee *jeden als einzelnen* und zugleich *jeden einzelnen als Mitglied* einer Gemeinschaft zu ergreifen. Jede definierte mit Hilfe ihrer Idee eine Gemeinschaft. Jede hatte eine eigene Vorstellung davon, was Menschen miteinander verbindet. Zuerst diejenigen, die ihrer Heilslehre folgen; dann, Anspruch aller Heilslehren, die gesamte Menschheit. Jede fand eine ihr eigene Lösung für den kollektiven Traum. Jede brachte eigene Formen von Kollektiven hervor. Jede schuf zu diesem Zweck eine Fülle von Zeichen und Riten. Jede Megaphilosophie beanspruchte, sich ihrer Anhängerschaft sowohl mit den Mitteln der Macht wie der Identifikation zu versichern.

Die Identifikation ist der Grundstoff jeder erfolgreichen Macht. Sie ist die unerläßliche Basis, auf der Macht errichtet werden muß; ist, wie Karl Bruno Leder schrieb, »mehr als nur Übereinstimmung von Meinungen, mehr als nur Konsens«. Mit Imitation und Identifikation beginnt das Kind die Welt zu lernen. Erst durch sie wird Verschiedenes identisch: *idem facere* – zum Gleichen machen. Identifikation ist ein »psychologischer Vorgang, durch den ein Subjekt einen Aspekt, eine Eigenschaft, ein Attribut des anderen assimiliert und sich vollständig oder teilweise nach dem Vorbild des anderen umwandelt«.[20] Identifikation bedeutet, sich »Anschauungen, Überzeugungen, Urteile und Vorurteile, kurz: Weltanschauungen ganz zu eigen zu machen und sie einzubauen in die eigenen Strukturen von Geist und Psyche, so daß sie zum unabdingbaren Teil der eigenen Persönlichkeit werden«.[21] Jede Identifikation hat den Charakter der Fremdbestimmung. Was aber wäre der Mensch, wenn er stets eigenmächtig handelte? Er ist nicht gern allein. Er ist biologisch ein Herdenwesen; er ist politisch ein soziales Wesen; er ist zur Liebe fähig.

Eine übergeordnete Idee der Gemeinschaft finden; auf ihrer Basis Gemeinschaften definieren und für sie adäquate, neue Strukturen und Organisationen entwickeln; diese Gemeinschaften mittels eigens geschaffener Symbole ausweisen – das sind die drei Akte, denen eine Megaphilosophie auf dem Weg zur allgemeinen Akzeptanz genügen muß, die unabdingbar sind, um die Bereitschaft zur Identifikation zu wecken. Jede Megaphilosophie wollte ihnen genügen. Sie brachten nacheinander die Ideen der Nächstenliebe, der Brüderlichkeit und der Unternehmensfamilie hervor. Sie kreierten nacheinander den Menschen als Gläubigen, als Bürger und als Mitarbeiter respektive Verbraucher. Sie klebten nacheinander die Welt mit Fähnchen und Emblemen zu, bis am Ende jeder seine eigene Kollekte gründete.

Den Anfang machte die Megaphilosophie des Theologischen. Wie in so vielen Fällen, so auch hier: Sie machte es am besten, sie war stilbildend. Schon im Umgang mit der Idee. Keine andere Megaphilosophie hatte den Mut, die Gemeinschaftsidee gleich zum Kern ihrer Macht zu machen. Es war mutig, denn Christi Worte aus der Bergpredigt laufen jeder Macht zuwider. »Liebet eure Feinde«, sagte er, »tut Gutes denen, die euch hassen. Segnet, die euch fluchen, und betet für die, welche euch verleumden ... Seid barmherzig, wie euer Vater barmherzig ist. Richtet nicht, und ihr werdet nicht gerichtet werden; verdammt nicht, und ihr werdet nicht verdammt werden; vergebet, und euch wird vergeben werden. Gebt, so wird euch gegeben werden.«[22] Es war mutig, weil die theologische Macht ihre Feinde ebensowenig liebte wie jede andere Macht. Auch sie haßte, verfluchte, verleumdete, war unbarmherzig, richtete, verdammte, vergab nur im Beichtstuhl und gab nur, was sie sich anderweitig holte. Doch nicht daran sollte die Macht der Kirche zerbrechen, was einmal mehr beweist, daß das Widersprüchliche noch keiner Herrschaft Probleme bereitete. Im Gegenteil. Gerade hier war die Kirche Vorreiterin. Sie hatte 1000 Jahre Zeit, und sie nutzte sie, um die Unterwerfung im Namen der Demut begreiflich zu machen. Sie prägte das Machtgeschäft, und ihre Nachfolgerinnen machten es ihr nach.

Die Nächstenliebe war die Idee, der durch Gott mit seinesgleichen verbundene Mensch die ideelle Gemeinschaft. Ihr Name: die Kirche; *urbi et orbi*, Stadt- und Weltkreis, die Welt an sich und doch nur die der Christenheit. Im Namen Christi zieht sie los, die frohe Botschaft zu verkünden. Mal durch die Liebe, mal durchs Schwert, mal mittels frommer Märtyrer, mal mittels marodierender Kreuzritter, mal im Namen der Gnade, mal gnadenlos. Wer zur Christenheit gehörte, durfte sich so oder so bestätigt fühlen. Bestätigt im Zuwachs der Gläubigen, bestätigt in der Ausmerzung der Ungläubigen. Es war der Anfang dessen, was in Zukunft für jedes einer Idee verpflichtete Kollektiv maßgeblich sein wird: daß sich diese Idee nicht nur aus ihrem Mythos nährt, sondern auch aus der von ihr geschaffenen Dichotomie.[23] Das Wort entstammt der Soziologie. Zweiteilung und Aufspaltung heißt es, die eindeutige Rollenzuweisung meint es. Die Aufteilung in die Guten und die Bösen. Die Rolle der Guten haben stets jene, die der ideellen Gemeinschaft angehören.

Keine Macht wollte fürderhin auf diese Art von Wir-Gefühl verzichten, dessen ganzer Inhalt nichts anderes vertritt als dieses Sie und Ihr, die nicht sind wie wir. Je anonymer eine Gemeinschaft in sich selbst angelegt ist, um so mehr definiert sie den Gemeinsinn des sozialen Wesens Mensch durch die Benennung eines Unmenschen. Darin wurzeln alle Ideologien; darin wurzelt auch das Identifikationsangebot. Es verleiht nicht nur die klare Orientierung; die Identifikation liefert vor allem »klare Maßstäbe für Gut und Böse, Richtig und Falsch, Freund und Feind. Und noch etwas hat sie zu bieten: Indem sich der einzelne mit einer hochgeschätzten Gemeinschaft und deren Wertesystem identifiziert, darf er sich eben auch selbst hoch einschätzen, und das ist von größtem Wert für jemanden, der eigentlich von der eigenen Nichtigkeit bedrückt wird.«[24]

Wodurch die ideelle Gemeinschaft erklärt wird, ist das eine; welche Strukturen und Organisationsformen der Kollektivität sich ausbilden das andere. Unter der Herrschaft der Theologie finden wir neben der Kirche (in der doppelten Bedeutung: Gemeinschaft der Gläubigen und Haus Gottes) die urchristliche *communitas*, die Pfarrgemeinde, die Diözese, das Bistum, die Weltkirche. Wer ihnen angehört, darf auf eine Begegnung mit Gleichgesinnten hoffen. Wer sich in ihnen engagiert, ist in einen übergeordneten und die Grenzen überschreitenden Zusammenhang eingebettet.

Fehlt noch die Symbolik, durch die die Idee und die unter ihr ernannte Gemeinschaft ausgewiesen wird. Stilbildend war die erste nachantike Megaphilosophie vornehmlich darin. Was heißt *Symbol* ursprünglich? Hans-Georg Gadamer erzählt: »Es ist zunächst ein technisches Wort der griechischen Sprache und meint die Erinnerungsscheibe. Ein Gastfreund gibt seinem Gast die sogenannte *tessera hospitalis*, das heißt, er bricht eine Scheibe durch, behält die eine Hälfte selber und gibt die andere Hälfte dem Gastfreund, damit, wenn in dreißig oder fünfzig Jahren ein Nachkomme dieses Gastfreundes einmal wieder ins Haus kommt, man einander im Zusammenfügen der Scheiben zu einem Ganzen erkennt.«[25] Das Symbol ist also genuin ein objekthafter Ausdruck der Verbundenheit. Dies bleibt es auch unter der Herrschaft der Kirche. Doch was für eine Virtuosität legt sie darin an den Tag! Wenn heutige *corporate identity*-Designer ihre Logos und Wimpel schwingen, wenn heutige Marketingdenker die Entdeckung eines qualitativen, eines nicht mehr bloß rechnerischen Marketings verkünden, dann kann man nur sagen: im Religions- und Ministrantenunterricht haben die nicht gut aufgepaßt. Was die Megaphilosophie der Vernunft eher schlecht als recht imitierte und die des Ökonomischen mittlerweile wie eine Entdeckung preist, hat die katholische Kirche schon in einer Weise praktiziert, daß selbst die mächtigsten Unternehmensführer der Gegenwart noch katholisch werden würden, wenn sie nur ein bißchen von dem vermochten, was diese einst konnte. Sie ist die eigentliche Erfinderin modernen Marketings, all seine identitätsstiftenden Allüren eingeschlossen. Da finden wir nicht nur Zeichen, Symbole und Gleichnisse, die den Geist der Bergpredigt verdeutlichen: das Kreuz, dessen Inschrift, das Bild vom guten Hirten, das Monogramm Christi im *PAX*-Zeichen, die Fische ... Da finden wir nicht nur Insignien der Macht: der Bischofsstab, das päpstliche Wappen, die Tiara, manches Oberhaupt noch sein eigenes Emblem ... Da finden wir ein Marketing-Mix, das nach wie vor alles in den Schatten stellt, was später kam.

Da wird Geschichte inszeniert: Reliquie und Gebein im goldenen Schrein. Da werden Märtyrer lebendig: Tote, von denen es heißt, sie seien nie verwest; anderer Knochen und Herzen, Geschichten ihrer Schmerzen. Da entdecken wir Objekte, die mit dem Glauben die Phantasie erwecken: Tücher mit geschundenen Antlitzen, Ikonen und die wahre Ikone (Veronika, *la vera icona*); exemplarisch die Heilige Treppe in Rom, ein Meisterwerk gläubiger Einbildungskraft:

Christi Treppe auf dem Weg nach Golgatha, 1000 Jahre später zur Zeit der Kreuzzüge im Heiligen Land gefunden, ob der noch vorhandenen Blutstropfen sofort erkannt, deren Spuren noch immer erkennbar; es sind die Löcher im Holz, mit dem die Stiege seit Jahrhunderten eingekleidet ist. Da wird der Glaube mit dem Aberglauben bedient, da gibt es Identifikationsangebote *en masse*: Herrscher und Heilige, Unbeugsame und Menschen auf Knien, Sünder und Geläuterte und immer wieder Wunder. Da werden Wunder dokumentiert, Wundertätige selig- und heiliggesprochen, Wunderstätten zu Pilgerzielen, das Vollbrachte vermarktet und sekundärvermarktet; da reiht sich Kitsch an Magie, da wird der vollkommene Ablaß der Sünden käuflich, da scheut man, das einfache Gemüt will ebenso glauben, selbst vor der Gaukelei nicht zurück, da hat und bezieht die Idee Gehalt.

Nicht zu vergessen all die Kulte und Zeremonien, die nicht bloß die Gemeinschaft dokumentierten und die Anhängerschaft faszinierten, sondern, weitaus entscheidender, Aktionsgemeinschaften herstellten und so den Gläubigen an die Kirche banden. Heute weiß jeder: gemeinsam vollbrachte Taten verbinden. Doch damals, vor der Erfindung der Psychologie und der Marktforschung, des Kinos und des Popkonzerts war es die, mittlerweile so oft belächelte alte Megaphilosophie, die wußte, wie man eine völlig tatenlose Angelegenheit wie den Glauben in ein Gemeinschaftserlebnis verwandelt, wie man einer beinahe belanglosen und ständig sich wiederholenden Zusammenkunft den Charakter einer Feierlichkeit verleiht, wie man mit Hilfe der Liturgie, einer feinen Differenzierung von Andacht, Messe, Hochamt, einer Vielzahl von über das sakrale Jahr sich ändernden Gebräuchen, wechselnden Meßgewändern, kurzen und langen Predigten, dem überlegten Einsatz der Musik und den besonderen Anlässen, die den einzelnen in der Gemeinde herausstellen: das Sakrament der Taufe, die Hochzeit, die Priesterweihe …, wie man mit diesem ganzen Zauber das Gemeinschaftliche ständig neu erlebbar macht.

Dagegen sind heutige Feste trotz ihres Aufwands eher armselig zu nennen. Kaum eine Party, die mehr wäre als ein loser Verbund von Monaden. Kaum ein Ereignis, das von einem *common sense* getragen wäre. Geradezu lächerlich die Ökonomie: der Sonntag nur noch verkaufsoffen, im Einkaufszentrum stehen traurige Pantomimen herum, und hat man eine drittklassige Blaskapelle gedungen, ist schon von einem *festival market* die Rede. – Nein, jedem Verehrer des Marketings muß die Kirche Vorbild sein.

13 Die Tatsache, daß die *Identität* ausgerechnet in einer Zeit zum Thema der Ökonomie wurde, in der der *Wandel* im Mittelpunkt des öffentlichen Interesses stand, hat etwas Paradoxes; die Begriffe passen nicht zusammen. Der Wandel propagiert Veränderung; Identität heißt das Gleichbleibende, das Gleichseiende. Sie benennt, was den Stürmen der sich drehenden Welt standhält, was sich nicht ändert, auch wenn nichts bleibt, wie es war. Sie durchläuft die Geschichte. Die Identität kommt aus der Vergangenheit und bildet Kultur. Sie kündet von der Gegenwart und verleiht Orientierung. Sie ist Zukunft und schenkt Perspektive.* Sie wächst mit der Welt, in der sie sich befindet, wandelt mit ihr und wandelt sich doch nicht. Sie ist das organisch Eherne. Der Wandel ist Prozeß, die Identität Fixpunkt und Status. Verständlich ist der Widerspruch nicht.

Daß beide einander ausschließen, war bereits den ersten Philosophen aufgefallen. Sie bemerkten: Wenn es in der Welt ein Werden gibt (den Wandel), dann ist jedes Sein (das Gleichbleibende) vorübergehender Natur. Konstatieren wir jedoch das Sein als ein Gleichseiendes, ist jedes Reden über ein Werden überflüssig. Wie die Griechen einst waren, machten sie es sich philosophisch einfach und das Leben schwer. Die einen behaupteten, es gebe nur ein Sein, die anderen nur ein Werden, und zusammen waren sie am Streiten. Allerdings begründeten sie damit die Ontologie und die Logik.

100 Jahre später hatte dann, wie so oft, Aristoteles die rettende Idee. Er erfand die *Substanz*. Er sagte: Die Substanz ist das, was gleich bleibt, die Form das, was sich ändert. Substanz und Form. Die Parteien waren versöhnt und die Idee war genial. Sie hatte nur einen Haken. Da Aristoteles »Substanz« als das im Wandel Unveränderliche definiert hatte, gab er dem, was je identisch bleiben sollte, bloß einen Namen. Welcher Sache dieses besondere Prädikat zukomme,

* Analog hierzu die dreifache Zeitstruktur der Unternehmensidentität: Ist von der bis in die Gegenwart reichenden Geschichte des Hauses die Rede, heißt sie Unternehmenskultur. Liegt das Augenmerk auf der Gegenwart, soll sie der Kundschaft einen Kaufanreiz, den Mitarbeitern ein Leitbild, beiden gemeinsam ein Identifikationsangebot vermitteln. Verweist sie auf die Zukunft, heißt sie Vision.

blieb allerdings im ungewissen. Niemand wußte genau, was eigentlich eine Substanz ist. Die Scholastiker des Mittelalters kamen sich darob kräftig in die Tonsuren; und als man gut 2000 Jahre nach Aristoteles endlich herausfand, was Substanzen sind, fand man heraus, daß es sie nicht gibt. Zumindest gibt es keine materielle Substanz, die Form werden könnte. Darum hat sich die Philosophie von diesem Wort wieder verabschiedet, und die Naturwissenschaften haben es ihr gleichgetan. Der alltägliche Sprachgebrauch hat sich darauf eingestellt. Wer »Substanz« sagt, meint manchmal *im Kern* und manchmal *möglicherweise*. Er meint schlichtweg: Jemand (oder etwas) habe das Zeug oder die Fähigkeit oder die Veranlagung, dies oder das zu werden. Unter einer Markensubstanz versteht man das Potential, das eine Marke besitzt, gleichsam die Grundlage dessen, was sie noch alles sein und anstellen kann. Substanzschaffung bezeichnet die Tätigkeit, dieses Potential im Markt aufzubauen.

Ähnliches gilt für die Identität. Im Alltagsgebrauch sagen wir *identisch*, wenn's gleich ist, sagen *Identität*, wenn's das Wesen sein soll. Dazu gehört Sicht- und Unsichtbares. Sichtbar sind die Merkmale, die die *identity card* notiert: Körpergröße, Augen- und Haarfarbe, besondere Kennzeichen. Sie reichen zur Identifizierung aus, verleihen aber kein Profil; erst aus der Verbindung von Naturgegebenem, Widersprüchlichem, Aus- und Unausgegorenem, Zufälligem, Erfahrungsbedingtem ... erwächst Persönlichkeit. Unsichtbar sind Persönlichkeitsmerkmale wie Charakter, Mentalität, Temperament; letztendlich sieht man auch sie. Der Psychologe sagt, zur Identität gehöre das Wissen darüber, was man nicht sei, im Unterschied zum Ich, das nur sich selbst kenne. Und zu ihr gehöre, was man sein könnte, im Unterschied zum Seienden, das nur kenne, was real existiert.

Die Identität umfaßt also ein konkret Nicht-Seiendes und ein potentiell Seiendes. Sie konstituiert sich in ständiger Differenzierung und Integration von Sein und Nicht-Sein, Realität und Potentialität, Innenwelt und Außenwelt, Selbst- und Fremdbild. Auf diese Weise lebt sie vom ewigen Wandel und Werden und ist doch das, was sich dagegen behauptet, was ein Sein gegen ein Werden ist, was sich als Substanz unberührbar zeigt und als Form den Ausdruck variiert. Das Antlitz altert und bleibt dasselbe Gesicht. Die Marke wird renoviert und ist doch wiedererkennbar.

Die Symbolik einer Marke an den jeweiligen Gegenwartsgeschmack anzupassen und dennoch die Wiedererkennbarkeit zu gewährleisten ist die Kunst der Markentechnik. Sie folgt der Dualität von Kontinuität und Dynamik. Wo es gelingt, den Wandel zu vollziehen, ohne an dem Namen, dem Wesen, dem Charakter und der Einmaligkeit herumzufummeln (Otto Pahnke), kann man von einer erfolgreichen Markenpflege und -gestaltung sprechen. Beispielhaft hier das Wort-Bild-Zeichen »Coca-Cola« im Laufe seiner hundertjährigen Geschichte. Beispielhaft auch die allmähliche Umgestaltung eines charakteristischen Kühlergrills im Automobildesign: wie bei allen großen Limousinen, so verwandelte sich auch bei Mercedes-Benz der ursprünglich vertikale Rost in einen horizontalen; bei BMW dagegen wurde die gewichtige und hochgestellte Schnauze, die typische »BMW-Niere«, sogar ihrer technischen Funktion entledigt und zum Element des Designs heutiger Frontpartie.

Da inzwischen nicht nur dingliche Produkte, sondern auch Personen und immaterielle Waren Marken sind, hat sich die Wiedererkennbarkeit von den ehemals strengen Formkriterien entfernt. So wie wir eine Person wiedererkennen, obwohl wir sie Jahre nicht gesehen haben, könnten wir, trotz wechselnder Titelseite, auch Zeitschriften mit ausgeprägtem Markencharakter selbst dann identifizieren, wenn der Name verdeckt wäre. Wir erkennen gleichsam schon durch den Modus, wie ein Spieler die Karten in seiner Hand sortiert, ob er gerade Rommé, Skat oder Canasta spielt. Im Sinne der Wiedererkennbarkeit ist die Identität mittlerweile also auf etwas Immateriellles, einen *poetischen Code*, reduziert, was in der Fachliteratur für vielerlei Verwirrungen sorgte.

Sprechen wir nicht von der Identität eines Menschen oder einer Marke, sondern von der *corporate identity* eines Unternehmens, können wir uns an Wally Ollins, Englands namhaftesten CI-Planer, halten. Wie er erklärte, würden Unternehmungen heute nicht mehr nur nach ihren *kommerziellen Leistungen*, sondern auch ihrer *sozialen Haltung*, *dem Verhalten gegenüber der Belegschaft* oder *nach den Einzelheiten dieser und verwandter Fragen* bewertet werden. Diesen neuen Anforderungen zu genügen seien CI-Programme gut geeignet. Dabei stünden *drei separate, aber in Wechselbeziehung stehende Themen* im Mittelpunkt: »Erstens will die Organisation sich selbst als klar und überschaubar darstellen. Sie möchte, daß ihre verschiedenen Teile so zueinander stehen, daß die Menschen ihren Weg durch ihre Bereiche, Firmen und Marken finden. Zweitens will die Organisation ihr Ethos, ihre Standpunkte symbolisieren, so daß alle, die für sie arbeiten, eine gemeinsame Vorstellung haben, die sie allen Menschen vermitteln, die mit der Organisation zu tun haben. Drittens will die Organisation sich und ihre Produkte von denen ihrer Wettbewerber auf dem Markt abheben.«[26]

Sagen, wer man ist und was man tut; sich klar äußern, damit die Mitarbeiter wissen, wofür das Unternehmen steht; und ein gegenüber der Konkurrenz eindeutiges Profil entwickeln – es sind Ansprüche, die für jedes Unternehmen legitim sind und gegen die nichts einzuwenden ist. Guter britischer Stil. So weit, so gut. Wir wissen, die Identität garantiert nichts; sie kann nur einen Beitrag zum Verständnis leisten. Man weiß, wer man ist; die anderen wissen, mit wem man es zu tun hat; der Verbraucher erkennt die Marke; vielleicht weiß er, wofür sie stehen soll. Wir wissen weiterhin, daß die Substanz einer Identität etwas Immaterielles ist, das sich auf unterschiedliche Weise äußern, das Form werden kann, und darin eine Ähnlichkeit aufbaut, die die Wiedererkennbarkeit gewährleistet oder die sogenannte Verlängerung einer Identität, ihre Diversifikation in weitere Produkte, Marken und Angebote erlaubt. Das ist eigentlich alles nicht schwer zu begreifen. Jetzt aber kommen die Philosophen im deutschen Management. Sie scheinen von alldem nie etwas gehört zu haben. Was sie wittern, ist der Geist der alten nationalen Identität; was sie suchen, ist eine *corporate identity* auf Basis der Identitätsphilosophie. Das Absolute erhebt sich wieder von seinem Totenbett; die Frage nach der deutschen Identität kommt raunend aufs Tableau; die deutsche Frage wird neuerlich Philosophie.

Da das Wort Identität genuin Singularitäten betrifft, ist der Begriff »nationale Identität« eigentlich unsinnig. Eine Nation ist kein Individuum; ebensowenig ein Volk, ein Land, eine Region, ein Landstrich ... Wird der Begriff trotzdem verwandt, will er genau das suggerieren: die zu dieser Nation, diesem Volk, diesem Land gehörenden Menschen sollen eine verschworene Gemeinschaft darstellen, sie sollen nicht nur Individuen sein, sondern auch ein kollektives Individuum. Dasselbe gilt für die Unternehmensidentität. Auch das Unternehmen soll unter dem Namen Identität eine Gemeinschaft herstellen, indem sie sie behauptet. Wie schon ihre Vorgänger in der Politik, so wollen auch die neuen Identitätsphilosophen des Managements eine soziale Identität. Sie machen aus einer psychologischen Größe eine soziologische, aus einer markentechnischen Größe eine politische. Für sie ist die Identität nicht Ausdruck dessen, was einer ist, sondern Maßstab dafür, was er sein soll. Sie wollen mit Hilfe der Identität die Produktivität steigern, an der Produktion selbst oder den berühmten Produktionsverhältnissen aber nichts verändern. Sie wollen den identifikatorischen Zusammenhalt, das angemessene innerbetriebliche Verhalten, die Kunden- und die Markentreue ... Sie wollen eigentlich alles, und alles mit Hilfe der Philosophie.

Sie betreiben Philosophie, bis sich die Balken biegen. In jenen achtziger Jahren fing die Ökonomie an, Philosophie zu machen. Mit der Frage nach der Relation zwischen wirtschaftlichem und gesellschaftlichem Wandel hatte die Diskussion begonnen, bei einer *neuen deutschen Romantik* war sie gelandet. Unverblümt kam sie von nun an zum Ausdruck. Da verkündete Roman Antonoff auf dem Deutschen Unternehmertag: »Auf ihrer primitivsten Stufe ist CI ein militärisches Ordnungsinstrument. Durch CI läßt sich Macht erhalten. Während auf der primitiven Stufe die CI ein Ordnungsprinzip nur des Prinzips wegen ist, ... ist auf höheren CI-Entwicklungsstufen die Ordnung kein Hauptzweck, sondern nur Mittel zum Zweck. Und dieser Zweck heißt *Sinn*.« Da sagte er an anderer Stelle, SINN sei eine Abkürzung; sie stehe für Systeme, Ideen, Normen, Namen. Ähnlich äußerte sich ein Managementphilosoph namens Simon. Er wußte, die Sinn-Frage eines Unternehmens müsse beantwortet werden; deshalb liege die erste Aufgabe einer *corporate identity* darin, ein Unternehmen mit einer Vision zu erfüllen, ihm einen Sinn zu geben, der über den Tag hinaus gültig sei, es mit einer praktischen Philosophie auszustatten.[27]

Die Vision ist Identitätsträger Nummer 1, sagte wieder Antonoff. Sie müsse das Fundament jeder *corporate identity* sein, da sie die Gesellschaft als unkopierbares Tabu-Material erachte und beachte. Sie sei der zentrale Ansatzpunkt eines CI-Programms, da ihr alle identitätsprägenden Aktionen eines Unternehmens erwüchsen. – Oder am deutlichsten: Die Einzigartigkeit des Unternehmens beginne bei der Einzigartigkeit der Mitarbeiter. »Ein Mitarbeiter sollte typisch für alle Mitarbeiter sein, ein einziger Prospekt für alle Medien, eine Verhaltensweise für alle Verhaltensweisen. CI in höchster Vollendung bewirkt das ›Alles in einem, eines in allem‹.«

Allein am Beispiel dieses Zitats wird der schräge Ton deutlich, der schon zur Zeit der Romantik herrschte, nun wieder laut wurde und schließlich zur Etablierung der neuen Megaphilosophie führen sollte. Er ist sowohl vom charakteristischen Gedanken einer kollektiven Subjektivität geprägt, als auch vom charakteristischen Bestreben, die

Idee für die Sache selbst zu nehmen. So wie die *Idee* der Nation die Gemeinschaft des deutschen Volkes erklärte, so erklärt die *corporate identity* die Unternehmensfamilie. In beiden Fällen gilt bereits die Mitgliedschaft an sich als großartige Gemeinsamkeit.

In beiden Fällen soll die mittels der Identität geschaffene Einheit »als ein autonomer, urmenschlicher Lebens-Wert in Erscheinung treten und Universalität signalisieren. Die Unternehmensidentität stellt« (Antonoff schreckt auch vor solcher Wortwahl nicht zurück und behauptet sogar, es sei eine »im großen und ganzen von der Wissenschaft als gültig anerkannte Tatsache«) »den gemeinsamen Nenner aller Wesensmerkmale dar, die menschliche Identität definieren. Von ihren Anfängen an!«[28]

Und weil dieser ganze Sermon aus Angst vor der gelben Gefahr entstanden war, muß natürlich, die Dichotomie als unerläßlicher Fundus innerer Verbundenheit erfordert es, auch das Feindbild gepflegt werden. Noch 1992 versandte Antonoff eine Einladung zu einem »Symposium über Kokurrenz-Tendenzen bei der Farbgestaltung«, in der er schrieb: Schon wieder sorgen die Japaner für Irritationen. Mit ihrer dominanten Farbe Rot, die anfangs nur ein symbolisches Farbzeichen (»blutvolle Lebenskraft«) gewesen sei, eroberten sie jetzt die *blaubesetzten Märkte* Europas und der USA und veränderten so die Einstellung der Menschen zu den Farben und ihrer farblichen Umwelt. Durch die Japaner sei unser stabiles *Farbverständnis* ebenso in Bewegung geraten, wie sich durch deren Markterfolge unser Selbstverständnis zu wandeln beginne.

Was sich zu wandeln begann, war die deutsche Identität. Von einer gezielten Absicht zu sprechen wäre falsch. Es gab keinen Plan, es gab keine Strategie, es gab nicht mal den erklärten Wunsch, der Ökonomie zur Macht zu verhelfen. Es gab lediglich einen konkreten Anlaß: die Wende und den Wandel, und dieses teutonische Verlangen nach Verschworenheit, das plötzlich wieder im Raum stand. Es gab diese Sehnsucht nach dem Kollektiv, das Aufleuchten eines Sinns, und diese unreife Gier nach emotionaler Einbettung nebst individueller Abgrenzung, die entstehen ließen, was entstand. Es gab einen Bedarf am Absoluten. Vom »Bekenntnis zur Gemeinschaft« schwärmte Hans von Bergen, »der Gemeinschaft nach innen (Verschworenheit, Sinn ...) und der nach außen (Mimesis, Dialog ...).«[29]

14 Während die Megaphilosophie des Theologischen auf der Liebe gründete und so die Idee der Verbundenheit des Menschen mit dem Menschen zum Kern ihrer Herrschaft machte, wählte ihre Nachfolgerin die Vernunft als Basis. Schon im Ansatz ist ihr Machtkalkül ungleich komplizierter, und wir müssen uns nicht wundern, daß sie nur ein Viertel der Zeit jener regierte. Die Macht der Kirche ist auf ein Axiom beschränkt; es war genial einfach: Die Verbundenheit der Menschen untereinander ist eine in und durch Gott; dessen Vertreterin auf Erden ist die Kirche. Das ist alles; mehr war nicht nötig, um gelassen der Dynamik der Welt gegenübertreten zu können. Wie mußte sich im Unterschied dazu die zweite Herrin drehen und winden, um zur Macht zu gelangen, vor allem, um als neue Machthaberin mehrheitlich akzeptiert zu sein. Wir dürfen wohl sagen, es wäre nie zu einem Machtwechsel gekommen, wenn den Kirchenfürsten der entscheidenden Jahrhunderte nicht zwei törichte und letztlich völlig überflüssige Fehler unterlaufen wären: Sie verstrickten sich zu sehr mit den feudalistischen Herren, waren vielfach mit ihnen identisch, kamen aus denselben Familien, verfolgten dasselbe Ziel; und sie griffen zu grausamsten Mitteln in Streitfragen, die ihre Macht niemals ernsthaft tangiert hätten. Unschuldige Frauen zu verbrennen, nur weil sie im Verdacht der Sinnlichkeit standen; harmlose Mönche hinzurichten, nur weil sie meinten, die Kirche müßte wieder dem Gebot Christi folgen und demütig, liebend und arm sein; intelligente Wissenschaftler zu foltern, nur weil sie sagten, die Erde sei nicht der Mittelpunkt des Universums und kreise zudem wider Erwarten um die Sonne ... Es waren, gemessen am Machtaxiom der Kirche und ihrer ohnehin schon seit Jahrhunderten etablierten Praxis einer durch Unterwerfung konterkarierten Demut wahrlich Belanglosigkeiten. In all diesen Fällen bestand keinerlei machtpolitischer Anlaß, zu Feuer und Zange zu greifen. Tatsächlich kommt heute die Kirche auch bestens mit jeder nachfeudalen Gesellschaft und dem modernen wissenschaftlichen Weltbild zu Rande und mußte doch nicht eine Note ihres Axioms verändern. Und tatsächlich ist dieses Axiom der durch Gott verbundenen Menschheit immer lebendig geblieben. Keinem politischen Regime ist es trotz aller einschlägigen Versuche letztendlich gelungen, die Gemeinschaftsdefinition dieser alten Megaphilosophie vollständig zu ersetzen.

Die Idee der Vernunft trat anstelle der Idee der Liebe. Ein schwieriges Unterfangen, ist diese doch selbstredend, jene aber erklärungsbedürftig. Die Liebe ist programmatisch, während das Programm der Vernunft aus ihr erst abgeleitet werden muß. Und jene *ist* Gemeinschaft, die Vernunft aber ...? Wer zöge nicht eine Liebesheirat der Vernunftehe vor. Es war das größte Manko, das der neuen Megaphilosophie vom ersten Moment an innewohnte: Die Machtbasis der Kirche stellte eine positive und neue Idee dar; die der Vernunft dagegen basierte auf der Vermeidung eines Negativums. So auch am Ende des 18. Jahrhunderts. *Liberté, Égalité, Fraternité* lautete der berühmte Leitspruch der Französischen Revolution. Was heißt hier Leitspruch? Erstens wurde er erst vier Jahre danach, im Juni 1793, vom Club der Cordeliers aufgestellt; er leitete die neue Idee also nicht ein, sondern war nur *claim* einer bereits in Angriff genommenen Tat. Und zweitens war die Tat nur Angriff, der Leitspruch nichts als ein Schlachtruf. Es war der Schlachtruf der Vernunft. Wer vor dem Richterstuhl der Revolution nicht vernünftig war, landete unter der Guillotine. Mit der Neudefinition der Nächstenliebe war es nicht weit her. Auch nicht in dem, was folgte.

Freiheit und Gleichheit lassen sich der Vernunft noch einigermaßen unterordnen. Zwar lag auch ihrer Proklamation keine eigenständig neue Idee menschlicher Zukunft und Verbundenheit zugrunde: Die Idee der Freiheit zielte vorrangig auf die Befreiung von einer offensichtlichen Unfreiheit ab, die der Gleichheit auf die Aufhebung einer offensichtlich praktizierten Rechtsungleichheit. Beide verneinten eher eine unerträglich gewordene Welt, als daß sie ein neues Bild von menschlicher Freiheit und einer die naturgegebene Ungleichheit des Menschen vermittelnde Gleichheit entwickelt hätten. Die in sie gesetzten Glückserwartungen beschränkten sich im wesentlichen darauf, den Himmel irgendwann auf die Erde herunterzuholen. Dennoch gilt: Freiheit kann man zulassen; Gleichheit läßt sich rechtlich verbriefen. Beide sind mittlerweile zumindest in den Verfassungen als Freiheits- und Gleichheitsrechte verankert. Die Brüderlichkeit aber ließ sich nicht garantieren. Obwohl sie im Grunde den übergeordneten Wert darstellte und das eigentlich attraktive Ziel gewesen wäre, stand die Brüderlichkeit der Vernunft doch kraß entgegen.

Freundschaft, Solidarität, Toleranz, Großzügigkeit, Vertrauen, Gemeinschaftsgeist ... sie alle, ohne die kein Bild vom glücklicheren Leben auskommt, weil erst durch sie Glück mehr sein kann als ein einsam erlebtes, stehen der Vernunft schnell im Wege. Die Brüderlichkeit ist eine Herzensangelegenheit. Sie geht über das Rationale hinaus. Sie genügt nicht der Verstandesleistung. Sie bleibt, selbst wenn sie sich vernünftig gibt, ein Gebot der Nächstenliebe. Will die Vernunft jedoch über ihr stehen, hat sie keine Chance mehr. Dann gibt es immer einen Grund zu sagen, daß ihr zu folgen jetzt gerade unklug sei, da der andere, der Gegner, sich hartherzig zeige. Dem Gegner der Freundschaft soll keine Freundschaft zuteil werden; so war es und so blieb es alle Zeit. Die Brüderlichkeit blieb das dritte, das bis heute uneingelöste Ziel der Aufklärung. Es wäre das, was eine neue Aufklärung nachzuholen hätte, und wäre doch zugleich der Grund, warum niemand mehr einem solchen Aufklärer zuhören wollte. Noch einmal diese Predigt der Verbundenheit, die seit jeher zu Lasten derer ging, die daran glaubten? Noch einmal diese Herzenslüge? Hat es denn unter der Herrschaft der Vernunft je anderes gegeben als faule Substitute der Brüderlichkeit? Sollte man noch einem von ihnen Glauben schenken? Dem *common sense* etwa, diesem Nährstoff staatspolitischer Sonntagsreden, in denen das Volk regelmäßig an seine schöne Pflicht zur Eintracht erinnert wird? Oder vielleicht der Solidarität, dieser, wie Heiner Müller schrieb, *kapitalistischen Parodie auf das kommunistische Kollektiv*, die schon bei McDonalds gepflegt werde? Oder vielleicht gar der Nation? »Einigkeit und Recht und Freiheit«, dichtete August Heinrich in den Anfang der deutschen Nationalhymne. Es sind die drei Begriffe aus der Französischen Revolution rückwärtig gelesen; Freiheit blieb dasselbe, Gleichheit wurde zum Recht, Brüderlichkeit zur Einigkeit. Meint diese aber »sich einig sein«? Ach woher! »... für das deutsche Vaterland«, geht die Zeile weiter, »danach laßt uns alle streben brüderlich mit Herz und Hand«. Es ist halt doch nur die dritte Strophe des »Liedes der Deutschen«, das Hoffmann von Fallersleben im Jahre 1841 mit der unvergessenen Zeile eröffnete: »Deutschland, Deutschland über alles, über alles in der Welt ...« Das war es, was aus der Brüderlichkeit geworden, nein – was sie von Anfang an gewesen war: Brüder und Schwestern im Geiste, die rechte Gesinnung, die Nation, die ideelle Gemeinschaft ...

Das Ideelle ist zuletzt immer stärker als die Vernunft, das Irrationale stärker als das Rationale. Aber nicht zugunsten einer »Logik des Herzens« (Pascal) fällt der Sieg aus, sondern zugunsten einer ins Absolute übersteigerten Vernunft. Die Ideologie obsiegt über die Brüderlichkeit, das unvermeidliche Identifikationsangebot definiert das Wir-Gefühl, die Dichotomie entscheidet wieder, welche Gemeinschaft gemeint ist, wer sich in ihr eingebunden fühlen darf und wer zu dieser ihrer Ganzheit nicht gehört, weil er wieder nicht zu den Guten gehört; da spielt auch die Unvereinbarkeit von Identifikation und Aufklärung keine Rolle mehr. Jene will genau die unüberprüfte Übernahme von Weltanschauungen, diese dagegen das menschliche Urteilsvermögen, unabhängig von weltanschaulichen Prinzipien.

Macht braucht Gegnerschaft; das ist das Entscheidende. Sie hat eine identitätsstiftende Funktion, ohne die sich die Untertanen um ihren Anteil an der Glorie betrogen fühlen könnten. Die Henker wußten seit jeher, daß mit der Identifikation nicht zu spaßen ist. Hätten sie einen Delinquenten zur Richtstätte geführt, dem der Mob einen Medicus wünschte, wäre die Sympathie leicht auf die andere Seite gewechselt. Darum mußte noch jeder kranke Todeskandidat zuerst gesund und zu Kräften gebracht werden, ehe er seinem Schicksal übergeben werden konnte. Auch Diktatoren verstanden es schon immer, den Unmut durch gepflegte Feindschaften zu händeln. Hatten sie im eigenen Lande mal wieder übertrieben, mußte die Stärke nach außen demonstriert werden. Was dem Angreifer lieb, ist dem Verteidiger teuer. Auch zivilisierte Regierungschefs sind beizeiten froh, wenn ihnen ein geeigneter Anlaß zur Profilierung geboten wird. Mrs. Thatcher dankte es, Mr. Reagan auch ... und manche meinen, Mr. Clinton habe ebenfalls gerne die Gelegenheit wahrgenommen, seine Männlichkeit noch auf diese Weise unter Beweis stellen zu können.

Ein Anlaß zur Häme liegt gewiß nicht vor. Dafür ist die unter der Megaphilosophie der Vernunft praktizierte Ideologie der Solidarität und Gemeinschaft zu zynisch oder traurig. Deren Proklamation war von Anfang an verdorben; die Brüderlichkeit von Anfang an begraben. Sie war im Bürgertum begraben und in den Ländern, die mit einer sozialistischen Revolution den neuen Weg beschreiten wollten. Jede Gruppe versicherte sich ihrer Mitglieder mit den für sie typischen Ideologien der inneren Verbundenheit gegen andere. Jede Gruppe brauchte und kannte zur Verstärkung des Zusammenhalts auch den Abtrünnigen aus den eigenen Reihen. Der Deutsche hatte seinen Nestbeschmutzer, die Familie ihr schwarzes Schaf, das Militär den Deserteur – und die machtkritische Linke ist da keineswegs auszunehmen. Auch sie funktionierte nach dem Muster der Dichotomie. Man hatte ein gemeinsames Ziel, eine gemeinsame Moral, gemeinsame Gegner und wieder seine Abtrünnigen, die sie Charaktermasken nannte.

Freilich sind, wo Intelligenz gefordert ist, richtige Philosophien plumpen Ideologien vorzuziehen. Während diese immer nur ihre Vorurteile blöde repetieren können, sind jene in der Lage, wohlbegründet und moralisch einwandfrei aufzutreten. Die Linke verstand sich darauf: Statt einen gemeinen Judenhaß zum Ausdruck zu bringen, sprach sie mit Sachverstand von einer zionistischen Aggressionspolitik. Statt zu sagen, man könne Araber einfach nicht leiden, palaverte man intelligent über Frauenunterdrückung im Islam. *Mit* allem und jedem kann man sich auf diese Weise solidarisieren, solange es nur etwas gibt, *gegen* das man sich gerne solidarisiert. Die Linke war nicht zuletzt daran gescheitert. Sie hatte am Ende so viele Gegner ausfindig gemacht, daß außerhalb der eigenen Reihen niemand mehr übrigblieb. Für André Glucksmann, Philosoph in Frankreich, war es der Grund, sich zu verabschieden. Rechnet man alles zusammen, was ausgeschlossen wurde, schrieb er Ende der siebziger Jahre, stelle man fest, daß jeder dazu zählte, der nicht Träger der Theorie war – »und in der Tat wird die Linke in Frankreich einzig durch ihre Einstellung zum Gegensatz zwischen Privatwirtschaft und Staatswirtschaft geeint«.[30]

Liberté, Égalité, Beaujolais war die Schlußformel, die ein deutscher Satiriker fand. Dem ist wohl nichts hinzuzufügen. Besser als jede von oben verordnete *Fraternité* ist noch allemal die Gemeinschaft mit jenen, die wir uns selbst aussuchten. Und seien es die Saufkumpanen. Zu ergänzen ist: Natürlich brachte auch die Megaphilosophie der Vernunft die ihr adäquaten Organisationen und Strukturen hervor: die Gemeinde, die Kommune, den Landkreis, das Bundesland, die Nation, den Staat, den Staatenbund. Natürlich erfuhr auch hier der einzelne eine Einbettung in einen übergeordneten Sinn; engagierte er sich in Politik und Partei, konnte er damit rechnen, Gleichgesinnten zu begegnen. Natürlich finden wir auch hier eine Vielzahl von Symbolen, Zeichen und Zeremonien, wenngleich diese Herrin nicht so aus dem vollen schöpfen konnte wie ihre Vorgängerin; der Anspruch auf Vernünftigkeit verbot es. Wir finden das Hohe Haus des Parlaments, die Bundesflagge, das Wappentier, die Nationalhymne, den Treueschwur auf die Verfassung, die Fahnenweihe, die öffentliche Vereidigung, das Staatsbegräbnis ... Wir finden die Zeichen der Gemeinschaft, nicht aber ihre Existenz.

15 Der Klassik nach folgt die Romantik. Es galt für das 19., es gilt auch für das 20. Jahrhundert. Als der europäische Aufklärungsrelaunch Ende der siebziger Jahre ausklang, wandte sich Deutschland mal wieder dem Ideellen und Sinnstiftenden zu. Nicht das ganze Land, nicht die Bevölkerung des Landes, anfangs nicht einmal das Management, aber dessen neue Philosophen. Ihr Grundmotiv läßt sich auf einen Satz reduzieren: *Alles ist neu!* Soll heißen: Es ist nicht damit getan, die eine oder andere Managementphilosophie zu korrigieren, das Management braucht eine gänzlich neue Philosophie, es braucht überhaupt eine Philosophie: *all you need is a new philosophy!*

Auf der Basis dieses Grundmotivs entwickelten sich in der Managementliteratur zwei Strömungen. Die eine zählte auf, was alles neu ist. Da gab es einen *new spirit* und ein *light age*, da gehörte die Strategie der Vergangenheit an, und das alte Marketing war tot, es gab einen neuen Führungsstil, eine Menge Geist, den brauchte man eben für die Visionen, die zur Chefsache erklärt wurden, obwohl es Hierarchien im Grunde auch nicht mehr gab, ebensowenig wie den klassischen Konsumenten, der jetzt Prosument hieß und darauf wartete, mimetisch berührt zu werden. Aus diesem Strang ging die Trendforschung einschließlich ihrer damaligen Allaussagen hervor: Wir brauchen eine neue Moral, neue Religionen, neue Wissenschaften (Faith Popcorn). Was angeblich gebraucht wurde, war meist im Plural formuliert, während sich die Dienstleister des Trendgeschäfts mittlerweile darauf spezialisiert haben, die Liste der Neuheiten im singulären Detail endlos zu verlängern.

Die zweite Strömung konzentrierte sich statt dessen gleich auf die Präsentation allerlei neuer Philosophien. Da wurde mit jedem Humbug experimentiert, den eine irrationale, transzendentale oder übermenschliche Philosophie im Gewühle nach dem Absoluten je hervorgebracht hatte. Da war von energetischen Prinzipien und echten Dialogen die Rede, von einer neuen Werteaura und emotionalen Leitbildern. Da schmiedete man Philosophien aus Gemeinplätzen und Werbesprüchen, aus beiläufig aufgeschnappten wissenschaftlichen Erkenntnissen und allerlei Zukunftsgeschrei, aus Versatzstücken vermeintlich ewiger Wahrheiten und modischem Zeitgeist. Es gab eine Phase, in der, weil alle tagelang eine neue Philosophie populär war, die Ökonomie wie gewohnt den gängigen Sprachgebrauch aufgriff, zu abstrusen Wortverbindungen fand und mancher Jungmanager schon glaubte, man habe zeitlos gültige Archetypen entdeckt, innere Einstellungen erkundet und verbriefte Universalien ausfindig gemacht. Da mixte man alte asiatische Weisheits- mit neuen asiatischen Managementsprüchen, da reichte das Philosophieren von der Tiefenpsychologie bis zur Sinnstiftung, da beschwor man in einem Atemzug amerikanische Weltläufigkeit und europäische Eigenständigkeit, da legten sich manche Manager sogar in eigens für sie entwickelte Uterus-Tanks, um ihr embryonales Potential zu erneuern, und doch wurde kaum etwas anderes vertreten als ein höchst provinzielles, ein mieses kleines Ego-Denken.

Es waren fast ausnahmslos Philosophien, deren Apodiktik schlimmer war als die der Philosophie in ihren schlimmsten Tagen. Es waren Philosophien, deren Plattitüden der Trias Menschen, Märkte, Marketing unterworfen waren und darin Ratgeber für die Managementpraxis sein wollten, obwohl ihr *management by philosophy* nichts als ein *management by everything* war. Es waren Philosophien, von denen ein der Rationalität verpflichteter Manager wie Edzard Reuter zu Recht sagte: »Wieder einmal stehen die Weltgeister Hegels und die Bestien Nietzsches auf, orgelt es Spenglerisches, wird das Heil aus dem dunklen Raunen der Wälder geboren …«[31] Es waren Philosophien übler deutscher Tümelei und gaben sich dennoch wie der neueste Schrei. Und manche ihrer Propheten sahen gar aus wie ins 20. Jahrhundert versetzte Karikaturen der deutschen Romantik: asketische Köpfe, schwarz gewandete Leiber, pastorale Künstler. Tragische Figuren aus dem deutschen Vormärz huschten durch die Marketingflure und kündeten vom Aufbruch in die neue Zeit.

Zum Beispiel verkündeten sie den *zweiten Wertewandel.* An sich ein rechter Blödsinn, da man bestenfalls hätte behaupten können, der erste sei noch nicht beendet. Darum ging es aber nicht. Der zweite Wertewandel war nämlich ganz allein für die Manager, Nachzügler und Zu-spät-Geborenen, die den anderen verpaßt oder sich nicht erlaubt hatten und nun doch nach der Kurskorrektur im Dasein, nach einer neuen Qualität im Leben, im Lebenssinn und in der Arbeit verlangten. Sie bekamen ihre Studentenrevolte schriftlich nachgereicht. So wie die alte Utopie in neue Visionen und Trends übersetzt worden war, so wurde jetzt alles, was die Achtundsechziger-Generation als Politik probiert hatte, in persönliche Ansprüche der jetzigen Managergeneration transferiert. Mit Ausnahme des programmatischen Ausrufs *Trau keinem über dreißig*, der den Zwecken kaum gedient hätte, fand man die gesamte Partitur wieder.

War ehedem von einem neuen Paradigma die Rede, das eine neue Wissenschaft, einen neuen Wissenschaftsbegriff, einen neuen Wissenschaftsbetrieb, eine neue Gesellschaft und andere Menschen angekündigt hatte, so verwies dasselbe Wort nun auf ein neues Management, neue Unternehmensstrategien, einen neuen Geist in der Ökonomie und natürlich wieder anders neue Menschen. Sollte das System ehedem mit einem Gang durch die Institutionen geändert werden, so versprach nun die *Abkehr vom Kader* mit dem *Unternehmenstypus paramilitärischer Organisation* Schluß zu machen. Hieß es ehedem *Unter den Talaren, der Muff von 1000 Jahren*, war es nun der *Manager von morgen*, der wußte, »wie falsch das Menschenbild der alten Meister des Busineß ist. Für diese war die Welt eine Maschine und die Mitarbeiter nur ein Rädchen darin.« Der *neue Manager* dagegen hat »wenig Masken und wenig pseudo-seriöse Attitüden (z. B. in Anzug und Krawatte zur Sitzung kommen). Man bringt sich ein, wie man gerade ist ... Bei *A* ist derzeit *X* der Chef. Er kam von *B*. Und er war ein typischer Hardline-Manager. Aber er stieg vom hohen Roß der Bosse runter, zog den ... Nadelstreifen aus und Jeans und Sweatshirts an. So hat er sich als Boß total geändert.«

War es ehedem unerläßlich, den Geist der Solidarität zu beschwören, war die ständige Deklaration des Teamgeistes nun unverzichtbar. Suchte man vormals das Heil in der ewigen Philosophie Asiens, denn nirgends sonst gab es noch Ganzheitlichkeit, mußte nun auch der Manager sein *Tao-Projekt* bekommen, und die Ganzheitlichkeit wurde zur Pflicht. Sogar die Mär von bewußtseinserweiternden Drogen mußte noch mal ran: »Es sind inzwischen deutliche Trendsignale geortet worden ... die darauf hinweisen, daß neuartige Drogen für Supra-Bewußtsein in bestimmten Zirkeln, zumeist begleitet von einer bewußtseinserweiternden Therapie, eingesetzt werden.« Und fürchtete der Guru, sein Schwachsinn könnte vielleicht die Skepsis der Zöglinge heraufbeschwören, fügte er der Garantie halber gleich hinzu: »Das klingt im Moment sicher alles sehr neu. Aber es ist sehr im Trend.« (Alle Statements sind von Gerd Gerken.[32])

Zum Trend wurde in jenen Jahren, sämtliche Inhalte und Ziele der eben abgelaufenen (und oftmals bekämpften) Reformbewegung erst mal in solche des Managements und darin vor allem in machtpolitische und ichbezogene zu übersetzen. Im Grunde handelte es sich um dasselbe Rezept angewandter Menschlichkeit, das etwa 500 Jahre zuvor ein kleiner und hagerköpfiger Florentiner namens Niccolò

Machiavelli seinem Fürsten, *il principe* Lorenzo di Medici, empfohlen hatte: Jede an den Tag gelegte Menschlichkeit solle allein der Erlangung und Stabilisierung der eigenen Herrschaft dienen. Es ist seit jeher das gängige Rezept liebesdienerischer Berater, die mit der Verfahrenstechnik der Gefühle ihrer Klientel das Wir-Gefühl versprechen, damit sie nach oben komme, und alle Hierarchien kritisieren, bis sie oben ist. Nimmt man dieser Taktik ihre verwegene Aura, bleibt stets nur der Wahn wild gewordener Kleinbürger zurück (allerdings war die Philosophie der deutschen Romantik nie etwas anderes).

Im Zuge dieses Transfers vormaliger Lebens- in neue Managementziele blieb auch die Liebe nicht ausgeschlossen. Auch die »nachgeholte Studentenrevolte« brauchte ihre Kommunarden: nach der Wohn- die Betriebsgemeinschaft; sie brauchte vor allem ihre Version von *all you need is love*. So stand der einen Form der Liebe, der *Revolution zu zweit* (Ulrich Beck), im Kalkül des Busineß plötzlich eine andere, das *management by love* (Gerd Gerken), gegenüber. Da der Begriff als Buchtitel zum Bestseller in der Managementliteratur wurde, ist anzunehmen, daß beim Kauf eine gewisse Hoffnung eine Rolle spielte. Ist nach der Nächstenliebe und der Brüderlichkeit das *management by love* die dritte Lösung? Läßt sich, was sich so oft als Kluft zwischen professionellen und emotionalen Wünschen herausstellte, vielleicht doch überbrücken? Wer das erwartete, wird von der Lektüre enttäuscht gewesen sein oder sie schon nach wenigen Seiten beendet haben. In dieser Publikation ging es weder um die Liebe in der Arbeit noch um die Liebe zur Arbeit. Es ging, was zumindest dem Machtanspruch entsprochen hätte, nicht einmal um jene Form der Liebe, die man zwar nicht als lieb, aber als bedingungslos bezeichnen könnte: die kompromißlose Seite der Bejahung, die Besessenheit von einem Ziel, der Wahn, der häufig »große Taten« begleitet, die Vision als Fanatismus – die Vision eines Columbus, die die absolute Hingabe an eine Idee zum Traum hat. Es ging statt dessen um eingeseifte Gefühle, die nach Macht streben, und um ein Machtstreben, das sich lieber auf Gefühle als auf Taten stürzt.

Es ging um eine weitere Facette des Ratschlags, sich bei der Durchsetzung seiner Ziele der Gefühle der Betroffenen zu bedienen. Es ging um den »inneren Frieden«, den man erlebt, wenn man einen lästigen Konkurrenten aus dem Markt gehauen hat; es ging um den Erfolg, den einer hat, wenn er weiß, auf welche Seite er sich und wen er auf der anderen Seite schlagen muß; es ging um die Fortsetzung des dichotomen Programms, das des Gegners bedarf, um Einheit zu sein. Es ging um ein Liebesgeflüster im Geiste der Romantik, das mit dem üblichen Sermon versuchte, das Emotionale im Busineß nicht mehr auszublenden. Auch das kann scheinbar Liebe heißen: die Potenz der Konkurrenz, wenn sie am Ende (oder schon unterwegs) gut vergütet wird, kann auch solcherart Materialismus zum Ideal werden.

Die Tendenz, Gefühle ökonomisch zu handhaben, seien's die eigenen oder die anderer, ist ohnehin das vielleicht gravierendste Resultat der Aufklärung; erst der großen, dann der Achtundsechziger. Durch sie hat die Liebe ihren Charakter als die einfachste und unmittelbarste Form zwischenmenschlicher Innigkeit verloren. Schritt für Schritt folgt der Ökonomisierung der Emotionen nun die Emotionalisierung des Ökonomischen. Zunehmend gehorcht die Intimität eher gemeinsam gesetzten Zielen als symbiotischer Verschmelzung, werden im Namen der Liebe eher Interessensgemeinschaften gesucht als Gefühle geteilt, sind Verbindungen mittlerweile eher dynamisch als statisch (um nicht zu sagen stabil). Die Verschiebung des Lebensschwerpunkts in die Arbeitswelt ist nicht nur Folge einer eminenten Verdichtung und Intensivierung der Arbeit, die an anderes kaum mehr denken läßt; sie ist vielfach auch eine Folge jener Erfahrungen und Versagungen, die zu einer veränderten Liebeswelt führten und nun im Job, in der Karriere, in den Spielregeln der Professionalität und im Team die Perspektive und die Treue, das Vertrauen und die Erfüllung suchen lassen, die auf dem Weg der Gefühle enttäuscht worden waren.

Es ist eine Liebesordnung, die der Vernunft gemäß oft aufrichtiger ist; es ist zugleich eine Liebesunordnung, die der sich vernünftig wähnenden Skepsis zufolge oft nicht mehr den Weg von den eigenen Sehnsüchten zu jenem Menschen findet, den zu lieben man sich wünschte. Insofern muß man sich auch ob eines *managements by love* nichts mehr vormachen: entweder handelt es sich um ein uneinlösbares Versprechen, oder es versprach ohnehin nichts. Im ersten Fall ließe sich einwenden: der Mensch ist weniger liebenswürdig, als er vielleicht sein sollte; den meisten ist es viel zu aufwendig, alles und jeden verstehen zu wollen, es fehlt ihnen die Kraft, die Zeit und auch die Lust. Im andern Fall bliebe festzustellen: wird die Emotionalität im Umgang miteinander zum ökonomischen Maß, nimmt der Streß grundsätzlich nicht ab, sondern zu; er wird zum Bestandteil täglicher

Taktiken. Kein Gefühl bleibt von der Verwertung ausgeschlossen, kein Gemeinschaftssinn aus der Produktivität ausgespart. Mythos und Dichotomie – gerade hier wird deutlich, warum sie die beiden Quellen kollektiver Identität sind.

16 Unter der Megaphilosophie der Vernunft fand der Gemeinsinn sein Ende. Jeder tut, was er tun muß, und darüber hinaus ist der Individualismus an die Stelle kollektiver Träume getreten. Die moderne bürgerliche Gesellschaft ist ein abstraktes Kollektiv, in dem die einzelnen vorrangig nur mehr ihre Individualität gemeinsam haben. Sie ist eine Mannschaft, die nur noch aus Spielmachern zu bestehen scheint. Wer das Spiel nicht macht, wartet auf der Reservebank auf seine Chance oder sitzt bereits auf der Tribüne. Nicht wenige leiden unter der ehedem nicht gekannten Isolation. Sie leiden unter einem nicht mehr existenten Zusammenhalt. Dessen traditionelle Träger wie Familie, Kirche, Verein, Gewerkschaft können das Fundament kaum mehr stellen. Der Mangel an Sinn ist ein Problem geworden. Nach dem Verlust jener Ordnung, die der Mensch im Lauf der Geschichte über den Haufen warf, befindet er sich im Zwiespalt von Freiheit und Einsamkeit. Er lebt mit der Erfahrung, daß das Engagement für eine bessere Welt die ehedem vorhandene Verständigungsbasis zerstörte und zugleich eine neue verhindert. »Das Ur-Trauma der Zivilisation ist die Sprachverwirrung«, schrieb Heiner Müller. »Aufklärung war der Versuch, den Turm zu Babel wieder aufzubauen. Man glaubte, in der Vernunft die gemeinsame Sprache wiederentdeckt zu haben. Das war die Unterdrückung aller anderen Sprachen durch die Rationalität.«[33]

Der Defätismus ist aber auch kokett. Die Mehrheit stört der Verlust der Gemeinschaft wenig. Sie sind im Gegenteil froh, alter Enge entronnen zu sein. Sie ziehen Freunde den Verwandten vor. Sie finden es reizvoller, auch mal in einer anderen Stadt zu leben, als jedes Mitglied ihrer Gemeinde von der Wiege bis zur Bahre gekannt zu haben. Sie reisen eher, als jedem Baum und Strauch in der Umgebung ihre Geschichte anvertraut zu haben. Sie suchen sich ihr Kollektiv lieber selbst aus. Die Klage über das kollektive Vakuum meint darum selten, wie schade, daß wir keine Gemeinschaft mehr sind. Von jenen abgesehen, denen die Teilhabe am Alltagsleben aus wirtschaftlichen

Gründen verwehrt ist, bestätigt sie eher den Eigensinn, als ihn zu bedauern. Es beklagt sich, wer um sich herum gern Angebote hätte, auf die er billig zurückgreifen könnte. Es beklagt sich, wer seine Angebote gern gezielt im Markt lancierte. Im einen Falle klagt, wer es vorzog, sich nur um das zu kümmern, was ihn ohnehin kümmerte; es sind die, die ihr Sich-kümmern auf den Lippen tragen und damit nichts anderes intendieren, als daß man sich um sie kümmere. Im andern Falle klagt, wer klare Gruppen benötigte, um eine klare Ziel- und Wählergruppenansprache formulieren zu können. Wird geklagt, dann wird die Suche nach dem neuen *common sense* zum dringlichen Anliegen der Gesellschaft erklärt und mit akademisch verpackter Scheinheiligkeit gefragt:

Wie bringt man wieder einen gesellschaftlichen Willen zustande, der die Individuen vereint, ohne sie in ihrer Eigenständigkeit zu tangieren? Was könnte der geistig-ideelle Hintergrund sein, vor dem Gemeinsamkeiten entstehen, ohne das Trauma einer neuen Autorität zu erzeugen? Was sind die übergeordneten Leitlinien, in denen sich ein multi-optionaler Grundkonsens ausdrückt? Wie sieht ein polyvalentes Wertesystem aus, dem sich Individuen freiwillig anschließen? Wie stellt man eine Individualgesellschaft her, die trotzdem in der Lage ist, Millionen singulärer Einzelwesen zu verbinden? Wo sind die Philosophien, die die Aufgabe einer ehemals kollektiven Philosophie übernehmen könnten? Die Klagen sind scheinheilig, weil sie im Namen der Gemeinschaft etwas anmahnen, von dem sich der Mahnende selbst ausnimmt. Sie sind scheinheilig, weil sie vordergründig dem Individualismus das Wort reden, in Wirklichkeit aber mit den Vorsilben poly und multi wieder nur nach der kollektiven Identität verlangen: die Wertvorstellungen einer Organisation bleiben Worthülsen, solange sie sich nicht im Denken und Handeln der Mitarbeiter niederschlagen (G. Goth).[34]

Das Rad der Geschichte läßt sich, so sagt man zumindest, nicht mehr zurückdrehen. Man sagt es, weil unser Bild der Geschichte nach wie vor dem Bilde gleicht, das sich Hegel und Marx von ihr machten. Sie schreitet voran, schreitet fort, sie ist Fortschritt. Unser Bild der Geschichte ist linear, selbst wenn viele nicht mehr an das glückliche Ende glauben mögen. Wäre es nicht linear, wäre es wie im Mittelalter zirkulär, müßte man nichts zurückdrehen. Was gewesen, käme wieder. Es kommt nicht wieder, sagt man. Es kommt nicht wieder, weil allem Weh und Ach zum Trotz das Individuum keine

Lust hat, seine mühsam erkämpfte Stellung als letzte und einzige Autorität dieser Welt aufzugeben. Es ist nicht bereit, seine Eigenständigkeit zu opfern, selbst wenn es nicht weiß, worin sie liegen sollte. Es will von den Heilslehren und Programmen der Politik, die am Ende allesamt wie Seifenblasen zerplatzten, nichts mehr hören. Es hat keine Lust mehr auf die Vernunft. Es hat jedes Vertrauen in eine Realität, die nicht aus ihm heraus entstand, verloren. Außer den eigenen Gesetzen folgt es nur noch denen der Ökonomie. Das Programm der politischen Vernunft ist auf die ökonomische reduziert.

So gibt es nur zwei Möglichkeiten, Nähe herzustellen: Die Liebe zu einer Person und das Interesse an einer Sache. In beiden Fällen verwendet man heute eher das stärkere Wort: ich liebe Kino, du liebst schnelle Autos, wir lieben gutes Essen. Da zur Liebe auch die Akzeptanz der Schwächen gehört, während sich das Interesse gerade an ihnen stört oder sie beseitigen will, ist's faktisch doch meist letzteres. (Gustav Heinemann, einst deutscher Bundespräsident, war einer der wenigen, der diesen feinen Unterschied öffentlich berücksichtigte: Was heißt hier Liebe zu Deutschland, ich liebe meine Frau.) Im wesentlichen läßt sich die Suche nach Anschluß auf Interessen reduzieren. Wie im ökonomischen liegt auch im privaten Leben der Grund, zusammenzukommen, meist nicht darin, eine Gemeinschaft zu dokumentieren, sondern darin, ein persönliches Anliegen zu befriedigen. Das muß deshalb noch keine fade Angelegenheit sein: Zwei leidenschaftliche Schachspieler werden sich schon gemeinsam vergnügen, auch wenn sie sich sonst nicht viel zu sagen haben sollten. Außer ihnen wissen der Sports- und der Geschäftsfreund, natürlich der Bergkamerad, zahllose andere und nicht zuletzt die beiden, die sich für eine Nacht gefunden haben, was sie voneinander wollen, ohne die Gemeinsamkeit ihrer Interessen gleich als große Gemeinschaft zu verstehen.

Bei dem Versuch, auf Basis der Ökonomie Gemeinschaften zu definieren, steht sich folglich die Ökonomie in erster Linie selbst im Wege. Nachdem sie Menschen in kühl kalkulierende Individuen verwandelt hat, sind sie auch auf einschlägige Angebote der Kollektivbildung nicht mehr ansprechbar, und Rudolf Walthers Kritik ist nur zum Teil zutreffend. »Aus dem kruden Gemisch von vermeintlich und tatsächlich gemeinsamen Mentalitäten gewinnt niemand Identität«, schrieb er Ende 1993. Der Begriff werde auf Zustimmung getrimmt und positiviert; zuerst in der konservativen Presse, in den

Lifestyle- und Zeitgeist-Produkten, wo jeder ausschließlich das sei, was er darstelle, trage, fahre, verdiene, verkaufe. Dann werde der Begriff normierend aufgewertet. »Identität kriegt man verordnet als handliches Verhaltens- und Gesinnungspaket. Identität enthält die Antwort auf die Frage, wie und was einer werden muß, wenn er mitmachen will im normalisierten, vergrößerten Deutschland.« Bis hier ist seinem Ärger fraglos recht zu geben (und wohl auch seiner Bemerkung, die *corporate identity* lebe davon, daß es welche gebe, die daran glauben, und welche, die vom Verkauf dieses Glaubens leben). Getäuscht hatte er sich allerdings, als er meinte, die *corporate identity* sei nichts anderes als *eine betriebswirtschaftlich lukrative Zuschreibung*;[35] er täuschte sich, weil sich der anfangs eingeschlagene Weg der Identitätsstiftung als weitaus weniger aussichtsreich herausgestellt hatte als erwartet.

Das Verlangen nach einer verschworenen Unternehmensfamilie war weder durch die simple Kopie »sozialrevolutionärer« Ansprüche noch durch eine von oben nach unten durchdeklinierte Identität realisierbar. Sieht man sich an, was alles unter ihrem Namen verbrämt wurde, muß der Mißerfolg kaum verwundern. Einmal war sie Nachfolgerin der Organisationsentwicklung, das nächste Mal eine philosophische Leitlinie für die Handlungen und Handelnden eines Unternehmens, ein andermal Trägerin der Vision. Einerseits stellte die Identität die Grundlage einer neuen Form der Mitarbeiterführung dar, als welche sie den alten Feldherrenführungsstil ablösen sollte, andererseits war sie doch ein Ordnungsfaktor.

Einmal war sie eine Art Image, das der Firma ebenso gut zu Gesicht stehen sollte wie der Marke.* Das zweite Mal hatte sie eine marketingtechnische Funktion inne, worin sie dazu beizutragen hatte, ein USP-Unternehmen, also eine Alleinstellung im Markt herzustel-

* Was unterscheidet Identität und Image? Zwei Aspekte sind zentral. 1.) Jene will echt sein, dieses kann auch aufgesetzt sein. 2.) Die Identität umfaßt graphische Aspekte, das Image kennt nur ideelle Aspekte. Man könnte das Image jener unterordnen; dann müßte man zwischen natürlichen und nachträglich gemachten Images unterscheiden. Beide wären Teil des Fremdbilds, erstere auch ein Wesenskern. Nachträglich gemachte Images basieren auf der klassischen Trennung von Produktnutzen und psychologischem Zusatznutzen. Jener gilt als rational, dieser als emotional und deshalb beeinflußbar. Typisch der Satz: »Wir müssen etwas für unser Image tun!« Er vertritt die Überzeugung, daß das Vorstellungsbild, das von einer Person, einer Marke oder einem Unternehmen existiert, obenauf oder zeitlich später kreiert werden könnte. Die in der Managementpraxis übliche Konsequenz der Trennung ist die Zweiteilung von Fabrik (Produktion) und Werbung

len. Das dritte Mal wollte sie poetischer Ausdruck geteilter Lebenswelt sein. Das vierte Mal verfolgte sie ein politisches Ziel, indem sie der Konstituierung von Unternehmensgemeinschaften und einem Gemeinschaftserleben dienen wollte. Das fünfte Mal markierte sie die Unternehmerphilosophie, war sie Ausdruck der Intention des Unternehmensgründers. Das sechste Mal beanspruchte sie, Philosophie pur zu sein, und versuchte sich als Sinngeberin.

Einmal hieß es, die Identität sei der genetische Code der Firma, ihre unveränderliche DNS, in dem das gesamte Wesen enthalten sei; das hieße: sobald man ihn kennt, hat man eine unveränderliche Substanz gefunden.* Das andere Mal hieß es, eine Identität verlange die Gestaltung bildhafter, symbolischer Zeichen, denn erst in ihnen läge der gemeinsame Nenner jener Wesensmerkmale, die Identität definieren. Jetzt ging es um die Form, die bekanntlich wandelbar ist. War von den Zeichen die Rede, betonte man die Bedeutung des Designs: synergiefördernd, identitätsstiftend, sinngebend; in diesem Fall war das visuelle Erscheinungsbild zentral, und man erklärte anhand zahlreicher Fallbeispiele, wie wichtig Namen, Symbole, Logos, Farben, Typographien seien, machte auf Produkt- und Verpackungsgestaltung, Fahrzeugbeschriftung, Briefpapier, Visitenkarte, Informationsbroschüre, Katalog, Promotionsartikel ... aufmerksam und ließ das Firmengebäude, die Inneneinrichtung und die Architektur von Außenanlagen nicht unberücksichtigt. Es wurden Vergleiche angestellt mit Wappen und Fahnen, mit Uniformen und Zeremonien, mit Banknoten und Nationalhymnen. Dann aber sagten andere, wer das Wesen der *corporate identity* begriffen habe, wisse, hier gehe es nicht um neue Farben, sondern einen neuen *common sense*; es gehe nicht »um aufgeputzte Geschäftspapiere, Büro-Design und Architektur, sondern um Vertrauen durch Persönlichkeit!«.[36]

(Kommunikation). Ihrer Logik nach besagt sie: Dort wird etwas Nützliches hergestellt, hier wird etwas emotional Ansprechendes hinzugefügt. Im modernen Marketing ist diese Trennung aufgehoben: Der Produktnutzen *ist* die emotionale Bejahung. Die Folge: Das Marketing ist wichtiger als die Werbung, die Identität wichtiger als das Image.

* Antonoff sagt: »So wie in jeder einzelnen Zelle unseres Körpers der genetische Code unseres Wesens enthalten ist, sollte in jedem kleinsten Teil des Unternehmens das Wesen des gesamten Unternehmens enthalten sein.« Die Aussage ist biologisch falsch, weil nur in der Urzelle der ganze Bauplan angelegt ist. Sie ist aber auch in Unternehmensfragen zweifelhaft: Im Design kann man alles auf eine Linie trimmen; im sozialen Bereich dürfte es aber schwierig sein, ohne den kritisierten Feldherrenführungsstil die Belegschaft einheitlich »auszurichten«.

Läßt sich eine Identität denn überhaupt planen? Man möchte meinen, zumindest diese Frage sei überflüssig gewesen, nachdem so viele Unternehmen davon sprachen, daß sie eine Identität bräuchten. Von wegen! Planen könne man, wußte Karla Fohrbeck, nur seien zumindest zehn Jahre nötig, um eine *corporate identity* betriebswirtschaftlich effektiv einzusetzen, und länger als maximal zwanzig Jahre sei sie auf Dauer kaum zu stellen, da sie sonst zu starr werde, um sich in der Konkurrenz zu behaupten. Waren die propagierten Unternehmensidentitäten denn schon so lange im Markt unterwegs? Natürlich nicht. Wem deshalb Zweifel kommen sollten, der sei an Günther Goth verwiesen. Seiner Erfahrung nach konnte eine Identität gar nicht verordnet werden, da am Prozeß ihrer Ausformung die Beteiligung aller Mitarbeiter unverzichtbar sei, um überhaupt eine Identifikation mit den Zielen des Unternehmens und seiner Kultur zu ermöglichen.[37]

So wurde hin und her kombiniert: Identität und Vision, Identität und *common sense*, Identität und Design, Identität und Wiedererkennbarkeit, Identität und Image ...; mal war sie ewig gleich, mal ständig neu, mal unveränderlicher Code, mal veränderliches Zeichen, mal Substanz, mal Form, mal Geist, mal Strategie, und passen tat's doch nie. Wußten die Experten denn nicht, was sie wollten? Sie wußten es durchaus; nur mit der Philosophie hatten sie ihre Schwierigkeiten. Es ist kein Wunder; an der Umgestaltung einer Gesellschaft zu arbeiten ist schließlich nicht so einfach. Inzwischen hat sich der Rummel allerdings gelegt. Von der *corporate identity* spricht im Grunde keiner mehr. Nicht, daß sie sich erübrigt hätte; die Identifikation ist nach wie vor unerläßlich. Aber man fand eine bessere Lösung. Man fand, was schon die Philosophen des Deutschen Idealismus behauptet hatten, aber erst unter der Megaphilosophie des Ökonomischen Wirklichkeit wurde: die Idee *ist* die Realität. Man erfand eine ideelle Wirklichkeit, man erfand die zweite Wirklichkeit.

17 Eigentlich hat das ökonomische Streben mit dem kollektiven Geist nicht viel im Sinn. Das Eigeninteresse ist seine Triebfeder, der Eigennutz sein Vehikel, das Eigentum sein Ziel. Damit ein jeder den Vorgaben der Ökonomie folgt, bedarf es genuin keiner Idee. Weder muß sie dem einzelnen gegenüber wunschbildungsfähig sein, noch ist sie darauf angewiesen, einzelne zu einem Kollektiv zu

schmieden. Um der Ökonomie zu folgen, genügt bereits die Notwendigkeit, seinen Lebensunterhalt bestreiten zu müssen. Sie ist realistisch, weil sie das Realitätsprinzip verkörpert.

Eigentlich stehen dem ökonomischen Handeln Kollektive sogar im Wege. Es nährt sich aus der Konkurrenz, nicht aus der Solidarität. Selbst während der Hochzeit der Kapitalismuskritik konnte der sozialdemokratische Wirtschafts- und Finanzminister der Bundesrepublik, Karl Schiller, sagen: »Soviel Wettbewerb wie möglich, soviel Staat wie nötig«. Er sagte nicht: Soviel Solidarität wie möglich, soviel Ökonomie wie nötig. Kollektive, die sich historisch im Namen der Ökonomie gebildet hatten, fanden stets zur Solidarität, weil sie *gegen* die Ökonomie waren. Waren sie für sie, waren es keine Kollektive, sondern Interessensgemeinschaften zur Erzielung besserer Gewinne.

Die rein materialistische Vorgabe reicht mittlerweile nicht mehr aus. Sie reicht nicht aus, um adäquate Leistungen zu bekommen, weil der Materialismus den meisten den Idealismus ausgetrieben hat; sie denken bereits selbst ökonomisch. Und er reicht nicht aus, um adäquat verkaufen zu können, weil die meisten schon gekauft haben. Was sie noch kaufen, sind allenfalls idealere Produkte und Produkte, die Ideale repräsentieren; letztere nennt man Marken. Will die Ökonomie trotzdem auf ihre Rechnung kommen, muß sie das Ideelle nachholen. Sie muß einen Idealismus erfinden, der Mitarbeiter an einem Strang ziehen läßt und die Kundschaft veranlaßt, dem Unternehmen die Treue zu halten. Sie muß eine Idee der Kollektivität entwickeln. Sie muß tun, was noch jede Megaphilosophie tat. Sie muß Identifikationsangebote finden. Erfolgreiche Macht bedarf der Identifikation. Identität verschafft Identifikation, Identifikation verschafft Identität. Ihre Funktion ist eindeutig: »Die Identität des Unternehmens muß so klar sein, daß sie zum Maßstab wird für seine Produkte, für sein generelles Handeln wie für einzelne Maßnahmen« (Wally Ollins).

Eigentlich sind Unternehmungen privatwirtschaftliche Organisationen, deren einziges Ziel darin liegt, ihr produzierendes oder dienstleisterisches Angebot so im Markt zu plazieren, daß es Gewinne erwirtschaftet und optimalerweise diese Gewinne von Jahr zu Jahr steigert. Um den Gewinn steigern zu können, bedarf es, da Preissteigerungen immer nur bis zu einem bestimmten Punkt möglich sind, eines zunehmend größeren Mitarbeiterstabes und eines zunehmend größeren Kundenkreises. Jene verschaffen Gewinne, weil zwischen dem, was sie an Löhnen, Gehältern und Arbeitgeberanteilen kosten, und dem, was sie einbringen, eine Differenz besteht. Diese verschaffen sie, weil zwischen Herstellungs- und Verkaufspreis eines Angebots eine Differenz besteht. Fallen die Differenzen zu gering aus, wird entlassen. Zahlt das Unternehmen sogar drauf, muß es am Ende Konkurs anmelden. Die Regeln sind bekannt und bedürfen keiner Philosophie. So ist es, und das ist die Realität.

Es gibt jedoch auch eine zweite Wirklichkeit. In ihr finden wir nur noch Philosophien. In ihr ist nicht mehr von Kosten und Profit die Rede, sondern von Werten, Visionen und Zielen, für die sich Menschen seit jeher begeistern. In dieser zweiten Wirklichkeit heißt es: Unternehmen verkaufen keine Produkte mehr, sie verkaufen Ideen. Es ist die Aufgabe des Managers, das Unternehmen so im Markt auszurichten, daß die zentrale Unternehmensidee sichtbar wird (H.-J. Simon).[38] Wäre die Behauptung insoweit wahr, daß diese Unternehmungen außer nach Gewinn auch nach dem strebten, was sie vorgeben, wäre die Sache in Ordnung. Es wäre schön, wenn sie sich für eine bessere Welt, mehr Sinn im Leben, eine saubere Umwelt oder eine allseits glückliche Menschheit engagierten. Da dies selten der Fall ist, dürfen wir sagen, diese und vergleichbare Verlautbarungen von Unternehmen sind im Normalfall eben nur Behauptungen.

Jeder weiß, daß es sich um Behauptungen handelt. Die Mitarbeiter, die Kunden, die Konkurrenz; alle wissen es. Stellte sich der Vorstandsvorsitzende vor die Belegschaft, um ihr das idealistische Ziel des Unternehmens zu vermitteln, würde jeder sagen, es seien hohle Phrasen. Tatsächlich verkündet kein Unternehmenschef derartige Ideale. Schließlich lebt er in der ersten und eigentlichen Wirklichkeit. Er sagt höchstens, wie Walter Trux auf dem Deutschen Marketingtag 1990 in Stuttgart: »Marketing heißt, das ganze Unternehmen am Markt auszurichten. Es geht dabei nicht um Türschilder für Marketingexperten, sondern um die Denkweise ...«[39] Er sagt, was jeder sagt, der sich mit Marketing, Unternehmenskultur, Identität, Vision etc. befaßt: Modernes Marketing heißt, einen marktbezogenen Denk- und Führungsstil pflegen, der für alle Beteiligten und in sämtlichen Unternehmungen einer Organisation relevant ist. Also spricht der Vorstandschef vor der Belegschaft von der Philosophie des Hauses. Er spricht von einer Philosophie, die in die Zukunft weist, dem Unternehmen einen Platz unter den Besten, Größten und Stärksten sichert, durch die es unverwechselbar wird. Er spricht von internationalen Partnern, die man gefunden habe, weil sie »wie wir denken«, weil sie dieselbe Philosophie haben. Er spricht von einer Philosophie, die der Verbraucher immer besser verstehe, die er nachvollziehe, die er teile und begrüße. Er spricht von einer Philosophie, die allen im Unternehmen Anlaß gäbe, optimistisch auf das Morgen zu blicken. Wovon er spricht, ist nichts anderes, als was man früher die Strategie, die Unternehmenspolitik und manchmal auch die Unternehmens-PR genannt hätte.

Mit Hilfe solcher Philosophien kann man Referate halten und Gewinne erklären. Das heißt, man kann über die Aktivitäten eines Unternehmens berichten, ohne irgend etwas über seine Aktivitäten aussagen zu müssen, und man kann Leute begeistern, die, weil sie am Gewinn partizipieren, ohnehin begeistert sind. Beides sind wichtige Vorgänge im Unternehmensalltag, denn Unternehmen haben heute gegenüber der Gesellschaft eine große Verpflichtung. Damit kann man aber noch keine Mitarbeiter mobilisieren (vor allem, wenn es sich um Großunternehmen handelt, die ob ihrer Anonymität per se mit Akzeptanzproblemen ringen; wohl fühlt sich der Mensch meist nur in kleinen Gruppen, und wohlfühlen heißt hier durchaus identifizieren). Die strategische Seite der Philosophie muß somit um eine menschliche erweitert werden. Die Kernaussagen: die Identität, die zum Maßstab aller Handlungen wird; die zentrale Unternehmensidee im Markt sichtbar machen; das ganze Unternehmen am Markt ausrichten; einen für alle Beteiligten relevanten Denk- und Führungsstil pflegen ... müssen mit Inhalten gefüllt werden.

Wie macht man das? Die frühen Versuche einer Umwandlung vormals politischer in psychologische und wirtschaftliche Ambitionen reichten ebensowenig aus wie etwaige Verschmelzungssehnsüchte. Damit konnte man ein paar heißgelaufene Jungmanager agitieren, aber nicht den herkömmlichen Mitarbeiter und nicht den Konsumenten. Sie hatten weder einen Bedarf an einer nachgeholten Studentenbewegung noch verlangten sie ein von oben verordnetes Gemeinschaftsgefühl. Hinzu kommt der Argwohn, den jede Identitätsphilosophie heute unweigerlich erweckt. Wer seine Politik, und hieße sie Unternehmenspolitik, auf einer kollektiven Identität gründet, gerät leicht in den Verdacht, er habe vom Müllhaufen der Geschichte wieder nach Hause geschleppt, was endlich dort gelandet war. Wenn es einem höheren Sinn untergeordnet werden soll, wird das Individuum inzwischen schnell hellhörig. Schließlich war auch das tausendjährige Reich eine Vision; schließlich war, wie der französische Philosoph Paul Virilio schrieb, der Faschist schon immer Futurist. Wie macht man's also?

Einfach gesagt: Man läßt die menschliche und die über die Strategien hinausweisende inhaltliche Seite der Philosophie durch jemanden vertreten, dem wirklich Vertrauen entgegengebracht wird. Es muß einer sein, dem man den Idealismus wahrhaft glaubt und der ihn garantiert. Es muß einer sein, der Menschen »unter einen Hut« bringt und ihnen trotzdem das Gefühl gibt, Individuen zu bleiben. Es muß einer sein, dem es gelingt, das Soziale neu zu definieren. Es muß einer sein, der eine Gemeinschaft der Verschiedenheit herstellen kann. Es muß einer sein, der die erforderliche Begeisterung im Namen eines im Herzen geteilten Ideals weckt und dennoch frei ist von jeglichem Verdacht der Politik. Es muß einer sein, bei dem man nie auf die Idee käme, er könnte eine Ideologie vertreten. Es muß eine Marke sein.

Marken sind, wie wir gesehen haben, künstlerische Produkte. Sie sind *kommunikative Begegnungsobjekte* (E. M. Geldmacher), denen Menschen folgen und mit denen sie sich identifizieren. Marken sind Kreationen des Idealen und Idealistischen, die dennoch nicht als ideologisch gelten. Marken können sagen, was der Vorstandschef nie an den Mann brächte; sie haben eine Glaubwürdigkeit, die sonst nur noch den aufrichtigsten Zeitgenossen zugestanden wird. Die Marke ist der neue Fokus des Absoluten. Sie ist es so sehr, daß meist sogar die verantwortlichen Manager von dem überzeugt sind, was sie vertreten; im Namen der Marke glauben sie sich selbst, was sie tun. Marken sind, was man von Philosophien erwartet: Sie vertreten das Gute, Schöne und Wahre, das Sinnvolle, das Wünschenswerte, das Ersehnte ... und nie das Gegenteil. Marken kennen keinen Bruch: Sie vereinen das Ethische mit dem Ästhetischen, das Kreative mit dem Vernünftigen, das Poetische mit dem Sozialen, das Metaphysische mit dem Weltlichen. Marken kennen keine Diskrepanz zwischen dem Subjektiven und dem Objektiven, dem Erträumten und Realen, dem Unwirklichen und Wirklichen. Sie kennen keine Diskrepanz, weil sie selbst an die Stelle der Wirklichkeit getreten sind. Unter der Herrschaft der Ökonomie hörte die Objektivität auf zu existieren.

Marken gibt es überall auf der Welt. Die Erfindung der Marke ist künstlerisch nur zu vergleichen mit der Erfindung einer anderen großen Kunstgattung. Die Marke ist die größte Erfindung und das Herzstück des Kapitalismus. Mit Marken erobert er die Welt. Die besten

Markenmacher sind fraglos die USA, viele andere kommen noch vor Deutschland. Aber in Deutschland ist die Marke zur Philosophie geworden. In diesem Land ist das Marketing oberste Gesellschaftslehre. In Deutschland hat, wer das Gesetz der Marke ignoriert, keine Stimme mehr. Die Politik gehorcht der Marke, die Kultur gehorcht ihr, der Individualismus ohnehin, die Medien bedienen sie am Fließband: Die Marke ist der permanente Idealismus, ist das Absolute zum Begreifen, ist ich und wir und toll und alle sind gut drauf. In Deutschland gibt es nicht einfach nur eine *virtual reality*, hier regiert bereits die *real virtuality*. Unternehmen eingeschlossen: In keinem Land sind Unternehmensangestellte schneller bereit, das Gedichtlein ihres Herrn brav aufzusagen: Wir engagieren uns für eine bessere Welt, für eine saubere Umwelt, für mehr Sinn im Leben, für eine allseits glückliche Menschheit ... Das Absolute und der Untertan: Besser hätte man sie nicht verheiraten können (und wenn was schief läuft, wird sofort prozessiert. Gerichtigkeit!). In Deutschland ist die Philosophie bei der Marke und die Unternehmensphilosophie bei der Unternehmensmarke gelandet. Die über die Wirklichkeit hinausweisende Idee war das Telos der absoluten Philosophie, die Unterwerfung unter eine Idee ist das Telos der Marke.

Natürlich war es ein deutscher Denker, der die Logik der Geschichte zuerst erkannte. Schon 1961 empfahl Hans Domizlaff, der Erfinder der Markentechnik, der Siemens-AG: »Der besondere Charakter der Marke verlangt ausnahmslos für alle Planungen, also sowohl der fabrikatorischen Arbeitsstätten wie auch der Absatzorganisationen, eine völlige Unterworfenheit unter das Markenmotiv, d. h. unter die erfinderisch-unternehmerische Idee eines Angebots. Das betrifft nicht nur Markenartikel der üblichen Art oder alle sonstigen greifbaren Waren, sondern auch politische Ideen, künstlerische Ausprägungen und ähnliche Ziele der geistigen Markteroberung.«[40] In diesem Zitat wird die gesamte Ambivalenz deutlich. Was eine schöpferische Arbeit auszeichnet, ist diese Unterwerfung. Es ist, wir hörten es, der *mimetische Akt*, den der Künstler mit dem Objekt eingeht, um ihm gerecht zu werden. Diese freiwillige und vom Künstler vorübergehend akzeptierte Selbstauflösung von anderen zu fordern und dabei noch einem politischen oder wirtschaftlichen Motiv auszusetzen ist, was man den aristokratischen Charakter der neuen Megaphilosophie nennen könnte: sie ist nicht demokratisch, sondern feudalistisch gesinnt.

Was ein rechter Feudalismus ist, der will auch seine Religion. Der Idee, ihre Heimat nun in der Welt der Marken anzusiedeln, sind neuerdings einige ehemalige Philosophen und kritische Intellektuelle verfallen, denen man kurz zuvor noch nachgesagt hätte, daß sie wegen ihrer aufklärerischen Überzeugung nichts mit der Metaphysik und wegen ihrer kritischen Überzeugung nichts mit dem Konsum im Sinn hätten. Was auf den ersten Blick erstaunlich erscheint, erweist sich bei näherem Hinsehen allerdings als ein unverbesserlicher Hang zum Absoluten und damit letztlich Ideologischen: Es sind meist dieselben, die nicht davon ablassen können. Es sind meist dieselben, die ihre Karten immer neu mischen, um wieder dort zu sein, wo sie am liebsten sind: beim Weltgeist, der sich nun *Zeitgeist* nennt.

Sie sind nicht mehr zu ertragen. Gerade noch so antiklerikal, daß sie ihrer Oma nicht einmal an ihrem Geburtstag die Freude machen wollten, sie in die Kirche zu begleiten, feierten sie just in dem Augenblick, in dem die Erfolge von Marken enorm zunahmen, die Werbung als neue Religion, die Wahl bestimmter Marken als Glaubensfrage, das Marktgeschehen als neue Form des Gottesdienstes, die Marken selbst als Gott. Dabei hatten sie noch nicht mal was zu sagen. Sie stellten lediglich wie jeder fest, daß sich Marken gut verkauften; schließlich nannte man die Lust, *Firmenlogos als Hostien* zu verehren, schon länger etwas frivol Markengeilheit. Sie waren auch wie jeder nicht in der Lage zu erklären, warum sich einige besonders gut verkauften und andere floppten. Sie wußten nur: Marke ist geil. Da sie jedoch gebildeter als die Mehrheit waren, sagten sie lieber Mythos und feierten dessen Liturgie.

Einer ihrer neuen Priester heißt Matthias Horx. Er war ein echter Linker, war Bestsellerautor und Lebensweltsoziologe, war Redakteur bei angesehenen Zeitschriften und besaß ein angesehenes Medium der Subkultur. Anfang der neunziger Jahre eröffnete er ein Trendbüro. Dagegen ist nichts zu sagen; wer von der Gegenwart etwas versteht, kann auch die Ambition verspüren, sie erst dem Marketing und dann, falls nötig, den Leuten zu erzählen. Aber muß man gleich alles, wovon man überzeugt war, der angepeilten Gewinnausschöpfung opfern und dabei noch den lieben Gott in seiner wohlverdienten Ruhe stören? Muß es denn immer das Absolute sein? *Gott ist Marke*, behauptete Horx im Jahre 1995, und schlug deshalb vice versa vor, Marken als Götter zu verehren. Zudem wußte er: Das Ende des Kommunismus ist das Resultat eines »kultischen Begehrens«; wo

Markenkulte herrschen, ist die Zivilisation ein Stück weitergekommen; wo nicht genügend konsumiert wird, herrscht früher oder später Krieg. Er meinte es nicht ironisch; er meinte nicht, kapitalistische Gesellschaften zögen den Wirtschaftsfrieden meist Gemetzeln vor. Er meinte, der philosophische Charakter der Marke verweise auf einen kulturellen Fortschritt in der Gesellschaft. Er meinte tatsächlich, Kriege seien eine Folge unzureichenden Konsums.

Horx ist nicht der einzige, der den einst bekämpften *Fetischcharakter der Ware* vielleicht doch nicht ganz verstanden hatte. Ein anderer heißt David Bosshart, ist gelernter Philosoph und Leiter jenes renommierten Managementinstituts in Zürich, auf das wir im VI. Kapitel ob seiner abstrusen Logik mehrmals gestoßen waren. Bosshart sagte, der Kunde sei Gott: »Man kann ihn nur überlisten, indem man ihm dient. Man verführt ihn mit Fetischen, verstrickt ihn in Produktliebe.« Das Argument erscheint befremdlich, waren doch die letzten Götter, die sich überlisten ließen, die Ahnherrn des Olymp. Schon der alttestamentarische Jahwe wurde stets jähzornig, wenn Götz und Baal an seiner Statt lockten, und selbst sein eher sanfter Sohn war durchaus handgreiflich geworden, als Händler und Philister den nötigen Ernst vermissen ließen.

Außerdem sang Norbert Bolz, deutscher Kommunikationswissenschaftler, im Chor der neuen Ministranten artig mit. Er feierte den Fetisch der Ware als *religiöse Struktur*, sah im *Akt des Einkaufens eine Form des Gebets*, attestierte *postmoderner Werbung*, daß sie *die Spiritualität des Konsums entfalte*. Mein Gott!, möcht' man da sagen und noch einmal an die archaischen Grundbedürfnisse des Menschen nach Metaphysik, Moral, Gemeinschaft und Schöpfung erinnern. Dabei waren die intellektuellen Manöver dieser Denker gleichermaßen naheliegend wie lächerlich.

Naheliegend war die »kulturgeschichtliche« Analogie; da das qualitative Marketing von der Kirche erfunden wurde, ist es nicht überraschend, wenn das moderne Marketing beizeiten wie ein katholisches erscheint. Naheliegend war, die Entscheidung für bestimmte Marken mit einem kultischen Verhalten zu vergleichen; immerhin wollen Marken Kult sein. Naheliegend war, auf den Gedanken zu kommen, daß eine Markengemeinschaft eine Art »Stamm« repräsentiert. Schließlich meint das Wort auch Sippe, und spricht man nicht erst seit gestern von der Stammkundschaft und dem Stammwähler. Lächerlich war jedoch, daß diese billigen Analogien schon alles sein sollten, obwohl weder die kultische Handlung den Kultus noch der Ritus die Religion erklärt. Marken sind bestenfalls magische Symbole zur Beschwörung guter Geister, Amulette, die vor bösem Zauber schützen sollen. Nie galten Symbole und Amulette selbst als Gottheiten; höchstens repräsentierten sie sie. Welcher Gott allerdings im Markenkult zugegen sein soll, darüber sind sich nicht einmal die neuen Priester einig. Ist die Marke selbst der Gott oder eher der Kunde? Und wem gehört überhaupt die Zeremonie: der Werbung, dem Kaufakt oder gar die der Verwendung vorbehaltene Ausweisfunktion? Fragen, die uns begeisterten.

Gänzlich lächerlich machte sich dieses Geschrei, als es der sogenannten Markengemeinschaft bereits den Charakter eines Kollektivs zuschrieb. »Was früher die politischen und sozialen Gemeinschaften und die religiösen *Communitas* waren«, schrieb Marketingredakteur Markus Scholz, seien heute die Stammeszugehörigkeiten zu Kulten und Produkten. Da kann man nur mehr einwenden: gemeinsam gekauft ist noch nicht gemeinsam gefeiert. Oder, dem Anlaß gemäß deutlicher: die kollektive Geilheit macht noch keine Orgie.[41]

18 Die Schergen der Inquisition und politische Henker hatte die Ökonomie nie nötig. Da sie keine Wahrheit beansprucht, muß sie auch niemanden im Namen ihrer Wahrheit hinrichten. Sie richtet nicht, sie bleibt sachlich, sie vernichtet Existenzen monetär. Sie lebt von der Konkurrenz, und Konkurrenz heißt: ich oder der andere. Es ist ein Kampf um Sein oder Nichtsein. Dennoch ist es kein auf einer Dichotomie basierender Kampf. Er wird nicht emotional ausgetragen. Der Bessere gewinnt, der Unterlegene scheidet aus, aber er wird nicht moralisch bewertet. Er gilt nicht als »böse«. Bewertet werden allenfalls die Gründe der Niederlage. Wer sich daran hält, gilt im Wirtschaftsleben als seriös. Unseriös ist, wer ökonomische Prozesse emotional-strategischen Kalkülen unterordnet, wie dies die Identitätsphilosophen, die neuen deutschen Romantiker, der Urheber von *management by love* … unternahmen. Es ist eine Herangehensweise, die man als ideologisch bezeichnen darf.

Gerade die Unabhängigkeit von Ideologien ist es aber, die das ökonomische Handeln auszeichnete und viele veranlaßte, der Ökonomie mehr Vertrauen entgegenzubringen als der Politik. Gerade an ihrem ideologischen Charakter ist die Politik gescheitert. Sie ist, sofern die Ökonomie ihre Aufgaben übernommen hat, im Westen gescheitert. Sie ist im Osten ohnehin gescheitert. Warum ist der Kommunismus gescheitert? Weil die finanziellen Mittel ihm ausgingen? Weil ihn seine humanitären Anliegen wie staatlich subventionierte Vollbeschäftigung, keine Arbeitslosigkeit, keine Slums, umfassende Sozialversorgung ... teuer zu stehen kamen? Weil der Kapitalismus versucht hatte, ihn zu eliminieren? Weil er die Moral nicht nur in den Dienst des Menschen, sondern auch den Menschen in den Dienst der (staatlichen) Moral gestellt hatte? In erster Linie, so sagt man, ist er gescheitert, weil seine Ideologie offensichtlich wurde. Der Versuch, Ideologien in die Politik zu implementieren, gilt als bezeichnend für totalitäre Systeme. Man sagt damit zugleich, der Kapitalismus folge keiner Ideologie. Man sagt, freie Regierungen träfen ihre Entscheidungen politisch, nicht ideologisch (Christian Graf von Krockow). Man meint, der Siegeszug des Individuums habe auch den Untergang aller Ideologien zur Folge. Das ist freilich nicht der Fall.

Politik ist immer ideologisch; kapitalistische Politik (und keine andere nennt man frei) im besonderen Maße. Nur weil die Ökonomie keiner Ideologie folgt, muß sie deshalb noch lange nicht auf ihren Gebrauch verzichten. Tatsächlich benutzt sie ständig welche. Sie erfindet jeden Tag neue. Sie produziert sie am laufenden Band. Sie kopiert und kreiert Heilslehren, wie sie grad kommen, um mit ihnen ihr Geschäft zu machen. Sie labelt jedes Produkt mit einem Glücksversprechen, um es überhaupt noch an den Mann zu bringen. Damit konnte der Kommunismus nicht mehr mithalten. Er nicht und kein anderes Wirtschaftssystem. Vom *Oikos* im homerischen Griechenland bis zur sozialistischen Planwirtschaft handelt es sich ausnahmslos um Gesellschaften, die nur eine Ideologie erlaubten. Wieviel sophistischer verfährt dagegen der Kapitalismus! Obwohl er keiner folgt, läßt er doch jede zu. Sie muß sich nur an seine Axiome halten; sie muß nur innerhalb der Logik des Ökonomischen bleiben. Dafür ist er bereit, jede neue Idee, und sei sie noch so subversiv, zu akzeptieren. Er ist sogar bereit, ihr letztlich selbst zu folgen. Die kapitalistische Logik grenzt nicht aus, sie macht sie sich zu eigen und vereinnahmt. *Welche Geschmeidigkeit in der Axiomatik des Kapitalismus,* schrieben Gilles Deleuze und Félix Guattari in ihrem »Anti-Ödipus«, *immer bereit, seine eigenen Grenzen zu erweitern, um ein neues Axiom dem eben noch saturierten System anzufügen. Die wirk-*

liche Axiomatik ist die der Gesellschaftsmaschine selbst, die sich an die Stelle der alten Codierungen setzt und zugunsten des kapitalistischen Systems und im Dienste seiner Zwecke alle decodierten Ströme organisiert.

Was aber meint Ideologie? Was ist ihre Natur? Daß sie einer Idee mehr Glauben schenkt als der Wirklichkeit; daß sie eine Heilslehre verkündet, deren Verwirklichung der Zukunft vorbehalten bleibt; daß sie eine falsche Wahrheit vertritt? Nein, ihr Kern ist der Absolutheitsanspruch; ihr Prinzip das Rechthabenwollen; ihr Bestreben, die einzige und letzte Wahrheit zu sein. Ideologien sind Philosophien, die sich selbst beweisen wollen, die taub sind gegenüber anderen Philosophien, die keine anderen neben sich dulden. Genau solche Philosophien vertritt das Individuum. Es ist als einzige und letzte Instanz einer Absolutheit übriggeblieben und läßt sich nicht mehr beseitigen. Seine Ideologie ist die Philosophie der Gegenwart. Nicht mehr einzelne Philosophen produzieren Philosophien, Millionen von Individuen produzieren sie. Jedem Individuum seine eigene Philosophie, jeder Mensch ein Philosoph, und alle zusammen bilden sie die kapitalistische Gesellschaft – *das Recht eines auf sich beschränkten Individuums.*

Die Philosophie ist tot? Wer so denkt, hat nichts von ihr begriffen und ebensowenig von der Gesellschaft, in der er lebt. Das Individuum ist per se Philosophie. Alles, was eigenständig, selbstbezogen, ganzheitlich, *corporate* ... erscheinen will, ist Philosophie. Der Kapitalismus ist die philosophische Gesellschaft schlechthin. Ständig produziert er neue Philosophien. Unablässig betreibt er mit Hilfe der Philosophie Substanzschaffung. Er vertritt nicht nur eine Philosophie des Werdens und der Dynamik, er ist so sehr das System der permanenten Produktion, daß die Produktion seiner Güter nur noch ein Ausdruck der eigentlichen Produktion ist: der Konsument ist *philosophy-consumer*. Was interessiert ihn der Verblendungszusammenhang der Warenzirkulation; was die Verdinglichung als das Grundübel des Kapitalismus; was der Fetischcharakter der Ware? Er sucht sie! Der Konsument freut sich über das blendende Licht, das ihm das Grau des Alltags nimmt, er verlangt nach der Verdinglichung und Sichtbarwerdung seiner Weltbilder, er wünscht sich Fetische. Er will eine Welt der Bedeutungen und Botschaften, damit er seine insgeheimen Wahrheiten überhaupt erkennt. Er will sich selbst wiedererkennen. Er verlangt etwas, das er bejahen kann. Er verlangt ein Stück

Weltanschauung. Er verlangt Philosophien, die ihm erlauben, an einer Gemeinschaft teilzuhaben, ohne von ihr etwas abverlangt zu bekommen. Er will sich nicht mehr vereinnahmen lassen. Er will Philosophien, die er kaufen, konsumieren, verzehren, wegwerfen kann, was auch immer. Er sucht *dynamische Kollektive*.

So gibt es nichts, was nicht geeignet wäre, als Philosophie gegen andere Philosophien, als Wahrheit gegen andere Wahrheiten anzutreten: von den Nichtrauchern bis zu den Bodybuildern, von den Modegegnern bis zu den Psychogruppen, Motorradfahrer und Italophile, enthusiastische Anhänger von Fußballvereinen und Popbands, Fanclubs und Esoteriker, Szenegänger und Computerfreaks ... sie alle vertreten eine Philosophie, die zur Weltanschauung werden und Gemeinsamkeit konstituieren kann, mit deren Ideen man sich identifizieren und deren Werte man übernehmen kann, und die dennoch nur vorübergehend Bestand haben müssen, denn schon morgen können es andere Werte, kann es eine andere Gruppe sein. Was der Politik kaum mehr gelingt, weil politische Philosophien mehr als verdächtig geworden sind, weil sie das Individuum als Ganzes will, während es an etwas Alleinseligmachendes nicht mehr glaubt, ist auf dem Markt der Subjektivität nun gang und gäbe. Eine Ideologienvielfalt ist an die Stelle *einer* Ideologie getreten, eine Vielzahl von Ideologiepools an die Stelle einer eindeutigen Ideologiegemeinschaft, eine Ideologiedynamik an die Stelle der Ideologiekritik, und viele haben ihre Last, noch die rechte Ideologiebalance zu finden.

Unter diesem dünnen Lack der *united ideologies of the world*, der dem öffentlichen Leben einen so harmonischen und demokratischen, so toleranten und weltoffenen Anschein gibt, fault das soziale Leben allmählich vor sich hin. Nicht nur, weil alles und jedes, wo Menschen füreinander dasein könnten und oft wohl auch sollten, von einem Wust von Dienstleistungen übernommen wird, was vor allem heißt, daß alles und jedes bezahlt werden muß, und wer nicht bezahlen kann, von der Menschlichkeit halt ausgeschlossen ist. Das soziale Leben fault vor allem vor sich hin, weil seine Krankheit, die für jedermann offensichtlich ist, wie in den feinsten Kreisen höflich übergangen wird. »Nein, wie gesund und erholt Sie aussehen! Ich hätte Sie fast nicht mehr wiedererkannt ...« Was übergangen wird, ist das Leid. Das Leiden jener, die die Geschlagenen sind, ohnehin: Arme und Flüchtlinge, Alte und Arbeitslose, zahllose Kinder, zahllose Ausländer ... Aber auch das Leiden jedes einzelnen.

Das Subjektive und das Objektive, der Bruch, den wir erkannten, er ist nicht etwa aufgehoben: Er wurde neu definiert. Das Objektive ist verschwunden, und die zweite Wirklichkeit ist an seiner Stelle zur Wahrheit geworden. In der Mannigfaltigkeit der Ideologien hat das Individuum sich eingerichtet. Und es glaubt sich selbst. Es glaubt seinen Bedürftigkeiten und Empfindlichkeiten, es hält seinen Unmut für kritisch, hält sein hortendes Raffen für umsichtig, glaubt dem Virtuellen, es nimmt seine Ideologien als Ideale. Es hält sich für einen Macher, raffiniert, cool, gut drauf, witzig ... und merkt noch nicht mal, daß es schon seine Existenz einer Ideologie verdankt. Das Individuum ist eine Erfindung, ist Kreation einer politischen Ideologie, die keine in der Natur des Menschen angelegte Entsprechung kennt. Jeder weiß es, denn jeder kennt das Gefühl der Einsamkeit, der Angst, der Verzweiflung, der Ohnmacht ...; jeder weiß, daß er auf sich allein gestellt ein armer Hund ist, der ohne die anderen meist bald verreckte. Und was macht er, wenn diese Gefühle ihn befallen? Er geht zum Psychologen, als sei das letzte, was ihn die Wahrheit seiner Existenz spüren läßt, eine persönliche Störung. Spürt er die Krankheit der sozialen Welt, fühlt er sich selbst psychisch krank. Wäre es nicht absurd, man könnte sich schief und krumm lachen.

Die Ökonomie hatte daran ursächlich keinen Anteil. Sieht man vom marxistischen Standpunkt, der die Geschichte der bürgerlichen Politik von Anfang an als eine der ökonomischen Logik erachtete, ab, war es ursächlich ein Prozeß gesellschaftlicher Veränderungen. Die Individualisierung entstand im Verlangen nach Emanzipation und Freiheit. Ursächlich waren die Ideologiepools der Kultur entnommen. Erst mit der Entwicklung von Marken kam die Ökonomie hier zum Zuge und konnte sie dieses Verlangen nach Idealen an ihr kommerzielles Interesse binden. Seither aber wurde die Koalition von Individuum und Marke zunehmend stabiler. Marken sind zu *topoi* des Heilsbringenden und Versammlungsorten individueller Sehnsüchte geworden. Das Individuum bejaht die Marke, Individuen eifern Marken nach, Marken gelten als Persönlichkeiten.

Das Ideal des Absoluten. Eine absolute Idee, die über die Wirklichkeit hinausweist. Eine zweite und eigentliche Wirklichkeit, an der gemessen die erste nur falsch sein kann. Es war der Ursprung des Christentums. Es war der Traum der Philosophen. Es war die Grundlage des Faschismus. Es war und ist die Virtuosität der Künstler. Es ist zum Geschäft des modernen Managements geworden.

VIII. Im Zwischenreich

Die dritte Erfindung der Philosophie

1 Man ist sich einig: die Philosophie ist am Ende. Zwar wird sie schon totgesagt, seit sie aus dem Schatten der Theologie herausgetreten und zu einer Wissenschaft geworden ist, aber jetzt ist es ernst. Sie paßt nicht mehr in unsere Zeit, sie hat versäumt, sich den drängenden Problemen der Gegenwart zu widmen, hat auf die Fragen, die Menschen bewegen, keine Antworten mehr parat. Es ist der gängige Tenor. Nicht nur im Kreise Ungebildeter, die mit ihr noch nie viel anzufangen wußten; auch gebildete Menschen, Wissenschaftler, Künstler, Führungskräfte, Verleger fragen sich, was sie mit ihr noch sollen. Die Verkaufszahlen philosophischer Werke, die Rede von der Nutzlosigkeit der Geisteswissenschaften, die Seltenheit philosophischer Verweise in Texten und Reden bestätigen das gängige Urteil. Über zweieinhalb Jahrtausende prägte sie Wissenschaft und Kultur, Gesellschaft und Politik. Zweieinhalb Jahrtausende stand sie im Zentrum des geistigen Lebens, wo sie als Lehrmeisterin des richtigen Denkens angesehen war. Zweieinhalb Jahrhunderte lang war sie die Sachwalterin der Vernunft. Es ist vorbei. Mehr als die Vernunft prägt die Kritik an ihr gegenwärtige Diskurse, die Politik ist in der Klemme, und die Philosophie erweckt nicht mehr den Eindruck, am öffentlichen Geschehen teilzuhaben.

Den letzten, den umfassenden gesellschaftlichen Wandel hat sie nicht verwunden. Der Wechsel vom Politisch-Kollektiven zum Ökonomisch-Individualistischen hat ihr den Garaus gemacht. Seither bestimmen neue Heroen die Geschicke: die nationale Identität ist ökonomisch gegründet, Unternehmungen erledigen staatliche Aufgaben, die *res publica* folgt der Logik des Wirtschaftens, die Kreation von Weltbildern und Utopien ist in die Warenproduktion eingegangen, die Zerstörung gesellschaftlicher Strukturen bereitete das Terrain für die Verkehrsformen des Wirtschaftsindividuums, der *homo politicus* verwandelte sich in einen *homo oeconomicus* – Antreiber und Angetriebener der wirtschaftlichen Sozietät. Umfänglich ist zur Politik und damit zum Organ, das unsere gemeinsamen und unterschiedlichen Interessen wie die Art und Weise unseres Zusammenlebens regelt, geworden, was ökonomisches Interesse war. Die Ökonomie hat die Rolle der Politik übernommen. Kein Bundesfinanzministerium gab sein Plazet, kein Bundeskartellamt war zur Genehmigung dieser einmaligen Geschäftsübernahme eingerichtet.

Wir merken, daß vor geraumer Zeit die existentiellen Spielregeln verschärft wurden. Wir ahnen, auch wenn die Hoffnung manchmal Gegenteiliges verspricht, daß es sich nicht um eine vorübergehende, eine zwischenzeitliche Krise handelt. Wir sehen, daß selbst ein am Ende der neunziger Jahre politisch wieder »links« regiertes Europa nichts mehr am Diktat der Ökonomie änderte. Selbst wenn die Bürger durch diese Wahlentscheidung ihren Unmut über die Ökonomisierung des Politischen deutlich gemacht haben sollten und die teils alten, teils neuen sozialdemokratischen und sozialistischen Parteien mit dem Versprechen angetreten waren, das Politische zurückzuerobern, so wurde doch offensichtlich, daß das Projekt der Moderne der Vergangenheit angehört. Es war das Projekt der Philosophie. Vernunft, Objektivität, Emanzipation, Demokratie waren Ansprüche, die die Philosophie erhob. Sie hat nichts mehr zu sagen.

Das Wort taucht noch auf; gerade die Ökonomie spricht von Philosophien. Schließlich betreibt man keine Politik ohne Philosophie; schließlich ist die Philosophie die edelste Form der Ideologie; schließlich kann sich die Ökonomie, will sie politische Aufgaben übernehmen, nicht mit Quantitativem, Effizientem und Pragmatischem bescheiden. Auch sie bedarf einer Philosophie, auch sie muß Philosophie machen. Und natürlich ist die seitens der Ökonomie produzierte Philosophie nicht bloß eine Wirtschafts- oder Managementphilosophie. Ebensowenig wie die Philosophie der theoretischen Physik »physikalische Philosophie« genannt werden kann, ebensowenig läßt sich die generelle Ökonomisierung des Lebens auf eine Philosophie des wirtschaftlichen Handelns reduzieren. Es ist ihrer Natur nach eine ebenso *allgemeine* Philosophie wie diejenige, die die Philosophie selbst produziert hatte. Und im selben Maße wie es sich um eine allgemeine Philosophie handelt, im selben Maße ist auch der Transfer von Politik in Ökonomie ein allgemeiner Prozeß. Er findet in allen westlichen Industrienationen statt. Aber es ist nicht mehr die Philosophie, die wir kennen. Es ist eine neue Art von Philosophie, zum Beispiel eine *philosophy*. Als solche nimmt sie die Rolle einer Konzeptionistin von Denk- und Problemlösungsmodellen ein.

Unabhängig davon wird das Wort freilich gebraucht und mißbraucht, wie es grad gefällt. Man spricht von Philosophien, um einen intelligenten Eindruck zu hinterlassen: schon der antike Rhetoriker empfahl, bei der Darstellung von Sachverhalten ein wenig vom Gewürz der Weisheitslehre beizumengen; das mache sich sozusagen immer gut. Man nutzt ihre anerkanntermaßen abstrakte Natur, um die Unverständlichkeit zu adeln: Nachdem die Philosophie immer wieder betont hatte, daß sich hinter dem, was der Laie nicht verstehe, ein tieferer Sinn verberge, kann man von einer Philosophie auch dann ohne Gesichtsverlust sprechen, wenn man nicht mehr konkret sagen kann, was man eigentlich meine. Man nimmt sie in Anspruch, um den Eindruck zu erwecken, man habe sich höheren Dingen zugewandt: Mit Hilfe einer Verknüpfung von materiellen Interessen mit ideellen Werten soll nicht nur die kapitalistisch geschuldete Sinnleere gefüllt, sondern vor allem die Befriedigung materieller Bedürfnisse als oberster ideeller Wert etabliert werden. Man probt in ihrem Namen die Symbiose mit dem Geist: während Strategien Zwecke verfolgen, läßt die Philosophie glauben, sie diene einer Idee; naheliegenderweise können auf diesem Weg Ideen leicht als bessere Zwecke und Philosophien als die besseren Strategien ausgewiesen werden.

Darüber hinaus bedient sich die Ökonomie der Philosophie. Sie bedient sich derselben Philosophien, die schon für die Politik maßgeblich waren. Ob Reuter die Vernunft reklamiert, um den Herausforderungen an das unternehmerische Handeln begegnen zu können, ob die Wirtschaftsethik das Bild des mündigen Staatsbürgers aufrechtzuerhalten sucht, ob die Vertreter eines neuen Marketings humanistische Ideale in den Dienst des Managements stellen oder mythische

Sehnsuchtspotentiale vermarkten, stets finden wir die Konkursmasse der Philosophie wieder. Zudem bedient man sich ihrer Fähigkeit, Ideologien produzieren zu können. Gerade darin verbirgt sich eines der Hauptmotive für die vermeintliche Renaissance des Philosophischen. Die Ökonomie bedient sich dieser Fähigkeit, weil sie daran interessiert ist, das Gemeinwohl und das Wohl des einzelnen als ein und dasselbe erscheinen zu lassen. Sie bedient sich dieser Fähigkeit, um die Belegschaft auf gemeinsame Ziele einschwören und die Kundschaft auf die Seite des Unternehmens ziehen zu können. Sie produziert Ideologien, weil sie einen konkreten Nutzen haben: Sie sparen Kosten. Wem es gelingt, das, was getan werden muß, als übergeordnet sinnvoll auszuweisen, der kann Mitarbeiter motivieren und Kunden dazu bringen, hier und nicht dort zu kaufen. Ideologien verleihen einer Macht Metaphysik.

Aus all diesen Gründen verweist der Einzug des Worts und der Sache der Philosophie in die Ökonomie auf keine Abkehr vom Wirtschaftsdenken oder gar eine Hinwendung zum Abstrakten und Moralischen. Es ist schlichtweg ein ökonomisches Kalkül, das notwendig wurde, als die reine Zweckrationalität nicht mehr genügte. Ebenso besteht kein Anlaß zu glauben, irgendein Manager sei beim Philosophischen gelandet, weil ihm die Ziele und Inhalte des wirtschaftlichen Handelns suspekt geworden wären. Er hat sich für seinen Beruf entschieden, und er gefällt ihm. Es mag sich im Laufe der Jahre vieles geändert haben; daß manches jetzt Philosophie genannt oder als solche umschrieben wird, spielt für ihn kaum eine Rolle. Tatsächlich ahnen die meisten Unternehmer und Manager nicht einmal, welchen Anteil sie am politischen und philosophischen Geschehen haben und welche Verantwortung ihnen im Grunde damit zufiele. Sie glauben unverändert, der Politiker mache die Politik und die Philosophen betrieben Philosophie.

Erstaunlicherweise hält sich die Philosophie selbst, obwohl ansonsten gewohnt, jeder Disziplin ihre Ansichten zukommen zu lassen, in dieser Angelegenheit recht bedeckt. Als träfe ein schöngeistiger Jüngling einen feisten Bierbrauer, dem alles, was nicht in seinen Schädel will, wie überflüssiger Humbug dünkt, begnügt sie sich mit ein paar äußerst marginalen und die Ökonomie kaum berührenden Aperçus zum Thema. Sie erinnert an Aristoteles, der als erster von der Ökonomie gesprochen und sie der praktischen Philosophie zugeordnet habe. Sie verweist auf Ricardo und Smith, die Begründer der Volkswirtschaftslehre, die einen zwar falschen, aber immerhin noch existenten Blick auf Markt und Welt besessen hätten. Sie stellt Überlegungen zu einer Führungsethik an, die den Firmenchef ebensowenig tangieren wie den Laien interessieren und kaum taugen, in die Praxis umgesetzt zu werden.[1] Sie erlaubt sich normative Vorgaben, die sie Wirtschaftsethik nennt und das Management im selben Maße an das allgemeine Interesse gemahnen sollen, wie Unternehmensphilosophien versuchen, Mitarbeiter und Konsumenten an Unternehmensinteressen zu binden. Sie diskutiert *fragwürdige Grundlagen der Ökonomie*, die mangelhaften naturwissenschaftlichen Überzeugungen und einem falschen Zeit-, Natur- und Rationalitätsbegriff geschuldet seien,[2] als würden marketingtheoretische Planungen oder unternehmenspolitische Entscheidungen noch auf einem szientistischen Paradigma basieren. Selbst die als Politökonomie agierende marxistische Kapitalismuskritik, die man als die bislang erfolgreichste Synthese von philosophischem Denken und wirtschaftlichem Handeln bezeichnen könnte, ist letztlich nicht auf ihren philosophischen Gehalt angewiesen beziehungsweise, wo sie ihn besaß, nicht ursächlich kritisch, sondern staatstragend-hegelianisch.

In Anbetracht ihres Bedarfs an Philosophischem ist allerdings auch die Ökonomie erstaunlich wenig am Berufsstand der Philosophen interessiert. Die spärlichen, aus den Reihen der Wirtschaft kommenden positiven Stimmen loben nicht etwa das enorme Wissenspotential der Geisteswissenschaften, sondern das *enorme Intelligenzpotential* der Geisteswissenschaftler. Ihm, schrieb McKinsey-Chef Professor Herbert Henzler, dürfe sich die Wirtschaft nicht versperren, da diese die Fähigkeiten besäßen, autonom denken und komplexe Sachverhalte analysieren zu können, sie Probleme ganzheitlich angingen und sich gar in unstrukturierten Bereichen zurechtfänden, sie von starken Eigenmotivationen geleitet seien und ihr kommunikatives Vermögen ausgeprägter sei als das von Absolventen eines Wirtschaftsstudiums. Was einen gelernten Philosophen für die Wirtschaft interessant macht, ist also nicht, was er für seine Prüfungen gelernt hat und warum er es gelernt hat. Sein konkretes Wissen ist bestenfalls ein nicht weiter störendes Beiwerk aus seiner vorprofessionellen Vergangenheit, gewissermaßen ein peripherer Nutzen wie Geige spielen, sich für chinesische Vasen der Ming-Dynastie begeistern oder Briefmarken sammeln, weiß man doch, wer ein Hobby hat, ist auch in der Arbeit nicht so leicht unzufrieden. Was ihn für die Wirtschaft interessant macht, sind sein entwicklungsfähiges Potential, seine Persönlichkeitsmerkmale und seine formalen Tugenden.[3] Daß sich die Ökonomie, die sich bekanntlich alles einverleibt, was ihr dienlich sein könnte, ausgerechnet bei Geisteswissenschaftlern zurückhält, ist verwunderlich. Fast möchte man als Philosoph sein Recht auf Ausgebeutetwerden einklagen. Es ist verwunderlich, weil die Nutzung philosophischen Denkens für das ökonomische Handeln und damit die Ausweitung des ökonomischen Regelwerks auf Bereiche, die ehedem nicht als wirtschaftliche galten, umfänglich zu beobachten ist:

Im Zuge der Umwandlung der Produktions- in eine Informationsgesellschaft ist eine Ökonomie des Immateriellen entstanden, die dem Motto folgt: Die Information ist eine immaterielle Realität, die materielle Wirklichkeiten hervorbringt.

Da »Information« nicht etwa trotz, sondern gerade wegen ihrer immateriellen Natur (nach Boden, Arbeit und Kapital) als vierter Produktionsfaktor bezeichnet wird, hat das Immaterielle, das ehedem eine Domäne der Philosophie war, einen Stellenwert für Unternehmen und Wirtschaft erhalten, der nie zuvor existierte.

Immaterielle Faktoren spielen in der Ökonomie in mindestens drei Bereichen eine entscheidende Rolle:

1. Bei der Einschätzung von Unternehmenswerten sind heute außer der Materialität (Immobilien, Sachwerte, Gewinne etc.) auch die ideellen Substanzschaffungen, die Markensolidität, das Ansehen im Markt etc. von Belang.

2. Mit Hilfe von »Idealen« sollen Mitarbeiter und Verbraucher für die Sache des Unternehmens gewonnen werden. Unternehmen müssen darauf achten, mit welcher »geistigen Haltung« sie aktiv werden.

3. Beide Punkte verweisen auf das Gewicht von Marken. Das Marketing stellt immer seltener eine rein verkaufsfördernde Maßnahme dar. Wie die Erfolge von Marken und Vermarktungen zeigen, sind sie ins Zentrum wirtschaftlicher Wertschöpfung gerückt. Die Gesetze der Markenführung haben eine Bedeutung erlangt, die über die klassische Markenartikelindustrie weit hinausweist. Jeder Selbständige übt mittlerweile neben seinem erlernten Beruf den des Marketingspezialisten aus (und diesen oft noch eher als den des Betriebswirtes). Marken haben entscheidend zur Bildung immaterieller und künstlicher Realitäten beigetragen. Marken stellen eine bislang unbekannte Art von Text dar, die die neue Definitionsmacht nutzt, um die für sie

so wichtige zweite Realität zu publizieren. Der Individualismus folgt dem Muster der Markenpersönlichkeit.

In all diesen Fällen kann kaum davon die Rede sein, daß an die Stelle des Materiellen ein Geist getreten wäre. Vielmehr wird der wirtschaftliche durch einen *geistigen Materialismus* erweitert. Im selben Maße, wie hier die Ökonomie auf ursächlich ihr fremde Felder einwirkt, ist sie selbst wieder von den Folgen betroffen. Macht schafft Gegenmacht, Druck erzeugt Gegendruck, wer ausgepreßt wird, versucht auszupressen, und am Ende steht, was Agnes Heller von der New Yorker *New School for Social Research* schrieb, müssen wirtschaftliche Fragen nicht notgedrungen wirtschaftlicher Natur sein.

Michel Foucault hatte es schon zu Beginn der achtziger Jahre klar erkannt: Die ökonomische Rationalität ist nicht mehr an das rationale Handeln der Individuen gebunden; sie gibt umgekehrt einen *künstlich hergestellten Verhaltensstil* vor, dem diese folgen. »Die Ökonomie«, schrieb Thomas Lemke in einer Dissertation über den französischen Philosophen gut zehn Jahre nach dessen Tod, »ist nicht mehr ein gesellschaftlicher Bereich unter anderen mit einer ihm eigenen Rationalität, Gesetzen und Instrumenten; vielmehr umfaßt das Gebiet des Ökonomischen die Gesamtheit menschlichen Handelns ...«[4] Und Thomas Schäfer ergänzte in seiner Rezension zu Lemkes Arbeit: »Es zeigt sich ... daß sich in Foucaults Werk durchaus Bezüge zu aktuellen politischen Problemen finden, etwa zu Fragen der Ökonomisierung der Gesellschaft. Foucaults Analytik der verborgenen Zusammenhänge von Wahrheit, Macht und Subjektivität ermöglichte es ... die neoliberalistischen Tendenzen ... als Unterwerfung der Menschen unter das Ideal eines ökonomisch zentrierten Individualismus darzustellen.«[5]

Zu guter Letzt ist die Zurückhaltung der Ökonomie auch erstaunlich, weil mittlerweile jeder, der sich in verantwortlicher Stellung befindet, nach der Philosophie gefragt wird, mit deren Hilfe er die Probleme zu lösen gedenkt. Das Gros antwortet wie gewohnt pragmatisch: Wir müssen uns fragen, wie es zu dieser Misere gekommen ist; wir müssen wieder in die Gewinnzone kommen; wir dürfen uns nicht auf dem Erreichten ausruhen; wir müssen mehr als die Sicherung unserer eigenen Besitzstände vor Augen haben; wir müssen die Leute wieder ansprechen; wir müssen wieder Tore schießen ... Sie alle haben verstanden, daß Philosophien ein Wir zu konstituieren haben. Sie alle wissen, Philosophien formulieren Wahrheiten, sind Entwürfe einer besseren Welt, sind Lösungen im Ganzen. Wer wollte bezweifeln, daß mehr Tore zu schießen eine Lösung und Verbesserung wäre. Viel mehr haben die meisten aber nicht verstanden. Hinter geschlossenen Türen, im trauten Kreis, klopfen sie sich auf die Schenkel und wundern sich über die Spinner, die immer von Philosophien reden. Und einer erinnert sich andächtig an einen Menschen seiner Vergangenheit, der, wenn er anhob »Die Philosophie, mein Junge ...« zu sagen, seine Pfeife stopfte.

2 Philosophie heißt wörtlich *Liebe zur Weisheit*. Weniger pathetisch ausgedrückt, ist der Philosoph einer, der wissen will, der den Wunsch hat, kenntnisreich zu sein. Er strebt nach *sophía*, und *sophía* hieß ursprünglich Kenntnis. »Ursprünglich« heißt: in der Zeit vor Platon. Bis dahin war jeder, der etwas konnte, ein *sophistés*; er war ein Kenner und ein Könner. »Sophist« war eine Gattungsbezeichnung; heute sagt man Fachmann. »Sophisten« nannten sich allerdings auch die Fachleute der Rhetorik, die im 5. vorchristlichen Jahrhundert sowohl als Pädagogen wie als politische Berater wirkten und manches Mal als Theoretiker, die sich mit allgemeinen Fragen der Erkenntnis, der Kultur oder der Religion befaßten. Im Übergang von der Sophistik zur Philosophie steht der 469 v. Chr. geborene Sokrates. Er wird als Sophist hingerichtet und geht als erster Philosoph in die Geschichte ein. Sokrates war nicht der erste, der den Dingen auf den Grund gehen wollte, weil er glaubte, das, was wir zu sehen und zu wissen meinen, sei nur eine Welt des Scheins, hinter der sich eine wahre Welt, die Welt des Seins verberge. Aber er war der erste, der dafür gelobt wurde. Ihn lobte sein Schüler, Liebhaber und geistiger Nachlaßverwalter Platon (427–348 v. Chr.), der die Philosophie erfindet. Sie wird erfunden als eine Tätigkeit, die darauf abzielt, das wahre Sein zu erkennen, und da nichts wahrer als die Wahrheit ist, zugleich als eine Tätigkeit, die brauchbar auszuüben man vor allem eines werden müsse: ein Philosoph.

Für die platonische Philosophie sind zwei Charakteristika maßgeblich. Sie ignoriert die Welt, in der wir leben, weil sie angeblich das Schattenreich einer eigentlichen Welt ist, die wir als Menschen nur mittels der Ideen erfassen können. Und sie ist durch und durch antidemokratisch. Beide Charakteristika müßten nicht unbedingt miteinander zu tun haben. Man kann auch demokratisch gesinnt sein und trotzdem der Überzeugung anhängen, die wahre Welt sei die des Geistes. Man kann die Realität nehmen, wie sie ist, und trotzdem als rechter Reaktionär sein Dasein fristen. Im Falle Platons hatten sie miteinander zu tun. Sie waren so gediegen miteinander verknüpft, daß sie noch für das christliche Weltbild der nachfolgenden eineinhalb Jahrtausende federführend wurden. Auch die Megaphilosophie des Theologischen erklärte das Diesseits nur als Vorleben und Prüfung für das Jenseits; auch sie war zutiefst antidemokratisch. Das Blatt sollte sich erst mit Kopernikus wieder wenden. Erst 2000 Jahre nach den Sophisten erinnerte man sich an deren einst begonnenes Projekt einer vernünftigen Erklärung der Welt, das einerseits darauf abzielte, Erkanntes in ein Handlungswissen zu übersetzen, und andererseits in der Vernunft die Voraussetzung für eine nicht auf Unterschieden des Standes, der Konfession, des Geschlechts etc. basierende Gesellschaft sah. Als man sich endlich wieder erinnerte, dachte aber niemand mehr an die Sophisten. Wer an sie dachte, hatte wenig Lust, sich auf sie zu berufen. Ihr Image ist zu miserabel.

Sie haben es wiederum Platon zu verdanken. Er mochte keine Sophisten. Daß sie der Suche nach dem Wahren eine Absage erteilt und sogar behauptet hatten, es gäbe keine absolute Wahrheit, dies lehrten und dafür noch Geld verlangten (wir hörten es: die Ausländer durften kein landwirtschaftliches oder handwerkliches Gewerbe ausüben), war der offizielle Grund. Der eigentliche war ein politischer. Die Sophisten waren meist üble Demokraten. Sie bevorzugten den Mittelstand und nicht die Aristokratie. Das wissen die wenigsten, weil die meisten sich damit begnügen, zu wissen, daß Platon ein großer Philosoph war. Meist genügt es; in unserem Falle genügt es nicht. Wir wollen wissen, welche Folgen Platons Erfindung der Philosophie hatte. Einer der großen Denker der französischen Gegenwartsphilosophie, Jean Baudrillard, schrieb: »Philosophie ist immer nur die Leugnung des Realitätsprinzips gewesen.« Und er ergänzte: »Jetzt hat die Irrealität die Dinge befallen. Damit ist das Ende der Philosophie und der Anfang von etwas anderem gekommen, wo die Realität mit ihrer ironischen Brechung verwechselt wird.« Das ist es, was uns in diesem letzten Kapitel interessiert. Welche Philosophie ist am Ende? Welcher Anfang ist gekommen?

Verweilen wir noch einen Augenblick bei der »Liebe zur Weisheit«.

Sprechen wir über die Philosophie und die Liebe. Beide haben einiges gemeinsam. Sie erklären sich nicht selbst, sie erklären sich durch ihr Verhältnis. Beide brauchen ein »Objekt« der Zuwendung: die Liebe den geliebten Menschen, die Philosophie ein Sachgebiet (und sei es die Welt der Ökonomie).* Der Philosoph sollte ein Handwerk beherrschen, hieß es im Mittelalter. Wer die Liebe mehr liebt als die Person und sie um ihrer selbst willen feiert, wird nicht viel von ihr verstehen; der einschlägigen Ausführungen eines eitlen Gigolos wird man schnell überdrüssig. Ebenso wird, wer die Philosophie um ihrer selbst willen bejaht und ihr keine anderen Fragen gönnt als die, die ihr allein gehören, kaum große Erkenntnisse gewinnen; auch den Ansichten eines Studierstubenphilosophen über das Wesen der Wahrheit, den Urgrund allen Seins, die Natur des Menschen oder den Sinn des Lebens kann man bald wenig abgewinnen. Die Philosophie will das Leben wie die Liebe das Herz. Beide bedürfen nicht des ständigen Beweises, müssen nicht in jedem Moment demonstriert werden. Sie gewinnen eher, wenn sie es nicht tun. Dennoch wäre es ein Fehler anzunehmen, daß sie keinerlei praktische Relevanz benötigten. Die Liebe will durchaus erfahren, Philosophie auch tauglich angewendet sein. Verzichten sie darauf, bleiben sie unklug und palavern über etwas, das erst durch die Begegnung erfahrbar wäre.

Zudem hat ein jeder seine eigenen Vorstellungen von der Liebe und der Philosophie. Es gibt keine Regeln, die vorschreiben würden, was als solche zu gelten habe und was nicht. Aus diesem Grunde sehen die einen in der Philosophie eine Wissenschaft, andre wollen sie lieber als Kunst, der dritte verlangt mittelalterlicher Forderung gemäß nach dem weisen Schuster, Schäfer (oder dem Wirt), der vierte nennt so, was anerkannte Philosophen sagten, für den fünften ist Philosophie Beschäftigung mit dem Sinn des Lebens und der Frage nach der Moral, der sechste sagt, Philosophie sei Erkennen des Seienden, nicht Legitimation des Kommenden; für ihn hat sie das Geschehen kritisch zu analysieren und nicht affirmativ im Dienst des Geschehens zu ste-

* Es ist wie mit der Psychologie: was für ein Gewinn, wenn einer was vom Menschen versteht und sein Verständnis zum Wohle des Menschen nutzt; was für eine Belästigung, wenn einer die psychologischen Schemata, die er erlernte, auf alles überträgt und dabei Mechanismen mit Inhalten verwechselt. Auch die Psychologie bedarf, sofern sie nicht mit Kranken zu tun hat, eines Sachgebiets, weshalb die Arbeit eines Trainers oft mehr psychologischen Sachverstand verrät als die des Gesprächstherapeuten am Mentalen.

hen; der siebte sieht in ihr die Suche nach dem Wesentlichen, der nächste sieht sie am liebsten in der Opposition, andere wollen sie fern jeglicher Alltäglichkeit und wieder andere werfen ihr genau das vor. Trotzdem kann keiner sagen, was Philosophie nun konkret heiße. Endlos ist im einen Fall die Liste *Liebe ist* ..., endlos ist im andern Fall die Liste *Philosophie ist* ... Profan sollten sich vielleicht beide nicht unbedingt geben; obwohl selbst das nur in Maßen zutrifft. Gerade im Alltäglichen entwickelt die Liebe ihre Kraft; gerade im Banalen erweist sich der Wert einer Philosophie.

Lieben heißt sich einlassen. Nicht zuletzt deshalb ist der Vergleich mit der Philosophie nicht ganz unangebracht. Wer sich mit philosophischen Fragestellungen befaßt, muß sie bejahen können; andernfalls denkt er wie jeder in der Liebe Unglückliche an Flucht. Eine Liebe zur Wahrheit gehört dazu; dennoch sollte man philosophischer Wahrheit nicht blind vertrauen. Selbst wenn wir als Menschen eines höheren Sinnes bedürftig sein sollten, sind Philosophien doch keiner übergeordneten Weisheit entsprungen; sie sind Menschenwerk, es sind menschliche Wahrheiten. Darin unterscheiden sie sich von der Liebe, zu deren Werk beizeiten wir werden. Die philosophischen Wahrheiten gehorchen dagegen den Werten jener, die sie behaupten; sie gehorchen den Instanzen, denen ihre Urheber mehr Recht einräumen und die sie immer wieder anders benennen: mal Gott, mal Geist, mal Vernunft, mal Objektivität. Sie sind Resultate der Interessen, die Philosophen verfolgen.

Vielleicht gibt es eine göttliche Weltordnung, die den Lauf der Geschicke bestimmt, und jedem bleibt unbenommen, an sie zu glauben. Aber es ist nicht die Aufgabe der Philosophie, die Inhalte des Glaubens als Fakten auszugeben. Jede Philosophie, die sich auf das beschränkt, was sie zu erklären vermag, muß sich in den das menschliche Urteils- und Erkenntnisvermögen übersteigenden Fragen mit der Antwort bescheiden: Wir wissen es nicht. Es gibt keine übergeordneten Seinsbestände des Universums, die der Mensch im allgemeinen, der Philosoph im besonderen erkennen könnte; weder als Weiser noch als Asket, weder als Denker noch als ein in angenehmer Gesellschaft bei einem Glas Rotwein (das Klischee will stets den Roten) darüber Schwadronierender. Jeder Philosoph, der ernsthaft bleibt, kann lediglich wie schon vor 2500 Jahren der Sophist Protagoras sagen: Von von den Göttern vermag ich nichts zu erkennen, weder daß sie sind, noch daß sie nicht sind.

Ebensowenig gibt es eine soziale Welt, die im Sinne unveränderlicher Naturgesetze funktionierte. Es gibt nur eine soziale Welt, die vom Menschen gemacht ist und in der jedwede Art von Wandel, sei es im Persönlichen, sei es im Gesellschaftlichen, von Menschen verursacht wurde. Es ist eine Welt mit 1000 Facetten, und jede sind wir, mit allem Guten und allem Schlechten. Die Wirtschaft sind wir. Die Politik sind wir. Die Kultur sind wir. Die Sieger und Verlierer sind wir. Die Philosophie sind wir. Es gibt keinen gesellschaftlichen Wandel, der darauf zurückgeführt werden könnte, daß im Bauplan der Weltgeschichte nun eine neue Epoche vorgesehen sei, wir ins Zeitalter des Wassermanns eingetreten wären oder unsere wie auch immer geartete Erkenntnis der Natur diese selbst in ihrem Lauf verändert habe. Sollte es sie geben, können wir wieder nur sagen: Wir wissen es nicht. Was wir wissen können, ist die Welt, die wir geschaffen haben. Was wir wissen können, sind die Fehler, die wir gemacht haben. Was wir wissen können, ist die Art und Weise, wie wir Sachverhalte im kleinen und die Welt im großen sehen und wie unsere Erkenntnisse und Handlungen von unseren Sichtweisen abhängen. Um das, was wir wissen können, auch wirklich in Erfahrung bringen zu können, brauchen wir die Philosophie. Wir brauchen sie nicht allein, denn jede Fakultät hat ihre eigene Klugheit. Aber wir brauchen *auch* die Philosophie. Ihre Aufgabe ist, zwischen den Fakultäten zu vermitteln und ihre allgemeinen Erkenntnisse diesen zur Verfügung zu stellen.

Auf diese Weise hat sie im Laufe der Geschichte eine Vielzahl wissenschaftlicher Disziplinen hervorgebracht; sie steht am Anfang der Naturwissenschaften, der Sozial- und Geisteswissenschaften ohnehin, der Medizin, der Juristerei; auf diese Weise wird auch umgekehrt jede Fachwissenschaft unweigerlich wieder zur Philosophie, sobald sie an die Grenzen ihrer gesicherten Erkenntnis stößt, mit Fragen konfrontiert ist, die sie nicht mehr stichhaltig beantworten kann, und damit die Praktikabilität dessen, was sie tagtäglich tut, verliert.[6]

Die Tatsache, daß sich die Philosophie an der Nahtstelle zu allen anderen Disziplinen befindet, sie also stets beginnt, wenn das konkrete Handlungswissen endet, und stets endet, wenn sie konkret wird, mißdeuten nicht wenige als eine Abgehobenheit, die sie veranlaßt, von einem Elfenbeinturm zu sprechen. Dieses gängige Vorurteil war jedoch noch nie gerechtfertigt. Richtig ist lediglich, daß die Philosophie vom Abstrakten zum Konkreten schreitet, während die anderen Wissenschaften eher den umgekehrten Weg nehmen. Ein Philosoph kann folglich nur dann weltfremd genannt werden, wenn er diesen Weg nicht weit genug geht und im Abstrakten verharrt. Da Menschen generell geneigt sind, sich im Denken mit kürzeren Strecken zu begnügen, bleiben allerdings auch jene ihrem Ausgangspunkt verhaftet, die vom Konkreten ausgehen. Sie heißt man Pragmatiker. Prinzipiell birgt *weltfremd* und *Pragmatiker* denselben Grad an Beleidigung respektive Unfähigkeit. Wird ersteres als kränkender empfunden, so ist dies einzig auf ein gesellschaftlich etabliertes Werturteil zurückzuführen, das diesem eher Achtung entgegenzubringen bereit ist als jenem: Die Leistungsgesellschaft zieht den, der ohne lange zu überlegen macht und tut, demjenigen vor, der im Nachdenken steckenbleibt. Im antiken Griechenland war es genau andersherum.

Im Grunde hat die Philosophie also nichts anderes zu tun, als mit Phantasie und Logik zu meistern, was sie zu untersuchen vorgibt. Stellt sie beispielsweise fest, *daß* sich die Welt mal wieder verändert, sie dies gegenwärtig in verstärktem Maße tut und diese Veränderungen vielen Menschen nicht immer willkommen sind, so hat sie nicht nur festzustellen, was sich verändert, warum und wie es sich verändert und wer die Veränderung vornimmt, sie hat diese Veränderungen obendrein in einen allgemeinen Zusammenhang zu stellen, der sie erklärt und vielleicht dazu beiträgt, Ursachen und Folgen von Handlungen zu erkennen respektive Fehler zu vermeiden. Das alles nicht, weil die Philosophie (oder ein Philosoph) wüßte, wie alles besser wäre, sondern weil ohne die Philosophie jedes Wissen auf sich selbst beschränkt bleibt. Philosophen, die dieser Aufgabe nicht gerecht werden, sind Plauderer oder Ideologen; eine Gesellschaft, die glaubt, auf die Philosophie verzichten zu können, oder gar einen Gefallen daran gefunden hat, sich über den philosophischen Gedanken zu erheitern, ist eine primitive Gesellschaft. Primitiv ist, wer nicht die Fähigkeit besitzt oder verloren hat, mit Hilfe der Abstraktion die Verbindungslinien zwischen scheinbar voneinander unabhängigen Einzelphänomenen zu erkennen. Im Beruflichen nennen wir jemanden, der dazu nicht in der Lage ist, »Fachidiot«, im menschlichen »dumm«.

3 Philosophie kann vieles heißen. Da ein jeder, wie wir sahen, seine eigene Vorstellung von ihr hat und ihr Name gesetzlich nicht geschützt ist (was nur zu begrüßen ist, denn andernfalls läge die Entscheidung darüber, was eine Philosophie sei, schon wieder bei den Philosophen), kann die Philosophie auch eine Menge Unsinn vertreten. Das kann Geschwafel sein, das nichts zu sagen hat, wozu alles Philosophieren zählt, das nur Bewerten möchte. Es kann klug sich gebende Meinung bedeuten, fundamentalistische Klage über den Wandel der Welt oder schlicht das Alterswerk desjenigen, der von der Philosophie nie etwas wissen wollte und nun, durch Tatenlosigkeit geläutert, danach drängt, in ihrem Namen den Wert der Erfahrung und die Erfahrung der Werte zu vermitteln. Wie oft die Philosophie mit der Wahrheit, der Frage nach dem Sinn des Lebens und der Moral assoziiert wird, ist hinreichend bekannt und nicht zuletzt einer der Gründe, warum so viele sich wieder angeekelt abwenden. Es ist kein Wunder: Philosophen, die darüber Auskunft geben, sind mit Vorsicht zu genießen. Wahrheit ist verdächtig. Wer die Philosophie mag, weil sie viel über den Sinn dieser Welt weiß, hat sie noch meist benutzt, um Sinn zu behaupten. Und wer sie wegen ihrer moralischen Kompetenzen schätzt, kann mit ihrer Hilfe alles und jeden mit ethischen Forderungen konfrontieren.

Man tut wohl gut daran, sich zu vergegenwärtigen, daß philosophische Arbeit in erster Linie ein intellektuelles Handwerk meint, dessen Resultate Anschauungen vermitteln. Sie können reich und klug sein; sie können aber auch, wovon die Geschichte ebenfalls kündet, leidlich ärgerlich sein. Die Philosophie lehrt uns denken, zweifelsohne. Jedoch auf zweierlei Wegen: einmal lehrt sie Sachverhalte in erweiterten Zusammenhängen begreifen, das andere Mal törichte Philosophen erkennen. Töricht ist es, zu behaupten, die Philosophie verweile in abstrakten Gefilden; töricht ist auch, zu sagen, sie verweigere den konkreten, empirischen und überprüfbaren Standpunkt. Diese Haltung, die sowohl auf seiten ihrer Kritiker wie der Verteidiger anzutreffen ist, zeigt, daß die Philosophie gleichermaßen die am meisten unterschätzte wie überschätzte Disziplin darstellt.

Unterschätzt wird die Philosophie in ihrer praktischen Relevanz: das gängige Urteil, sie sei abgehoben, war noch nie gerechtfertigt. Überschätzt (oder mittlerweile gehaßt) wird sie als Lehrmeisterin des Denkens: sie weiß nichts besser als andere, sie weiß lediglich anderes. Die einen glauben, sie lebe im Elfenbeinturm. Die anderen meinen, sie werde dauernd mißbraucht. Beide übersehen, daß sie seit jeher die gesellschaftliche Realität maßgeblich prägte. Beide sind geneigt, das philosophische Wirken auf das Geistige zu beschränken. In beiden Fällen darf man sagen: da ist einer auf die *Al Capone-Strategie* der Philosophie hereingefallen. Al Capone war bekanntlich auch nichts nachzuweisen, weshalb er bloß wegen Steuerhinterziehung dingfest gemacht wurde.

Wer glaubt, die Philosophie lebe in einem Wolkenkuckucksheim, verkennt nicht nur das bereits geschilderte Wechselverhältnis von konkret und abstrakt. Er verkennt vor allem, daß das Politikgeschäft noch nie ohne das Philosophiegeschäft über die Bühne ging. Schon die Arbeit mit und am *common sense* ist Philosophie, ist die Suche nach der rechten Gesinnung, mit deren Hilfe sich eine Glaubens- oder Volksgemeinschaft auf die gemeinsame Identität einschwören, auf den gemeinsamen Gegner einstimmen läßt. Seit dem 18. Jahrhundert war das Politikgeschäft obendrein ein Vernunftgeschäft, dessen Regeln die Philosophie stets von neuem zu definieren verstand. Ob die reine Vernunft der Aufklärung, ihre Überhöhung im Deutschen Idealismus, die Marxsche Umkehrung »vom Kopf auf die Beine« oder die emanzipatorische Vernunft der letzten Gegenwart: allzeit war, was Politik wurde, Philosophie gewesen. Wer dagegen die Ansicht vertritt, sie trage keine Verantwortung für den Zustand der Welt, weil sie nie etwas anderes unternommen habe, als deren Beschaffenheit und die des menschlichen Daseins zu ergründen, weiß nichts von der Macht des Denkens. Auf die Frage, warum sie, wenn sie immer nur gegründelt habe, damit noch nicht fertig sei, kann dann nur der mehr oder weniger explizite Hinweis kommen, die Welt und die Menschen hätten sich im Laufe der Zeit eben verändert. Daß beide sich verändert haben könnten, weil die Philosophie Einsichten produzierte, auf diese Idee kommen sie nicht, oder wenn, dann nur, weil irgendwelche bösen Leute sie benutzt hätten. Stets heißt es dann: »Philosophie war eigentlich nie primär Vordenken, außer sie wurde instrumentalisiert und strategisch eingesetzt, quasi einem politischen oder weltanschaulichen Programm vorgespannt. Auf diese Weise ist Philosophie schon oft mißbraucht worden.«[7]

Dabei verstand es die Philosophie von Anfang an, sich von der Verantwortung fernzuhalten. Sie hat im Laufe ihrer Geschichte selbst entscheidend dazu beigetragen, dieses vergeistigte Bild von sich zu verbreiten. Ihrer eigenen *public relations*-Arbeit wegen ist man gewohnt, in ihr eine rein theoretische Disziplin zu sehen, der nicht anzulasten sei, wenn andere in der Praxis Fehler machen. Seit jeher wird zur Rechenschaft nur das konkrete Tun gezogen, nicht aber der der Tat vorausgehende Gedanke. Nie war ihr nachzuweisen, daß sie die Realität der Rechtsprechung, der politischen Entscheidung, des gesellschaftlichen Handelns, der volkswirtschaftlichen Organisation mitverursacht hätte. Nie könnte man behaupten, sie habe praktisch Politik gemacht. Nie war sie an irgendwas schuld. Nur so konnte sie sich als Meisterdenkerin behaupten: indem sie die Praxis veränderte, ohne sich je konkret auf sie eingelassen zu haben. Nur so konnte Philosophie werden, was sie wurde.

4 Mittlerweile haben wir allen Grund, von einer neuen Philosophie zu sprechen. Der Umbau der Produktions- in eine Informationsgesellschaft, die Auflösung traditioneller Volkswirtschaften, die Verschiebung von der Technologie- zur Marketingorientierung, das Aufkommen illusionärer Realitäten, die Etablierung der Individualgesellschaft, der Siegeszug des Psychologischen, die Zerstörung überlieferter ethischer Standards ..., eine Vielzahl von Entwicklungen und Veränderungen weist darauf hin, daß nun andere Spielregeln herrschen, diese Regeln der Ökonomie folgen und damit einhergehend die Ökonomie ihre angestammten Felder verlassen hat. Dennoch fällt den meisten schwer, ihr Bild von »Philosophie« mit dem in Einklang zu bringen, was für sie »Ökonomie« heißt. Sie wollen nicht wahrhaben, daß jede Macht ihre eigene Philosophie entwickelte. Sie wollen nicht glauben, daß inzwischen auch die Ökonomie Philosophien produziert. Sie sind nach wie vor geneigt, hinter den Schablonen der Managementsprache nichts als Verbrämungen kommerzieller Interessen zu sehen. Sogar jene, die der Philosophie eher argwöhnisch gegenüberstehen, hängen der Ansicht nach, sie könne etwas, das sie dem Management nicht zutrauen. Sie alle sind sofort bereit, zu glauben, da werde die Philosophie wieder benutzt; oder sie glauben, es gäbe daneben eine andere, die mit alldem nichts zu tun habe. Es gibt aber nur Philosophen, die mit alldem nichts zu tun haben – weil sie mit anderen Aufgaben betreut, mit historischen Texten befaßt oder in einer wissenschaftlichen Anstellung untergekommen sind. Die Philosophie insgesamt ist nichts anderes als die Kommune

jener, die Philosophie betreiben und ihr dabei zu einer erkenntnistheoretischen, kulturellen oder gesellschaftlichen Relevanz verhelfen, gleichgültig, ob sie nun Philosophie studiert haben oder nicht.

Zur Philosophie gehören auch die neuen Philosophien der Ökonomie. Das ist den meisten unheimlich. Das wollen sie nicht. Da wird ihnen mulmig zumute. Da fangen sie an, die Philosophie zu verteidigen. Im Prinzip haben sie gar kein Verhältnis mehr zu ihr. Sie sagen, sie haben ihre eigene Philosophie. Dennoch brauchen sie noch eine, die nichts mit ihrer eigenen zu tun hat. Sie brauchen eine Philosophie, die moralische Anstalt ist, damit sie anderen vorschreibe, was sie zu tun und zu lassen hätten. Und sie brauchen eine Philosophie zur Wahrung all dessen, was sie selbst über Bord geworfen haben. Wenn diese beiden Forderungen nicht mehr erfüllt zu sein scheinen, werden sie bärbeißig. Da wird ihnen jede Liaison sofort verdächtig.

Spricht die Ökonomie von Philosophien, wollen sie's nicht glauben; gleich sträubt sich ihnen das Haar, wenn sie als Richtschnur einer politisch-ökonomischen Programmatik gelten soll. Ihrer Ansicht nach verfolgt die Philosophie das Gegenteil dessen, was die Ökonomie will: jene bemüht sich um Aufrichtigkeit, diese strebt nach Eigennutz. Kein Paar scheint ihnen weniger füreinander geeignet zu sein. Die Vertreterin der Wahrheit, die Künderin vom Eigentlichen, die Ritterin des Wesentlichen und Erforscherin des unverfälschten Seins an der Seite dieser billigen Händlerin, die nur auf den eigenen Gewinn bedacht ist, der kein Trug zuwider, keine Schmeichelei peinlich, kein falscher Schein verwerflich ist, falls sie nur dem positiven Geschäftsverlauf dienlich sind? Das kann, so lautet das gängige Urteil, nur auf Kosten und zu Lasten der Weisheitsliebe gelingen. Sind es gar Philosophen, die sich für wirtschaftliche Belange interessieren, wittern sie umgehend Verrat. Dann sprechen sie von unmoralisch, dann reklamieren sie Kultur, dann verteidigen sie ihr Bild von Philosophie.

Normalerweise sind ihnen Moral, Kultur und Philosophie gleichgültig. Normalerweise sind ihnen die damit einhergehenden Ansprüche lästig. Sie haben die Philosophie, an die sie diese Ansprüche stellen. Sie soll sich darum kümmern und sonst nicht weiter stören. Normalerweise ist die Philosophie der liebste Buhmann. Man erwartet von ihr, daß sie den *Modernisierungsschub aufarbeite*, und erwartet zugleich, daß sie ihn nicht blockiere. Man schimpft sie *überfordert*, weil sie nicht in der Lage sei, zwischen den einzelnen Fachgebieten einer immer spezialisierteren Gesellschaft zu vermitteln, und konfrontiert sie, sobald sie es nur versucht, umgehend mit der Frage, was der konkrete Nutzen sei. Man macht ihr Vorwürfe, wenn sie sich über die Einzelwissenschaften erhebt und generelle Aussagen formuliert; verzichtet sie darauf, wirft man ihr vor, daß sie keinen *Dialog über das Ganze* mehr pflege.[8] Aber wehe, der Verdacht entsteht, die Philosophie könnte tatsächlich mit der Ökonomie gemeinsame Sache machen. Dann kommt der Argwohn. Dann melden sich unangenehme Gefühle, könnte es doch sein, daß die beiden sich zusammentaten, um ihre Ziele und Ansprüche besser durchsetzen zu können. Dann zöge Otto Normalo schon wieder den Kürzeren, weil er tatsächlich glaubte, er könne wie die Großen auch behaupten, seine eigene Philosophie würde ihm reichen.

Dabei hätte er nur einmal nachdenken müssen. Zu einseitig verteilt sind die Rollen der edlen Ritter und der Schergen. Zu bekannt sind mittlerweile die Tugendwächter als Täter. Zu nahe beieinander liegen, was Gegenteile sein sollen. Gelernt ist auch hier, wer zu den Guten und den Bösen zählt. Man ist gewohnt, in der Philosophie eine abgehobene Theoretikerin zu sehen, der nicht anzulasten sei, wenn andere in der Praxis falsche Konsequenzen ziehen? Man ist geneigt, Ideologien nicht zu den Philosophien zu rechnen? Man verkennt in der Reduzierung philosophischen Wirkens auf das rein Geistige, daß noch jede Macht ihre eigene Philosophie entwickelte? O ja! Stärker als das sachliche Urteil sind die Vorurteile. Jede Ideologie ist philosophisch, und jede politische Philosophie ist wesentlich ideologisch. Da kann mancher ihrer Urheber von Glück reden, daß die von ihm befürwortete Politik nicht zum Zuge kam; andernfalls wäre er nicht als großer Denker in die Geschichte eingegangen, sondern als Tyrann, Diktator und Despot. Zum Beispiel wieder Platon.

Für viele ist er der Inbegriff des gelehrten Denkers, der fern menschlicher Abgründe allein dem Guten, Schönen und Wahren frönt. Platon war ein Philosoph, daran besteht kein Zweifel. Gerade als solcher entwarf er aber den idealen Staat, der natürlich von Philosophen regiert werden sollte. Mag sein, daß er eine Gesellschaft vorsah, in der die Liebe zur Weisheit gefördert würde. Vor allem sah er ein politisches System vor, in dem außer dem Gehorsam alles verboten war. Die Regierungsform, die er sich für seinen Philosophenstaat ausgedacht hatte, war (mit den Worten Joseph Hellers) eine Art kommunistischer Kader mit faschistischem Schlägertrupp. Es war ein totalitärer, wir dürfen durchaus sagen: ein faschistoider Staat, den der brave Grieche entworfen hatte, um sein vermeintlich edles Ziel praktisch durchsetzen zu können. Zum Glück war Platon, wie Philosophen häufig, nicht sonderlich praktisch veranlagt. So blieben seine Ideen unverwirklicht. Sie quälten nicht weiter die Bürger Athens, sondern nur Philosophiestudenten zweier Jahrtausende. Zu fragen wäre dennoch, wie das Bildnis einer hehren Philosophie mit der Realität einer verheerenden Politik vereinbar ist?

Nur wenig ist von dem zu sehen, was Philosophie angeblich sein soll. Nur zu gerne vernachlässigt man, daß bislang noch jede (politische) Philosophie so tat, als seien die Missetaten nicht auf ihrem Mist gewachsen. Kein Wunder, solange die Entscheidung, ob ein politisches Modell Philosophie oder Ideologie genannt wird, lediglich davon abhängt, ob es verwirklicht wurde oder nicht. Im einen Fall heißt man's Philosophie, im andern Politik. Und blickt man mit dem Abstand der Historie darauf zurück, gelten die Millionen und Abermillionen, die infolge der Inquisition der Kirche, der Guillotine der Französischen Revolution, der Konzentrationslager des Nationalsozialismus, der Massenhinrichtungen des Stalinismus, der kommunistischen und faschistischen Pogrome ... verscharrt wurden, als Opfer von Ideologien. Trotzdem waren es stets Philosophien, die den Taten zugrunde lagen.

Wer die Ökonomisierung der Philosophie und damit den Übergang vom politisch zum wirtschaftlich organisierten Gemein- und Staatenwesen in Bausch und Bogen verurteilt, sollte sich darüber im klaren sein. Das ökonomische Verständnis von Philosophie ist hier, mit Verlaub gesagt, aufrichtiger. Im neueren Sprachgebrauch der Wirtschaft versteht man unter einer Philosophie nicht mehr eine theoretische Disziplin, die abstrakte Zusammenhänge zu formulieren versucht. In der Ökonomie ist dann von einer Philosophie die Rede, wenn praktisch und konkret ein komplexes System (etwa die unterschiedlichen Intentionen eines Unternehmens) »auf einen Nenner gebracht«, ausgerichtet und strategisch umgesetzt werden soll. Eine Philosophie formuliert die Prinzipien und Leitlinien, die für eine Gruppe von Menschen gelten sollen. Das ist ziemlich verwerflich. Nur leider war das immer so. Die Ökonomie ist nur die erste Philosophiebetreiberin, die dies nicht verhehlt. Aus diesem Grunde wird sie dereinst auch nicht behaupten können, sie habe bloß nachgedacht und nichts Schlimmes getan. Ihre Philosophie wird an den Taten gemessen werden können. Die Philosophen alter Gnaden können sich daran ein Beispiel nehmen.

5 Im Unterschied zur Ökonomie war die Politik von Anfang an mit der Philosophie verschwistert. Seitdem die Götter den Menschen die Staatskunst schenkten, häuft sich in den Bibliotheken das Schrifttum zur politischen Philosophie. Ob Platon, Aristoteles, die Philosophen der Aufklärung, die großen Staats- und Gesellschaftstheoretiker des 19. oder viele Philosophien des 20. Jahrhunderts, sie alle verstanden es, die abstrakte Welt des allgemein Gültigen mit der konkreten Welt einer für alle geltenden Politik zu verknüpfen. Selbst die Autoren des politischen Lebensgefühls der sechziger und siebziger Jahre haben sich hier eingereiht. Sie fanden ein politisches Wir und wußten es philosophisch zu begründen.

Das wirtschaftliche Handeln erscheint demgegenüber als Feindin des Politischen und Philosophischen. Den Gemeinsinn, so heißt es, um den diese sich bemühen, mache jene durch ihr unablässiges Streben nach Gewinn zunichte. Während diese seit alters her im Menschen ein soziales Wesen sehen, das nicht allein leben will und kann, das den anderen braucht und danach trachtet, die richtige Form des Zusammenlebens zu finden, agiere die Ökonomie nach dem Motto: Wer hat jemals mir etwas geschenkt? Während Politik und Philosophie nach dem suchen, was den Menschen eint, sei sie von einer Konkurrenz zwischen den Menschen angetrieben.

Was wie ein plausibles Argument erscheint, ist nur zur einen Hälfte richtig. Die andere Hälfte berichtet vom Schlechten des Guten und vom Guten des Schlechten: Mögen die edelsten Absichten der Politik ihrem Verlangen nach *Kooperation* entsprungen sein, wenn es hart auf hart ging war noch jede bereit, die große Gemeinschaft in eine kleine zu verwandeln. Im Drama der politischen Geschichte stellten die Komparsen am Ende stets diejenigen, die nicht zu dem erklärten Wir gehörten, die außerhalb standen, die dem glücklichen Ende im Wege standen. Solche Probleme sind der Ökonomie fremd. Wer Geschäfte machen möchte, hat kein Interesse daran, seinem Geschäftspartner den Schädel einzuschlagen. Darum bedarf sie auch nicht der ausdrücklichen Aufforderung, Unterschiede in Geschlecht, Abstammung, Rasse, Sprache, Glaube, Religion oder politischer Anschauung zu respektieren. Jeder Geschäftsmann achtet selbst darauf, ein guter Gastgeber zu sein beziehungsweise als Gast die Gepflogenheiten des anderen zu respektieren. Allein der Wille, ein Geschäft abzuschließen, befördert die Schaffung angenehmer Atmosphären. Nur laufen muß die Schose halt. Wenn sie läuft, zeigt sich die Ökonomie von ihrer besten Seite. Sie pflegt eine Kultur der Toleranz, die noch jede um friedlichen Handel bemühte Gesellschaft zum Blühen brachte. Sie demonstriert ihre Stärke: die Fähigkeit zur *Koexistenz*. Sie leistet einen wesentlichen Beitrag auf dem Weg zur Kooperation. Läuft die Schose jedoch nicht, wird es düster im Land. Wer dann nichts anzubieten hat, wer kein interessanter Geschäftspartner ist, wer sich nicht, wie der Chef sagt, in derselben Umlaufbahn befindet, bekommt statt feinster Häppchen die egoistische und antihumanitäre Rotzigkeit wirtschaftlichen Denkens serviert. Was dort noch alle Zeit der Welt war, wird hier flugs zur Stechuhr. Das muß funktionieren und flutschen, und wer's nicht kann oder mag oder nicht gebraucht wird, muß sehen, wie er klarkommt.

So sind es zwei Haltungen, auf die zu achten wäre. Der aus Ideologien und Heilslehren resultierende Wahrheitsanspruch mit seiner dazugehörenden Selbstgerechtigkeit ist die eine; die aus egoistischer Gleichgültigkeit resultierende Ignoranz gegenüber dem Los anderer die zweite. Man muß kein Philosoph sein, um sich darüber aufzuregen. Wer der Kirche Scheinheiligkeit, den Vertretern der Wirtschaft Ausbeuterei zum eigenen Vorteil und den Politikern beides zugleich vorwirft, ist heute ebenso auf der sicheren Seite, wie derjenige, der sich über die allgemeine Kulturlosigkeit aufregt und unsere Zeit als eine der schlechtesten verdammt. Es sind Sätze, mit denen sich aufklärerischer Impetus, ideelle Größe, sozialer Nerv, feiner Kunstsinn und historisches Bewußtsein dokumentieren lassen. Es sind Sätze jenes auf den Gemeinplatz reduzierten *common sense*, mit dem noch der Stammtisch den Abend bestreiten und der Populist seine Anhängerschaft anheuern kann. Es sind Sätze, die mehrheitsfähig sind, und was mehrheitsfähig heißt, verdeutlicht das statistische Ergebnis: 60 Prozent aller Befragten sind der Überzeugung, intelligenter als die Mehrheit zu sein. Bravo!

Da der philosophische Standpunkt selten mehrheitsfähig ist, sei jedoch noch einmal ausdrücklich darauf hingewiesen, daß sich die auf diesen Seiten laut gewordenen Aversionen nicht gegen bestimmte Berufsgruppen, Bildungsschichten oder »Die-da-oben« richteten, sondern völlig gerecht gegen jeden, dessen Ideologie (Dummheit) oder Ignoranz (Charakterlosigkeit) zum Himmel stinkt, und das ebenfalls ungeachtet des Geschlechts, der Abstammung, der Rasse ... Dies selbst dann, wenn einer meint, wegen seines sozialen Status einer von den ganz Tollen zu sein, oder er wurde, was er ist, weil das Glück ihn benachteiligte.

Ginge es lediglich um die Übernahme der Politik durch die Ökonomie, könnten wir uns damit begnügen. Wir stellten fest, daß nun diese jener übergeordnet ist, während traditionell genau andersrum die Politik den Lauf der Welt diktierte und die Ökonomie ihr unterstellt war. Wir konstatierten, daß dies auch verständlich sei, weil das seitens des wirtschaftlichen Handelns angebotene Wir uns nicht nur aufrichtiger erscheint als das politische, sondern dem heutigen Individualismus mehr entspräche. Wir kämen zu dem Schluß, daß im Grunde nichts gegen die Ökonomie als Herrin einzuwenden sei, da sie ohnehin kompetenter ist als die Politik, deren Schwäche offensichtlich war. Wir bemerkten, daß sich die Kompetenz der Ökonomie herumgesprochen habe, weshalb, zumal bei ihr auch die Bezahlung stimme, die Besten meist in die Wirtschaft gingen. Wir sagten, das sei in Ordnung, man müßte lediglich darauf achten, daß die Wirtschaft der Gesellschaft diene und nicht umgekehrt, daß sie, auch wenn ihre Strategien klug seien, nicht den Fehler machen dürfe, sie über den Menschen zu stellen, da andernfalls ein jeder, der kein guter Stratege ist, auf der Strecke bleibe, und daß sie im Dienste der Gesellschaft und des Menschen einer anderen Moral als ihrer eigenen folgen müsse. Mehr müßte nicht zur Sprache kommen, und oft ist es nicht mehr. Viele Unternehmer und Manager denken und sind so. Sie wollen ihren Gewinn machen, handeln aber nicht gegen ihre gesellschaftliche Verantwortung, setzen ihre Strategien nicht rücksichtslos ein und folgen einer Ethik, die mehr als nur ökonomische Kalküle beinhaltet. Nie sind es die Personen an sich, die eine Berufsgruppe zwielichtig macht; es gibt überall solche und solche. Im Management, in der Psychologie, bei den Lehrern, den Philosophen ... Es ist die Macht, die eine Berufsgruppe plötzlich bekommt. Die Macht, die ihr erlaubt, ihre professionellen Maßstäbe zu verallgemeinern. Die Philosophie, die sie mehr als andere behaupten darf. Die Definitionsmacht, die sie innehat. Es ist ihr unmittelbarer Zugriff auf die Megaphilosophie, der uns erlaubt, der Ökonomie im besonderen Maße »auf die Finger« zu sehen. Wir wollen weder Platons noch Hegels

Philosophenstaat, wollen weder theokratisch von Glaubens- noch oligarchisch von Vernunftsdogmen, weder patriarchalisch noch matriarchalisch, weder gerontokratisch noch infantil regiert werden. Wir wollen auch keine Herrschaft der Ökonomie. Nichts gegen sie; aber ihr Bild vom Leben ist uns zu eingeschränkt. Ihr Ziel, der Reichtum, zu armselig. Und da kaum einer reich ist und auch nicht werden wird, ist es auch kein Ziel, von dem wir etwas hätten. Wir haben andere Ziele. Wir haben eine andere Vorstellung vom Leben.

6 Es gibt drei Möglichkeiten, der Vorstellung vom Leben Ausdruck zu verleihen: das Gespräch, die Kunst und die Philosophie. Im Unterschied zu beiden Erstgenannten beanspruchte die Philosophie seit jeher Wahrheit. Wenn nicht Wahrheit, so zumindest Richtigkeit. Die Philosophie war diejenige, die vorgab zu wissen, was zu tun ist, und selbst nie tat. Täter waren andere. *The game is over*. Seitdem die Ökonomie mit der Fahne der Philosophie auftritt, bleibt dieser nur mehr die Wahl, das aus der Ökonomie kommende Philosophieverständnis entweder ernst zu nehmen oder ihm weiterhin jegliche Legitimität abzusprechen. Der bislang gehegte Wunsch, das Geschehen von außen betrachten zu dürfen, ohne selbst involviert zu sein, es kommentieren zu können, ohne für die praktischen Konsequenzen verantwortlich zu sein, ist nicht mehr aufrechtzuerhalten. Entweder sie wird von nun an wirklich benutzt, oder sie nimmt aktiv am Geschehen Anteil.

Legt die Philosophie Wert darauf, daß ihre Sache auch in Zukunft in erster Linie den Philosophen gehöre und die Vertreter der Wirtschaft da nichts zu suchen hätten, darf sie auch in Zukunft das, was getan wird, verurteilen, sich aufs Nachdenken besinnen und die gute alte Zeit feiern. Sie sollte sie gar feiern, weil sie über die Gegenwart bald keine Auskunft mehr wird geben können. Vor allem sollte sie anfangen, den Nachruf auf die politische Philosophie aufzusetzen, die in ihrem dritten Jahrtausend auf der Schwelle ins dritte Jahrtausend leider plötzlich verschieden war. Bedauerlich wäre es, weil damit ein Philosophieverständnis deutlich würde, das nichts oder nur sehr wenig mit der Welt, in der wir leben, zu tun hat, während gescheite Köpfe wie Bertrand Russell betonten: »Von alters her war die Philosophie nicht ausschließlich Sache der Schulen oder der Diskussion von einigen Gelehrten. Sie war wesentlicher Bestandteil des Lebens der Gemeinschaft ...«[9] Es wäre bedauerlich, weil damit nicht nur der Gegenstand der Philosophie, sondern sie selbst wie etwas Unveränderliches erschiene, während es eher gerechtfertigt wäre, zu sagen, sie sei dreimal erfunden worden: das erste Mal in der Antike, das zweite Mal zur Zeit der Aufklärung, das dritte Mal durch die Ökonomie.

7 Als die Philosophie das erste Mal erfunden wurde, erfand man das wahre Sein. Es war nicht von dieser Welt. Als sie das zweite Mal erfunden wurde, fand sie zur Macht. Es war eine revolutionär andere Philosophie, sie setzte andere Schwerpunkte, verfolgte andere Ziele, wandte sich anderen Inhalten zu, entwickelte andere Methoden. Philosophie wurde zu einer Tätigkeit, die darauf abzielte, mit den Mitteln der Vernunft die Gesetze der Natur und des Menschen zu erfassen. Es war eine Philosophie von dieser Welt, es blieb eine arrogante Philosophie. Wie schon zu Zeiten Platons, so galt auch jetzt, daß man vor allem Philosoph sein müsse, um die Tätigkeit brauchbar ausüben zu können. Mittlerweile hat sich der Versuch, allgemeingültige Erklärungen zu liefern, als nicht mehr haltbar, die Behauptung, die Philosophie beschreibe nur die Realität, als Irrtum herausgestellt. Sie ist an einem Punkt angekommen, an dem die Frage nach den politischen, wirtschaftlichen, kulturellen oder wissenschaftlichen Konsequenzen des »reinen Denkens« gestellt werden muß.

Solange die Realität eindeutig schien, konnte sie noch glauben lassen, ihr ginge es nur darum, zu erkennen, wie diese Realität beschaffen sei. Sie konnte sich aus dem aktiven Geschehen heraushalten oder zumindest so tun, als hielte sie sich heraus. Nun ist diese Realität aber nicht mehr eindeutig. Wir wissen, was wir über die Realität denken, muß nicht unbedingt ein Abbild von ihr sein. Wir haben den Verdacht, was wir als Realität bezeichnen, ist nicht zuletzt deshalb zu einer illusionären Angelegenheit geworden, *weil* philosophisches Denken bei der Ökonomie angekommen ist. Wir sehen, daß die sprichwörtliche Realitätsferne der Philosophie sich in dem Augenblick anders darstellt, in dem die Realität selbst nur noch wenig vom Realismus vergangener Tage birgt. »Mit der Moderne geht ... gleichsam als Folge der Erfindung anderer Wirklichkeiten, die Entdeckung einher, wie wenig *wirklich* die Wirklichkeit ist«, schrieb Jean-François Lyotard.[10] Wir sehen auch, daß der sprichwörtliche Realismus der Ökonomie insofern fraglich geworden ist, als das ökonomische Handeln nicht mehr auf die Produktion und Distribution von Gütern und Dienstleistungen beschränkt bleibt.

So fragen wir uns, wie man heute, wo die Differenz zwischen dem Sozialen und dem Ökonomischen zunehmend eliminiert wird, noch Sozialphilosophie betreiben könne, ohne in das kalte Auge der Ökonomie zu blicken? Die aus dem Marketing kommende Philosophie der Gegenwart unternimmt nicht nur, wie alle traditionellen Philosophien, die *mainstream* wurden, den Versuch, bestimmte Normen als allgemeine Werte zu etablieren; hier den Versuch, das ökonomische Denken im gesellschaftlichen Leben umfassend zu verankern. Es handelt sich, wie bei allen vergleichbaren Philosophien der Vergangenheit, auch tatsächlich um eine allgemeingültige Philosophie. Wir fragen nicht zuletzt deshalb, weil die Eroberung des sozialen Terrains im Gegensatz zur gängig kritischen Haltung, die die Philosophie gerne für sich beansprucht, keineswegs als eine einseitige Bemächtigung durch die Ökonomie erklärt werden kann. Weitaus eher handelt es sich um eine gesellschaftliche Veränderung, die von einer Großzahl von Menschen, die nicht immer nur einen Vorteil davontragen, toleriert oder gar aktiv befördert wird.

Doch nicht nur aus politischen Gründen scheint das überlieferte Bild der Philosophie nicht mehr zeitgemäß. Immerhin wissen wir seit der Entdeckung der Heisenbergschen Unschärferelation, daß sich der Glaube an eine vom menschlichen Tun unabhängige Objektivität als trügerisch erwies. Was die Realität in Wirklichkeit ist, so stellte sich heraus, hängt vom Blickwinkel der Betrachtung ab. Das heißt nicht, wie häufig falsch interpretiert wird, daß sowieso ein jeder recht hat und deshalb man vor allem selbst recht habe. Das heißt, wir haben es mit einer *Unschärferelation der Realität* zu tun, da sich, wie man nun weiß, wissenschaftliche Erkenntnisse nicht auf die Realität an sich beziehen, sondern auf das jeweilige Bild, das wir uns von der Realität machen. Damit stellt sich unweigerlich die nächste Frage: Wer steckt hinter dem »wir«, das für das jeweilige Bild verantwortlich sein soll? Zu offensichtlich ist die Verflechtung von Geist und Macht geworden.

Die Unschärferelation der Realität geht mit einer *Verhandlungsrealität* einher. Sie folgt dem Muster geschäftlicher Unterredungen. Sie beansprucht nicht mehr zu wissen, wie die Realität tatsächlich *ist*; sie achtet darauf, sie so weit in den Griff zu bekommen, daß man in und mit ihr *etwas machen kann.* Sie strebt keine verbriefte Realitätsdefinition an, sondern folgt dem Modell einer *permanenten Realitätskonferenz*, deren Resultate in einer von individuellen Interessen, Standpunkten und wechselnden Machtaspekten geprägten *negotiation* immer wieder neu ausgehandelt werden. Sie behauptet nicht, objektiv zu sein, sie versucht, subjektive Standpunkte nicht gleichwertig nebeneinander gelten zu lassen, sondern in den Rang einer Realität zu heben.

Durch die Verhandlungsrealität mußte die Philosophie ihre angestammte Domäne der Realitätsdefinition ganz offensichtlich an die Ökonomie abtreten. Die Realität, diese ehemals so unumstößlich erscheinende Größe unserer Existenz, mal Boden unseres Seins, mal Bürde unseres Wollens, hat sich umfassend als trügerisch herausgestellt. Sie ist nur ein Realitätsprinzip, eine Spielregel, die wir selbst erfunden haben. Das macht den Versuch, einen archimedischen Punkt aufzutun, an dem wir Erkenntnissen vertrauen können, gewiß nicht überflüssig. Dennoch ist jede Philosophie, die noch einmal einen absoluten, universellen oder idealistischen Anspruch verfolgt, von Grund auf verdächtig. Mit diesem Anspruch scheiterte sie in der Erkenntnistheorie, im Entwurf einer besseren Gesellschaft, als Theorie der Ästhetik ... Kann ein Philosoph hier noch so tun, als könne er, wenn schon nicht im Namen der Wahrheit, so doch wenigstens als Generalist, Auskunft über das Wesen der Erkenntnis geben? Wohl eher ist hier Richard Rorty, einem der namhaftesten Gegenwartsphilosophen der USA, zuzustimmen, der eine Philosophie ohne Erkenntnistheorie befürwortete, eine, die der Absicht fernsteht, *alle Wissensansprüche kommensurabel zu machen.*

Viele junge Philosophen haben auf diese neuen Anforderungen bereits reagiert. Wer unverändert behauptet, die Philosophie befinde sich in einem Elfenbeinturm, sollte wissen, daß sie noch nie so unternehmungslustig war wie heute. Wir finden sie als »Erzählung« und als experimentelle Kunst, sie taucht in der Lebensberatung auf und im Management; in den romanischen Ländern ist der Übergang von Philosophie und Belletristik fließend, in den angelsächsischen Ländern der Übergang von Philosophie und konzeptionellem Arbeiten. Wir beobachten eine Verschiebung von der Reflexion zur Produktion, von der Kritik zur Teilhabe, von der Analyse zur Kreation, von der Universitätsphilosophie zur »Philosophischen Praxis«, zur Philosophiefabrik, zur Philosophieagentur, zur narrativen Philosophie oder auch zur Philosophie als Kunst.

Die Wahrheitssucherin verfolgte eine wissenschaftlich-aufklärerische Intention. Die damit verbundenen Aufgaben werden sich nicht erübrigen. Es wird nach wie vor eine Universitätsphilosophie geben, die sich mit »klassischen« Fragen befaßt. Die neuen Philosophieberufe haben dagegen ein Handlungsinteresse; sie suchen philosophisches Arbeiten in anwendungsorientierte Felder zu verlängern. Diese Versuche sind mit der Übersetzung philosophischer Ergebnisse in ökonomische Belange nicht vergleichbar. Themen wie »Aristoteles für Manager« oder »Die Bedeutung der materialistischen Philosophie für die Unternehmensführung« mögen als Aphorismensammlungen und Gebrauchsanweisungen das Programm einschlägiger Buchverlage vervollständigen. Mit dem Philosophen, der selbst unternehmerisch oder künstlerisch tätig wird, hat das nichts zu tun.

Doch auch unabhängig von diesen neuen Berufsfeldern hat sich die Bedeutung von Philosophie grundlegend verändert: An die Stelle einer Philosophie, deren Aufgabe die *Erkenntnis der Realität* war, ist nach und nach eine Philosophie getreten, die aktiv an der *Erfindung und Gestaltung von Realität* partizipiert. Die Philosophie wurde durch den Einstieg der Ökonomie ins Philosophiegeschäft um eine *philosophy* erweitert; neben die Wahrheitssucherin ist tatsächlich eine Konzeptionistin getreten. Damit ist die Philosophie mit dem für sie schwerwiegendsten Problem konfrontiert, daß sie nicht nur methodisch auf ihren Wahrheitsanspruch verzichten muß, sondern ihr Gegenstand selbst kein wahrer mehr ist. Alles, was wir als Realität ansehen, ist nichts anderes als das Ergebnis rhetorischer Akte, die von politischen, wirtschaftlichen, wissenschaftlichen ... oder auch ideologischen Interessensgruppen definiert und mittels der Philosophie in den Rang einer Realität gehoben werden.

Damit wird auch, ob er will oder nicht, der Philosoph unweigerlich zum Sophisten. Alles, was er erforscht und zu erkennen glaubt, ist nur mehr ein vergängliches Material, nicht Sein, sondern Schein; nicht Substanz, sondern Form; nicht Inhalt, sondern Code; nicht Wirklichkeit, sondern Konvention. Er hat es mit zwei Welten zu tun: einer, die vielleicht wirklich ist, die aber eine Welt des Agnostikers bleibt, weil er nichts mit Gewißheit über sie aussagen kann; und einer künstlichen, in der alles, was ist, vom Menschen gemacht und erdacht wurde; in der alles, was wird, sich verändert, weil die Realität nur mehr das gerade aktuelle Resultat einer Realitätskonferenz darstellt. Diese künstliche Wirklichkeit ist es, die heute unter dem Begriff

Kommunikations- oder Informationsgesellschaft zum umfassenden Thema geworden ist.

In der Konsequenz heißt das, daß die akademische Philosophie oder das, was wir bislang dafür gehalten haben, entweder wieder in ein Stadium zurückfallen muß, in dem sie Theologie betrieb, oder aber einzusehen hat, daß die gesamte gesellschaftliche Wirklichkeit eine politische ist. Entweder ist damit die Legitimität der Philosophie aufgehoben, oder ihr Auftrag muß neu definiert werden. »In der Krise, der die Ideale der Moderne unterliegen, muß sich die philosophische Reflexion aus dem Bereich herauswagen, den ihr diese Ideale in den Institutionen, vor allem den Universitäten, zugewiesen haben …«, schrieb Jean-François Lyotard.[11]

Mit der Etablierung der neuen Megaphilosophie einher geht die dritte Erfindung der Philosophie: Es ist eine Philosophie, die nicht mehr nur den Philosophen gehört. Es ist eine Philosophie, die bei jedem einzelnen beginnt und dennoch nicht beim einzelnen bleibt. Es ist eine Philosophie, die realistisch ist, und dennoch weiß, daß wir von der Realität nur wenig wissen. Es ist eine Philosophie, die der Vernunft verpflichtet ist, und dennoch die Vernunft in ihre Grenzen weist. Es ist eine Philosophie, die aus dem Herzen kommt, und sich dennoch darüber im klaren ist, daß nicht Philosophie sein kann, was nur dem Herzen dient. Es ist eine politische Philosophie, die dennoch anerkennt, daß Politik nur dann noch gültig ist, wenn sie niemanden ausschließt. Es ist eine Philosophie der Macht, die endlich verstanden hat, daß Macht auch Ohnmacht heißt. Es ist eine Philosophie im Zwischenreich.

Mit *Entweder-Oder* haben wir die Geschichte von Macht und Ohnmacht begonnen. Mit *Sowohl-Als-auch* enden wir. Wir sind sowohl Täter als auch Opfer; sowohl Individuen als auch Gemeinschaftswesen; sowohl Materialisten als auch Idealisten; sowohl Rationalisten als auch Gefühlsmenschen; sowohl eiskalt als auch Liebende; sowohl moralisch als auch unmoralisch … Wir sind immer beides. Nehmen wir ernst, was wir sind; nehmen wir auch ernst, daß alle so sind. Warten wir nicht immer darauf, daß andere anfangen. Glauben wir nicht, wir kämen zu kurz, sobald wir die ersten seien, die es anders machten. Lernen wir vom ökonomischen Handeln; wenden wir dessen Stärken fürs Leben an. Es findet täglich statt. In der ersten und der zweiten Wirklichkeit, privat und öffentlich, im Kino und wenn wir das Kino verlassen. Auf der Welt. Im Zwischenreich.

Epilog

Was heißt, was kann, was soll Philosophie am Ende des 20. Jahrhunderts, in einer Zeit, in der sich die großen und universalen Erklärungen der Welt als haltlos, als am Interesse des einzelnen vorbeigehend und nicht zuletzt als Voraussetzung politischer Katastrophen herausgestellt haben?
Was heißt Philosophie in einer Zeit, in der das wirtschaftliche Geschehen mehr als alles andere das Leben bestimmt?

Diese beiden Fragen begleiteten mich nicht nur während der Arbeit an diesem Buch, sie begleiten mich bereits, seitdem ich vor 20 Jahren das Studium der Philosophie abgeschlossen habe. An dessen Ausgang waren es zwei große Denker der Gegenwart, deren Arbeiten mich nachhaltig beeinflußten: Gilles Deleuze und Michel Foucault.

Gilles Deleuze eröffnete mir (in seinem mit Félix Guattari verfaßten »Anti-Ödipus«) ein völlig neues Bild unserer Gesellschaft. Darin regierte nicht mehr der Wille der Herrschenden über die Ohnmacht der Beherrschten, sondern eine *Wunschmaschine*, die alle Beteiligten ständig am Laufen halten. Das Produkt dieser Wunschmaschine, die jeder Begierde, Sehnsucht, Bestrebung, Unternehmung ... vorausgehende primäre Produktion, sind die *Wünsche*. Diese Wünsche, so sagen die beiden Autoren, würden in einen *gesellschaftlichen Körper* eingeschrieben, sie würden nach Maßgabe jeweils herrschender gesellschaftlicher Spielregeln codiert werden. Jede Gesellschaft bilde ihre eigenen Codierungen aus und formiere auf diesem Wege ihre Machtstrukturen, ihre Herrscher und Beherrschten, ihre Vorstellungen von Weisen, Priestern, Machern, Verrückten ... ihre philosophischen und kulturellen Inhalte. Die Codierung, der unsere Gesellschaft folge, nennen sie das »Theater des Ödipus«, eine ständige *Einschreibung*, die aus anarchischen *Strömen* Identitäten forme, die *Intensitäten* in ein Ich verwandle, die immer wieder suggeriere, man habe bekommen, was man wollte.

Michel Foucault lehrte mich, daß der Prozeß der Aneignung und Verwertung des *Wissens* durch die *Macht* in erster Linie nicht, wie die Linke argumentiert hatte, einen Akt der Ausbeutung, wie noch heute in intellektuellen Kreisen gerne behauptet wird, einen Akt der Instrumentalisierung repräsentiere, sondern einzig als Beweis für die Nützlichkeit eines Gedankens angesehen werden könne.

Die drei für mich entscheidenden Konsequenzen dieser beiden Philosophien lauteten:

1. Der Kapitalismus ist das bestimmende Wirtschafts- und Gesellschaftssystem, weil es das einzige ist, das die Kritik an ihm nicht nur zuläßt, sondern sich geradewegs aus ihr nährt. Du kannst machen, was du willst, solange du im Rahmen der *Axiome* bleibst; den Rest regelt der Markt und damit die Bedürfnisse, die er zu befriedigen vorgibt. *Die Wunschmaschinen sind keine Phantasie- oder Traummaschinen, die sich von den technischen und gesellschaftlichen Maschinen unterscheiden würden. Die Wünsche halten sich stets nahe an den objektiven Existenzbedingungen, sie schließen sich ihnen an, sie folgen ihnen, sie überdauern sie nicht, sie entstellen sich mit ihnen.*

2. Auch die Individualgesellschaft ist eine politische Gesellschaft. Insofern stellt der Individualismus oder Subjektivismus nicht das Gegenteil oder Ende der Politik dar, sondern ihre modernste und effektivste Ausprägung. Was du auch tust, so heißt die Mär, es liegt allein an dir, aus deinem Schlamassel herauszukommen, dein Glück zu machen, ein anerkanntes Mitglied der Gemeinschaft zu sein ... und kein anderes Gremium als das der Individualität wird sich deiner annehmen. *Die Wünsche lehnen sich nicht den Bedürfnissen an, vielmehr entstehen Bedürfnisse aus Wünschen. Das »Bedürfnis« gibt die Entfernung eines Subjekts wieder, das seine Wünsche verloren hat.*

3. In kapitalistischen Individualgesellschaften gibt es keine Theorie, keine Kunst, keine Aktion, kein Lebensgefühl mehr, das subversiv wäre. Was das Zeug dazu hat, eine Macht auszuhebeln, wird ein Teil von ihr; was nicht das Zeug dazu hat, ist auch nicht subversiv. *Es gibt nicht gesellschaftliche Produktion von Realität auf der einen Seite, Produktion von Wünschen auf der anderen. So die Wünsche produzieren, produzieren sie Wirklichkeit. So sie Produzenten sind, können sie nur eine in und von Wirklichkeit sein.*

Es waren keineswegs nur »intellektuelle« Konsequenzen, die Deleuzes und Foucaults Werk in mir bewirkten. Meist drängen durchdachte Gedanken auch zur Tat. Die Taten, die in meinem Falle folgten, markieren nicht zuletzt meinen beruflichen Werdegang, der unmittelbar nach der Universitätszeit begann und mich auf vielerlei Weise mit den unterschiedlichsten Formen philosophischen Arbeitens vertraut werden ließ. Ich machte mich als Philosoph selbständig, wurde in Deutschland zum Mitbegründer der Philosophischen Praxis, begann bald als Berater für Markenphilosophien tätig zu werden, veröffentlichte eine philosophische Arbeit über den Wandel des Realitätsverständnisses, schrieb für die Wirtschaftspresse, wurde schließlich Inhaber einer Firma für Philosophie und Marketing.

Ich bewegte mich im Zwischenreich von Philosophie und Ökonomie. Auch ich gehörte lange Zeit zu jenen, die der Ökonomie Vertrauen geschenkt hatten. Es war naheliegend; die Unternehmer und Manager, die ich kennen- und schätzenlernte, gefielen mir meist besser als der akademische Kreis, den ich hinter mir gelassen hatte. Mir gefiel ihr Interesse an der Welt und der Gegenwart. Ich mochte ihre Neugierde, ihr Verlangen, im wirtschaftlichen Handeln mehr als das Geschäftliche zu sehen, ihre Freude an einer fruchtbaren Zusammenarbeit und ihren Wunsch, in der eigenen Tätigkeit immer wieder auch eine Befriedigung zu suchen.

Im Laufe der Zeit legte sich jedoch auch mancherlei Begeisterung. Hielt ich mich zu lange bei den Managern auf, ging mir die Seichtheit ihres Pragmatismus, die Banalität dessen, was sie für Kultur hielten, und ihre Überzeugung, sie seien allein wegen ihrer besonderen Fähigkeiten an jenem Platz, an dem sie sich befanden, auf die Nerven. Ich sehnte mich nach den Denkern und Künstlern, mit denen ich den Glauben teilte, daß es einen Wert der Arbeit gäbe, der unabhängig von ihrer Verwertbarkeit existiert. Ich liebte die Gespräche mit ihnen, die nicht nur weniger Vorsicht erforderten, sondern in der Gedankenführung und dem sprachlichen Ausdruck auch präziser und tiefgründiger waren. Ich mochte ihr Vermögen, Verbindungslinien zwischen scheinbar voneinander unabhängigen Themen und Fakultäten zu erkennen und zu diskutieren. Hatte ich mich aber zu lange mit ihnen abgegeben, wurde mir ihre Arroganz unangenehm. Zu leicht nahmen sie eigene Unfähigkeiten als Beweis ihrer kritisch-unkommerziellen Haltung. Den in der Wirtschaft Tätigen attestierten sie prinzipiell ausschließlich materialistische Interessen, während sie selbst in ihrer Koketterie, mit Geld nicht umgehen zu können, mehr als andere davon träumten und auch davon, sich für ihre Belange einen Manager zu leisten, worunter sie einen Edelsklaven verstanden, der der Welt im allgemeinen, den Käufern im besonderen ihre geistig-künstlerischen Ergüsse nahebringen sollte. Oft fühlten sie sich, als wären sie die einzigen, die je erkannt hätten, woran das Dasein krankt. Und waren solche Künstler bereits selbst zu Managern geworden, zu kreativen Dienstleistern, zu Verantwortlichen in Sachen *art* und *visual*, zu Agenturartisten und Szenemachern, dann benahmen sie sich gerne, als wäre ein Team ein eigens für sie eingerichteter Stab zur Förderung ihrer persönlichen Schöpferkraft, die (gar flüchtig ist die Inspiration) bitte schön nicht durch ein Übermaß an Informationsgehalt gestört werden darf. In solchen Momenten sehnte ich mich wieder nach meinen Managern.

Nach und nach wurde auf diesem Wege das Pendeln zu meiner zweiten Natur. Das Zwischenreich wurde zu meiner Heimat. Das Zwischenreich liegt in der Mitte. Mag seit geraumer Zeit das Heil der Philosophie in einem Nomadisieren und Staunen, in einer großen Erzählung und einem Taumeln gesucht werden (fraglos ein Programm, das oft eher der Orientierungslosigkeit als der Erfahrung geschuldet ist), so ist mir ein Dasein in Parallelwelten seit Jahren vertraut. Mal sah ich monatelang Topverdiener; mal hatte ich monatelang mit Menschen zu tun, die mit dem Existenzminimum auskommen mußten. Mal galt ich als unpragmatischer Philosoph; mal galt ich als abtrünniger Geschäftsmann. Mal zog ich von Hamburg nach Rom, mal zog ich von Rom nach Hamburg um. Streckenweise kam ich mir vor wie Monsieur Descartes, der, rationalistisch veranlagt wie er war, bekanntlich nicht nur sagte, er denke, also sei er, sondern auch ungeachtet jeder Moral die Fronten wechselte, wie es ihm beliebte. Im Gegensatz zu ihm entwickle ich jedoch eher das Gefühl zu sein, wenn ich mit anderen Menschen bin, und weniger, wenn ich denke.

Ich bin mehr Moralist, als mir lieb ist, und es liegt vor allem nicht an mir, wenn mein Thema in verschiedenen Welten zu Hause ist. Es liegt nicht an mir, aber ich bin es, der damit zu Rande kommen muß. Fraglos gelang das nicht immer (wenngleich das Älterwerden hilfreich ist). Je länger ich pendelte, um so mehr begriff ich, daß mit der Ökonomie ein neuer Adressat ins Philosophiegeschäft eingestiegen war. Vielleicht hätte ich mich vor sechzig Jahren den Naturwissenschaften zugewandt, die damals die Philosophie diktierten. Jetzt aber war es die Ökonomie, die in einem kaum gekannten Maße unser Leben veränderte.

Es gab Zeiten und wird sie wohl in Zukunft noch geben, in denen mich zu zerreiben drohte, was ich zu vermitteln suchte. Wer zwischen der Logik der Vernunft und der des Herzens oszilliert, läuft leicht Gefahr, zum Narren seiner besten Absichten zu werden. Das Bestreben, die Welt zu sehen, wie sie ist, mündet in einer Entmutigung, die den Ursprung des Anliegens vergessen und entmutigt denken läßt. In solchen Phasen beanspruchen Rationalität und Analytik recht zu haben und in ihrem Namen die Misanthropie. Umgekehrt verwandelt sich der Versuch, Mensch und Welt (oder den minimalen Ausschnitt, den man davon wählte) mit wohlwollendem Blick zu betrachten, in eine vielleicht sympathische, gewiß aber schwachsinnige Naivität. Was hilft es da, sich zu erinnern, daß philosophische Menschen zwar wahrhaftig sind, ihre Ernsthaftigkeit und ihr Wahrheitsstreben jedoch auf Kosten der Begeisterung, der Freude und des Glaubens an die Möglichkeit von Veränderungen geht? Und was hilft es da, sich zu erinnern, daß begeisterungsfähige Menschen, zu denen Geschäftemacher fraglos zählen, ihre Freude am Tun und ihre Fähigkeit zu verändern gerne auf Kosten anderer praktizieren, auf Kosten angeblich Schwächerer, auf Kosten der Unsichtbaren, die irgendwo in der Welt gerade hungern oder noch nicht zur Welt gekommen sind?

Wie auch immer: als ich einst die Universität verließ, fühlte ich mich wie ein König ohne Reich; erst später sollte ich erfahren, daß ohne Reich auch Bettelmänner sind. Ich verließ die zweite Megaphilosophie, die ich kennengelernt hatte. Die erste hatte ich bis zum Auszug aus meinem Elternhaus erfahren; es war die Welt überzeugten Glaubens. Die zweite lernte ich während des Studiums kennen; es war die Welt der überzeugten Vernunft. Die dritte lernte ich nun kennen: die Welt der Ökonomie (die ich ebenfalls von *meinen Vätern ererbt*). 15 Jahre lebte ich in ihr. Nach 15 Jahren war sie mir verleidet. Ich kehrte zurück zur Philosophie. Manchmal fehlen mir die Welten, die ich ließ. Der Unmut ist durchaus ein Band. Aber ich bin Ende 40 und kann mich nicht ewig mit Kindereien abgeben. *Kurz ist das Leben, und lang währt nur die Kunst*, sagte schon Hippokrates, der 460 v. Chr. auf der Insel Kos geborene Philosoph und Begründer der wissenschaftlichen Medizin im Altertum. Als weiser Mann wußte er: *Der günstige Augenblick ist flüchtig, die Erfahrung unsicher, das Urteil schwierig.*

Anmerkungen

I. Der Bruch

1 Bertrand Russell – Philosophie des Abendlandes. Ihr Zusammenhang mit der politischen und der sozialen Entwicklung (London 1945), Zürich 1950, München 1997, S. 9.
2 Der Satz ist Titel eines Gesprächs, das Fritz J. Raddatz mit Michel Tournier führte und das am 6. Mai 1988 in der *Zeit* erschien.
3 Hartmut und Gernot Böhme – Das Andere der Vernunft, Frankfurt am Main 1983.
4 Friedrich Nietzsche – Sämtliche Werke. Kritische Studienausgabe, Berlin/New York 1967–77; Nachgelassene Schriften 1870–73, S. 27.
5 John Updike – Das Gottesprogramm; Reinbek 1990, S. 44.
6 Franz Wiedemann – Georg Wilhelm Friedrich Hegel in Selbstzeugnissen und Bilddokumenten; Reinbek 1965, S. 80/81.
7 Nietzsche – a. a. O., S. 26.
8 Lothar Bornscheuer – Topik. Zur Struktur der gesellschaftlichen Einbildungskraft; Frankfurt am Main 1976.
9 Wolfgang Schirmacher – Asketische Vernunft. Schopenhauer im Deutschen Idealismus; in: W. Schirmacher (Hg.) – 65. Schopenhauer-Jahrbuch für das Jahr 1984, S. 197.
10 Nietzsche – a. a. O., S. 812.
11 Vgl. Gernot Böhme – Für eine ökologische Naturästhetik, Frankfurt am Main 1989, S. 174.
12 Hans Domizlaff – Und alles ordnet die Gestalt; Zürich/Hamburg 1992, S. 17, ursprünglich in: Analogik, 1946.
13 Nietzsche – a. a. O., S. 812.
14 »Es muß im Leben mehr als alles geben«: der Untertitel des Kinderbuches »Higgelti Piggelti Pop!« von Maurice Sendak, Zürich 1969.

II. Bedürfnis und Bedürftigkeit

1 Viviane Forrester – Der Terror der Ökonomie; Wien 1997.
2 Burkhard Wehner – Die Katastrophen der Demokratie. Über die notwendige Neuordnung der politischen Verfahren; Darmstadt 1992, S. 10.
3 Wally Ollins bemerkte hierzu: »Es ist immer verlockend, einen Unternehmenserfolg als Teil einer sorgfältig geplanten Wachstumsstrategie darzustellen, auch wenn er nur durch Zufall oder eine unabhängige Initiative auf niedriger Ebene

der Organisation eingetreten ist. Und es ist genauso verlockend, sich über ein geplantes, aber nicht eingetretenes Wachstum auszuschweigen. Druck von Gleichrangigen, diese ungeheuer starke Kraft, wird selten als Faktor genannt, durch den das Unternehmenswachstum bestimmt wird. Aber im Leben ist er es oft« (siehe Wally Ollins – Corporate Identity. Strategie und Gestaltung; Frankfurt am Main/New York 1990, S. 134).

4 Bernhard Blohm – Unterm Strich nicht genug. Die Gesetze des Marktes verlieren als ökonomische Leitideen an Faszination; *Die Zeit*, 7. April 1989.

5 Zit. n. Nina Grunenberg – Die Chefs. Herren der Realität: vorsichtig, öffentlichkeitsscheu, machtbewußt; *Die Zeit*, 20. Oktober 1989.

6 Hermann Broch – Die Schlafwandler; Band 3: Huguenau oder die Sachlichkeit; 1931, Frankfurt am Main 1970, S. 231.

7 Wolfgang Krüger – Wertewandel in der Wirtschaft: Kein Teufelswerk von Intellektuellen; *Die Zeit*, 14. Februar 1986.

8 Vgl. Herbert Henzler – Zu neuen Ufern; in: Marco Montani Adams (Hg.) – Geisteswissenschaftler in der Wirtschaft; Frankfurt am Main/New York 1991, S. 13 ff.

9 Stephan Wehowsky – Geo-Wissen: Kommunikation; November 1989, S. 184.

10 David Ogilvy – Über Werbung; Düsseldorf/Wien 1964, S. 166.

11 Vgl. z. B. Marketing Service International/Peter Rudolph (Hg.) – Ferien von Gestern. Über die postmodernen Launen des Konsumenten Meier; Gruner und Jahr Forum, ITB 1987.

12 Roland Berger – Wenn die Strategie nicht stimmt, nützt das Krisen-Management nichts; *Handelsblatt*, 12. November 1976.

13 Vgl. Paul Feyerabend – Die Wissenschaftstheorie, eine bisher unbekannte Form des Irrsinns? in: *Unter dem Pflaster liegt der Strand*; 1976, S. 88–124.

14 Frederic Vester – Neuland des Denkens. Vom technokratischen zum kybernetischen Zeitalter; Stuttgart 1980, S. 18.

15 Horst Rückle – Keine Strategie ohne Philosophie; *Blick durch die Wirtschaft*, 27. November 1987.

16 Edzard Reuter – Zwischen Management und Mythos. Über Macht und Ohnmacht des Geistes – Reflexionen über die Führung eines Unternehmens; *Die Zeit*, 22. März 1985.

17 Vgl. Josef Grün/Detlev Wiener – Global denken, vor Ort handeln. Weltmodelle von Global 2000 bis Herman Kahn; Freiburg 1984, S. 11.

18 Richard von Weizsäcker – Im Gespräch mit Gunter Hofmann und Werner Perger; Frankfurt am Main 1992, S. 165.
In ähnlicher Weise äußerte sich auch Rolf Zundel. Eine *Bedingung politischer Existenz*, schrieb er, sei *die Öffentlichkeit*. »In der Demoskopie, in Wahlen, in Abstimmungen wird der Nutzwert ermittelt. Nicht nur Gegner und Parteifreunde legen diesen Maßstab an, auch die Politiker selber richten sich nach ihm, obgleich sie immer wieder beteuern, es komme ihnen auf die Sache, nicht auf den Beifall an. Wer eine Figur der Öffentlichkeit ist, dessen Selbstwertgefühl ist auch an die öffentliche Wirksamkeit geknüpft. Und da ist manchmal nur schwer zu unterscheiden, was eigene Leistung und was öffentliches Bild ist. Und dieses Bild ist meist ein Stück eindrucksvoller als die Person«, in: Rolf Zundel – Der schwere Abschied. Vom Leiden der Politiker nach dem Entzug von Macht, Öffentlichkeit, Apparat und Wirkungsmöglichkeiten; *Die Zeit*, 7. April 1989.

19 Heribert Meffert – Für Marketingspezialisten ist in Vorständen kein Platz mehr; *Handelsblatt*, 24./25. Juni 1994.

20 Tom Peters – Kreatives Chaos. »Thriving on Chaos«. Die neue Management-Praxis; New York 1987, Hamburg 1988.
21 Christian Faltin, in: *werben & verkaufen*, 38/1994.
22 Im Wortlaut: »Zukunft entsteht in den Köpfen von Menschen. Zukunft wird von wenigen gedacht – muß aber von vielen gelernt werden. Zukunft gestalten heißt, Kreativität mobilisieren und Kommunikation darüber ermöglichen. Wir müssen den Mut haben, jederzeit Neues zu denken, um die Fähigkeit zu entwickeln, solche Denkergebnisse bei vielen zur Diskussion zu stellen. Dann erst ... entsteht Zukunft. Aus Kreativität und Kommunikation ... Der Weg in die Informationsgesellschaft, die wirtschaftlichen und sozialen Rahmenbedingungen, Gedanken zur Erhaltung unserer Umwelt, des sozialen Miteinanders, der Werte, die unsere nachwachsende Generation bewegen werden.« Aus: »werbung im stern« anläßlich des »4. Deutschen Kommunikationstags Berlin« am 28./29. April 1988.
23 »Der politische Journalismus wundert sich. Warum wurde Kohl trotz aller handfesten (Wirtschafts-)Argumente und taktischer Fehler doch wiedergewählt? Das aufsehenerregende Plakat, auf dem Helmut Kohl aus der Masse anonymer Verehrer herausragt und das keinerlei Slogan oder Markennamen (hier: CDU) trägt, gibt die Antwort. Helmut Kohl ist eine Art Marke, genauer gesagt, eine Markenpersönlichkeit ... Er ist extrem bekannt, seine Figur und sein Gesicht sind perfekte Markenzeichen. Er ist zudem als Machtpolitiker, Weltenlenker, historische Figur und als Kanzler der profanen Alltagsebene enthoben. Zugleich wirkt er durch seine Korpulenz, durch seinen forcierten Unintellektualismus und die kleinen Häßlichkeiten, die über ihn kolportiert werden, einfach menschlich. Diese Mischung ist sein Markenzeichen und macht zugleich seine Persönlichkeit aus. Eine Mixtur, die auch für jedes Waren-Markenzeichen vorbildlich wäre: Bekanntheit plus Persönlichkeit plus Enthobenheit plus kleine, alltägliche, zeitaktuelle Menschlichkeiten. Denn nur in dieser Mischung geben auch Marken ideale Projektionsflächen für ein narzißtisches Ich-Design ab.« Aus: *Horizont/Zeitung für Marketing, Werbung & Medien* 46/1994 – Marke Mensch: Helden des Ich. In einer Welt unendlicher Angebote verkehren sich die Welten – Persönlichkeiten werden zur Marke, Marken zur Persönlichkeit; 18. November 1994, S. 30.
24 Milan Kundera – Die Unsterblichkeit; München/Wien 1990; S. 144/145.
25 Michael Althen – Das Subjekt der Begierde. Madonnas Film »In Bed with Madonna« – ein Madonnarama; *Süddeutsche Zeitung* (Datum unbekannt).
26 Jean Baudrillard – Cool Memories 1980–85; München 1989, S. 184.
27 Vgl. »Marketingmanagement«, in: Rüdiger Pieper (Hg.) – Management-Lexikon; Wiesbaden 1991.

III. Empfindung und Empfindlichkeit

1 Anthony O'Hear – Königin der Schmerzen. Gefühl statt Vernunft, Egozentrik statt Pflichten: Nach Diana ist Großbritannien ein anderes Land geworden; *Welt am Sonntag*, 10. Mai 1998.
2 Christian Graf von Krockow – Ein Plädoyer für die Skepsis. Vom Unglauben und vom Glauben: Die Gier nach Gewißheit führt in fatale Abhängigkeit; *Die Zeit*, 20. März 1987.
3 Vgl. Kurt H. Biedenkopf – Die neue Sicht der Dinge. Plädoyer für eine freiheitliche Wirtschafts- und Sozialordnung; München/Zürich 1985, S. 30.

4 Vgl. Der Kontakter. Der deutsche Kommunikationsdienst für die Werbewirtschaft; XXVIII/40, 1988.
5 Nestlé Deutschland AG – Mensch und Ernährung 2000, 1989.
6 Karl Marx – Zur Judenfrage. 1843; in: Marx Engels Werke Band 1, Berlin 1976, S. 353.
7 Vgl. ebd. Anm. S. 604.
8 Karl Marx – Zur Judenfrage. 1843; ebd. S. 354/355.
9 Ebd. S. 368.
10 Ebd. S. 364.
11 Ebd. S. 370.
12 Ebd. S. 367.
13 Jacob Burckhardt – Weltgeschichtliche Betrachtungen; Original 1868–1871; Stuttgart 1935; 7. Auflage 1949, S. 136.
14 Ebd. S. 40.
15 Ebd. S. 29.
16 Ebd. S. 119.
17 Peter Drucker – Neue Realitäten. Wertewandel in Politik, Wirtschaft und Gesellschaft; New York 1989, Düsseldorf/Wien/New York 1990, S. 108/109.
18 Ebd. S. 84–87.
19 Wie sehr die Vorstellungen sich wandelten, wird einmal mehr an Jacob Burckhardt deutlich. Er, der vor einem *sittlich* motivierten Staat warnte, meinte zugleich, was wir heute durchaus als eher moralisierende Staatsdefinition ansehen würden: Die *Wohltat des Staates* könne nur darin bestehen, daß er der Hort des Rechtes sei. Die einzelnen Individuen hätten über sich Gesetze und Richter, die sowohl die Privatverpflichtungen zwischen Individuen als auch die allgemeinen Notwendigkeiten schützten. Die Sekurität, der das Leben bedürfe, bestehe in der Zuversicht, daß dies auch in Zukunft so sei. Jeder wisse, daß mit Gewalt weder Habe noch Macht vermehrt und nur der eigene Untergang beschleunigt werden könne. Der Staat habe zu verhindern, daß sich die verschiedenen Auffassungen des »bürgerlichen Lebens« an den Haaren nähmen. Er solle über den Parteien stehen, auch wenn jede Partei sich seiner zu bemächtigen suche und sich für das Allgemeine ausgebe. Vgl. Jacob Burckhardt – Weltgeschichtliche Betrachtungen, a. a. O., S. 39.
20 Vgl. Burkhard Wehner – Die Katastrophen der Demokratie. Über die notwendige Neuordnung der politischen Verfahren; Darmstadt 1992, S. 41.
21 Arturo Guatelli – Schiacciato dal mercato globale; *Il Messaggero*, 12. März 1999. Im Wortlaut: »Il guaio è che i mercati sono una realtà invisibile. La globalizzazione dell'economia ubbidisce a leggi non scritte. Non è governata, ma subita come stato di necessità. Ciò significa che nessun governo, per quanto forte possa essere, ha il potere di peigarla ai suoi fini. È un teorema che abbraccia tutti, gli Stati Uniti e l'Europa, il Giappone e il Terzo Mondo. (...) A nessuno è più permesso di sbagliare imboccando la strada delle velleità ideologiche. Ricette che in un mondo qualunque vadano contro il mercato non hanno più il diritto all'esistenza politica. Oskar Lafontaine era l'ultima roccaforte dello statalismo, dell'interventismo, di quell'approccio sociale all'economie che è stato per moltissimi anni il fiore all'ochiello delle sinistre. Adesso questa roccaforte è stata espugnata da forze solo apparentemente occulte. Ha vinto il mercato e mai come in questa occasione è neccesario saltare, con le dovute saltare, con le dovute cautele, sul carro del vincitore.«

22 Max Horkheimer/Theodor W. Adorno – Dialektik der Aufklärung. Philosophische Fragmente; 1944, Frankfurt am Main 1969, S. 15.

23 Matthias Horx – Die wilden Achtziger. Eine Zeitgeistreise durch die Bundesrepublik; München 1987, zitiert aus S. 115–117.

24 Zit. nach: Kleines Wörterbuch der marxistisch-leninistischen Philosophie; Berlin 1974.

25 Hans Magnus Enzensberger – Ach Europa! Wahrnehmungen aus sieben Ländern; Frankfurt am Main 1987, S. 26.

26 Rolf Lamprecht – Untertan in Europa. Die Staatengemeinschaft ist alles, Verfassungen gelten nicht mehr – Brüssel oder der Rückfall in vordemokratische Zeiten; *Süddeutsche Zeitung*, 13./14. März 1999.

27 Joachim Fest – Offene Gesellschaft mit offener Flanke. Nach dem Ende der Utopien die Frage: Was tritt an ihre Stelle? *Frankfurter Allgemeine Zeitung*, 21. Oktober 1992.

28 Burkhard Wehner – a. a. O., S. 10, 84/85. Im Wortlaut schreibt Wehner dort: »Die personalisierte Form der Politischen Werbung trifft auf einen Bürger, den das politische System für das Ausweichen vor den Sachfragen von vornherein anfällig gemacht hat. Wo diesem Bürger die Sachzusammenhänge zu kompliziert erscheinen, um eine programmatische Ja/Nein-Entscheidung über politische Alternativen zu fällen, kommt ihm die Konzentration auf die politische Personalentscheidung durchaus gelegen. Wenn er zu wissen glaubt, von wem er die besseren Sachentscheidungen im gesamten politischen Problemspektrum erwarten kann, erscheint ihm die politische Welt weniger komplex und damit weniger verwirrend. Im »besten« Falle gibt das Vertrauen in die Politikerperson dem Bürger das Gefühl, sich die Auseinandersetzung mit den Sachproblemen ganz ersparen zu können. Selbst in hochentwickelten Demokratien finden Bürger und Politiker daher ein gemeinsames Interesse an der übertriebenen Personalisierung von Sachfragen. Die Gefahr der Fehldeutung politischer Entwicklungen wird hierdurch allerdings beträchtlich erhöht. Die Hoffnung, politische Probleme seien prinzipiell durch Auswechslung des politischen Personals lösbar, wird über ihre Zeit hinaus verlängert. Dies kann sehr lange von grundsätzlichen Mängeln des politischen Verfahrens ablenken.«

29 Gilles Deleuze/Félix Guattari – Anti-Ödipus. Kapitalismus und Schizophrenie Bd. I; Frankfurt am Main 1974.

IV. Mut und Unmut

1 Vgl. Sebastian Klusak – Die Rechte aller Menschen. Eine UN-Deklaration und die Wirklichkeit; *Frankfurter Allgemeine Zeitung*, 17. Januar 1998.

2 Vgl. Björn Engholm – Vom öffentlichen Gebrauch der Vernunft; Düsseldorf 1990, S. 33.

3 Vgl. Hans Magnus Enzensberger – Mittelmaß und Wahn; Frankfurt am Main 1988, S. 124.

4 Richard von Weizsäcker – Im Gespräch mit Gunter Hofmann und Werner A. Perger; Frankfurt am Main 1992, S. 139/140 und 150/151.

5 Armin Ziegler – Deutschland 2000. Annahmen über zukünftige Entwicklungen in Wirtschaft, Management, Marketing, Technologie, Gesellschaft; Schönaich, September 1991.

6 Heiner Geißler – »Wer nach rechts rückt, wird links regiert«. Heiner Geißler fordert von der CDU, daß sie den »goldenen Mittelweg zwischen Sozialismus und Kapitalismus« einschlägt; *Süddeutsche Zeitung*, 23. Oktober 1998.

7 Vgl. Andreas Zielcke – Alle Menschen sind ungleich. Reich und arm: Die Demokratie als Fortsetzung der Aristokratie mit anderen Mitteln; *Süddeutsche Zeitung*, 23. Oktober 1997.

8 Vgl. Martin Hecht – Politik in der Wirtschaft. Warum Schröders »neue Mitte« ohne Ideen und Ideale auskommt; *Süddeutsche Zeitung*, 23. Oktober 1998.

9 Andreas Zielcke – a. a. O.

10 Jürgen Dunsch – Ein Stratege mit dem Griff nach den Sternen; *Frankfurter Allgemeine Zeitung*, 15. Februar 1993.

11 Christian Graf von Krockow – Der Mut zum eigenen Denken. Aufklärung ist in Deutschland immer noch ein mühseliges Geschäft; *Die Zeit*, 28. Dezember 1984.

12 Edzard Reuter – Zwischen Management und Mythos. Über Macht und Ohnmacht des Geistes – Reflexionen über die Führung eines Unternehmens; *Die Zeit*, 22. März 1985.

13 Hildegard Hamm-Brücher in *Die Zeit*, 15. Juli 1988.

14 Im *Spiegel*, 46/1992.

15 Im *Handelsblatt*, 24./25. Juni 1994.

16 Vgl. Christian Nürnberger – Die Lizenz zum Löten. Wer hat schuld an der deutschen Misere: womöglich die Manager?; *Süddeutsche Zeitung*, 14. Mai 1998.

17 Karl Ischinger – Ideologie der Plünderung des Gemeinwesens gewinnt an Boden. Leserbrief; *Süddeutsche Zeitung*, 25. Februar 1998.

18 Rolf Zundel – Der schwere Abschied. Vom Leiden der Politiker nach dem Entzug von Macht, Öffentlichkeit, Apparat und Wirkungsmöglichkeiten; *Die Zeit*, 7. April 1989.

19 Richard von Weizsäcker – a. a. O., S. 150.

20 Alfred Herrhausen – Denken, Ordnen, Gestalten; Berlin 1992, S. 316.

21 Nina Grunenberg – Die Chefs, Herren der Realität: vorsichtig, öffentlichkeitsscheu, machtbewußt; *Die Zeit*, 20. Oktober 1989.

22 Zitiert nach: Rolf Berth – Visionäres Management. Die Philosophie der Innovation; Düsseldorf/Wien/New York 1990, S. 17. Wie sehr in jenen Jahren die Politik ihren Kredit verspielte, wird auch in der politischen Literatur deutlich. So resümiert beispielsweise der bereits zitierte Burkhard Wehner (Kap. III, Anm. 20, S. 14/15): »Politik- und Parteienverdrossenheit sind in den achtziger Jahren gängige Schlagworte der politischen Diskussion in der Bundesrepublik geworden. Ursache hierfür waren nicht etwa nur einzelne spektakuläre Parteienskandale und persönliche Fehlleistungen von Politikern. Die Verdrossenheit galt in erster Linie einer allgemeinen Verständigungslücke zwischen Bürgern und Politikern. Viele Bürger hatten nicht mehr das Gefühl, ihre materiellen und moralischen Interessen im herrschenden politischen Diskurs wiederzufinden oder selbst artikulieren zu können ... Die relativ schwache Wirtschaftsentwicklung und die anhaltend hohe Arbeitslosigkeit kontrastierten zu deutlich mit einer politischen Rhetorik des Ärmelaufkrempelns. Die Beschäftigten wurden zum solidarischen Verzicht zugunsten der Arbeitslosen aufgerufen, ohne daß über die notwendige Ausgestaltung und über die Effekte eines solchen Verzichtes annähernde Klarheit herrschte. Die öffentlichen Sozialversicherungen standen an der Grenze der Belastbarkeit und mußten daher Beiträge erhöhen bzw. Leistun-

gen einschränken. Auf dem Wohnungsmarkt stellten sich nach einer längeren Entspannung wieder erste Engpässe und spürbare Preissteigerungen ein. Ein Teil der Öffentlichkeit hatte in dieser verworrenen Lage den Eindruck, der Staat könne nur deswegen nicht genug für seine Bürger tun, weil Asylanten und sonstige Ausländergruppen die öffentlichen Kassen zu sehr belasteten. Der Glaube an eine rationale staatliche Sozial- und Wirtschaftslenkung war geschwunden, aber auch das Konzept einer betont nichtinterventionistischen Politik zeigte keine überzeugenden Resultate.«

23 Karl Ischinger – Ideologie der Plünderung des Gemeinwesens gewinnt an Boden. Leserbrief; *Süddeutsche Zeitung*, 25. Februar 1998.

24 Vgl. Gilles Deleuze/Félix Guattari – a. a. O., S. 194.

25 Siehe Rüdiger Pieper (Hg.) – Lexikon Management; Wiesbaden 1991.

26 Vgl. Sowjetunion wollte Aidsvirus als Waffe nutzen; *Süddeutsche Zeitung*, 7. April 1999.

27 Norman Mailer – Amerika, ein dumpfes Vieh; *Der Spiegel*, Nr. 50/1991.

28 Vgl. Club of Rome – Die globale Revolution; *Spiegel-Spezial*, Nr. 2/1991.

29 Heiner Geißler – *Süddeutsche Zeitung*, 23. Oktober 1998.

30 Antje Vollmer – Moralisch amoralisch; *Frankfurter Allgemeine Zeitung*, 23. Januar 1993.

31 Gilles Deleuze/Félix Guattari – a. a. O., S. 323.

V. Hort und Hortung

1 Vgl. Hans Heigert – Die Unternehmer sind mit sich im reinen. Eine Studie registriert Unterschiede im »Wertewandel« der Gesellschaft; *Süddeutsche Zeitung*, 27./28. April 1985.

2 Vgl. Guy Kirsch – Die wirtschaftliche Strukturkrise muß auch als Gesellschaftskrise verstanden werden; *Welt am Sonntag*, 27. April 1997.

3 E. F. Schumacher – Die Rückkehr zum menschlichen Maß. Alternativen für Wirtschaft und Technik; London 1973/Reinbek 1977, S. 49.

4 Vgl. »Illusion vom Lebens-Lego«; *Der Spiegel*, 8/1992.

5 Peter Ulrich in einem Interview mit der *Badischen Zeitung*.

6 So Georges Enderle, der in »Wirtschaftsethik im Werden« (Stuttgart 1988) von der Tatsache ausging, daß die wirtschaftliche Logik immer mehr Einfluß auf das alltägliche Leben nimmt. Einerseits, so schrieb er, stelle die internationale Konkurrenz immer höhere Anforderungen an das wirtschaftliche Handeln; andererseits nehme seitens der Arbeitnehmer, Konsumenten und einer kritischen Öffentlichkeit der Druck zu, da sie eine stärkere Berücksichtigung ihrer persönlichen, über das materielle hinausgehenden Interessen fordern.

7 Carl Amery im Interview mit Jochen Temsch – Der Holocaust der Wirtschaftssysteme; *Süddeutsche Zeitung*, 30. September 1998.

8 Peter Ulrich – Transformation der ökonomischen Vernunft. Fortschrittsperspektiven der modernen Industriegesellschaft; Bern/Stuttgart 1987, S. 121.

9 Zudem stellte Aristoteles' Synthese von Ökonomie und praktischer Philosophie nur bedingt eine Einheit dar, da diese gleichzeitig seiner theoretischen Philosophie gegenüberstand, also jener Philosophie, die der Naturwissenschaft vorausging. Demgegenüber hatte sich Adam Smith bei der Begründung der Nationalökonomie dafür entschieden, sie wie eine theoretische Philosophie zu

behandeln, da er andernfalls seine ökonomischen nicht wie Naturgesetze hätte ausweisen können.

10 Vgl. Hans Domizlaff – Und alles ordnet die Gestalt. Gedanken und Gleichnisse, hg. von Alexander Deichsel; Zürich/Hamburg 1992, S. 61; ursprünglich in: »Seele des Staates«, 1957.

11 Bernhard Blohm – Unterm Strich nicht genug. Die Gesetze des Marktes verlieren als ökonomische Leitideen an Faszination; *Die Zeit*, 7. April 1989.

12 Vgl. Anm. 2.

13 Max Horkheimer/Theodor W. Adorno – Dialektik der Aufklärung. Philosophische Fragmente (1944), Frankfurt am Main 1969, S. 220.

14 Richard Sennett – Etwas ist faul in der Stadt. Wenn die Arbeitswelt bröckelt, wird die Lebenswelt kostbar: Perspektiven einer zukünftigen Urbanität; *Die Zeit*, 26. Januar 1996.

15 Richard Sennett, ebd.

16 Vgl. Anm. 2.

17 Alain Minc – Globalisierung. Chance der Zukunft; Wien 1998.

18 Roger de Weck – Was ist heute? Deutschland auf der Suche nach der neuen sozialen Marktwirtschaft; *Die Zeit*, 17. Oktober 1997.

19 Vgl. Nikolaus Piper – Moral schlägt Profit. Eine Bewegung in Amerika setzt auf das Gemeinwohl bei der Erneuerung der Ökonomie; *Die Zeit*, 10. April 1992.

VI. Virtuos und virtuell

1 Allan Bullock – Aussichten auf Europa. Wenn sich die Kommunikationsgesellschaft auf ihre geistigen Traditionen besinnt, ist eine Renaissance der europäischen Kultur möglich; *Die Zeit*, 1. Januar 1988.

2 Richard Huelsenbeck – En avant dada. Die Geschichte des Dadaismus; Hamburg 1976.

3 Walter Benjamin – Das Kunstwerk im Zeitalter seiner technischen Reproduzierbarkeit; Frankfurt am Main (1963) 1977, S. 38.

4 Wolfgang Schirmacher – Konkurs der Vernunft als Lebenskrise, in: ders. (Hg.) – 65. Schopenhauer-Jahrbuch für das Jahr 1984, S. 7.

5 Vgl. Rainer Baginski – Wir müssen Leute vor den Kopf stoßen. Die Erwartung von Unternehmen an die Agenturen steigt/Agenturen sollen wieder verstärkt subversive Kommunikation betreiben; *Horizont*, 26. August 1994.

6 Vgl. Oliviero Toscani – Die Werbung ist ein lächelndes Aas; Mannheim 1996; siehe auch Peter Reichard – Ein Plädoyer für ein Anti-Werber-Buch; *Horizont*, 19. April 1996.

7 Ähnlich der oft beliebigen Bilderfolge in Werbeclips wurden in der Programmankündigung zu dieser Veranstaltung Begriffe aneinandergereiht; z. B.: »Produkte müssen ›schön‹ sein, also listvoll (Lebensgefühl, Phantasie, Originalität), explosiv (Provokation, Spektakel), appellierend (Mythos), motivierend (Identität selbst), aber auch sinnmachend (Oekologie).«

8 Cordt Schnibben – Die Reklame-Republik. Über den Aufstieg der Werbung zur fünften Gewalt im Staate; *Der Spiegel*, 52/1992, S. 114–128.

9 Wolfgang Kraus – Nihilismus heute oder Die Geduld der Weltgeschichte; Wien/Hamburg 1983, Frankfurt am Main 1985, S. 66.

10 Stefan Zweig – Das Geheimnis künstlerischen Schaffens [Aufsätze zur Poetik 1902–1942]; Frankfurt am Main 1981, S. 70.
11 Walter Benjamin – a. a. O., S. 44.
12 Vgl. Robert Leicht in: *Die Zeit*, 14. April 1989.
13 Fritjof Capra – Wendezeit. Bausteine für ein neues Weltbild; Bern/München/Wien 1987, S. 37.
14 Dietmar Gottschall – Lernziel Kreativität; *manager magazin*, 1/1988.
15 Die Formulierung stammt von Verleger Wolfgang Stock, der sich dieser explosiven Metapher bediente, um einen aufs Kreative beschränkten Autor in Schutz zu nehmen.
16 Andreas Zielcke – Genial oder Lineal? Das Wundermittel der Kreativität und seine schwache Wirkung; *Süddeutsche Zeitung*, 13. März 1998.
17 Rolf Berth – Visionäres Management. Die Philosophie der Innovation; Düsseldorf/Wien/New York 1990.
18 Eberhard Hamer – Mittelständische Unternehmer entscheiden meist nach Gefühl; *Welt am Sonntag*, 11. Dezember 1988.
19 Theo Werdin – Bewährung von Marken im Markt ohne Grenzen, in: »Der Markenartikel« – Verlagsbeilage zur *Frankfurter Allgemeinen Zeitung*, 21. Mai 1991.
20 Vgl. Klaus P. Hansen – Die Mentalität des Erwerbs. Erfolgsphilosophien amerikanischer Unternehmer; Frankfurt am Main/New York 1992.
21 Vgl. Heiko Mell – Ganz ohne Anpassung geht es nicht; *Wirtschaftswoche*, 22. Februar 1991.
22 Vgl. Rolf Berth – a. a. O., S. 61–67.
23 Vgl. Hans von Bergen – New Marketing. Die Zukunft inszenieren; Freiburg 1988.
24 Vgl. Gerd Gerken – Geist. Das Geheimnis der neuen Führung. Kontext, Zeit, Spirit; Düsseldorf/Wien/New York 1991.
25 Hans Ulrich/Gilbert J. B. Probst – Anleitung zum ganzheitlichen Denken und Handeln. Ein Brevier für Führungskräfte; Bern/Stuttgart 1990, S. 5.
26 Horkheimer und Adorno schrieben: »Die höchstbezahlten Stars gleichen Werbebildern für ungenannte Markenartikel … (Bei der) originellen Filmpersönlichkeit, die die Locke übers Auge hängen muß, damit man sie als solche erkennt, herrscht Pseudoindividualität. Das Individuelle reduziert sich auf die Fähigkeit des Allgemeinen, das Zufällige so ohne Rest zu stempeln, daß es als dasselbe festgehalten werden kann … Die Besonderheit des Selbst ist ein gesellschaftlich bedingtes Monopolgut, das als natürliches vorgespiegelt wird. Sie ist auf den Schnurrbart reduziert, den französischen Akzent, die tiefe Stimme der Lebefrau …« (Max Horkheimer/T. W. Adorno – Dialektik der Aufklärung; New York 1944, Frankfurt am Main 1969). Walter Benjamin bemerkte: »Der Film antwortet auf das Einschrumpfen der Aura mit einem künstlichen Aufbau der *personality* außerhalb des Ateliers. (Der vom Filmkapital geförderte Starkultus konserviert jenen Zweck der Persönlichkeit, der … noch im fauligen Zauber ihres Warencharakters besteht.)« (Walter Benjamin – Das Kunstwerk im Zeitalter seiner technischen Reproduzierbarkeit; Frankfurt am Main 1963; 1977.)
27 Walter Benjamin – a. a. O., S. 39.
28 Johann Wolfgang von Goethe – Gedenkausgabe der Werke, Briefe und Gespräche 28. August 1949. Band 2: Sämtliche Gedichte, Zweiter Teil; Zürich 1953, S. 141.
29 Bernd Kreutz – Vernebelungsstrategie Kreativität; *werben & verkaufen*, München 1993.

30 Vgl. Thomas Mann – Schriften und Reden zur Literatur, Kunst und Philosophie, Bd. 2/Werke in acht Bänden; Frankfurt am Main 1960, S. 358/359.
31 Claudius Seidl – Alles wird gut und schön. Die Künste und die Demokratie. Warum tut sich unsere Gesellschaft so schwer mit ihrer Ästhetik?; *Süddeutsche Zeitung*, 3./4. Mai 1997.
32 Vgl. Gernot Böhme – Für eine ökologische Naturästhetik; Frankfurt am Main 1989, S. 28.
33 Joachim Riedl – Die Kunst der feinen Leute. Für zwanzig Millionen kriegt man schon ein schönes Stück; *Die Zeit*, 22. Mai 1987.
34 Das Mimesis genannte Streben nach einer Vereinigung und Verschmelzung mit dem Markt, seinen Bedürfnissen und Vorstellungen war typisch für jedes »New-Marketing«, das vielfach auch die rechte Haltung forderte: Um die Mimesis zu gestalten, braucht es »sichtbar gelebte Wertvorstellungen, die von innen nach außen geprägt, transportiert und umgesetzt werden«. (Hans von Bergen – New Marketing. Die Zukunft inszenieren; Freiburg 1988, S. 7.)
35 Vgl. Hans-Georg Gadamer – Die Aktualität des Schönen. Kunst als Spiel, Symbol und Fest; Stuttgart 1977, S. 48.
36 Luigi Pirandello – zit. nach: Siegfried Melchinger – Nachwort zu Pirandellos »Sechs Personen suchen einen Autor«; Leipzig o. J.
37 Friedrich Schiller – Über die notwendigen Grenzen beim Gebrauch schöner Formen, in: Werke in drei Bänden, Band II; München 1966, S. 521–539; hier S. 522 und 532.
38 Vgl. Klaus Modick – Das Grau der Karolinen (Roman); Reinbek 1986, S. 306/307.
39 Cordt Schnibben – a. a. O., S. 114–128.

VII. Idealismus und Ideologie

1 Alexander Riebel – Idee und Realität. Anmerkungen zur deutschen Philosophie, *Deutsche Tagespost*, 30. Dezember 1989.
2 Johann Gottlieb Fichte – Reden an die deutsche Nation; Berlin 1808, Leipzig 1824, S. 446.
3 Walter Jens – Friedrich Nietzsche. Pastor ohne Kanzel, *Frankfurter Allgemeine Zeitung*, 9. März 1974.
4 Allan Bullock – Aussichten auf Europa ...; *Die Zeit*, 1. Januar 1988.
5 Vgl. Bartholomäus Grill – Wahlverwandtschaften am rechten Rand; *Die Zeit*, 10. April 1992.
6 Fritz J. Raddatz – Das krumme Holz der Humanität. Was es heißt, ein Mensch zu sein; *Die Zeit*, 6. November 1992.
7 Vgl. Johann Gottlieb Fichte – Reden an die deutsche Nation; Berlin 1808, Leipzig 1824, S. 384.
8 Thomas Nipperdey – Wo aber Einheit ist, wächst das Spaltende auch; *Frankfurter Allgemeine Zeitung*, 29. Oktober 1990.
9 Jean Baudrillard – Zu spät!; *Die Zeit*, 5. Februar 1988.
10 Karl Schlögel – Die Mitte liegt ostwärts. Die Deutschen, der verlorene Osten und Mitteleuropa; Berlin 1986, S. 25.
11 Vgl. Harold James – Deutsche Identität 1770–1990; London 1989; Frankfurt am Main/New York 1991, S. 10/11.

12 George Bittlingmayer – Triumph der Dorfkönige. Ein Plädoyer gegen den theoretischen Muff; *Die Zeit*, 4. November 1988.
13 Nikolaus Piper – Wunderkind mit Weltschmerz; *Die Zeit*, 11. November 1988.
14 Es war das seinerzeit gängige Urteil. Noch drei Jahre später schrieb Ziegler, die Stärke der deutschen Wirtschaft beruhe auf dem guten Ruf von *Made in Germany*, der im wesentlichen auf Zuverlässigkeit, Qualität, Kundenorientierung, einer breiten und spezialisierten Technikererfahrung, der Findigkeit und Gründlichkeit deutscher Ingenieure, gut ausgebildeten Facharbeitern und einer hohen Produktivität basiere. (Vgl. Armin Ziegler – Deutschland 2000. Annahmen über zukünftige Entwicklungen in Wirtschaft, Management, Marketing, Technologie, Gesellschaft; Schönaich 1991, S. 49.)
15 Michel Foucault – Mikrophysik der Macht; Berlin 1976, S. 38.
16 Armin Ziegler – a. a. O., S. 97.
17 Rolf Berth – Visionäres Management. Die Philosophie der Innovation; Düsseldorf/Wien/New York 1990, S. 14.
18 Rolf Berth – a. a. O., S. 135.
19 Bereits 1979 schrieb Burckhard Sievers: »Organisationen, die … eine hohe Formalisierung und Bürokratisierung aufweisen und von ihren Mitgliedern vorwiegend Anpassung und Unterwerfung erwarten, sind kaum in der Lage zu lernen. Sie tragen … den Charakter totaler Institutionen … in denen Lern- und Veränderungsprozesse ausschließlich als individuelle Erwartungsänderungen und Anpassungen erwartet werden. Lernende bzw. lernfähige Organisationen sind demgegenüber darauf angewiesen, Erwartungen ihrer internen und externen Umwelt in hohem Umfang als reale Größen anzuerkennen und sie nach solchen Selektionskriterien zu verarbeiten, die ihren Mitgliedern andere Handlungsmöglichkeiten als die der bloßen Reaktion einräumen.« (Burckhard Sievers – Organisationsentwicklung als Aktionsforschung. Zu einer sozialwissenschaftlichen Neuorientierung der betriebswirtschaftlichen Organisationsforschung; in: Aemilian Hron u. a. – Aktionsforschung in der Ökonomie; Frankfurt am Main/New York 1979, S. 115/116.)
20 J. Laplanche/J.-B. Pontalis – Das Vokabular der Psychoanalyse; Frankfurt am Main 1972, Band I, S. 219.
21 Karl Bruno Leder – Von Gottes- oder Menschengnaden? Gedanken über die Macht; *Süddeutsche Zeitung*, 29./30. August 1987.
22 Bergpredigt, Lukasevangelium 6.27–37.
23 Dieses aus der Abgrenzung sich nährende Verlangen nach Identität ist unausrottbar. »Die radikalste Antwort auf die Sekten besteht in der Wiederentdeckung der katholischen Identität«, sagte 1985 Joseph Kardinal Ratzinger. Muß seine deutsche Herkunft noch eigens erwähnt werden? Dabei dürfte inzwischen offensichtlich geworden sein, daß mittels solcher Strategie bestenfalls überzeugte Anhänger gebunden, aber keine neuen akquiriert werden können. Vor allem, wenn die Wettbewerber im Glaubensmarkt als *Sektierer* bezeichnet werden: »Es ist eine neue Klarheit nötig, eine neue Freude, … ein neuer ›Stolz‹, … katholisch zu sein. Es sei auch daran erinnert, daß diese Gruppen deshalb Erfolg ernten, weil sie den zunehmend einsamen, isolierten und verunsicherten Menschen eine Art ›Heimstatt der Seele‹ und die Wärme einer Gemeinschaft anbieten. Gerade diese Wärme und dieses Leben scheinen bei uns leider oft zu fehlen: Dort, wo die Pfarreien … es verstanden, wieder lebendig zu werden und die Bedeutung der kleinen Kirche, die mit der großen in Einheit lebt, aufzuzeigen, dort haben die

Sektierer kaum in nennenswerter Weise an Boden gewinnen können.« (Joseph Ratzinger – Zur Lage des Glaubens; München/Zürich/Wien 1985.) Das vermeintliche Identifikationsangebot kann hier leicht zur Forderung und Christi Wort *Wer nicht für mich ist, ist gegen mich* zur Falle werden. »Wer mich will, weil er gegen andere ist, will was von mir, was ich nicht geben will«, antwortet der Umworbene und bleibt fern.

24 Karl Bruno Leder – a. a. O.

25 Hans-Georg Gadamer – Die Aktualität des Schönen. Kunst als Spiel, Symbol und Fest; Stuttgart 1977, S. 41.

26 Siehe und vgl. Wally Ollins – Corporate Identity. Strategie und Gestaltung; Frankfurt am Main/New York 1990, S. 203/204 und S. 148.

27 Heinz-Joachim Simon – Die Marke ist stets ein Abbild der Persönlichkeiten, die das Unternehmen führen; *Marketing Journal*, 2/1991, S. 98.

28 Mit dem Hakenkreuz mochte Antonoff zwar nicht aufwarten, aber Kreuz, Kreis, Quadrat und Radkreuz als die vier Ursymbole, die diese Wesensmerkmale anzeigen, waren zugegen: »Es wird schon ein besonders kreativer Denker gewesen sein, der erstmals eine senkrechte mit einer waagrechten Linie überkreuzt hatte.« Eines Tages umschloß jemand das Kreuz-Zeichen mit einem Kreis. Der Künstler, der auf das gerade Kreuz noch ein geneigtes setzte, so daß sich ein Stern ergab, wird ein optimistischer Philosoph gewesen sein. Er lenkte die Aufmerksamkeit von den Grenzen weg zum Mittelpunkt. Er wollte damit wohl sagen: Auch wenn dein Leben begrenzt ist, so hast du doch viel mehr Gestaltungsmöglichkeiten, als das konventionelle Denken vorzuschreiben scheint. Entfalte dich unkonventionell! Strahle rund um deine Identität. Sei ein Stern! (Roman Antonoff – Das Identicon. Identität par excellence und Konzentrat der Corporate Identity. Die Mittel heiligen den Zweck; *Mensch & Büro*, 12/1989.)

29 Vgl. Hans von Bergen – New Marketing. Die Zukunft inszenieren; Freiburg 1988, S. 187.

30 Lucio Coletti, André Glucksmann, Bernard-Henri Lévy (Gespräch) – Ich bin für das Licht, aber nicht für die Festbeleuchtung des Staates; in: *Literaturmagazin* 9 – Der neue Irrationalismus; Reinbek 1978, S. 17.

31 Edzard Reuter – Zwischen Management und Mythos. Über Macht und Ohnmacht des Geistes – Reflexionen über die Führung eines Unternehmens; *Die Zeit*, 22. März 1985.

32 Vgl. Gerd Gerken – Das Ende der Bosse; *lui* 3/1988; Zukunft. Radar für Trends, August 1988; Management by love. Mehr Erfolg durch Menschlichkeit; Düsseldorf/Wien/New York 1990; Geist. Das Geheimnis der neuen Führung. Kontext, Zeit, Spirit; Düsseldorf/Wien/New York 1991; Besser führen durch Geist; *Capital* 8/1991; Soft factors an die Stelle der Hardliner; *Mensch & Büro* 6/1993; Die fraktale Marke. Eine neue Intelligenz der Werbung; Düsseldorf/Wien/New York 1994.

33 Heiner Müller – Jenseits der Nation; Berlin 1991, S. 97.

34 Günther G. Goth – Aus zwei mach eins. Corporate Culture als Verbindung; *Frankfurter Allgemeine Zeitung*, 12. März 1991.

35 Vgl. Rudolf Walther – Identität als billiges Leihkostüm. Von der Sehnsucht nach dem wahren Selbst; *Süddeutsche Zeitung*, 27./28. November 1993.

36 Heinz-Joachim Simon – a. a. O.

37 Vgl. Günther G. Goth – a. a. O.

38 Vgl. Heinz-Joachim Simon – a. a. O.

39 Das ganze Unternehmen am Markt ausrichten; *Frankfurter Allgemeine Zeitung*, 29. Oktober 1990.

40 Hans Domizlaff – Und alles ordnet die Gestalt; Hamburg 1993, S. 38.

41 Vgl. Markus Scholz – Wenn Werbung zur Religion wird. Und führe uns in Versuchung ...; *werben & verkaufen*, 45/1994; im selben Beitrag auch David Bosshart, Norbert Bolz; Rolf Diekhof – Auf der Jagd nach dem goldenen Trend; *werben & verkaufen*, 9/1995, S. 68–71; Christian Jürgens – Wenn die Reklamefritzen dat meinen. Eine Geschichte von Werbung und Zeitgeist; *Süddeutsche Zeitung*, 11. Oktober 1995.

VIII. Im Zwischenreich

1 Beispielhaft Rupert Lay, der in seiner »Ethik für Manager« (Düsseldorf/Wien/New York 1989, S. 202) als *2. Grundsatz der Personalethik* angibt: »Bei einer Personalentscheidung müssen personale Schadens- und betriebliche Nutzensgrößen gegeneinander abgewogen werden. Der Schaden einer Person darf nie gewollt, sondern allenfalls zugelassen werden. Führt die Personalentscheidung zu einem existentiellen Personalschaden (Schaden, der die Existenz des personalen Lebens gefährdet), ist sie zu unterlassen.« Sollte das der Kern ethischen Führens sein, kann man sich Mühen des Nachdenkens ersparen. Denn entweder kann der Unternehmenschef nun tun und lassen, was ihm seit jeher richtig zu sein scheint: im Zuge seiner Sachentscheidung hat er den *Schaden einer Person* ohnehin nie willentlich angestrebt, sondern immer nur in Kauf genommen. Oder er kann die Personalentscheidung gleich vergessen, da Entlassungen stets *Personalschäden* zufügen und jede aus Faulheit, Unfähigkeit oder Altersgründen ausgesprochene Kündigung das *personale Leben* des Betroffenen *gefährdet*.

2 Vgl. z. B. Karl-Heinz Brodbeck – Die fragwürdigen Grundlagen der Ökonomie. Eine philosophische Kritik der modernen Wirtschaftswissenschaften; Darmstadt 1998.

3 Vgl. Marco Montani Adams (Hg.) – Geisteswissenschaftler in der Wirtschaft. Starthilfen und Aussichten; Frankfurt am Main/New York 1992.

4 Thomas Lemke – Eine Kritik der politischen Vernunft. Foucaults Analyse der modernen Gouvernementalität; Berlin/Hamburg 1997, S. 248.

5 Thomas Schäfer – Rezension zu Lemkes »Kritik der politischen Vernunft«; *Die Zeit*, 5. März 1998.

6 Bertrand Russell war einer der wenigen, der die doppelte Natur der Philosophie erfaßt hatte. Sie sei in einer undankbaren Situation, sagte er. Einerseits stelle sie große und allgemeine Hypothesen auf, die die Naturwissenschaft noch nicht überprüfen könne, andererseits würden ihre Aussagen in dem Moment nicht mehr zur Philosophie zählen, in dem die Überprüfung möglich werde und die Hypothesen bestätigt würden. (Bertrand Russell – Philosophie für den Alltag; *University Quarterly*, London.)

7 Marco Meier – Editorial zu: Das Verschwinden der Wirklichkeit; Zeitschrift *du*, 11/1991.

8 Beispielhaft hierfür eine Äußerung des bundesdeutschen Politikers Kurt H. Biedenkopf. »Die Geisteswissenschaften«, meinte der Professor, »vor allem die Wissenschaften, die Staat und Gesellschaft, Wirtschafts- und Sozialordnung erklären und damit begreifbar und handhabbar machen sollen«, seien nicht nur über-

fordert, weil der durch die Naturwissenschaft erzeugte Modernisierungsschub größer sei als ihre Fähigkeit, ihn aufzuarbeiten und zu erklären. »Sie sind auch überfordert, weil sie durch die immer stärkere Aufteilung in Einzelgebiete die Fähigkeit verloren haben, die Entwicklung und das Wirken menschlicher Gesellschaft in ihrer Ganzheitlichkeit zu begreifen und den Ordnungen nachzuspüren, die das Ganze bestimmen. In dieser Hinsicht ist es nicht nur die technisch-naturwissenschaftlich ausgelöste Modernisierung der Gesellschaften, die die Geisteswissenschaften überfordert. Ihnen fehlt auch der Dialog mit den Naturwissenschaften über das Ganze.« (Kurt H. Biedenkopf – Die neue Sicht der Dinge. Plädoyer für eine freiheitliche Wirtschafts- und Sozialordnung; München/Zürich 1985, S. 36.)
Abgesehen davon, daß es sich um eine recht populistische Kritik handelt, da die Forderung nach *Ganzheitlichkeit* zwar beliebt, doch ebenso bedenklich ist – in der Geschichte waren es stets die ganzheitlichen, die universalistischen Welterklärungen, die politisch gefährlich waren –, offenbart Biedenkopfs Rede einmal mehr, daß man am liebsten auf den draufhaut, der am wenigsten gefährlich scheint. Natürlich sind nicht nur die Geisteswissenschaften überfordert, wenn es darum geht, unsere zunehmend fragmentierte Gesellschaft zu begreifen und die innere Ordnung ihres Wirkens zu erklären. Alle sind überfordert: Naturwissenschaft, Beratungswesen, die Politik im besonderen. Sollte dies nur am mangelnden Dialog liegen, so wäre es zumindest ein Mangel, der jedem Dialogpartner angelastet werden müßte und nicht nur einem.

9 Bertrand Russell – Philosophie des Abendlandes. Ihr Zusammenhang mit der politischen und sozialen Entwicklung; (London 1945), München 1997, S. 10.

10 Jean-François Lyotard – Postmoderne für Kinder; Wien 1987, S. 22.

11 Jean-François Lyotard – Immaterialität und Postmoderne; Berlin 1985, S. 27.

Literatur

Marco Montani Adams (Hg.): Geisteswissenschaftler in der Wirtschaft. Starthilfen und Aussichten; Frankfurt am Main/New York 1992

Theodor W. Adorno: Minima Moralia; Frankfurt am Main 1951

Michael Althen: Das Subjekt der Begierde. Madonnas Film »In Bed with Madonna« – ein Madonnarama; *Süddeutsche Zeitung*

Carl Amery (Interview Jochen Temsch): Der Holocaust der Wirtschaftssysteme; *Süddeutsche Zeitung*, 30.9.1998

Roman Antonoff: Das Identicon. Identität par excellence und Konzentrat der Corporate Identity. Die Mittel heiligen den Zweck; *Mensch & Büro*, 12/1989

Rainer Baginski: Wir müssen Leute vor den Kopf stoßen. Die Erwartung von Unternehmen an die Agenturen steigt/Agenturen sollen wieder verstärkt subversive Kommunikation betreiben; *Horizont*, 26. August 1994

Jean Baudrillard: Zu spät!; *Die Zeit*, 5. Februar 1988

Jean Baudrillard: Cool Memories 1980–85; München 1989

Walter Benjamin: Das Kunstwerk im Zeitalter seiner technischen Reproduzierbarkeit; Frankfurt am Main (1963) 1977

Hans von Bergen: New Marketing. Die Zukunft inszenieren; Freiburg 1988

Roland Berger: Wenn die Strategie nicht stimmt, nützt das Krisen-Management nichts; *Handelsblatt*, 12. November 1976

Rolf Berth: Visionäres Management. Die Philosophie der Innovation; Düsseldorf/Wien/New York 1990

Kurt H. Biedenkopf: Die neue Sicht der Dinge. Plädoyer für eine freiheitliche Wirtschafts- und Sozialordnung; München/Zürich 1985

George Bittlingmayer: Triumph der Dorfkönige. Ein Plädoyer gegen den theoretischen Muff; *Die Zeit*, 4. November 1988

Gernot Böhme: Für eine ökologische Naturästhetik; Frankfurt am Main 1989

Hartmut und Gernot Böhme: Das Andere der Vernunft; Frankfurt am Main 1983

Peter Bölke/Dietmar Hawranek: »Wir haben Fehler gemacht«. Daimler-Benz-Chef Edzard Reuter über Absatz- und Ertragsprobleme des Konzerns; *Der Spiegel*, 46/1992

Bernhard Blohm: Unterm Strich nicht genug. Die Gesetze des Marktes verlieren als ökonomische Leitideen an Faszination; *Die Zeit*, 7. April 1989

Allan Bloom: Closing of the American Mind; New York 1987

Lothar Bornscheuer: Topik. Zur Struktur der gesellschaftlichen Einbildungskraft; Frankfurt am Main 1976

Hermann Broch: Die Schlafwandler; Band 3: Huguenau oder die Sachlichkeit; 1931, Frankfurt am Main 1970

Karl-Heinz Brodbeck: Die fragwürdigen Grundlagen der Ökonomie. Eine philosophische Kritik der modernen Wirtschaftswissenschaften; Darmstadt 1998

Allan Bullock: Aussichten auf Europa. Wenn sich die Kommunikationsgesellschaft auf ihre geistigen Traditionen besinnt, ist eine Renaissance der europäischen Kultur möglich; *Die Zeit*, 1. Januar 1988

Jacob Burckhardt: Weltgeschichtliche Betrachtungen; Original 1868–1871; Stuttgart 1935; 7. Auflage 1949

Fritjof Capra: Wendezeit. Bausteine für ein neues Weltbild; Bern/München/Wien 1987

Club of Rome: Die globale Revolution; *Spiegel-Spezial*, 2/1991

Lucio Coletti, André Glucksmann, Bernard-Henri Lévy (Gespräch): Ich bin für das Licht, aber nicht für die Festbeleuchtung des Staates; in: *Literaturmagazin 9* – Der neue Irrationalismus; Reinbek 1978

Ernst Robert Curtius: Europäische Literatur und lateinisches Mittelalter; Bern (1948) 1984

Gilles Deleuze/Félix Guattari: Anti-Ödipus. Kapitalismus und Schizophrenie, Bd. I; Frankfurt am Main 1974

Rolf Diekhof/Dieter Weber: Ein Guru predigt den Mythos der Marke; *werben & verkaufen*, 16/1994

Rolf Diekhof: Auf der Jagd nach dem goldenen Trend; *werben & verkaufen*, 9/1995

Hans Domizlaff: Die Gewinnung des öffentlichen Vertrauens. Ein Lehrbuch der Markentechnik (1939); Hamburg 1982

Hans Domizlaff: Und alles ordnet die Gestalt. Gedanken und Gleichnisse; hg. von Alexander Deichsel; Zürich/Hamburg 1992

Peter Drucker: Das Zeitalter der Dirigenten; *manager magazin*, 7/1988

Peter Drucker: Neue Realitäten. Wertewandel in Politik, Wirtschaft und Gesellschaft; New York 1989; Düsseldorf/Wien/New York 1990

Jürgen Dunsch: Ein Stratege mit dem Griff nach den Sternen; *Frankfurter Allgemeine Zeitung*, 15. Februar 1993

Georges Enderle: Wirtschaftsethik im Werden; Stuttgart 1988

Björn Engholm: Vom öffentlichen Gebrauch der Vernunft; Düsseldorf 1990

Hans Magnus Enzensberger: Ach Europa! Wahrnehmungen aus sieben Ländern; Frankfurt am Main 1987

Hans Magnus Enzensberger: Mittelmaß und Wahn; Frankfurt am Main 1988

Amitai Etzioni: Wenn Studenten der Ökonomie schwarzfahren. Jenseits des Egoismusprinzips: Ein neues Bild von Wirtschaft, Politik und Gesellschaft; *Handelsblatt*, 24./25.6.1994

Christian Faltin: in: *werben & verkaufen*, 38/1994

Joachim Fest: Offene Gesellschaft mit offener Flanke. Nach dem Ende der Utopien die Frage: Was tritt an ihre Stelle?; *Frankfurter Allgemeine Zeitung*, 21. Oktober 1992

Paul Feyerabend: Die Wissenschaftstheorie, eine bisher unbekannte Form des Irrsinns? in: *Unter dem Pflaster liegt der Strand*; Berlin 1976, S. 88–124

Johann Gottlieb Fichte: Reden an die deutsche Nation; Berlin 1808, Leipzig 1824

Rosemarie Fiedler-Winter: Die weißen Westen der Unternehmer – oder: Ist für Ethik in der Wirtschaft Raum gegeben?; *NDR*, 7. Dezember 1988/21 Uhr

Heinz-Joachim Fischer: Katholische Morallehre; *Frankfurter Allgemeine Zeitung*, 4. Mai 1991

Karla Fohrbeck/Andreas Wiesand: Von der Industriegesellschaft zur Kulturgesellschaft, München 1989

Viviane Forrester: Der Terror der Ökonomie; Wien 1997

Michel Foucault: Von der Subversion des Wissens (Hg. Walter Seitter); München 1974
Michel Foucault: Dispositive der Macht. Über Sexualität, Wissen und Wahrheit; Berlin 1976
Michel Foucault: Mikrophysik der Macht. Über Strafjustiz, Psychiatrie und Medizin; Berlin 1976
Michel Foucault: Die Ordnung des Diskurses; Frankfurt am Main/Berlin/Wien 1977
Hans-Georg Gadamer: Rhetorik und Hermeneutik; Hamburg 1976
Hans-Georg Gadamer: Die Aktualität des Schönen. Kunst als Spiel, Symbol und Fest; Stuttgart 1977
Heiner Geißler: »Wer nach rechts rückt, wird links regiert«. Heiner Geißler fordert von der CDU, daß sie den »goldenen Mittelweg zwischen Sozialismus und Kapitalismus« einschlägt; *Süddeutsche Zeitung*, 23. Oktober 1998
Gerd Gerken: Management by love. Mehr Erfolg durch Menschlichkeit; Düsseldorf/Wien/New York 1990
Peter Gillies: Götze Markt?; *Die Welt*, 3. Mai 1991
Johann Wolfgang von Goethe: Gedenkausgabe der Werke, Briefe und Gespräche 28. August 1949. Band 2: Sämtliche Gedichte, Zweiter Teil; Zürich 1953
Günther G. Goth: Aus zwei mach eins. Corporate Culture als Verbindung; *Frankfurter Allgemeine Zeitung*, 12. März 1991
Dietmar Gottschall: Lernziel Kreativität; *manager magazin*, 1/1988
Beatrice Gottschlich: Die Neo-Konservativen geben in Europa den Ton an, *Horizont*, 27. September 1991
Bartholomäus Grill: Wahlverwandtschaften am rechten Rand; *Die Zeit*, 10. April 1992
Josef Grün/Detlev Wiener: Global denken, vor Ort handeln. Weltmodelle von Global 2000 bis Herman Kahn; Freiburg 1984
Nina Grunenberg: Die Chefs. Herren der Realität: vorsichtig, öffentlichkeitsscheu, machtbewußt; *Die Zeit*, 20. Oktober 1989
Arturo Guatelli: Schiacciato dal mercato globale; *Il Messaggero*, 12. März 1999
Eberhard Hamer: Mittelständische Unternehmer entscheiden meist nach Gefühl; *Welt am Sonntag*, 11. Dezember 1988
Klaus P. Hansen: Die Mentalität des Erwerbs. Erfolgsphilosophien amerikanischer Unternehmer; Frankfurt am Main/New York 1992
Martin Hecht: Politik in der Wirtschaft. Warum Schröders »neue Mitte« ohne Ideen und Ideale auskommt; *Süddeutsche Zeitung*, 23. Oktober 1998
Georg Wilhelm Friedrich Hegel: Werke (Auf Grundlage der Werke 1832–1845), Frankfurt am Main 1971
Hans Heigert: Die Unternehmer sind mit sich im reinen. Eine Studie registriert Unterschiede im »Wertewandel« der Gesellschaft; *Süddeutsche Zeitung*, 27./28. April 1985
Herbert Henzler: Zu neuen Ufern; in: Marco Montani Adams (Hg.) – Geisteswissenschaftler in der Wirtschaft; Frankfurt am Main/New York 1992
Alfred Herrhausen: Denken, Ordnen, Gestalten; Berlin 1992
Uwe Jean Heuser: Der Chef als Künstler. Wie Unternehmer sich selbst sehen; *Die Zeit*, 20. März 1992
Max Horkheimer/Theodor W. Adorno: Dialektik der Aufklärung. Philosophische Fragmente (1944); Frankfurt am Main 1969
Matthias Horx: Die wilden Achtziger. Eine Zeitgeistreise durch die Bundesrepublik; München 1987

Aemilian Hron u. a.: Aktionsforschung in der Ökonomie; Frankfurt am Main/New York 1979

Richard Huelsenbeck: En avant dada. Die Geschichte des Dadaismus; Hamburg 1976

Karl Ischinger: Ideologie der Plünderung des Gemeinwesens gewinnt an Boden. Leserbrief; *Süddeutsche Zeitung*, 25. Februar 1998

Harold James: Deutsche Identität 1770–1990; London 1989; Frankfurt am Main/New York 1991

Walter Jens: Friedrich Nietzsche. Pastor ohne Kanzel; *Frankfurter Allgemeine Zeitung*, 9. März 1974

Papst Johannes Paul II.: Centesimus annus (Sozialenzyklika); Rom, 2. Mai 1991

Irmintraud Jost: Hat der Kapitalismus abgewirtschaftet?; *Hamburger Abendblatt*, 4./5. Mai 1996

Christian Jürgens: Wenn die Reklamefritzen dat meinen. Eine Geschichte von Werbung und Zeitgeist; *Süddeutsche Zeitung*, 11. Oktober 1995

Wassily Kandinsky: Über das Geistige in der Kunst; Bern 1952

Immanuel Kant: Werke in 12 Bänden; Frankfurt am Main 1968

Søren Kierkegaard: Entweder – Oder (1843); München 1988

Guy Kirsch: Die wirtschaftliche Strukturkrise muß auch als Gesellschaftskrise verstanden werden; *Welt am Sonntag*, 27. April 1997

Heinrich von Kleist: Über die allmähliche Verfertigung der Gedanken beim Reden; in: Sämtliche Werke, Band 2; Stuttgart/Berlin o. J.

Sebastian Klusak: Die Rechte aller Menschen. Eine UN-Deklaration und die Wirklichkeit; *Frankfurter Allgemeine Zeitung*, 17. Januar 1998

Wolfgang Kraus: Nihilismus heute oder Die Geduld der Weltgeschichte; Wien/Hamburg 1983, Frankfurt am Main 1985

Bernd Kreutz: Vernebelungsstrategie Kreativität; *werben & verkaufen*, München 1993

Christian Graf von Krockow: Der Mut zum eigenen Denken. Aufklärung ist in Deutschland immer noch ein mühseliges Geschäft; *Die Zeit*, 28. Dezember 1984

Christian Graf von Krockow: Ein Plädoyer für die Skepsis. Vom Unglauben und vom Glauben: Die Gier nach Gewißheit führt in fatale Abhängigkeit; *Die Zeit*, 20. März 1987

Wolfgang Krüger: Wertewandel in der Wirtschaft: Kein Teufelswerk von Intellektuellen; *Die Zeit*, 14. Februar 1986

Milan Kundera: Die Kunst des Romans; München/Wien 1987

Milan Kundera: Die Unsterblichkeit; München/Wien 1990

Rolf Lamprecht: Untertan in Europa. Die Staatengemeinschaft ist alles, Verfassungen gelten nicht mehr – Brüssel oder der Rückfall in vordemokratische Zeiten; *Süddeutsche Zeitung*, 13./14. März 1999

J. Laplanche/J.-B. Pontalis: Das Vokabular der Psychoanalyse; Frankfurt am Main 1972

Heinrich Lausberg: Das Handbuch der literarischen Rhetorik. Eine Grundlegung der Literaturwissenschaft (3. Aufl.); Stuttgart 1990

Rupert Lay: Ethik für Manager; Düsseldorf/Wien/New York 1989

Karl Bruno Leder: Von Gottes- oder Menschengnaden? Gedanken über die Macht; *Süddeutsche Zeitung*, 29./30. August 1987

Thomas Lemke: Eine Kritik der politischen Vernunft. Foucaults Analyse der modernen Gouvernementalität; Berlin/Hamburg 1997

Wolf Lepenies: Melancholie und Gesellschaft; Frankfurt am Main 1969

Georg Christoph Lichtenberg: Schriften und Briefe; München 1974

Jean-François Lyotard: Apathie in der Theorie; Berlin 1978
Jean-François Lyotard: Immaterialität und Postmoderne; Berlin 1985
Jean-François Lyotard: Postmoderne für Kinder; Wien 1987
Lukasevangelium 6.27-37: Bergpredigt
Norman Mailer: Amerika, ein dumpfes Vieh; *Der Spiegel*, 50/1991
Thomas Mann: Werke in acht Bänden/Bd. 2: Schriften und Reden zur Literatur, Kunst und Philosophie; Frankfurt am Main 1960
Hisako Matsubara: Die klugen Japaner; *Der Spiegel*, 1984
Karl Marx: Zur Judenfrage, 1843; in: Marx Engels Werke, Band 1; Berlin 1976
Heribert Meffert: Marketing; München 1997
Heribert Meffert: Für Marketingspezialisten ist in Vorständen kein Platz mehr; *Handelsblatt*, 24./25. Juni 1994
Marco Meier: Editorial zu: Das Verschwinden der Wirklichkeit; Zeitschrift *du*, 11/1991
Heiko Mell: Ganz ohne Anpassung geht es nicht; *Wirtschaftswoche*, 22. Februar 1991
Alain Minc: Globalisierung. Chance der Zukunft; Wien 1998
Klaus Modick: Das Grau der Karolinen (Roman); Reinbek 1986
Reinhard Mohn: Schaumschläger im Vorstandssessel. Der Faktor Eitelkeit im Leben des Managers; *Die Zeit*, 27. Dezember 1985
Heiner Müller: Jenseits der Nation; Berlin 1991
John Naisbitt: Megatrends. 10 Perspektiven, die unser Leben verändern werden; (New York 1982), Bayreuth 1984
Friedrich Nietzsche: Sämtliche Werke. Kritische Studienausgabe, Berlin/New York 1967–77; Nachgelassene Schriften 1870–73
Thomas Nipperdey: Wo aber Einheit ist, wächst das Spaltende auch; *Frankfurter Allgemeine Zeitung*, 29. Oktober 1990
Christian Nürnberger: Die Lizenz zum Löten. Wer hat schuld an der deutschen Misere: womöglich die Manager?; *Süddeutsche Zeitung*, 14. Mai 1998
Christian Nürnberger: Doktern am Sozialstaat. Nichts als Neid? Von der Kunst der Reichen, sich arm zu rechnen; *Süddeutsche Zeitung*, 31. Mai 1999
David Ogilvy: Über Werbung; Düsseldorf/Wien 1984
Anthony O'Hear: Königin der Schmerzen. Gefühl statt Vernunft, Egozentrik statt Pflichten: Nach Diana ist Großbritannien ein anderes Land geworden; *Welt am Sonntag*, 10. Mai 1998
Wally Ollins: Corporate Identity. Strategie und Gestaltung; Frankfurt am Main/New York 1990
Tom Peters: Kreatives Chaos. »Thriving on Chaos«. Die neue Management-Praxis; New York 1987, Hamburg 1988
Rüdiger Pieper (Hg.): Management-Lexikon; Wiesbaden 1991
Nikolaus Piper: Wunderkind mit Weltschmerz; *Die Zeit*, 11. November 1988
Nikolaus Piper: Moral schlägt Profit. Eine Bewegung in Amerika setzt auf das Gemeinwohl bei der Erneuerung der Ökonomie; *Die Zeit*, 10. April 1992
Nikolaus Piper: Am richtigen Ort in der falschen Ecke. Wie es ist, wenn eine Frau wider die Vorherrschaft der Ökonomie streitet und beim Weltwirtschaftsforum in Davos auf deren Urheber trifft; *Süddeutsche Zeitung*, 2. Februar 1998
Luigi Pirandello: Sechs Personen suchen einen Autor; Nachwort von Siegfried Melchinger; Leipzig o. J.
Faith Popcorn: Der Popcorn Report; München 1992
Karl Raimund Popper: Logik der Forschung (3. Aufl.); Tübingen 1969

Fritz J. Raddatz: Das krumme Holz der Humanität. Was es heißt, ein Mensch zu sein; *Die Zeit*, 6. November 1992

Joseph Ratzinger: Zur Lage des Glaubens; München/Zürich/Wien 1985

Peter Reichard: Ein Plädoyer für ein Anti-Werber-Buch; *Horizont*, 19. April 1996

Edzard Reuter: Zwischen Management und Mythos. Über Macht und Ohnmacht des Geistes – Reflexionen über die Führung eines Unternehmens; *Die Zeit*, 22. März 1985

Edzard Reuter: Wir brauchen eine neue Gesellschaftspolitik; *Handelsblatt*, 24./25.6.1994

Alexander Riebel: Idee und Realität. Anmerkungen zur deutschen Philosophie; *Deutsche Tagespost*, 30. Dezember 1989

Joachim Riedl: Die Kunst der feinen Leute. Für zwanzig Millionen kriegt man schon ein schönes Stück; *Die Zeit*, 22. Mai 1987

Peter Rudolph (Hg.)/Marketing Service International: Ferien von Gestern. Über die postmodernen Launen des Konsumenten Meier; Gruner und Jahr Forum, ITB 1987

Horst Rückle: Keine Strategie ohne Philosophie; *Blick durch die Wirtschaft*, 27. November 1987

Bertrand Russell: Philosophie für den Alltag; *University Quarterly*, London

Bertrand Russell: Philosophie des Abendlandes. Ihr Zusammenhang mit der politischen und der sozialen Entwicklung; (London 1945), Zürich 1950, München 1997

Thomas Schäfer: Rezension zu Lemkes »Kritik der politischen Vernunft«; *Die Zeit*, 5. März 1998

Friedrich Schiller: Über die notwendigen Grenzen beim Gebrauch schöner Formen; in: Werke in drei Bänden, Band II; München 1966, S. 521–539

Wolfgang Schirmacher: Asketische Vernunft. Schopenhauer im Deutschen Idealismus; in: W. Schirmacher (Hg.) – 65. Schopenhauer-Jahrbuch für das Jahr 1984

Wolfgang Schirmacher: Konkurs der Vernunft als Lebenskrise; in: ders. (Hg.) – 65. Schopenhauer-Jahrbuch für das Jahr 1984

Michael Schirner/Rainer Jablonka: (im Gespräch mit Matthias Franck); *Der Kontakter*, 27. Juli 1987

Karl Schlögel: Die Mitte liegt ostwärts. Die Deutschen, der verlorene Osten und Mitteleuropa; Berlin 1986

Rolf Schneider: Der Kult ums Banale; *Die Zeit*, 24. März 1994

Cordt Schnibben: Die Reklame-Republik. Über den Aufstieg der Werbung zur fünften Gewalt im Staate; *Der Spiegel*, 52/1992

Markus Scholz: Wenn Werbung zur Religion wird. Und führe uns in Versuchung ...; *werben & verkaufen*, 45/1994

Gerhard Schröder: Alte Linke und neue Mitte. Wie Sozialdemokratie sich behaupten kann; *Süddeutsche Zeitung*, 13./14. März 1999

Dirk Schümer: Geballte Gewalten, gemischte Kanäle. Der sich für Italien selbst verwirklicht und doch sich immer gleich bleibt: Silvio Berlusconi; *Frankfurter Allgemeine Zeitung*, 30. März 1994

E. F. Schumacher: Die Rückkehr zum menschlichen Maß. Alternativen für Wirtschaft und Technik; (London 1973) Reinbek 1977

Jacques Séguála: Séguála sieht Werbung als romanische Domäne, *werben & verkaufen*, München

Claudius Seidl: Der göttliche Trend; *Der Spiegel*, 43/1993

Claudius Seidl: Alles wird gut und schön. Die Künste und die Demokratie. Warum tut sich unsere Gesellschaft so schwer mit ihrer Ästhetik?; *Süddeutsche Zeitung*, 3./4. Mai 1997

Manfred Seiler: Von der Halbwertszeit der Philosophie; *Die Zeit*, 27. Februar 1987

Richard Sennett: Etwas ist faul in der Stadt. Wenn die Arbeitswelt bröckelt, wird die Lebenswelt kostbar: Perspektiven einer zukünftigen Urbanität; *Die Zeit*, 26. Januar 1996

Burckhard Sievers: Organisationsentwicklung als Aktionsforschung. Zu einer sozialwissenschaftlichen Neuorientierung der betriebswirtschaftlichen Organisationsforschung; in: Aemilian Hron u. a. – Aktionsforschung in der Ökonomie; Frankfurt am Main/New York 1979

Heinz-Joachim Simon: Die Marke ist stets ein Abbild der Persönlichkeiten, die das Unternehmen führen; *Marketing Journal*, 2/1991

Oliviero Toscani: Die Werbung ist ein lächelndes Aas; Mannheim 1996

Michel Tournier (mit Fritz J. Raddatz): Der Politiker will Ordnung, der Künstler Ordnung sprengen; *Die Zeit*, 6. Mai 1988

Walter Trux: Das ganze Unternehmen am Markt ausrichten; *Frankfurter Allgemeine Zeitung*, 29. Oktober 1990

John Updike: Das Gottesprogramm; Reinbek 1990

Hans Ulrich/Gilbert J. B. Probst: Anleitung zum ganzheitlichen Denken und Handeln. Ein Brevier für Führungskräfte; Bern/Stuttgart 1990

Peter Ulrich: Transformation der ökonomischen Vernunft. Fortschrittsperspektiven der modernen Industriegesellschaft; Bern/Stuttgart 1987

Vilim Vasata: Packung im Kampf von Marke und Produkt; *Horizont*, 15. November 1996

Frederic Vester: Neuland des Denkens. Vom technokratischen zum kybernetischen Zeitalter; Stuttgart 1980

Antje Vollmer: Moralisch amoralisch; *Frankfurter Allgemeine Zeitung*, 23. Januar 1993

Rudolf Walther: Identität als billiges Leihkostüm. Von der Sehnsucht nach dem wahren Selbst; *Süddeutsche Zeitung*, 27./28. November 1993

Roger de Weck: Was ist heute? Deutschland auf der Suche nach der neuen sozialen Marktwirtschaft; *Die Zeit*, 17. Oktober 1997

Burkhard Wehner: Die Katastrophen der Demokratie. Über die notwendige Neuordnung der politischen Verfahren; Darmstadt 1992

Edward Weisberger (Hg.): The spiritual in art: abstract painting 1890–1985, New York 1987

Wilhelm Weischedel: Die philosophische Hintertreppe; München 1975

Richard von Weizsäcker: (im Gespräch mit Gunter Hofmann und Werner A. Perger); Frankfurt am Main 1992

Theo Werdin: Bewährung von Marken im Markt ohne Grenzen; in: »Der Markenartikel« – Verlagsbeilage zur *Frankfurter Allgemeinen Zeitung*, 21. Mai 1991

Franz Wiedemann: Georg Wilhelm Friedrich Hegel mit Selbstzeugnissen und Bilddokumenten; Reinbek 1965

Armin Ziegler: Deutschland 2000. Annahmen über zukünftige Entwicklungen in Wirtschaft, Management, Marketing, Technologie, Gesellschaft; Schönaich, September 1991

Andreas Zielcke: Alle Menschen sind ungleich. Reich und arm: Die Demokratie als Fortsetzung der Aristokratie mit anderen Mitteln; *Süddeutsche Zeitung*, 23. Oktober 1997

Andreas Zielcke: Genial oder Lineal? Das Wundermittel der Kreativität und seine schwache Wirkung; *Süddeutsche Zeitung*, 13. März 1998

Renzo Zorzi: Design Prozess; in: Design Prozess Olivetti 1908–1983, published by Olivetti, Italy

Rolf Zundel: Der schwere Abschied. Vom Leiden der Politiker nach dem Entzug von Macht, Öffentlichkeit, Apparat und Wirkungsmöglichkeiten; *Die Zeit*, 7. April 1989

Stefan Zweig: Das Geheimnis künstlerischen Schaffens [Aufsätze zur Poetik 1902 bis 1942]; Frankfurt am Main 1981

du. Die Zeitschrift der Kultur, 11/1991 – Das Verschwinden der Wirklichkeit

Frankfurter Allgemeine Zeitung, 29. Oktober 1990 – Das ganze Unternehmen am Markt ausrichten

Frankfurter Allgemeine Zeitung, 21. Mai 1991 – Der Markenartikel (Verlagsbeilage)

Frankfurter Allgemeine Zeitung, 29. November 1994 – Design (Verlagsbeilage)

Frankfurter Allgemeine Zeitung, 22. Juni 1999 – Markenartikel (Verlagsbeilage)

Geo-Wissen: Kommunikation; November 1989

Horizont, 18. November 1994 – Marke Mensch: Helden des Ich. In einer Welt unendlicher Angebote verkehren sich die Welten – Persönlichkeiten werden zur Marke, Marken zur Persönlichkeit

Der Spiegel, 8/1992 – Illusion vom Lebens-Lego

Der Spiegel, 23/1994 – Sex und Rebellion

Der Kontakter. Der deutsche Kommunikationsdienst für die Werbewirtschaft; XXVIII/40, 1988

Kunstforum, Bd. 108, Juni/Juli 1990 – Aktuelles Denken

Nestlé Deutschland AG – Mensch und Ernährung 2000, 1989

Süddeutsche Zeitung, 17. September 1992 – Design (Beilage)

Symposium des *Gottlieb Duttweiler Instituts* für wirtschaftliche und soziale Studien im Jahre 1993 – No business like showbusiness

werben & verkaufen, 11. November 1994 – Wenn Werbung zur Religion wird

werbung im stern – 4. Deutscher Kommunikationstag Berlin, 28./29. April 1988

Propyläen Geschichte der Literatur, Frankfurt am Main/Berlin 1988 – Band IV (Aufklärung und Romantik 1700–1830), Band V (Das bürgerliche Zeitalter 1830–1914)